K线照亮交易员的道路。——《华尔街日报》

# K线图
# 入门与技巧

## 股票和期货交易的永恒技术

股市实战专家　永良◎著

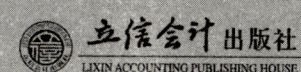

立信会计出版社
LIXIN ACCOUNTING PUBLISHING HOUSE

**图书在版编目（CIP）数据**

K线图入门与技巧 / 永良著. -- 上海：立信会计出
版社，2015.2

（擒住大牛）

ISBN 978-7-5429-4470-2

Ⅰ.①K… Ⅱ.①永… Ⅲ.①股票投资－基本知识

Ⅳ.①F830.91

中国版本图书馆CIP数据核字（2014）第296005号


策划编辑　蔡伟莉

责任编辑　蔡伟莉

封面设计　久品轩

**K线图入门与技巧**

| | | | |
|---|---|---|---|
| 出版发行 | 立信会计出版社 | | |
| 地　　址 | 上海市中山西路2230号 | 邮政编码 | 200235 |
| 电　　话 | （021）64411389 | 传　　真 | （021）64411325 |
| 网　　址 | www.lixinaph.com | 电子邮箱 | lxaph@sh163.net |
| 网上书店 | www.shlx.net | 电　　话 | （021）64411071 |
| 经　　销 | 各地新华书店 | | |

| | | | |
|---|---|---|---|
| 印　　刷 | 廊坊市华北石油华星印务有限公司 | | |
| 开　　本 | 787毫米×1092毫米 | 1/16 | |
| 印　　张 | 23.5 | 插　　页 | 1 |
| 字　　数 | 448千字 | | |
| 版　　次 | 2015年2月第1版 | | |
| 印　　次 | 2017年3月第9次 | | |
| 书　　号 | ISBN 978-7-5429-4470-2/F | | |
| 定　　价 | 48.00元 | | |

如有印订差错，请与本社联系调换

# 前 言

当读者朋友打开这本书的时候,请先不要看书中的内容,请先完成下面几道小学生算术题:

1.王老板9元钱购进一种商品,然后11元卖出;过几天后,王老板花12元又买回这件商品,然后13元卖出,请问王老板在交易中获利多少?

2.一天有个年轻人在王老板的店里买了一件礼物,这件礼物成本是18元,标价是21元。结果是这个年轻人掏出100元要买这件礼物。王老板当时没有零钱,用那100元向街坊换了100元的零钱,找给年轻人79元。但是街坊后来发现那100元是假钞,王老板无奈还了街坊100元。问题是:王老板在这次交易中到底损失了多少钱?

3.王老板以10元的价格购进某种商品,之后发现市场上该种商品的价格跌到8元了,王老板将商品以8元的行情卖出,接着当该商品的价格继续跌为5元时,王老板以行价买入,待行情涨到8元时售出,请问王老板最终的交易是获利还是亏损?王老板还有另外一种选择,当商品跌为8元时不售出,而是等到跌为5元时再购进1件,待行情涨为8元时2件商品同时售出,请问王老板最终的交易是获利还是亏损?

王老板面临如下的选择:

A.今天一次性给他100万元。

B.今天给他1元,连续30天每天给他前一天2倍的钱。

或者:

A.每个月给他一万元,连续给你30年。

B.每个月给他 2 元,连续 30 个月每月给他前一月 2 倍的钱。

如果你是王老板,会选择哪一个?

4.一天,一个神秘的人来到王老板的商店买了 100 元的东西,然后谈一笔交易:如果王老板有 1 万块钱拿来作投资的话,那么他可以让王老板的钱每五天增长 10%,条件是王老板要另外拿出 1 万元作为酬谢。如果你是王老板,你相信这位神秘人的许诺吗?为什么?

5.某大型银行来了一位满头银发的老人,交给普通工作人员一笔巨额的有价证券,请求验证是否符合抵押物条件,证实之后,银行经理亲自前来把老人接进豪华的贵宾区。老人谦逊地问这笔抵押物可以在银行贷到多少钱,银行经理的答案是 5000 万美元之内的任意额度,老人说:"好,办手续吧,我以这些抵押物抵押,贷款 1 美元"。经理在惊讶之余按规矩照章办理,最后满怀尊敬和佩服地说了一句:"欢迎你,本行为你成为本行的顾客而感到荣幸"。请问:故事中的老人为什么要这样做?需要说明的是,这位老人只是一位普通的银行顾客,没有任何特殊之处。

上面这些题目看上去非常简单,但是你未必能给出正确的答案。请你想一想,如果想不出来,可在本书的某一段里找到答案。

笔者在股市里摸爬滚打多年,目睹了许多人的一夜暴富,耳闻了更多人的血本无归,亲历了牛市的滚滚红尘,体味了熊市的血雨腥风。虽然远未达到"任它风吹浪打,胜似闲庭信步"高人境界,但一个毛头小伙的牛犊豪情,早已变得少年老成。

股市是"人精"的名利场,炒股是高智商者的"博傻"游戏。而且机构和庄家把众多的"人精"和高智商者组织成为十万精兵,去对抗广大单打独斗的中小股民组成的百万散兵。谁的胜率更高,一目了然。最后的结果是:机构和庄家卖出去的是股票,收回来的是钱;散户和中小股民花出去的是钱,买回来的是股票。于是"有人炒股成了富翁,有人炒股成了股东"。

那么,个人炒股到底应该怎样在"陷阱"丛生、"馅饼"遍地的股市中拾到"馅饼"而不掉到"陷阱"里呢?众多个人炒股致富的"民间股神"和笔者的经验就是一句话:"一靠心态,二靠技术"。

炒股的技术五花八门,新技术、新流派也层出不穷,你要想全部掌握是不可能的,而且会害死你,因为庄家和机构里的专业人才永远比你在技术上懂得更多,你按照他们教给你的技术炒股,正好中了他们要赚你钱的圈套。因此,你必须要学习炒股的技术,但是你不要迷信这些技术,也不要过分依赖技术。但是你一点技术都不懂,那就好比是连怎样扣扳机都不会的人走上了战场,不要说消灭敌人,能不被炸成炮灰就万幸了。

笔者曾经见过这样的人:炒股时完全是一股盲,在网上交易,连五个买卖盘什么意思都不懂，竟没有买上，晚上打电话来问笔者，第二天终于开始跟跟跄跄地开始了炒股生涯。还有一个女孩子可能喜欢感情用事，在炒股里也是，买了兔宝宝的股票，买的原因是觉得名字真可爱，因此"芳心大动"。

笔者在写这本书之前，在北京朝阳区的一家证券交易厅做调查，发现近一半的股民不知道什么是量价配合，不知道电脑屏幕上的内盘和外盘代表什么含义，能完全看懂 K 线图的一个都没有。当然笔者的调查不能完全反映某些问题，但是"一叶落而知天下秋"，带给人的思考总是有的。

笔者深感散户赚钱之不易，遂接受出版社的邀请，利用每日停盘之后的休息时间潜心撰写了《K 线图入门与技巧》这本书，与广大股民朋友分享一路的感悟与得失，共同学习，共同提高。

炒股无定式。"尽信书不如无书"，更何况本书也只是一家之言。虽然笔者相信书中的大多数案例、常识和技术对大多数股民朋友是适用的，但还是建议你看完之后，用心体会，实盘演习几次，一旦心知肚明，就把它和其他股票书籍一起扔到你看不见的地方去！然后按照自己的分析和判断，该怎么做就怎么做。

2014 年 11 月启动的这波牛市行情，来势凶猛，成交量更是接连创下人类炒股史的纪录，但是能牛多久，能涨到什么点位，却是任何人都预测不准的事情，实际上，也没有必要做这种预测。牛市短，熊市长，这是股市运行的常态。投资者只要练好技术，在任何大盘走势中都是可以赚到钱的，因为个股的机会永远都是存在。

祝您投资愉快，愿您开卷有益。

# 目 录

## 第1篇 读懂K线

# 第2篇　K线法则与走势分析

# 第3篇　K线法则与价量分析

目
录

# 第4篇 K线法则与庄家主力分析

K线图入门与技巧

目
录

# 第 1 篇

# 读懂K线

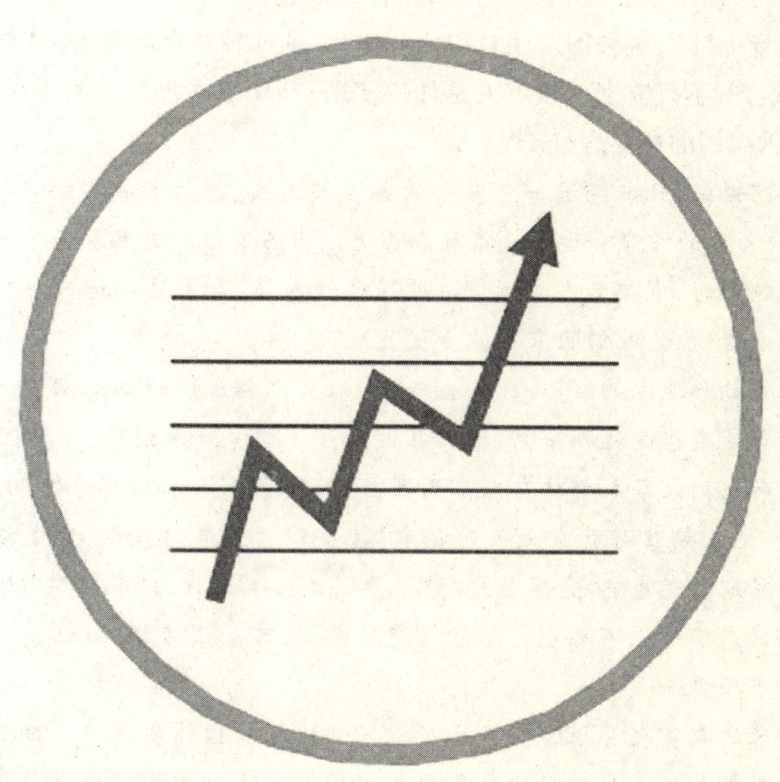

# 第1章
## 从"蜡烛线"到K线图

# K线图形的历史

K线图形的形状也称"蜡烛线"、"阴阳线"、"酒井线"和"日式画线法"。这些图形是1750年前日本大阪米市商人为记录1天、1周、1月中米市价格涨跌行情所使用的图形表示。后来人们把这种图形方式引至股票及期货市场,从而变成目前股票技术分析中最常用、最普通的图形分析画法。

为何称之为K线?有一种说法,即日本的股票技术分析称这种图形线为罚线,而罚的日文读音为"K",这种图形线自引入我国后,称这种特定的图形为K线图形。

研究K线图,不研究现代日本人是如何使用K线图来指导自己的买卖活动,就不能深入了解K线图的神秘之处。

在15世纪,日本经过一百多年的各家族内战,德川家族在1605年统一日本后,强迫各地的首领和地主全家迁居东京。当各家族的首领和各地的地主返回自己的领地时,家族的人必须留在东京作为人质,如果这些返回各领地的首领不回来或者造反,他们的家人就会被处死。

各首领和地主的经济来源是佃农和农夫以稻米所缴纳的租金,由于稻米无法由各地直接运送到东京,他们在大阪建立仓库来存放稻米。由于所有的家族首领和他们的家人都住在东京周围,他们过着奢华的生活。为了维持这种生活方式,他们销售存放在大阪的稻米,甚至销售未来的收成,形成稻米的期货交易。在期货交易中,仓库会发行"米票",这些米票称为"空米票"("空米票"是指这些稻米实际上不存在),然后,"空米票"逐渐形成市场,这便是全世界最早的期货市场之一。

稻米的期货交易很容易产生投机操作,投机操作便是日本期货交易技术分析的发展基础。在稻米的期货交易市场上,当时最著名的交易员是本间宗久,活跃于18世纪。本间发现,稻米价格由供给与需求的关系决定,但市场价格也受到交易员情绪的影响。他认为研究市场的心理情绪,将有助于预测行情。稻米的实际价值与价格是两回事,正如现在的股票、债券和外汇的价值与价格也是由各种因素来决定。

日本人常将K线走势图称为"酒井图形",就是纪念本间所居住的港都"酒井"。本间是否发明K线图形的绘制方法,还有不同的看法和争论。我们目前所使用的K线方法,应该是集合多人智慧,经过数个世代的演进而成。即使本间不是阴阳线的创始人,但他了解市场的心理层面是交易成败的关键因素之一。在日本,最早的技术分析形式,心理层面似乎多于图形。

日本最早的期货交易理论书籍是本间宗久所著述的《黄金泉》。他说:"当每个人都看空行情时,这是酝酿价格上涨的契机。每个人都看行情上升时,则构成价格下跌的原因"。这句话是现在所谓的"反向思维理论"和"相反理论"。

《黄金泉》强调,阴线与阳线会不断地轮替。因此,阴中有阳,阳中有阴。这可以说明K线的理论对反转形态的重视程度何以远超过连续形态。当某个事件或消息发生时,如果你想建立头寸,应该判断市场对该事件的反应,不应该根据消息的本身。

如果你已经深入研究行情,便不应该再与别人做无谓的讨论,除非对方有独到的见解,你的交易决策应该只根据市场来考虑。《黄金泉》中有这样一句话:"如果你希望了解市场,应该在市场中学习——如此你才能够成为无懈可击的市场鬼才"。

在学习K线图形之前,了解这一段历史是很有必要的。

今天,几乎所有的股票计算机分析软件都采用K线图来记录1周、1月、1年或数年的股票历史价格走势。

我们目前所使用的K线分析方法,经过了长时间的演进和完善,集合了多人的智慧,已经成为股票分析中必不可少的分析手段和分析理论。

# K线图形的制作

通常将开盘与收盘的价位用长方形表示,称为实体部分。当开盘时股票价低,收盘时股票价格升高,称阳线实体,用空心长方形表示。开盘时价格高,收盘时价格降低,称阴线实体,用实心长方形(涂黑)表示。

对于阴线实体,若当日的最高价与开盘价不同,则用黑细线将开盘价与最高价相连,称阴上影线。若最低价与收盘价不同,则用黑细线连接收盘价与最低价,此称阴下影线。对空心阳体来说,收盘价与最高价的连线称阳上影线;开盘价与最低价相连的细线称阳下影线。

K线图的画法,如下图所示。

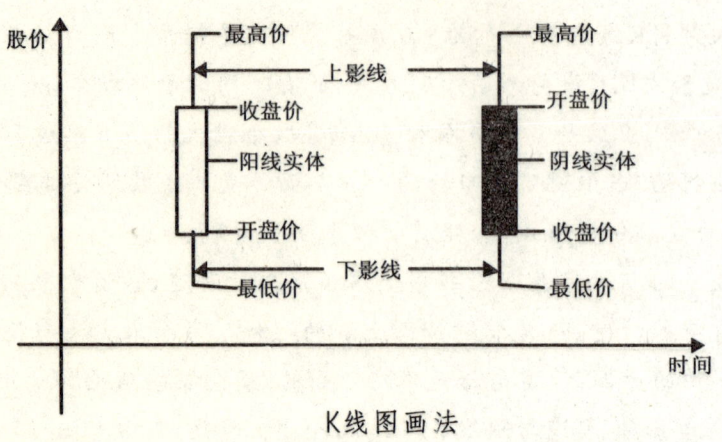

K线图画法

K阳线的顶端为最高价,底端为最低价。

上影线与矩形实体的连接点为阳线收盘价,下影线与矩形实体的连接点为阳线开盘价。

K阴线与K阳线完全相反,上影线连接的是阴线开盘价,下影线连接的是阴线收盘价。

没有上影线的阳线,被称为光头阳线,即收盘价是当天最高价;没有下影线的阳线,被称为光脚阳线,即开盘价是当天最低价。既没有上影线也没有下影线的,被称为光头光脚阳线,即当天的开盘价是当天的最低价,当天的收盘价是当天的最高价。

同理,可知道光头阴线、光脚阴线、光头光脚阴线的含义。

K线图多种形状如下图所示。

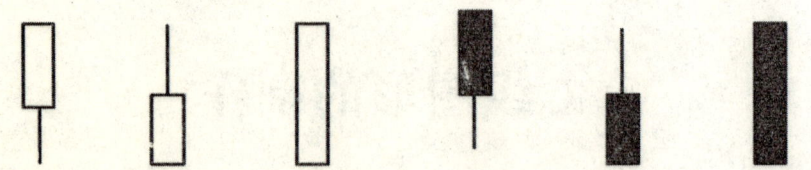

光头阳线　光脚阳线　光头光脚阳线　光头阴线　光脚阴线　光头光脚阴线

K线图的开盘价是每天开始交易时买卖双方的楚河汉界,互相交战的分界线。K线图的收盘价则代表买卖双方的力量对比结果。买方力量强大,股票价格就往上涨;卖方力量强大,股票价格就往下跌。

上影线和下影线记录了买卖双方战斗的过程。

阴阳实体的长度、上下影线的长度都反映了买卖双方的力量对比情况。

# K 线图的时间单位

K线图是用简单的图形完整地记录每日的股市行情和股市买卖双方的战斗情况,并把它们逐日按时间顺序把包括开盘、收盘、最高及最低价位在内的日K线图展现在价格和时间为轴的二维平面图上,使人们能清楚地看到过去几日、1周、1个月、1年和数年的股价历史走势,提供给人们一种判断股市未来走势的一种统计数据的图形表示方法。人们通过对这些图形的综合分析、比较和整理,寻找股市内在的变化规律,预测股市未来的走势。这是一种最古老、最原始的手工图形数学统计分析方法。随着计算机技术的高速发展,大量的数据收集、统计、分析、计算和预测交给计算机完成。股票数据库的建立,很多精确的、极其复杂的计算数学分析方法已经得到应用。但是这种古老的分析方法至今仍然作为股票走势分析技术的入门加以介绍。

K线图以日为记录单位称日K线图,记录单位可以是分、小时、周、月和年,它们分别称为分K线图、小时K线图、周K线图、月K线图和年K线图。为了短线操作的需要,有些投资者用1分钟、5分钟、15分钟、30分钟、1小时等为记录单位,在命名上分别是5分K线图、15分K线图、30分K线图、1小时K线图等。

### 1. 分析方法的差异与时间单位关系不大

通常来讲,K线图的分析方法,与记录单位没有太大的关系。新浪网著名的股票博客版主徐小明很擅长分析1分钟K线图,他有一句名言:"看不懂1分钟图形,就看不懂一天的,更看不懂一星期的"。可谓一语中的。

### 2. 不同时间单位的k线图,显示的意义也不尽相同

虽然面对不同时间单位的K线图,分析方法是一样的,但是时间的长短也决定了分析结果的差异。如果你分析5分钟图形,那么结论也就对5分钟的周期有意义;如果你分析周K线图,那么结论也就对一星期内的操作有意义。

在实际操作中,有一些中长线投资者喜欢研究月K线图形和周K线图形;有一些短线投资者喜欢研究周K线图形和日K线图形,也有对1小时图形和1分钟图形感兴趣的。其中的优劣短长,难下定论。但一般来讲,看长做短是一个广为接受的原则。

所谓看长做短,是指投资者所研究的K线时间单位应该比自己的交易时间单位长一些。如果投资者热衷于做当天买进卖出的超短线,那么除了研究适合于超短线的分钟K线图之外,主要依据应该是日K线。如果投资者热衷于做波段的话,分钟图形的参考意义就大为下降,而是应该以月K线图特别是周K线作为交易的依据。

# K 线分析技术总结

用K线组合来分析研究过去的股市走势,预测股票未来的走势,是一种最古老的分析方法。有经验的人把这些走势分析成买卖双方犹如一场千军万马的战场拼杀,拼得你死我活,尸横遍野。一座座城池被攻破,一块块阵地失而复得,你来我往,今天卖方胜利,明日卖方失败。在这个战场上,没有永远的失败者,也没有永远的胜利者。每一种走势,在不同的大盘走势下都有不同的解释方法。同样是一根阳线,在庄家收购期解释为拉高进货,而在派货期则解释为拉高派货,是完全相反的结论。对于没有经验的人,他们看到的只不过是矩形图形,哪有千军万马和尸横遍野的战斗?

周K线图形的正确使用,可以大大降低入市风险。目前在中国使用的人还不多,这是股市研究专家周佛郎、周云川先生在其研究中大力推荐的方法。周K线图的各种形态的可靠性要大于日K线图,特别适合中长线投资者使用。

由日本人发明和在日本股票市场使用最广泛的K线图形理论,以独特的图形方式,简单、明白、鲜明地说明当日的股价走势,说明买卖双方的力量对比,成为每一个初入股票市场的人必须了解的基本图形分析方法和基本理论知识,仍具有很高的推广应用价值。

但是这些组合图形用来分析过去的走势有一定的道理,而用来预测未来股票走势还缺乏科学的、定量的和定性的数学统计和计算手段,缺乏唯一性。

# 第2章
## K线形态分析

# 长 阳 线

**1. 长阳线的辨别**

长阳线是指交易时段的开盘价位于低价附近,收盘价位于高价附近。

判断一根阳线是否是具有明显意义的长阳线,依据是:其实体的长度至少是前1日或前3~5日平均实体长度的三倍。

还有两种特殊的阳线:光头光脚阳线和涨停阳线。判断其是否是长阳线的依据也要看前1日阳线的实体长度。如果确认是长阳线,则这两种长阳线的信号强度更为强烈。

**2. 低价区的长阳线**

长阳线对未来走势的信号作用,和其出现的位置有关。通常来讲,低价区的长阳线,信号作用最为强烈最为可靠。

低价区的长阳线如下图所示。一根长阳线出现在低价区,可能是底部即将形成的信号,长阳线代表该交易时段的价格上涨几乎没有受到空头的打压,收盘价越接近高价,实体的长度越长,长阳线所代表的意义越重要。

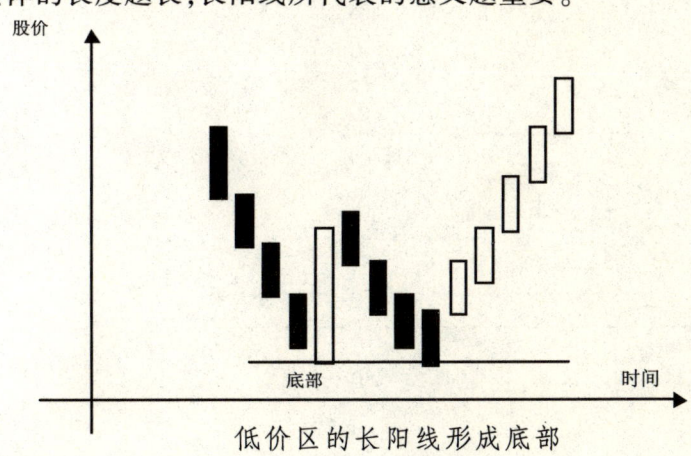

低价区的长阳线形成底部

底部出现长阳线,成交量放大,一般有两种情况发生:庄家在股价底部吃进的筹码不够,采用拉高股价进货(空头陷阱),持股成本增加,拉高股价后又开始多日回调,庄家吃进更多筹码,这就形成了一个坚实的底部,成为日后的价格支撑线;另一种情况是庄家绝对控股,走出旗形走势,无需成交量配合。

### 3. 下降途中的长阳线,反弹位置若和支撑线重合

在波动格局当中,如果股价回落至前一低点附近,但未突破前一低点,则前一低点和长阳的低点构成一条支撑线。如果长阳线反弹的位置与趋势线、移动平均线或水平支撑线等重要支撑有所重合,即可更进一步确认支撑的有效性。

如下图显示一根长阳线由支撑区向上反弹,代表多头转守为攻。

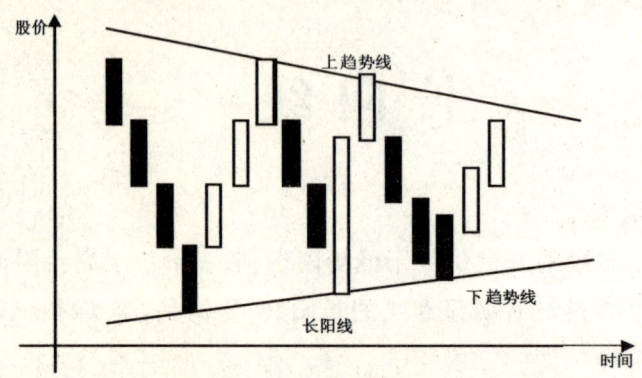

长阳线确认趋势线价格支撑的有效性

### 4. 上升途中,若以长阳线突破压力线

在上升途中,股价是否能够有效突破压力线,这是判断未来走势的重要依据之一。如果不能有效突破压力线,则股价仍会回到原来的运行箱体中;反之,股价就会上一个台阶。长期的研究K线运行规律后发现,以长阳线突破压力线,大多数都是非常有效的突破。根据前面学过的"支撑线与压力线相互转化"的结论,可以知道长阳线突破压力线后转变为支撑线。

如下图显示,长阳线突破压力线后转变为支撑线。

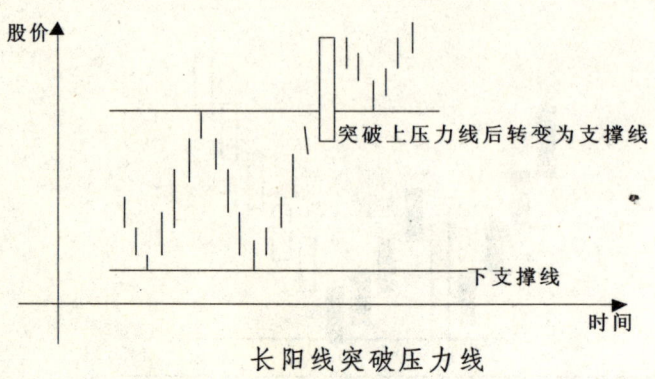

长阳线突破压力线

### 5. 涨势中,长阳线的支撑作用

根据日本文献的说法,涨势中的长阳线具有支撑的功能,在一根长阳线之后,价格很容易出现拉回的走势;这是因为市场可能处于短期超买的状况(价格在短期内上涨过速)。在这种情形下,价格可能需要稍微拉回整理,以缓解超买的状况。

我们可以根据长阳线所提供的支撑功能来进行交易。例如,当价格拉回到长阳线的底端附近时可进场买进,并以长阳线的下端(包括下影线在内)作为支撑。如果收盘价跌破支撑,应考虑卖出清盘,认输离场;如果在盘中支撑线被跌破,但收盘价又拉回至支撑线以上,这种情况可认为下支撑线仍然有效。

如下图显示股价在上升趋势中长阳线的作用。长阳线的中点和底线(下影线)都可以成为阶段性价格支撑线。

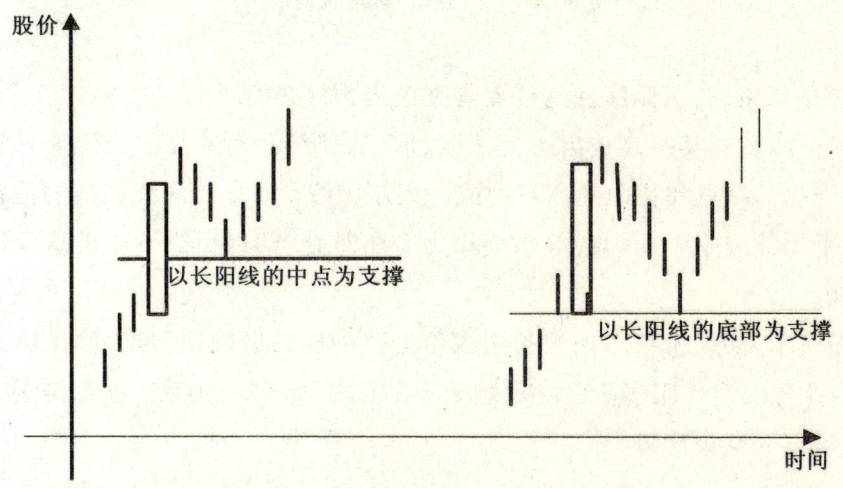

在上升趋势中以长阳线为支撑

# 长 阴 线

### 1. 长阴线的辨别

低价区的长阳线代表底部的信号和形成股价下支撑线,同理,在高价区的长阴线也具有强烈的信号意义,代表头部的信号和形成上档股价的压力线。

判断一根阴线是否是长阴线的依据是:长阴线的实体长度必须三倍于先前1日或3~5日的平均实体长度。

### 2. 高价区的长阴线

请参考下页图,长阴线代表空头已经取得股价走势的控制权。先前的涨幅越大,超买的情况越严重,长阴线的意义越重要。

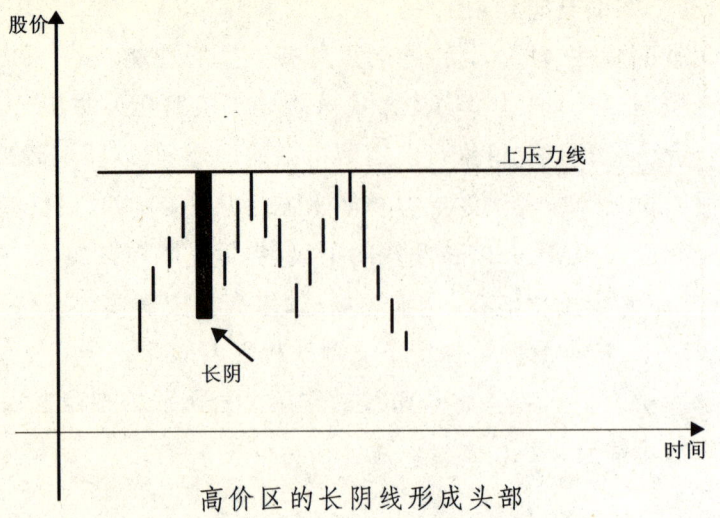

高价区的长阴线形成头部

### 3. 下降走势中,若长阴线回落位置与某条压力线重合

如果股价冲高至某一高点后大幅下跌,形成长阴线,而冲高的价位未有效突破前一高点,则前一高点和长阴的高点构成一条压力线。如果长阴线回落的位置与趋势线、移动平均线或水平压力线等重要压力有所重合,即可更进一步确认该价位压力的有效性。

如下图所示,如果价格以一根长阴线由上档的压力区拉回,可以确认压力的有效性。因为这种线形代表多头已经后续乏力,空头已经转守为攻。不论是哪一种情况,都代表潜在的空头走势。

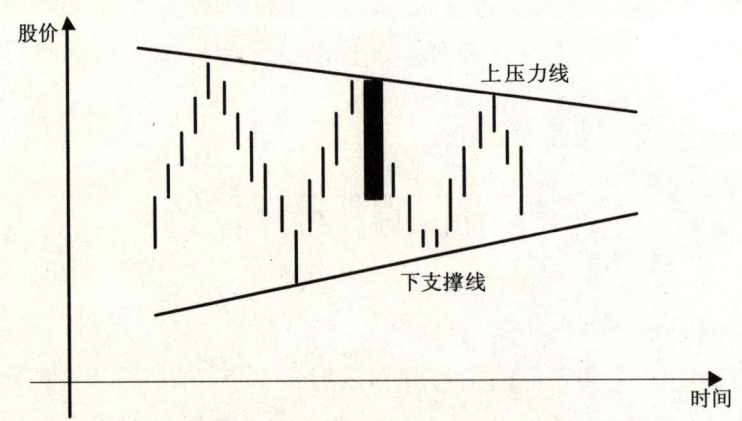

下降走势中的长阴线确认上压力线

### 4. 下降途中,若以长阴线突破支撑线

如下页图所示,长阴线突破下档支撑线。长阴线向下突破支撑的方式,有效突破的概率很大。根据前面讲过的"支撑线与压力线相互转化"的原理,支撑线一旦被

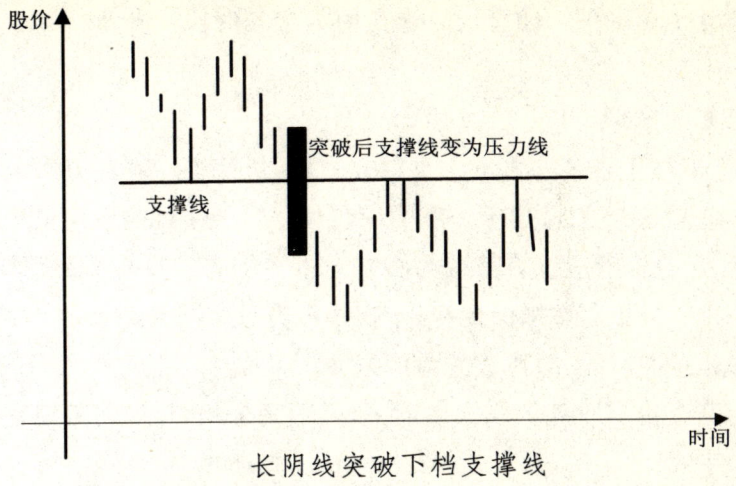

长阴线突破下档支撑线

有效突破就会成为后期反弹的压力线。

### 5. 跌势中,长阴线的压力作用

根据日本文献的说法,跌势中的长阴线具有压力的功能,在一根长阴线之后,价格有可能出现反弹的走势,这是因为市场可能处于短期超卖的状况(价格在短期间内下跌过速)。在这种情形下,价格可能需要稍微反弹整理,以缓解当前超卖的状况。

其原理与长阳线的支撑原理是相同的,只是作用是相反的。

# 十 字 线

### 1. 十字线的辨别

十字线,也称为十字星线,是最重要的单根线形之一,如下图所示。

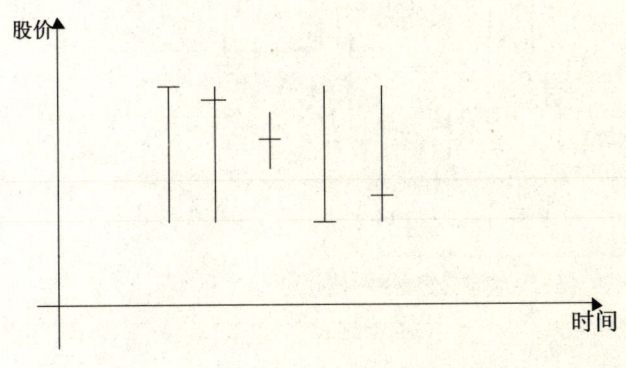

十字线

十字线的实体部分呈现水平状的直线，这是因为交易时段的开盘价与收盘价相等（或几乎相等）。

### 2. 十字线的指导意义

承前所述，长阳线代表多方力量大于空方力量，长阴线代表空方力量大于多方力量。而十字线代表"多空力量趋于一致的变盘信号"，十字线虽然可能意味着先前的趋势即将反转，但投资者应该将其视为多空力量转化的过渡而不是反转的信号。

如果当时的行情处于盘整横向走势，十字线没有什么指导意义。十字线如果发生在上升或下降趋势的阶段，即代表变盘的征兆。

在交易时的开盘价与收盘价非常接近，但又不完全相等，如何确定在什么条件下才可能视为十字线？

方法是：比较近期的线形。如果十字线前后几个交易日是实体很小的线形，那么十字线的线形将没有什么特殊的意义，因为这种情况下的十字线只能看成是前期行情的延续，而不是变盘的征兆。

### 3. 升势中的十字线

在明确的上升趋势中，如果十字线发生在一根长阳线之后，投资者要特别警惕，因为不论十字线位于长阳线实体之上或位于长阳线实体之内，均表明市场买卖双方的力量已经发生了变化。

在先前升势中的长阳线，多头完全居于主导地位。当十字线出现后，多头已经不能再向上驱动行情了。十字线的顶端经常代表压力和阶段性头部的形成。

当十字线发生在上升趋势中，随后的收盘价穿越十字线的高价，则表明市场已经重整旗鼓，价格随后继续挺进，应该视为多头的信号。因为市场在稍作犹豫之后，股价将持续上升。如下图所示中的1号十字线。

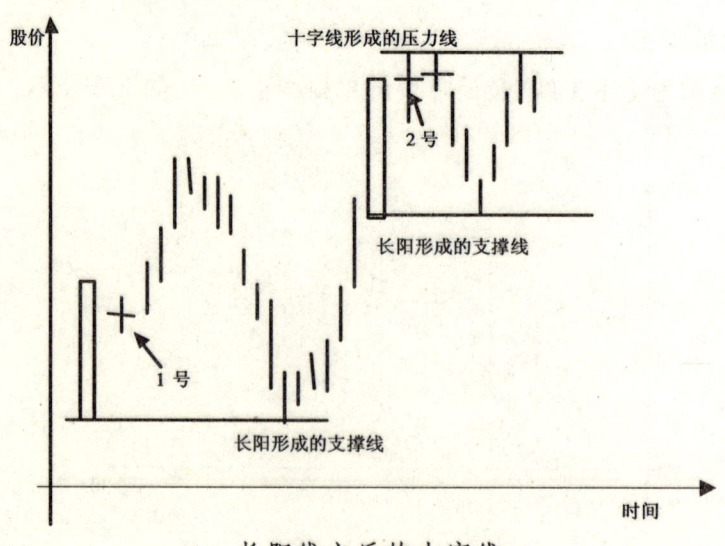

长阳线之后的十字线

升势之后的十字线虽然代表趋势可能反转,但还是等待空头的确认信号。如果以十字线为卖出信号,应该视十字线为压力,如上页图中的2号十字线;如果十字线为卖出信号(数根十字线也是以十字线来处理),应该在其十字线的高价设定卖出点。

**4. 跌势中的十字线**

在明确的下降趋势中,如果十字线发生在一根长阴线之后,投资者需要特别警惕。不论十字线位于长阴线实体之上或之内,都代表市场的力量已经发生变化。

在先前跌势中出现的长阴线,空头完全居于主导地位。当十字线出现之后,表明空头已经不能再向下驱动行情。因为十字线的底端通常代表支撑线。但是,稍后价格如果穿越十字线的底端,说明下降趋势可以继续发展,这时的十字线只是中途的整理信号,此时十字线无特殊意义。

十字线发生在大幅的升势之后,可能代表顶部。然而,十字线如果发生在行情的起涨阶段,形成顶部的机会不大。长阴线之后出现的十字线,在大幅下跌之后,十字线可能代表底部信号。如下图所示。

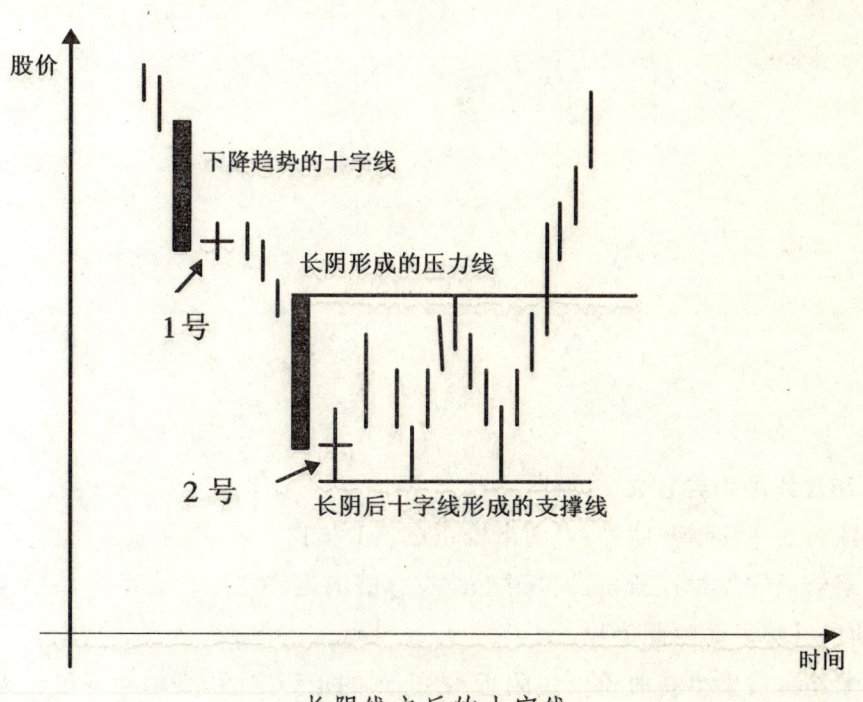

长阴线之后的十字线

下跌行情之初,十字线可能没有特殊的意义,形成底部的机会也不大,如上图中的1号十字线。但在超买或超卖的情况下,十字线可能是重要的反转信号,如上图中的2号十字线是一个底部支撑线。

# 纺 锤 线

### 1. 纺锤线的辨别

前面已经讨论了长阳线与长阴线所代表的意义。长阳线代表多头控制交易过程,长阴线则由空头起主导作用。如果实体的长度很小,上下影线很长,多空双方正处于拉锯战中,多空的力量大致维持均衡。

这种实体很小的线形称为纺锤线,代表股票缺乏上升或下降的力量,表明市场正在休息或正在调整之中。

下图表示了纺锤线的形态,它们有很长的上影线或下影线,但实体的部分却很短。

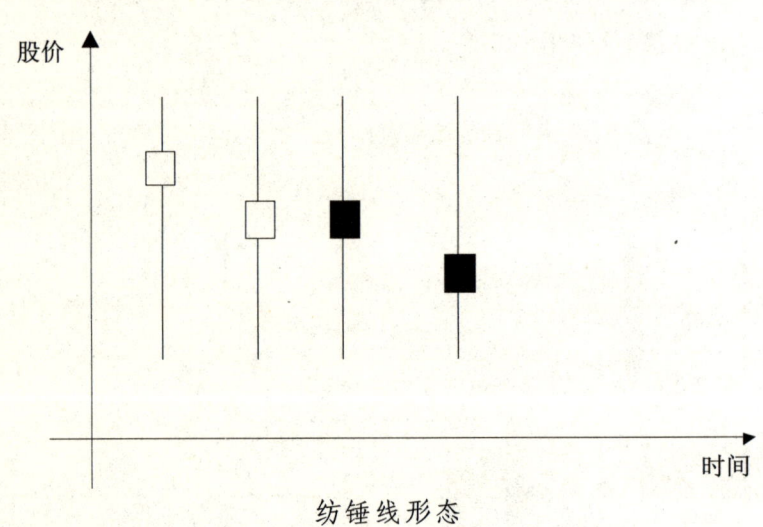

纺锤线形态

### 2. 纺锤线的指导意义

纺锤线是一种预警信号,表明市场正在丧失方向。

如果纺锤线发生在股价高位附近,在急涨的走势之后,表示多头已经后续乏力,先前的升势可能因此停顿。

如果纺锤线发生在股价低位附近,在急跌的走势之后,表示空头已经无下跌动力,先前的跌势可能因此停顿。

### 3. 纺锤线结合成交量一起分析

K线图最重要的优点之一是可以与其他的技术分析方法一起使用,能非常形象地说明股市所发生的一切。如果把单一纺锤线与成交量一起使用,就能判断市场的内部运作,发现庄家是在收集筹码还是在派发筹码。

收集筹码与派发筹码是价量关系中两个重要的概念。

（1）收集筹码发生在低价区，成交量放大而价格停滞。如成交量放大，则代表买方不断买进筹码，投入所有的资金。但是，停滞的价格显示空头无法压低价格，空头所投入的筹码已被多头承接，结果是一波的升势。

（2）派发筹码与收集筹码正好相反，出货发生在高价区，成交量放大而价格停滞不动。在这种盘势中，庄家正将手中的筹码转交给其他买盘。由于卖方供给的筹码足以应付买盘的需求，所以价格无法挺进。因此，在高价区出货应该视为顶部信号，结果是一波跌势。

在收集与派发的盘势中，有一个共同的特征。即价格几乎停滞不动。这时的纺锤线便是这种情况下的标准线形（开盘价与收盘价非常接近）。所以，在高价区纺锤线出现时，只要观察成交量的变化，就可以判断是否在派发筹码；同理，在低价区纺锤线出现时，只要观察成交量的变化，就可以判断是否在收集筹码。

另外，纺锤线无论是出现阴实体或阳实体，它们所代表的意义都是一样的。

# 锤头线与上吊线

### 1. 锤头线与上吊线的辨别

锤头线和上吊线，其样子是完全一样的，它们都有一个很小的实体，没有上影线或者上影线很短，但有一个很长的下影线。如下图所示。

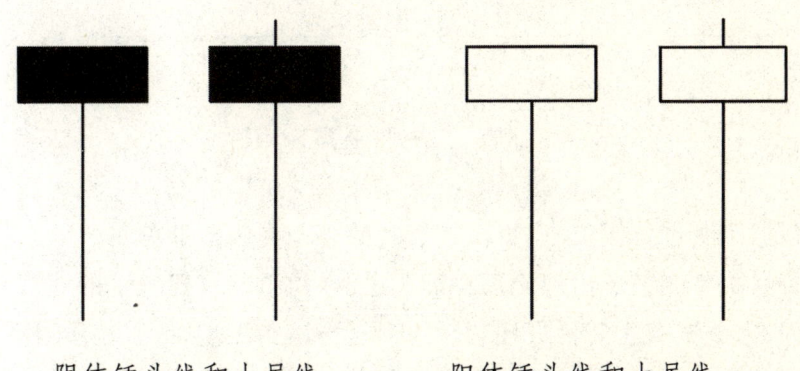

阴体锤头线和上吊线　　　　阳体锤头线和上吊线

这个线形代表的含义比较复杂，它的长长的下影线代表着多头的力量，但是不能直接认定是多头或者空头。它可以代表多头，也可以代表空头，完全取决于它在趋势中的位置。

如果发生在下降趋势中的低位，便是代表多头力量大的锤头线；如果它发生在

15

上升趋势中的高位,则是空头力量大的上吊线。

换言之,锤头线只会出现在跌势中的低位,是进场买进的信号;上吊线只会出现在涨势中的高位,是卖出离场的信号。

### 2. 锤头线的指导意义

锤头线是一个重要的反转信号,尤其是大幅下跌之后或严重超卖情况下的锤头线更有意义,表明行情的反转就在眼前。如果没有出现大幅下跌,而是连续两三天的小幅下跌走势之后出现锤头线,通常没有特殊的意义,行情反转的信号意义很弱。

另外,由锤头所发动的反弹很可能遭卖压,所以涨势经常拉回,重新试探锤子的底部。当股价遭卖压后回落时,锤头线的下影线处的低价出形成一道支撑线,如未有效跌破这道支撑线,股价探底回升的概率加大,形成所谓的"W"形底。如下图所示。

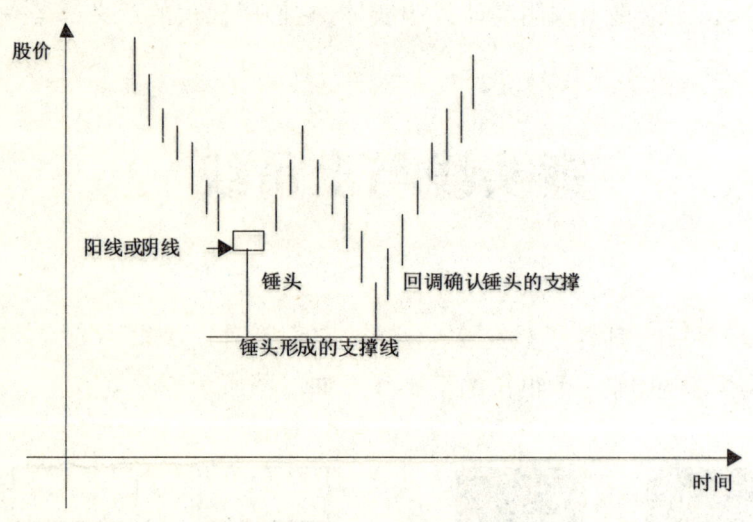

锤头线的指导意义

如何根据锤头进行投资,取决于投资者的心态与风险的控制。

如投资者决定在锤子出现之后立即买进,必须重新试探锤子的底部。如果希望价格拉回,完成试探之后再进场,其方法是:当锤头出现时,以小量进行交易,如果价格拉回并成功完成探底,再加码买进。

锤头线还常常被庄家用来试探行情的底部,看看底部有没有承接力。

如下页图是深圳深南玻(000012)1996年9月至1997年1月的日K线和成交量走势图,这是底部锤头线的实战案例。

C处有一根锤头探底线。这根锤头线是庄家试探底部而形成的。底部的承接力很强,收盘时股价抬高,收出一根锤头线。这是一根非常重要的、具有指导意义

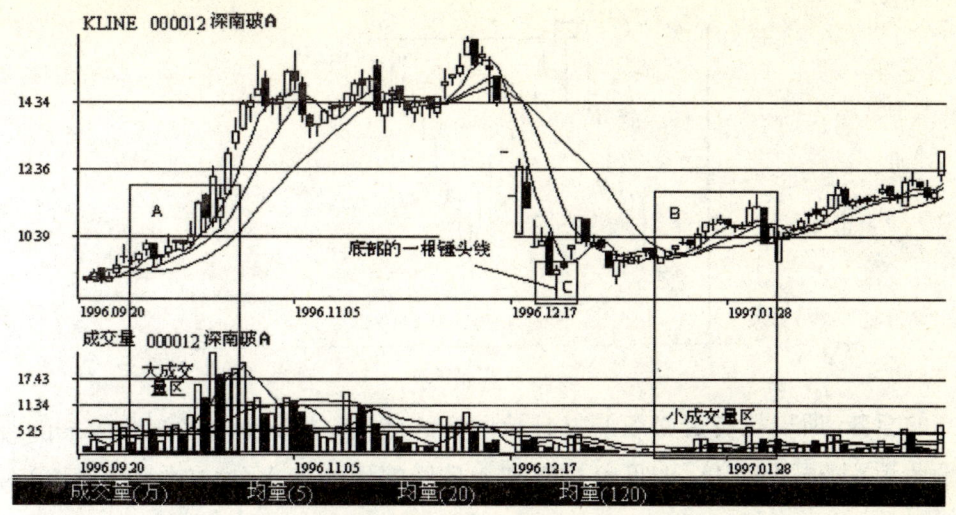

底部锤头线的实战案例

的锤头线。

该锤头线发生在1996年12月15日星期天的政策利空后的第8个交易日,庄家大量筹码被套,他们为了自救而测试底部。

1996年12月15日的政策利空是一个突发事件,12月16日股价全面下跌,连跌两个跌停板。18日庄家在护盘失败后,19日后股价又连续四天下跌。23日的锤头线使庄家明确了底部价位。

1996年12月24日后股价开始上升,几天后又有一个回调确认锤头线的底部,在确认后股价一路上扬。

从K线图形中如何知道是庄家被套呢?这需要结合当时的政策背景来加以分析。因为政策利空发生在庄家派货的头部,庄家正在走一头肩顶派货形态,在头部形成后和右肩形成时,发生政策利空,股价大跳水,庄家没有时间,更没有派货的条件,因此我们知道庄家的筹码被套。比较图中A处和B处的成交量,A和B同处在相同的拉升初期和低价区。A处每日成交均量在1 100万股左右,而B处每日成交均量仅有100万股,不到A处的1/10。在B处,每日的股价一再上升,但成交量都基本不变。这就说明了大量筹码在庄家手中,散户的筹码很少,所以放不出量。因此庄家被套是显而易见的。

**3. 上吊线的指导意义**

在下页图的线形中,长长的下影线代表买进的意愿,因此被视为多头的信号。但是,高位的这种形态——上吊线的形态——出现后,价格开始下跌的概率很大,因为上吊线代表了这时多头的力量相当脆弱。

上吊线的小实体部分亦代表先前的涨势可能在变化之中。由于上吊当天具有

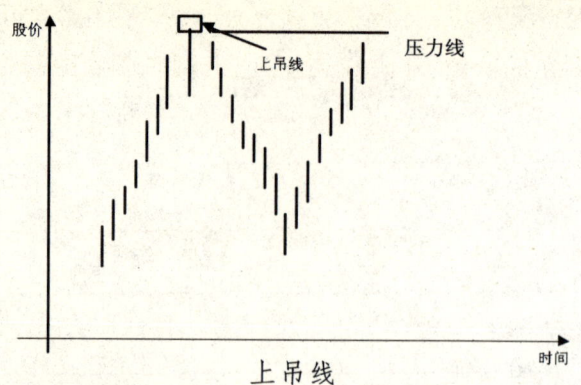

上吊线

多头的意味,所以投资者必须经过日后空头的确认。确认方法是观察隔天的收盘价是否低于"上吊"的实体,如果价格跌到上吊线实体的下方,这条K线就可确认是"上吊线"。

如下图所示,1999年6月30日方正科技(600601)走出了在高价区,并走出了一根放出天量带长下影线的上吊线。第二天又走出一根放量长阴,这就证明庄家正在派货,股价即将下降。这时头部形成,投资者应尽快离场。

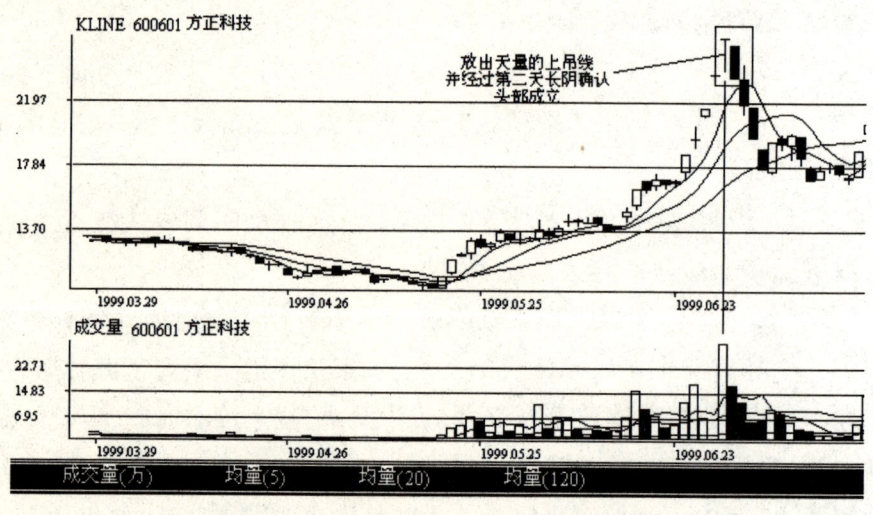

上吊线、流星线和锤头线的实战案例

# 流 星 线

流星线与上吊线和锤头线的形态形成对照,前者是上影线很长,后者是下影线很长。

流星线是一根上影线很长的线形,实体很小而位于上影线的下端,流星线的上影线具有空头的意义。上影线很长,代表空头有能力大幅压低价格。

流星线如出现在高价位,又有成交量配合,大多是庄家的派货走势。

流星线如发生在低价位,又有成交量配合,则是庄家强行收购筹码的行为。如下图所示。

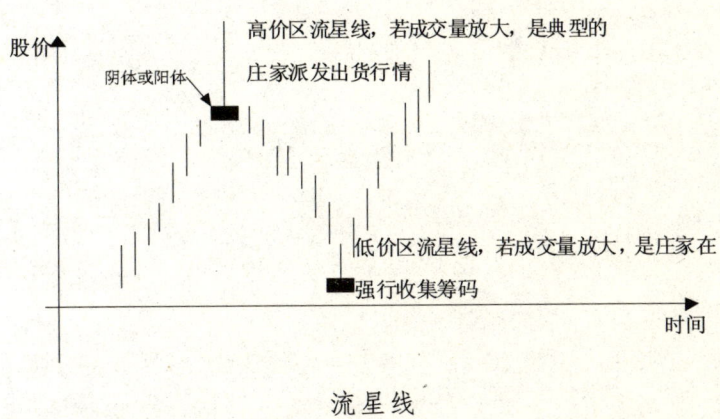

流星线

下图是上海江西纸业(600053)1999年12月至2000年6月的日K线和成交量的走势图。在图中,我们可以看到上升趋势中流星线出现所代表的意义。股价的上升趋势中有A、B、C三处出现流星线,流星线的第二天都有一根阴线出现。为什么B和C不是头部信号,而选择A为头部信号?

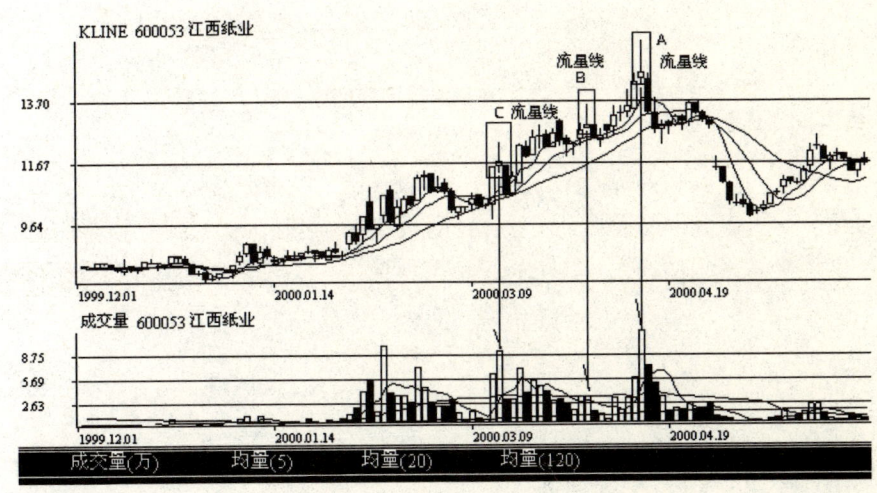

上升趋势中出现流星线的实战案例

这是因为C处的流星线是在拉升初期,该流星线的出现是由于庄家强行吸进筹码,不让当天股价超过前期头部。而第二天出现抛盘,是一部分人中了庄家流星的空头陷阱而出货形成了一根长阴线。这些出货人误认为庄家在出货,而事实是庄家正在进货,因而C处不是头部的流星线走势。B处的流星线接近拉升后期,但没有成交量的配合,第二天的阴线短,成交量小,因而B处也不是头部的流星线走势。图中A处的流星线是在拉升后期,出现流星线的当日成交量放出天量,股价达到天价。第二天出现一根放量长阴,这是标准的头部流星走势,趋势要发生反转。因此,A处的流星线才是顶部信号。

# 第3章
## 双日K线的组合分析

# 组合线形的画法

所谓双日K线的组合分析,是指针对双日K线的组合加以分析、研究,从而预测第三日以后股价走势的研判方法。

为了研判两根和多根K线组合的意义,我们采用组合线形来研判。组合线形的画法分下面几个步骤完成。

第一步,取K线组合第一个交易日开盘价作为组合线形的开盘价。

第二步,取K线组合中的最高价作为组合线形的最高价。

第三步,取K线组合中的最低价作为组合线形的最低价。

第四步,取K线组合最后一个交易日的收盘价作为组合线形的收盘价。

下图的组合线形是由三根K线图组成。从组合线形中我们看到,这是一组带长上影线、下影线和实体很短的纺锤阴线,空头气氛很浓,如发生在股价高位,并有成交量配合,即可断定:这个组合线形的含义是庄家拉高出货。

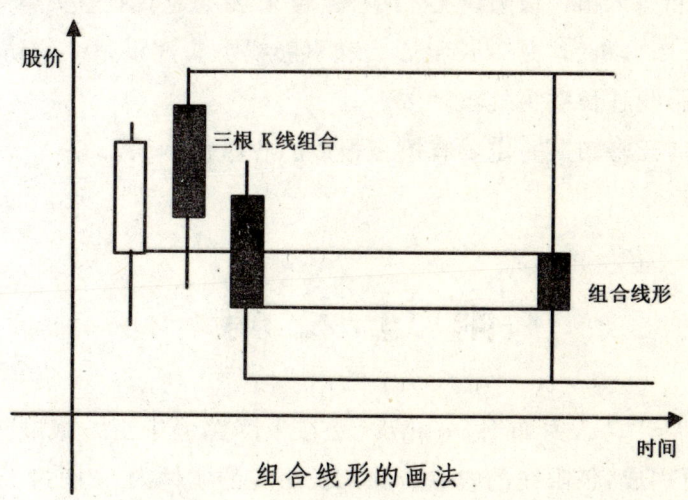

组合线形的画法

组合线形是分析两条K线和多条K线的基本方法。本书后面内容中的双线和多线组合的日K线图的分析方法,都将采用组合线形来分析和研判。

# 双日 K 线的组合分析:乌云密布

"乌云密布"是由两根K线所构成,第一根是强劲的长阳线,第二根是长阴线,收盘价深入第一根阳线的实体内(超过实体长度的50%),如下图所示。

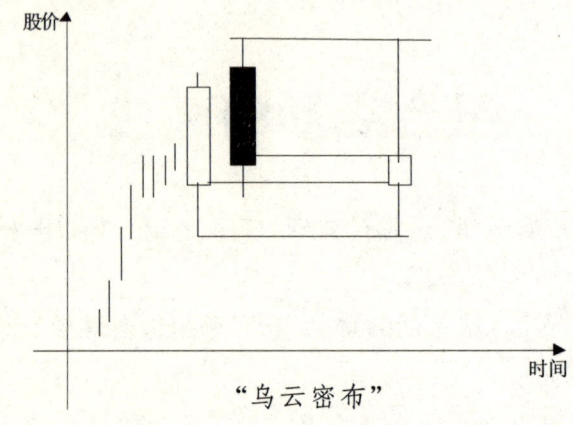

"乌云密布"

"乌云密布"代表上升动能被第二根阴线所冲散,上涨的走势蒙上一层乌云,它发生在股价的高位,是行情反转的预警信号。

一个理想的"乌云密布",第二根阴线的开盘价(向上跳空高开)应该高于第一根阳线的最高价,第二根阴线的收盘价应深入第一根阳线的实体一半以上。如果深入程度未超过一半,属于不完整的形态,应该再观察第三天的收盘价作为确认信号。一般来说,第二根阴线收盘价进入第一根阳线实体的程度越深,形态越具有空头意义。

从组合线形来分析,这是带长上影线和下影线空头气氛很浓的纺锤线形,行情很可能反转,上影线越长空头气氛越浓。

非理想的"乌云密布",一定要有第三根线的收盘价确认。

# 雨 过 天 晴

"雨过天晴"与"乌云密布"恰好相反,是在下降趋势中由一根顺势的长阴线与另一根长阳线所构成,长阳线的收盘价深入长阴线的实体内。"雨过天晴"可显示低

位的强劲买盘。由于"乌云密布"的出现,股价下降,犹如倾盆大雨,而倾盆大雨后又将是"雨过天晴"。

一个理想的"雨过天晴"应该是:第二根阳线的开盘价(向下跳空低开)应该低于第一根阴线的最低价,第二根阳线的收盘价要能够深入第一根阴线实体的一半以上。第二根阳线深入第一根阴线的程度越深,所代表的底部反转意义越明确。如果深入的程度不够深,则代表多头的反攻还不够强劲。

一个非理想的"雨过天晴"需要第三根线的收盘价来证实。

如下图所示,"雨过天晴"的组合线形可看出:下影线特别长,实体很短。说明多头气氛很强,下降动力已经耗尽。

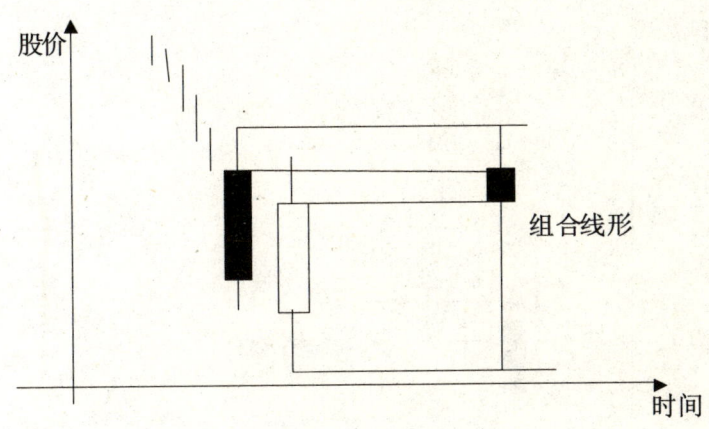

"雨过天晴"组合线形示意图

下图是深圳飞亚达(000026)1999年12月至2000年4月的日K线和成交量走势图,这是"乌云密布"和"雨过天晴"的一个典型的实战案例。

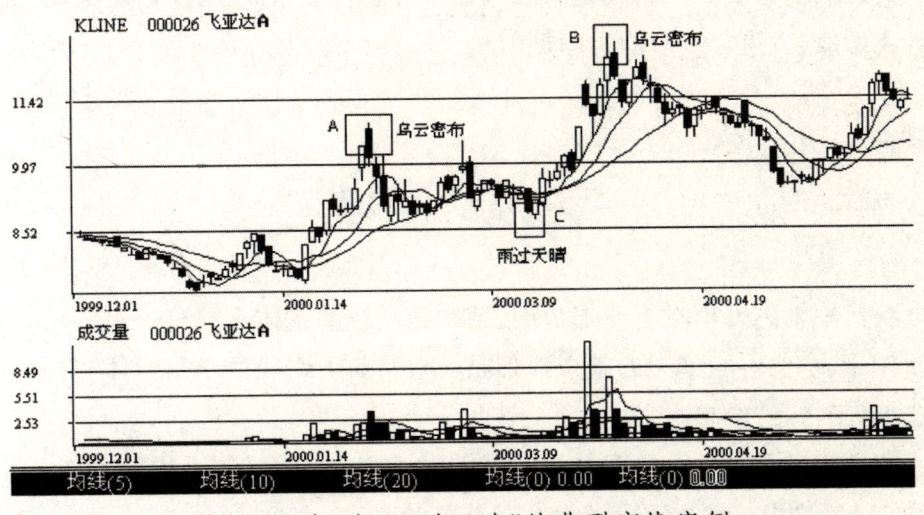

"乌云密布"和"雨过天晴"的典型实战案例

C处是两根阴阳线组成的"雨过天晴"组合形态。"雨过天晴"后，趋势反转，股价上涨。

A处和B处是两组"乌云密布"的形态。在"乌云密布"形态后，股价趋势由上涨变为下跌。

# 多头吞吃

多头吞吃形态是由阴阳两根线形构成，第二根阳线的实体吃掉第一根阴线的实体，如下图所示。

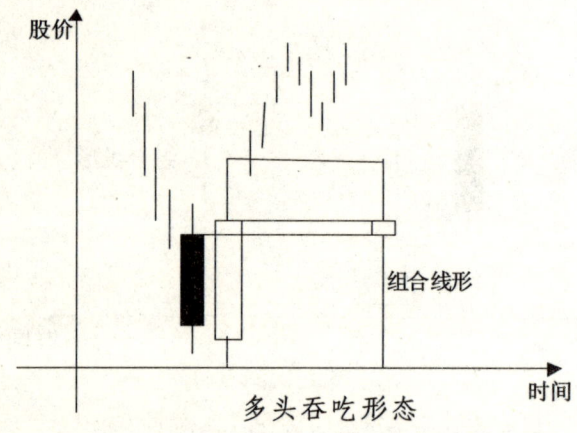

多头吞吃形态

多头吞吃形态发生在股价下跌中，一根长阳线完全吃掉了一根长阴线。

如果多头吞吃发生在下降走势中，那么其组合线形态所表现的多头强度要大于"雨过天晴"的形态。因为其组合线形的下影线长度一般要比"雨过天晴"的组合线形的下影线长，组合线形的实体是阳线。

# 空头吞吃

空头吞吃形态发生在上升走势中，第二根阴线的实体吃掉第一根阳线的实体。在下页图中，空头吞吃形态的组合线形是一根带长上影线的小阴实体，它的空头气氛浓于"乌云密布"形态。

吞吃形态显示空头力量稍大，表明空头由多头的手中夺回了主控权。

在空头吞吃中，空头以压倒性的优势制服多头。在前面讨论的"乌云密布"排列中，

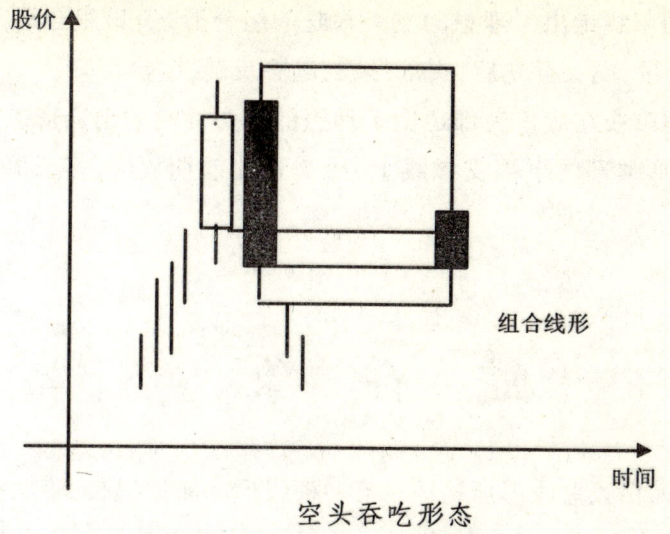

空头吞吃形态

空头的气势可以由第二根阴线深入第一根阳线实体的程度来反映。但在空头吞吃中，空头所驱动的第二根阴线完全吃掉第一根阳线的实体,显示出空头的气势很浓。

相同的概念也适用于"雨过天晴"和多头吞吃之间。在"雨过天晴"形态中,多头所驱动的反攻只深入前一根阴线实体的一半左右。

我们还可以根据形态所发生的位置来判断形态的效力。如一个发生在支撑区的"雨过天晴"与一个没有在支撑区的多头吞吃,前者可能是更有效的底部反转信号。所以,在判断形态的效力时,应该由整体技术面来考虑。

理想的吞吃形态是第一根线形的实体很短,第二根线形的实体很长,而且第二根线形的实体完全吃掉第一根线形(包括其影线在内)。

非理想的吞吃形态应由第三根线的收盘价来确认。

下图是深圳中集集团(000039)1997年3月至1998年11月的周K线和成交量走势图,这是空头吞吃和多头吞吃的典型案例。

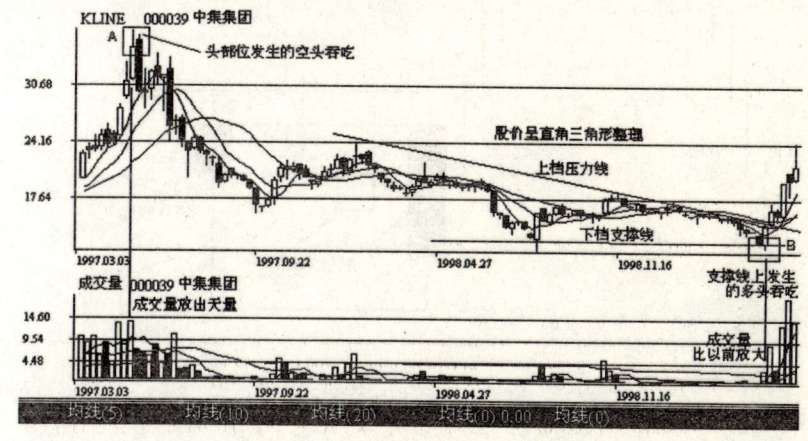

空头吞吃和多头吞吃的案例

A处是两根周阴阳线走出了理想的空头吞吃的组合形态。该组合形态发生在高价区，成交量放出天量，空头吞吃后，头部形成，趋势反转，股价下降。

B处是两根周阴阳线在股价底部走出了理想的多头吞吃的组合形态。该组合形态发生在直角三角形整理的下档支撑线上，成交量比前期放大，多头吞吃后，趋势反转，股价上升。

# 蛇 吞 象

"蛇吞象"是由两根长短线形所构成。第一根线形的实体很长，第二根线形的实体很短，而且小实体完全处在长实体之内。换言之，这两根线形的先后顺序与吞吃相反，吞吃是长实体吃掉前一个小实体，而蛇吞象是小实体吞吃一个长实体。

因长实体代表原来的趋势，小实体的出现改变了原来的趋势。在现实生活中用蛇吞象来形容小的吃掉大的，小个打败大个，就像一条蛇把一头大象吞到肚里一样。

第一根线应是长阳线或者长阴线，第二根线的小实体可以是阳线、阴线或十字线。

在下跌趋势中，蛇吞象代表下跌的力量已经耗尽了；在上升趋势中，蛇吞象代表涨势难以继续下去。

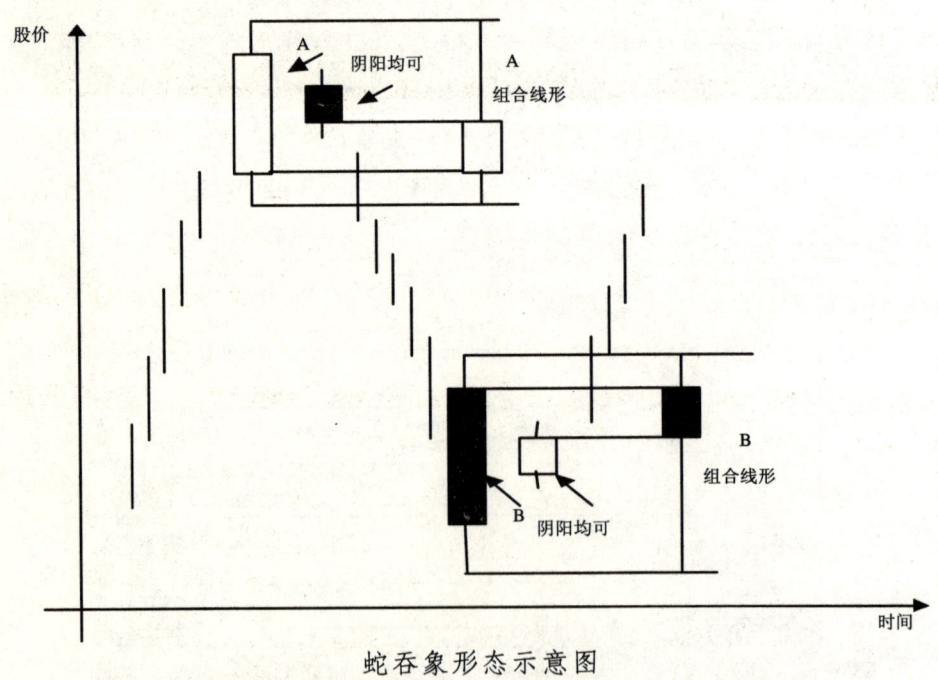

蛇吞象形态示意图

如上图所示，B处是上升趋势的蛇吞象形态。线形的颜色不是蛇吞象排列的必

K 线图入门与技巧

要条件,在下降趋势中,象阳蛇阴、象阴蛇阴、象阴蛇阳和象阳蛇阳的排列均可。其中象阳蛇阳的多头气势强过其他排列,这是因为长阳线本身更有多头意义。所以像是由长阳线所构成,表明跌势已经告一段落,上升趋势即将开始。

同样的道理也适用于下降趋势中的蛇吞象。如上页图中A处所示,在上升趋势中,象阳蛇阴、象阴蛇阴、象阴蛇阳和象阳蛇阳均可,其中象阴蛇阴的空头意义将强过长阳线所形成的蛇吞象。这是因为长阴线本身是空头线形,它可能代表升势已经告一段落,下降趋势即将开始。

下图是上证指数(000001)1996年7月至1999年6月的周K线和成交量走势图,是蛇吞象和其他形态的综合分析和学习案例。

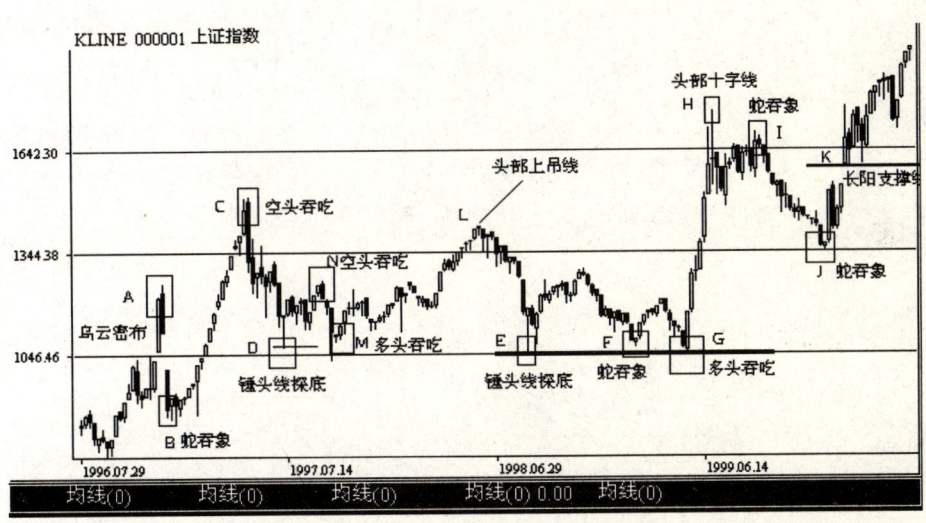

蛇吞象和其他形态举例

B处、F处和J处都走出蛇吞象的走势。由于小实体是在长实体底端,因此,这种排列称为低位蛇吞象。这三个蛇吞象发生在股指底部。蛇吞象后,趋势反转,股指上升。

I处也走出了一个蛇吞象的形态。它发生在股价上升趋势高位,趋势将反转,股指下降。

A处走出了"乌云密布"的形态。在"乌云密布"形态后,股指下降。

C处和N处是两个空头吞吃形态。在空头吞吃形态后,股指下降。

D处和E处是两个底部锤头线探底。在探底后,股指开始上升。

G处是多头吞吃形态。在多头吞吃形态后,股指上升。

L处是头部上吊线。经过头部上吊线后,股指下降。

H处是头部十字线。经过头部十字线后,股指调整。

K处是放量长阳形成的下档支撑线。

K线分析的研究者们经过长期的实盘分析后,发现在蛇吞象形态中,第二个线形可能影响整体的效力。

(1) 如果第二个小实体位于第一个长实体的中央,可以增加蛇吞象的反转可能性。在上升趋势中,如果第二个小实体位在第一个长实体的上端,随后可能产生横向整理走势,而非下跌的走势。这种排列称为高位蛇吞象。

(2) 在下降趋势中,如果第二个小实体位于第一个长实体的下端,随后可能产生横向而非上涨的走势。这种排列称为低位蛇吞象。

(3) 如果第二根线形(包括影线在内)完全处于第一根线形的实体范围内,价格反转的气势比较强。

(4) 第二根线形的影线越短,实体越小,蛇吞象形态的信号越明确。如果第二根线形是十字线(称为蛇十字),反转的可能性更高(类似长阳和长阴后的十字形态)。

(5) 在上升趋势中,蛇吞象排列一旦被穿越,则代表多头的持续信号。同样,在下降趋势中,蛇吞象的低点被跌破,则代表价格将持续下跌。

# 缺　　口

在两根K线组合中,如果第二根K线与第一根K线的交易价格是不连续的,就构成了一个K线缺口,换言之,缺口是价格K线走势图中没有交易的价格区间形成。缺口是一种非常重要的K线形态。

缺口有向上跳空缺口和向下跳空缺口两种。如果第二根K线的最低价高于第一根K线的最高价,就形成向上跳空缺口;如果第二根K线的最高价低于第一根K线的最低价,就形成向下跳空缺口。

当以缺口作为支撑或压力时,必须了解一种常见现象,即价格可能暂时跌破上升缺口的底部或暂时穿越下降缺口的顶部,然后再恢复先前的走势。这个过程被称为"弥补缺口"。请参考下页图。

在日K线走势中,如果收盘价格弥补缺口,则先前的趋势应该结束。例如,在13~14元之间存在一个向上跳空缺口,而随后的价格收在缺口的底部14元以下,先前的上升趋势应该被视为结束;反之,如果在21~23元之间存在一个下降缺口,而多头随后将收盘价格拉至23元以上,先前的下降趋势应该视为结束。但如果盘中价格封闭窗口,则不可视为趋势结束的信号,应等待收盘价的确认。

同样,在周K线图中,应该根据周五的收盘价来确认缺口是否被弥补。如果以收

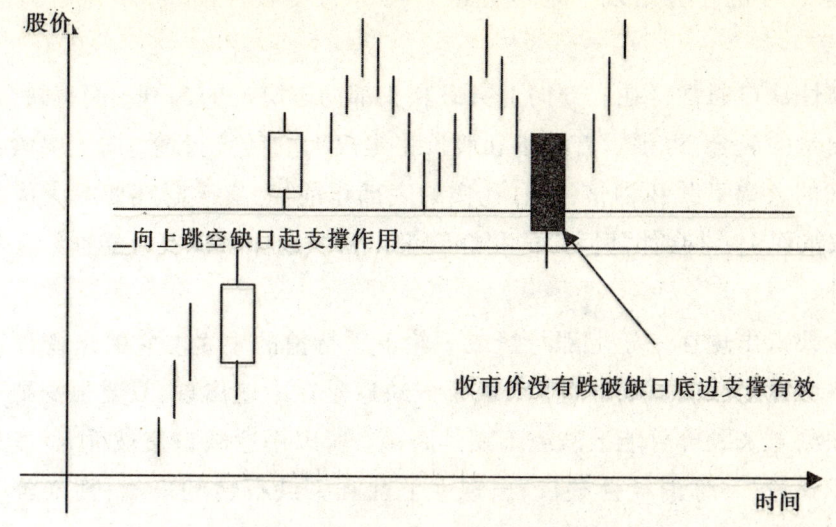

向上跳空缺口支撑示意图

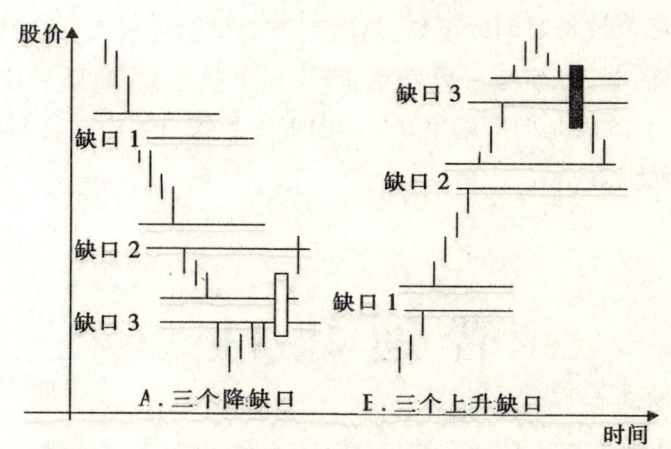

向下跳空缺口压力线示意图

盘价来确认,可能涉及一定的风险。因为当确认缺口被弥补时,市场走势可能已经发生好几天了。

缺口在实际走势中经常出现,但缺口的性质是不相同的。缺口可分为功能性缺口和普通缺口。

# 功能性缺口

功能性缺口的实战意义固然重要。但是,在走势中功能性缺口并不常见,只有在关键的时机才会出现。功能性缺口可分为突破性缺口、中途缺口和竭尽缺口三种。

突破性缺口通常是在底部向上突破和头部向下突破时出现。这类缺口的出现，如有成交量的配合，将预示着股指和股价将走出大的反转行情。向上突破性缺口应有长时间的大幅下跌和调整，并有扎实的底部作前提，突破时还要有大成交量的支持。在政策面上，常会伴随巨大的利好政策出台。这种缺口有可能连续几年长时间不能弥补。

中途缺口出现在一轮上涨行情或一轮下跌行情的中途。它的出现预示着股指或股价将继续上涨或下跌的行情。由于该缺口是在中途出现，只要根据缺口的位置就可以预测未来股价可能上涨或下跌的距离。所以中途缺口又被称为"度量缺口"。

竭尽缺口(又称消耗性缺口)出现在上涨和下跌行情的末端，预示着多头或空头行情已进入后期，是股价在上涨过程中的最后冲刺，能量消耗极大，已无后继力。出现竭尽缺口后，股价在短期内将发生反转行情。

当股价向下经过较长时间的下跌，这时空方能量消耗极大，此时如出现消息面利空，将产生恐慌性抛盘，空方一致做空，产生向下跳空缺口，随后该卖的都卖了，再也没有卖盘现出，这就是向下竭尽缺口。向下竭尽缺口的出现将预示着股市在短期内结束下跌行情。

# 普 通 缺 口

普通缺口的重要性次于功能性缺口。但在实际走势中，普通缺口出现的频率却大大超过功能性缺口。因此，我们见到的多数都是普通缺口。

在技术分析领域中有缺口必补的说法。在实际走势中，普通性缺口一定会被回补，而且所用的时间并不长。但功能性缺口，尤其是底部或头部产生的缺口将在很长的时间内不能回补。

某些日本交易员认为，如果缺口在三个交易时段内没有关闭，可以确认为市场将朝缺口的方向发展。以下降缺口来说，如果在三个交易时段内没有关闭缺口，价格应该继续下跌。另一日文著作还提出更强硬的结论，认为如果缺口在三个交易日内没有关闭，在随后的十个交易日内，市场将朝缺口方向发展。

普通缺口有如下特点。

(1) 在股价回调时，一个向上的跳空缺口的位置通常是明显的支撑；在股价反弹时，一个向下的跳空缺口位置通常是明显的阻力。

(2) 缺口处如伴随着较大的成交量，在此间形成的支撑和阻力也就越强。

（3）向上缺口如没有成交量的支撑，此缺口极容易被回补。向下缺口如没有成交量支持，该缺口并不一定很快被回补。

（4）缺口被回补后，股价通常仍向原方向继续运行。

下图是深圳深万科A（000002）1999年6~10月的日K线和成交量走势图，这是向下跳空缺口的实战案例。

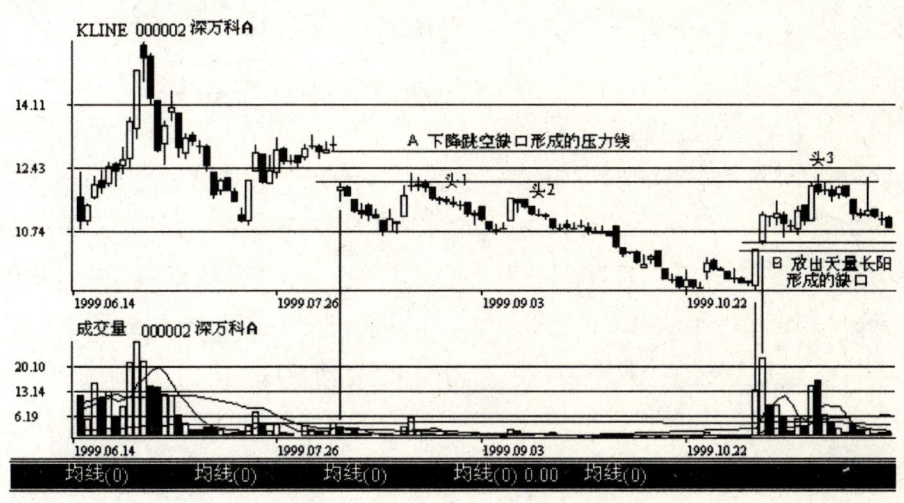

向下跳空缺口的实战案例

A处是一根向下跳空的放量阳线，形成一个下降缺口。缺口幅度是8.8%。三日内缺口没有弥补，属于有效普通下降缺口。该缺口形成一条缺口压力线。图中几次反弹形成的头部都没有超过该压力线，说明该缺口的有效性。其实际指导意义是投资者可在反弹到这根压力线附近了结手中股票。

B处是一根放出天量向上跳空的长阳线。这个缺口多日内没有被弥补，属于有效普通上升缺口。该缺口形成一条有效股价支撑线。

# 三 个 缺 口

缺口理论认为，缺口的发生遵循"一鼓作气，再而衰，三而竭"的规律。即第一个缺口的力量最大，第三个缺口的力量则已经衰竭。涨势中，如果出现三个向上跳空缺口，则上升的动能已经释放耗尽，走势会反转向下；跌势中，如果出现三个向下跳空缺口，则下降动能也已经释放耗尽，走势会反转向上。

换言之，如果市场连续出现三个上升缺口或三个下降缺口，则表示原来的趋势发展已经过度，而即将发生修正。如下页图所示，当看到连续三个缺口后，原来的趋势将发生反转。

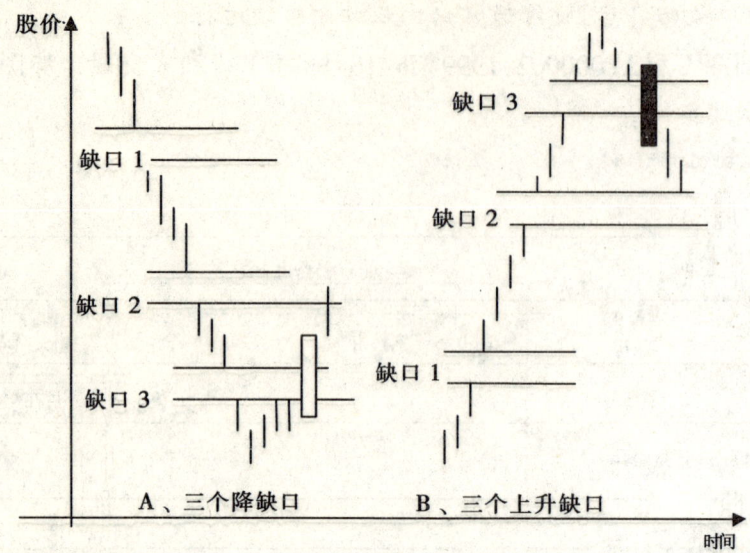

A、三个降缺口　　　B、三个上升缺口

三个缺口示意图

# 第4章
## 三日K线和多日K线组合分析

# 黄　昏　星

　　黄昏星是由三根线形构成。黄昏星如出现在上升趋势中,首先是一根顺势的长阳线,其次是一根向上跳空的小实体线形,颜色不拘,阴阳均可。最后是实体向下跳空的长阴线,收盘价深入第一根阳线的实体之内。如果第二根线形是十字线,形态便是黄昏十字星。如下图所示。

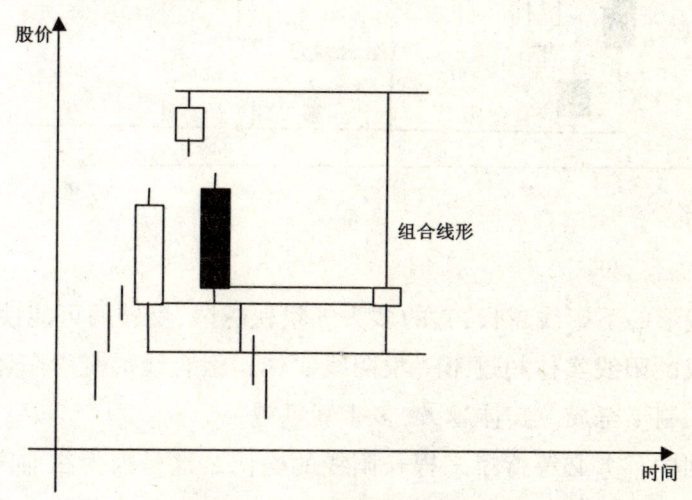

黄昏星

　　黄昏星组合线形的上影线越长,它的空头气氛越浓,反转的可能性就越大。
　　当第三根线的阴体部分超过阳体,组合线形变为阴体,空头控制了全局。实体越大,空头越强。
　　把三天的成交量加在一起就可计算出换手率。换手率越高,庄家出货的可能性就越大。

在这个排列中,务必等待第三根长阴线的确认。因为在前两根线形完成时,我们只知道先前的涨势已经转变为多空僵持局面,唯有第三根长阴线出现,才能确认空头已经掌握大局。

很多股票的走势证明:黄昏星的组合线形是一根纺锤线,当它出现在股价高位时是庄家为了派货而设置的多头陷阱。

# 晨　　星

下图是典型的晨星排列。第二根线形的实体与前后的实体之间都存在缺口。以组合线形来看,第三根线形的收盘价越深入第一根黑线实体的内部,组合线形的下影线就越长,多头形态的气势也就越浓。

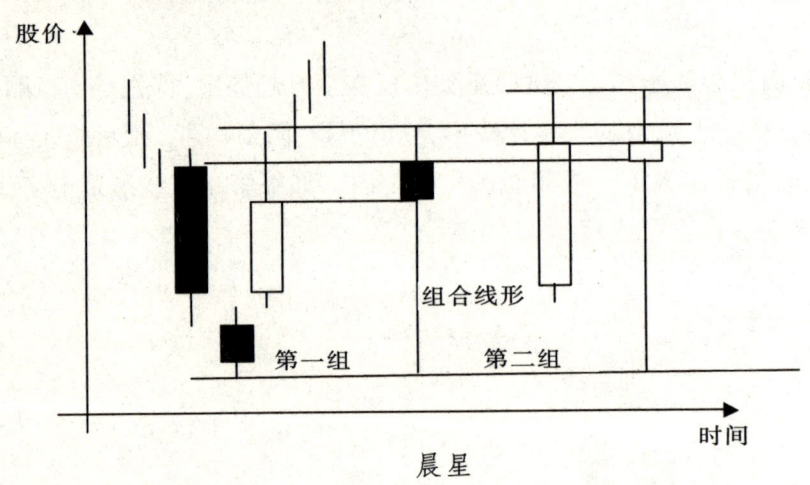

晨星

晨星组合线形的下影线越长,它的多头气氛就越浓,反转的可能性越大。

当第三根线的阳线实体超过第一根阴线实体,组合线形变为阳体 (图形第二组),说明多头控制了全局。实体越大,多头气氛越强。

在这个排列中,务必等待第三根长阳线的确认。这是因为在前两根线形完成时,我们只知道先前的跌势已经转变为多空僵持的局面。唯有第三根长阳线出现后,我们才能确认多头已经掌握了大局。

# 红　三　兵

红三兵的标准图形是由三根实体短小的阳线组成。这种图形通常发生在行情

的启动阶段,每日成交量温和放大。如下图所示。

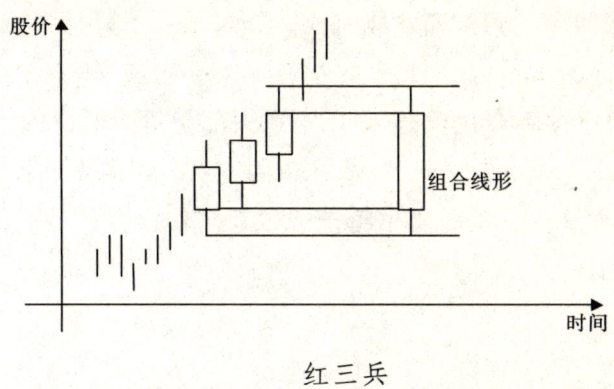

红三兵

在行情启动走势中,常出现第一根小阳,成交量温和放大;第二根是实体很小的阳线。成交量持平或温和放大;第三根是小长阳线。成交量持平或反而减小,第四天起一定有上升行情。

红三兵组合线形的下影线越长,它的多头气氛就越浓。

红三兵组合线形在中阳和长阳之间。多头控制了全局,实体越强,多头气氛越浓。

红三兵组合线形出现在启动行情的红三兵排列才能有效。如果在上升行情后期出现,很可能是庄家设置的派货多头陷阱。

# 黑 三 鸦

黑三鸦的标准图形是由三根实体短小的阴线组成。它通常发生在行情的头部阶段。如下图所示。

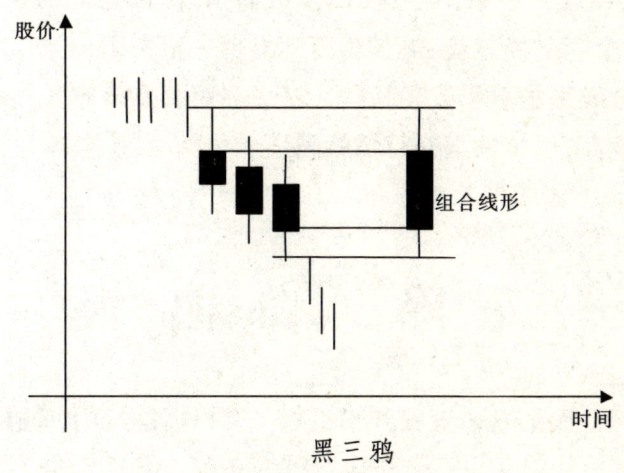

黑三鸦

黑三鸦组合线形的上影线越长，它的空头气氛就越浓。

黑三鸦组合线形实体长度常在中阴左右。实体越长，空头气氛越浓。

出现在头部行情的黑三鸦排列才能有效。如果是在下降行情或底部出现则没有指导意义。

黑三鸦在头部的实体不会很长，它是庄家在头部派货所形成的。由于头部的派货空间有限，黑三鸦的实体不会很长，一般在中阴左右。如实体过长，表明股价已下降很大，就没有指导意义。一些股市书籍把三根长阴作为"黑三鸦"处理，在此时出货已经太迟。

# 上 升 三 部 曲

标准的上升三部曲图形是由五根线形组成，第一根是长阳，紧接着是三根短小的阴体，第五根又是长阳。上升三部曲常发生在行情上升途中。如下图所示。

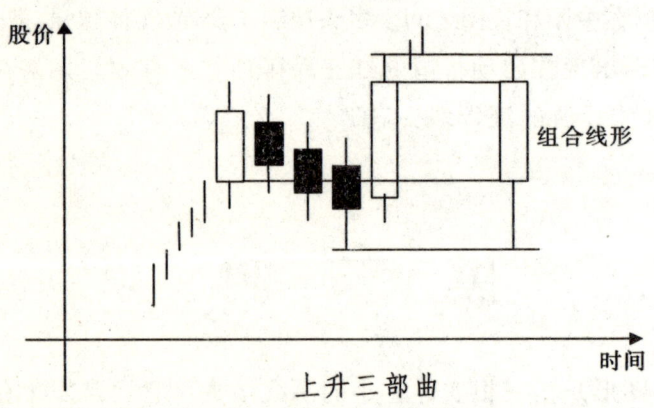

上升三部曲

在上升走势中，出现一根长阳体；长阳体后面出现"黑三鸦"，这是上升途中调整和换手所致，是一个"假"黑三鸦；黑三鸦后又出现一根长阳。

上升三部曲组合线形的下影线越长，多头气氛越浓，实体越长，多头就越强。

五日的换手率越高，后市的上升行情就越强。

# 下 降 三 部 曲

标准的下降三部曲图形是由五根线形组成。第一根是长阴，紧接着三根短小的

阳体,第五根又是长阴。下降三部曲常发生在行情下降中途。如下图所示。

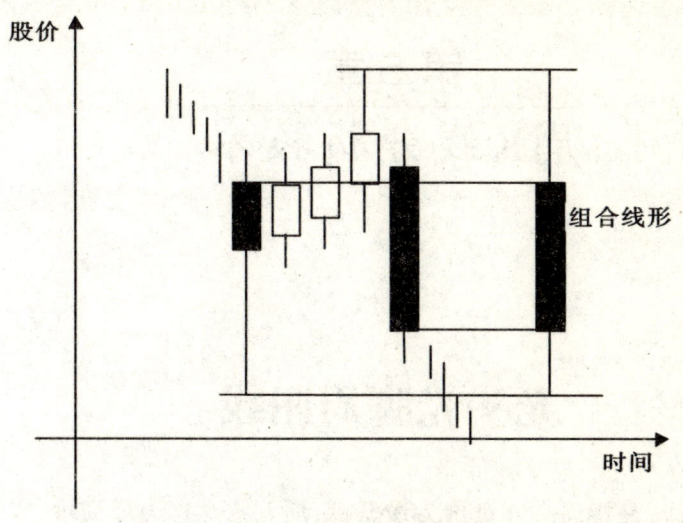

下 降 三 部 曲

在下降走势中,出现一根长阴体;长阴体后面出现红三兵,这是下降途中派发和换手所致;红三兵后又出现一根长阴。

下降三部曲组合线形的上影线越长,空头气氛越浓,实体越长,空头越强。

下降三部曲形态常发生在庄家派发股票初期和中期。下降三部曲是庄家的多头陷阱。在下降途中出现阳线,一些投资者会误认为是另一轮行情开始,而实际上是庄家拉高出货。这时买进股票的人,都掉进了庄家的多头陷阱。

# 第5章
## 周K线分析技术

# 光头光脚周阳线

光头光脚周阳线,是指周一开盘价为最低价,周五收盘价为最高价,收盘价远远高于开盘价的周K线。其中心值位于K线实体的中间。如下图所示。

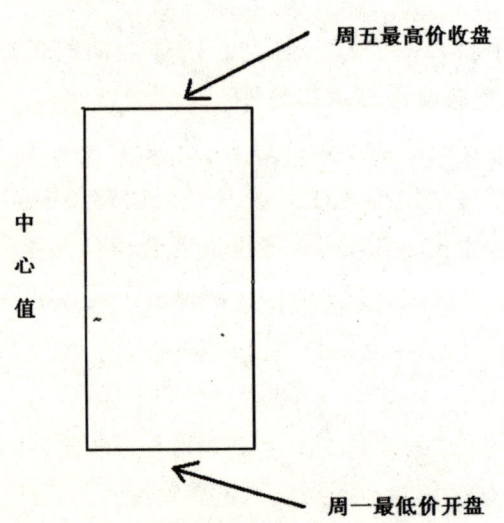

周五最高价收盘

中心值

周一最低价开盘

光头光脚周阳线示意图

光头光脚周阳线的出现说明在一周的交易时间内,买方占尽了明显的优势,卖方势单力薄,毫无还击之力。一般来说,它的出现有三种情况:

(1)本周初期买方不动声色地在低位吸纳筹码,在周三、周四才开始发力拉高,由于卖盘稀少,指数或股价在几天之内就被大幅推高,周五以最高价报收。

(2)买方在上周整理行情中早已经做好了充足准备,本周一,一开盘就展开了凌厉的攻势,在本周中段虽然卖方出现过反击,但是卖盘软弱无力,买方变本加厉继续拉高,直至周五以最高价报收。

(3)本周的升势是上一两周升势的延续,周一,一开盘就持续拉高上升,市场一直看好,在本周内股价经常跳空高开高走,并在极度乐观的情绪中以全周最高价收盘。

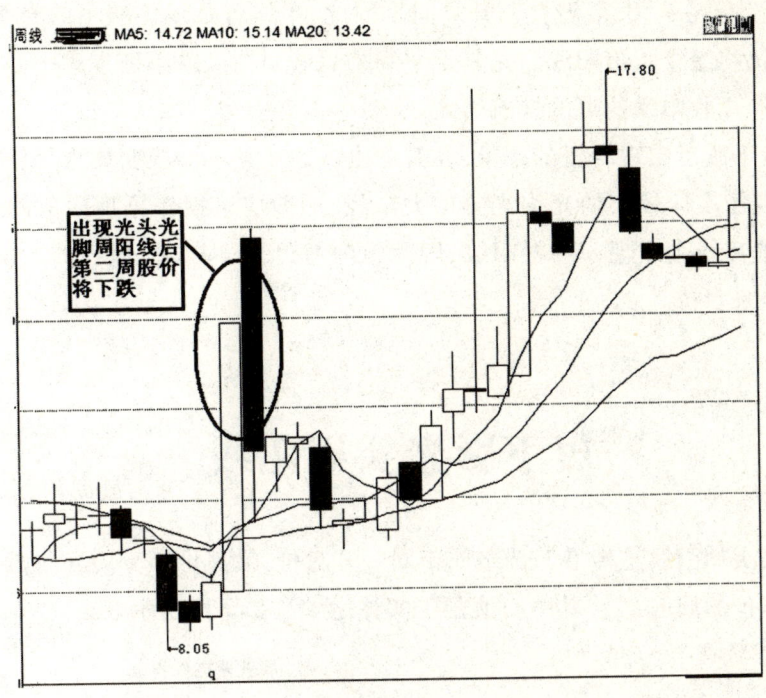

出现光头光脚周阳线后第二周股价将下跌

光头光脚周阳线形态图解

光头光脚周阳线出现的上述三种情况,均孕育着危机!

第一种情况下,买方在本周初吸纳,后半周急拉,往往是一种短线行为,否则就会缓慢推高而不是急拉。因此,其目标价位不会很高,往往是见好就收。同时,由于后半段升势过急,未经过充分洗筹换手,获利回吐的压力很大。

第二种情况下,买卖双方在本周经历过一番较量,有一定程度的换手,买方持股价格升高,但是,如果后半周升势过急因此而拉出大阳线的话,新接手的买方又有了较大的获利差价,市场新增了回吐的压力;另一方面,本周中段经过一定的震荡,使一些曾经被套牢的持股者产生了警觉,下周一旦有什么风吹草动,他们会首先卖出,以避风险。但是,如果本周中段换手之后,股价虽然以最高价报收,却未经急升,那么本周的阳线就不会是大阳线,与上周相比,周线较小,这样下周仍然有上升的动力。

第三种情况下,股价在本周之前已经持续上升,本周又出现多次跳空高走,说明庄家已经大幅获利,在市场气氛一致看好、中小户卖盘踊跃的情况下,庄家已经创造了获利了结的最好时机,功成身退已经成了庄家的明智选择。另一方面,由于市场一致看好,该进场的买盘已经进场,此后的扬升(将)缺乏新买盘的推动。因此后市蕴藏了大幅回落的危机。

因此,一旦出现了光头光脚周阳线,下周股价走势将出现逆转,即由上升转向下跌,因此下周将是高位卖出的时机。尤其是下周初股价大幅上扬的话,极有可能会走出冲高回落行情。因此,下周前半段坚持高位卖出的方针不能动摇!

如果本周的光头光脚周阳线是一根较小的周线的话,很有可能在本周经过换手整理,上攻能量没有耗尽,大市仍有上升空间。因此,本周若是线体较小的光头光脚周阳线,那么下周仍将继续收出阳线。尤其是下周初先做回档又跌不破本周中心值的话,下周继续上升、全周收阳线的可能性就增大。

如果大盘下跌后出现转暖的迹象,在有理由认为反弹不会演变成为反转的情况下,周K线若出现了实体较大的光头光脚的大阳线,一般应该视作见顶回落的信号,在大多数情况下周K线会出现一两根阴线,因此,这种情形下周K线出现的大阳线也应当作为卖出信号来对待。

# 短下影光头周阳线

短下影光头周阳线是指最低价略低于周一开盘价,最高价等于周五收盘价,收盘价明显高于开盘价的周K线。其中心值位于实体之中。如下图所示。

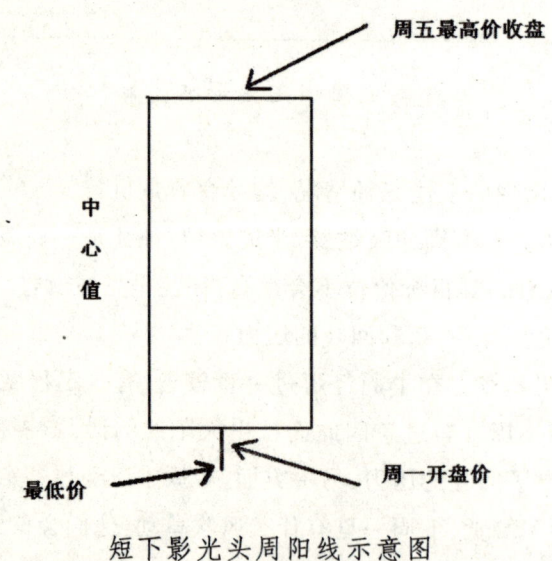

短下影光头周阳线示意图

短下影光头周阳线出现表明本周开盘之后,卖方曾经一度出击,但是股价下跌幅度不大,低位承接力较强,因此卖方浅尝辄止。买方经受住卖盘抛压之后,转向采取攻势,在后半周将股价步步推高,并将其推至最高价报收,全周战果是买方大获全胜。

投资者一定要注意,短下影光头周阳线在日线图上是强势的标志,它出现后,一般次日仍会再收阳线,股价进一步上升。但是,在周K线图中拉出这种下影光头阳线,却未必意味着下周仍会收阳线。周K线图中的短下影光头周阳线,只是一种两可的K线。实际上,国内股市的周K线图很少出现这种K线,而且它出现的位置大多处于短线反弹当中,因此,它后面常常跟着一条长上影的十字周线,或者是带有上影的阴线。换句话说,它出现之后常常引发冲高回落行情,所以它常常扮演卖出信号的角色。但是,如果股价经过了持续的下跌,而本周的这根K线又较短小的话,那么,它也有可能是股价步出低谷的标志,下周仍将继续上扬。如果它出现在上升途中而且本周跳空高开的话,下周将成为转向下跌的转折点。

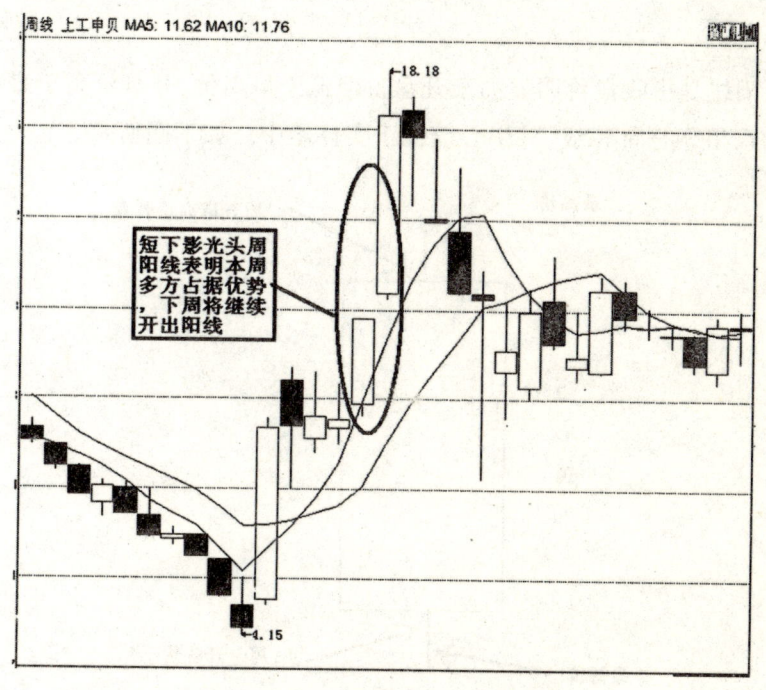

短下影光头周阳线形态图解

那么,遇到短下影光头周阳线后投资者应怎样操作呢?

（1）如果它前面有两根以上的阴线,而且本周这根阳线较为短小的话,那么,下周仍将会走出强劲的上升行情,因此它是一个强烈的买入信号。下周一一开盘,就应该果断买入,并在下周全周坚持持股的方针不动摇。

（2）如果本周这根阳线是一根实体部分很长的大阳线的话,那么不管它前面是阴线还是阳线,它都意味着下周走势将会发生逆转,收出带上影线的阴线或收出上跳阴线的可能性很大。因此,在操作上,下周应该寻找高位卖出。如果下周一没有冲高就回档,那么可以继续持股,因为在下周内会有冲高的机会,待冲高后再卖出未迟;如果下周一就继续上升,那么,当天就应该在高位卖出一半持股,另一半持股也待股价已有回落迹象再卖出。原则上应该在下周三之前全部清仓,而且在下周内不再买回。

如果大盘下跌后出现转暖的迹象,在有理由认为反弹不会演变成为反转的情况下,周 K 线若出现了实体较大的光头光脚的大阳线,一般应该视作见顶回落的信号,在大多数情况下周 K 线会出现一两根阴线,因此,这种情形下周 K 线出现的大阳线也应当作为卖出信号来对待。

# 上下影周阳线

上下影周阳线是指收盘价明显高于开盘价但低于最高价,开盘价高于最低价,上下影线的长度大致相等的周 K 线,其中心值位于实体之中。如下图所示。

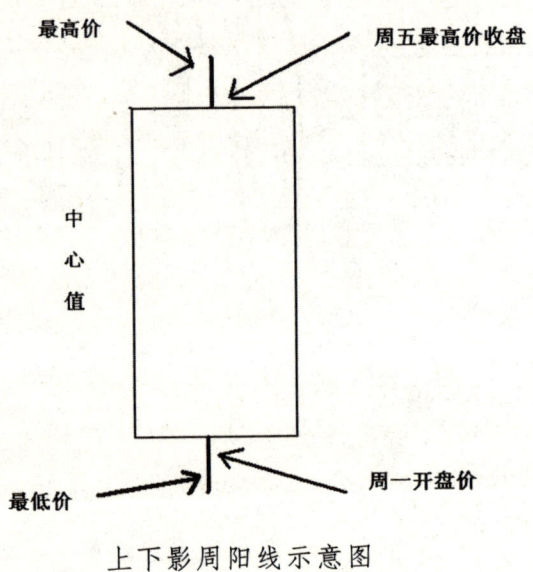

上下影周阳线示意图

上下影周阳线是周 K 线图上出现的最多的一种阳线。它的出现,说明全周都有多空双方力量的较量和争夺,走势有一定程度的反复,无论是在高位还是在低位,都有一定程度的卖压出现,其上下影线说明了这点。也就是说,买方无论是在低位还是在高位,都未能占据了绝对的优势,尽管全周拉出阳线,说明买方力量仍较强大,但是卖方的力量也不容忽视。这一点,是这种周阳线有别于其他光头或光脚周阳线的重要特点。

上下影周阳线虽然在股价波动中频繁出现,但是它最重要、也是最经常地扮演了两种意义相反的角色:首先,当股价经过持续或者大幅的下跌之后,出现了这种实体不是很大的周阳线,通常是股价止跌回升步出低谷的标志,此后股价仍会继续扬升;其次,当股价经过了持续或者大幅的上升之后,出现这种周阳线而且实体较长的话,那么,它就预示升势达到或者即将达到顶部,股价将会转向下跌。此外,在上升途中,若出现与上周的阳线大小相似的这种周阳线的话,则说明买盘进一步增强,股价进一步上升的可能性较大。但是,若本周的上下影周阳线的线体明显大于上周的话,那么,买方主力拉高出货的嫌疑就很大。

总的来说,对这种上下影周阳线的分析,绝对不能仅看其形状就妄下结论,一定要结合它所处的位置及其线体的大小来辨别。对于这点,务必高度注意!!

出现上下影周阳线后,投资者可做如下操作:

(1)股价经过持续下跌或者经过中期整理之后,出现线体不大的这种周阳线,是股价转向上升的标志,应该在下周初果断地买入待涨,原来已经持股者则应该继续持股。

(2)当股价上升途中出现这种周阳线,如果线体并不大的话,下周股价仍有可能进一步上升,但是风险也同时增大。在操作上,如果下周初股价不升反跌,而又跌不破本周中心值就企稳回升,这就可以期待下周再收阳线,应该果断跟进;反之,如果下周初就继续上升的话,谨慎的操作就是观望。此时,持股者可观望至股价上升乏力时乘高卖出,而空仓者则可期待股价冲高回落。

(3)股价经过持续上升后出现这种周阳线,如果线体明显比上周阳线长的话,那就是升势即将逆转的标志,下周走势很可能冲高之后转向下跌,一轮调整行情即将到来。因此,持股者应该在下周初冲高之时卖出了结,而持币者此时切忌冒险。

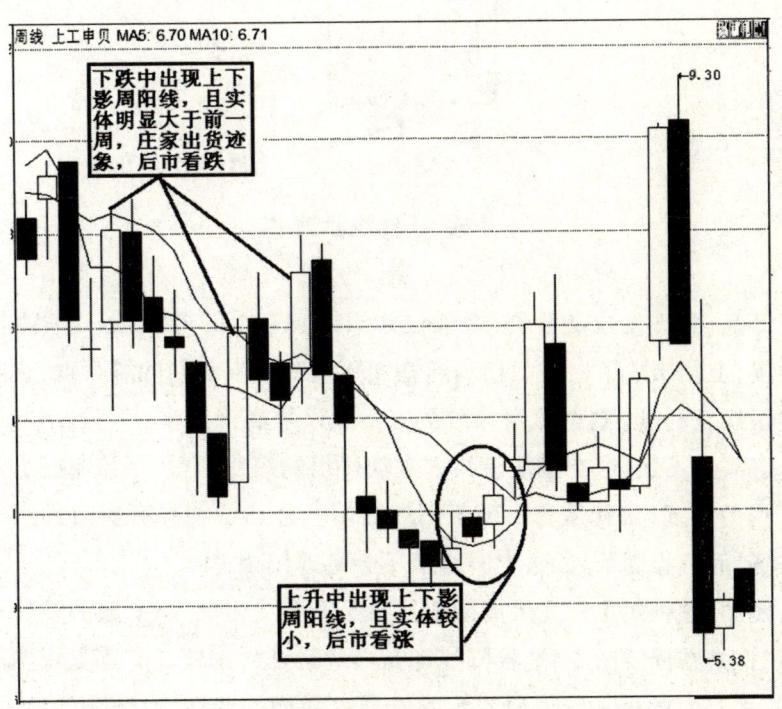

上下影周阳线形态图解

由于周 K 线的时间跨度要远远大于日 K 线，在出现同样的 K 线组合的情况下，周 K 线所预示的买卖信号的可信度要远远高于日 K 线。此外，如果能把对周 K 线的分析和其间的股价形态分析结合起来，分析的效果会更佳。

# 短上影光脚周阳线

短上影光脚周阳线是指收盘价明显高于开盘价、但又略低于最高价、开盘价就是最低价的周 K 线。其中心值位于 K 线实体之内。如下图所示。

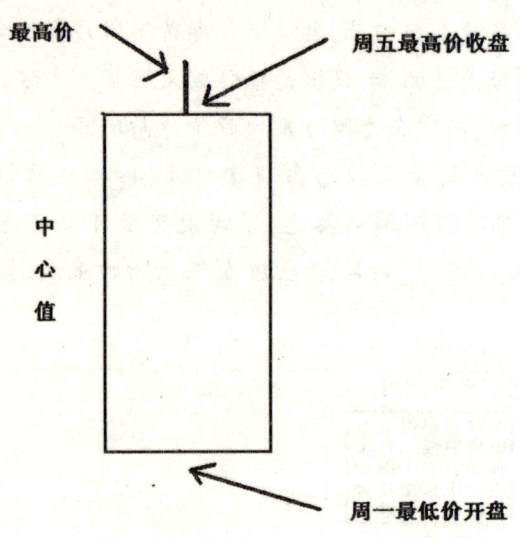

最高价

周五最高价收盘

中心值

周一最低价开盘

短上影周阳线示意图

本周一开盘，买方就拉高股价，在低位并未遇到有力的抵抗，但是后半周上升到较高位置的时候，上档出现了一些卖压。这些卖压可能来自前期的解套盘，也有可能来自本次行情的短线获利盘。这些卖盘导致买方不能以最高价报收。但是，不能以最高价报收并不意味着买盘不强，这有可能是买方主动作出的短线调整，以控制好上升节奏。因此这种周阳线的出现(尤其是它出现于阴线之后)，往往说明具有实力而且经验丰富的买方已经进场，而且控制了局面，上升行情不会迅速结束。

在日线图中，这种短上影光脚周阳线往往是升势受阻的表现，其后往往会伴有一定程度的调整，但是在周线图中，这种阳线却是一种最强的阳线。它不仅说明了买方已经控制了大局，而且它的短上影也说明了股价经过强势的调整，短线获利盘经过了换手，后市进一步上扬的压力已经转弱，股价进一步上升的道路已经铺平。

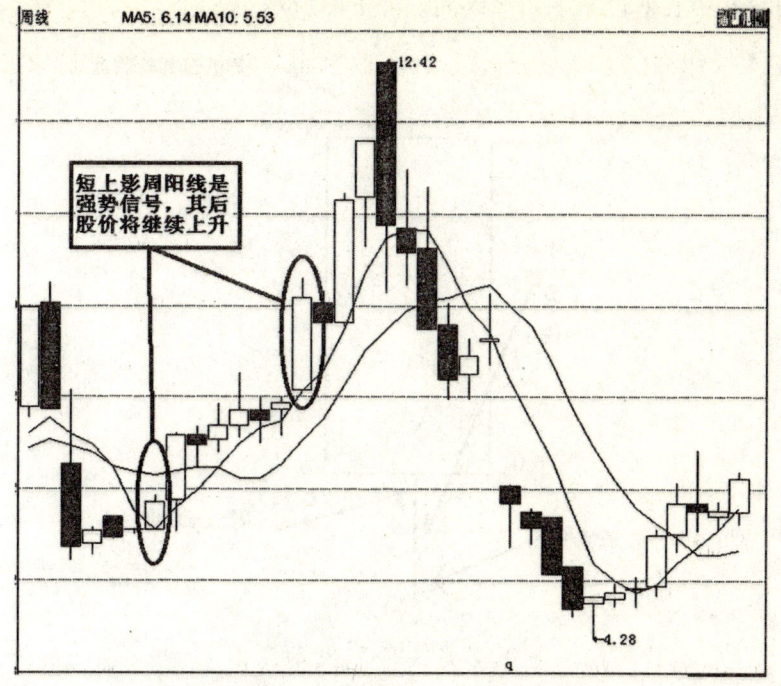

周线　MA5: 6.14 MA10: 5.53

12.42

短上影周阳线是
强势信号，其后
股价将继续上升

4.28

短上影周阳线形态图解

短上影光脚周阳线的实战操作方法如下：

（1）短上影光脚周阳线经常出现在上升途中，如果它的线体不是十分长的话，预示股价将会进一步上扬。在操作上，持股者应该继续持股待涨，而空仓者则可以在下周初买入跟进。

（2）如果上周也出现了类似的周阳线，而且本周的线体明显大于上一周，上影线也相对长一些的话，那么下周可能会出现短期调整，收出周阴线或者十字星的可能性较大。但是，再下一周股价仍会上升。在操作上，持股者在下周初可以乘高卖出，下周后半周才在低位买回，以谋取短线差价。中线持股者仍可以继续持股，空仓者则可以在下周后半周才伺机低位买入。

略带影线的周线，实体较长而上下影线短小，且实体中心与K线的中心值非常接近，出现频率都很高并超过25%，一般划分为短小型和长大型。短小型的阳线或阴线说明多空尚处于均衡状态；长大型表明市场波幅很大，并可能构成重要的转折点，而出现的位置、次数和邻线变化则是研判关键。

# 长下影光头周阳线

长下影光头周阳线是指最低价明显低于开盘价、收盘价高于开盘价而又等于最高价的周K线。其中心值位于下影线区间。如下图所示。

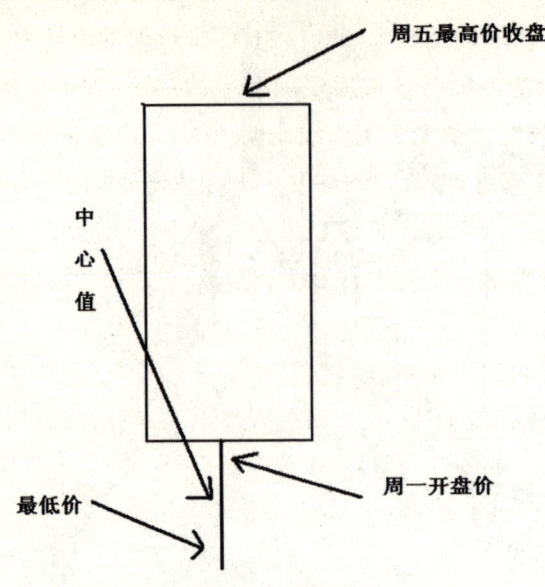

长下影光头周阳线示意图

长下影光头周阳线的出现，说明上半周卖方曾经发动袭击，并且一度占据了上风，但是卖方并未能保住其主动权，买方在其后发动反攻，不仅全部收复失地，而且以全周的最高价收盘，表面上看，好像是买方已经大获全胜，控制了大局，但实际上，上半周卖方的袭击已经动摇了人们的信心，后半周拉高所产生的获利盘大多都有回吐的念头。

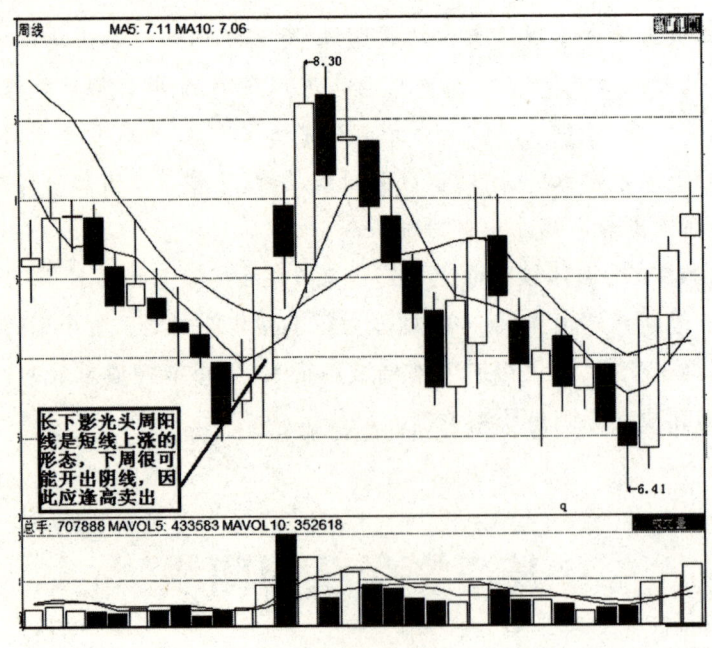

长下影光头周阳线图解

长下影光头周阳线在日线图中是买盘很强的表现,但是在周线中,它通常表现为一种短线的行情,而且它出现的频率很低,在有一定规模的市场中很少见到它的踪影。相比之下,在成交较为清淡的行情或者规模较小的市场(如中国的 B 股市场)中,倒还可以见到它的出现。与短下影光头周阳线比较,它们只有下影线长短的区别,但是中心值位于实体内还是在下影区间,在测市应用中有很大的不同。长下影光头周阳线的中心值位于阳线实体之下,意味着收盘价已经远远高于中心值,换句话说,对于本周的绝大多数买盘而言,收盘价都是一个可以获利卖出的价位,因此,它的出现意味着下周将面临着较重的抛压。

针对这种 K 线,投资者可进行以下操作:

除非本周的最高价、最低价都未能超出上周阴线的范围,否则,长下影光头周阳线大多代表着一种短线反弹,而在上升途中出现的话,也意味着获利盘开始回吐。此线出现后,下周冲高之后下跌而且收出周阴线的可能性很大,因此,持股者应该在下周初乘股价上升时卖出。

在连续的下跌行情中,对周 K 线而言,要等到较长的下影线和成交量极度萎缩同时出现时,才可以考虑是否介入,而不应仅靠日 K 线的分析来判断操作的时机。

# 长上影光脚周阳线

长上影光脚周阳线是指开盘价就是最低价、收盘价高于开盘价但是明显低于最高价的周 K 线。其中心值位于上影线区间。如下图所示。

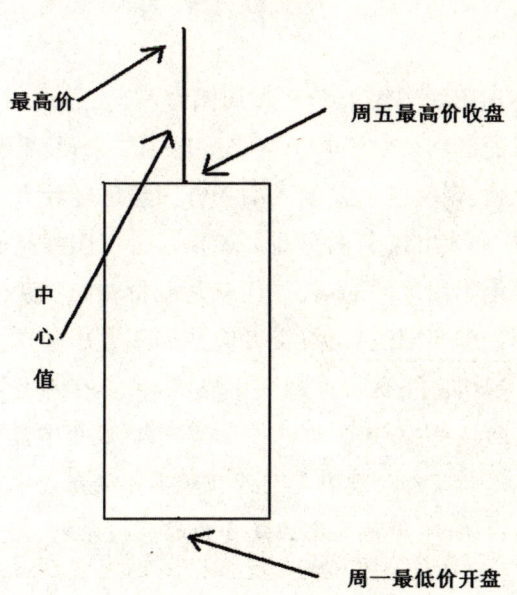

长上影光脚周阳线示意图

长上影光脚周阳线反映的是一周冲高受阻回落的行情。本周一开盘,买方就发动攻势,积极推高股价,而且一度控制了局面。而卖方则采取后发制人的策略,在周初价位相对低的时候不动声色,待到买方将股价推高之后才发动了反攻,将买方一度占领的大部分地盘又重新收回。从全周情况看,买方在全周的搏杀中仍占有一定的优势,因而收盘价仍然高于开盘价,但是买卖双方力量对比已经发生了重大变化,即买盘渐弱,而卖盘渐强,走势发生逆转的可能性增大。

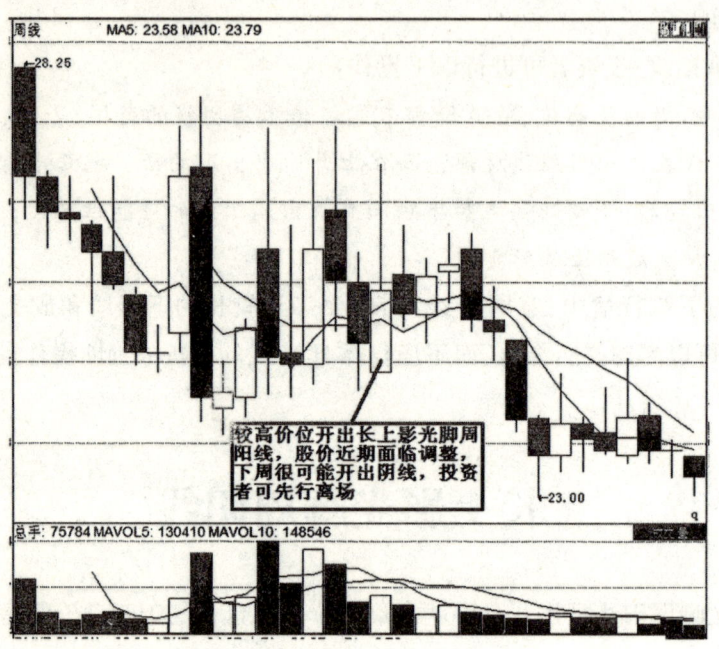

K线图入门与技巧

较高价位开出长上影光脚周阳线,股价近期面临调整,下周很可能开出阴线,投资者可先行离场

长上影光脚周阳线图解

长上影光脚周阳线与短上影光脚周阳线相比,外表相似,只有影线长短的不同,但这就是一个本质的区别。对于长上影光脚周阳线来说,上影线长于阳线实体,收盘价已经低于全周中心值,说明了后发制人的卖方力量已经壮大,买方推高股价的努力趋于失败,部分买盘有转向卖方阵营的可能。如果这种周阳线是出现在高价区内,而且下周买方不能重新占据上影线区间的话,往往就是股价转向下跌的开端。

遭遇长上影光脚周阳线后,投资者应按如下方法操作:

(1)多数情况下,这种周阳线出现之后,往往都走出股价大幅下跌的行情,至少是一个中期的调整,而且在相当一段时间内,股价不能重返本周的价位,当下周开盘股价跌穿本周开盘价,或者是下周开盘高走受阻于本周中心值又掉头下行的时候,更是如此。因此,下周初期应该是卖出的关键时刻,而且在短期内不应该再买回,以回避风险。

(2)个别情况下,下周股价在成交放大的配合下,向上突破本周中心值,这样就有可能突破本周最高价从而创出新高。这种情况表明有新的买盘进场承接筹码，新一轮升势正在展开。在操作上，持股者可以在股价接近中心值时卖出一半持股，其余的观察走势变化再作定夺，这是一种谨慎的做法。而空仓者则可以在有效上破本周中心值后小量建仓，待到有效上破本周最高价后再全面建仓。

如果周 K 线在连续上涨之后出现了较长的上影线，与此同时，成交量也明显放大，表明行情即将进入调整，此时通常可以看做是卖出的信号，应在下周初及时出局，不一定要等到日 K 线发出卖出信号时再作决定。

# 长下影周阳线

长下影周阳线是指收盘价高于开盘价，但低于最高价，最低价又远远低于开盘价的周 K 线。其中心值位于下影线区间。如下图所示。

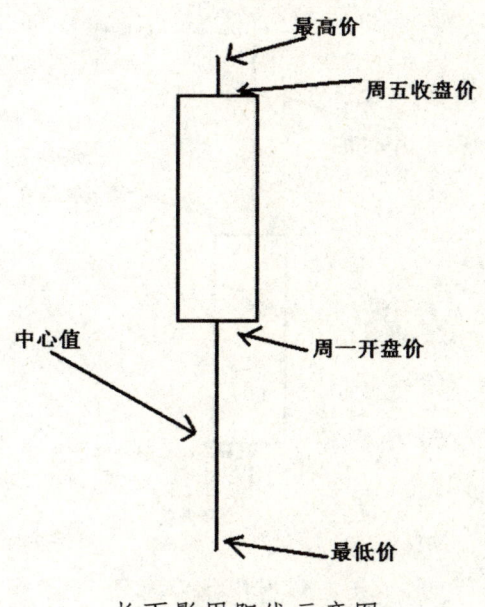

长下影周阳线示意图

本周开盘后，卖方曾经发动攻势，而且一度占有明显优势，把价格压低到一定的程度，但是买方仍然把价格拉了回来，以高于本周开盘价的价位收盘。但是，上档的卖压依然比较明显，致使买方不能以最高价报收。

在日线图中，长下影阳线是强势的表现，但是在周线图中它只反映了买卖双方一定程度的争持，即买方在较低的价位有较强的实力，而卖方在较高价位上也有不弱的力量。因此，它表现的是一种整理的行情，而且很少在上升途中见到它的踪影，倒是在反弹行情中可以找到它。

实战中,长下影周阳线的操作方法比较简单,因为长下影周阳线的出现,往往表示反弹行情的完结,下周股价重返跌势的可能性极大。因此,下周初开盘应该继续采取卖出的方针。

在上涨行情中,如果周K线呈现出量价齐增的态势,下周应该还会有新的高点出现。如果周初盘中出现低点,一般不要依照日K线的提示考虑卖出,反而应当视为较好的短线介入时机而考虑短线买入。

# 长上影周阳线

长上影周阳线是指开盘价低于收盘价但高于最低价,最高价又远远高于收盘价的周K线。其中心值位于上影线区间。如下图所示。

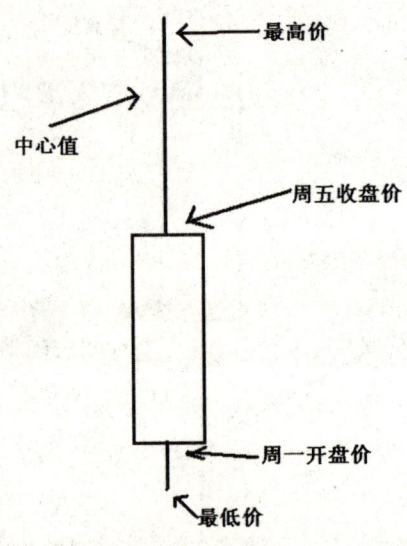

长上影周阳线示意图

本周内买方顶住了卖方的试探性进攻,略作退让就大幅推高股价,并且一度得手,但是卖方在上档比想象的要更强大,将大部分曾经被买方占领的地盘又收了回来。而买方在相对较低的价位上实力不弱,终于以高于开盘价的价位报收。这时出现买卖双方分庭抗礼的局面,即在较低的价位上由买方控制局面,而在较高的价位上则被卖方占据上风。

长上影周阳线是较常见的周K线,在日线图中,这种K线通常是一种走势较弱的表现,在升势中出现的话,通常是股价大跌的先兆。而在周线图中,它只反映买卖双方一定程度的争持。因而它大多出现在盘整区域,在它出现后,跟随而来的常常是两三周甚至更长时间的整理行情,而且本周的最高价、最低价一般会成为本段整理行情的上限和下限。因此,可以说长上影周阳线是进入整理行情的标志。

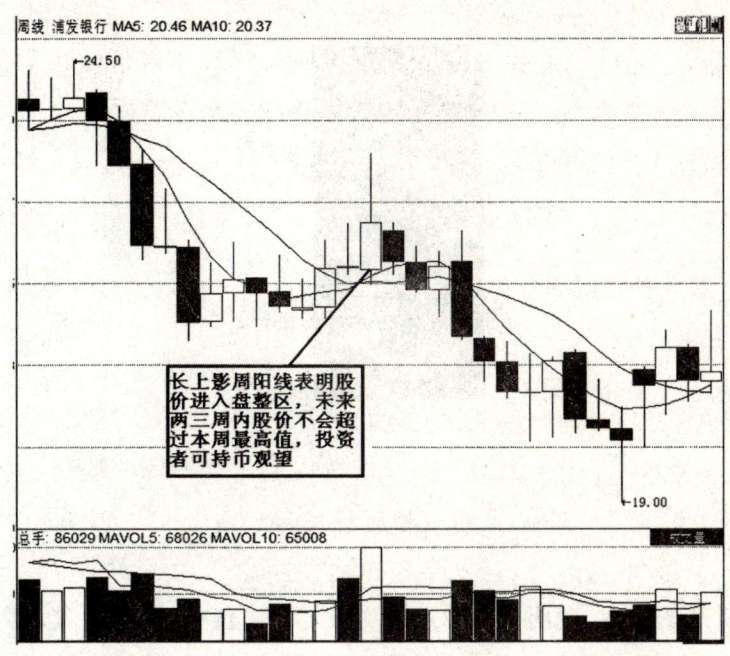

长上影周阳线形态图解

投资者可以采取的操作方法为:

(1)如果它是出现在下跌行情或者是盘整行情中,而且下周初低开的话,那么通常会走出盘升的行情,下周的周K线收阳的可能性较大,但是下周的最高价和最低价不会超出本周的范围。因此,在操作上,可以参照本周的次高价和次低价,作低买高抛的短线,以赚取差价,而中线投资者可以静观待变。

(2)如果本周之前是一根或者一根以上的大阳线的话,那么,本周的K线就带有转折的意味,股价经过整理之后掉头下行的可能性较大。如果下周开盘股价就上升的话,那么转向下跌的可能性就更大。因此,当下周初开盘上升之时,应该卖出了结,空仓待变。

从周K线形态分析,如果上冲周K线时以一根长长的上影线触及60周均线,这样的走势说明60周均线的压力较大,后市股价多半还要回调;如果以一根实体周线上穿甚至触及60周均线,表明后市会继续上涨,彻底突破60周均线的可能性很大。

# 光头光脚周阴线

光头光脚周阴线是指周一开盘价就是最高价、周五收盘价就是最低价而且明显低于开盘价的周K线。其中心值位于实体的中间。如下图所示。

光头光脚周阴线

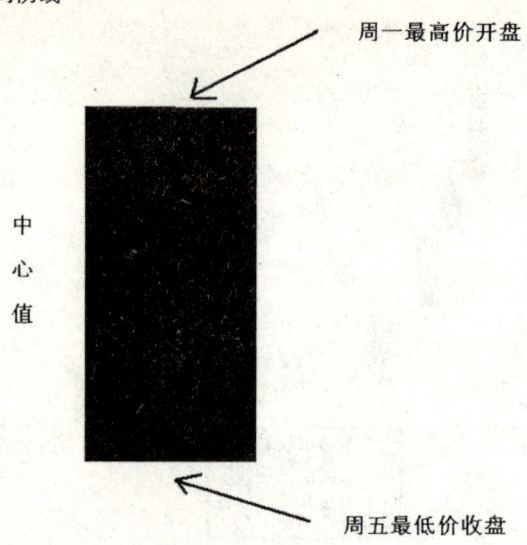

周一最高价开盘

中
心
值

周五最低价收盘

光头光脚周阴线示意图

这种周 K 线的出现,说明了在本周内卖方占尽了优势,买方力量薄弱,毫无还击之力。卖方在周一一开盘就主动出击,坚决地将股价向下打压,本周内无论买方是否进行过反击,都被证明是徒劳的,因为卖方最终得以最低价收盘。这种情况表明,本周股价经过了较大幅度的调整,卖方完全控制了局面。因此,在操作上,本周收盘价以上的卖出操作,都被实践证明是正确的,对上半段的卖出操作来说更是这样。此时,市场已经普遍出现了悲观情绪。

光头光脚周阴线在日线图上是一种强烈的卖出信号,但是在周线图中却并非如此,投资者对于此线的出现完全不必惊慌。经过一周的持续下跌,卖压能量已经在很大程度上得到了释放,尽管下周的前半段仍然会有一定的卖压,但是力度已经大大的削弱。而且,本周初高位卖出的人已经有了一定的差价,应考虑在下周低位伺机买回。在技术上,本周内可能经过了跳空下跌的走势,而技术指标经过调整,可能已经有了反弹的要求。但是,由于这种周阴线常常出现在下跌过程当中而不是跌势的尽头,因此要指望股价短期转入牛市,却是一种不切实际的奢望。

根据以上分析,投资者应按如下策略操作:

(1)下周股价将会反弹,全周走势将会表现为先抑后扬的行情。因此,持股者不必在下周初匆忙低卖,在下周后半周可能会有更高的价位。而空仓者可以在下周前半段找低位买入,期待做一个短线的反弹。

(2)此线出现之后,若下周收出阳线,再下周收阴的概率较大,因此,再下周初段是高位卖出的机会。

在周 K 线中,无论周阴线还是周阳线一旦上升达到五周,不论你赢多赢少最好是卖出了结,因为周线往往以升幅大小来衡量,以上升时间来衡量,如果不掌握这一规律,那么就有可能由盈到亏。

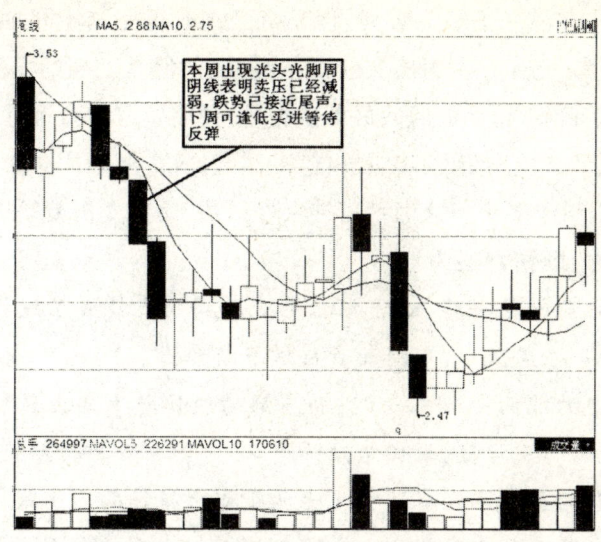

光头光脚周阴线形态图解

# 短上影光脚周阴线

　　短上影光脚周阴线是指开盘价明显高于收盘价但又略低于最高价、收盘价就是最低价的周K线。其中心值位于阴线实体之中。如下图所示。

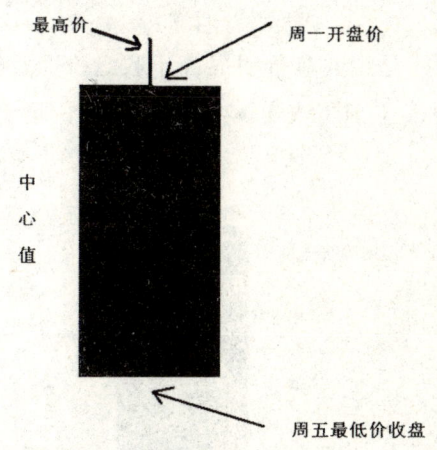

短上影光脚周阴线示意图

　　本周开盘之后,买方一度试图推高股价,但是明显力量不足,浅尝辄止。卖方不仅遏制了买方的进攻,而且将股价节节压低,最后得以最低价报收,卖方已经完全控制了局面,逼使相当部分的买盘开始考虑加入卖方的阵营。

53

这种周阴线在实际走势中出现次数不多,但是它一旦出现,杀伤力却不小。与光头光脚周阴线相比,它多了一条短上影线,但是意义却变得完全不同。这条短上影线的出现,存在两种可能:其一,买方主力确实尝试推高股价,但是上档的卖压十分沉重,只推高了一点点,就被打了下来,而且最后以最低价报收,说明卖方力量远远大于买方。其二,买方拉高股价只是为了高位出货,而卖方却趁机压低价格,原来的买卖双方都进行作空操作,这样的形势就不利于多头。这两种可能一经形成,顺势卖出就是最明智的选择。

投资者可采取的操作方法为:

(1)如果它前面是一根阳线,短上影光脚周阴线就成了股价走势逆转的标志,此后至少再出一根周阴线,下周开盘应该果断卖出。

(2)如果它的前面是一根阴线,而本周的线体与上周大致相仿的话,说明股价完成了一个微弱的反弹,股价仍将继续下调,下周初卖出仍然是明智的选择。

(3)如果它的前面已经有两根或者两根以上持续的周阴线,而本周的线体又明显较短小的话,说明卖压已经明显减弱,股价有可能转向低位整理。这时,下跌的空间已经有限,持股者卖出意义已经不大,而空仓者则可以再下周选择低位部分建仓。

在实际操作中,对于买卖时机的把握首先要分析周 K 线是否安全,然后再分析日 K 线的组合和量价关系配合是否合理,最后才能在适当的时机选择操作方向。一般而言,将两者结合起来指导实际操作可以避免很多失误。

# 短下影光头周阴线

短下影光头周阴线是指开盘价明显高于收盘价而且等于最高价、收盘价高于最低价的周 K 线。其中心值位于阴线实体之中。如下图所示。

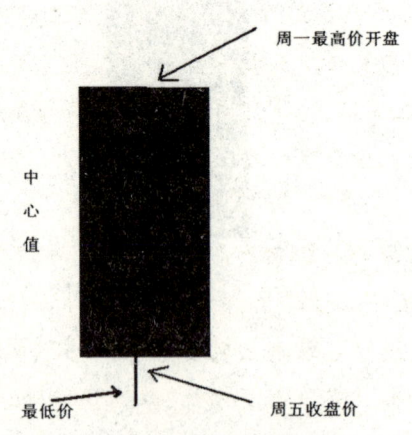

短下影光头周阴线示意图

本周一开盘,股价就被卖方压低,买方并无抵抗之意,股价节节下挫,但是在低位明显有较好的承接力,低位买盘增多,而卖方也无意在低位继续杀跌,使得股价不能以最低价报收。

本周市场气氛依然以做空为先导,开盘价附近买入的意愿不强,对低位的买盘也要认真加以分析:若是在股价经过一轮上升、刚刚转向下跌之初,这条下影线属于一种下跌抵抗形态,很有可能是周末杀入的护价盘,目的是为了下周初能在相对高的价位继续卖出;若是股价经过一轮持续下跌之后,出现这种周阴线,说明卖压已经减弱,低位开始出现一些建仓盘,买卖双方力量对比开始出现不易察觉的变化。

无论如何,这种周阴线是较常见的周 K 线之一,因此,出现此线后,需要认真观察股价走势的变化,操作上要谨慎小心。

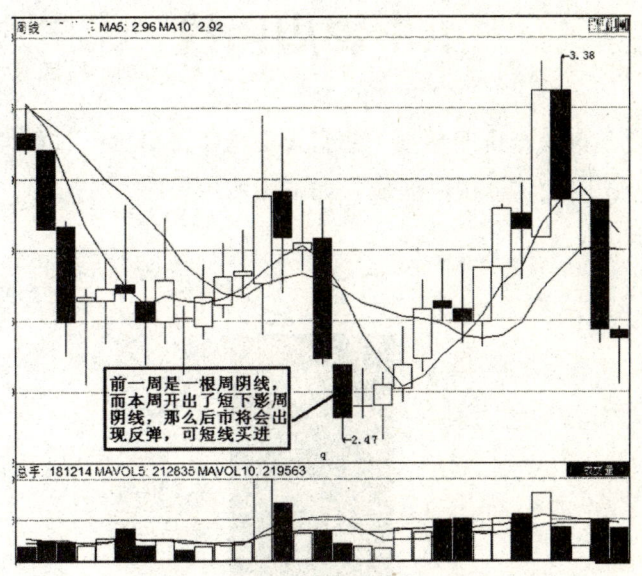

短下影光头周阴线图解

建议出现短下影光头周阴线后,投资者应采取如下操作策略:

(1)如果短下影光头周阴线紧跟在两根或者两根以上的周阴线后面,那么低位已经出现了主动性买盘,它有可能预示着跌势的结束和升势的开端。在最悲观的情况下,它也意味着至少会有一个反弹出现。因此,在下周初应该采取买入行动,低位建仓待涨。

(2)如果它前面是一根周阳线,那么意味着股价将进行中短期调整,将会连拉两根或者三根周阴线。操作上,应该在下周初果断卖出,并且在下周或者再下周寻找低位买回,因为股价经过两三周调整重新升回来的机会较大。

(3)如果它前面只有一根周阴线,在这根周阴线之前是根周阳线的话,那么,下周初的走势就成另外研判的关键:如果下周初股价上升,那么很可能只是一个小反弹,股价继续下跌的可能性较大,当反弹结束掉头下行时,是短线追卖的关键时刻;如果下周初股价下跌或者低位整理,那么就意味着真正有主力建仓行为,此时应该部分买入,待到升势明朗时再加码买入,同时,此时卖出的话,有可能是卖了一个最低价,因此要谨慎杀跌。

光头周线的特征是,中心值横穿较长的实体,收盘为周内的一个极端价位,显示主动方优势极为明显且进攻欲望强烈,因而属于一种强势买卖信号,特别是在较前一根周线略长的情况下,发出的信号就更为强烈一些。但若形成于较长时期的趋势运动之后或K线本身过大时,就意味着优势方能量消耗过大,至少短期内出现大幅反向运动的可能加大,因此当慎重行事。

# 上下影周阴线

上下影周阴线是指开盘价明显高于收盘价但低于最高价、收盘价高于最低价的周K线。其中心值位于阴线实体中心区域。如下图所示。

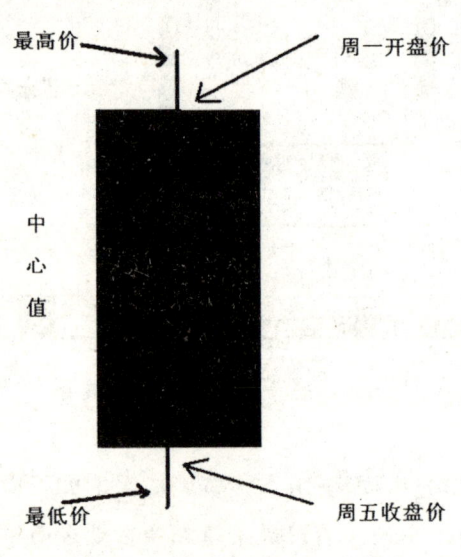

上下影周阴线示意图

本周开盘以后,买方曾经一度推高股价,但是未能站稳脚跟,就被卖方打了下来,卖方乘胜追击,迫使股价在开盘价之下接连下挫。但是,在低位受到了买方顽强抵抗,最终不能以最低价收盘。总体来看,全周的走势以卖盘为主流,而买盘只是在低位略有作为而已。

这种周阴线出现的频率较高,但是比较经常出的位置是走势由上升转向下跌的转折点,或者是跌势将到尽头的前一周,因此,这种周阴线有预警的意味。相同的K线,处于不同的位置就会预测出不同的走势,主要是因为它的下影线在不同位置上虚实不同:当股价从高位回落时,形成它下影线的买盘较虚,当中不乏尾市拉高以便下周继续卖出的护价盘。而当股价持续下跌之后,形成它下影线的买盘较实,当中大多是低位建仓盘。

那么,上下影周阴线应该怎样操作呢?

(1)在股价经过反复上升之后出现此线,是走势由上升转向下跌的标志,属于强烈的卖出信号,其后必出现一轮跌势。因此下周有关果断卖出,并且暂时离场观望。

(2)如果它前面是一根不小的周阴线,本周出现这种阴线说明下周仍将收出周阴线,但是下周达到或者即将达到底部,股价跌势将尽,升势在望。在操作上,空仓者应该在下周寻找低位部分建仓,再下周止跌回升时继续加码买入。持股者在下周的高位短线卖出,但是仍然应该在下周低位重新买入,以防踏空。而中长线持股者既然不能在本周较高的价位卖出,下周卖出的意思已经不大。

(3)如果它前面是一根下影光头阴线,本周的上下影阴线最高价、最低价均未能超过上周的范围的话,那它意味着股价已经探底回稳,是一个强烈的买入信号,下周股价将会掉头上升。因此,下周开盘应该果断满仓杀入,而且尔后应该以持股为主,再下周走势转弱才考虑卖出较为稳妥,因为可以期待此后将走出一波较有力度的上升行情。

上下影周阴线出现的频率较高,但是比较经常出的位置是走势由上升转向下跌的转折点,或者是跌势将到尽头的前一周,因此,这种周阴线有预警的意味。

# 长上影光脚周阴线

长上影光脚周阴线是指开盘价高于收盘价但远远低于最高价、收盘价等于最低价的周K线。其中心值位于上影线区间。如下图所示。

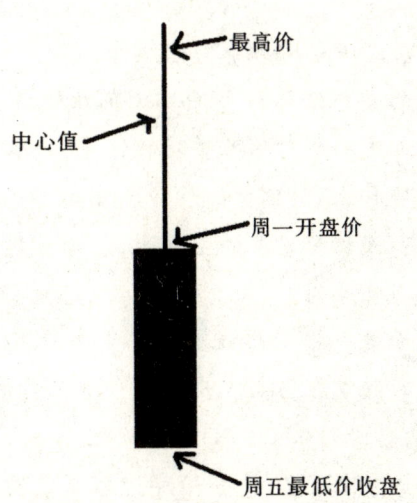

长上影光脚周阴线示意图

本周开盘之后,买方曾经展开积极的攻势,而且一度占据了优势,将股价推高到相当的程度,但是卖方在较高的位置组织了反击,不仅将买方一度占领的地盘全部收回,而且将股价压低到最低价收盘。

在日线图中,这种K线是一种强烈的卖出信号,表面上看,卖方已经完全掌握了主动权,买方已经完全丧失了反击的能力。但是在周K线图中,这种K线出现的意义,与日线图有很大的不同,它只反映了买方推高受阻的走势,虽然在某些情况下不排除买方力量转弱的可能,但是在更多的情况下,它暗示买方正在试探卖方的实力,不动声色地组织一轮上升攻势。

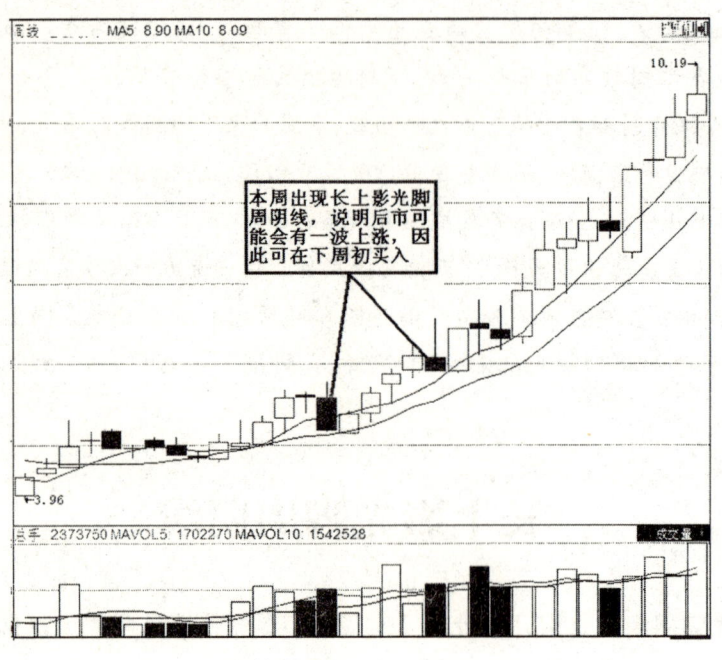

长上影光脚周阴线图解

鉴于以上分析,投资者可采取以下方法操作该股:

(1)如果此线的整个线体与上周相比不短的话,那么,不管它前面是一根阳线还是一根阴线,它都是一个对称性整理的信号,紧跟着而来的必然是一根带有长下影线的周阴线。在操作上,总体来说宜静不宜动,因为在这种情况下容易出现"做得多、错得多"的毛病。而较为进取的空仓者,用小量资金在下周低位作个短线也未尝不可,但是期望值不宜过高。

(2)如果它前面是一根周阳线或者是十字星,又或者本周的线体十分短小,那么,下周拉出阳线的概率相当高。凡是符合这三种情况中的一种,下周初都可以趁低买入待涨。而被套者则不必在下周初斩仓。

开盘秃影线类周线的特征是,中心值穿过较长的实体,开盘便是周内的一个极端价位,说明优势方几乎始终控制着市场的运行,而被动方则无力进行反击,表明市场延续上攻或阴跌局面的可能较大,即预示下周有望再收类似的周线形态,通常也属于强势买卖信号,除非出现在较长的趋势运动后,或 K 线本身过大且日线已有转折信号之时。

# 长下影光头周阴线

长下影光头周阴线是指收盘价低于开盘价而又明显高于最低价、开盘价等于最高价的周 K 线。其中心值位于下影线区间。如下图所示。

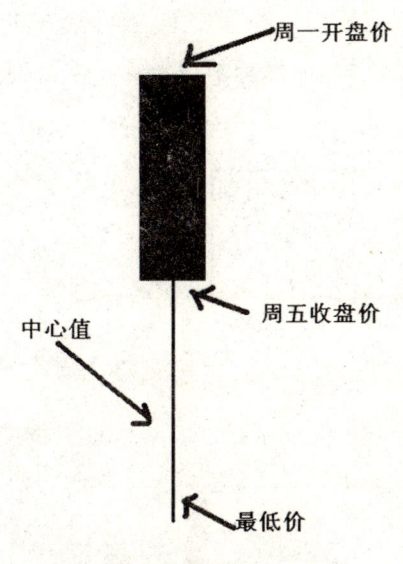

长下影光头周阴线示意图

本周一开盘,卖方就发动进攻,实际上,这次卖方的进攻很有可能是在上周甚至更前一些时候延续下来的。买方在相对较高的位置上并无抵抗,因而卖方得以进一步压低股价,而且一度向纵深发展。可是,当股价被压低到一定程度的时候,卖盘渐显不济。这时,原来不动声色地在低位吸纳的买盘逐渐显露出来,而且当他们在低位接不到筹码的时候,愿意以较高一些的价位去买进,以致将曾经被卖方打低了的价位又拉了起来。虽然收盘价仍然低于开盘价,但是买方在低位主动建仓的意图已经显露无遗。

虽然这种周 K 线与短下影光头周阴线只有下影线长短不一的区别,但是这一点有十分重大的意义。也可以说,这就是本质的区别。长下影光头周阴线虽然毕竟是一根阴线,而且一开盘就下跌,但是它的收盘价已经高于本周中心值,被买方收复了的下影线已经比卖方占领的阴线实体更长,也就是说,在全周买卖双方争夺的区域内,买方已经控制了大部分的地盘。明眼人可以看出，买方的力量已经显著增强，在阴线外衣的掩护下，一场多头攻势正在酝酿之中。事实上，沪深两市中级以上的上升行情，大多是由这种周阴线作为起点的。因此可以说，长下影光头周阴线是股价由下跌转向上升的攻防转换点，如果当时的股价已经经过了一段调整，那它就是一个强烈的买入信号。

投资者可采取如下方法操作：

在大多数情况下，长下影光头周阴线预示着跌势的结束和一轮上升行情的展开，因此，下周初段买入获利的概率很大；而且下周买入后如果股价果然上升的话，中线持股将比短线操作获利更大。如果下周股价并没有上升，同时也没有明显的下跌，而是在本周价格范围内波动，那说明正在进行充分的筑底，再下周仍然会展开上升行情，操作上仍然坚持建仓持股不改变。

长下影光头周阴线偶尔出现在下跌过程中，若下周跌穿本周最低价而创出新低的话，将会连续拉出 2~3 根周阴线。在操作上，若已经在本周低位或者下周初建仓的投资者，万一下周跌破本周最低价，应该果断地斩仓止损。但是，这种情况出现的很少。

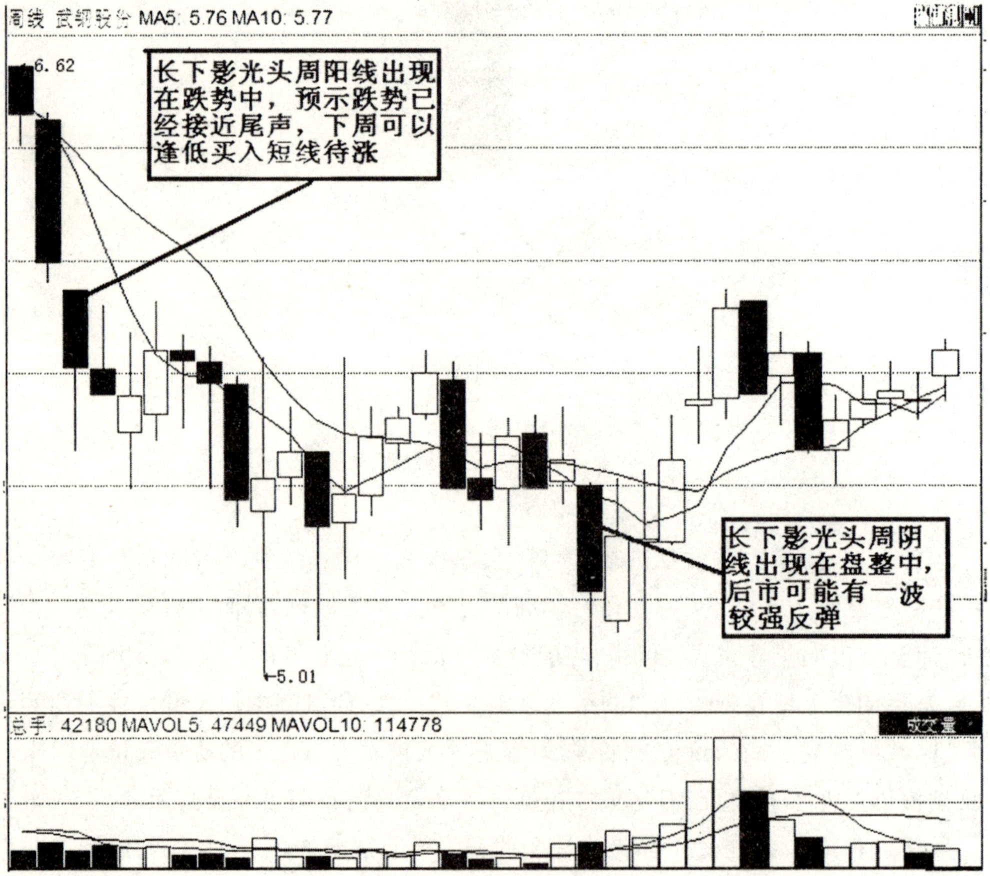

周线 武钢股份 MA5: 5.76 MA10: 5.77

6.62

长下影光头周阳线出现在跌势中，预示跌势已经接近尾声，下周可以逢低买入短线待涨

长下影光头周阴线出现在盘整中，后市可能有一波较强反弹

←5.01

总手: 42180 MAVOL5: 47449 MAVOL10: 114778　　成交量

长下影光头周阴线图解

# 长上影周阴线

长上影周阴线是指开盘价远远低于最高价但高于收盘价、收盘价又高于最低价的周K线。其中心值位于上影线区间或者开盘价附近。如下图所示。

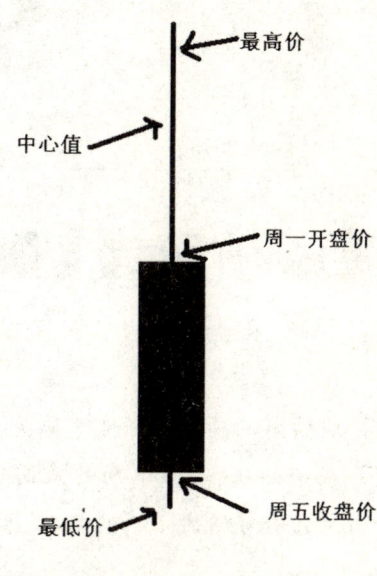

长上影周阴线示意图

在本周内买方曾经发动一轮攻势,而且一度得手,但是上档的卖压十分沉重,不仅将买方推高了的股价压了下来,而且继续向开盘价以下的区域推进。买方在上攻失败之后,转为在较低的价位上抵抗,使得卖方不能以最低价收盘。

这种周阴线的技术分析要点,在于它反映了两种类型的行情:其一在上升行情中,它表现为冲高受阻行情,反映了买盘力量渐弱而卖盘力量渐强,买卖双方力量对比发生重大变化,价格走向发生逆转的可能性较大。其二在经过下跌的低价区内,它反映了整理寻求突破的行情,本周买方上攻行动虽然暂时受挫,但说明买方正在试探上档卖方阵营的虚实,买方力量正在壮大,不排除进一步采取行动的可能。

以上述分析可以看出,长上影周阴线经常出现在由上升转向下跌、或由下跌转向上升的转折点上,分别扮演着卖出信号或买入信号的角色,因此对它的出现不可等闲视之。

如上证指数在1993年8~12月间,频频在周阳线之后拉出长上影周阴线,其后都出现了一波跌势。

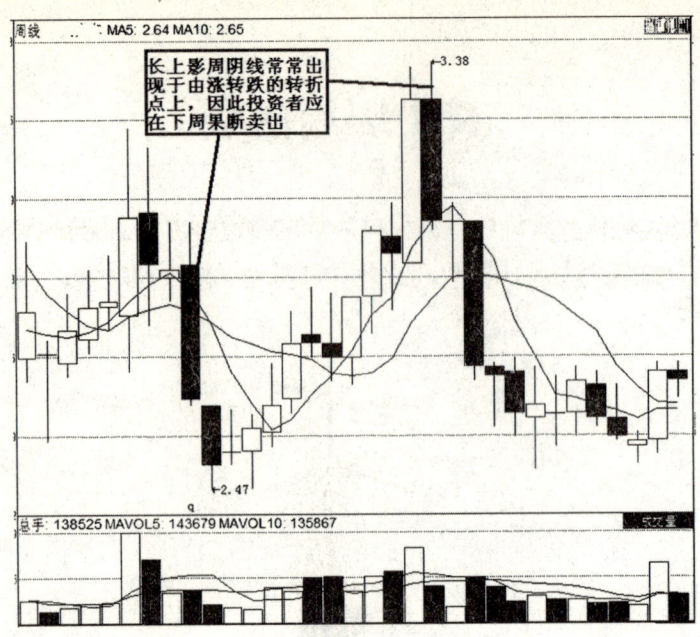

周线　　　：MA5: 2.64 MA10: 2.65

长上影周阴线常常出现于由涨转跌的转折点上，因此投资者应在下周果断卖出

—3.38

—2.47

总手: 138525 MAVOL5: 143679 MAVOL10: 135867

长上影周阴线图解

出现长上影周阴线后,对后市的预测和操作策略为:

(1)如果上周是一根周阳线,而且本周的最高价高于上周的话,那么长上影周阴线的出现,是股价由上升趋势转为下跌的标志,至少有一波中期的调整。因此在操作上应该尽早果断卖出。

(2)如果在线体较长的长上影周阴线后面出现的不是阴线,而是一根相对较短的周阳线的话,那么它预示着更大的一轮跌势在这根阳线之后发生,因此,坚持卖出的方针不能动摇。

(3)如果本周的阴线线体不大,而且出现在两根以上的周阴线后面的话,那么下周(最迟在再下周)股价将由下跌转向上升。在操作上,下周应该选择低位部分建仓,待到升势明朗之后再加码买入。如果万一下周仍然收阴线,部分仓位被套牢也不应该斩仓,而是再下周坚持加码买入,摊低成本,等待上涨。

例如, 上证指数 1994 年 7 月下旬在持续下跌之后拉出较短小的长上影周阴线,结果其后走出一波强劲升势,两个月之内最大升幅达 2.2 倍。

长上影周阴线经常出现在由上升转向下跌、或由下跌转向上升的转折点上,分别扮演着卖出信号或买入信号的角色,因此对它的出现不可等闲视之。

# 长下影周阴线

长下影周阴线是指开盘价低于最高价但是高于收盘价、收盘价明显高于最低价的周 K 线。其中心值位于下影线区间或收盘价附近。如下图所示。

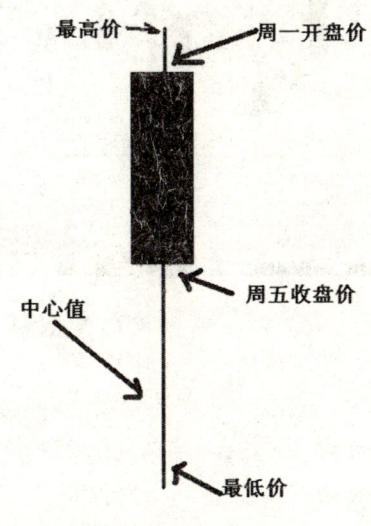

最高价　周一开盘价

周五收盘价

中心值

最低价

长下影周阴线示意图

本周买方一度推高股价，但是由于力量不足，浅尝辄止，很快就被卖方压了下来，但是，当卖方将股价压得较低时，又遭到买方的反击，将股价拉高到中心值之上收盘，显示买方在低位的优势并未丧失。

这是一种经常出现的周 K 线。从收盘价的位置来看，好像买方的力量并不弱，因为下影线已经长于阴线实体，因此，在日线图中，这种 K 线是走势由弱势转强的迹象；但是，在周线图中却正好相反，它往往出现在走势由强转弱的关口，其长长的下影线不过是抵抗下跌的形态而已，在很大程度上，它还露出了买方拉高出货的痕迹。

在大多数情况下，长下影周阴线都预示着跌势的展开或延续，因而可视之为明显的卖出信号，下周开盘应该是追卖的时机。

一般来说，长下影光头周阴线是股价由下跌转向上升的攻防转换点，如果当时的股价已经经过了一段调整，那它就是一个强烈的买入信号。

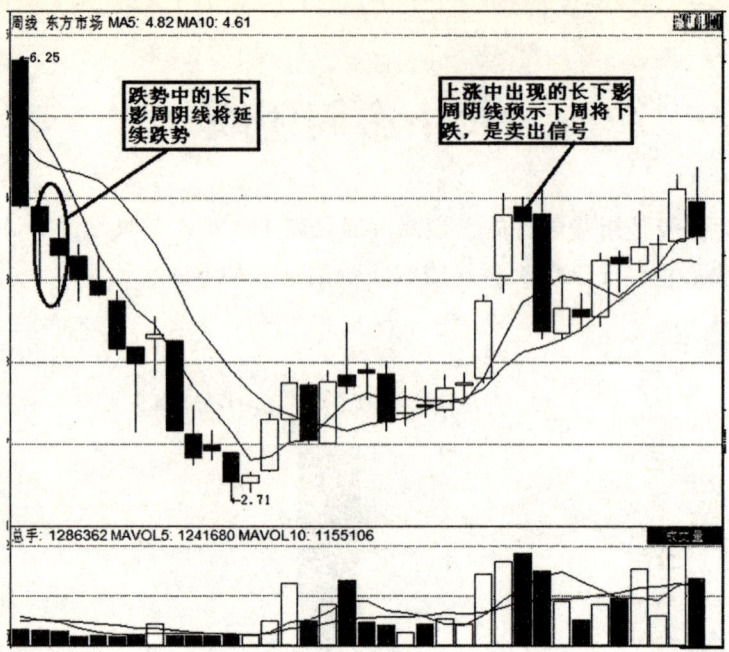

周线 东方市场 MA5: 4.82 MA10: 4.61

6.25

跌势中的长下影周阴线将延续跌势

上涨中出现的长下影周阴线预示下周将下跌，是卖出信号

2.71

总手: 1286362 MAVOL5: 1241680 MAVOL10: 1155106

长下影周阴线图解

第 2 篇

# K线法则与走势分析

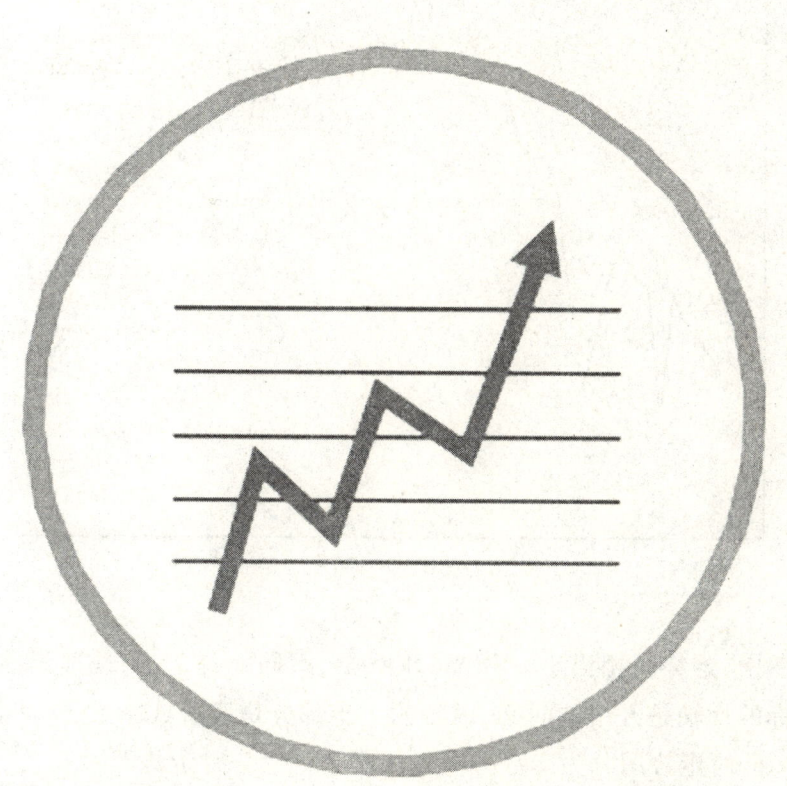

# 第6章
## 一分钟K线与日内走势

# 日内走势图的含义

　　分时走势图也叫即时走势图，它是把股票市场的交易信息实时地用平滑曲线在坐标图上加以显示的技术图形。如下图所示。

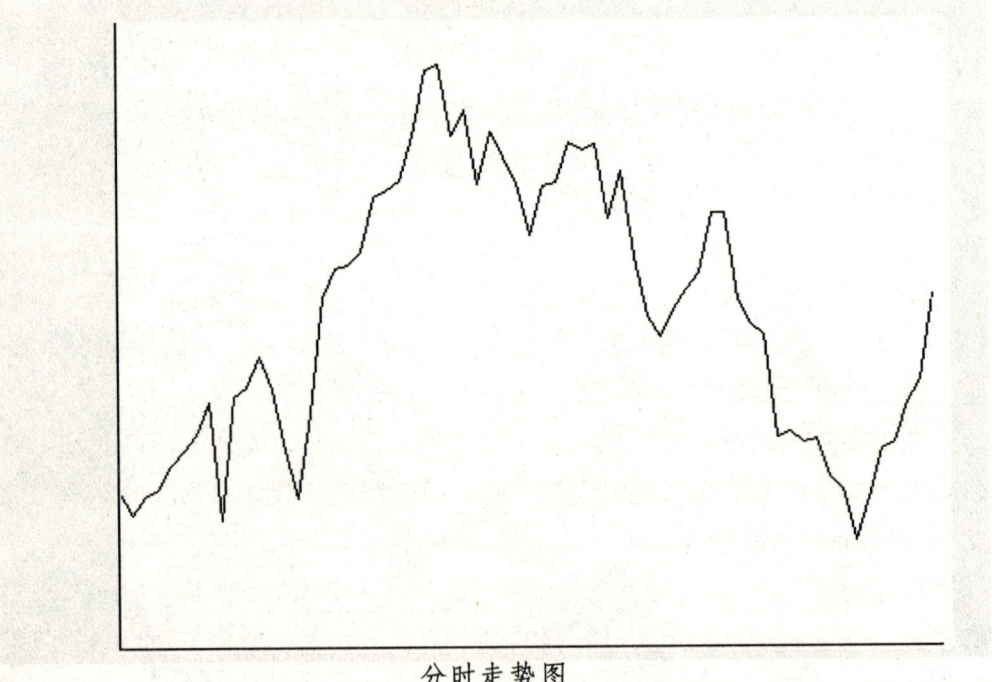

分时走势图

　　在日图中,走势图相当于一分钟的K线图,不同的是,它只是显示收市价而已。走势图坐标的横轴是开市的时间,纵轴的上半部分是股价或指数,下半部分显示的是成交量。分时走势图分为指数分时走势图和个股分时走势图。

# 大盘指数分时走势图

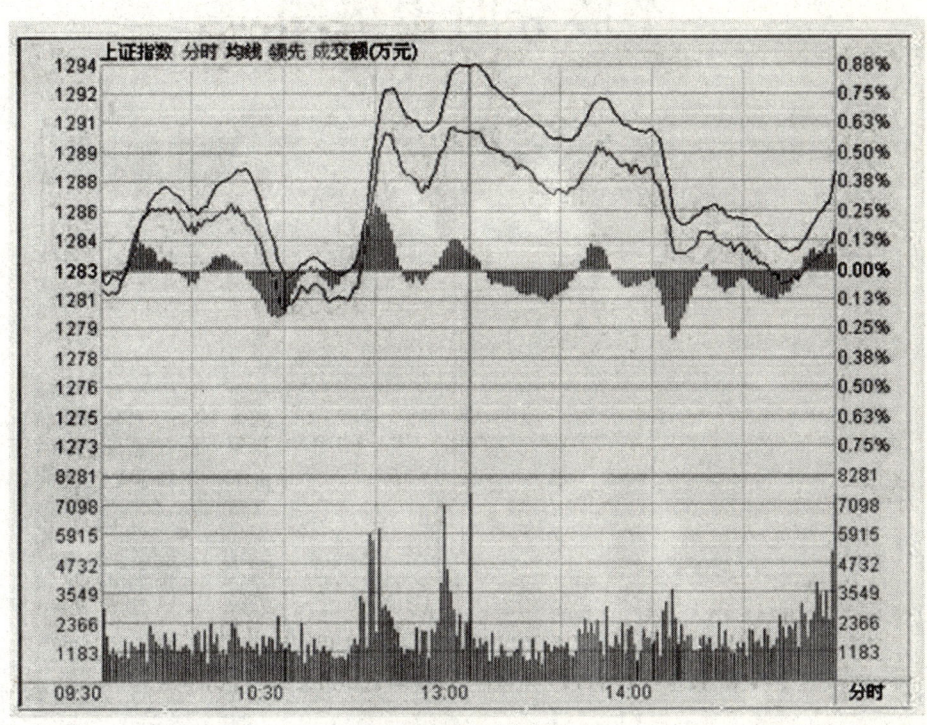

大盘指数分时走势图

上图中红色曲线表示上证交易所对外公布的通常意义下的大盘指数，也就是加权数。因上证指数是以各上市公司的总股本为加权计算出来的,故盘子大的股票较能左右上证指数的走势,如马钢、石化等。

上图中蓝色曲线是不考虑上市股票发行数量的多少，将所有股票对上证指数的影响同等对待的不含加权数的大盘指数。参考红色曲线和蓝色曲线的相对位置关系,可以得到以下信息:

当指数上涨,红色曲线在蓝色曲线走势之上时,表示发行数量少(盘小)的股票涨幅较大;而当红色曲线在蓝色曲线走势之下,则表示发行数量多(盘大)的股票涨幅较大;当指数下跌时,如果红色曲线仍然在蓝色曲线之上,这表示小盘股的跌幅小于大盘股的跌幅;如果红色曲线反居蓝色曲线之上,则说明小盘股的跌幅大于大盘股的跌幅。

上图中间红色、绿色的柱线反映当前大盘所有股票的买盘与卖盘的数量对比情况。红柱增长,表示买盘大于卖盘,指数将逐渐上涨;红柱缩短,表示卖盘大于买盘,指数将逐渐下跌。绿柱增长,指数下跌量增加;绿柱缩短,指数下跌量减小。

上图下方柱线表示每分钟的成交量,单位为手(100股/手)。

# 个股分时走势图

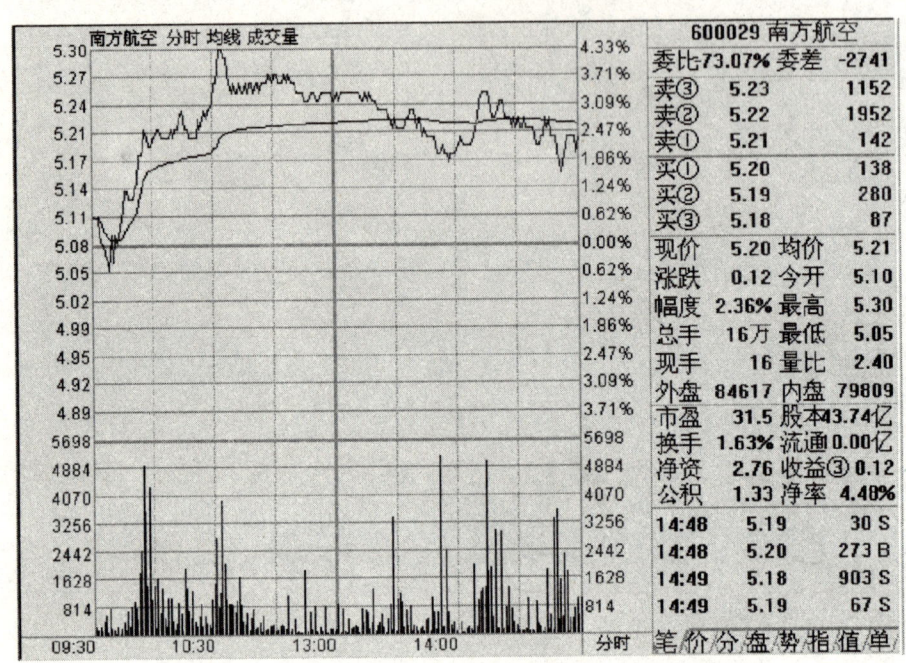

个股分时走势图

上图中红色曲线表示该种股票的分时成交价格。蓝色曲线表示该种股票的平均价格。下方柱线表示每分钟的成交量,单位为手(100股/手)。下面是分时走势图中右边出现的名词及含义。

## 1. 委比

委比是衡量某一时段买卖盘相对强度的指标。它的计算公式为:

委比=(委买手数-委卖手数)÷(委买手数+委卖手数)×100%

委买手数:现在所有个股委托买入下三档的总数量。

委卖手数:现在所有个股委托卖出上三档的总数量。

委比值的变化范围为-100%~+100%,当委比值为-100%时,它表示只有卖盘而没有买盘,说明市场的抛盘非常大;当委比值为+100%时,它表示只有买盘而没有卖盘,说明市场的买盘非常有力。当委比值为负时,卖盘比买盘大;而委比值为正

—K线图入门与技巧—

时,说明买盘比卖盘大。委比值从−100%~+100%的变化是卖盘逐渐减弱、买盘逐渐强劲的一个过程。如某一时刻,股票G的买入和卖出委托排序情况如下表所示。

股票G的买入和卖出委托排序情况

| 序号 | 委托买入价(元) | 数量(手) | 序号 | 委托卖出价(元) | 数量(手) |
|------|----------------|----------|------|----------------|----------|
| 1 | 3.64 | 4 | 1 | 3.65 | 6 |
| 2 | 3.60 | 7 | 2 | 3.70 | 6 |
| 3 | 3.54 | 6 | 3 | 3.75 | 3 |
| 4 | 3.50 | 6 | | | |

现在委托买入的下三档的数量为17手,卖出委托的上三档数量为15手,股票G在此刻的委比为:

$$委比=(委买手数−委卖手数)÷(委买手数+委卖手数)×100\%$$
$$=(17−15)÷(17+15)×100\%$$
$$=6.66\%$$

委比值为6.66%,说明买盘比卖盘大,但不是很强劲。

### 2. 买一、卖一

买一、买二、买三为三种委托买入价格,其中买一为最高申买价格。卖一、卖二、卖三为三种委托卖出价格,其中卖一为最低申卖价格。有的股票操作软件可以显示多达十种委托买卖价格,其含义是相同的,不一一介绍。

### 3. 内盘和外盘

所谓内盘就是股票在买入价成交,成交价为申买价,说明抛盘比较踊跃;外盘就是股票在卖出价成交,成交价为申卖价,说明买盘比较积极。

如某一刻股票G的委托情况如下表所示。

股票G的委托情况

| 序号 | 委托买入价(元) | 数量(手) | 序号 | 委托卖出价(元) | 数量(手) |
|------|----------------|----------|------|----------------|----------|
| 1 | 3.60 | 4 | 1 | 3.75 | 6 |

由于委托买入价与卖出价之间没有相交部分,股票G在此刻就没有成交,申买与申卖就处于僵持状态。此时,若场内的抛盘较为积极,突然报入一个卖出价3.60元,则股票G就会在3.60元的价位上成交,成交价为申买价,这就是内盘;反之,若场内的买盘较为积极,突然报入一个买入价3.75元,则股票G就会在3.75元的价位上成交,成交价为申卖价,这就是外盘。

### 4. 量比

它是一个衡量相对成交量的指标,它是开市后每分钟的平均成交量与过去五个交易日每分钟平均成交量之比。其公式为:

$$量比=现成交总手÷(过去5日平均每分钟成交量×当日累计开市时间(分)$$

当量比大于1时,说明当日每分钟的平均成交量要大于过去5日的平均数值,交易比过去5日火爆;而当量比小于1时,说明现在的成交比不上过去5日的平均水平。

### 5. 均价

均价是现在这个时刻买卖股票的平均价格。它的计算公式为:

$$均价=(各分时成交的量×成交价)÷总成交股数$$

### 6. 上涨或下跌幅度

它表示的是现在的上证指数相对于前一交易日收盘指数的涨跌相对数,其计算公式为:

$$涨跌幅度=(现上证指数-前一日的收盘指数)÷(前一日的收盘指数×100\%)$$

### 7. 现手

已经成交的最新一笔买卖的手数。在盘面的右下方为即时的每笔成交明细,红色向上的箭头(此图用字母B表示)表示以卖出价成交的每笔手数,绿色箭头(此图用字母S表示)表示以买入价成交的每笔手数。

# 走势图与K线图

因为走势图相当于1分钟的K线图,所以对图形形态分析的方法同样适用于走势图,走势图比K线图更是简洁明了。对日内走势图的分析必须与前期股价走势结合起来,这样才能增加分析的准确度。特别是当前期走势处于未有明显趋势时,对日内走势图的分析更容易把握短线机会。

# 开盘定性分析

集合竞价是每个交易日第一个买卖股票的时机,这也是机构大户借集合竞价高开拉升或减仓,跳空低开打压或进货的黄金时间段,开盘价一般受昨日收盘价影响。

若高开,说明人气旺盛,抢筹码的心理较多,走势有向好的一面。但如果高开过多,使前日买入者获利丰厚,则容易造成过重的获利回吐压力。如果高开不多或仅一个点左右,则表明人气平静,多空双方暂无恋战情绪。

如果低开,则表明获利回吐心切或亏损割肉者迫不及待,故市势有转坏的可能。若昨日股指、股价处于当日最高价位,次日开盘往往跳空高开;反之,则低开。

如果在底部突然高开,且幅度较大,常是多空双方力量发生根本性逆转的时候,因此,回档时反而构成进货建仓良机;反之,若在大势已上涨较多时发生大幅跳空,常是多方力量最后喷发的象征,表明牛市已走到了尽头,反而构成出货机会。

同样,在底部的大幅低开常是空头歇斯底里的一击,反而构成见底机会,而在顶部的低开则证明人气涣散,皆欲争先逃出,也是市势看弱的表现。其后虽有反弹,但基本上一路下泻。

在大市上升中途或下降中途的高开或低开,一般有继续原有趋势的意味,即上升时高开看好,下跌时低开看淡。当然在连续的单边走势后会发生特殊情况,一般情况下开盘后股价立即单边涨停或跌停地情况出现,预示着该股有消息与信心十足的机构猛烈的单边动力,可以适当的跟进做多或做空,有许多有经验的投资者常常在9:20左右敲键F3,然后敲键+号进入即时成交视窗,一般情况下最先出现的有大手笔竞价成交的个股很可能成为当日的主要做多或做空的明星品种,因为一般情况下,大资金的操盘手如在当日有操作计划,都会较早地到证券公司做好准备并较早地做好集合竞价显示出趋向,作为投资者应注意此种股票的短线动向并利用之。

另外如果能够把握住意外的无原因的大幅高开或大幅低开的机会则是意外之喜(对于勤快的投资者1年可能会把握5次左右的此类机会)。

需要注意的是如果预见较大的利多或利空因素参与集合竞价,时间最好应在9:20以前。

# 开盘后30分钟走势分析

### 1. 第一个10分钟

开盘后多头为了顺利吃到货,开盘后常会迫不及待地抢进,而空头为了完成派发,也会故意拉高,于是造成开盘后的急速冲高,这是强势市场中常见的。而在弱势市场中,多头为了吃到便宜货,会在开盘时即向下砸,而空头胆战心惊,也会不顾一切地抛售,造成开盘后的急速下跌。因此开盘后前10分钟的市场表现有助于正确地判断市场性质。

### 2. 第二个10分钟

则是多空双方进入休整阶段的时间,一般会对第一个10分钟的走势进行修正,如空方逼得太猛,多头会组织反击,抄底盘会大举介入;如多方攻得太猛,空头也会予以反击,获利盘会积极回吐。

### 3. 第三个10分钟

因参与交易的人越来越多,买卖盘变得较实在,虚假的成分较少,因此可信度较大,上午10:00左右将是产生当天集中交易热点的时间,此时昨日尾市走强的品种与部分板块强弱代表股票的强弱度已经显露,而一些职业机构在看清当天的消息面情况后开始演出,此时市场表现将可能是市场全天表现的缩影,只不过会在涨跌幅度上发生量变。这段时间的走势基本上为全天走向奠定了基础。

### 4. 三个10分钟走势的组合分析

如果是先上后下再上(即先涨后跌又涨),则当天行情趋好的可能性较大,日K线可能收阳线。因为它表明多头势力较强。若前30分钟直线上涨,则表明多头势强,后市向好的可能性很大,收阳线概率大于90%,回档是建仓良机。具体来说,若第二个下跌幅度很小,不低于开盘值,则行情应较乐观。若第三个上涨创下新高,行情就更乐观了,当天一般会大涨小回收阳线。若第二个下跌低于起涨点(开盘),则表明空头压力过大,当天的调整压力较大,一旦冲高无力,会出现急挫,只有在底部得到支撑,才会有较强反弹,但当天一般不太可能收在最高点。若第二个下跌低于开盘,而第三个上涨又高于前高点,则表明多空分歧比较大,当天震荡会较大,但最终仍可能以阳线报收。若第二个下跌虽没低于开盘,但第三个上涨却没创新高,特别是随后出现了较为有力的下跌,则说明在多空双方正面交锋时多头相对较弱,当天的回档会持续较长时间,收盘不可能为最高点,有时甚至会演化为"先上后下又下"走势,进而走淡并收出阴线。

如果是先下后上又下,则当天行情走淡的可能性较大,特别是先下后下又下,则表明空头力量十分强大,当天的反弹均构成出货机会,后市下跌的可能性较大。若开盘较高,收阴线的概率超过90%。具体来说,若第三个下跌创下新低,则为典型的空头特征,当天的反弹一般较弱。在中长期头部形成时,常出现类似形式。若第二个上涨创下新高,第三个下跌不创新低,则表明多头势力仍较盛,当天有冲高机会,尾盘可能不收在最低。若第二个上涨虽没创新高,但第三个下跌无力创新低,且随后出现上涨,表明空头压力虽大,多头仍不可小视,当天会先冲高后回落,但不会收在最低。若第二个上涨创新高,第三个下跌又创新低,则表明当天会有较大震荡,但尾盘可能收在较低位置。

如果是先上又上再下,则表明多头势力较强,但空头压力也大,当天如果在底部得到支撑,向上的机会仍较大。但若第三个下跌低于开盘,则表明空头力量过于强大,当天探底会比较深,这种探底一般是由于获利回吐所致。若第三个下跌较弱,甚至不低于第一个上涨,则当天多头势力较强,一般是大涨小回收阳线。

如果先下又下再上,则表明空头势力较强,但多头尚有反击余力,当天若高位压力略强,走淡机会较大,尤其是第三个上涨若软弱无力,特征会更明显。若第三个上涨超过了开盘,则一般属于拉高出货的行情,当天在高位盘整后,可能出现急跌。

如果是先上又下再下,则表明开盘后的向上是空头陷阱,当天走淡的可能性较大。

如果是先下又上再上，则表明开盘后的向下是多头获利回吐的表现，当天行情仍可能走好。

# 中午收市前 30 分钟走势分析

中午收市前的走势也是多空双方必争的。因为中午停市这段时间，投资者有了充裕的时间检讨前市走向，研判后市发展，并较冷静或较冲动地做出自己的投资决策，因此主力大户常利用收市前的机会做出有利于自己的走势来，引诱广大中小散户上当。一般来说，收市前与开市后的走势应综合起来看，而不能孤立对待。

如果大市上午在高位整理，收市前创下全天最高，则一方面表明买方力量较强，大势可能继续向好，另一方面则表明主力可能想造成向好的假象，以借机出货。怎样判断呢？若是前者，则下午开盘后应有冲动性买盘进场，即大势应快速冲高，则回落后仍有向好机会，可以借机买入，如果是后者，则下午开盘后指数可能根本不动，甚至缓缓回头，即为主力故意拉高以掩护出货的开始。

如果大势连绵下跌无反弹，而反弹又迫在眉睫，则主力常做出大势跌势未尽的假象，在上午收市前刻意打压，使之以最低报收。下午开盘后，中午经过思考下定决心斩仓的人会迫不及地卖出，故指数仍有急泻，结果这往往是最后一跌，或者因此时卖压相对较少，主力唯恐拉高时吃不到更多的筹码，所以还会造成第二次下跌，但此时成交量常开始萎缩，于是，此次下跌便是最佳的建仓良机。

如果大势平平处于上升或下跌途中，则收市前的走势一般具有指导意义。即若大市处于升势时午收于高点，表明人气旺盛，市道向好；反之，若大市处于跌势时午收于低点，表明人气低，市道向淡。若升势时午收于低点，或跌势时午收于高点，多半是假象，改变不了其本来走势。

第 **2** 篇 K 线法则与走势分析

# 下午 13∶00 开盘走势分析

由于在中午有电台、电视股评的因素存在(有些股评人士是上午涨就叫好，上午跌就叫空)，13∶00开盘时容易造成当天的次(最)高点或次(最)低点，此时很容易操作错误，应多看技术指标与冷静思考。

# 尾盘 45 分钟走势分析

尾盘在时间上一般认为是最后15分钟,实际上从最后45分钟多空双方即已开始暗暗较量了。若从最后45分钟到35分钟这段时间上涨,则最后的走势一般会以上涨而告终。因为此时参与交易的人数最多,当涨势明确时,会有层出不穷的买盘涌进推高指数;反之,若最后45分钟到35分钟这段时间下跌,则尾市一般难以走好。特别是到了最后30分钟大盘的走向极具参考意义,此时若在下跌过程中出现反弹后又调头向下,尾盘将可能连跌30分钟,杀伤力极大。在具体操作上,当发现当日尾盘将走淡时,应积极沽售,以回避次日低开;当发现尾盘向好时,则可适量持仓以迎接次日高开。

# 个股开盘异常走势分析

**1. 瞬间大幅高开:开盘时以涨停或很大升幅高开,瞬间又回落**

目的:

(1)突破了关键价位,庄家不想由于红盘而引起他人跟风,故做成阴线,也有震仓的效果。

(2)吸筹的一种方式。

(3)庄家试盘动作,试上方抛盘是否沉重。

**2. 瞬间大幅低开:开盘时以跌停或很大跌幅低开**

目的:

(1)出货。

(2)为了收出大阳使图形好看。

(3)操盘手把筹码低价卖给自己或关联人。

# 个股盘中异常走势

盘中瞬间大幅拉高或打压主要为做出长上、下影线。

**1. 瞬间大幅拉高**：盘中以涨停或很大升幅一笔拉高，瞬间又回落

目的：试盘动作，试上方抛盘是否沉重。

**2. 瞬间大幅打压**：盘中以跌停或很大跌幅一笔打低，瞬间又回升

目的：

（1）试盘动作，试下方接盘的支撑力及市场关注度。

（2）操盘手把筹码低价卖给自己或关联人。

（3）做出长下影，使图形好看，吸引投资者。

（4）庄家资金不足，抛出部分后用返回资金拉升。

**3. "钓鱼"线**

在个股当日即时走势中，开始基本保持某一斜率上行，之后突然直线大幅跳水，形成类似一根"鱼竿"及垂钓的"鱼线"的图形。此为庄家对倒至高位，并吸引来跟风盘后突然减低好几个价位抛出巨大卖单所至。此时若接盘不多，出不了多少，可能庄家仍会拉回去；反之，则一泻千里。

**4. 长时间无买卖**

由于庄家全线控盘或多数筹码套牢在上方，又无买气使然。

**5. 在买盘处放大买单**

此往往为庄家资金不雄厚的表现，企图借此吸引散户买入，把价位拉高。

换位思考一下：庄家若欲建仓，并大幅拉高，隐蔽还来不及，怎么会露于世人。

# 个股尾盘异常走势

**1. 收盘前瞬间拉高**

表现为：在全日收盘前半分钟（14:59）突然出现一笔大买单加几角甚至1元、几元把股价拉至很高位。

目的：由于庄家（或主力，以下略）资金实力有限，为节约资金而能使股价收盘收在较高位或突破具有强阻力的关键价位，尾市"突然袭击"，瞬间拉高。假设某股10元，庄家欲使其收在10.80元，若上午就拉升至10.80元，为把价位维持在10.80元高位至收盘，就要在10.80元接下大量卖盘，需要的资金必然很大，而尾市偷袭由于大多数人未反应过来，反应过来也收市了，无法卖出，庄家因此达到目的。另一些基金重仓的股票在要计算基金净值的那一日为使基金净值提高，曾有尾市瞬间拉高的现象。

**2. 收盘前瞬间下砸**

表现为：在全日收盘前半分钟（14:59）突然出现一笔大卖单减低很大价位抛出，把股价砸至很低位。

目的：

(1)使日K线形成光脚大阴线,或十字星,或阴线等较"难看"的图形使持股者恐惧而达到震仓的目的。

(2)使第二日能够高开并大涨而跻身升幅榜,吸引投资者的注意。

(3)操盘手把股票低价位卖给自己,或关联人。

# 第7章
## 分时走势实战解析

## 解析升、跌幅度

股价运行了一段时间后,自然就会在分时图上留下上升的高度或下跌的深度,可能这只是多、空双方第一回合的较量,我们却可以看出这一回合的胜负战绩,即到底是多头占主动性优势,还是空头占主动性优势。

在以价格为纵坐标的分时图上,升的高度和跌的深度就是价格的涨跌问题,它显示着目前交易者的输赢状况。升高了,获利盘可能就会马上抛出;跌狠了,抢筹码的可能马上就会出来。这种涨跌的转化一直会持续到收盘时才能分出胜负。

下图就是华芳纺织(600273)在2009年5月6日的分时走势图。该股上升时幅度较大,下跌时幅度很少,明显多方占优,此后3个月该股涨幅超过50%。

# 解析回调、反弹幅度

股价升高之后,或者会停顿下来积累力量后再继续前进,或者会停顿下来察看风向后掉头下行。这时,交易者就要看调整的深度问题了。比如,20元的股票涨了1元钱,可能是直拉式上升造成的,可能是斜推式上升造成的,也可能是曲折性上升造成的,但这些都不重要,重要的是现在它开始反向运动了。如果股价在向下调整了0.2元钱(10%)之后又开始攀升,我们称这种现象为小力度调整;如果股价在向下调整了0.4元钱(20%)之后才开始攀升,我们称这种现象为中力度调整;如果股价在向下调整了0.6元钱(30%)之后才开始攀升,我们称这种现象为大力度调整。一旦调整幅度太深,多头可能就会支撑不住,导致股价开始下坠。

小力度调整是强势股的表现,这种调整表示盘中做空的力度很虚弱,无力将股价打压下来,是一个好兆头;大力度调整则说明股价在升高后,马上遭受到空方的大力还击,说明空方的能量很大,应该引起重视;中力度调整介于这两者之间。但只要是股价出现调整而不是反转,说明多方总体上还是占有优势的。

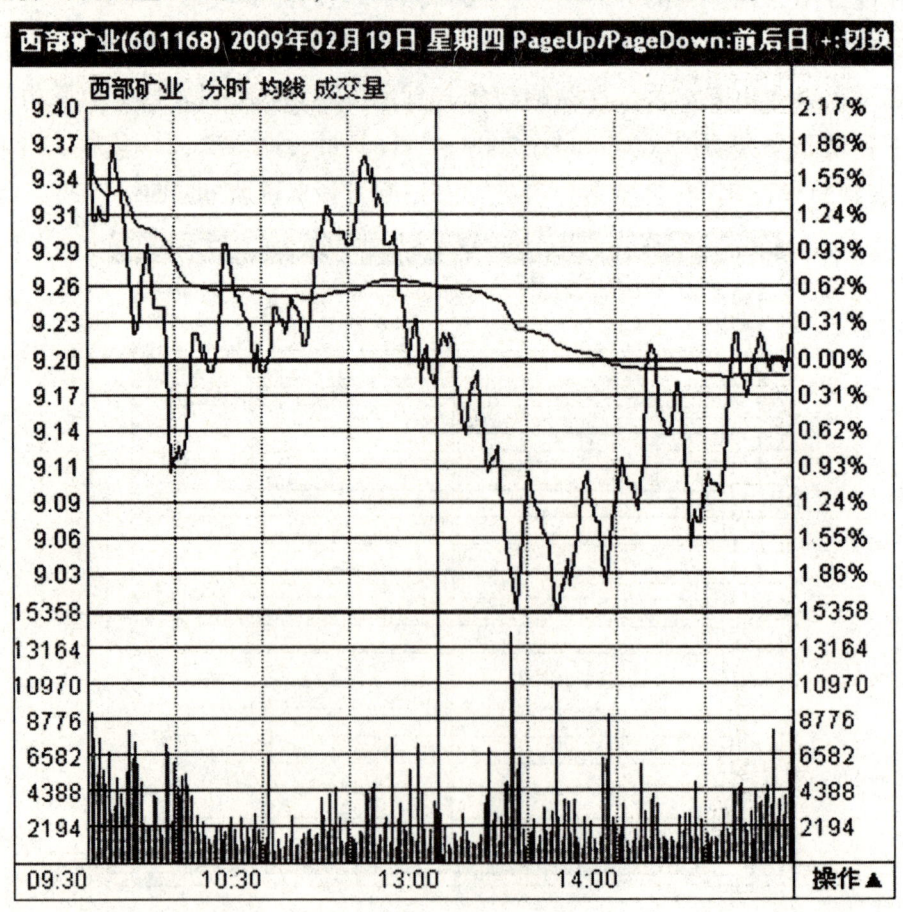

反弹幅度也适用于上述原理。此外,在分析回调/反弹幅度的时候,还要同步考虑回调/反弹所用时间的问题,回调/反弹所用时间少,说明对手打击的力度大,很快就出现了价格回位现象;回调/反弹所用时间多,说明对手在稳步的蚕食过去的成果,前者的强攻可能只是外强中干的表现。

上页图是西部矿业(601168)在2009年2月19日的分时走势图。该股跳空高开,下探后上升,但是随后的回调幅度很大,遭遇了大力度调整,且反弹时幅度较小,明显空方占优,综合观察该股前期涨幅较猛,暗示短线将遭遇回落。

# 解 析 成 交 量

成交量是辅助分析股价涨跌原因、涨跌动能和涨跌虚伪性的指标。总体来说,成交量的变化代表了当前资金的操作性质与交易者买卖热情的高低,大量资金做多股价必然上涨,大量股票做空则股价必然下跌。但要注意,分时图里的无量下跌是主力当日没有出货或没有主力参与的标志,这种下跌并不可怕;而无量空涨也是主力无法出货的信息,只要不放量,后面就还会有新高出现,因为主力往往会选择在高处出货。

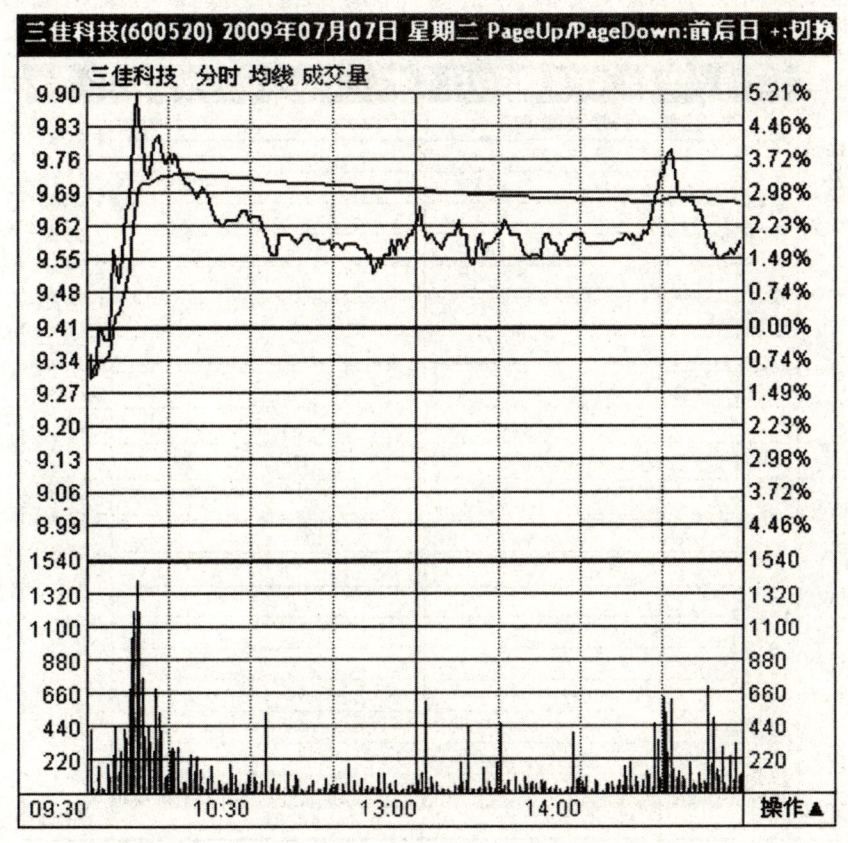

看分时图下面的成交量数据时,该线状图是红是绿都不重要,因为每个第60秒钟的成交价格都包含着数笔的成交状况,而且都是交易所延迟发过来的数据,这些数据难以真实地反映在1分钟内是主动卖出的多还是主动买入的多,因而红色并不意味着涨,绿色也并不意味着跌。如同前面"单笔成交分析"里讲述的一样,我们要关注的是成交量线状图的长与短,以及与该成交量对应着的价格变化。通过调整软件的设置,交易者也可以将红、绿色的成交量线状图改为单一的黄色,同时也可以点击下面的"量比"指标,通过量比曲线来察看更细微的成交量变化。

上页图就是三佳科技(600520)在2009年7月7日的分时走势图。该股做多时量大,做空时量小,说明多方占优。

# 解析一字形涨停

一字形涨停的主要特征:股票开盘就涨停,且一直将涨停封到收盘之时。

主要用意如下。

## 1. 拉升,使股票迅速脱离成本区,通常发生在主力建仓完成之后

基本原理:当股价处在底部的时候,持股者普遍惜售,此时只要少量资金就可

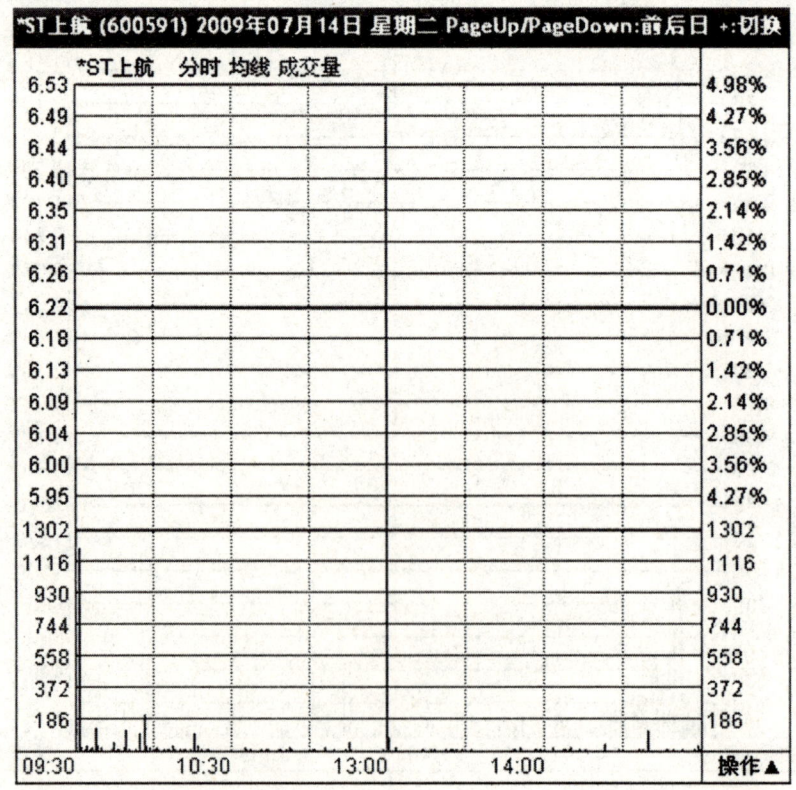

以将中小盘的个股封至涨停,尤其是在开盘时就封涨停,愈发能显示出主力拉升的决心和实力。此时,抛盘会非常少,人们普遍持股待涨,往往该涨停板很轻易就能封到收盘时。此外,当个股筹码基本上被主力收购之后,外面的抛盘很少,同样可以轻松封一字形涨停板。当股票出现一字形涨停板时,往往会最先进入"涨幅排行榜",锁定交易者视线,吸引其后期跟风。

### 2. 吸筹

有主力在不破缺口的情况下进行吸筹,只是这种情况较少。

上页图就是ST上航(600591)在2009年7月14日的分时走势图。该股开盘就涨停,成交量稀少,说明持股者普遍惜售。

# 解析 T 字形涨停

T 字形涨停的主要特征:开盘即涨停,但是中途涨停板被打开过,之后又被封住涨停板,直至收盘。

主要用意如下。

### 1. 吸筹,往往发生在新股的建仓中

基本原理:当股票在底部时,主力已难以获得筹码,在时间不允许的情况下,或者股票本质较好而导致不拉升则不易吸筹的情况下,主力往往会通过高开涨停吸引抛盘的注意,然后在涨停途中作出买盘支撑不住的样子,打开一个缺口来诱惑抛盘出来。此后,在第二日或第三日加大筹码收集力度之后,做出短线需要调整的动作,吸引抛盘加大供给,以快速完成吸筹工作。

### 2. 减仓或减压,一般发生在股价连续上涨后

基本原理:这种图形通常都发生在连续上涨后的后期,原因是开盘涨停能形成惜售的局面,但是主力可以趁人不备,快速开个缺口进行减仓,可通常又出不了多少货,于是就继续封住涨停板,方便后期出货(真要大量出货时,通常就会出现连续的缺口)。

看T字形涨停图形时要注意,如果缺口只有一个,就要看缺口的深度是否过深,缺口过深说明抛压巨大;如果缺口有几个,则说明主力可能在陆续减仓;如果当日成交量过大,则说明主力加大了减仓的力度。但是一般来说,只要主力的减仓动作不大,是很难区分主力是在减仓还是在减压的。这并不重要,因为两者都已经透露出主力筹码过多的信息了,既然主力开始减仓或不要筹码了,那么就预示着后期股价拉升的空间有限了。

只要股价不是涨得太高,通常出现这种图形时,就是主力示意该有新人进场交换少许筹码的时候了。如交易者在主力利用涨停处的缺口进行洗盘时介入,往往也能得到一定的甜头,但短线交易者必须提高警惕,后期见势不好就要出货;如果涨幅过多,中线交易者也要注意减仓了。

　　下图就是*ST上航(600591)在2009年7月16日的分时走势图。该股在停牌1小时后交易,开盘就打开涨停板,成交量放大,但又在不到1个小时内封上涨停板。日K线上留下T字形涨停图形,说明主力有所减仓。

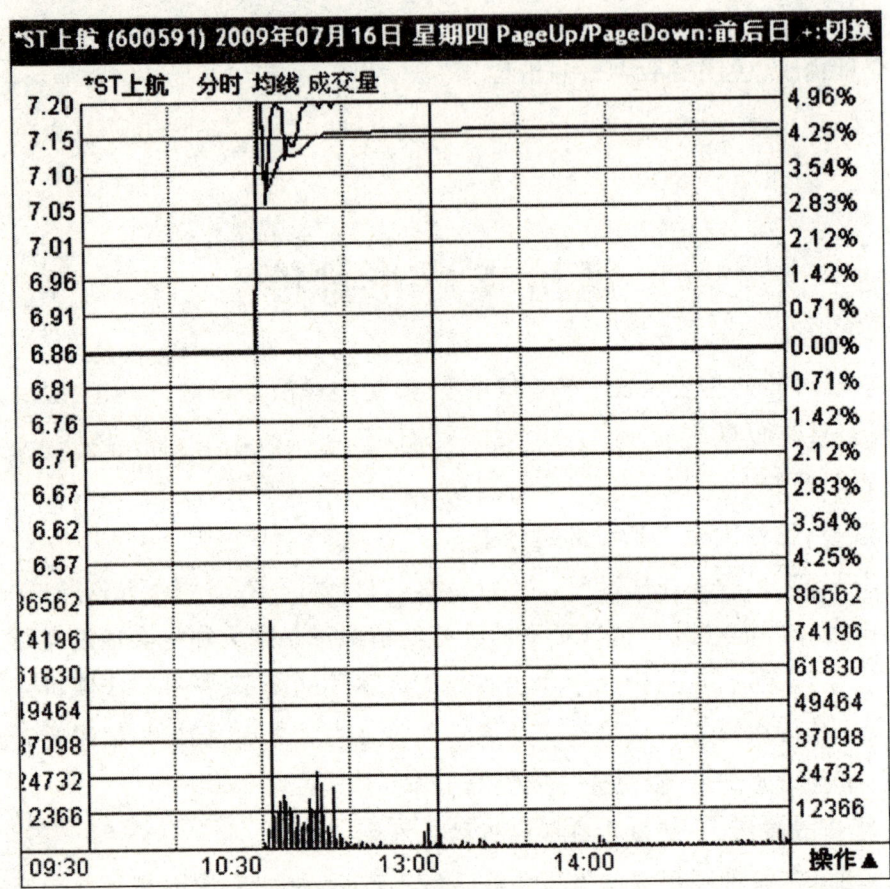

# 解析拉高形涨停

　　拉高形涨停的基本特征:低开、平开或高开后,股票被封到涨停板处。

　　拉高形涨停看起来多种多样,但实际上只有两种,即斜推式涨停和平台整理式涨停。其他样式都是由这两种演变而来的。

　　拉高形涨停和一字形涨停的目的及意义是不一样的。虽然两者都是涨停,也都是为了吸引市场目光,但是一字形涨停暴露的是主力不希望市场跟风的用意,当其

—K线图入门与技巧—

连续拉一字形涨停时,意味着主力不是吸筹而是建仓已经完成,需要快速脱离成本区赶紧盈利。为了快速将高风险筹码转换给后来者,主力往往在拉了2~4个一字形涨停板之后,又会采用T字形涨停板或拉高形涨停的方式,以吸引市场跟风。所以,交易者如要跟风,须考虑个股当前的涨幅情况。如果涨幅过大,则暴涨的背后可能就是暴跌,这通常体现了主力速战速决的心态。

拉高形涨停则一开始就透露出主力希望市场跟风参与的意图,同时在边拉升、边吸筹、边洗盘的过程中,不断提高市场参与者的成本,不断过滤不稳定的浮筹,不断吸引新的买家入场。在股价逐级抬升的过程中,主力的新筹码也在不断增加,但市场人气被彻底激活。采用这样的拉升方式后,后期主力多半是通过慢熊型或震荡型的方式进行出货,毕竟前期的高成本筹码也有不少。在到达市场最高点时,巨量长阴线或墓碑线往往是这段行情反转的标志。

下图就是上海金陵(600621)在2009年5月22日的分时走势图。该股在平开后不断上拉,盘中和尾盘摸上涨停板。说明主力边拉升、边吸筹、边洗盘的过程中,不断提高市场参与者的成本。

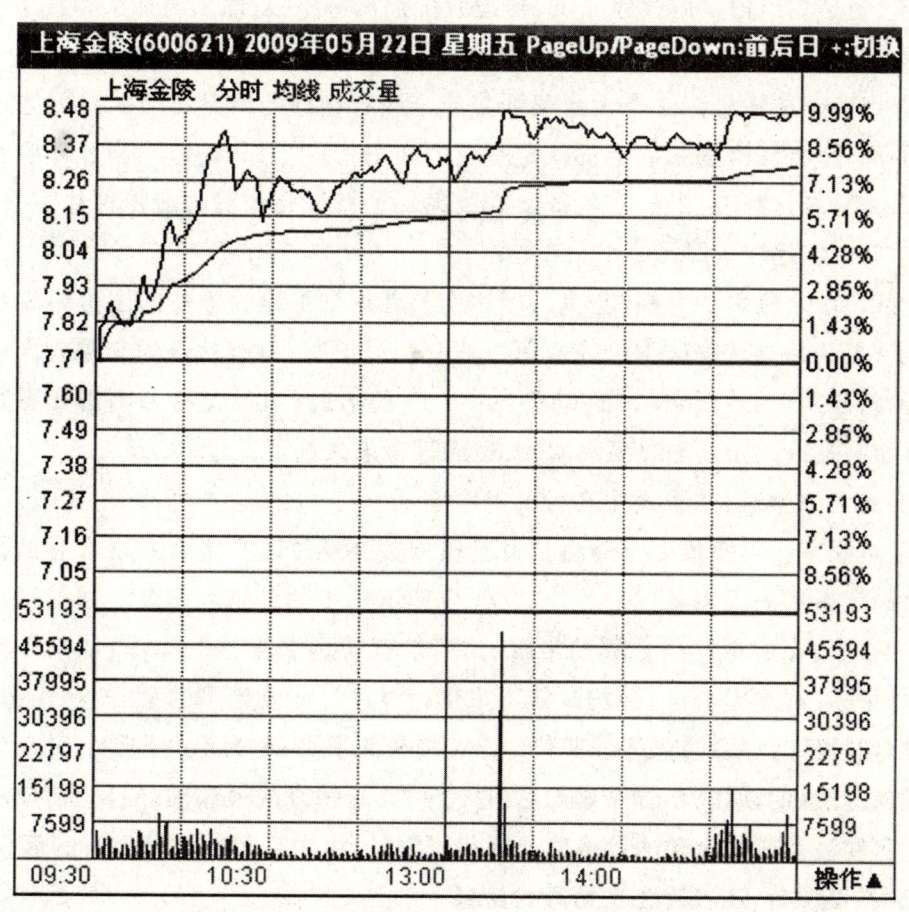

# 解析涨停又开板

涨停又开板的主要特征:其一是高开盘,吸引人注意;其二是曾经一度急拉,诱多涨停;其三是封住涨停板一段时间后,又屡屡被打开涨停板。

这种手法用在股价不同的阶段,所透露的意义是不一样的。主要用意如下。

### 1. 减仓,主要发生在行情的阶段性顶部

基本原理:一只股票被迅速拉到涨停并进入了市场涨幅排行前列,自然会引起诸多短线客的关注,越是强势的股票就越会有短线盈利的空间,这也是短线客普遍存在的认知。于是,只要个股被拉到涨停且当时并没有放出巨量,那么他们就会毫不犹豫地跟进。如果当时没有抢到筹码,哪怕挂单排队或者抢涨停缺口,他们也愿意。正是基于这种心理,主力就会悄悄撤掉买一处的巨大接盘,让后面的散户买单顶上,而自己则开始照着买一处的价格快速出货。散户的买单自然封不住主力的巨量卖单,于是主力把卖单暂停一下,再把股价推至涨停板,然后再撤买单接着卖。如此往复,自然就出现了封不住的涨停现象。

涨停减仓往往是建立在大盘很强势或个股有利好的情况之上的,因为这种封不住的涨停现象,市场基本上都认定是主力在出货,主力必须借助利好环境才能麻痹广大交易者,这是它的一个特征。它的另一个特征是个股的股价往往不低,主力获利空间已经比较丰厚了。

所以,在个股累计升幅较大后,短线交易者见到涨停封不住的图形时就要准备出货了,尤其是当日跌破均价线或第二波跌幅过深时;稳健一点的交易者则可以等待股价跌破5日均线时再出局,以避免中途自动出局;中线交易者则需要看30日均线,但如果股价距30日均线高出太多,也应该考虑减仓了。

### 2. 试盘或整理,主要发生在行情的中途

基本原理:当股价处于即将拉升阶段或关键部位时,主力通常会有试盘的动作,以确定市场的跟风状况和抛压状况,方便下一步的计划和部署。如果试盘时发现买盘很多,在主力筹码足够的情况下,可能就势发起上攻的动作;如果试盘时发现卖盘很多,则主力会停止拉升,接下来进行浮动筹码的清理过程,迫使浮筹出局,避免后期拉升时浮筹溢出下挫股价。若大盘状况不好,主力也会借势打开涨停板的缺口进行洗盘的动作,但这个缺口往往不深,几分钟之内就会被填补。需要注意的是,试盘和吸筹或试盘和洗盘可能是同步进行的,主力见风使舵是常有的事。

### 3. 拉高吸筹,主要发生在阶段性底部

基本原理:当股价升到涨停板时自然就会出现惜售的局面,一旦涨停板被打

K线图入门与技巧

开,则会出现恐慌性抛售的现象,持股者本能地会以为是主力在靠涨停板出货,或者卖压大到抢单的人封不住涨停板。在见好就收的思维下,市场的卖单会蜂拥而出,主力为了买进更多的筹码也不会去封住涨停板。主力在每次买到涨停价附近时就会停止购买,等待抛盘涌出之后再继续买进。即使此时有散户跟进也没有关系,主力要么会在后期进行洗盘,要么正好利用他们来提高市场介入者的平均成本。"涨停封不住"往往是主力拉高建仓时特有的现象,但这种现象一般出现在股价的相对低位。

下图就是中国铝业(601600)在2009年2月9日的分时走势图。该股在高开后逐渐上拉至涨停板,盘中涨停板两次打开,似乎要下行,但尾盘又封住涨停,说明主力在每次买到涨停价附近时就会停止购买,等待抛盘涌出之后再继续买进,属于吸筹行为。

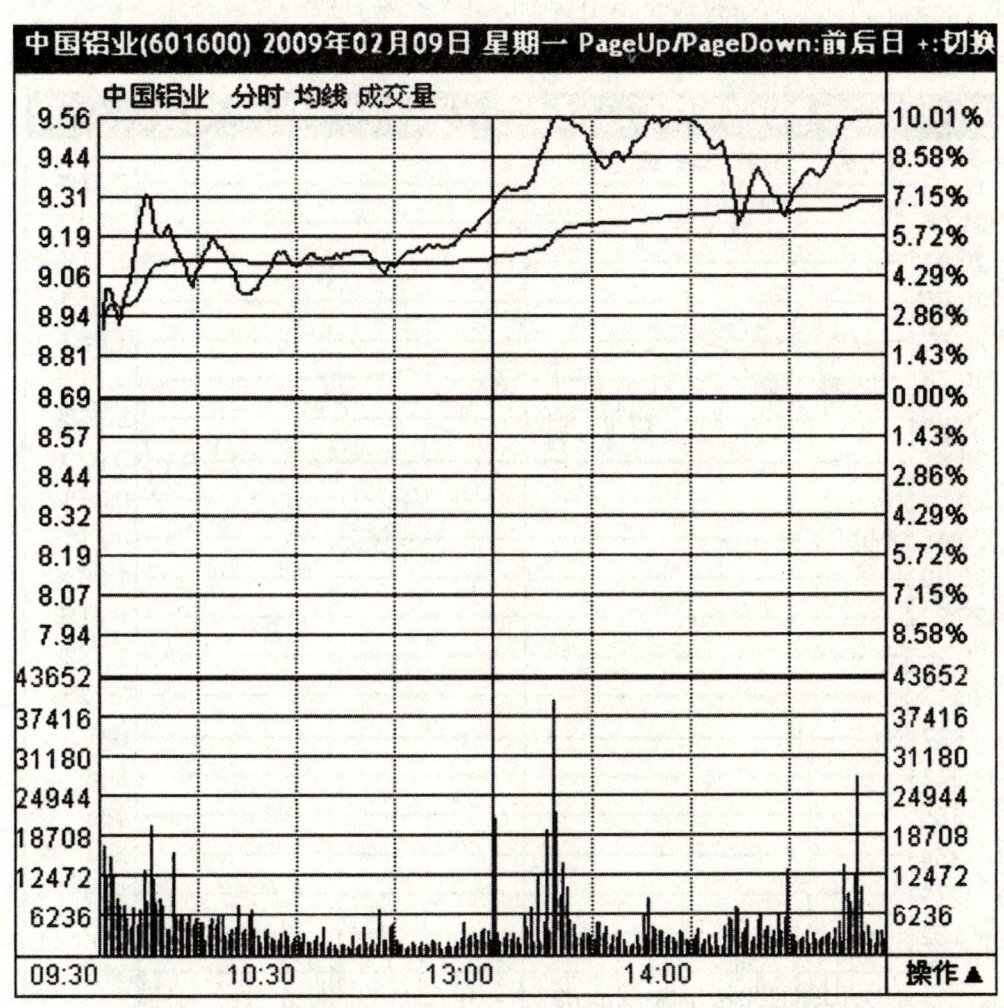

# 解析冲击波形出货

　　冲击波形出货即前面每急拉一次股价,后面就会慢慢退下来一些,表面上形成了稳步上升的台阶,事实上抛盘的压力很明显,必须靠主力的强拉才能维持。这是主力在刻意制造一个向上的运行趋势,而实则是在对敲急拉后小单出货,一旦遇到形势不好,就会马上高台跳水。遇见这种图形,如果股价在高位,交易者不用等待股价破5日均线才出局,而应在当日股价跌破均价线时就撤离,把不安全丢给别人。

　　下图就是科力远(600478)在2008年6月2日的分时走势图。该股在9:30~10:30不断以冲击波形态上涨,这是主力在刻意制造一个向上的运行趋势,然后盘中震荡下跌,说明主力在对敲急拉后小单出货,此后9个交易日股价跌破16元。

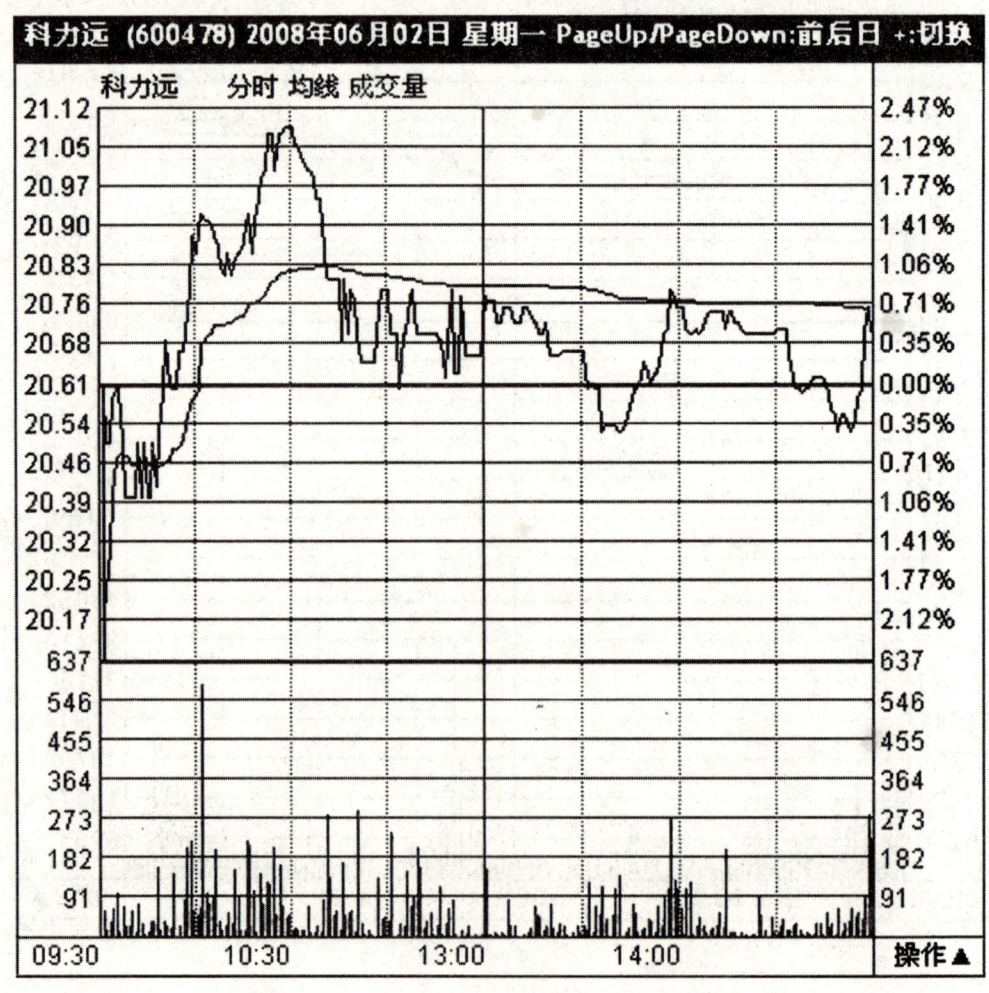

# 解析震荡形出货

　　震荡形出货即当股价处于阶段性高位的时候,当日股价震荡的波幅开始加大,显示出多、空双方的分歧开始加剧,后期不稳定性因素开始出现,交易者应随时准备出局。这里的震荡形出货只是显示单日的出货状况,实际上,个股在某一段时期内可能都会出现震荡形出货的K线图,那时主力出货的意图将更加明显。

　　下图就是中孚实业(600595)在2008年2月22日的分时走势图。该股在上午上涨最高至2%,下午震荡下行至约2%,这是主力利用盘中震荡手法出货下跌,此后不到1个月股价跌破18元。

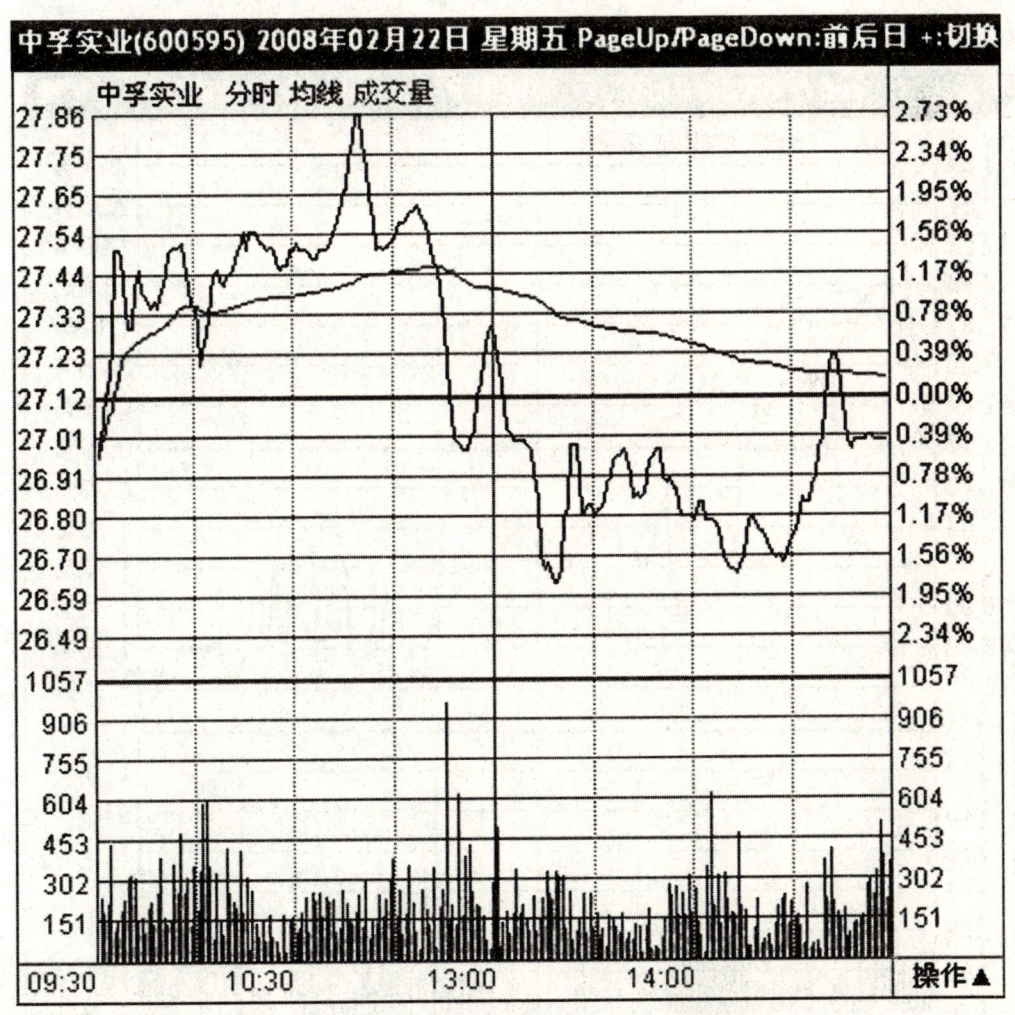

# 解析旗形出货

　　旗形出货即一开始主力会用几笔买单急速冲高,形成旗杆;但在吸引了部分人气之后,主力则开始小心出货,并任由股价向下飘落,形成像旗帜一样飘扬的图形。除有旗杆的特征外,该图最明显的另一个特征是"狼牙不断",即到了一定的时候,只要买盘稍有累积,主力就往下咬一口,这是典型的见买盘就抛的图形。见此图形,当股价无法反弹至均价线附近时,交易者应先走为妙。

　　下图就是华盛达(600687)在2008年1月3日的分时走势图。该股在早盘以陡直形态上涨,形成旗杆,吸引买盘,然后以锯齿形态不断下跌,这是主力在运用旗形手法出货,此后4个月内股价跌破10元。

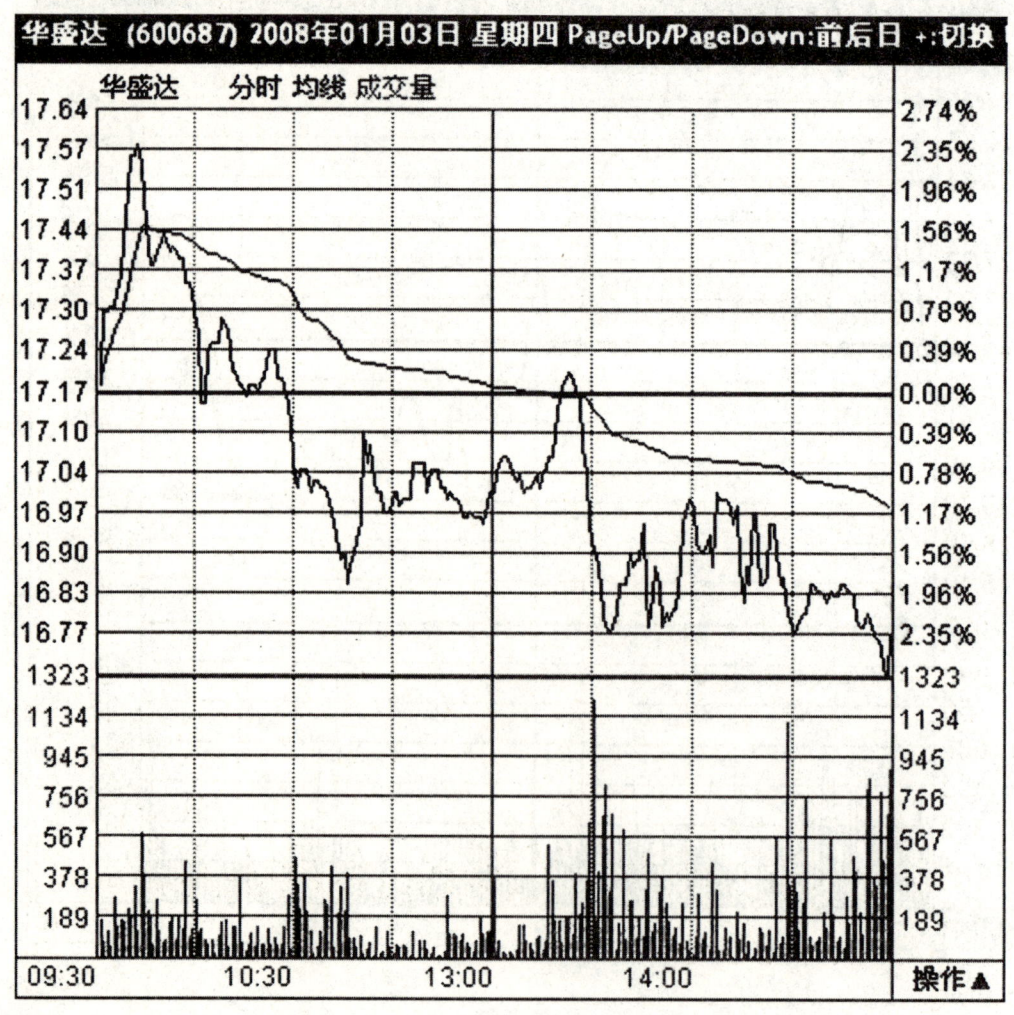

# 解析心电图形出货

心电图形出货即股价原本处于正常状态,但突然出现大笔卖单向下砸盘;虽然买盘马上跟进,但紧接着的砸盘行动又开始了;只要有买盘出现,主力就会不遗余力地往下砸,先人一步地夺路而逃。经过几番挣扎后,股价最后在分时走势图上呈现的犹如心电图。这种手法也叫心电图形出货。当交易者见到这种图形,只有赶紧出局。

下图就是银泰股份(600478)在2008年9月9日的分时走势图。该股在以心电图形态走出,盘中可见一有买单进入即有大单砸回。这是在利用心电图手法出货,此后3个月内股价跌破3元。

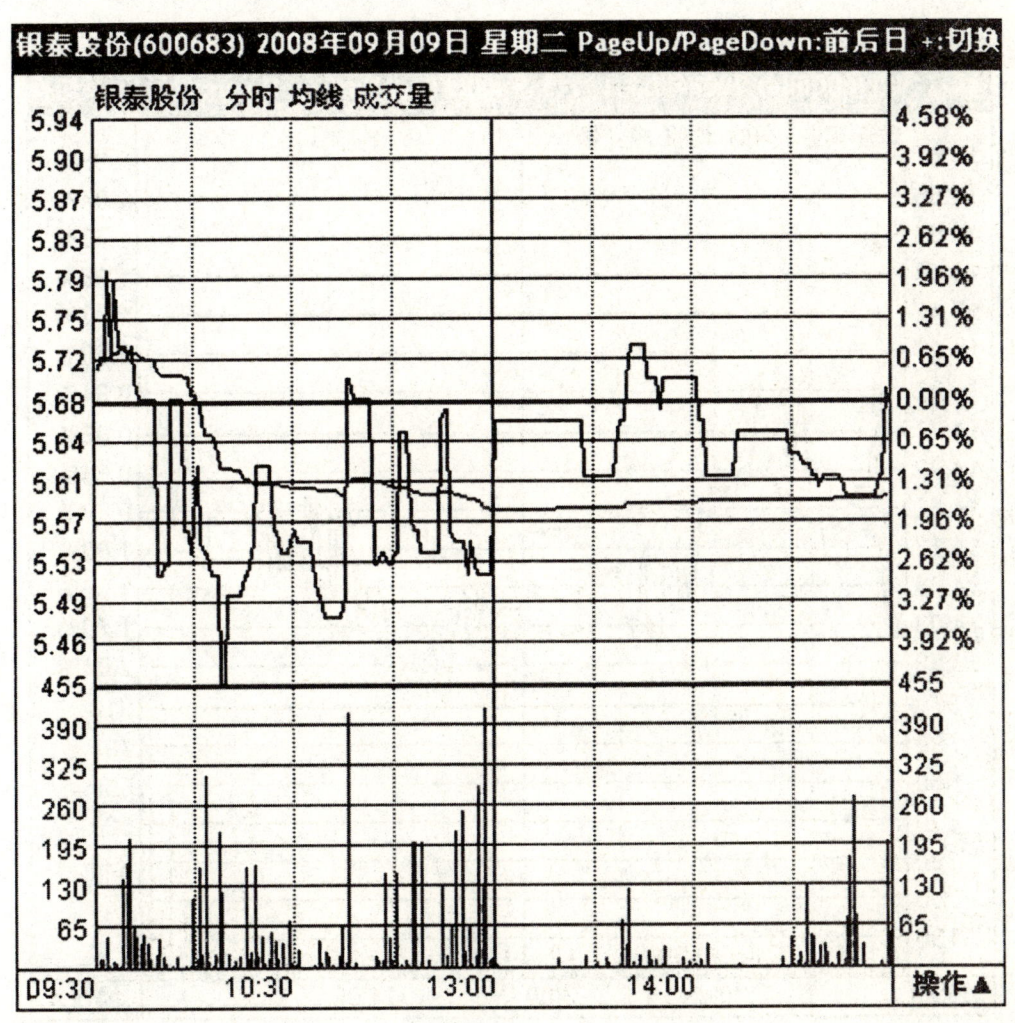

# 解析钓鱼形出货

　　钓鱼形出货即主力通过使股价低开后快速冲高来吸引市场眼球,亮出一根"鱼竿",然后在跟风盘不足的情况下或在跟风盘堆积的时候,突然反手砸盘,不计成本地进行抛售,致使"鱼钩"沉没水里,不见踪影。这是一种凶猛的钓鱼形出货方法,有的"鱼竿"则要经过半个小时以上的缓推才能形成,后面的结果也不至于这么凶悍。但不管是哪一种,如果主力采用这样的方法也出不了多少货,那么往往又会拉起股价,再往复几次。见此图形,交易者除了快跑之外,别无他法。

　　下图就是珠江实业(600684)在2008年1月31日的分时走势图。该股在低开后快速冲高,在吸引来跟风盘以后主力反手下砸,综合观察该股前期涨幅巨大,说明主力在利用钓鱼手法出货,此后3个月股价跌破8元。

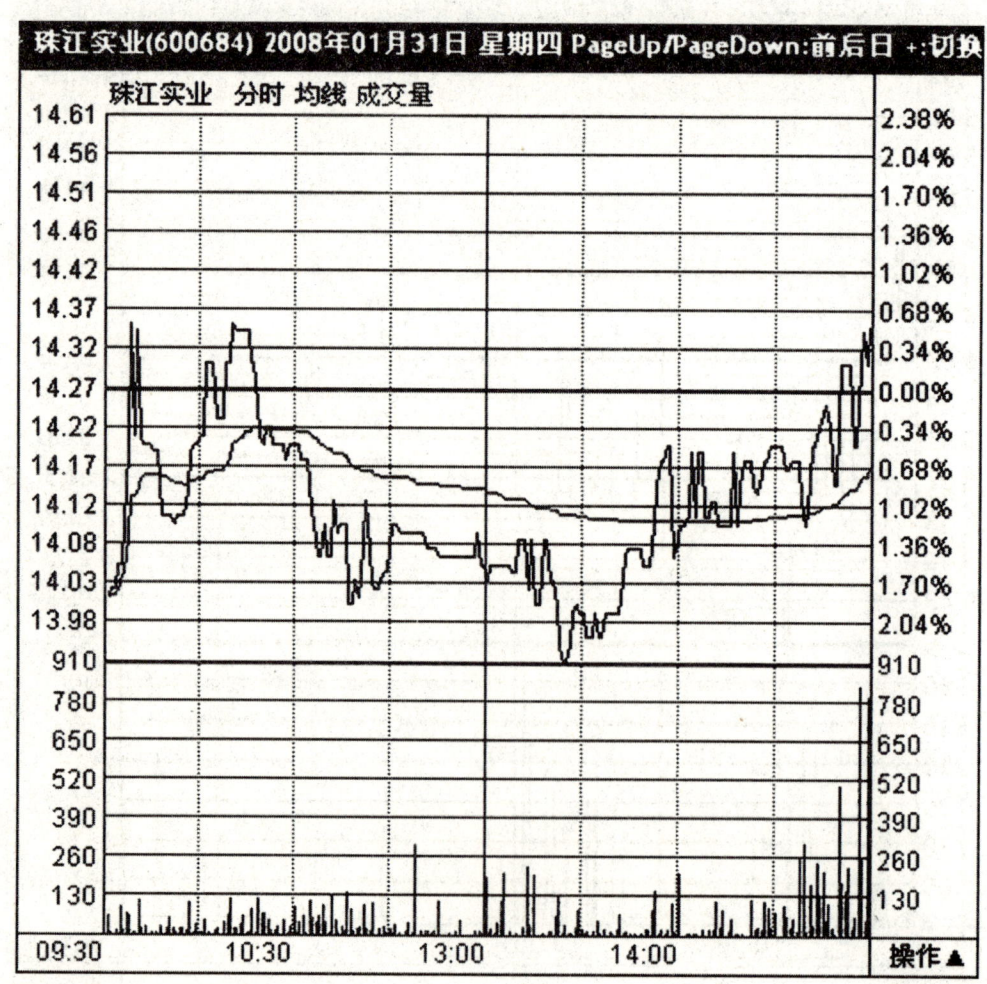

# 解析一字形出货

一字形出货即开盘以跌停方式出货。出现这种状况,要么是主力资金链出了问题;要么是大盘极度不好;要么就是一直没有什么接盘。所以主力必须使股价快速下跌到某个程度,然后再利用交易者抢反弹的机会进行出货。见此图形,交易者只有赶紧挂单抛售,或者等反弹来临时再出局。

暴涨之后必有暴跌,往往涨停板背后就是跌停板,谁也出不来,我们称之为头部跳水。可见,当一只股票狂拉猛涨之际,就是我们该告别之时,好股票多的是,何必要守住高风险的股票睡不好觉呢?

下图就是S湘火炬(000549)在2004年4月19日的分时走势图。该股是德隆系著名的三大庄股之一,但因为德隆系资金链断裂,其控股的上市公司股价也随之崩盘。主力一字形跌停出货,散户逃生无门。

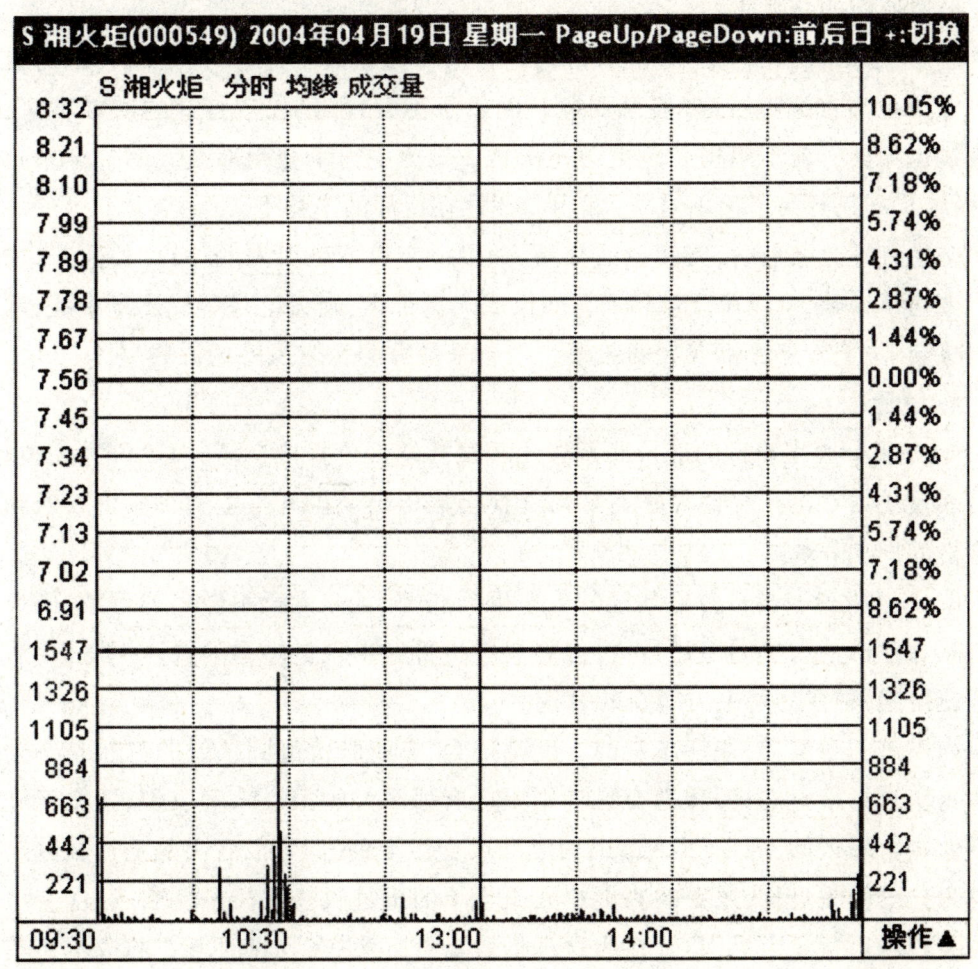

# 解析尾市急拉

尾市急拉的主要特征：全天股价走势正常，成交量也正常，但股价在收盘的半小时内出现了快速上涨的现象；或者一天内的成交比较活跃，趋势具有明显的向下趋势，但尾市却出现了急遽的拉升动作。

尾市拉升通常是为了做非正常的K线图、非自然的均线图和虚假的成交量，其用意有四。

### 1. 为了明日高开

当个股处于阶段性的顶部而需要减仓的时候，尾市拉升可以躲过大部分交易者的卖压，轻松使股价收到高位，方便第二日高开，但这往往是主力不需要筹码或资金不足的表现。验证方法是第二日主力出面促使股价高开（至少应比昨日没拉升之前的点位要高），否则，股价就会以低开来修正昨日尾市的异常状况，导致昨日主力在尾市所做的是无用功。

注意，尾市拉高后，如果时间许可，通常会有抛盘涌出并打开涨停板，因为交易者对尾市拉高普遍不看好；但只要撕开的口子不大，涨停板被打开的次数不多，且成交量也不大，就不用担心是主力在出货。因为主力不会用那么大的资金来封涨停，而结果却只是为了出一点货，其用心往往在后面的走势上。

交易者见此图形时，要注意成交量，如果成交量不是很大，短线可关注5日均线何时被向下突破，中线可谨慎持有。如果成交量很大，则无论是短线还是中线，都要考虑减仓了，尤其是涨幅巨大的股票。平仓是最好的躲避风险的方式。

### 2. 护盘

A. 如果个股在当日的股价底部曾出现过几笔大单直接交易，而股价并无波动，则可能是主力在进行利益输送或筹码交换，尾市出现拉升是主力将股价收回到正常价格的护盘表现。

B. 如果股价在当日曾被连续的大单砸到底部，且并无反手做多的现象，则属于主力减仓或机构大单的出逃行为；但如果股价曾经出现过短暂的快速下跌，而后又被快速拉起，则往往是主力震仓的表现。

如果是主力出货，往往出货的力度都很大，不将股价砸到很低的时候是不会有什么买单进场接盘的，而普通交易者则不会有那么大的狠心来砸股价，毕竟建仓成本不像主力那么低。所以从砸盘的力度和成交量上，我们可以看出是主力在减仓之后再为自己做收盘价，还是在为大户几笔大单的出逃收拾烂摊子。当然，也有可能是某大户的出货量太大，是其在为自己做收盘价，但它在收盘时所花的成本显然不

会太大。

见到这种图形时,如果判断出主力是在对阶段性高位进行护盘,那么短线交易者就要提高警惕了, 中线交易者也需要进行阶段性减仓了。毕竟护盘总是权宜之计,具有诸多的不稳定性因素,主力见势不好而倒戈的比比皆是,更何况是靠尾市偷袭成功的护盘。

### 3. 准备拉升

当主力建仓完毕之后,为了避免众多交易者跟随买进,主力常常会在尾盘突然拉高股价,并在第二天开盘时迅速将股价拉至涨停,使其他交易者来不及反应,随后该股股价通常会迅速飙升;或者当个股处在持续下跌的末期时,由于有突发性利好消息的刺激,个股也会在尾盘半小时内出现大量的抢盘现象,为明日的继续上涨做好准备。

### 4. 做账

每个季度基金都会计算净值,季度末的最后一天就是其净值计算日,基金为了拉高其市值,通常都会在季度末的最后时刻去拉升自己所持股票的价格;或者上市公司在年度会计结算的时候,为了公司账面上的盈利比较好看,为了获得交易者或银行的普遍支持,往往也会在特定的时间内安排特定的交易行为来拉升股价。但通常在这种情况出现之后,股价都会自动恢复常态。

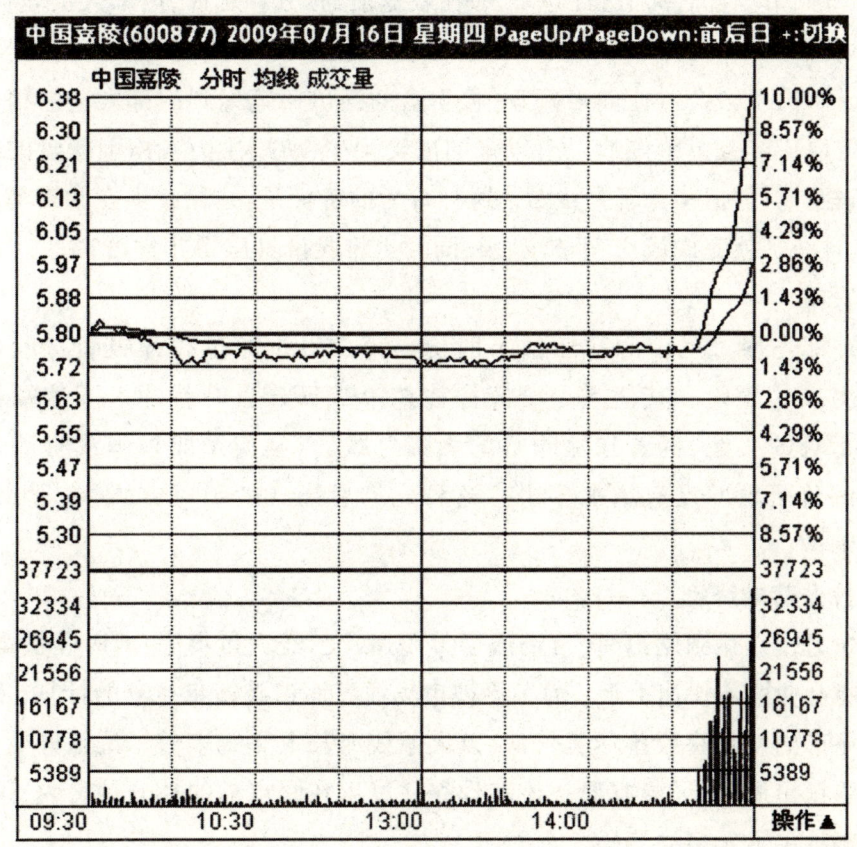

上页图就是中国嘉陵(600877)在2009年7月16日的分时走势图。该股在14∶30后突然以大单不断上拉,尾盘竟然摸到涨停!这是主力在刻意制造一个向上的运行趋势,目的是为了吸引跟风盘,为后几个交易日出货做铺垫。

# 解析尾市急跌

尾市急跌的主要特征:全天股价走势正常,成交量也正常,但在最后收盘的半小时内,出现了股价快速下跌的走势;或者全天成交活跃,趋势向上,但尾市却出现了急遽的打压动作。

一般来说,尾市急跌的原因有四种。

### 1. 跳水出货

见上面的"跳水形出货",主要特征是尾市下跌力度大,且往往会持续10~30分钟。

### 2. 利益输送

有时候,对于成交稀疏的股票,在即将拉升股价之前,主力会向内部人员抛出低成本筹码,市场称之为"送红包"。即在收盘前的2分钟之前,内部人员先在低价位的买盘处理好几笔大单,该买单往往排在5个甚至10个买单报价之后;在收市前的最后1分钟内,主力会快速向下砸盘,将卖盘的报价一笔压到内部人员的报价处,使其申报得以成交。由于该股一直以来的成交稀少,所以主力在向下砸盘的时候,偶尔也会惠及他人,但毕竟只是少数。这种行为的特征是:往往发生在收市前的最后1分钟内,且一笔就完成成交,非常迅速,同时也将股价打压得非常厉害。

### 3. 吸筹

吸筹即先通过尾市的打压拉下股价,第二日再通过高开吸引持股者注意,以缴获更多的筹码。其优点是个股往往在第二日开盘时就冲入了涨幅排行榜,引起了市场的关注,但若扣除昨日的大幅急跌后,其实个股根本没有涨多少,主力吸筹的价格也并没有增加多少。这种先抑后扬式的吸筹方式,在股市里也是屡见不鲜的。

### 4. 拉升前的洗盘

当主力控盘达到尾声时,市场流通筹码通常已经大量集中,此时多头微小的买单都可能会使股价快速上浮。为了不被市场注目而识破即将拉升的计划,主力此时会利用尾市的动作将股价尽量打低,以大阴线或长上影线来假示洗盘开始了,请交易者赶紧抛出筹码,另寻好股。该动作往往发生在收市前的10分钟之内,因为这样不需要牺牲主力太多的筹码。

下页图就是南方航空(600029)在2008年12月23日的分时走势图。该股在14:30突然以大单不断下砸股价,尾盘下跌到7.77%,这是主力在刻意制造一个向下的运行趋势,目的是为了洗筹,为后市拉升做准备,此后4个月内股价突破6.5元。

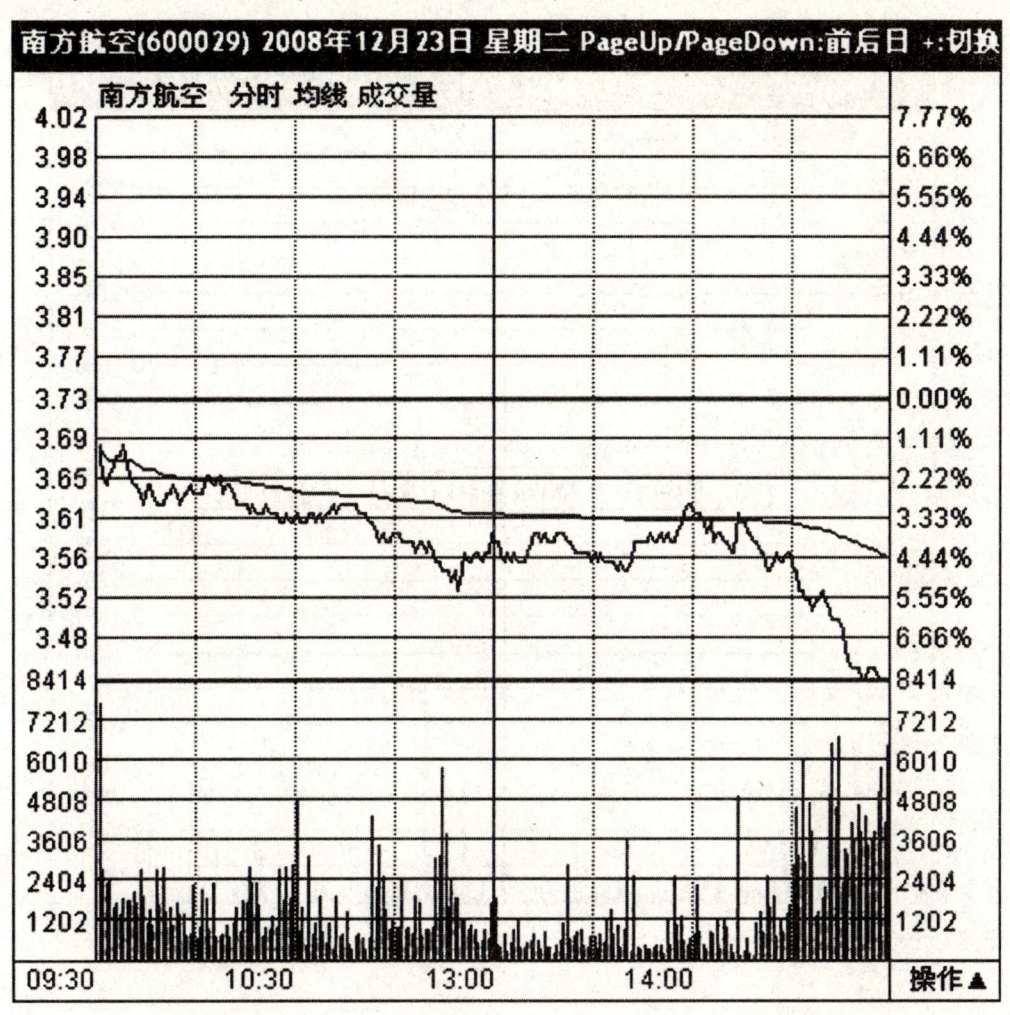

# 解析砌长城图

砌长城图的主要特征:成交稀疏,仅在数个价格上成交。

由于成交量极为稀少,任意一笔主动的买卖盘都会引起股价的上涨与下跌,使股价间歇性地忽然向上又忽然向下,这就是砌长城图的成因。它反映的是成交量呆滞的现象,如果在股价下跌或是底部震荡过程中出现该走势,是很正常的疲软反映;但是在股价上涨的时候,如果出现该现象,则透露了持股者的稳定心态或主力高度控盘的信号,值得交易者关注。

下图就是攀钢钢钒(000629)在2009年3月24日的分时走势图。该股是一个流通盘为31亿股的大盘股票,全天换手率仅为0.77%,几乎处于休眠状态。日K线窄幅横盘,说明主力已经高度控盘。

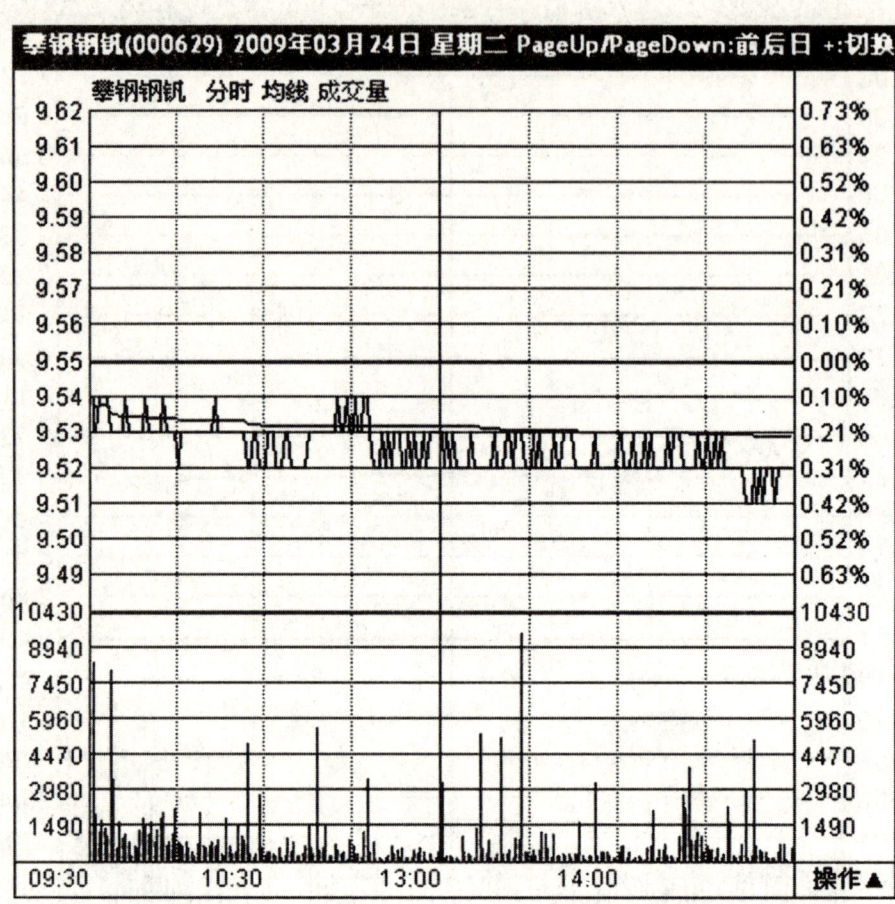

K线图入门与技巧

# 第 3 篇

# K线法则与价量分析

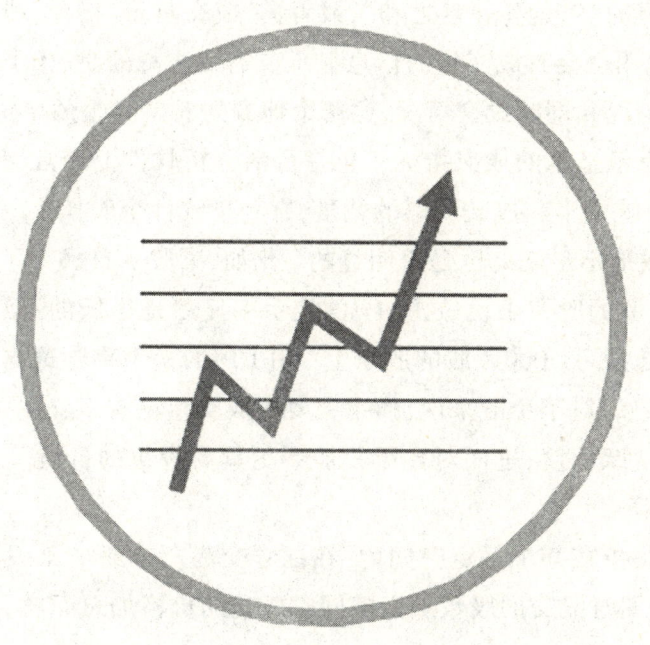

# 第8章
## 价量关系基本功

# 解析成交量的形式

成交量分为成交股数和成交金额两种形式,前者是买卖股票的数量,后者是买卖股票的金额,它们是同步发生的,跟数量都有关系,因而可以泛指成交量。

### 1. 成交股数

成交股数是指在某一特定时间内,在证券交易所交易的某只股票(或大盘)的成交股数。它以股为基本计算单位,在行情分析软件上则以手为统计单位,1手等于100股。由于行情分析软件上的成交量区域的高度是固定的,而不同股票的成交量大小不一,于是为了方便察看,在右下角会有"×10"或"×100"倍数的显示,其右边的数值刻度"10000"或者"20000"需要与这个倍数相乘,方能正确显示当前的成交量大小(单位是手)。成交量柱状图表示的是大致的成交数量,具体的成交股数见右边"交易信息"栏里的"内盘和外盘之和",或者见"成交总量"指标,或者将"十字光标"对应某一根K线图也会有成交量的信息显示。需要注意的是,为了一目了然地显示买卖盘的申报情况和即时成交情况,这两个地方的股票数量的单位也是手。

成交股数是最基本的成交指标,也是行情分析软件上最常用的个股成交量数据。它如实地反映了当前成交股票的数量,有利于统计个股换手率和股东持股状况等。但成交股数的不足之处也是很明显的。比如,某股一日成交了100万股,对于一个流通盘为1亿股的股票来说,这个1%的换手率显然是很低的;但是这个成交量若发生在一个流通盘为1 000万股的股票上,其10%的换手率则透露了该股当日成交活跃的信息。显然,对于个股来说,换手率要比成交量更有意义,它可以横向对比所有股票的成交活跃程度,进而对比哪只股票更具有投机的价值。

### 2. 成交金额

成交金额是指在某个特定时间内,在证券交易所交易的某只股票(或大盘)的成交金额,它由即时成交的股数乘以随同它成交的价格加总而成。它的基本计算单

—K线图入门与技巧—

位是元,但在行情分析软件上则常以万元为统计单位。

　　成交金额也是比较常见的成交指标,常用于对大盘或对超级大盘股的分析。成交金额是比成交股数更有意义的指标,它显示了市场上主流资金的流向,以及投入市场的总体资金状况,它以资金的形式直接体现了市场参与的冷热状况。比如说,大盘当日成交量是1亿股,可能交易者没有什么概念,但是如果说当日大盘成交金额是100亿元,交易者就能直观地知道进入市场的资金规模和大致人气;同时,通过察看行情分析软件上的"今日总资金排名",观察成交金额最大的几只个股,交易者就可以直观地感受到今日主流资金的流向。

　　下图是*ST上航(600591)的K线图,图中柱状线就是成交股数,通过十字光标,我们可以看到它的当日成交金额。

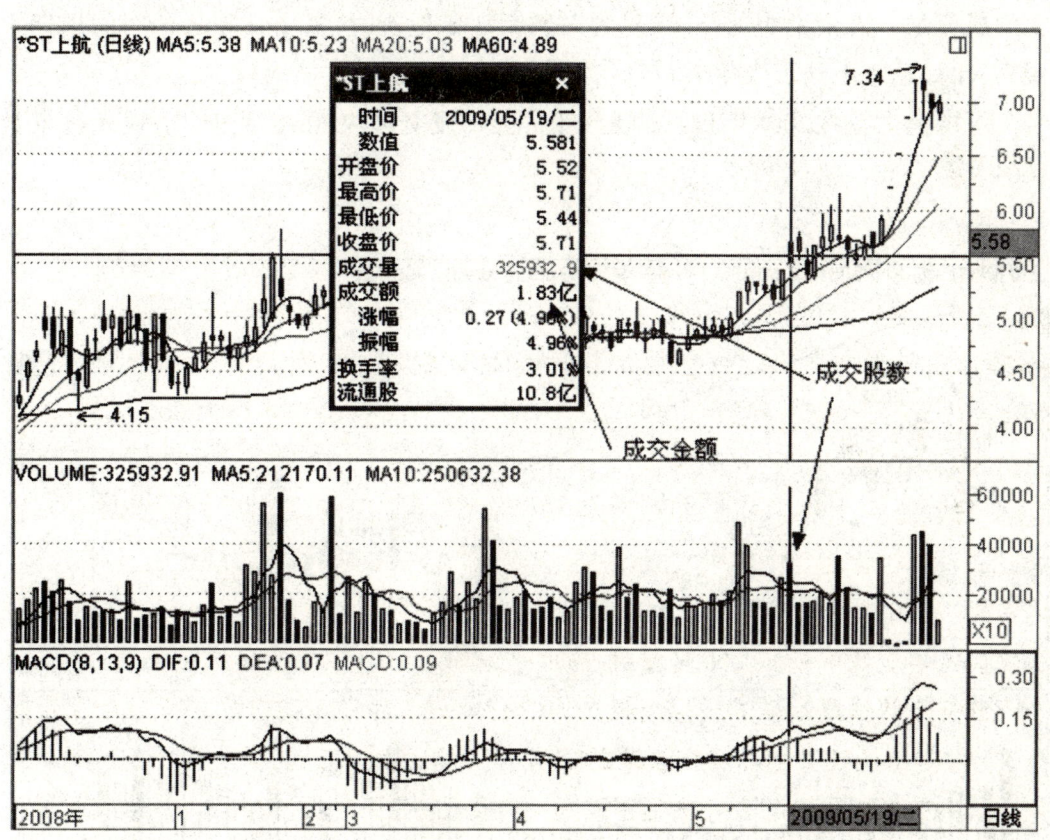

# 解析地量地价

　　地量地价是指个股(或大盘)在成交量非常少的情况下,其股价(或大盘指数)也创出了阶段性的新低现象。它常出现在长期下跌的末期,是一种股市里的特殊现象。所谓"地量",是指股票(或大盘)创下了一直下跌以来的最少成交量;所谓"地价",是指股票(或大盘)创造了一直下跌以来的最低价位。

如果股价在一直下跌的过程中，没有出现过持续的带量下跌或阶段性的带量下跌过程，那么即使是出现了所谓的地量地价，也并不意味着市场已经出现了底部。因为空头的下跌能量还没有释放出来,市场后续下跌的可能性很大。一般来说,市场要一直跌到多头彻底丧失信心,跌势才有可能会停止,地量地价才有可能会出现。地量出现之后,可能会马上出现地价,也可能在股价继续下行后再出现地价,不好确定。但地量一旦出现,就必须引起交易者注意,因为下一步可能就会出现量增价平的建仓迹象了。

真正的地量地价通常意味着趋势跌无可跌了,是市场行为的真实表现,也是主力在成交量中唯一不可做假的地方,因为主力可以虚增成交量,但却无法减少市场上的成交量。需要说明的是,交易者在判断地量地价时,需要从较长的时间周期来观察,比如趋势下跌了半年或1年后,此时观察地量地价方显成效。

下图是大盘在2008年11月的走势图,当日成交额仅200亿元时,出现底位点数1664。

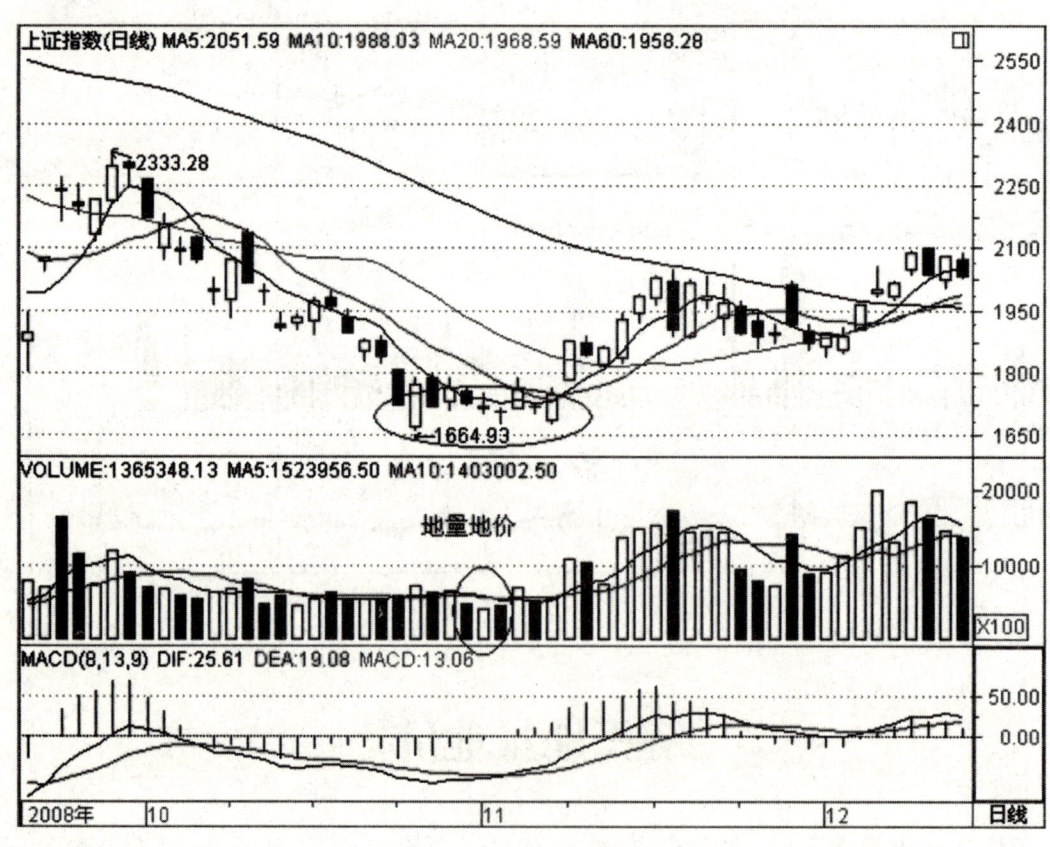

# 解析量增价平

量增价平是指个股(或大盘)在成交量增加的情况下,其股价(或大盘指数)却一直没有什么涨幅的现象,它意味着多、空双方的意见分歧比较大,但谁也没制住谁。

如果当时股价处于阶段性的底部,或出现了地量地价的极端情形,那么此时的量增价平往往是多头开始进场的表现。由于是建仓阶段,所以主力的吃货行为比较保守,没有引起股价过多的涨幅,但是却承接了空方的大部分抛单,导致成交量增大而价格不涨的现象。此时并不意味着跌势停止,有时主力为了建仓的需要,会拿着刚买的筹码反手打压股价,迫使更低的筹码出现。因此,小资金的交易者不宜在此时进场,而大资金的交易者则可以同步建仓。

如果当时股价处于阶段性的顶部,量增价平则往往是空头开始发力的表现。当股价有了较大的涨幅后,尽管多方的热情仍然高涨,但空方出于套现的需要而开始抛售,导致股票会出现成交量增大而价格上不去的现象。此时,没有股票的交易者要持币观望,而有股票的交易者则应考虑减仓或平仓。

下图是杉杉股份(600884)在2007年下半年的走势图。在6月22日该股高位放量,而最终几乎收平盘,这是主力出货的一种表现。

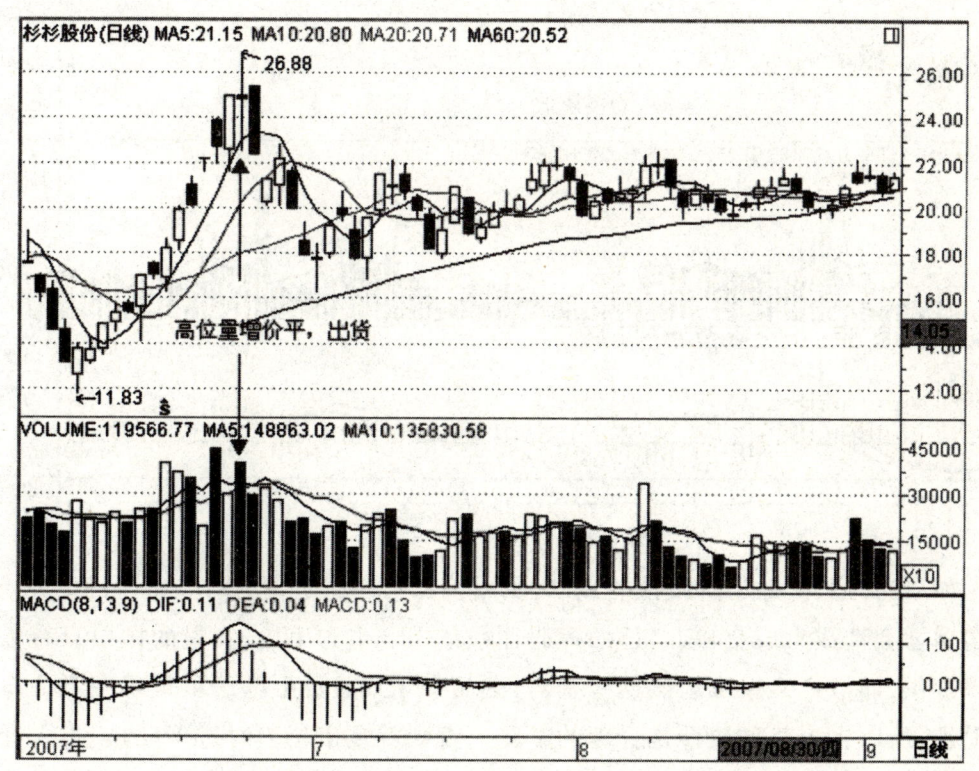

第3篇 K线法则与价量分析

101

# 解析量增价涨

　　量增价涨是指个股(或大盘)在成交量增加的情况下,其股价(或大盘指数)出现较大涨幅的现象,它意味着多、空双方意见发生较大的分歧,但多方仍占上风。

　　如果当时股价处于阶段性的底部,量增价涨往往是多方开始进攻的表现,也是多方积极看好后期走势的写照。由于主力急需筹码而散户不看好后市,于是在价格一路上涨的情况下,浮动筹码会不断涌出,导致成交量增大而价格同步上涨的现象。

　　如果当时股价处于上升趋势中,量增价涨意味着多方不断突破关键阻力位的抛压,不断消化市场空头的力量,使股价得以继续上涨。这样的量增价涨往往是趋势继续上涨的健康现象。

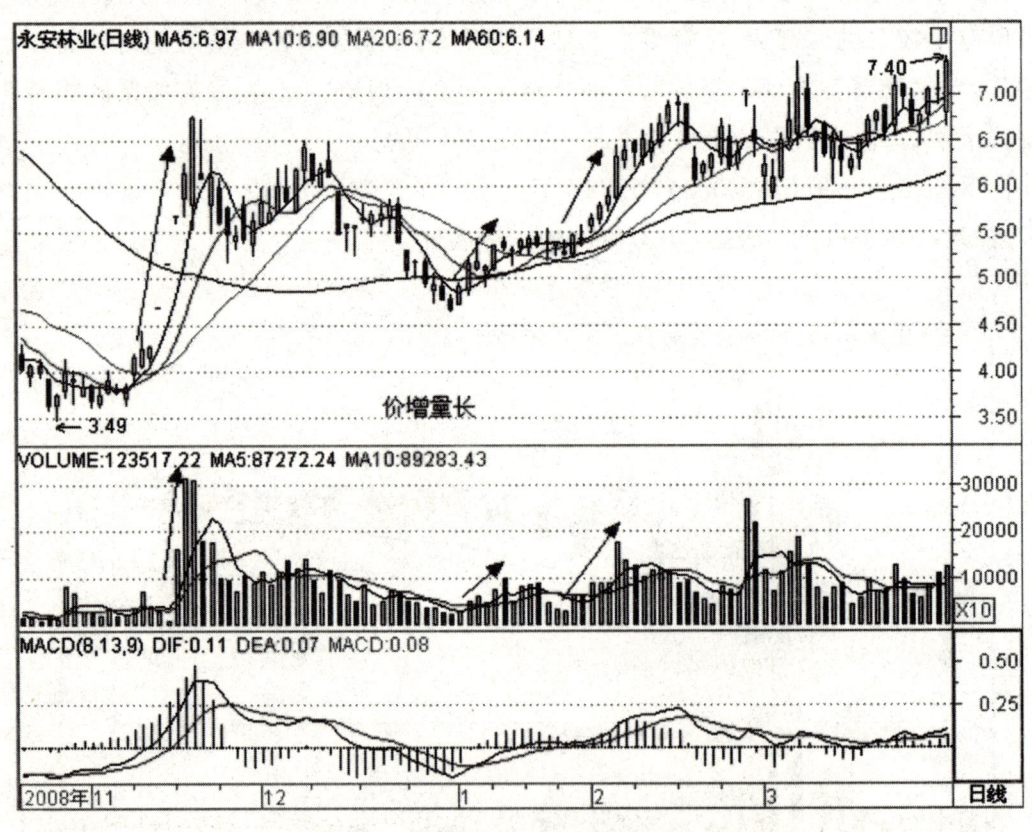

　　如果当时股价处于阶段性的顶部,量增价涨则往往是主力对敲出货的前兆。大量抛单才会造成大成交量,高位的筹码往往集中于主力手中,大量的抛单只有主力可以提供,而散户又很难承接这些筹码,必然会导致股价下跌。可是现在股价却反而上涨,所以主力对敲拉升是合理的解释。否则就是市场当时过于狂热,买入者陷

入了疯狂的境地,这往往会导致"天量天价"的极端现象。见此状况,交易者需要提高警惕。

上页图是永安林业(000663)在2008年年末到2009年年初的K线图。有几个阶段很清楚地对应着价增量长的情况,显示当时多头掌握局面。

# 解析天量天价

天量天价是指个股(或大盘)在成交量巨大的情况下,其股价(或大盘)也创出了新高的现象,这是量增价涨的极端形式。它常出现在长期上涨的末期,也是一种股市里的特殊现象。所谓"天量",是指股票(或大盘)创下了一直上涨以来的最大成交量;所谓"天价",是指股票(或大盘)创造了一直上涨以来的最高价位。

如果股价处于高价位区间,由于主力对敲的行为,或者市场极度疯狂的行为,往往都会造成在创出历史性的巨大成交量时,股价也创出历史性的新高现象。这往往是盛极而衰的前兆,当所有看涨的人都买入后,市场即失去了继续爬高的力量。见此状况,交易者要考虑减仓了。

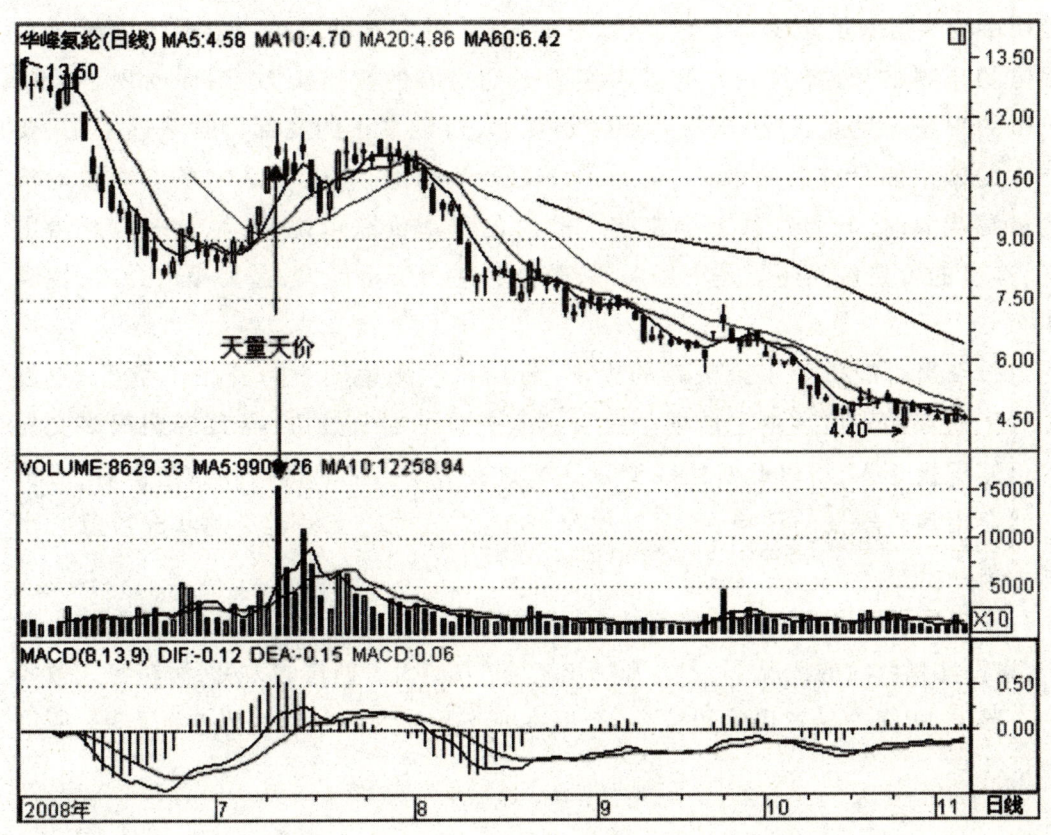

有时候,当股票创出历史性的大量时,股价也在继续攀高,交易者可能会以为"天量天价"出现了,应该赶紧回避。事实上,此时的天量天价可能只是阶段性的一个小高潮。这里的巨量出现,往往是多、空双方意见分歧巨大的表现,但也有可能是主力有备而来、志在高远的表现。如果抛出的都是散户而买入的却是主力,那么即使出现所谓的天量天价,股价依然会继续上涨,直至后面出现真正的天量天价。同时,交易者需要注意,量价配合过程具有一定的滞后性,天量出现之后不一定马上就会出现天价,也不一定必然会出现天价。所以,交易者不要抱着不见天量天价就不出货的想法。

上页图是华峰氨纶(002064)在2008年下半年的K线图。主力利用反弹出货,走出了7月10日天量天价的图形。

# 解析量增价跌

量增价跌是指个股(或大盘)在成交量增加的情况下,其股价(或大盘指数)出现较大跌幅的现象,它意味着多、空双方意见发生了较大的分歧,但空头占据了上风。

如果当时股价处于阶段性的底部,量增价跌往往是空方继续发力的表现,它表明市场买卖者虽然发生了多、空意见的分歧,但空方对后期的悲观强度超过了多方的乐观估计,导致多方的买入实力不如空方的卖出实力,因而出现了量增价跌的现象。见此状况,交易者要密切注意,可能真正的底部为时不远了,只要空方的做空能量被彻底消灭,达到了跌无可跌的地步,也就是出现了地量地价的极端现象时,转势往往就会来临。此时的量增价跌也说明,尽管多方开始出场,这里的价格区间还不是市场的底部,因为主力资金庞大,需要提前介入,主动买套。

如果当时股价处于阶段性的顶部,量增价跌则说明主力开始出货了,空方加大了抛售的力度。由于前期个股展示了充分的财富效应,导致后期很多交易者仍然积极介入,所以此时的成交量往往比较大。当主力机构开始抛售后,股价必然会出现阶段性的跌势,甚至开始反转走熊。所以,交易者见此状况应赶紧平仓了结。

下图是利尔化学(002258)在2008年年末至2009年年初的K线图。在前期碎步攀升,累计涨幅巨大的情况下,主力开始出货,空方加大了抛售的力度,而在赚钱效应的引导下,很多交易者仍然积极介入,但终究不敌主力当日坚决做空的意图,所以放量跌停。

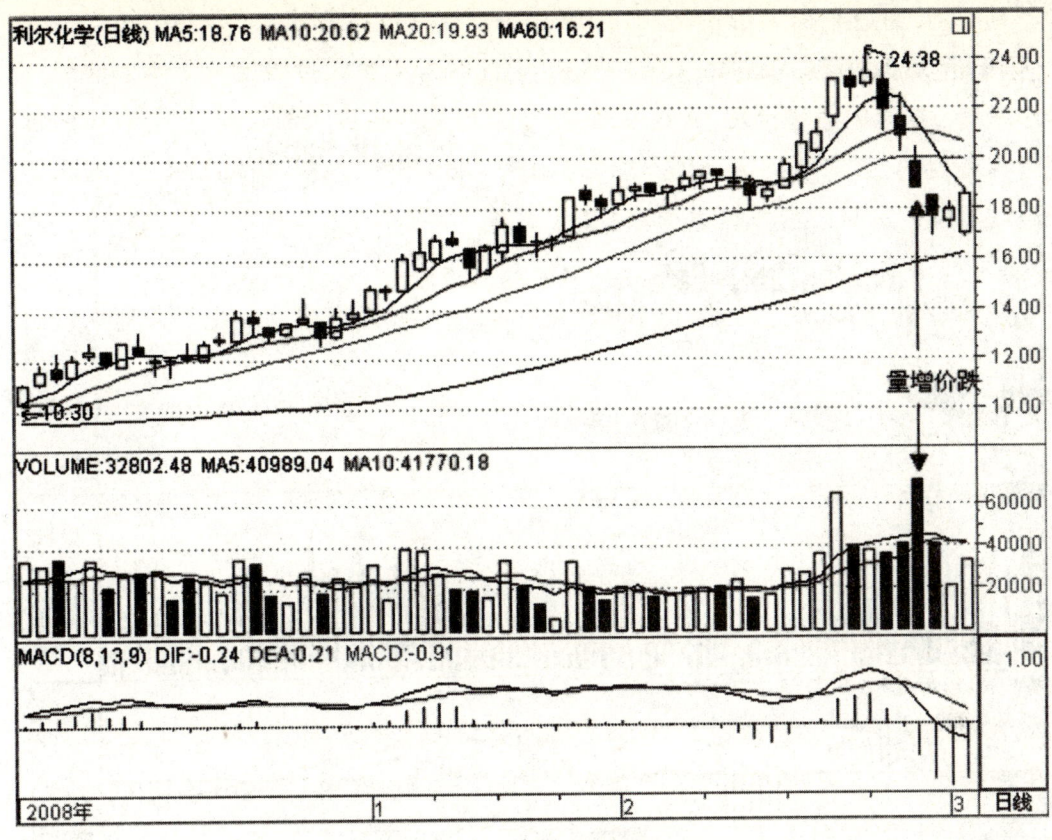

利尔化学(日线) MA5:18.76 MA10:20.62 MA20:19.93 MA60:16.21

量增价跌

VOLUME:32802.48 MA5:40989.04 MA10:41770.18

MACD(8,13,9) DIF:-0.24 DEA:0.21 MACD:-0.91

2008年

# 解析量缩价涨

　　量缩价涨是指个股(或大盘)在成交量减少的情况下,其股价(或大盘指数)出现较大涨幅的现象,它意味着多、空双方意见没有什么分歧,一致看涨。

　　如果当时股价处于阶段性的底部,量缩价涨说明多、空双方集体看涨,导致抛单不易出现,而多方只好高价求货,越是如此,持股者越不愿出售股票;或者说明低价筹码早就集中在主力手中了,市面上的流通筹码很少,只要有适当的买盘,就会出现量缩价涨的现象。见此状况,交易者应立即追进或加码买入。

　　如果当时股价处于阶段性的顶部,量缩价涨则说明个股已被主力高度控盘,但不是主力不想卖,而是没有人愿意以那么高的价格接货。于是主力自弹自拉,继续维持股票上涨。见此状况,交易者应始终回避,因为此时主力的唯一目的就是出货,只要有买家就不会放过交易的机会。

　　下页图是贵州茅台(600519)在2007年年末到2008年年初的K线图。有两个阶段很清楚地对应着量缩价涨的情况,显示主力高度控盘,鉴于前期涨幅巨大,主力在此缩量上涨,其意图是择机出货。

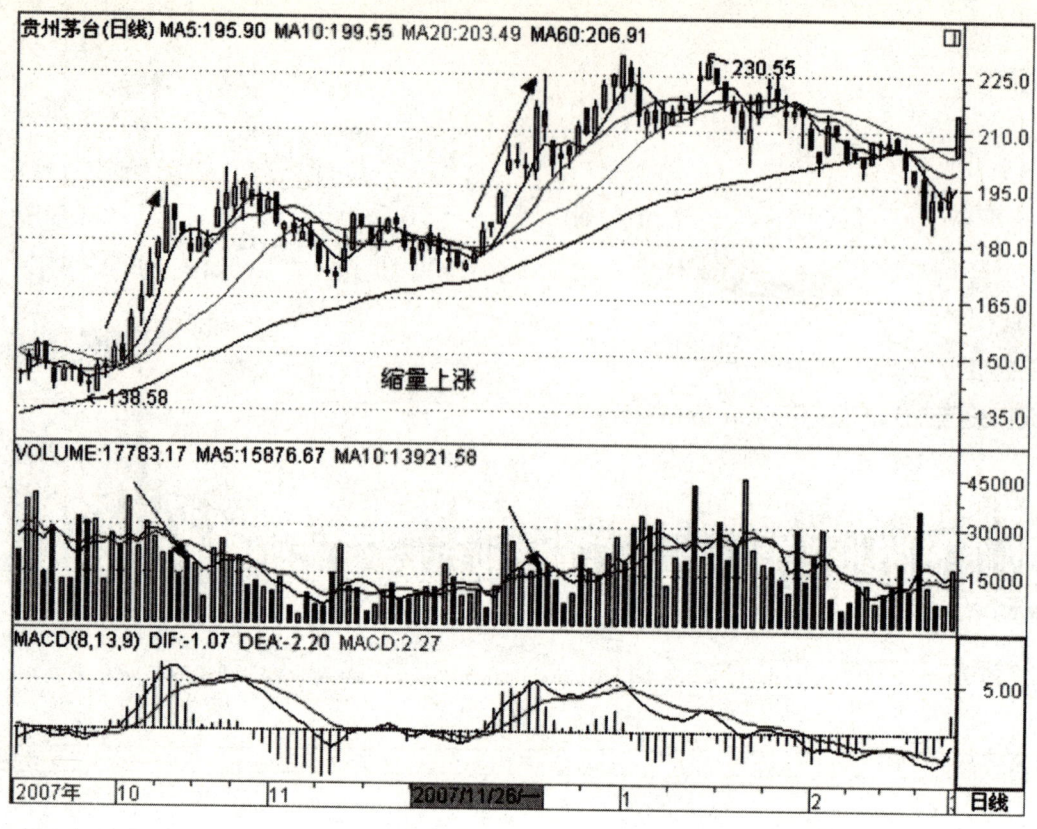

贵州茅台(日线) MA5:195.90 MA10:199.55 MA20:203.49 MA60:206.91

230.55

缩量上涨

-138.58

VOLUME:17783.17 MA5:15876.67 MA10:13921.58

MACD(8,13,9) DIF:-1.07 DEA:-2.20 MACD:2.27

2007年　10　11　2007/11/28/—　1　2　日线

# 解析无量空涨

　　无量空涨是指个股在成交量很少的情况下,其股价出现较大涨幅的现象。它是量缩价涨的一种极端形式,主要出现在连续涨停的中小盘股或强庄股中。

　　在市场开始回暖的初期,一些主力往往会集中资金连续攻击一些具有利好因素的中小盘股,借以带动市场人气。由于这些中小盘股的流通股数较小,再加上多空双方一致看多,因此主力不需要投入太多的资金,就可以轻松拉升股价;或者个股前期的低价浮动筹码都被主力收集完毕。此时正逢大盘开始启动,于是主力同样不需要花太多的资金,就可以在持股者普遍惜售的情况下,快速拉升股价。对于这样的情况,交易者可及时跟进或加码买入。

　　下页图是ST东航(600115)在2009年的K线图。因东航上航合并重组,复牌后无量涨停,市场对重组预期向好。

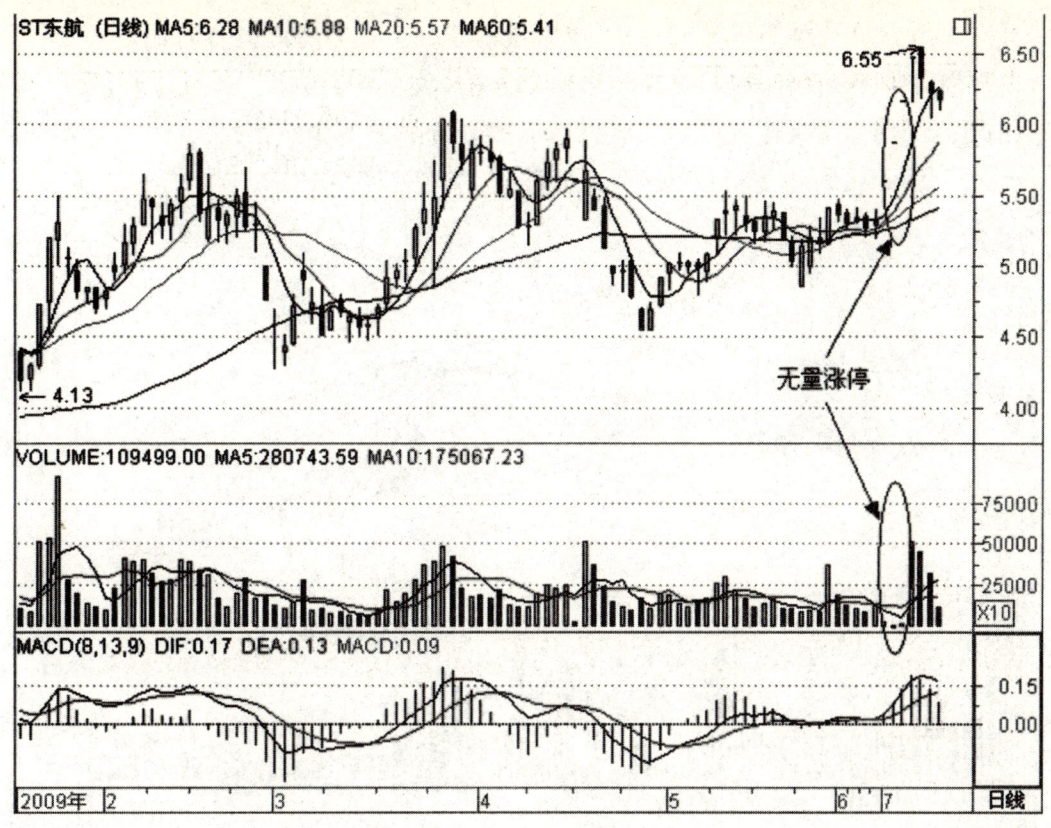

ST东航 (日线) MA5:6.28 MA10:5.88 MA20:5.57 MA60:5.41

6.55

4.13

无量涨停

VOLUME:109499.00 MA5:280743.59 MA10:175067.23

X10

MACD(8,13,9) DIF:0.17 DEA:0.13 MACD:0.09

2009年 2 3 4 5 6 7 日线

# 解析量缩价跌

　　量缩价跌是指个股(或大盘)在成交量减少的情况下,其股价(或大盘)出现较大跌幅的现象,它意味着多、空双方没有什么分歧,一致看跌。

　　如果当时股价处于阶段性的底部或是在持续下跌的阶段中, 那么量缩价跌是自然的现象,它表明多、空双方集体看跌,卖家急于找下家买单,但买家则不愿意进场交易,于是就出现了量缩价跌的现状。出现这种状况,往往说明空方能量还没有得到释放,股价继续下跌的可能性很大,一直会持续到多方愿意进场为止。此时,袖手旁观是上策。

　　如果当时股价处于阶段性的顶部, 量缩价跌则说明个股已被主力高度控盘,不是主力不想卖,而是主力找不到人接盘。于是主力任由少量散户左右行情,或者见一个买家就往下面卖一点筹码,因此就出现了量缩价跌的现象。见此状况,交易者应始终回避,因为此时主力的唯一目的就是出货,只要有买家就不会放过交易的机会。

　　当然,还有一个可能性,那就是现在的顶部根本就不是股价的顶部,只是阶段性的向下调整行为。当市场上的浮动筹码被新的买入者或主力承接后,股价往往又会持续上升。这种量缩价跌的现象,也常常出现在上涨趋势的调整时期。

下图是ST东航(600115)在2008年的K线图。在8~9月很清楚地对应着量缩价跌的情况,显示主力的唯一目的就是出货,导致股价毫无支撑地下跌。

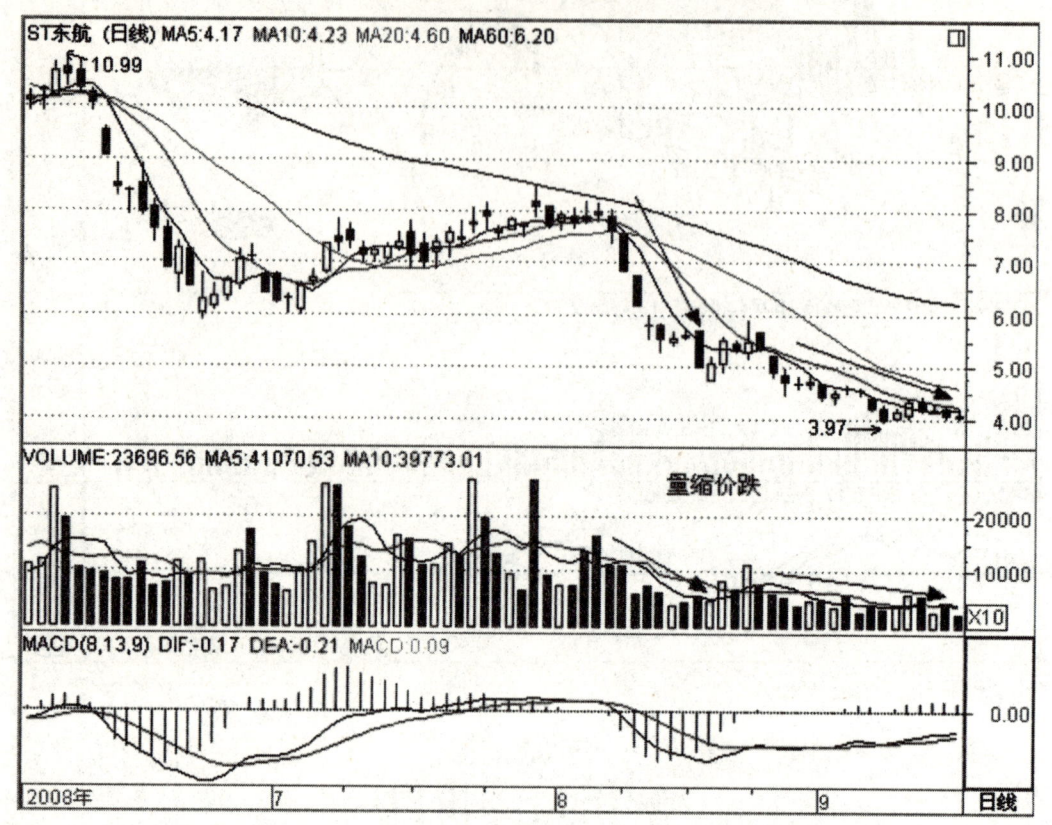

# 解析无量空跌

无量空跌是指个股在成交量很少的情况下,其股价出现较大跌幅的现象,它是量缩价跌的极端形式,多数出现在一些跳水的庄股或有重大利空消息的个股中。

一些个股在出现重大利空消息后,各路资金往往会不计成本地出逃,而多方则常常持币观望,市场承接力量极度匮乏,因而造成股价大跌而成交量稀少的现象,无量空跌也由此而来。

另外,一些在高位持续横盘的长庄股,一旦出现主力资金链断裂或该股出现重大利空消息时,这类个股就会马上崩盘,其股价更是连续跌停,并且成交量极度萎缩,呈现出无量空跌的状态。一般而言,一只庄股在主力已经全身而退或资金链完全断裂的情况下,往往在1年内都不会再有什么行情,因此交易者要注意规避这种风险。

下图是*ST亚华(000918)在2004年年末至2005年年初的K线图。在2005年1月该股无量跌停,显示当时在出现重大利空消息后,各路资金往往会不计成本地出逃,而多方则常常持币观望,市场承接力量极度匮乏。

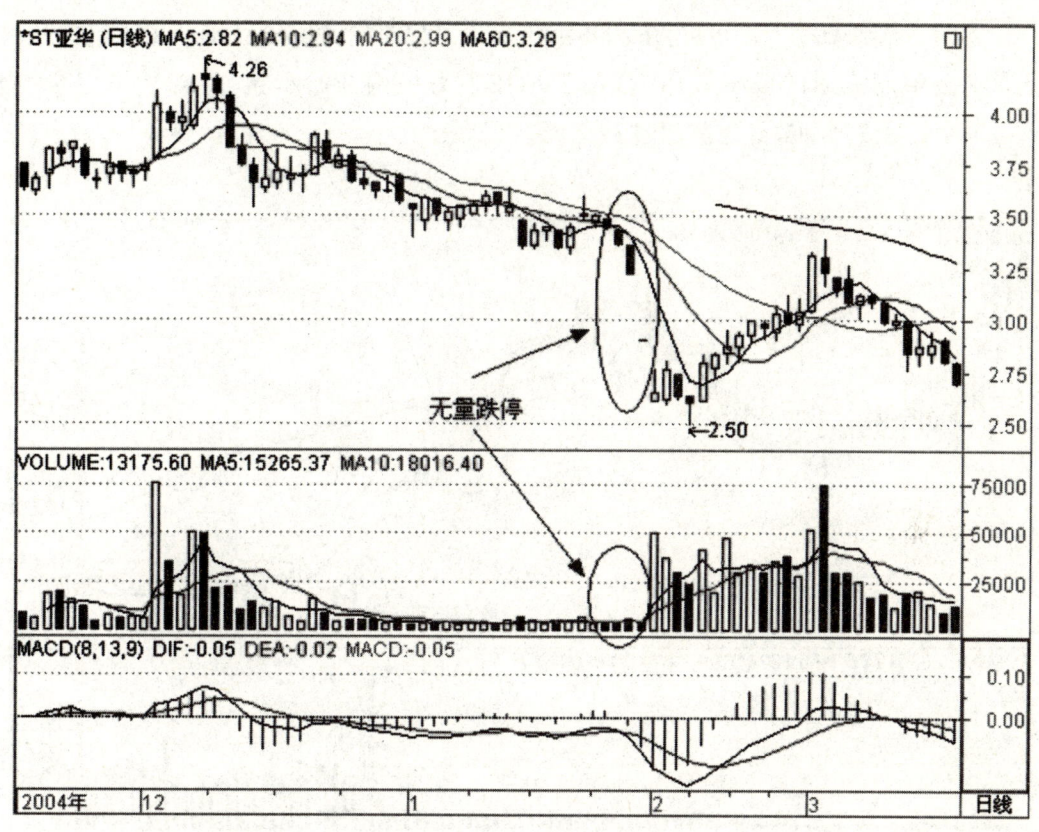

无量跌停

# 解析底部巨量

底部巨量是指个股(或大盘)在一个相对较低的底部突然放出巨量的现象,此时的股价(或大盘指数)有可能上涨,也有可能下跌。底部往往是一个比较平和的地方,此时多、空双方却产生了巨大的意见分歧,因而底部巨量也是一种特殊的现象。

出现这种现象,往往是在股票的跌势还没有完全消化的时候,却突然出现了重大的利好消息,于是多、空双方产生了巨大的意见分歧,导致有的人看多后市,有的人看跌后市。如果进场承接的多数为散户,那么个股后期仍将继续下跌;如果进场承接的多数是主力机构,那么后期股价可能会一路上涨,也可能会在主力反手打压后继续下跌,直到同期进入的浮动筹码出局为止。

此外,也可能是原本被限制流通的股票开始上市,或者有增发或送股的股票开始流通,于是在主力机构承接的时候也会出现底部放出巨量的状况。当然,也有可能是股价在急遽下跌后,被主力在股价的半山腰做了一波假反弹的行情。但不论是什么样的底部放量,都不值得交易者参与,因为毕竟股票还处于多、空双方意见的巨大分歧期。

下图是海通证券(600837)在2008年年末至2009年年初的K线图。2008年11月26日原本被限制流通的股票开始上市,于是在主力机构开始承接,底部放出巨量,当日换手率达到27%,成交金额超过37亿元。

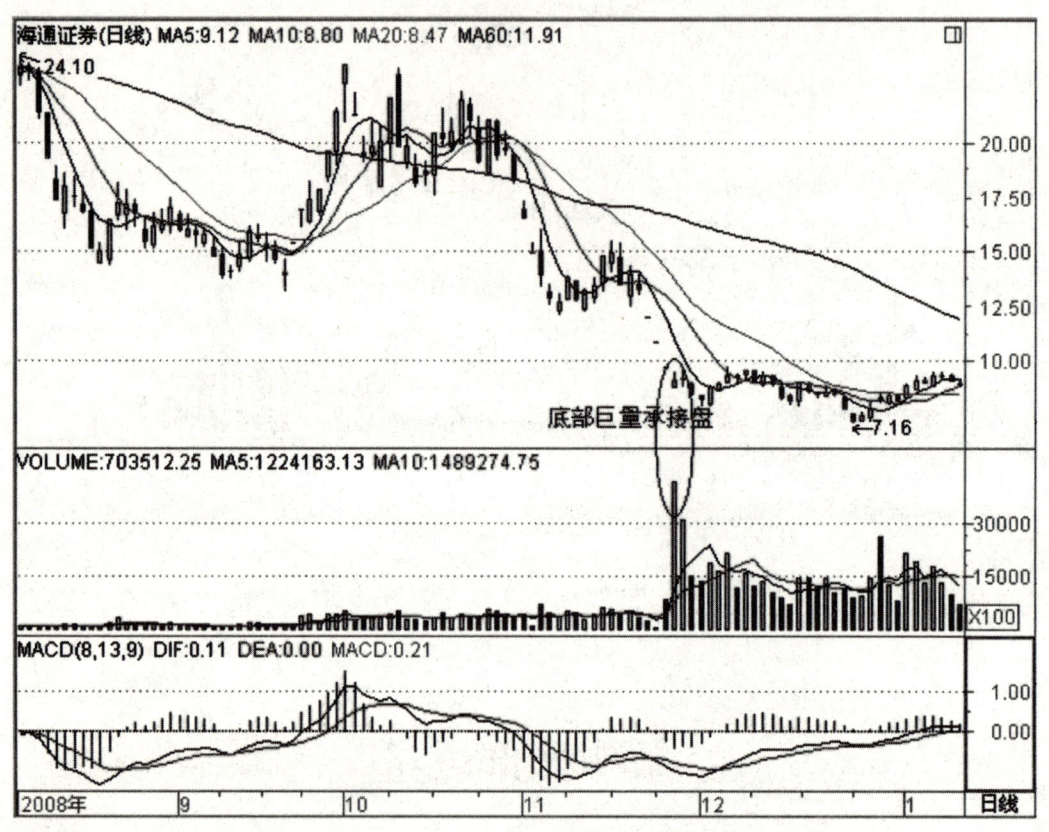

# 解析牛市里的价量关系

牛市里的价量关系。

### 1. 多头开始阶段

当个股股价从一个长期的底部开始向上运行时,由于很多持股者依然不看好后市,此时的股票供应量往往会比前期底部的时候要多,导致买入者能买到较多的股票。这个时候,市场常表现出"量增价平"或"量增价涨"的温和状态。

### 2. 多头持续阶段

当个股股价从启动阶段进入明显的上升趋势后，买卖成交量随着股价的上扬下挫出现对应的增减变化。总体来说，股价大幅上升，导致成交量大幅增加的局面。这个时候，市场呈现出的是"量增价涨"强势状态。

### 3. 多头疯狂阶段

当个股股价经过一段时间的上涨进入高价位区间后，由于买卖双方的意见分歧越来越大，导致成交量巨大，同时股价上下起伏跌宕，直至后期买入者减少，成交量无法继续放大。这个时候，市场往往会呈现出"量缩价涨"的势头。

下图是大盘在2006年8月至2008年11月的周K线图。从牛市温和上涨到最后的疯狂，其成交量和价格的配合符合上述特征。

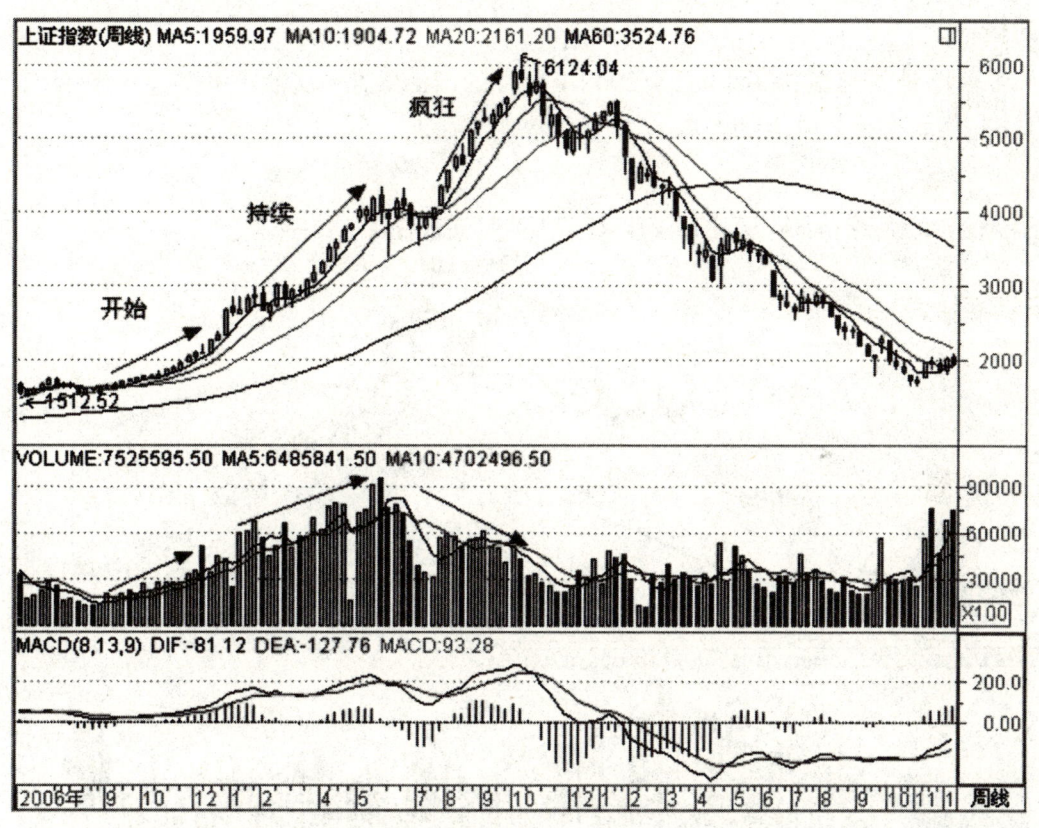

## 解析熊市里的价量关系

熊市里的价量关系。

### 1. 空头开始阶段

当个股股价达到高价位区间后，主力开始出货，宣告了牛市的死亡，主力在高位抛出大量筹码,于是市场便形成了"量增价跌"的情形。

### 2. 空头持续阶段

当个股股价进入持续的下跌阶段后,明显的熊市信号开始来临,诸多有经验的交易者开始持币观望,即使持股者急于降价成交,也往往找不到买主,于是市场呈现出"无量阴跌"的情形。这是空头能量未能得到释放的时期,交易者不可轻易抢反弹。

### 3. 空头衰竭阶段

当个股股价经过较长时间和较大幅度的下跌后,将步入一个相对低价的区间。于是激进的交易者开始买入,急迫的持股者终于找到了买主,成交量开始递增,直至空头下跌的能量完全释放完毕后,股价才能站稳并出现反转的苗头。此时市场往往呈现出的是"量增价跌"的势头,表明股价将接近底部区域,交易者可以做好入场的准备。

下图是大盘在2006年8月至2008年11月的周K线图。从熊市开始下跌到最后的衰竭,其成交量和价格的配合符合上述特征。

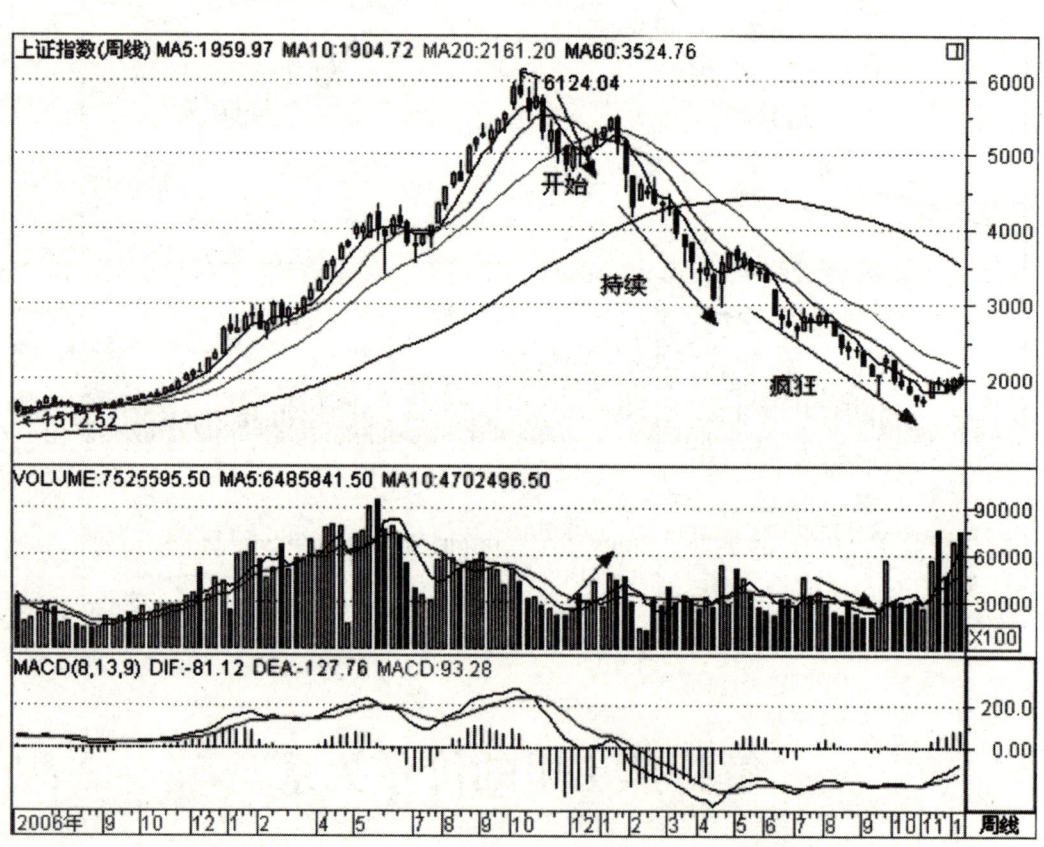

K线图入门与技巧

# 认识放量和缩量

所谓放量,是指个股在某个时间段的成交量与其历史成交量相比,有明显增大的迹象,它是多、空双方对股价后期走势的意见分歧开始加大的表现,也是多、空搏杀激烈程度的表现。

在正常的情况下,股票成交量放大,是因为多、空双方对后期走势的看法出现了较大分歧,且筹码不集中的原因。放量一般发生在市场趋势发生转折的拐点处。此时,一部分交易者坚决看空后市,而另一部分交易者则坚决看好后市,于是有人纷纷抛售,有人大笔吸纳。但是放量相对于缩量来说,有很大的做假成分,因为主力可以利用手中的筹码和资金进行对敲。

所谓缩量,是指个股在某个时间段的成交量与其历史成交量相比,有明显减小的痕迹,它是多、空双方对股价后期走势的意见分歧开始减少的表现,也是多、空搏杀趋于平衡的表现。

在正常的情况下,股票成交量缩小,是因为多、空双方对后期走势的看法比较一致,或者筹码过于集中的原因。缩量往往发生在趋势的上升或下降的进行中,多、空双方基本上持相同的看涨或看跌态度,导致看涨时少有人抛售,看跌时鲜有人买入,成交量自然无法扩大。

下图是瑞贝卡(600439)在2009年年初的K线图。缩量和放量的对比十分明显。

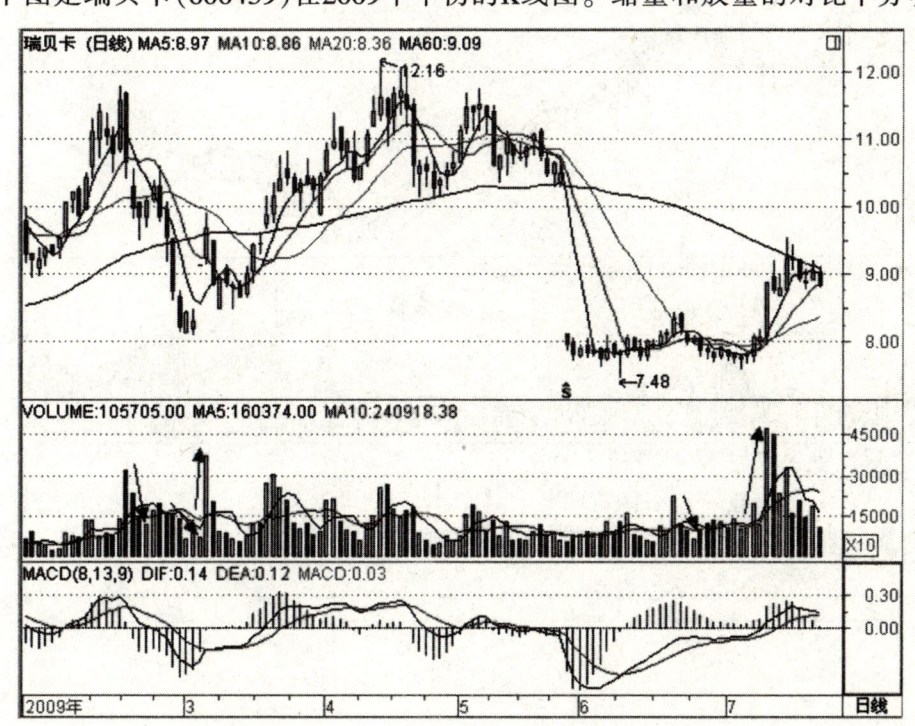

# 解析同步趋势和背离趋势

在成交量放量和缩量的基础上,如果再考虑股价的涨/跌趋势,就会表现出量价关系的两种状况:同步趋势和背离趋势。

同步趋势即量价同步,是指成交量的增减与股价涨跌成正比关系。量价同步可分为上涨同步和下跌同步。上涨同步是指成交量增加的同时股价上涨,形成量增价涨的状态;下跌同步是指成交量减少的同时股价下跌,形成量缩价跌的状态。

背离趋势即量价背离,是指成交量的增减与股价涨跌成反比关系。量价背离可分为上涨背离和下跌背离。上涨背离是指股价上涨时成交量没有放大,形成量缩价涨的状态;下跌背离是指股价下跌时成交量没有缩小,形成放量下跌的状态。

下图是复旦复华(600624)在2008年下半年到2009年上半年的K线图。有几个阶段价量背离和价量同步的情况比较明显。

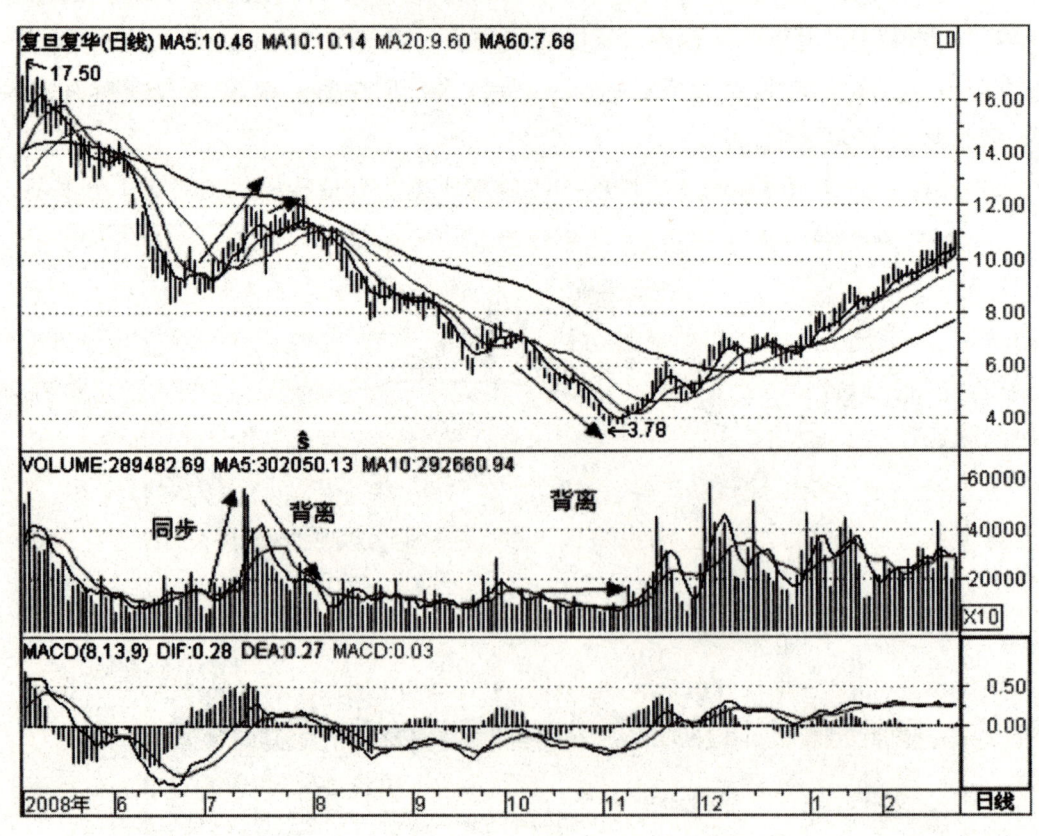

# 解析冷门股和热门股

成交量的多寡,可以反映一只股票的成交活跃状况;而由一段时期以来的总成交量的多寡,则可以看出哪些股票是冷门股,哪些股票是热门股,由此方便交易者的交易决策。

**1. 冷门股**

冷门股是指在一段较长的时间内(6~12个月),个股成交量稀少、股性呆滞的股票。这类股票的每日成交量比较少,甚至于连续几个月的日平均换手率都没能超过1%。通常这种股票没有主力的照顾,随着大盘浮沉,其走势甚至常常不如大盘的走势。

股票之所以会成为冷门股,主要有两大原因:一是个股基本面情况恶化,二是无主力机构关照。如果个股背后的上市公司经营状况恶劣,又无预期前景或重组题材,交易者自然对该股退避三舍,敬而远之;如果个股基本面一般,但缺乏主力的介入,仅凭"散兵游勇"的自然交易,显然不足以产生持续的行情;既无良好的基本面支撑,又无主力资金的关照,这样的个股通常就会成为无人问津的冷门股。而曾经走势强劲的个股,如果经过爆炒后,严重透支了个股仅存的一点价值,那么在后期漫长的阴跌中,也往往沦落为冷门股。

当然,随着股市的整体升温,即使是垃圾股,只要它存在于证券市场上,就必然会有人买卖,也必然会被人拉升,这就是股市的比价效应和中国股市的"壳"资源价值。当一只冷门股开始有出现较大的成交量时,说明有市场主力开始建仓,如果股价也慢慢回升,则说明主力在继续吸筹;再经过一段时间后,如果该股的成交量持续放大,股价上下波动的幅度也开始扩大,则说明交易者对该股的信心逐渐恢复起来了,该股的股性逐渐变得活跃起来,一只冷门股由此开始转向活跃股甚至热门股。

对于冷门股,谁也不知道它将要跌到什么时候,谁也不知道主力何时介入,普通交易者的任何"抄底"的想法都将是错误的,最好的方法是回避该股,直到它开始活跃为止。

**2. 热门股**

热门股是指在一段较长的时间内(6~12个月),个股成交量巨大、股价变化范围大的股票。这类股票每日的成交量都比较大,有的甚至一星期的换手率就超过了100%。热门股不是普通意义上的活跃股,而往往是一轮上涨行情中的领头羊。由于热门股的股性较活,股价变动范围较大,因而大户和散户的参与热情都很高。

与冷门股相反,股票之所以会成为热门股,一是个股基本面情况比较优越,具有丰富的炒作概念或题材；二是有主力资金的深度介入。从成交量上来说，热门股的主力在建仓的时候，由于需要大量的筹码，往往会激发很大的成交量，使散户的筹码集中到主力手中；而在拉升的时候，由于短线参与者众多，其成交量往往也会扩大，主力也会适当的任由散户交换筹码，以抬高市场整体参与者的成本；在派发期，则更是成交量剧增的时刻，主力的大部分筹码往往会在此阶段与市场进入者进行交换。

需要注意的是，如果主力仅仅是用爆炒的手法严重透支了个股的内在价值和未来预期，同时又毫无保留地抽身而去，那么即使是过去炒作的题材或概念依然存在，热门股也会从此步入漫漫的下跌行情，并最终变成无人问津的冷门股。

# 第9章
## 建仓价量观察20招

# 如何从价量观察横盘建仓

股价在经过漫长的下跌后,庄家开始入驻建仓,使得股价逐渐止跌企稳,形成横向盘整格局。由于庄家在这一区域调动资金进行收集,强大的买盘使股价表现得十分抗跌,图形上形成一个明显的平台或箱形底的形态,股价方向不够明确。这种方式往往时间较长,一两个月、半年甚至更长,其间股价起伏极度疲软,又没有明显的放量过程。但是,如果单纯横盘的话,将使市场中的抛盘迅速减少,不久就会出现没人抛售的现象,这时只能采用震荡的手法,逐出部分意志不坚定的投资者,成交量会略有活跃迹象,但由于没有大阳线、大阴线,不容易引起短线投资者的注意,使庄家在横盘中吸货的意图得到极好的隐蔽。在低位长期横盘的股票一旦启动,其涨幅往往十分惊人,"横有多长,竖有多高"说的就是这种形态。对于中长期投资者而言,是一种很好的选择。

这类股票的价量的主要特征如下:

(1)股价处于相对低位。所谓低位就是说这只股票已经经过了长期的下跌,跌到了前期高点的50%以下,有时候甚至跌到原价位的30%左右。在下跌的初期,曾经放量,但在低位开始横盘之后,成交量较为清淡,一副没人管的样子。

(2)盘整时间相对较长。一般横盘时间要在3个月以上,有的股票则长达半年,甚至更长。因为横盘的时间越长,割肉盘就越多。散户中很少有人能看着手上持有的股票连续长时间纹丝不动而无动于衷的,因为大盘在此期间肯定是来回好几次了。通常,大家都会割肉去追随强势股,以期获取短线利润,庄家则恰恰希望这种情况出现,悄悄地接纳廉价筹码。

(3)整理期间相对无量。庄家横盘吸货时基本没有明显的放量过程,如果在某一时段庄家吸筹过快,就很容易导致股价上升较快。而且,成交量的放大,容易引起其他投资者的关注。庄家在没有完成吸筹任务之前,并不希望其他投资者看好这只股票。所以,总是少量的一点一点地吃进,尽量避开其他投资者的关注。当然,偶尔会出现脉冲放量的情况,就是隔一段时间,出现一两根小幅放量的中阳线。但事后股价不涨反跌,大大出乎人们的意料,过几天其他投资者自然又将它忘记了。

(4)震荡幅度相对较窄。横盘并非一成不变,纹丝不动。通常来讲,横盘总是发生在一个较小的箱体中,这个箱体上下幅度不大,一般在20%以内。但上下的差价,也是很长时间才能见到,短期内根本无利可图,不会吸引短线跟风盘。在大部分的时间里,上下差不过10%,谁也没兴趣去做。

庄家在连续吸筹一段时间后,股价上升了一点,为了降低成本,一般会在三五天时间内,把股价打回原处,然后重新再来。不过,有的庄家很狡猾,做出的箱体十分不规则,震荡的周期来回变,振幅也不固定,有时根本触不到箱体的上下沿。这时候,我们只要把握"总的箱体未被破坏"就可,中间有许多的细节不去管也罢,免得受捉弄。

下图就是深鸿基(000040)在2006年10~12月吸货的走势实例。该股在2006年下半年股价已经跌无可跌,开始横盘探底,这时庄家开始隐蔽潜伏建仓进入。为了消磨散户的耐心,庄家减少横盘震荡的幅度,使得博取差价的参与者如食鸡肋,最终将筹码交给主力。

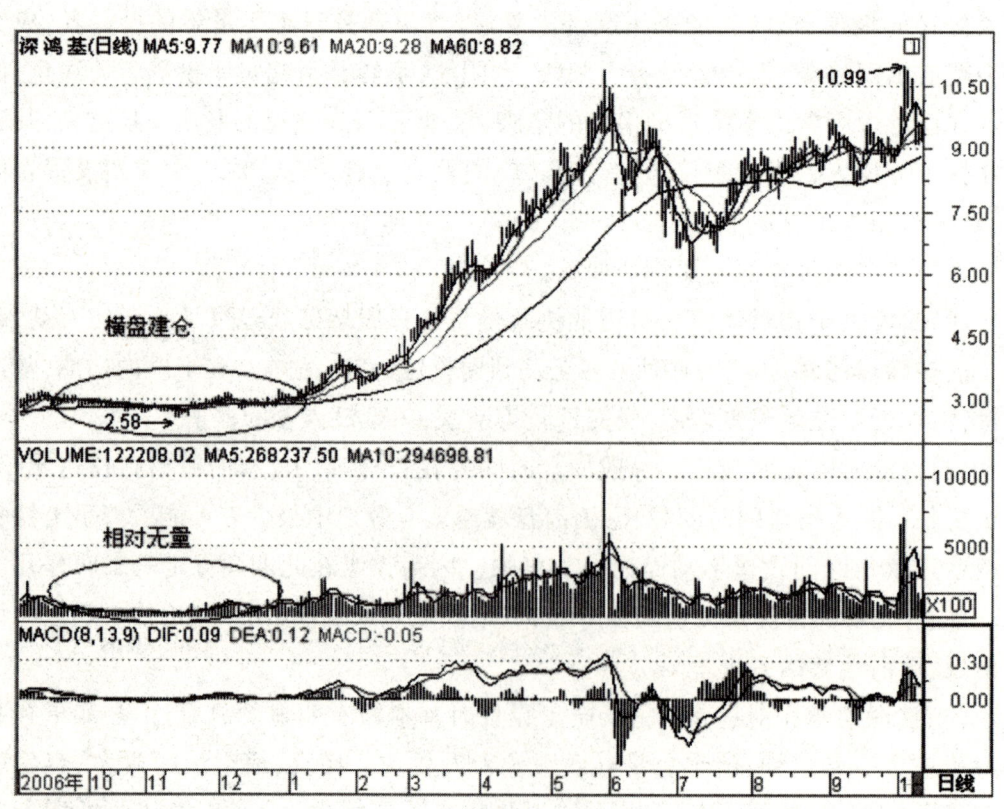

Side text: K线图入门与技巧

# 如何从价量观察缓升式建仓

缓升式建仓,也叫推高式建仓或边拉边吸式建仓。庄家采用这种方式,多是由于股价已被市场慢慢推高脱离底部,市场前景看好,投资者出现惜售,只能逐步推高进行收集。在图表上会出现阶段性特征,即进二退一或进三退一,先拉出两三根小阳线,再拉出一根小阴线。由于庄家无法在相对底部吸到足够的筹码,因而成本较高,风险也相对较大。因此庄家在选股时必须配合丰富的市场题材,否则得不到市场的认同,根本没有获利派发的空间。采用此方式建仓的前提,通常是在大势中短期已见底,并开始出现转跌为升的迹象时进场,成交量呈现缓慢温和放大。

庄家意图是通过股价的缓慢上涨,达到边建仓、边洗盘、边换手的目的,逐步抬高底部,为日后拉升奠定基础。

散户在这种情况下应该买阴不买阳,即在股价下跌收阴线时买进,不在冲高阳线时介入。同时以中、长线操作为主,待放巨量时分批出局。

下图就是深长城(000042)在2008年年末的走势实例。该股在2008年年末股价经过长期下跌见底,这时庄家开始建仓进入。为了不引人注意,庄家采取缓升方式推高股价,成交量也温和放大,为后期拉升赢得了宝贵的底部筹码。

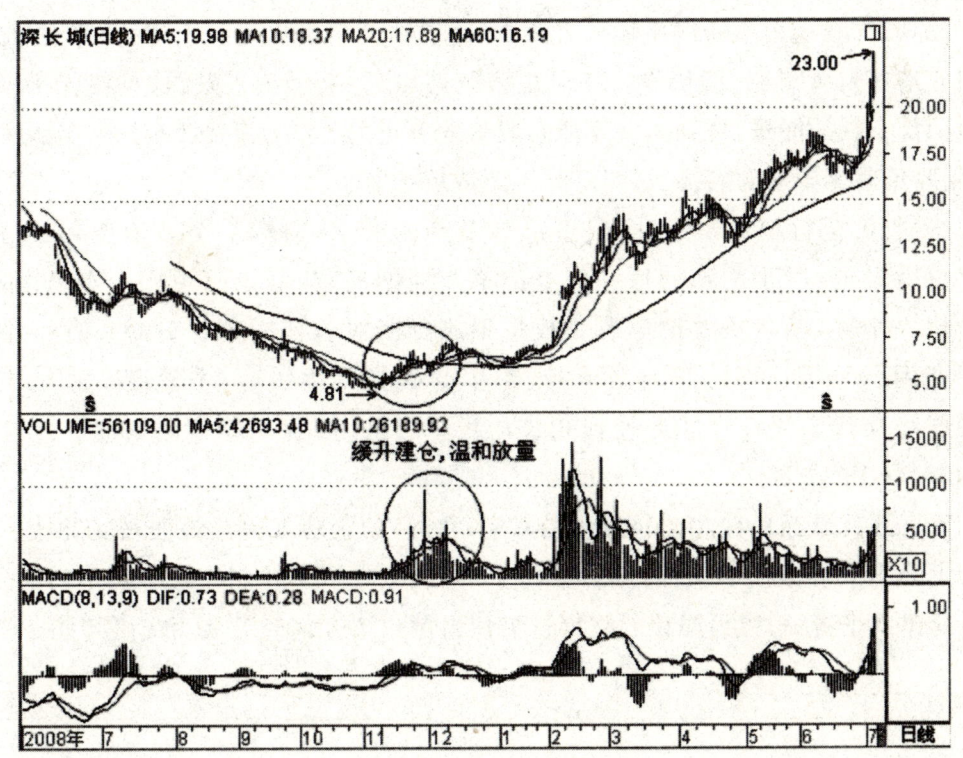

# 如何从价量观察缓跌建仓

缓跌式建仓也叫边压边吸式建仓，与缓升式建仓相反。这种手法大多出现在冷门股或长期下跌的股票里，庄家在吸货时常以缓跌的方式完成，因为这类股票已基本为市场所遗忘。在走势上阴气沉沉，黏黏糊糊呈小阴小阳下行，疲弱态势终日可见。

通常，缓跌很少出现跳空走势，股价总体下跌速度缓慢，单日跌幅也不大，但下跌周期很长，很难判断股价在什么时间可以真正见底。其间震荡幅度不大，成交量萎缩，开盘以平开为多，有时庄家为了做盘的需要，故意以低开高走的方法，制造出实体很大的假阳K线，但当日股价仍在下跌，而且可能连续以这种方式下跌。投资者多持悲观态度，对后市的涨升不抱太多的希望，认为每次盘中上冲都是解套或出逃的最佳时机，早一天出售就少一分损失，于是纷纷沽售股票，这样庄家就可以吃进大量而便宜的筹码。

其价量方面的主要特征如下：

(1)整个缓跌期间的成交量总体水平是萎缩的，缓跌途中遇反弹成交量可能略有放大但不会很充分，也不能持续，而单日突发巨量的反弹则不太正常，显得过激。但到了后期特别是逼多的时候，成交量可能会放大不少。

(2)股价缓跌中不断以反弹的方式进行抵抗，甚至走出局部小型的V形、W形或头肩底形等反弹形态，股价维持一段虚假繁荣以后，又继续下跌，这种反弹为继续回落积蓄下跌的能量，直到无力反弹时股价才有可能见底。只要股价还有较大的反弹，则股价就无望看到底部，这叫反弹无望或反弹衰退。

(3)股价运行似波浪运动，只不过像退潮的海水一样，一个波浪比一个波浪低。也就是说，股价反弹的每一高点都不及前期高点，高点一个比一个低，低点一个比一个矮，而且从波浪形态和数量很难判断股价何时真正见底。在一个波浪形态内，一般股价贴5日均线下行，很少突破30日均线(一个波段下跌结束以后的弱势反弹，股价可能上摸到30日均线附近)。股价回落整体角度一盘在30度、45度、60度左右。

下页图就是深长城(000042)在2006年9~12月的走势实例。该股在2006年9~12月的走势中股价缓慢下跌，高点一个比一个低，低点一个比一个矮，缓跌期间的成交量总体水平萎缩，主力隐蔽的吃货行为使得散户不知何时见底而交出筹码。

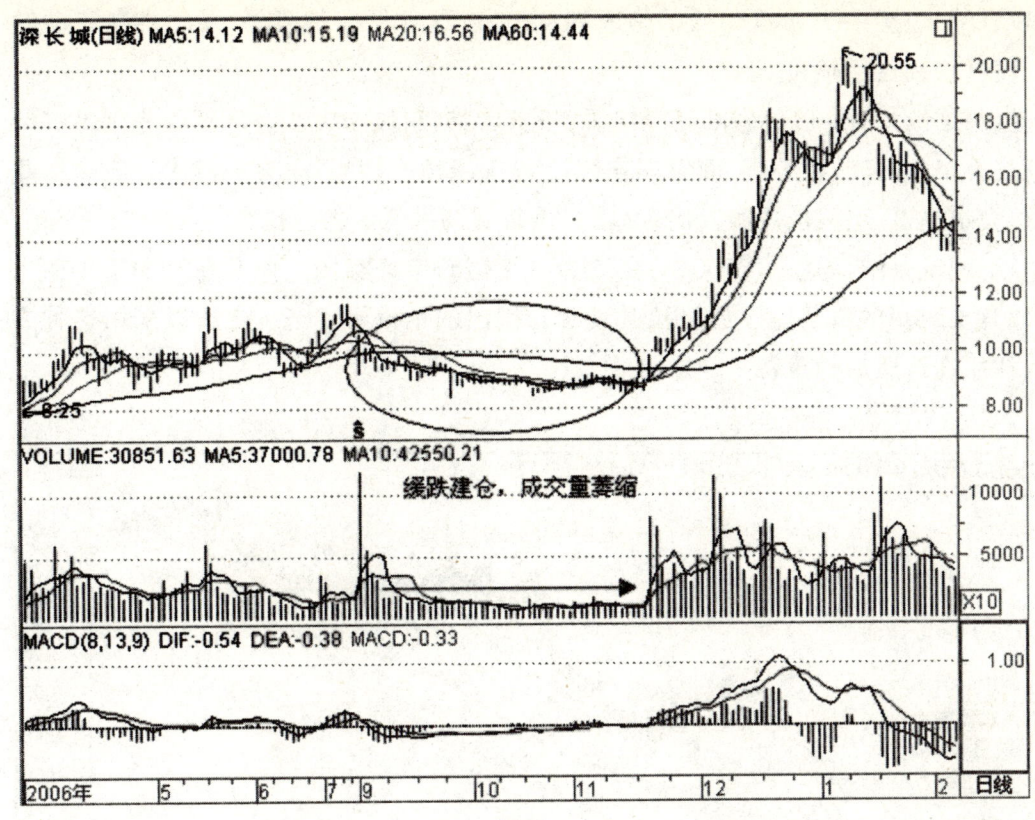

深长城(日线) MA5:14.12 MA10:15.19 MA20:16.56 MA60:14.44

20.55

20.00
18.00
16.00
14.00
12.00
10.00
8.25    8.00

VOLUME:30851.63 MA5:37000.78 MA10:42550.21

缓跌建仓，成交量萎缩

10000
5000
X10

MACD(8,13,9) DIF:-0.54 DEA:-0.38 MACD:-0.33

1.00

2006年    5    6    7    9    10    11    12    1    2    日线

# 如何从价量观察拉高建仓

拉高建仓,表明庄家实力雄厚或作风凶悍。这种形式大多出现在大盘下跌阶段末期和平衡市况中,或冷门股和长期下跌的股票。庄家在被市场认为是不可思议中将股价迅速抬高,甚至个别凶悍的庄家可以使股价连续冲破前期阻力,创下历史天价,从而顺利完成建仓。其优点是牺牲价位,赢得时间。其原因是背后蕴藏着重大题材,一旦公布将直接导致股价大幅上升,时间较为仓促,来不及于低位吸筹或出于严格的保密需要,担心其他资金在低位抢筹码,提前打市场的"突袭战"。从逻辑上说,既然庄家肯出高价急速建仓,表明股价未来应该有极大的涨幅,拉高建仓事实上反映了庄家急于吸货的迫切心态,如果将来没有极大的上升空间,庄家是不会把大量资金投入其中的。

拉高建仓两种手法的价量表现方式如下:

(1)一步到位。有些庄家性子急,不喜欢推高建仓,就采用在一两天时间突然拉升,快速放大量拉出一两根大阳线或一两个涨停板,将股价迅速拉高到目标位,然后通过大幅震荡,形成高位平台或旗形整理态势,同时成交量明显增加,给散户造成出货假象,而庄家悄悄接手散户获利盘抛出。这样做成本要高一些,但是建仓时间可以缩短(另一方面也降低了坐庄利息)。有这种形态的股票,易于推断启动时间,而且涨幅往往很大。

(2)连续拉升。股价底部已经出现,投资者惜售,庄家无法在底部收集到足够的筹码,为了赶时间、抢筹码,而出现连续拉高,K线角度陡峭,乖离率偏大。庄家在此制造大幅震荡,引发散户抛盘出现(庄家也在做高抛低吸的差价)。

下图就是ST康达尔(000048)在2009年年初的走势实例。该股在2009年年初主力以急不可耐的方式连续放量拉升股价,摆出的是抢筹姿态,之所以采用这种方式,往往在该股后隐藏着操作题材。

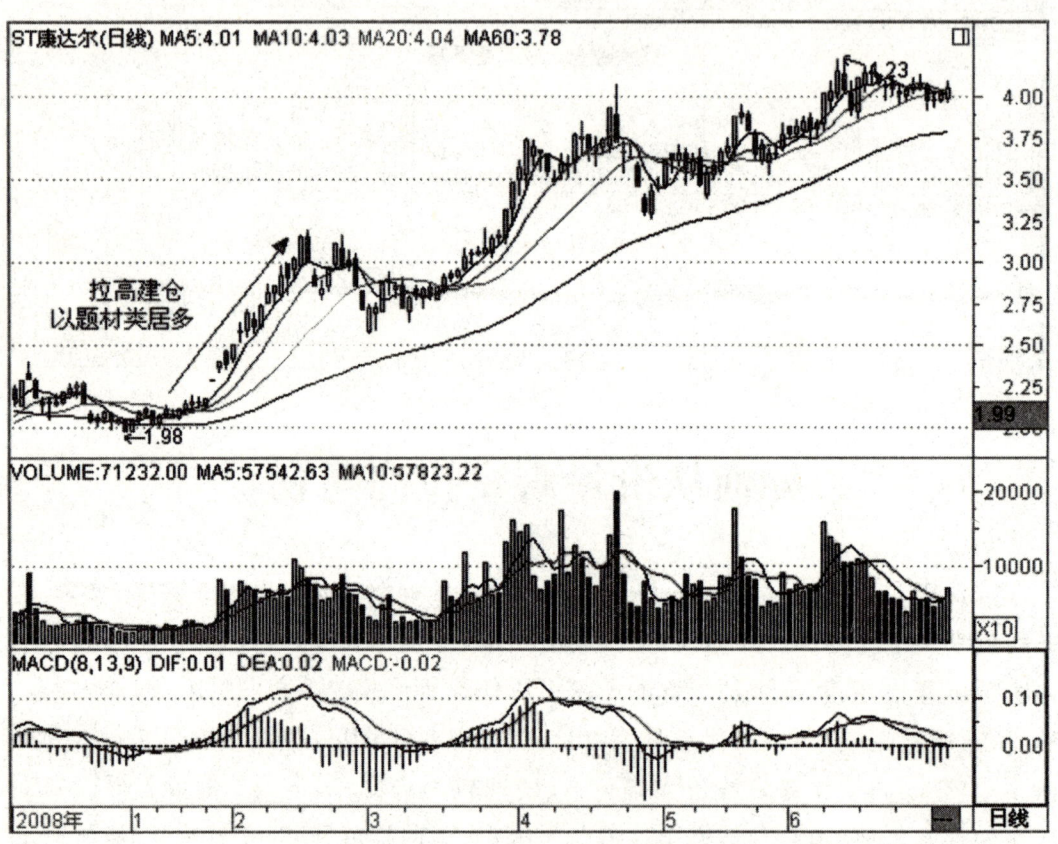

## 如何从价量观察反弹建仓

股价下跌到一个低点以后,无法在底部吸到足够的筹码,为了节省吸筹的时间,就采用反弹式吸筹。这是庄家利用股民"反弹出货"、"高抛低吸"的心理,通过反弹方式,大口吃进筹码,从而快速完成建仓任务。

反弹到位后,盘面上通常有两种价量关系图:

(1)反弹回落。股价经过反弹后回落整理,同时成交量萎缩。

(2)反弹后横盘。股价反弹到一定价位后不随大市回落,而是长时间作平台整理。其他投资者看到大盘走软,便萌发高抛低吸的念头,岂知,庄家照收不误,硬是不让股价回落,反而轻松吸到足够的筹码。但这种吸筹法必须对后市有一个正确的判断,对所建仓的个股的前景了如指掌,有充足的资金作后盾,才可为日后的飙升奠定良好的基础。

股价在长期的下跌行情中运行,股民还没有摆脱熊市思维,当出现一波短期的反弹行情时,不少获利盘、浅套盘、割肉盘就会抛出,庄家在盘中悄然接走筹码,同时庄家也利用反弹时机做高抛低吸的差价。

散户如在底部介入可以先出局观望,待股价回落到前期低点附近重新买入,此时买入比较安全,被套牢的可能性不大。因为即使后市没有涨升行情,通常庄家在此位置也有一个震荡过程,散户应有机会退出。如果反弹后出现横盘走势,可以待股价放量向上突破时买入或加仓。

下图就是福日电子(600203)在2008年年末的走势实例。该股在长期下跌后反弹,反弹因由主力介入吸筹而引起。股价反弹到一定价位后并未回落,而是长时间作平台整理。其他投资者看到便萌发保存利润的念头而抛出筹码。而庄家照单全收,轻松吸到足够的筹码。

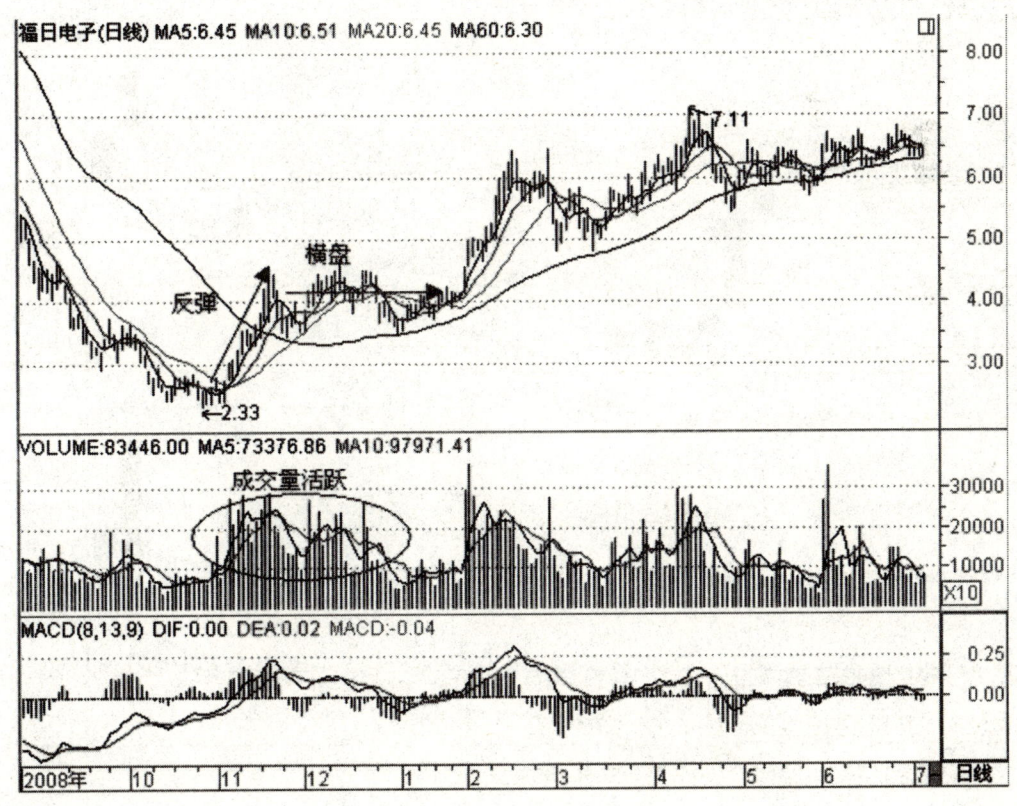

# 如何从价量观察打压建仓

以打压方式建仓的庄家操盘风格非常凶悍，股价常是暴涨暴跌行情。庄家运用手中已有的筹码，向下不计成本地大幅打压，图上出现价格直线式或瀑布式地向下走。通常在图表上股价急跌三四个点之后在低位横盘震荡，集中了主要的成交量，庄家通过这一平台吸纳筹码。这种走势使散户在心理上完全崩溃，走为上策，纷纷争先恐后地出逃，而庄家则一一笑纳。这种收集方式，在大势向下调整时，或是个股有较大利空出现时，效果更佳。但要求庄家控筹程度高，实力强大，且跌幅不要过大，时间也不会太久。一方面，过分地打压只能使更多的卖盘涌出，吃进的筹码将比预期的要多得多，很难控制局面，一旦失控，满盘皆输。另一方面，若是实质性利好时，还会遭到其他对手的抢货，从而造成筹码损失。

庄家通过股价向下打压，特别是深幅打压，加重散户心理负担直至崩溃，从而夺取散户手中的筹码。

散户如果还是浅套，股价又刚刚起跌时，可以斩仓出局，待低点补仓介入。如果股价跌幅已达到50%以上，不能盲目杀跌。

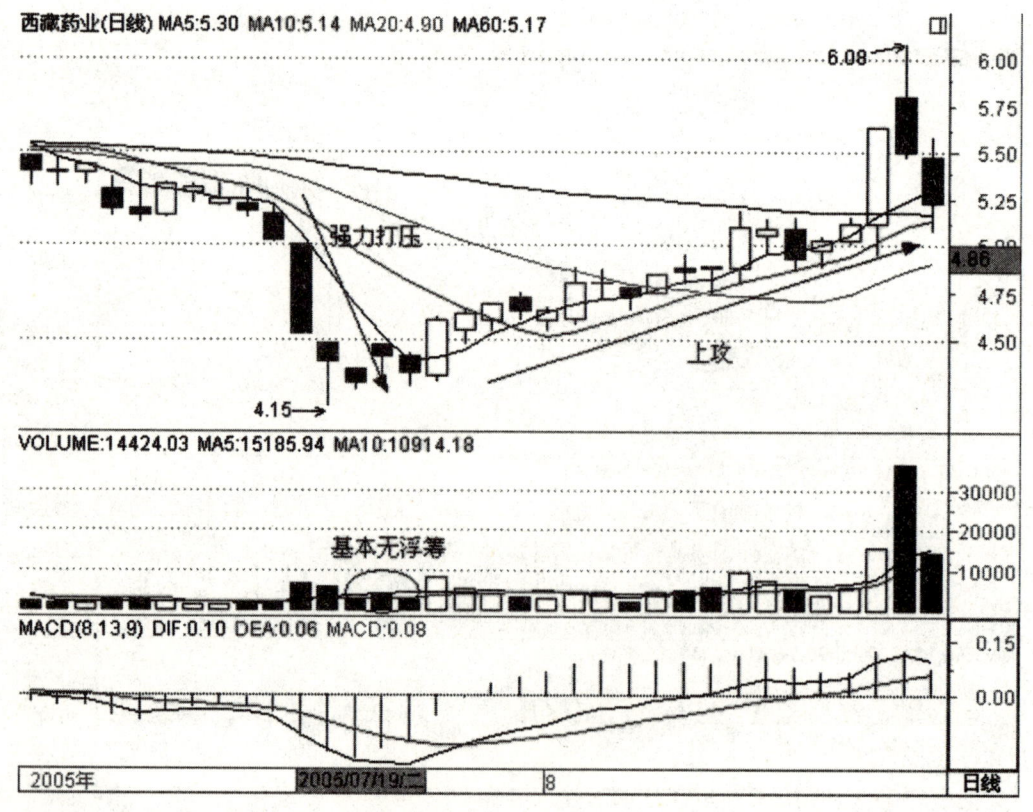

上页图就是西藏药业(600211)在2005年7月末的走势实例。该股在2005年7月走出快速杀跌行情,原因就在于主力为了获取筹码,向下不计成本地大幅打压,使散户在心理上完全崩溃,走为上策,纷纷争先恐后地出逃,而庄家则——笑纳。

# 如何从价量观察隐蔽建仓

隐蔽式建仓这种方式通常被上市公司庄家或券商庄家所采用,因为这种隐蔽式的收集不是通过二级市场来完成的,而是在一级市场上通过认购、配售新股或上市公司及配股承销商出于配股顺利进行的目的而进行收集的,因而这种方式很难在二级市场被发现。有时几个庄家同时看准某一只股票,且持仓量相当,但任何一

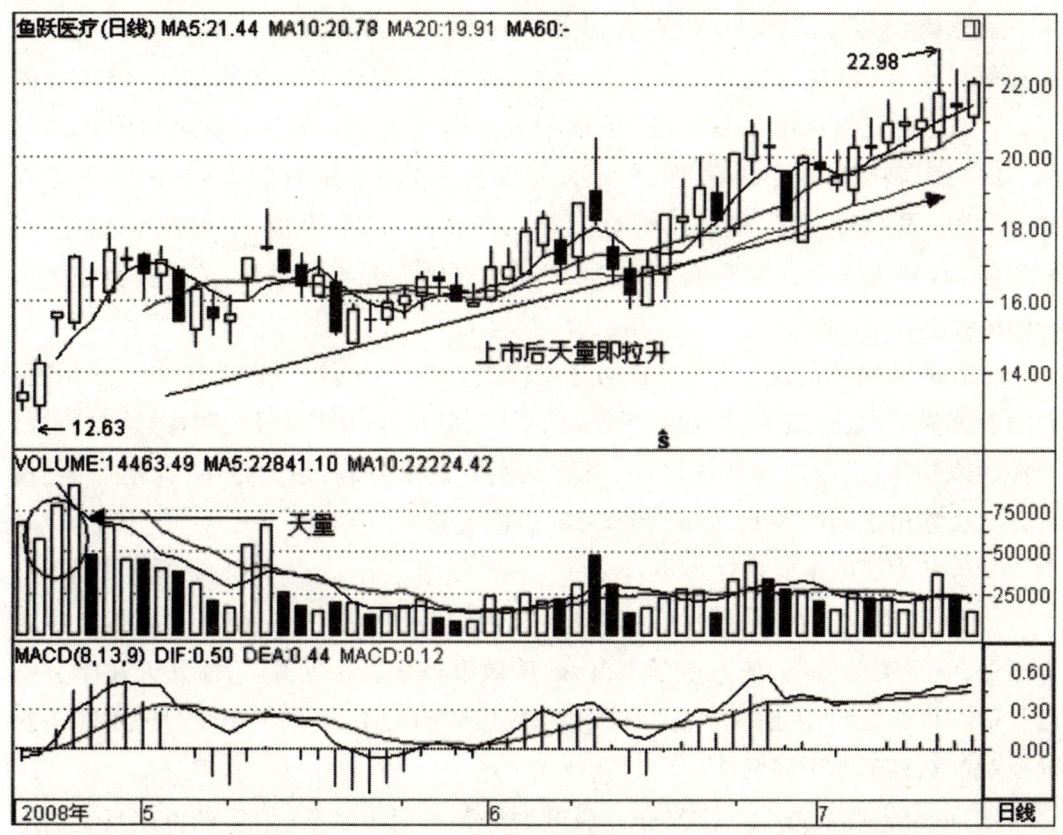

方都不敢担当主庄而拉升股价,最后只好协议转仓,让其中的一方独揽筹码,这样各方得利。由于不通过二级市场进行交易,一般投资者难以在盘面上发现这种行为。

这类庄家的坐庄意图不十分明显,主要根据一级市场所获得的筹码多少而定,有的甚至是被迫坐庄。

上页图就是鱼跃医疗(002223)在2008年上半年的走势实例。

# 如何从价量观察利用利空建仓

庄家有时借助政策面上的利空消息，来加强操盘力度。由于庄家具有信息优势，往往先于市场获得内幕消息，从而预先做好接货的准备。在利空来袭之际，逼迫部分投资者因为忍受不了压力而出局，庄家轻而易举地顺利接走散户的恐慌性杀跌盘，达到迅速建仓或洗盘的目的。有时，庄家与上市公司联手，制造一些非实质性的利空消息或故意夸张利空消息的事实，人为制造恐慌气氛，损人利己来完成建仓任务。如从技术面上制造空头陷阱，引发崇尚技术派炒手上当。这些都是最快也是效果最好的建仓或洗盘方式，故长期成为庄家戏弄散户的伎俩。

股谚语：利空出尽变利好，利好出尽变利空。据经验总结，此谚语在假消息中实战效果较好，但在真消息中就不管用了。如果在实战中据此操作，恐怕吃亏的多。比如，利空消息出来是真的，可能引发股价大跌，股价不会在短期内产生升势，如果按"利空出尽变利好"而介入，必将深套于其中。同样，利多消息出来是真的，可能引发股价大涨，股价不会在短期内产生跌势，如果按"利好出尽变利空"而出局，必然损失一大截利润。因此，判断消息的真假十分必要，是投资者必须具备的境界。

个股的恐慌性消息一般有：公司遭受突发性自然灾害、高管层涉嫌经济问题、公司面临破产、公司造假、行业衰退、业绩下降、原计划(包括项目、题材)被取消、公司涉诉或担保、股权质押或冻结等，对这些消息是真是假，是大是小，扑朔迷离，投资者无法作出正确的判断，因此更加引起恐慌气氛。

其价量方面的主要特征如下：

(1)利空消息具有不可预见性和突然性，由于一般散户不可能事先获得某些内幕消息，一旦突然公布，使人措手不及，恐慌效果极盛。在盘面上，前几天还十分坚挺甚至涨得好好的，突然受消息的打击，引发股价的大跌，一根大阴线封闭了前面的数根K线，这种形态十分可怕。

(2)成交量明显放大。庄家往往通过大单刻意向下砸盘，引发抛单出现。如果成交量低于或平于前几日而股价大幅下跌，则属于无量下跌，一般假消息的可能性较大。

判断消息真假的基本方法有：

①辨别消息来源。来自正规渠道的，可信度高；道听途说的，可信度差。②观察盘面变化。真消息会大涨大跌，一去不回头；假消息则虚涨虚跌，很快会反转运行。③判断消息性质。重大消息会引起股价的大幅波动；一般新闻不会引起股价的大幅

波动。④看消息的透明度。公开明朗的消息可以作为买卖依据,朦胧传言的消息可信度差,不能作为买卖的依据。⑤看涨跌幅度。假消息跌幅较浅,一般在10%~20%;真消息跌幅较深,一般超过30%。⑥从时间上看。假消息持续时间较短,股价很快复位甚至超过前期峰点,可以追涨介入做多;真消息持续时间较长,股价难以回升,可以割肉杀出做空。

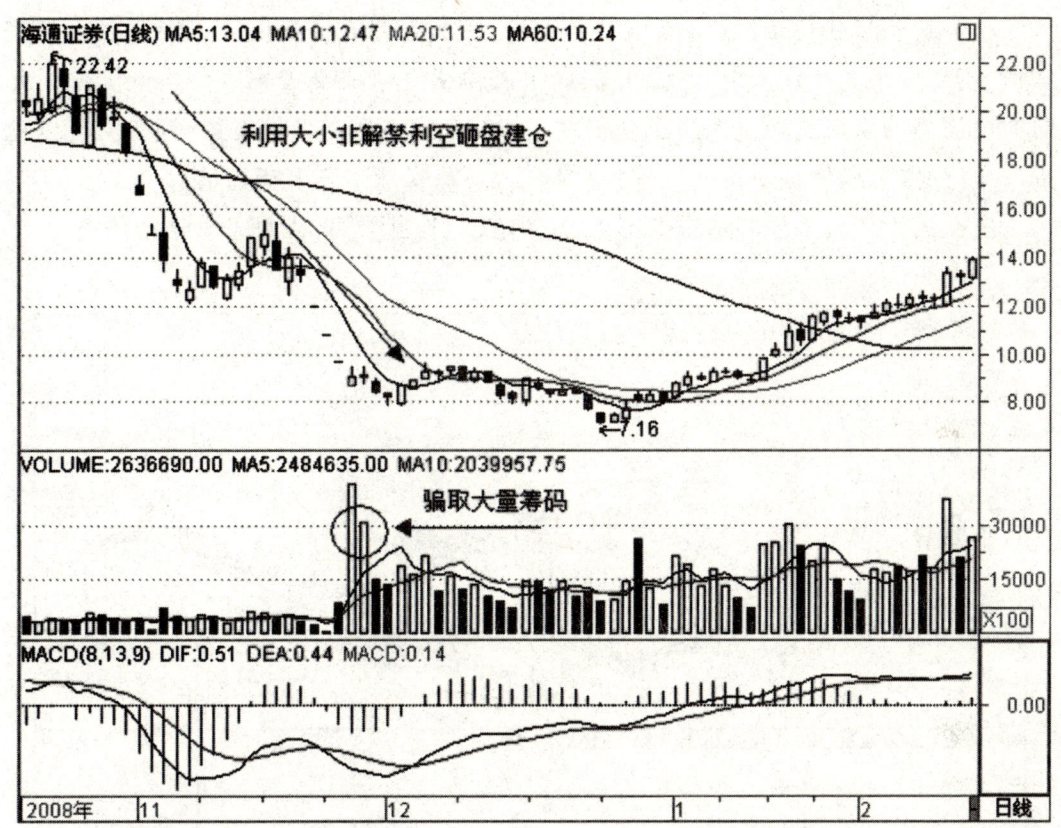

上图就是海通证券(600837)在2008年11月的走势实例。该股在2008年10月起,利用公众对大小非解禁的恐惧心理拼命砸盘,使得股价走势以连续下跌甚至跌停的方式下跌,K线形态非常难看。在解禁日当天庄家最后承接了一大批恐慌盘,基本完成建仓。

# 如何从价量观察挖坑建仓

制造空头陷阱吸筹,是庄家常用不怪的手法。主要从技术面上制造空头图形,引发技术派炒手的止损盘出现。当股价回落临近某些重要的技术支撑位(线)时,庄家用事先已吸进的部分筹码进行疯狂的打压,击穿支撑位(线),极力制造一种恐慌气氛,使广大投资者产生恐惧的心理,唯恐股价再下一成。如短期移动平均线、形态颈线位、重要心理关口、成交密集区、前期的甚至历史性的底部等,给散户造成还有很大下跌空间的感觉,形成股价走淡形态,笼罩恐慌性气氛,从而迫使散户争相斩仓割肉,庄家则顺利地吃进大量的廉价筹码,然后又立即将股价拉回支撑位(线)之上。

其价量方面的主要特征如下:

股价在初步获得企稳,形成小平台走势,形成底部成交密集区。庄家在吸筹完成后,刻意向下打压形成两根大阴线,向下破位击穿该成交密集区而再创新低。此时大量涌出的恐慌盘均落入庄家仓位之中。但庄家不敢在低位逗留时间过长,以免损失筹码,因此股价很快重回支撑位(线)之上,并展开一波上扬行情。

庄家运用技术手段制造虚假形态,引诱散户上当受骗,从而完成建仓任务。

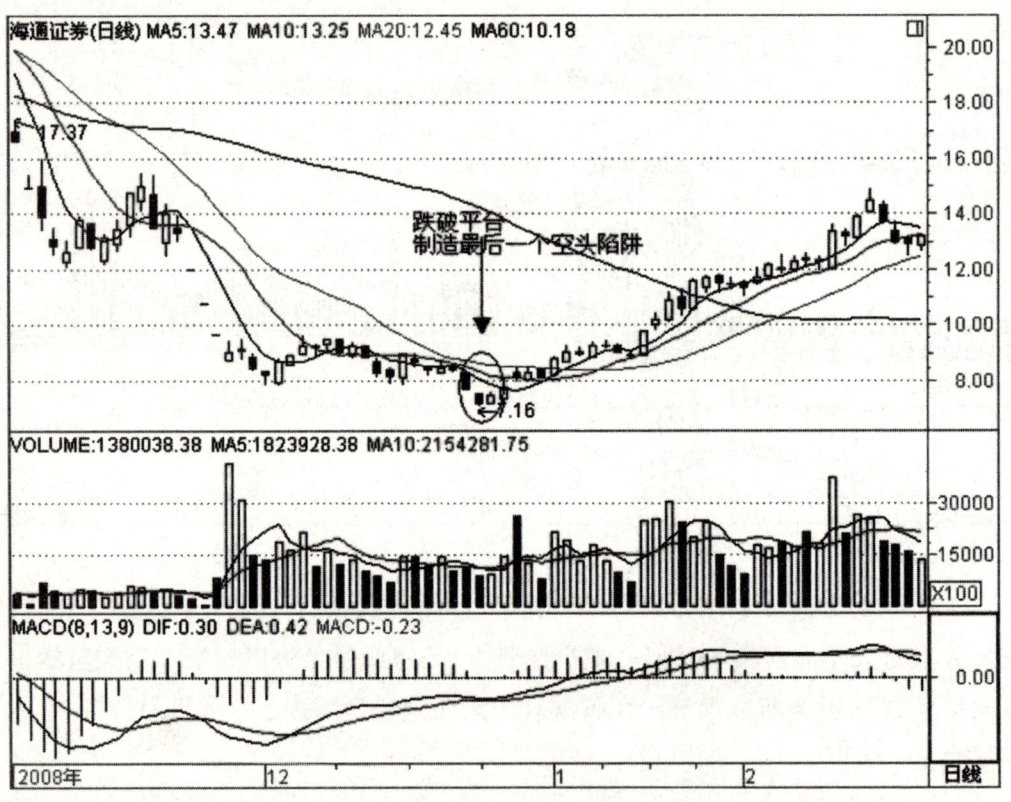

散户千万不要盲目地追涨杀跌,这样可以避免上庄家的当。要仔细观察盘口,看下跌是否有理由,目前的价位高低,庄家是否抽身逃离,跌停后是否迅速关门,成交量是大是小,换手率是高是低,然后再决定操作方向。

上页图就是海通证券(600837)在2008年年底的走势实例。该股在2008年10~11月,利用利空消息基本完成建仓。为了进一步减少后期拉升的压力,在9元左右的平台上横盘,12月下旬,庄家进一步摆出要跌破平台的架势,制造最后一个空头陷阱,随后很快走入升势。

# 如何从价量观察拉锯式建仓

拉锯式建仓振幅相对较大,庄家的手法极为凶悍,股价大起大落,快跌快涨,让投资者真正领略到"乘电梯"的感觉。庄家的实力一般都较强大,在很短的时间内把股价拉上去,当散户在暗暗盘算利润时,股价已经回到原来的位置上,获利的希望又破灭。庄家反复地将股价快速拉高,又快速打压,拉高和打压相结合,很多散户经不住庄家的几番折腾,遂以离场为幸,把廉价筹码送给了庄家。

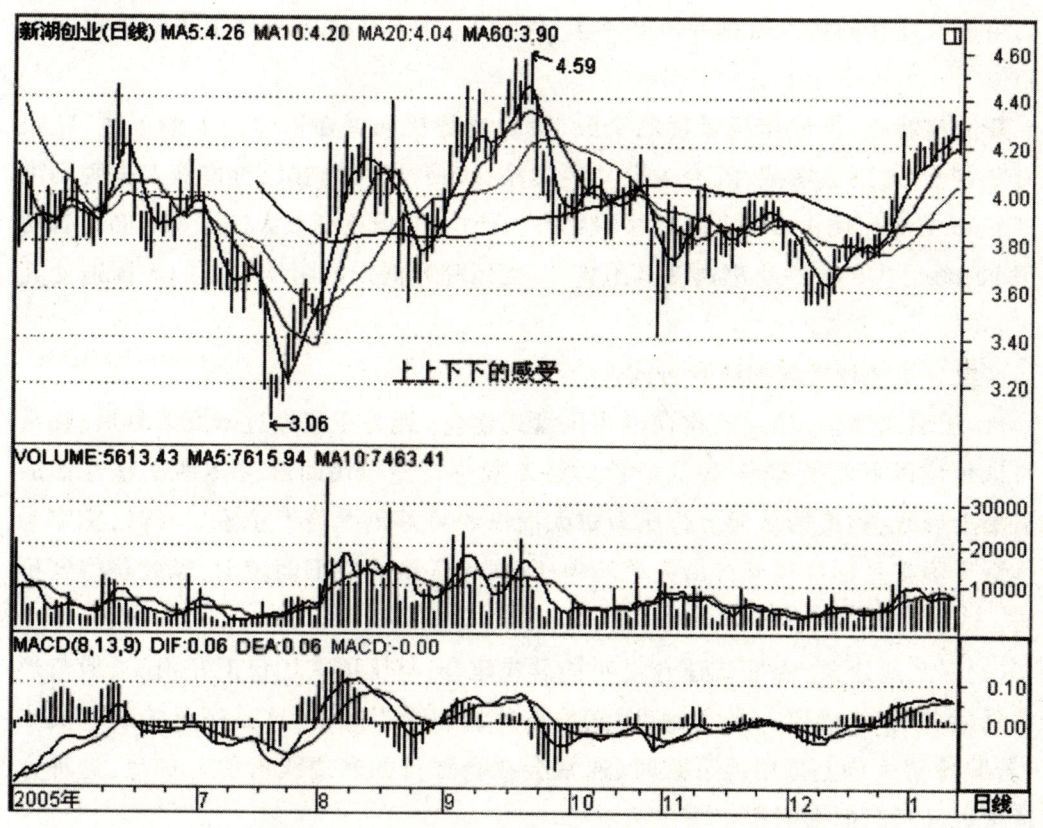

此时表现的价量关系是股性比较活跃,成交量也较温和,基本上运行在一个不规则的箱体之中。

股价着底后,庄家开始大规模建仓,在底部运用大起大落的拉锯式手法进行建仓,同时庄家也在震荡中做高抛低吸的差价。建仓任务完成后,走出一波较大的上升行情。

庄家通过股价的快速涨跌,不给散户获利机会,动摇散户持股信心,从而获得散户手中的筹码。

散户不可追涨杀跌,短线技术高手可以高抛低吸,一般散户不参与为宜,可以在股价有效突破盘区后介入。

上页图就是新湖创业(600840)在2005年下半年的走势实例。该股股价大起大落,快跌快涨,让投资者真正领略到上上下下的感觉,使得散户到手的利润很快又烟消云散。庄家使用的就是拉锯式建仓手法。

# 如何从价量观察箱体式建仓

箱体式建仓的特点就是股价基本上运行在一个箱体之中,其走势与拉锯式建仓相似。

其价量特点:低位震荡吸货的个股,股价走势犹如关在箱体内上蹿下跳,庄家此时左右开弓,围追堵截,既当买家又当卖家,价格跌下来则吸,价格涨上去则用大单打下来,在分时图上多为急跌后缓慢爬升,升时成交量逐渐放大。庄家时而对有货者用小阳线之类的小恩小惠诱使其抛售,时而用高开低走的阴线之类的大棒迫使其吐出筹码。

这里介绍两种特殊的建仓方式:

(1)压顶式建仓。压顶式建仓也叫压盘式建仓。就是庄家经过研究策划后,在某一目标价位以下低吸筹码,每当股价碰触该股位时便很快回落,在K线上往往形成长长的上影线,被市场认为上行压力重大而纷纷将筹码抛给了庄家。有时,庄家为了偷懒干脆在目标价位处挂出大笔卖单压盘,任凭散户在下面游动,以此获得低价筹码。

(2)保底式建仓。保底式建仓也叫护盘式建仓,与压顶式建仓正好相反。股价形成底部后,庄家先确定一个仓底价,然后在此价位附近震荡,这是庄家的基本成本区,若股价随大势上行后再下跌时,通常会在仓底价的底边线价位上护盘,这种方式通常以延长时间来吸筹。

庄家通过压顶和保底手法,将股价控制在一个狭小的范围里,减小散户获利空间,增加散户操作难度,很多散户因此离场,庄家从而完成建仓任务。同时,庄家又可以将自己的坐庄成本控制在一个理想的区间内。

散户短线技术高手可以在箱体内进行高抛低吸,即前期低点附近买入,前期高点附近卖出,一般散户不参与为宜,可以在股价有效突破箱体后介入。据观察经验,箱体一般出现2~4的高点或低点,如果股价出现在箱体的第5个高点或低点附近时,大多数股票会出现变盘走势,投资者应引起注意。

下图就是上工申贝(600843)在2006年上半年的走势实例。该股从2005年11月到2006年4月近半年的时间内股价始终在4.3~5.2元的箱体内震荡,庄家高抛低吸降低了筹码成本,也使得散户因无利可图而出局。

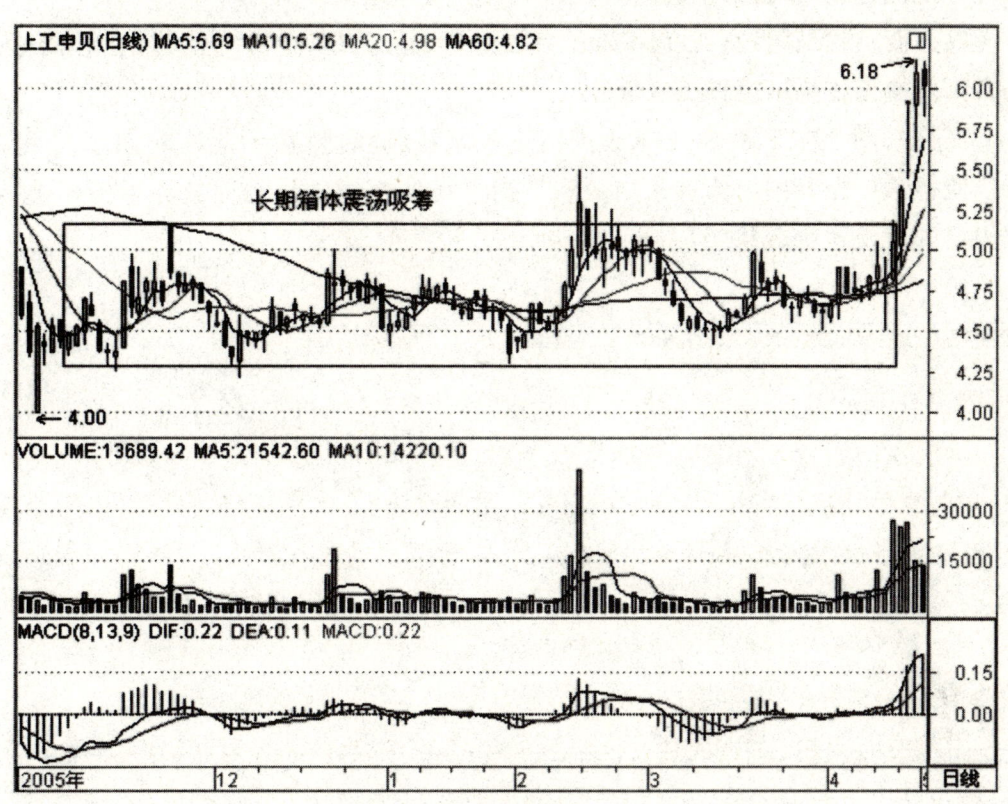

# 如何从价量观察周末式建仓

周末式建仓是巧妙地利用时间差进行吸筹,大多在周五或节假日前夕,更多地是在节前最后一个小时或半个小时里甚至利用尾市最后几分钟,利用散户来不及作出反应的时候,以迅雷不及掩耳之势迅速打压股价。

其价量方面的特征如下:

在分时图上向下跳水,在K线图留下大阴线,同时伴随一定放量,形态十分难看。这一现象出现,意味着次日极有可能会出现大跌。然后通过周六、周日或节日期间以充分的时间通过报纸、电视、网站以及股评等宣传攻势鼓动散户跟风,极力渲染"减仓、观望"气氛,以此吸取散户的筹码,从而可以轻松完成建仓任务。

庄家利用周末或节假日营造不利气氛,诱导散户抛盘。同时也利用周末或节假日消费高峰期,逼迫散户拿筹码换现金。

散户要重点关注周末或节假日期间,有没有实质性利空消息公布,若没有实质性利空消息,要进行综合分析,不要盲目追涨杀跌,以防上当受骗。看盘口走势,分析下跌理由,并结合价位高低和成交量的大小、换手率高低,然后再作决定。若有实质性利空消息,则根据其消息对股价影响大小再作定论。

以下两图就是同济科技(600846)在2009年2月27日的走势实例。主力在周五以迅雷不及掩耳之势迅速打压股价。

在分时图上向下跳水,在K线图留下大阴线,同时伴随一定放量,形态十分难看,使得散户在盘中以为有未知的利空消息可能在周末出台而放弃筹码出逃,而主力要的就是这种效果。

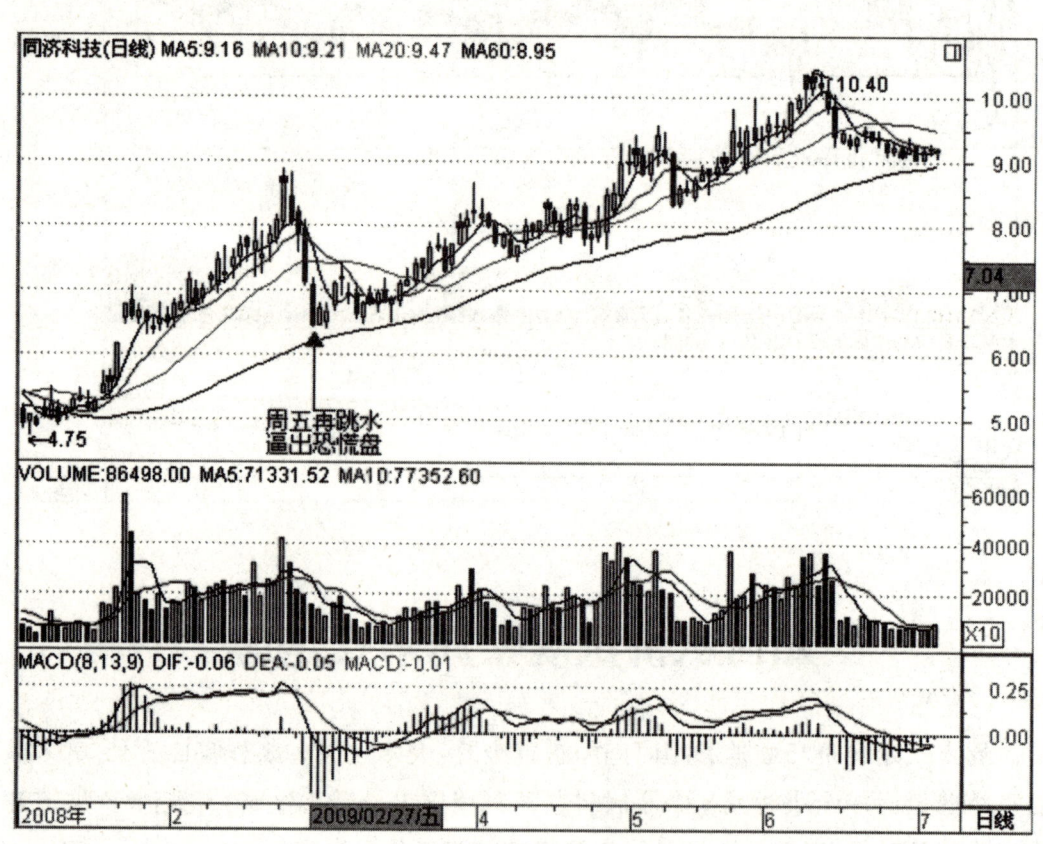

# 如何从价量观察逆势建仓

逆势建仓,顾名思义就是逆大势而行的建仓方式。其价量特征是:大势上涨时,股价在底部徘徊或微幅上涨(或下跌),给人以"无庄家"之感。散户看到别的股票大幅上扬,自己手中的股票却纹丝不动,成交量也无明显变化,由于暴富心理强烈,心急如焚,从而动摇持股信心,纷纷抛出股票去追热门股;大势下跌时,庄家却竭力托价或微幅下跌(或上涨),散户以为自己持有的股票也会出现补跌行情,于是先走为快,免得被套,拿着庄家赐给的小惠夺门而出,离场观望,庄家皆大欢喜去接筹。这种进庄方式由于庄家常常不按规律操作,怪招频出,让投资者捉摸不定,建仓效果较佳。庄家这种操作方式有一定风险性,一旦失当,便会作茧自缚,最终无法兑现利润。

庄家在顺势操作不能奏效时,通过反大众心理操作,迫使散户交出筹码,是建仓的一种特殊方式,能够达到快速建仓的目的。

如果大盘已经启动一轮行情,该股若是在底部区域,应持股不动,若是在高位区域,要谨防庄家出货,一旦开始出货就会迎来"跳水"走势;如果大盘已经见顶回落,无论该股处于低位还是高位,都应防止庄家出货。

下图就是北京银行(601169)在2008年年底的走势实例。该股主力属于先知先觉类型,在2008年10月大势仍下跌时,庄家却竭力托价或微幅下跌,散户以为自己持有的股票也会出现补跌行情,于是先走为快,免得被套,拿着庄家赐给的小惠夺门而出,离场观望,庄家顺势捡到这批底部筹码。

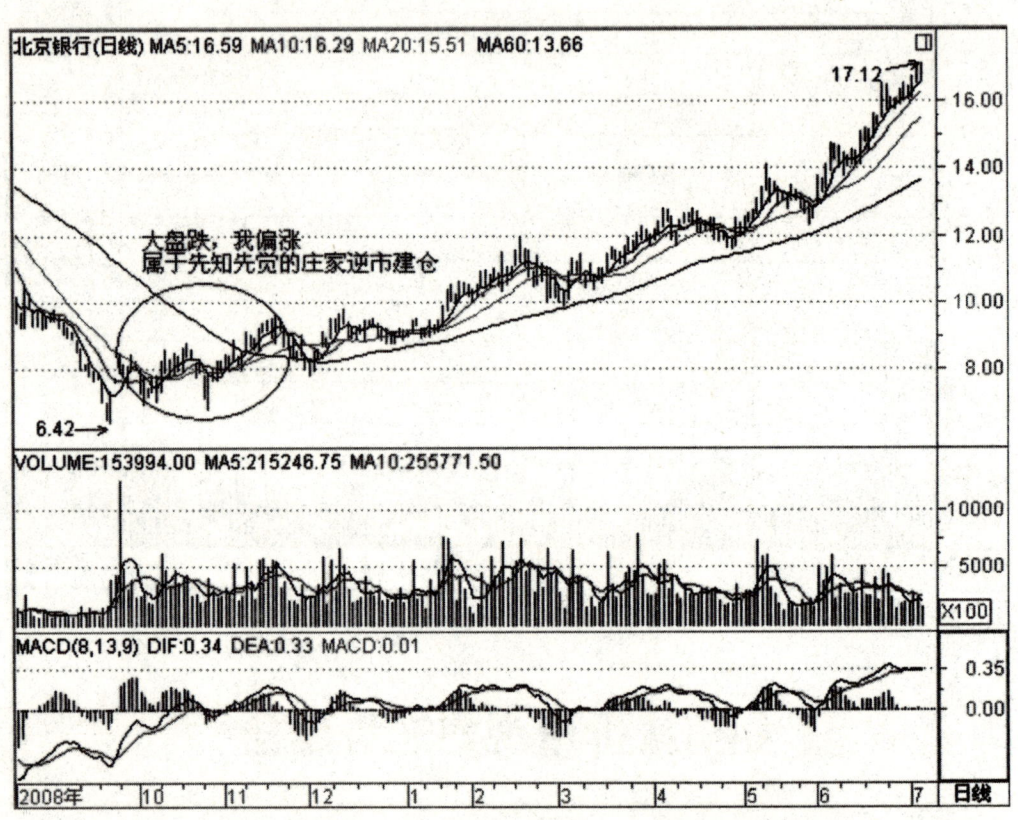

# 如何从价量观察暴量式建仓

庄家在建仓过程中,突然在某一天或几天时间里放出巨大的成交量,以制造"天量天价"的假象,引发场内抛盘。其价量特征是:以高开低走的形式,K线在相对高位产生大阴线,或以低开高走的形式,K线产生带长上影线的阳线,给人留下"很不舒服"的感觉,认为庄家出货或撤庄,以此引诱投资者抛盘。这种吃货的好处是庄家利用较高的成本、缩短资金投入时间,减少运作风险。这种方式可以是一天放巨量,也可以是连续多日放巨量;可以是间歇性放巨量,也可以是持续性放巨量;可以出现在底部,也可以出现在相对高位。

庄家通过对倒手法制造巨大成交量,给散户以庄家出货的假象,从而达到快速建仓的目的。

若是股价处于底部放量,可能是大黑马启动的征兆;若是股价有一定的涨幅,可以进行高抛低吸操作,待股价回落时重新介入;若是股价经过充分炒作后的放量,要谨防庄家出货。

下图就是中国南车(601766)在2008年11月18日的走势实例。该股作为大盘股,在当日居然以42.8%的换手率成交,而股价只拉出一根中阳线,且带有长上影,使得散户以为上涨乏力,庄家出货,从而将筹码卖出。

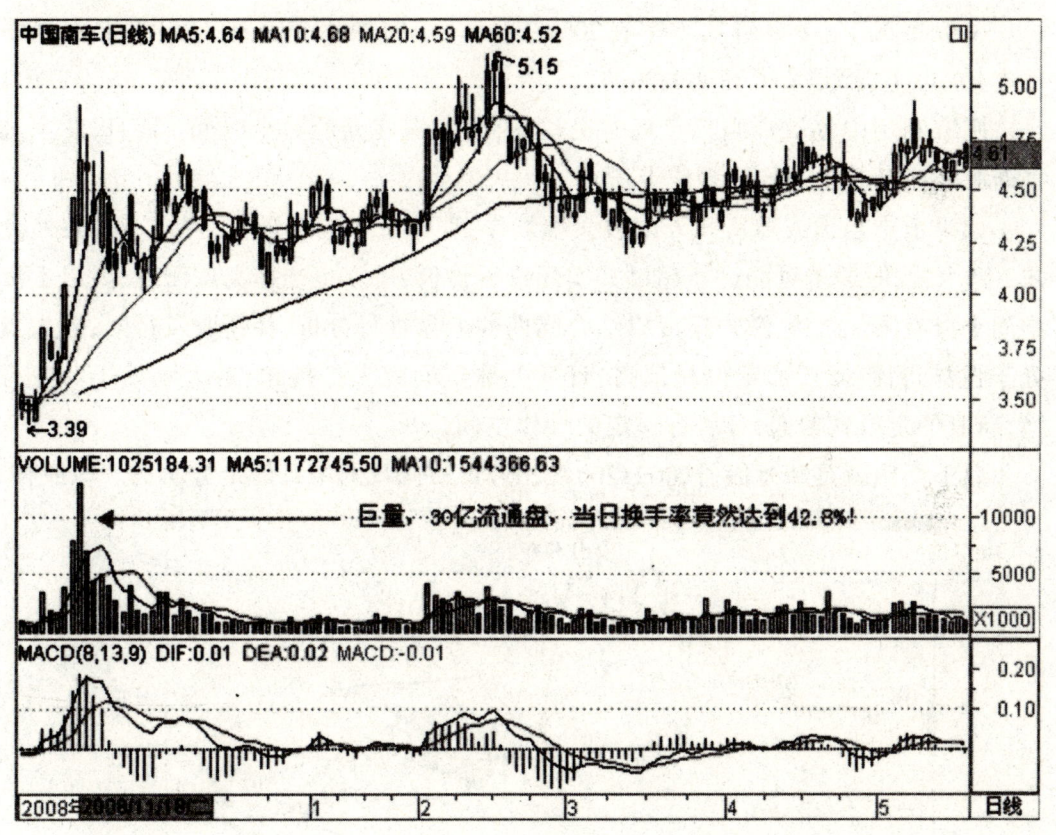

# 如何从价量观察新股建仓

庄家在炒作新股时,一般可以在上市首日或上市一周时间内就可完成建仓任务。因为,新股没有套牢盘,多数中签散户会在上市当天获利了结,而持币者对新股不够了解,也不会轻易介入,所以很容易完成建仓任务。

庄家炒新股有如下优势:①散户对新股了解不是很全面,对股价定位也把握不准,所以对庄家建仓行为的判断难度比较大;②收集筹码容易、速度快,因为有一大批中签散户,在新股上市首日套现出局。若盘中庄家玩点儿手法,这些筹码更容易交出来;③日后拉升时,上档如无套牢盘,可减少拉升成本;④新股公积金高而股本较小,易于用公积金转增扩股,人为制造题材;⑤新股多数短期无亏损之忧,散户跟进热情高,拉升比较轻松。

其价量特征是:一般情况下,新股成功换手接近60%时,欲炒作的主力资金才有比较大的欲望进行疯狂拉高脱离成本区的动作。经验表明,新股首日开盘后的前5~15分钟,买入的往往以机构为主。换句话说,主力机构若看中某只新股,会利用开盘后的5~15分钟,趁广大散户犹豫、观望之际,快速介入收集筹码。所以,前5~15分钟及前半小时的换手率及其股价走势,往往能分析是否有大主力介入。

一般情况下,十分钟换手率在20%左右、一小时换手率在30%以上、上午换手率在40%以上,都是值得高度关注的。

庄家利用中签散户当天套现时机建仓,是庄家建仓的黄金时间。而且,庄家选择新股坐庄又有上述的许多优点所在。

如果上市当天或随后几天内被大幅炒作,那么散户应该谨慎对待,不可贸然介入。因为,此时股价可能已经超过其实际投资价值,庄家也选择高位派发,所以上涨空间十分有限。此外,散户还可以结合同期的大盘进行分析,在新股发行时,若大盘处于强势行情,新股的定位就偏高,日后上涨空间就大打折扣;若大盘处于弱势行情,新股的定位就偏低,日后有一定的炒作空间。

以下两图就是新海股份(002120)在2007年3月6日上市日的走势实例。该股在

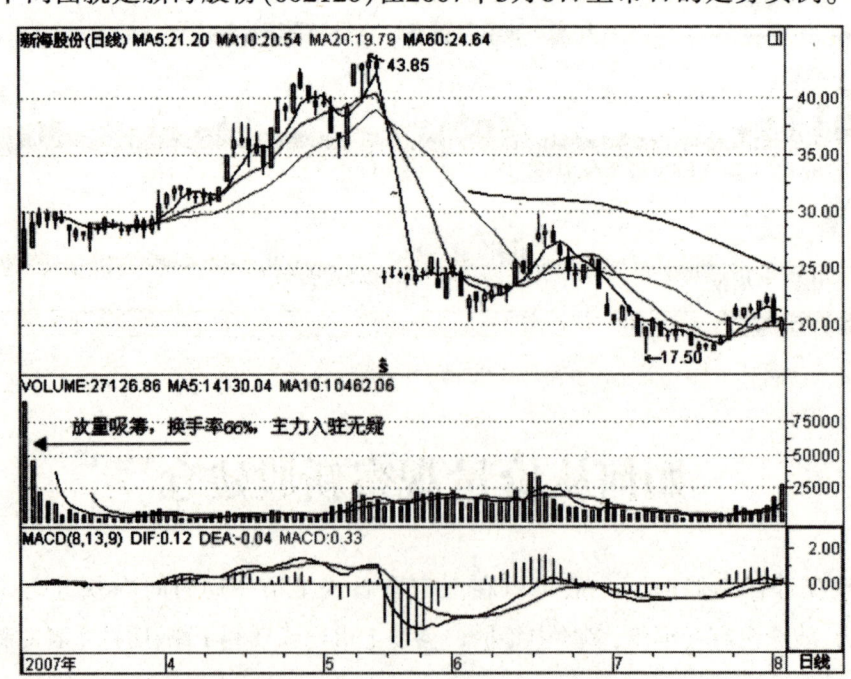

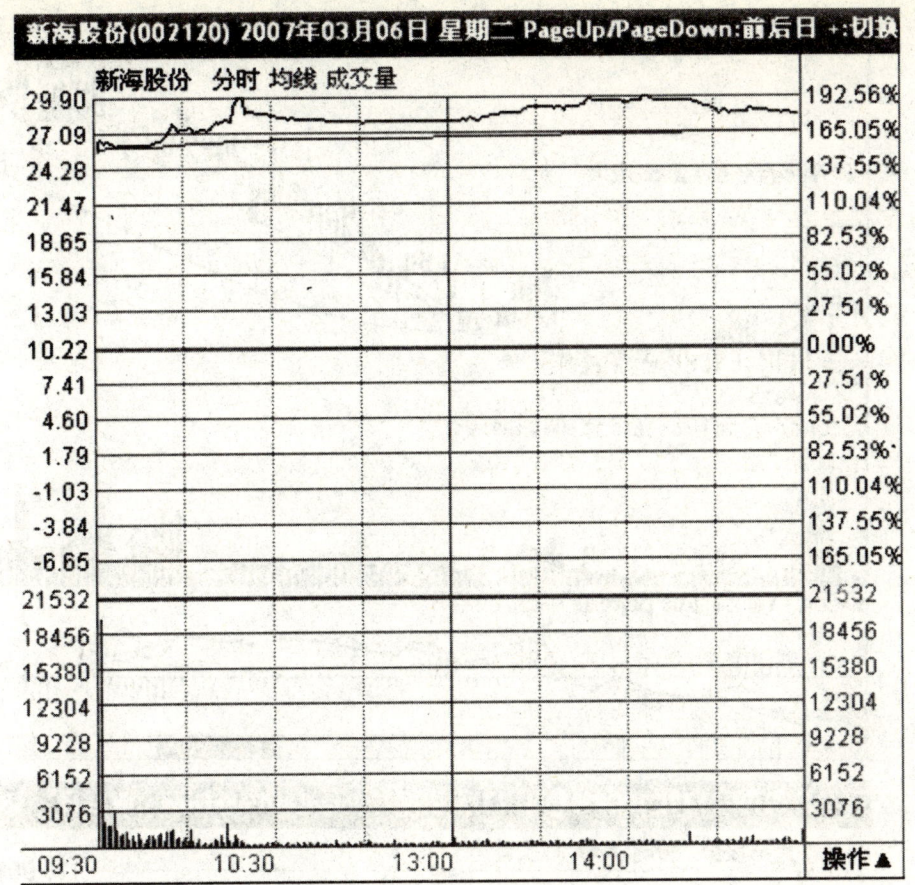

上市首日成交量换手率达到66%,明显有庄家深度介入,庄家在吸纳大批筹码后为了使股价脱离其成本区域,迅速拉升,造就一波行情。

# 如何从价量观察跌停式建仓

根据时间优先原则,在涨跌停板制度下,市场中个股涨停或跌停是经常出现的。显然,在已经跌停的情况下,作为卖方,无法通过压价与其他卖方竞争,要想获得较大卖出机会,只有抢时间在早些时候以跌停价挂卖单排队,越早越好,迟者可能痛失卖出机会。

其价量方面的特征如下:

庄家在跌停板价位处挂巨额卖单,吓得散户纷纷以跌停价杀出。此时,庄家悄悄撤掉原先挂出的巨额卖单,然后填买单将散户筹码一一吃进,与此同时,再挂与撤单大小相近的卖单在后头,在表象上没有明显变化。这一过程可以反复进行,直到吸足筹码,或大多数散户发觉时为止。

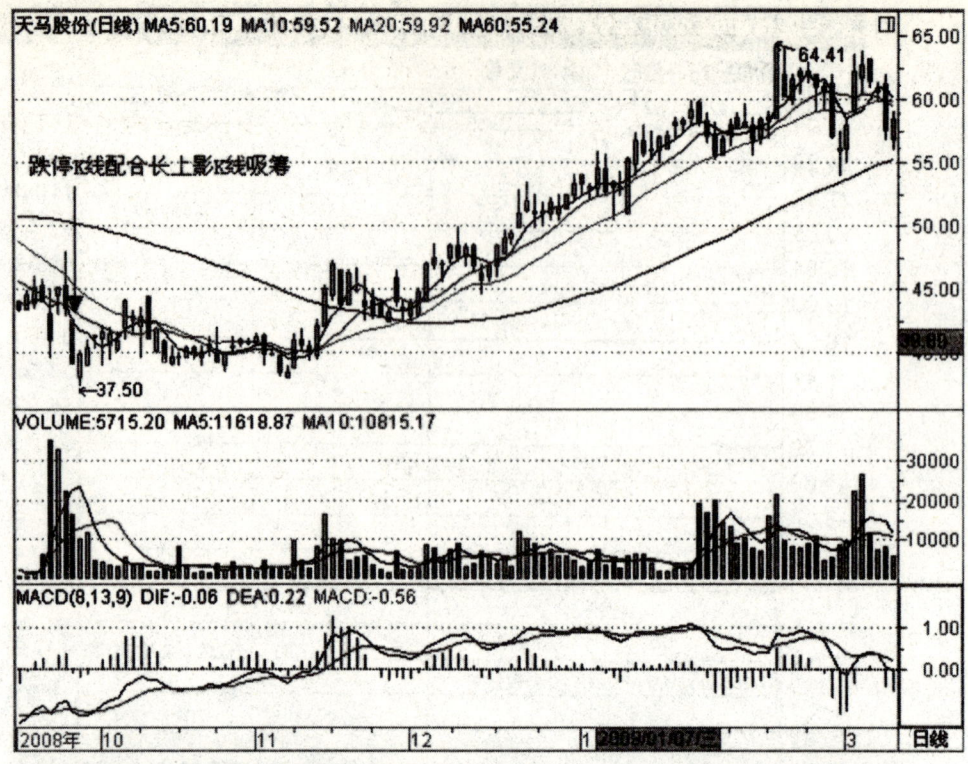

跌停K线配合长上影K线吸筹

←37.50

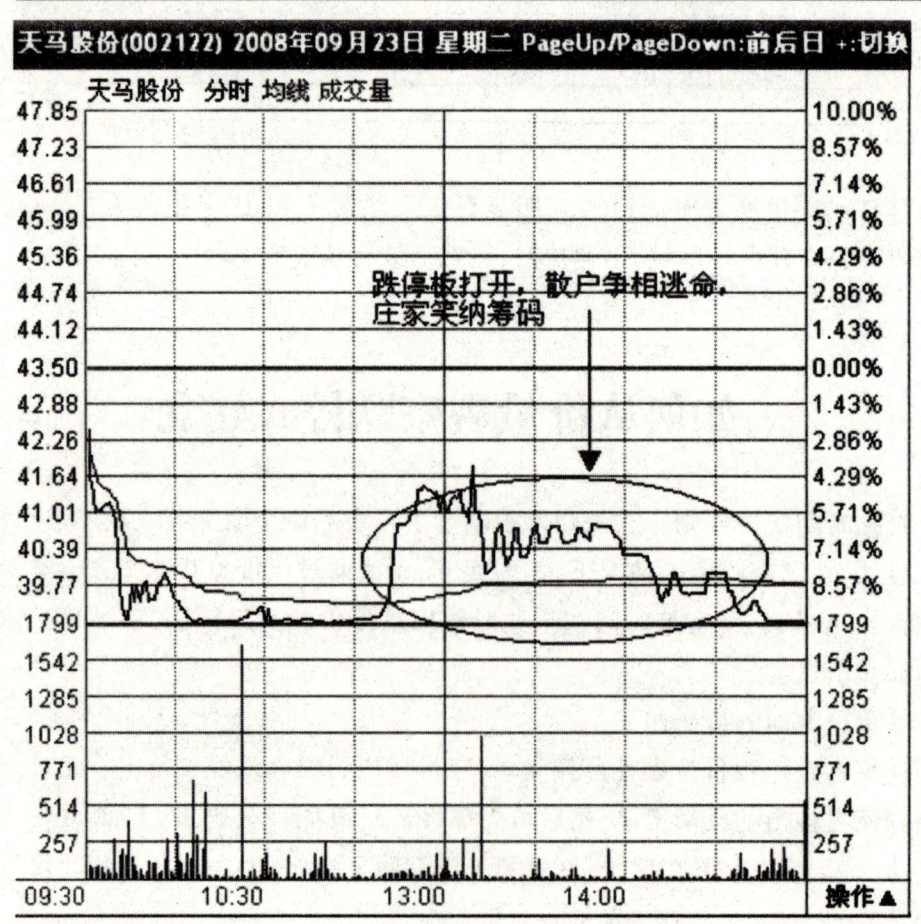

跌停板打开，散户争相逃命，
庄家笑纳筹码

庄家通过股价跌停走势,制造盘面恐慌气氛,形成后市还有较大的下跌空间态势,从而引诱恐慌盘涌出,以此达到建仓目的。

散户要进行综合分析,不可盲目地杀跌,以防上当受骗。看盘的走势,分析跌停的理由,并结合价位高低和成交量的大小、换手率高低,然后再作决定。

上页两图就是天马股份(002122)在2008年9月23日的走势实例。该股在前一日已经拉出长上影的情况下,当日跌停,两个这样的K线组合构成恐怖形态,使得散户以为后市下跌空间巨大,抛出筹码出逃,而主力借此完成建仓。


# 如何从价量观察下行式建仓


下行式建仓的价量特征是:庄家在建仓时,股价是呈下跌态势的,整个下跌程就是庄家建仓的过程(实际上是跌势的中后期),股价止跌即是庄家建仓结束之时。因此,吸筹量分布呈"少开头,多后头"状态,即开始入驻时吸取少量的筹码,随着股价的持续下跌,庄家的进一步打压,逐步增加吸筹量,到最后庄家见筹就收,一概通吃,从而全面完成建仓任务。

庄家通过持续的下跌走势,一方面继续加大先前套牢者的亏损额度,另一方面把低位介入者加入套牢之中,使他们的资金出现亏损。这样场内所有散户全线被

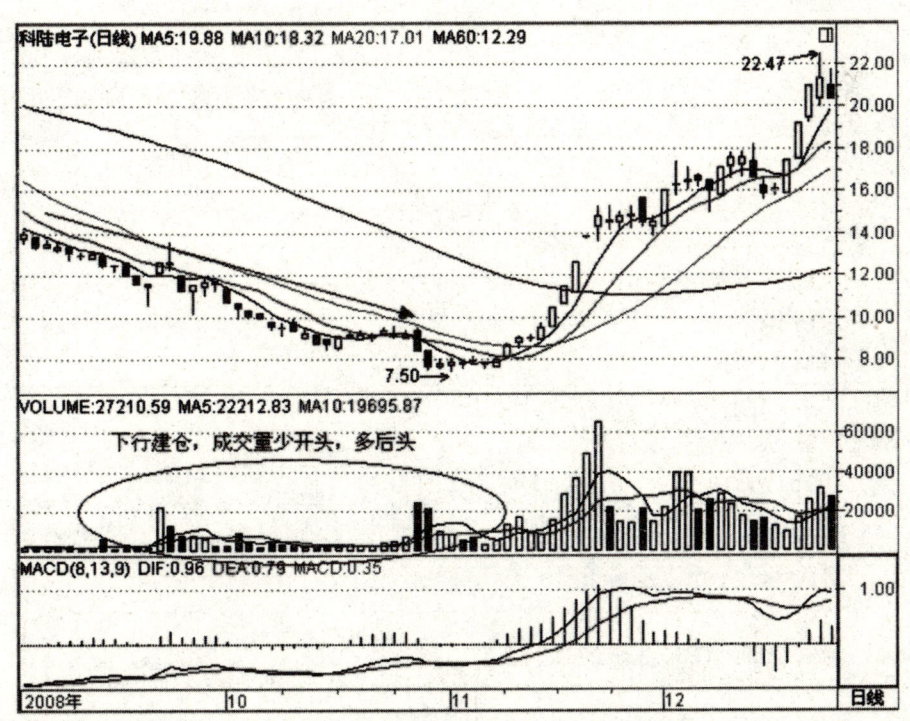

套,庄家每打压一个点位,散户就增加一分损失,最后散户因承受不了巨大损失而被迫离场观望,筹码轻而易举落入庄家仓中。

上页图就是科陆电子(002121)在2008年下半年的走势实例。该股在2008年9月股价仍在下跌途中主力就开始介入吸纳,此时庄家未发力逆大盘吸货,而是顺势而为,股价越跌越吸,成交量变化为开头较少,后头较多。

# 如何从价量观察上行式建仓

上行式的建仓路径与下行式的建仓路径相反,庄家在建仓时,股价是呈微升态势的,整个升势过程就是庄家建仓的过程(实际上是升势的中前期)。

其价量特征是:吸筹量分布呈"多开头,少后头"状态,即开始入驻时就吸取大量的筹码,基本上达到目标仓位的70%以上,然后逐步补筹,随着股价的缓升而逐渐减少吸筹量,直至最终吸足筹码,最后经过试盘、整理,时机一到即展开拉升行情。这种方法要求庄家对底部判断绝对准确,否则就身陷其中。

庄家通过股价的微幅上涨,一方面为先前套牢者提供一个解套的机会,因为散户长期被套后心急如焚,一到解套之日便心花怒放,于是不假思索地抛出股票,以

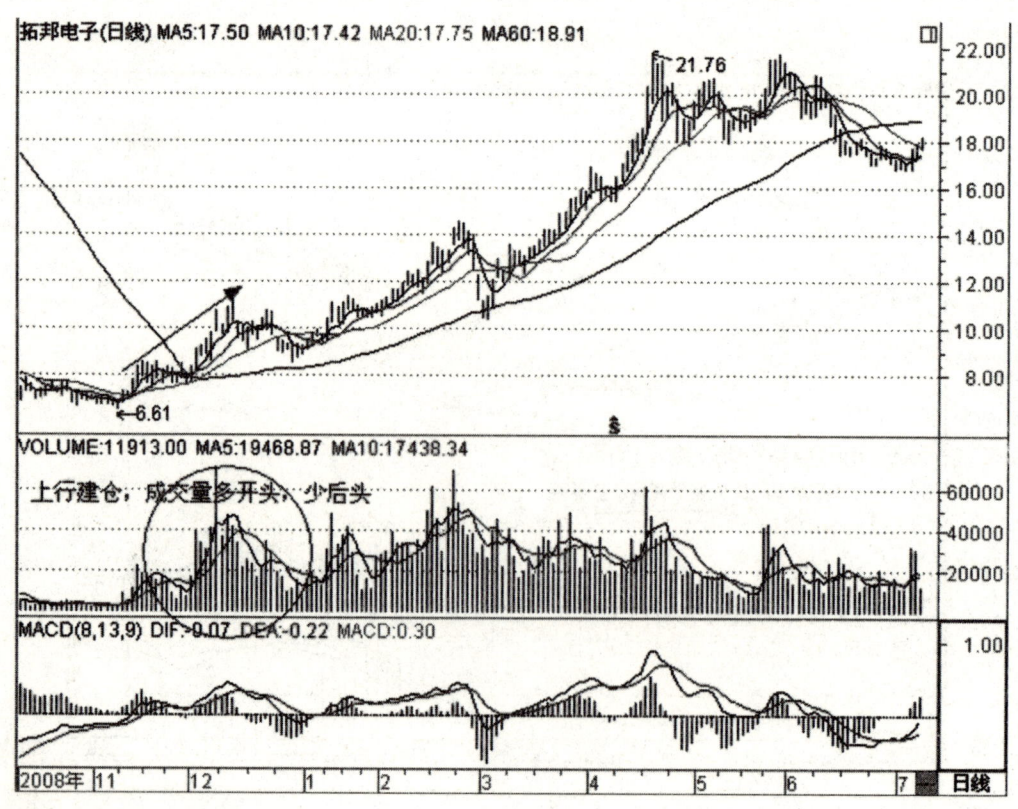

免再遭套牢之苦;另一方面给低位介入者以小恩小惠,让他们高兴而来微笑而去,这样庄家就可以顺利完成建仓。但总体涨幅不能过大,应当控制在庄家的成本线以内,否则会增加坐庄成本。

上页图就是拓邦电子(002139)在2008年年末的走势实例。该股在2008年11月开始走出下跌通道,成交量明显放大,股价上扬后一方面给部分套牢者解放的机会,另一方面也使低位买入者获得微利,在熊市环境下,他们往往容易将筹码拱手送给庄家。

# 如何从价量观察先下后上式建仓

先下后上式的建仓,庄家在股价下跌时吸取一部分筹码,然后待股价见底回升时,再吸取一部分筹码,直到完成目标仓位。

其价量特征是:吸筹量分布呈"多两头,少中间"状态,即开始入驻时吸取少量的筹码,随着股价的持续下跌,逐步增加吸筹量,见底时通吃筹码,然后股价回升时补足少量筹码,即可顺利完成建仓任务。在底部形成"圆弧底"形态。庄家先通过下跌走势,将盘内散户套牢,使他们的资金处于亏损状态,让其中部分经不起亏损的投资者割肉出局。夺得这部分投资者的筹码后,股价反转向上推升。这时,先前没有

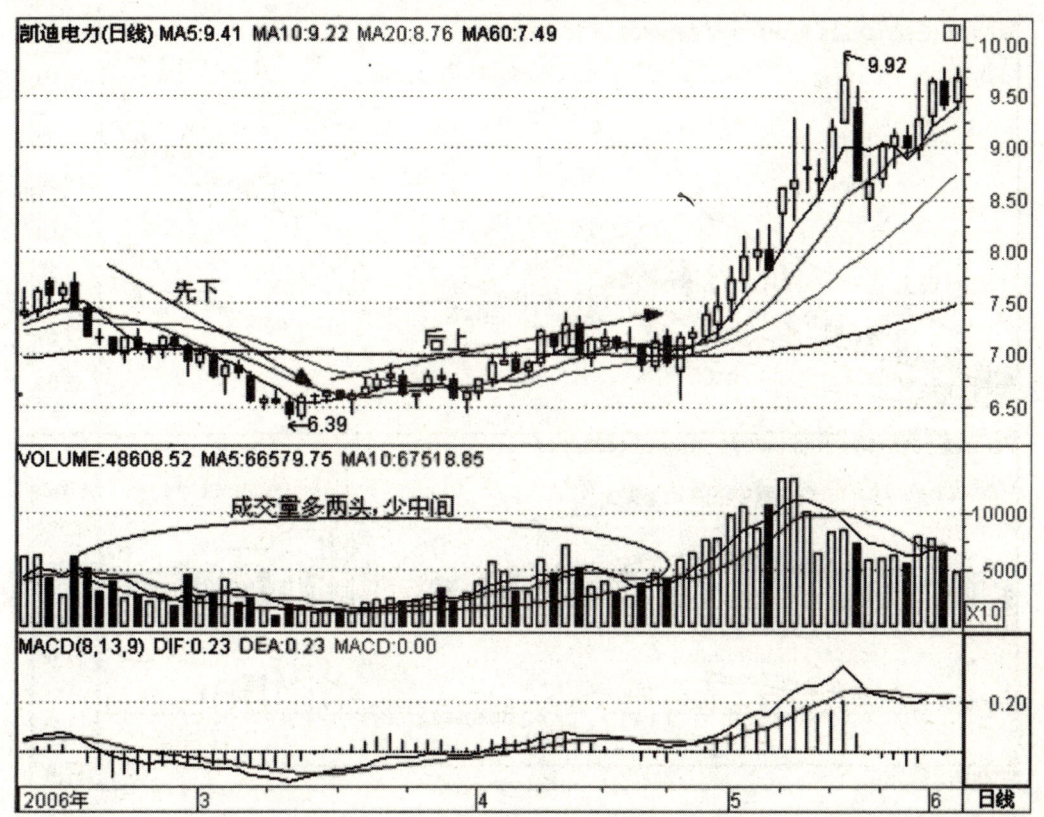

割肉出局的投资者得到解套,在低位介入的投资者得到微利,让他们解套和获微利出局。这样经过"一下一上",庄家就可以轻松地完成建仓任务。

上页图就是凯迪电力(000939)在2006年上半年的走势实例。该股在2006年2月开始即有主力开始缓慢吸货,主力以极大的耐心潜伏低吸,股价无支撑而进一步下跌,当主力拿到合适数量的筹码后开始发力托住股价缓慢上升。这个过程表现为先下后上式建仓。

# 如何从价量观察先上后下式建仓

先上后下式建仓与先下后上式的建仓路径相反。

其价量方面的特征如下:

庄家在建仓时,股价见底后吸取一部分筹码,然后股价呈微幅上升。此时由于庄家持筹并不多,还不足以达到坐庄控盘的要求,于是又把股价打压下来,再次大规模建仓。吸筹量分布呈"中间多,两头少"状态,即开始入驻时就吸取大量的筹码,随着股价缓升时吸取少量筹码,然后在再次下跌时通吃筹码,以此完成建仓任务,在底部形成"圆弧顶"形态。庄家先将股价缓慢地向上推升,成交量

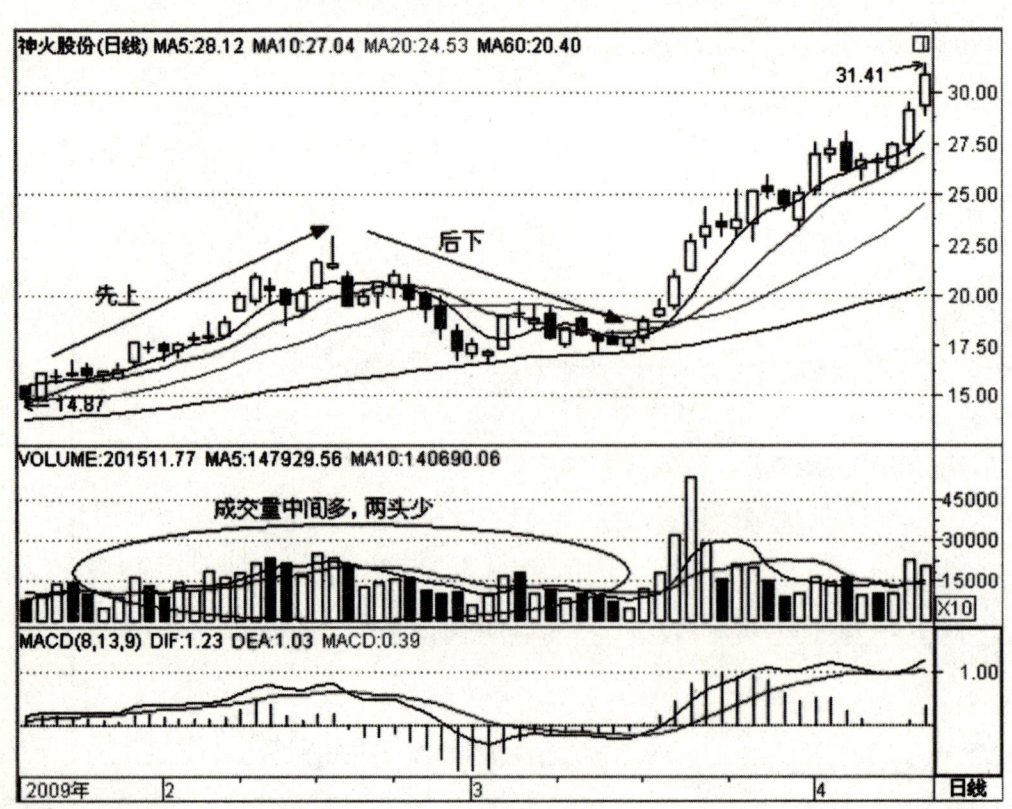

小幅放大(不排除偶尔放量),在推升过程中,部分先前套牢者和获微利者陆续抛盘离场,庄家即可顺利接盘。当股价推升到一定的幅度后,庄家就将股价慢慢地往下压,形成下跌态势。这时投资者误以为庄家在出货,前期没有出局又缺乏持股信心的投资者,便会做出抛盘离场的决定。这样经过"一上一下"的运作,庄家能吸的筹码就吸到了。

上页图就是神火股份(000933)在2009年上半年的走势实例。该股在2009年1月有主力开始入驻,吸取的筹码,成交量也逐渐放大,随着股价缓升时吸取少量筹码,然后在再次下跌时通吃筹码,以此完成建仓任务。

# 第10章
## 试盘价量观察16招

# 如何从价量观察平衡市试盘

庄家在底部经过长时间悄悄建仓后,基本上达到了坐庄目标仓位。

此时庄家试盘时的价量特征是:股价运行在一个基本平衡的市况中,买卖双方交投较为平静,庄家在某个时段里突然放量向上(向下)大幅拉升(打压)股价,在日K线上收出一根大阳线或大阴线,或上下影线较长的阴线或阳线。通过试盘,观察盘内筹码锁定性程度,以及市场参与追涨杀跌情况。

庄家通过大幅度地拉动股价,使盘内震荡加剧,以观察盘面变化。在股价拉高时,如果跟风盘大、抛盘小,那么拉升时机基本成熟;反之,还不具备拉升条件,需要进一步整理。

在打压股价时,如果抛盘大、接盘小,表明盘内筹码锁定性差,股价在底部得不到明显的支撑,还不能进入拉升行情;反之,拉升时机基本成熟,底部也比较扎实,行情可能进入拉升阶段。

若放量向上试盘,回调时缩量,表明抛盘比较小,可以在股价回调到前期低点附近时买入做多。

若缩量向下试盘,下跌幅度不深,回升时放量,表明筹码比较稳定,可以在股价回升时买入做多。

下页两图就是中国国航(601111)在2009年6月9日的走势实例。该股在6月9日前几个交易日均为小阴小阳的平衡状态,但是在6月9日下午14:00后主力突然发力上攻,在很短时间内股价上涨6%左右后稍作休息,继续在尾盘上摸到当天最高价。主力如此拉升显然是为了在发起主升浪前投石问路,查看跟风盘的多少。

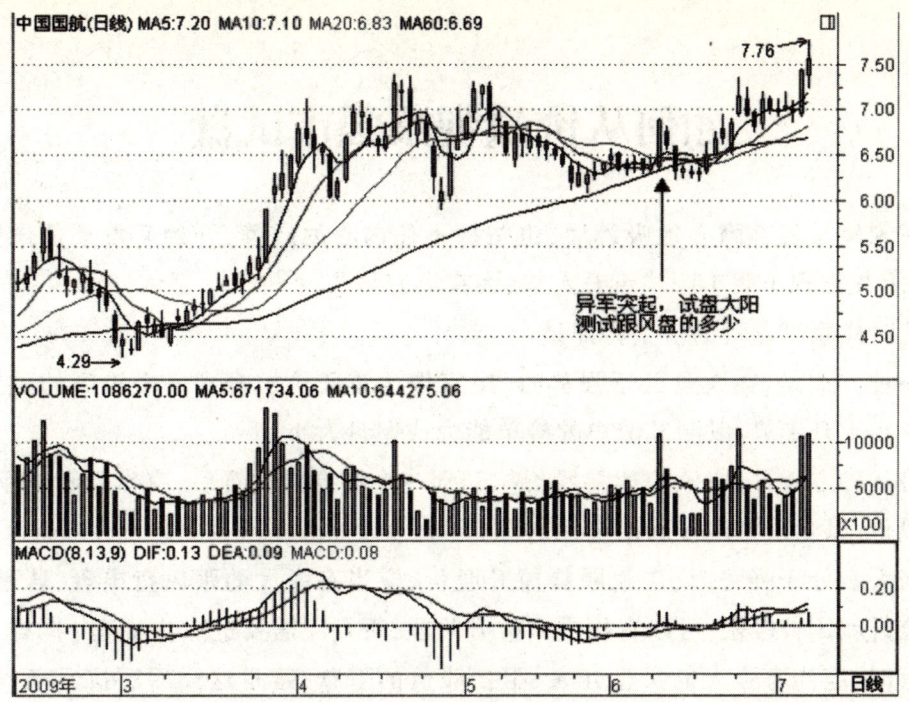

中国国航(日线) MA5:7.20 MA10:7.10 MA20:6.83 MA60:6.69

7.76

异军突起，试盘大阳
测试跟风盘的多少

4.29

VOLUME:1086270.00 MA5:671734.06 MA10:644275.06

MACD(8,13,9) DIF:0.13 DEA:0.09 MACD:0.08

2009年    3    4    5    6    7    日线

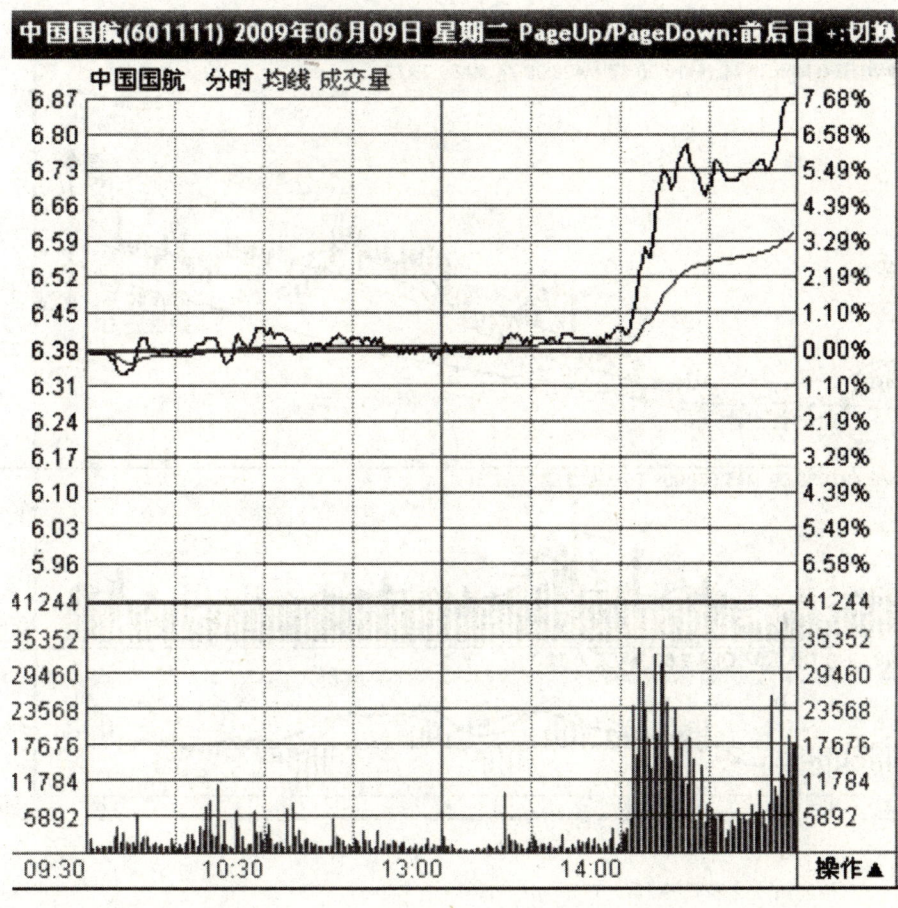

中国国航(601111) 2009年06月09日 星期二 PageUp/PageDown:前后日 +:切换

中国国航  分时  均线  成交量

# 如何从价量观察强市试盘

庄家经过底部耐心地吸筹后,也按捺不住内心的寂静,开始萌发动荡念头,在日K线上先出现小阴小阳式盘升走势,大有离底势头。

此时庄家试盘时的价量特征是:

一种方式是,在大盘处于强势时,庄家快速将股价拉升到一个较高的位置后,突然中止上升走势,以测试散户的接单能力或抛盘大小。

另一种方式是,庄家快速将股价拉升到一个较高的位置后,突然反转向下大幅打压股价,以测试盘内筹码稳定性情况。

当大盘处于强势时,庄家顺势拉升股价,应当有强大的跟风盘出现,若是这样后市拉升就比较轻松,可以直接进入拉升阶段,否则还需要进一步整理。同样,在打压股价时,应当有强大的买盘介入,阻挡股价的下跌,若是这样后市拉升条件基本具备,否则还不能进入拉升行情,筹码还需要进一步锁定。

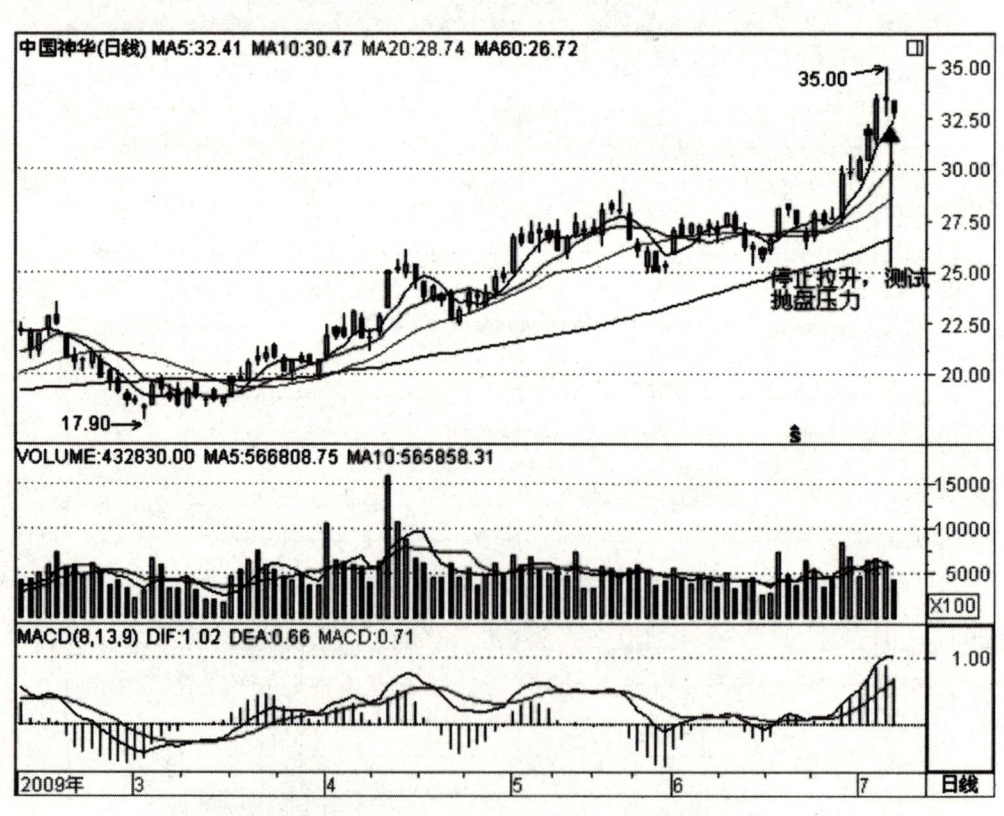

K线图入门与技巧

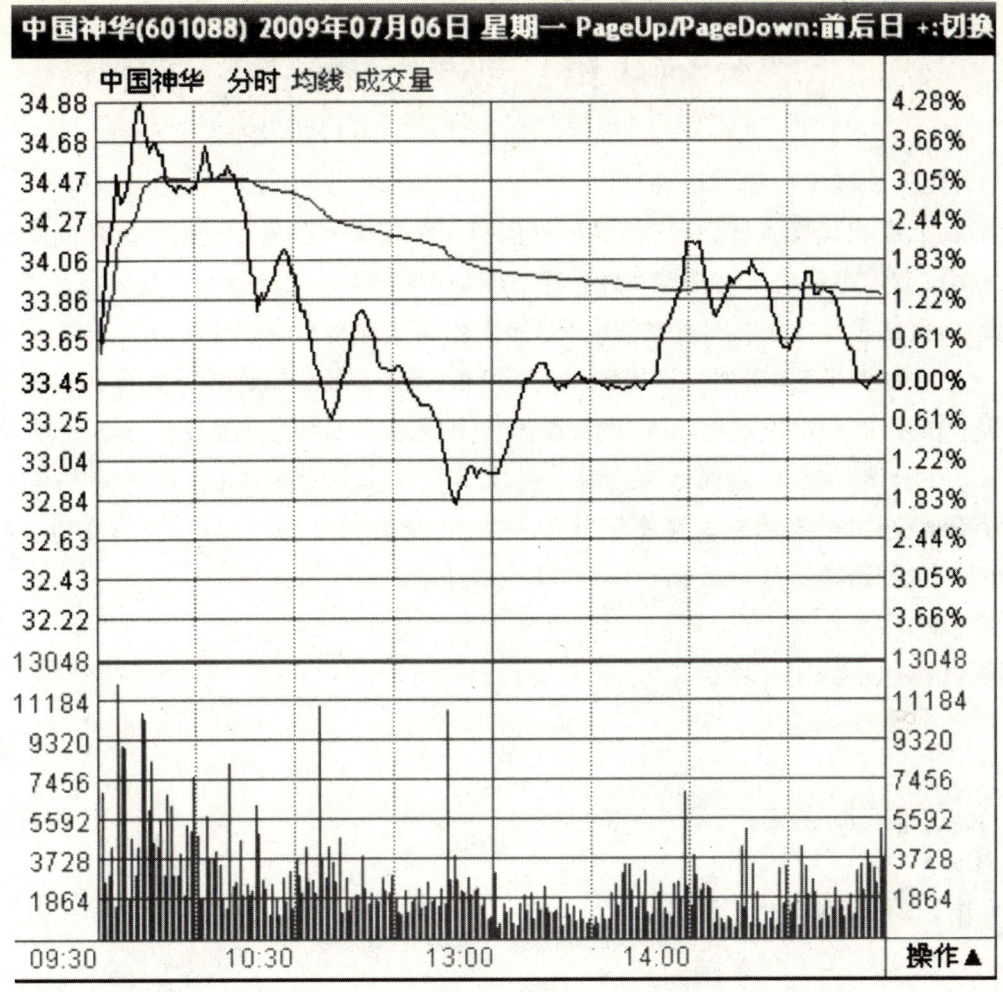

中国神华 分时 均线 成交量

散户在强势市道中，股价涨升到一个高点后，经过整理再次启动并有效突破时，可以买进或加仓做多。

在强势市道中向下试盘时，在股价第一次触及或跌破20日或30日均线时，可以大胆重仓买进；在股价第二次触及或跌破20日或30日均线时，可以适量参与，仓位不宜过重；如果是第三次及以上触及或跌破20日或30日均线，则不宜做多，待股价回升时减仓或清仓出局。

以上两图就是中国神华(601088)在2009年7月6日的走势实例。该股在2009年6月29日一阳兀立，宣告短线上升浪开始，经过连续几天快速拉升后，主力在7月6日盘中大幅震荡，走出十字星形态，目的是为了测试盘内筹码稳定性情况。

# 如何从价量观察弱市试盘

庄家成功完成吸筹后,股价依然处于底部盘整之中。在大盘处于弱势时,一种情况是,庄家借题发挥,快速将股价打压到一个较低的位置后,突然中止下跌步伐,以测试盘内筹码稳定性情况。另一种情况是,庄家快速将股价打压到一个较低的位置后,突然反转向上拉升股价,以测试散户的跟风和抛盘情况。

当大盘处于弱势时,庄家顺势打压股价,夸大股价下跌空间,加大市场恐慌气氛。在打压过程中,若有大量恐慌盘涌出,则底部不够坚实,持股者心态不稳,这给庄家拉升造成难度,仍需进一步整理后才能拉升;反之,如果在打压时抛盘轻,表明筹码锁定性好,在回升时又有买盘介入助力,则表明底部已出现,拉升时机一到就可以直接拉升了。

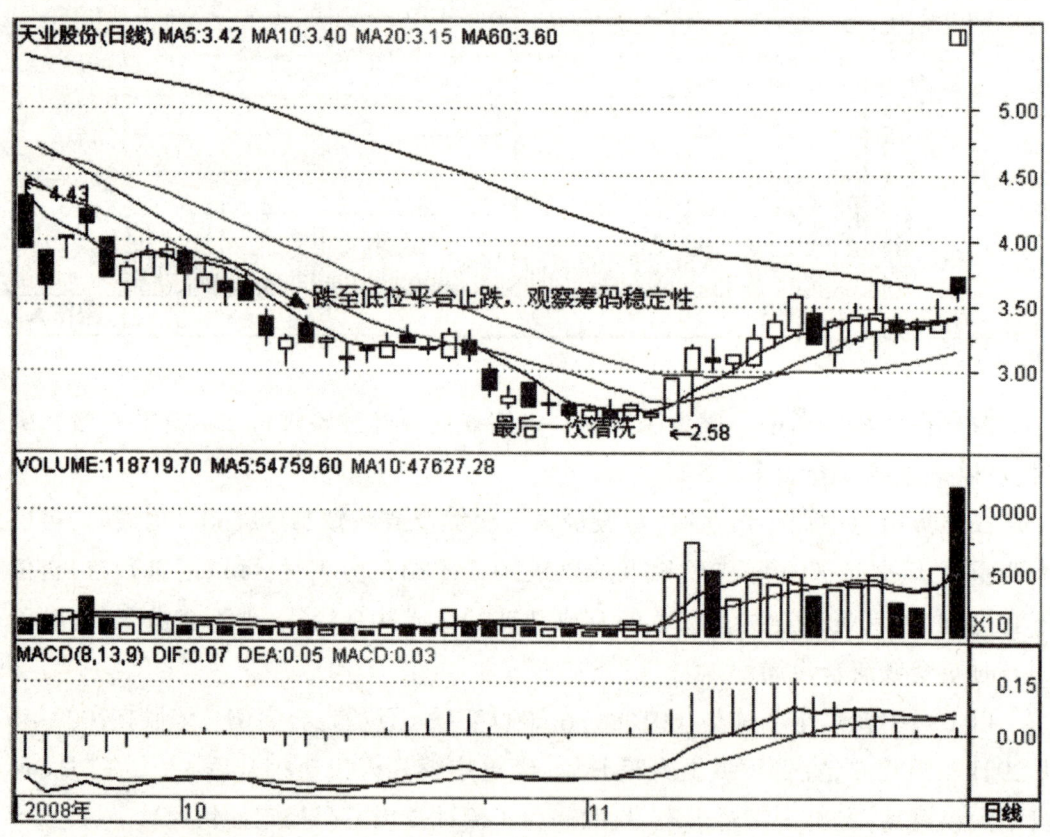

在弱势市道中,散户可以从两方面观察盘面变化,进而分析庄家下一步的操作思路,即量和价。其价量特征是:在量方面,若无量下跌,则筹码没有松动,盘面状态良好,散户不必过于心慌,在股价回升有效突破时买入;反之,若放量下跌,筹码可

能有异动,要引起注意,不宜过早介入。在价方面,虽然弱势但跌幅不大,大多为庄家故意所为,散户不必为短期亏损而忧;反之,若深幅下跌,股价可能要下一个台阶再行整理,拉升时间要延期,不宜过早介入。

上页图就是天业股份(600807)在 2008 年下半年的走势实例。该股在 2008 年 10 月股价依然处于底部盘整之中。大盘也处于弱势,庄家快速将股价打压到 3 元以下的平台,进行最后一次清洗,然后突然反转向上拉升股价,以测试散户的跟风和抛盘情况。

# 如何从价量观察技术位洗盘

庄家建仓后,利用关键技术位即阻力位(线)或支撑位(线)进行试盘,如短期移动平均线、趋势线、颈线位、重要技术形态、成交密集区、重要心理关口等,当向上或向下突破这些重要技术位置时,观察买盘和卖盘的变化情况,从而决定下一阶段的操盘思路。

其价量特征是:

(1)股价到达支撑位附近时,得不到支撑位的支撑,股价向下破位式试盘,重点测试抛压情况。

(2)股价到达支撑位附近时,受到支撑位的支撑,股价向上回升式试盘,重点测试跟风情况。

(3)股价到达阻力位附近时,受到阻力位的压制,股价向下回落式试盘,重点测试抛压情况。

(4)股价到达阻力位附近时,不受阻力位的压制,股价向上突破式试盘,重点测试跟风情况。

当股价通过这些重要技术位置时,可以反映出很多盘面信息,因为这些重要技术位置是大多数散户包括庄家在内所关注的。一个重要技术位置的攻克和失守,往往预示着一轮行情的产生和结束,所以试盘效果较好。如果股价通过这些重要技术位置时,没有什么大的阻力和支撑,行情就可能向纵深发展;反之,庄家要重新调整坐庄计划。

散户在突破重要技术位置时,重点关注成交量的变化。在向上突破时一定要有量,但向下突破时无需有量。散户在股价突破后,经回抽确认有效时,决定买卖行为,过早买卖风险较大。

下页图就是华邦制药(002004)在 2009 年上半年的走势实例。该股在 2008 年下跌后在 11 月探底到 7.51 元,然后开始对称上升,当上升到前期下跌的 13~14 元平台时,主力利用这个关键技术位进行洗盘,因为按照诸多技术派人士的观点,13~14元的平台往往是强压力位, 而主力正好利用大众的这种心理在此关键位洗盘。

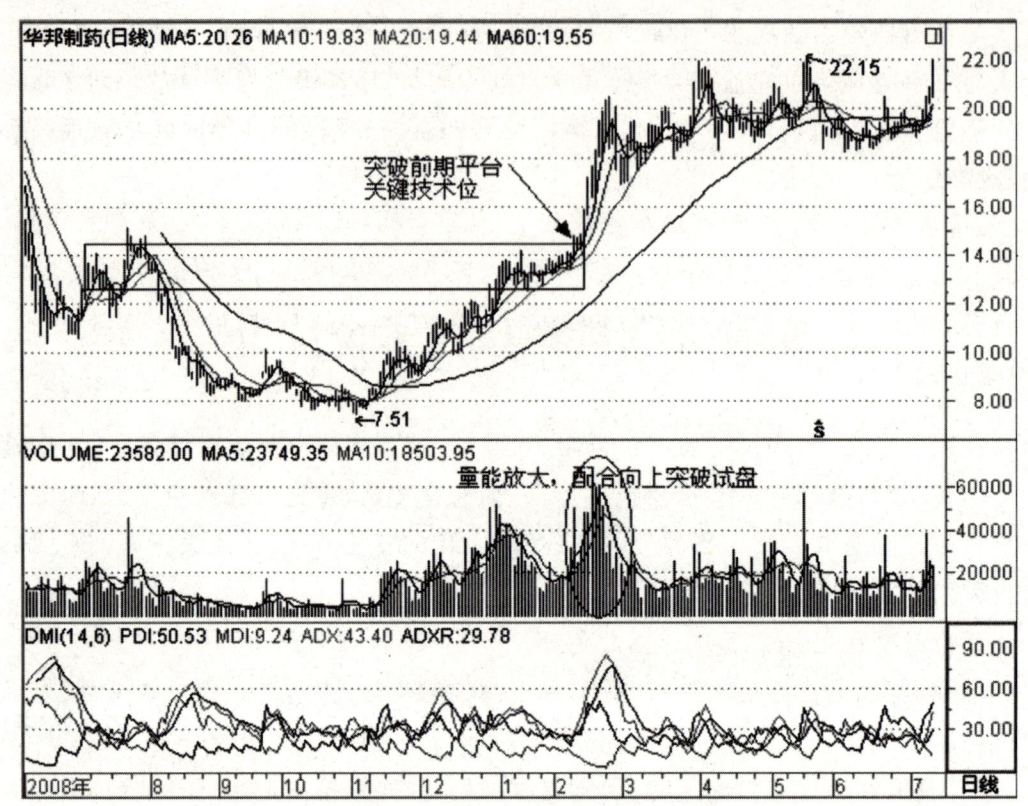

# 如何从价量观察利用消息试盘

有人说,中国股市的盘面绝对不敌政策面,不管盘面走势如何美好的大市或个股,只要利空政策一出来(甚至传闻),便会跌得面目全非。也不管盘面走势如何坏的大市或个股,只要利好政策一出来(哪怕传闻),便会立即勾头向上、一往无前。一条利好或利空消息,引发股市的大涨或大跌,让投资者捉摸不定。

在中国资本市场中,政策左右股市涨跌几乎成了人们的共识,20年的股市运行多少也能反映这一点。

因此,庄家为了做盘的需要,往往借助或配合上市公司公布利好或利空消息来达到操盘的目的。由于庄家具有信息优势,往往先于市场获得内幕消息,从而预先做好准备。

庄家主要是测试利好消息的跟风情况,利空消息的抛盘情况。这种试盘方式,既可以加快时间进程,又可以真实地测试出盘面的轻重,其意图十分明显。

散户要判断消息的真假性并结合盘面的价量特征,然后做出相应的操作策略。判断消息真假的基本方法:

(1)来自正规渠道的消息,可信度高;道听途说的消息,可信度差。

(2)真消息会大涨大跌,一去不回头;假消息虚涨虚跌,很快会反转运行。

(3)重大消息会引起股价的大幅波动;一般新闻不会引起股价的大幅波动。

(4)公开明朗的消息可以作为买卖的依据,朦胧传言的消息可信度差,不能作为买卖的依据。

其价量特征是:假利空消息跌幅较浅,一般在10%~20%,量能不大;真利空消息跌幅较深,一般超过30%,量能放大;真利好消息持续时间较长,股价很快复位甚至超过前期峰点,可以追涨介入做多。假利好消息持续时间较长,股价难以回升,可以割肉杀出做空。

以下两图就是华兰生物(002007)在2009年6月4日的走势实例。

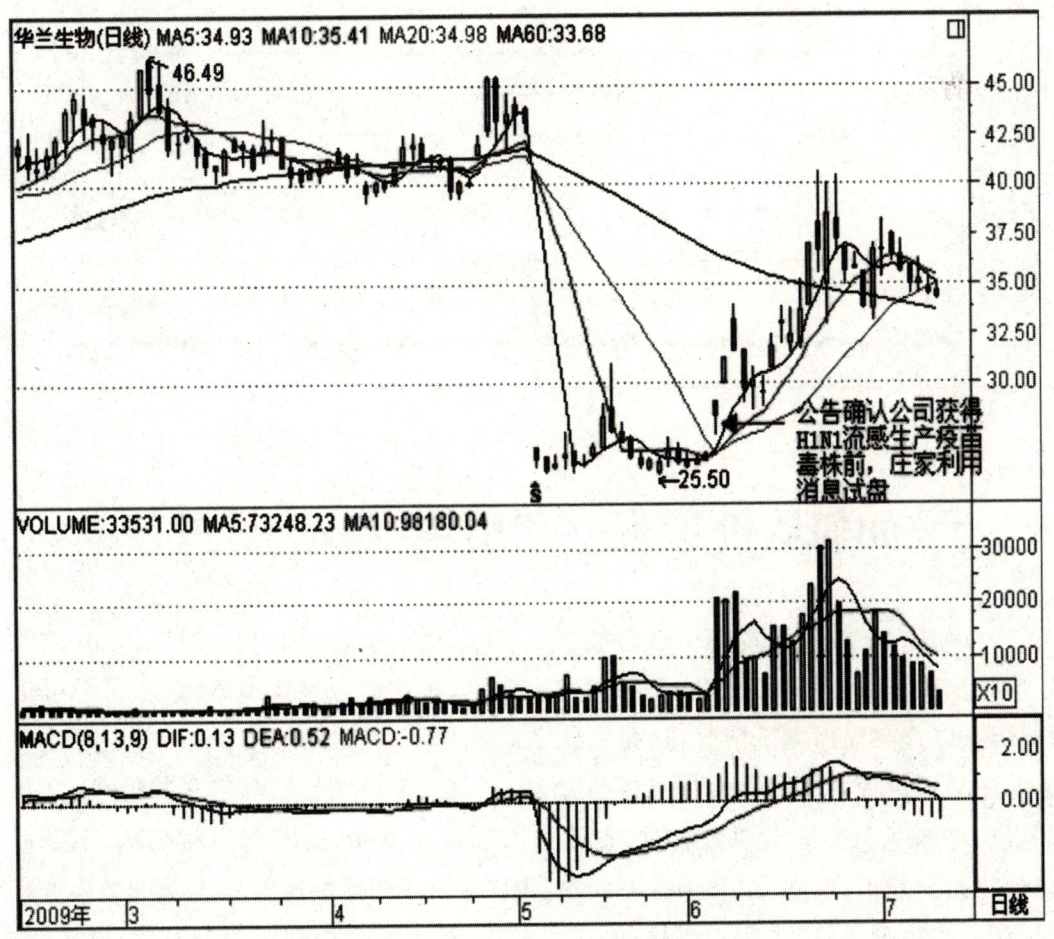

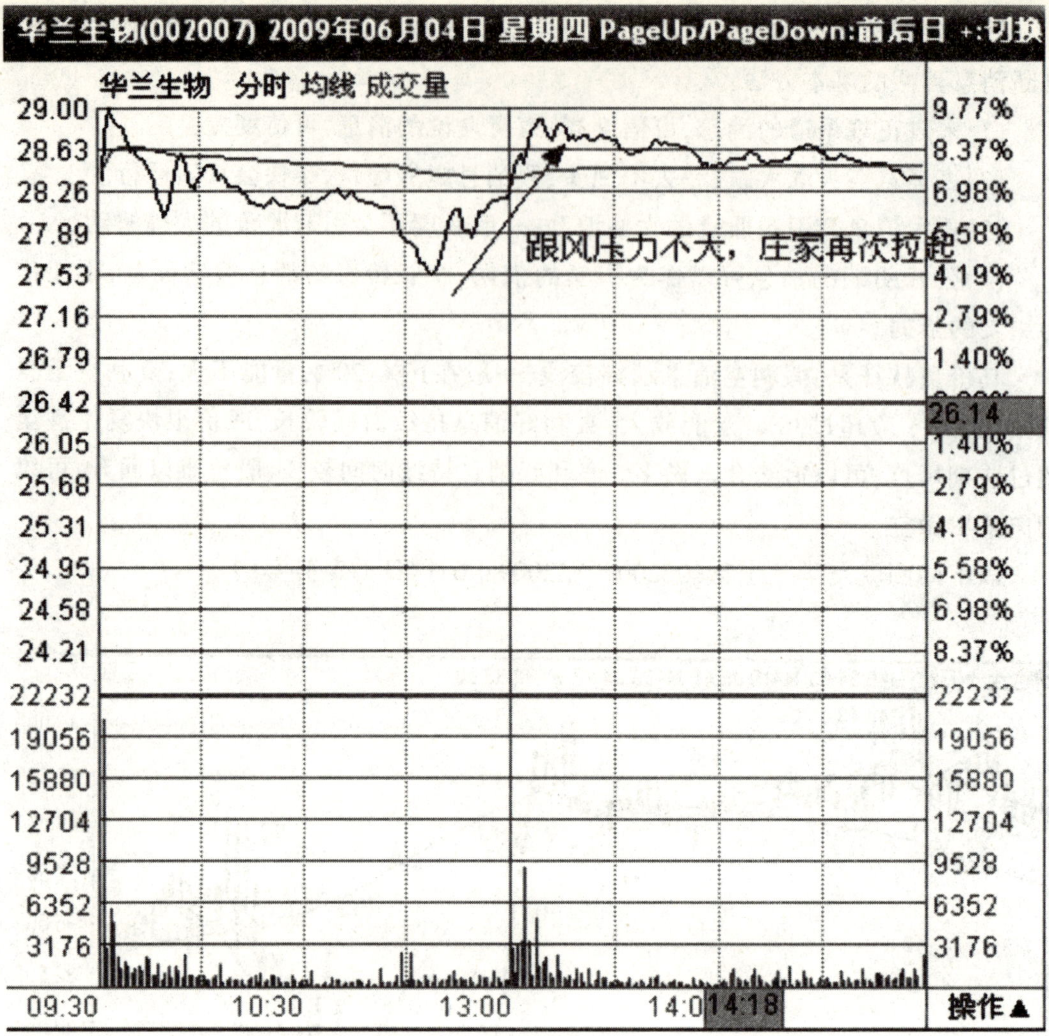
华兰生物(002007) 2009年06月04日 星期四 PageUp/PageDown:前后日 +:切换
华兰生物 分时 均线 成交量
跟风压力不大，庄家再次拉起
09:30
10:30
13:00
14:18
操作▲

## 如何从价量观察利用热点板块试盘

一种是在市场中出现某个热点板块后，庄家可借机进行试盘，看自己入驻的股票反映情况，以决定是否拉升。另一种是在某些板块出现整体下跌时，庄家借机进行试盘，以观察盘面抛压情况，从而决定撤退或留守。

庄家通过板块的联动性特点进行试盘，其效果十分明显。其价量特征是：当相同板块中的龙头品种出现大涨时，庄股也出现蠢蠢欲动，表明跟风盘踊跃，庄家可以借机拉升股价；反之，拉升条件不成熟。同样，当相同板块中的龙头品种出现大跌时，庄股也出现下跌，表明筹码松动，抛盘较重，庄家不会在此时拉升股价；反之，庄股没有出现明显的下跌，表明筹码稳定性好，盘面状态良好，但庄家也不会选择在此时拉升股价。

散户应紧跟龙头品种,与庄共舞到底。若买入的不是龙头股票,则要密切关注龙头股票的走势,一旦龙头股票出现走弱,就应及时离场。应当知道,板块中的非龙头股票的起涨时间比龙头股票晚,涨幅比龙头股票小,下跌比龙头股票早。

下图就是在2008年政府工作报告中提及建立创业板的背景下形成创业板热点,力合股份(000532)闻风而动,但经过试盘发现,盘中抛盘大,散户跟风少,庄家无法有效走出逆市上攻行情,其后遇阻滑落,一路走低。

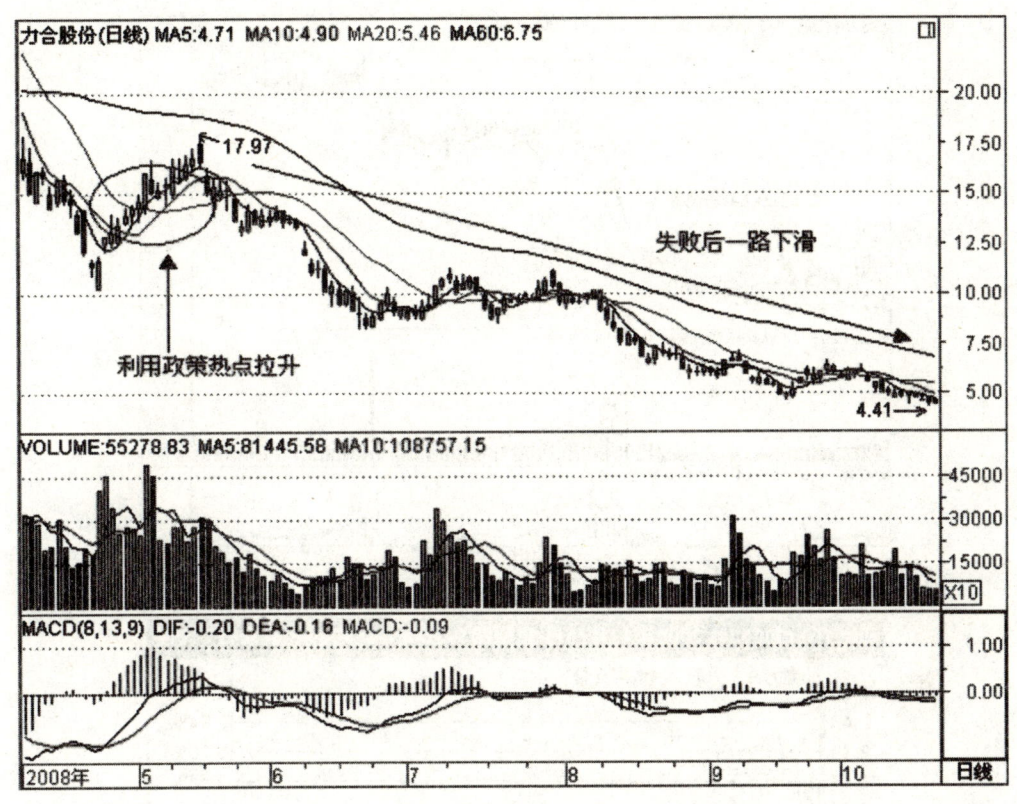

# 如何从价量观察上射击试盘

长针射击是庄家刻意在盘中"打出"的一种震荡试盘形态,实际上也是走势异动中的一种特有形态,但由于这种形态的出现毫无疑问是庄家的刻意所为,由此我们可以发现庄家并判断出庄家的炒作手法和实力。

向上射击式试盘其价量特征是:

一种走势是,股价在平稳的走势中,盘中突然出现较大的买盘成交量,将股价急速大幅拉升(涨幅在5%以上),但庄家为了防止抛盘出现而加重成本。股价只维持一瞬间或很短的一段时间, 就回落到前一日收盘价附近甚至翻绿下跌,K线以一根带超长上影线的阴线或阳线收市,则形成长针射击形态。这种走势有单日射击式和多日射击式两种。多日射击式由于有前几日作铺垫,其射击力度更大。

另一种走势是,开盘时股价大幅跳空高开(跌幅在5%以上),但随后股价迅速回落(几乎就在第二笔交易时股价已经回落,否则就变成强势行情了),股价全天在前一日收盘价附近震荡,K线以一根光头的大阴线收市,收市价较前日有所下跌。

以下两图就是汕电力A(000534)在2008年12月25日的走势实例。

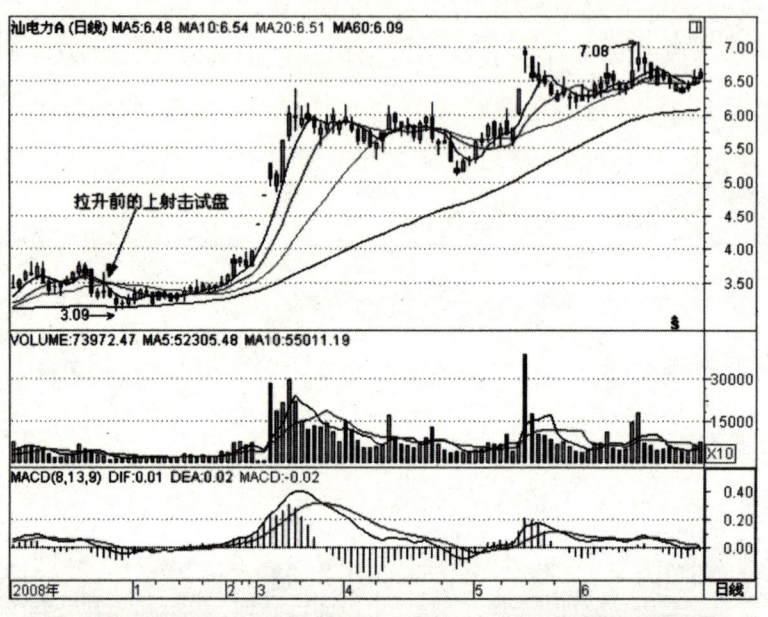

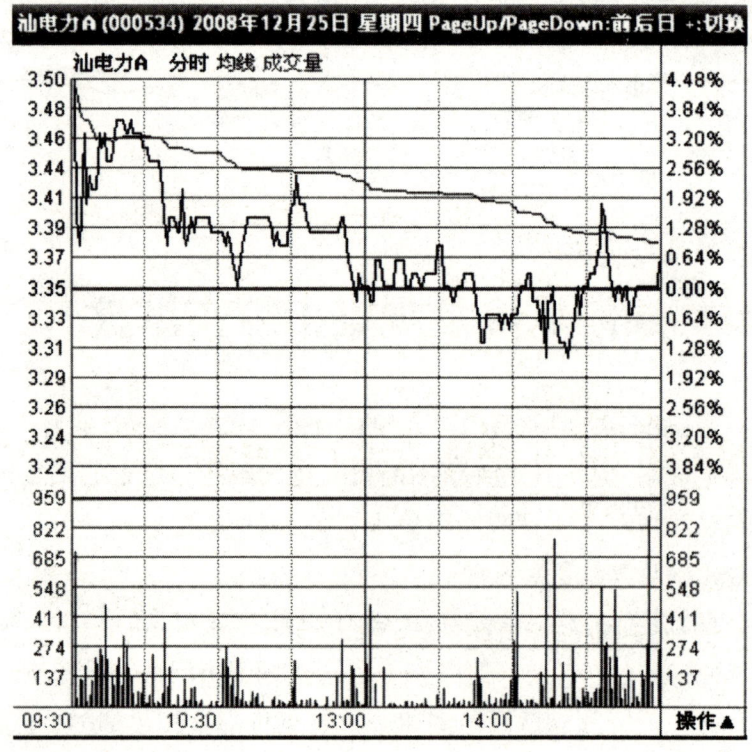

# 如何从价量观察下射击试盘

一种走势是,股价在平稳的走势中,盘中突然出现较大的卖盘成交量,将股价急速大幅压低(跌幅在5%以上),但为了防止胆大而高明的投资者轻易捡到这样廉价的筹码,股价只维持一瞬间或很短的一段时间,就被迅速拉回到前一日收盘价附近甚至翻红上涨,K线以一根带超长下影线的阳线或阴线收市, 则形成长针射击形态。此种走势是试盘、震仓等各种因素综合出现的一种形态,预示庄家在进行最后的打压以后,将试图展开攻击,在为持续上升前做好准备。这种走势也有单日射击式和多日射击式两种。

另一种走势是,开盘时股价大幅跳空低开(跌幅在5%以上),随后股价迅速拉起(几乎就在第二笔交易时股价已经不跌了,否则就变成其他单边下跌走势),股价全天在前一日收盘价附近震荡,K线以一根光头的大阳线收市, 收市价较前日有所上涨。这种走势预示庄家建仓已经结束,股价很快将盘出底部。

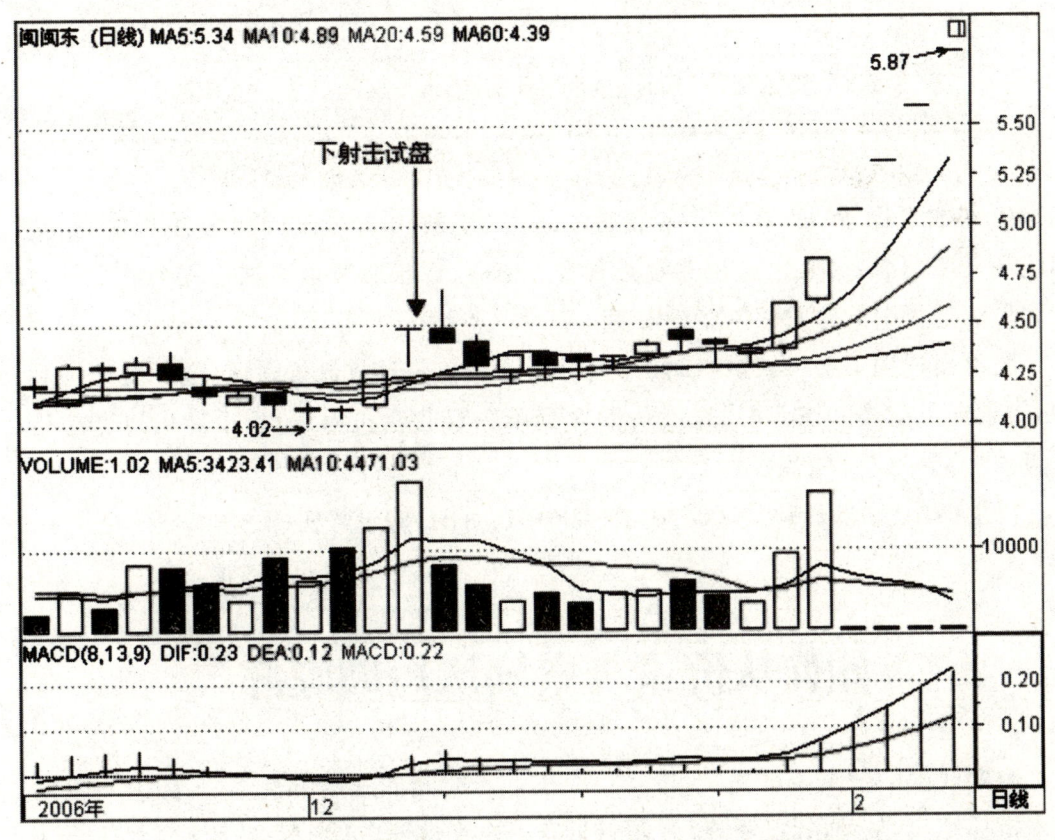

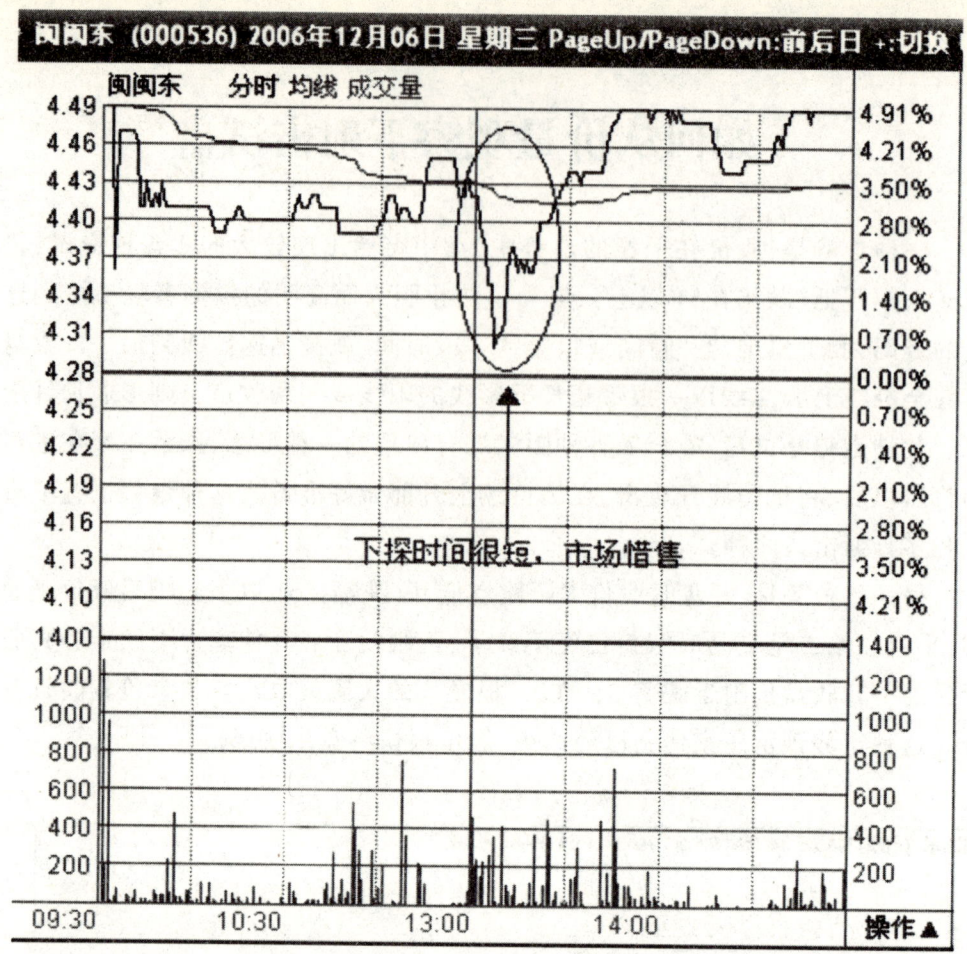

庄家的意图:一是为了吸引市场注意力,了解市场对该股的关注程度,是热门股还是冷门股;二是庄家在考验持有者的信心,以检验股价下跌过程中的支撑力度和上涨过程中的有效跟风能量。

股价出现向上射击式试盘时,在股价回落到前一日收盘价附近,散户可离场观望;出现向下射击式试盘时,在股价回升到前一日收盘价附近,持币者可以考虑适量买入。

以上两图就是闽闽东(000536)在2006年12月6日的走势实例。

# 如何从价量观察确认短期底部

短期底部的价量特征是:股价经过一段不长时间的连续下跌之后,因导致短期技术指标超卖,从而出现股价反弹的转折点。短期底部以V形居多,而成交量以反V

形居多,发生行情转折的当天经常在日K线图上走出较为明显的下影线,在探到底部之前,常常会出现几根比较大的阴线,也就是说,每一次加速下跌都会探及一个短期底部。短期底部之后,将是一个历时很短的反弹,这一反弹的时间跨度多则三五天或一周左右,少则只有一天,反弹的高度在多数情况下很难超过加速下跌开始时的起点。在反弹行情中,以低价位的三线股表现最好,而一线优质股则波幅不大。

下图就是中国国航(601111)在2008年上半年的走势实例。

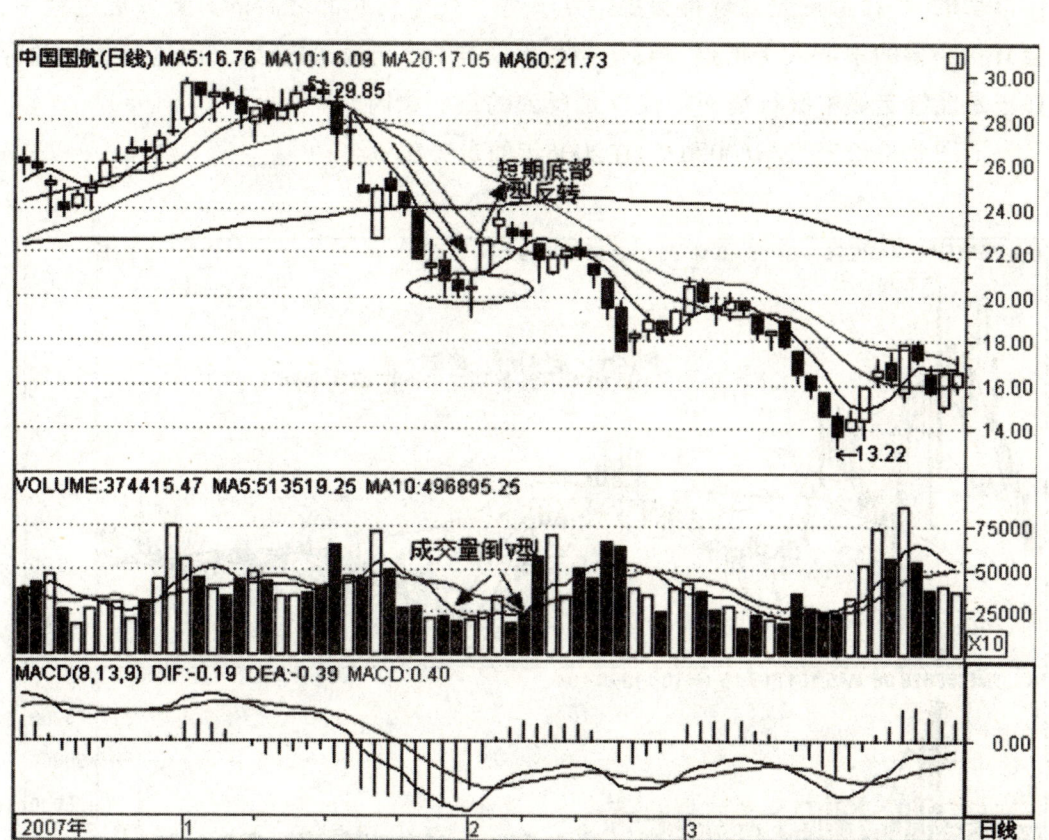

# 如何从价量观察确认中期底部

中期底部的价量特征是:股价经过长期下跌之后,借助于利好题材所产生的历时较长、升幅可观的上升行情的转折点。中期底部各种形态出现的可能性都有,其中W形底和头肩底出现的概率稍大些。中期底部一般是在跌势持续时间较长(10周以上)、跌幅较深(下跌30%以上)之后才会出现。在到达中期底部之前往往有一段颇具规模的加速下跌。

中期底部的出现,一般不需要宏观上基本因素的改变。但往往需要消息面的配合,最典型的情况是先由重大利空消息促成见底之前的加速下跌。然后再由于利好消息的出现,配合市场形成反转。在见底之前的加速下跌中,往往优质股的跌幅较大,期间优质股的成交量会率先放大。中期底部之后,会走出一个历时较长(一至数周)、升幅较高的上升行情。这段上升行情中间会出现回调整理。大体来讲升势可分为三段:第一段由低位补仓盘为主要推动力,个股方面优质股表现最好;第二段由炒题材的建仓盘推动,二线股轮番表现的机会比较多;升势的第三段是靠投机性炒作推动的,小盘低价股表现得会更活跃一些。在中期底部之后的升势发展过程中,会有相当多的市场人士把这一行情当做新一轮多头市场的开始,而这种想法的存在正是能够走成中级行情而不仅仅是反弹的重要原因。

下图就是长安汽车(000625)在2006年的走势实例。

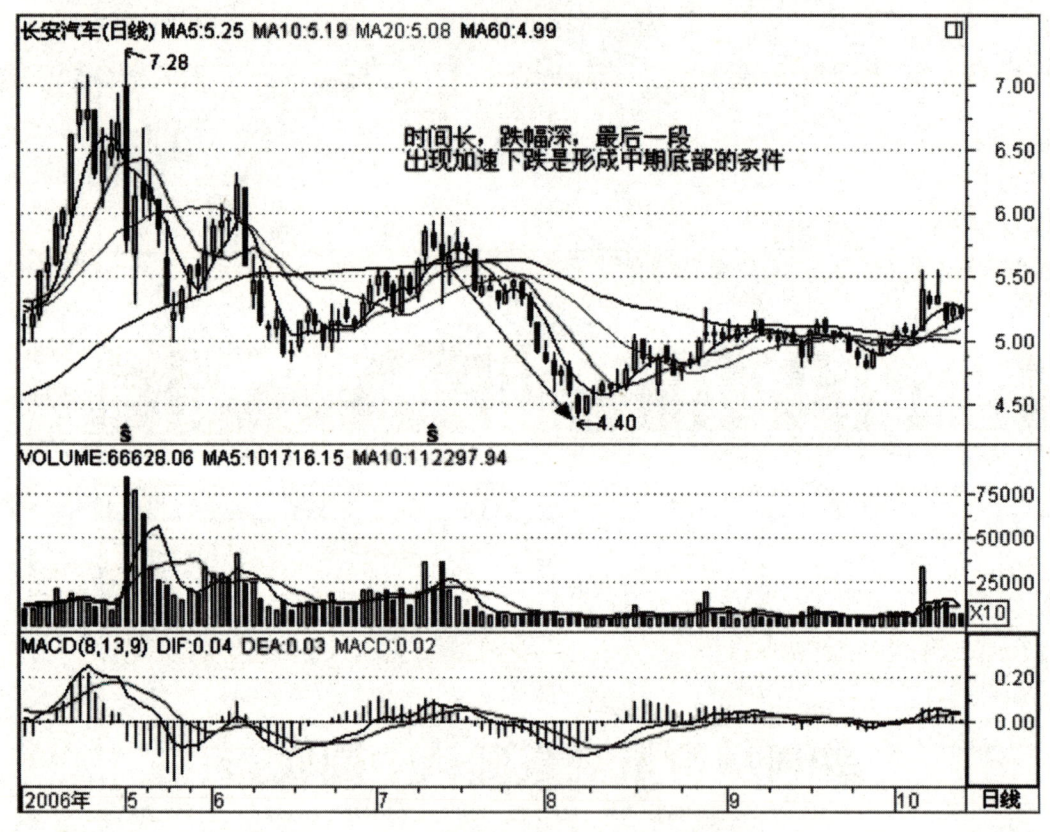

# 如何从价量观察确认长期底部

长期底部是多头行情重新到来的转折点,即熊市与牛市的交界点。长期底部的形成有两个重要前提, 其一是导致长期弱势形成的宏观基本面利空因素正在改变

过程中,无论宏观基本面利空的消除速度快慢,最终的结果必须是彻底地消除;其二是在一个低股价水平的基础上投资者的信心开始恢复。长期底部之后的升势可能是由某种利好题材引发的,但利好题材仅仅是起到一个引发的作用而已,绝对不是出现多头行情的全部原因。也就是说,市场须存在出现多头行情的内在因素,才有走多头行情的可能性。而这种内在因素必须是宏观经济环境和宏观金融环境的根本改善。

其价量特征是:长期底部的形成一般有简单形态和复杂形态两种。所谓简单形态是指潜伏底或圆弧形底,这两种底部的成交量都很小,市场表现淡静冷清,而复杂形态是指规律性不强的上下震荡,V形底或小W形底的可能性不大,见底之后将是新一轮的多头市场循环。

下图就是金智科技(002090)在2008年11月的走势实例。

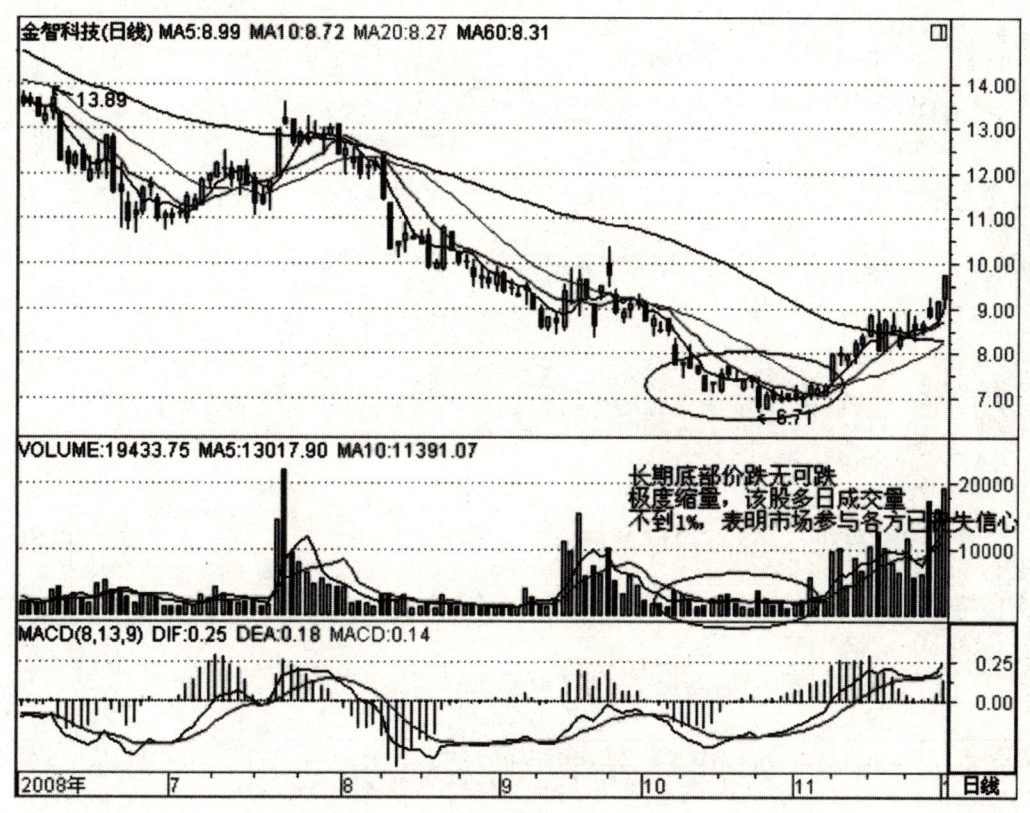

# 如何从价量观察试盘时间

研究试盘时间,有助于提高我们的操作技能,在股市中少一份险情,多一份安全。一般来说,庄家的试盘时间都比较短,来得猛、去得快,但不同类型的庄家有不同的时间要求。有的短线庄家几分钟、十几分钟即完成一次试盘动作,中线庄家不乏持续几天时间的,长线庄家的试盘可能达几周时间。对不同形态的底部试盘时间也有所区别,长期底部横盘走势的试盘是2~5天,一般形态试盘在1~2周。同时,试盘次数可以一次性完成,也可以分阶段进行,投资者在试盘阶段操作难度非常大。

　　通常,庄家试盘时间长短与控筹数量、市道状况、操作风格、坐庄思路以及当时所处的宏观经济、公司背景、技术形态及人气高低等因素有关。

　　下图就是中国国航(601111)在2009年6月的走势实例。

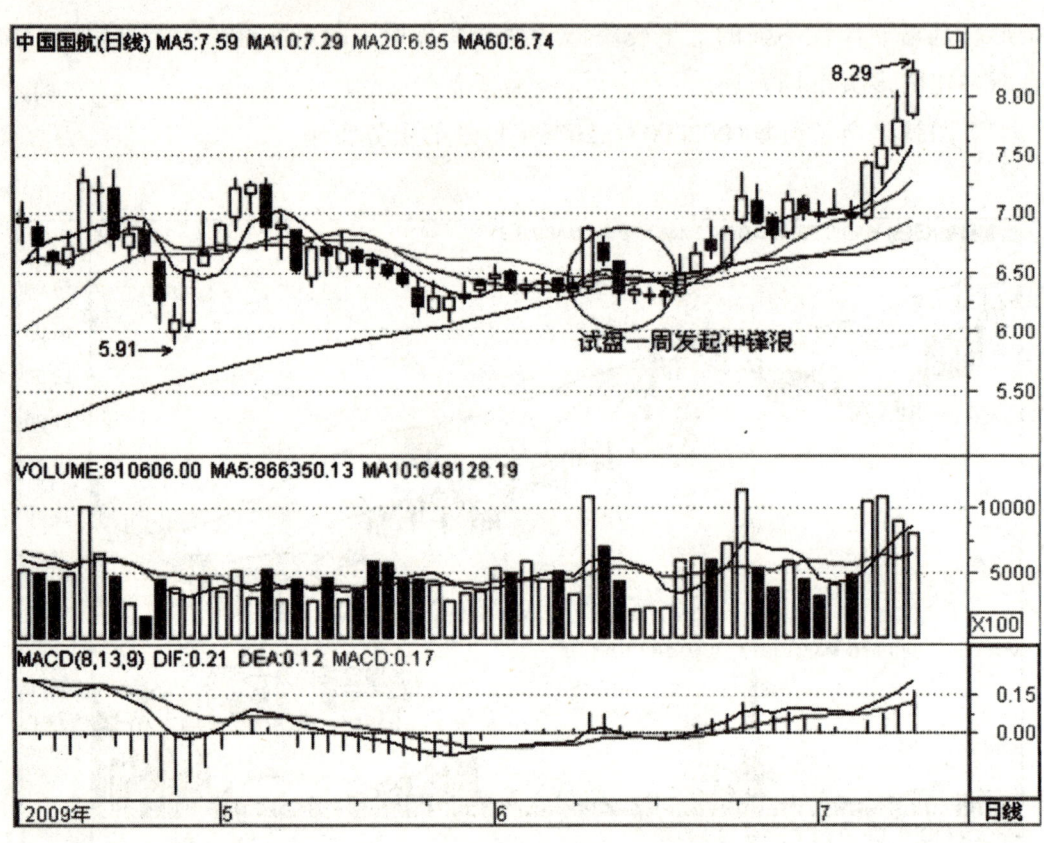

# 如何从价量观察试盘空间

　　试盘空间亦叫试盘幅度,它也是在一定范围内波动,做到恰如其分,过高过低均达不到试盘效果,了解这个空间的大小,有助于在股市中取胜。

　　其价量特征是:一般个股的试盘空间在10%左右。长期底部横盘走势的试盘空间在正负5%~15%,弱市中的试盘和庄家不参与操作的试盘,其空间在10%左右。消息式试盘和射击式试盘或在技术位试盘的空间在20%,一般形态试盘空间在正负

15%~30%。

下图就是昆百大A(000560)在2008年10月的走势实例。

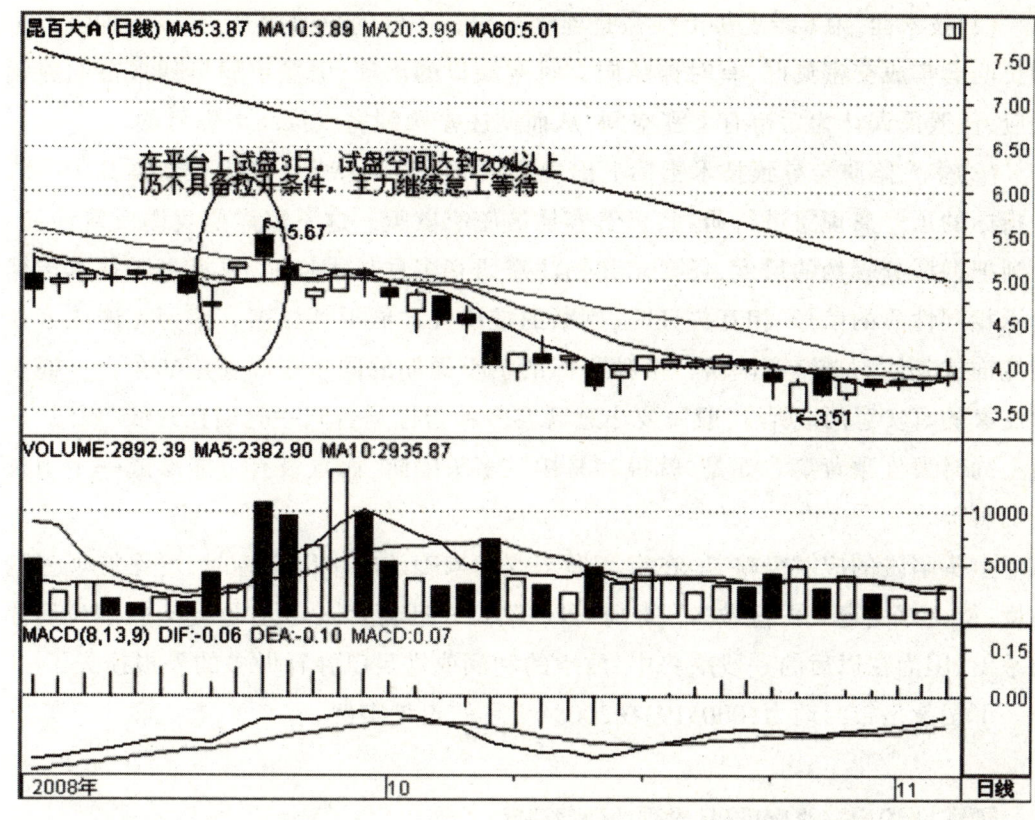

# 如何从价量观察识别多头陷阱

多头陷阱往往发生在行情盘整形成头部区域里，股价突破原有区域达到新的高峰，然后又迅速地跌破以前交易区域的低点(支撑位)，这就是"多头陷阱"。更具体地说，是"多头陷阱"捕捉到了那些在股价最后上涨时买进的人，或者是在突破后买进的人，使这些投资人遭受损失。此时由于成交量已开始萎缩，但多数投资者对后势尚未死心，不愿杀跌出场，因而其形态完成时间相对较长。

多头陷阱的识别技巧有：

(1)成交量。随着股价的持续上涨，量能始终处于不规则放大之中，有时盘面上甚至会出现巨量长阳走势，盘中也会不时出现大手笔成交，给股民营造出庄家正在建仓的氛围。这时，庄家往往可以轻松地获利出逃，从而构成多头陷阱。因此，在辨别多头陷阱时，主要是看成交量是否突破支撑线。正常状况是：股价以高成交量在主要的上升趋势中到达了新的高点,然后以稍低的成交量回档,只要回档不跌破目标的支撑线,就认为是属于多头市场。如果成交量不大而且向下回档又跌破了支撑线,则应认为是多头陷阱了。

(2)技术面。在K线走势上往往是连续几根长阳线的急速飙升,突破各种阻力位和长期套牢成交密集区,有时伴随向上跳空缺口的出现,引发市场热烈兴奋的连锁反应,让股民误认为后市有上涨空间,从而使庄家顺利完成拉高派发目的。

(3)多头陷阱会导致技术指标上出现严重的顶背离特征。如果仅依据其中一两种指标的顶背离现象进行研判,仍然容易被庄家欺骗。这不仅需要我们反复验证,逐渐把握区分真伪的尺度,还要求我们注意研判多种技术指标,只有多种技术指标显示相同性质的信号、相互佐证时,判断的准确性才能得到提高。因为无论庄家如何掩饰或骗线制造多头陷阱,多种指标的多重周期的同步背离现象都会直接揭示出庄家的真实意图。所以,股民要注意观察多种指标是否同一时期在月线、周线、日线上同时发生顶背离。如是,就很容易构成多头陷阱,而且极有可能形成一个中长期的顶部。

多头陷阱的应对策略是:在盘头形态或尚未确认的中段整理时,可保持观望的态度,待支撑固定后再行做多。否则,多头陷阱一旦确立,必须在原趋势线破位后停损杀出,因为在以后的一段跌势中,放空的利润或许足以弥补做多的停损损失了。

下图就是银河动力(000519)在2008年7月的走势实例。

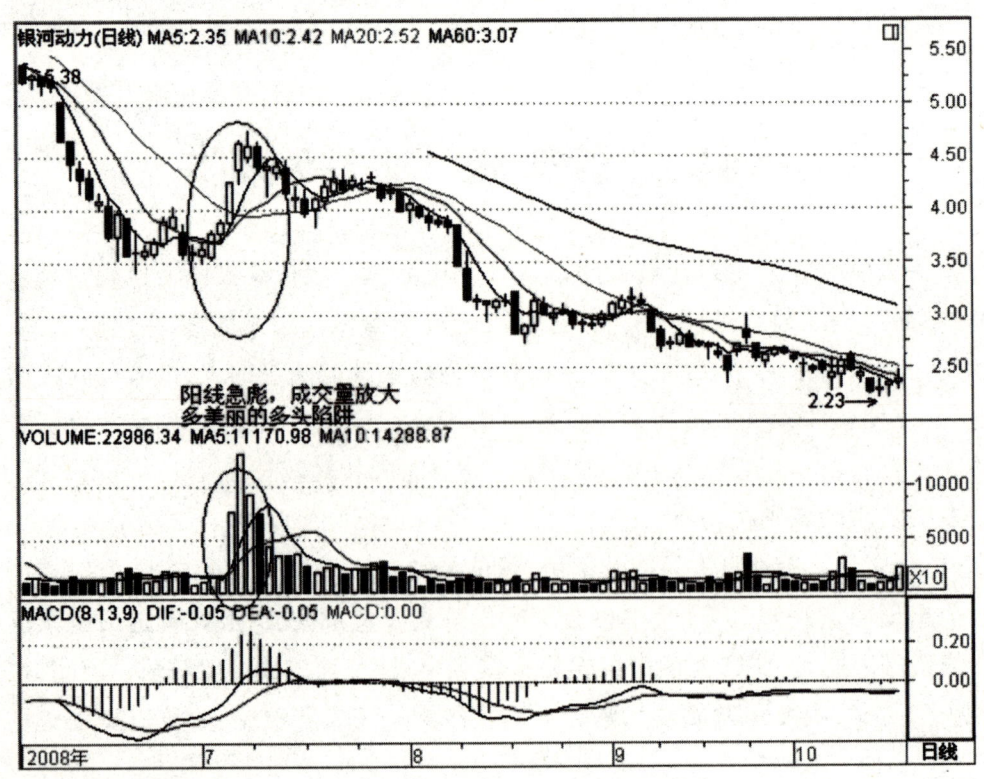

# 如何从价量观察识别空头陷阱

空头陷阱是指股价处于底部区域时,庄家刻意打压股价,造成向下的假突破,使市场产生恐慌气氛,待散户纷纷抛售股票,其低价筹码落入庄家手中后,股价迅速向上拉起的操作行为。一般来说,"空头陷阱"形成后,几天内有一个中级波动(上升10%~25%),而有时是一个主要波动(上升25%~35%),在最低点抛货或犹豫不决没有进货的投资者,就成了陷阱的受害者。

空头陷阱是行情启动前的一种极端的假行为,一般出现在股价的底部或中部区域。庄家在炒作个股时,将更多地注重从技术形态上不让中小散户过多地分享牛股的利润。随着大量翻倍或翻几倍的牛股在市场中出现,使得庄家对利润的预期大大提高。为了达到一种暴利性的炒作,他们常会在操作中故意制造短线顶部的陷阱,让一些懂技术者在其回档过程中抛出股票。因为投资者害怕股价下跌被套,便在"头部"形成时先于庄家出局,可谁知"聪明反被聪明误",原来这是一个假头部或阶段性小头部,很快又展开新一轮更为猛烈的升势。因此,为了实现坐庄目标,在盘中放量大幅单边下跌,有时无量单边下跌,刻意击穿一些重要技术部位,如成交密集区、轨道线、趋势线、移动平均线等,投资者普遍感到后市渺茫,多数投资者因极端看淡后市而不愿买多介入,故其形态完成也相对较长。市场出现恐慌气氛,筹码开始出现松动,终于使前期还算坚定的一部分投资者动摇意志。为了减少损失,多头投资者反手做空,纷纷卖出股票,使空头的力量更加强大,结果造成恶性循环、相互追杀的局面,从而使股价快速大幅下跌,这就是我们常说的"多翻空"、"多杀多"。

空头陷阱价量特征是:①在多头市场中,空头陷阱往往处于大回档调整后的盘整阶段;在空头市场中,往往出现在阶段性下挫之后的盘底阶段。②主要均价线的压力有越来越接近市场行情价格的趋势,原下跌角度逐渐从陡峭趋于缓和。这种情形只要未来有一根长阳线,则均线的反压系统将可能被克服。③量虽是萎缩,但中短期均量线有形成上翘之势,甚至可能略微形成W底态势。

空头陷阱以庄家是否建仓为分界线,可以划分为两类。一类是建仓前期的空头陷阱,这时的空头陷阱是以打压建仓为目的,通常下跌幅度大,下跌持续时间长。另一类是庄家建仓后属于震仓性质的空头陷阱,这类空头陷阱是为了清洗浮筹,抬高散户成本,减轻拉抬股价压力为目的。由于此时庄家已经大致完成建仓过程,通常不愿让其他资金有低位吸纳的机会。所以,这一时期的空头陷阱往往下跌速度快,但持续时间却比较短。

空头陷阱的识别技巧有：

（1）空头陷阱在K线走势上的特征往往是连续几根长阴线暴跌，贯穿各种强支撑位，有时甚至伴随向下跳空缺口，引发市场中恐慌情绪的连锁反应，从而使庄家顺利完成建仓和洗盘的目的。

（2）从大盘的政策面和个股基本面分析是否有做空因素，如果这些方面没有特别的做空动能，而股价却持续性暴跌，这时比较容易形成空头陷阱。

（3）在成交量上的特征是随着股价的持续性下跌，量能始终处于不规则萎缩中，有时盘面上甚至会出现无量空跌或无量暴跌现象，这时往往会构成空头陷阱。因此辨别空头陷阱时，主要看股价在跌到一个新的低点时成交量的大小，如果破位时成交量较大，而且在上升时无法突破阻力线，则可基本上认定是一个空头市场。如果处于新的低价位上，成交量较小，并且上升时又放量突破阻力线，则应认为是"空头陷阱"了。

（4）从形态分析上，空头陷阱常常会故意引发技术形态的破位，让投资者误认为后市下跌空间巨大，而纷纷抛出手中股票，从而使庄家可以在低位承接大量的廉价股票。

（5）空头陷阱会导致技术指标上出现严重的背离特征，但如果仅依据其中一两种指标的背离现象，仍然容易被庄家欺骗，所以要观察多个指标同一时期中在月

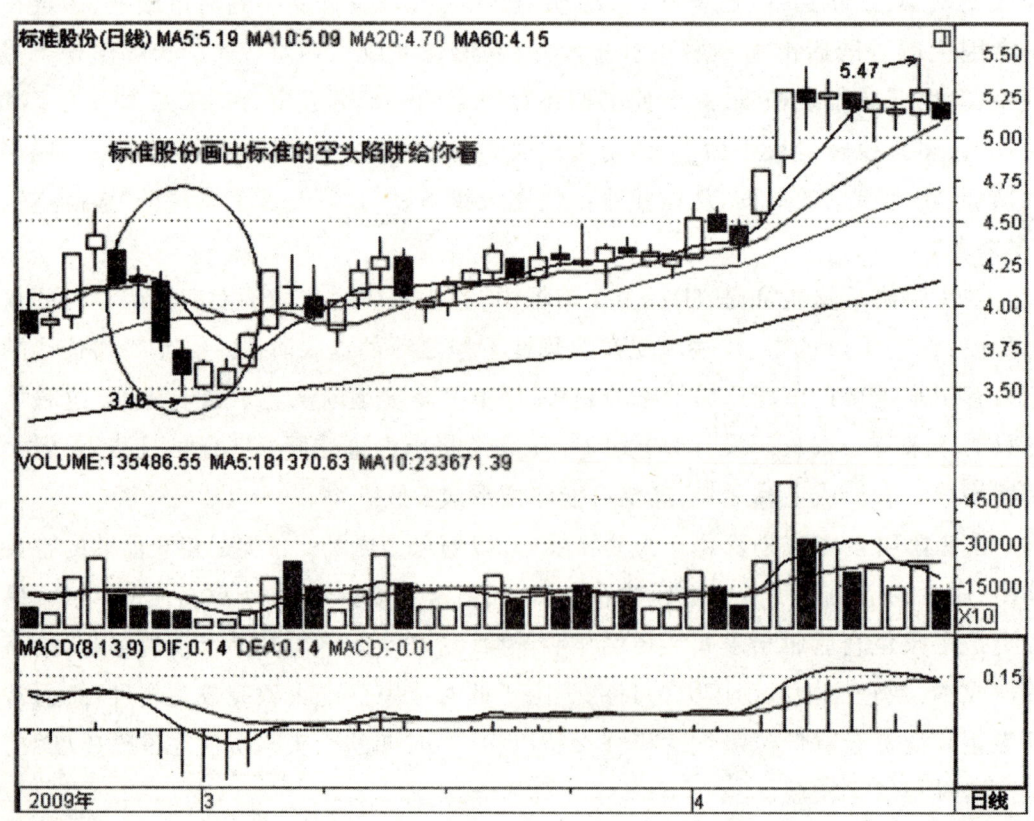

线、周线、日线上是否同时发生背离。

因为,无论庄家如何掩饰或骗线,多种指标的多重周期的同步背离现象都会直接揭示出庄家的真实意图。

空头陷阱的操作策略是:在盘底形态或筑底过程中,可保持观望的态度,待多头市场的支撑失守或者空头市场的压力确认成功后,再行放空。否则,空头陷阱一旦确立,必然在原趋势突破后介入做多,因为以后一段可观的涨势中做多的利润将远大于放空停损的损失。

上页图就是标准股份(600302)在2009年3月的走势实例。

# 如何从价量观察区分真假底部

在长期下跌途中,突然出现一两根阳线,是最迷惑人的,不少人觉得既然已经跌了这么久了,也该见底了吧!于是,持币者迫不及待地加入抄底大军的行列。而持股者更加不愿意抛了:既然已经见底了,应该补仓才对,根本不会想到趁反弹逃命。实际上,这时出现的底部往往是假象,是假底。轻率抄"底"者没被套在头部,反倒被套在腰部,而补仓者则"旧恨未解,又添新仇"。

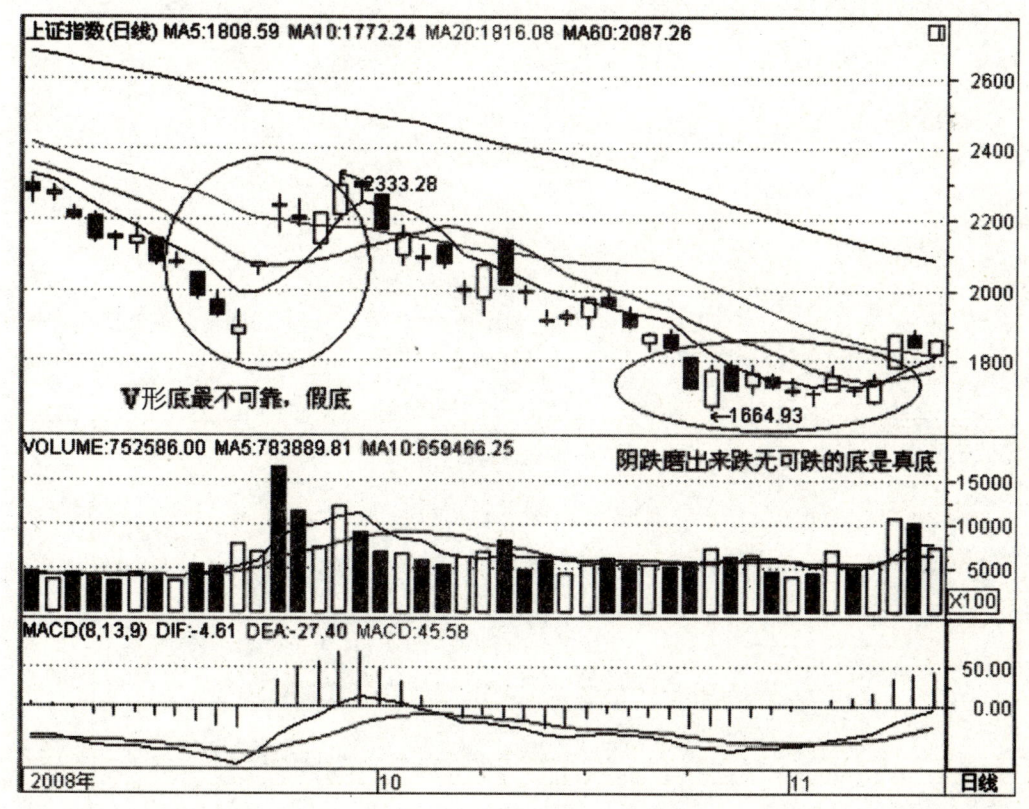

那么,如何区别真底和假底呢?

(1)真底往往经过多次下探才会出现,才会扎实。V形底往往多是假底,底部形态多以双重底或三重底的形式出现,也就是很少出现一次构筑成功的,因此V形底最不可靠。在相对低位出现的放量阳线,极有可能是庄家开始初步建仓的信号,建仓之后往往会有个打压的过程,甚至会创出新的低点,图形上往往呈现假底。

(2)真底必须出现有号召力的龙头品种。每一波行情都有一波行情的灵魂,假如股指大涨,有明显的热点板块,特别是领涨的为科技股、优质股、指标股时,出现的多是真底,而且见底之后出现的必然是一波大行情。而领涨的热点杂乱无章、无号召力的品种,此时出现的多是假底。

通过以上分析,对底部的认识可以得出一个大概的结论:①沉寂多时的股票,成交持续活跃,交易量明显增加。②换手率由不到1%逐渐增加至单日换手率为5%,甚至10%以上。③有人为刻意打压行为。④与大盘走势出现明显背离。⑤盘中持续出现明显大资金活动的迹象。

上页图就是大盘在2008年下半年的走势实例。

# 第11章
## 整理阶段价量观察8招

# 如何从价量观察快速整理

　　庄家通过试盘发现,盘中抛单数量不多,且股价升幅不大。或庄家预先知道该股的某种利好,怕整理时间过长,延误拉升时机,因此经过短暂(一般10天左右)的整理后即转入下一阶段或直接进入主升段行情。一般出现在市场行情已经转暖,或热点板块已出现,或有重大利好题材,或庄家已吸纳足够筹码。

　　庄家完成建仓、试盘后,根据盘面反映出的信息,筹码稳定性好,盘面得到很好控制,其价量特征是庄家仅靠少量筹码就能划出自己想要的各种交易线。此时,庄家快速对一些不利因素进行整理,即可进入拉升阶段。

　　散户持股者可以在股价向上波动时,择高卖出;在向下滑落时,择低买进。但是快速整理的时间不会持续很久,操作难度大,尽量少操作为宜。持币者在股价放量向上有效突破时(持续3天以上),买入做多。

　　下图就是赛迪传媒(000504)在2009年上半年的走势实例。

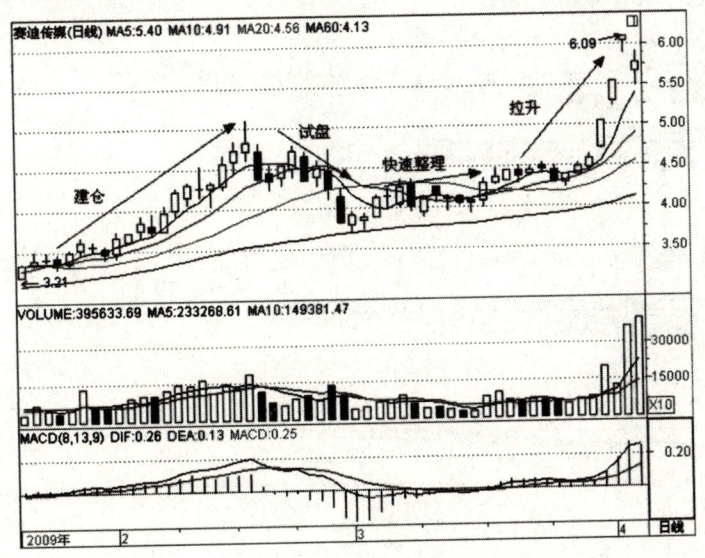

# 如何从价量观察慢速整理

慢速式整理方式表明庄家根基不实，准备不充分，有许多事情或环节尚待落实。比如，持仓不足、资金不够，或大势环境欠缺上升条件，或有其他大户捣乱。因此，整理时间往往较长，至少要几周、几个月，甚至更长时间。

庄家根据盘面反映出的信息，筹码有待巩固，盘面比较凌乱，庄家还需对这些不利因素进行耐心地修整，才能进入拉升阶段。若仓促急于拉升，可能会扰乱坐庄计划，甚至前功尽弃。

散户持股者可以捂股不动，庄家整理阶段是考验散户耐性的时候，尽量减少操作频率，以免陷入被动局面。持币者在股价放量向上有效突破时（持续3天以上），买入做多。

其价量特征是：庄家埋伏底部慢慢吸货，时间极其漫长，吸货结束后又向下制造空头陷阱，然后再通过向上试盘15%~20%，股价回落整理，在前期底部附近经过几周的充分整理后，成交量换手率达到30%以上后，展开拉升行情，股价涨幅较大。

下图就是北辰实业（601588）在2009年1月的走势实例。

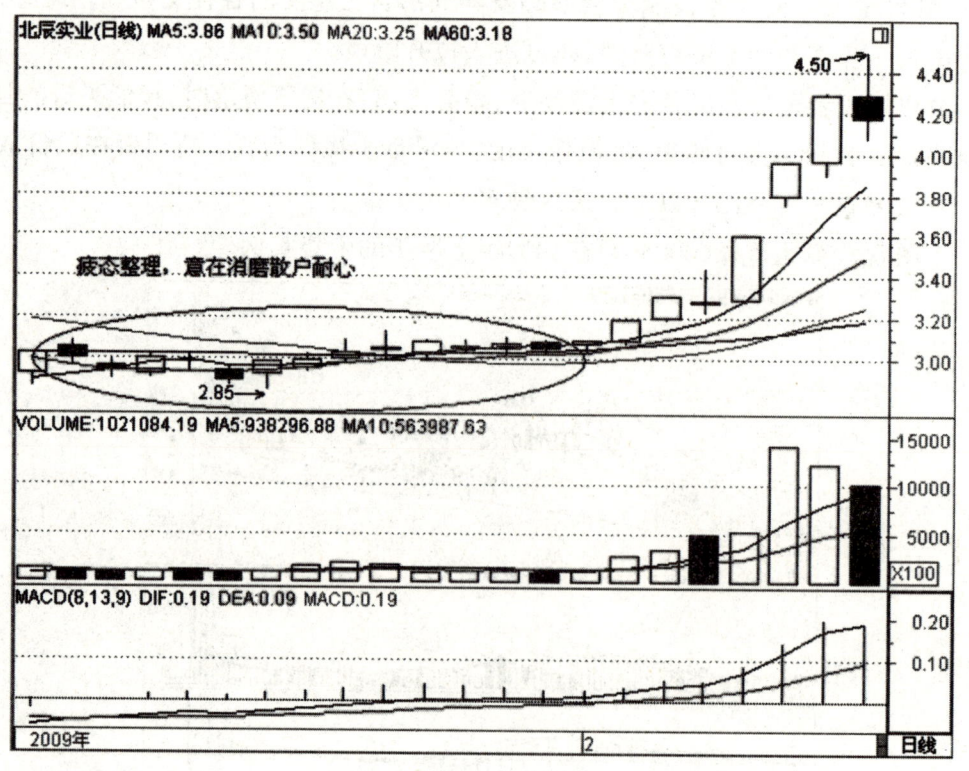

# 如何从价量观察推升式整理

推升式整理通过边拉边整理,通常是大势中短期已见底,并开始出现转跌为升的迹象,市场前景被普遍看好,此时股民心态比较好,对后市充满信心,惜售心理较强,股价慢慢推高容易被市场所接受。以此方式整理,一般出现在庄家控盘程度较高的情况下。

庄家在整理过程中,盘面一张一弛,不断地把获利盘清理出局,同时又让持币者果断介入,这样筹码完成一进一出,就相当于把筹码锁定了,庄家日后拉升就轻松了。

其价量特征是:这种整理方式的时间都不长,波动幅度也不大,一般在10%~15%的股价振幅,盘面上张弛有序,阴阳相间,量能适中。当股价一旦出现上升乏力,成交量异常放大时,应及时离场。持币者可以待股价回落到前期低点附近时,买入做多。

下图就是长城开发(000021)在2009年上半年的走势实例。

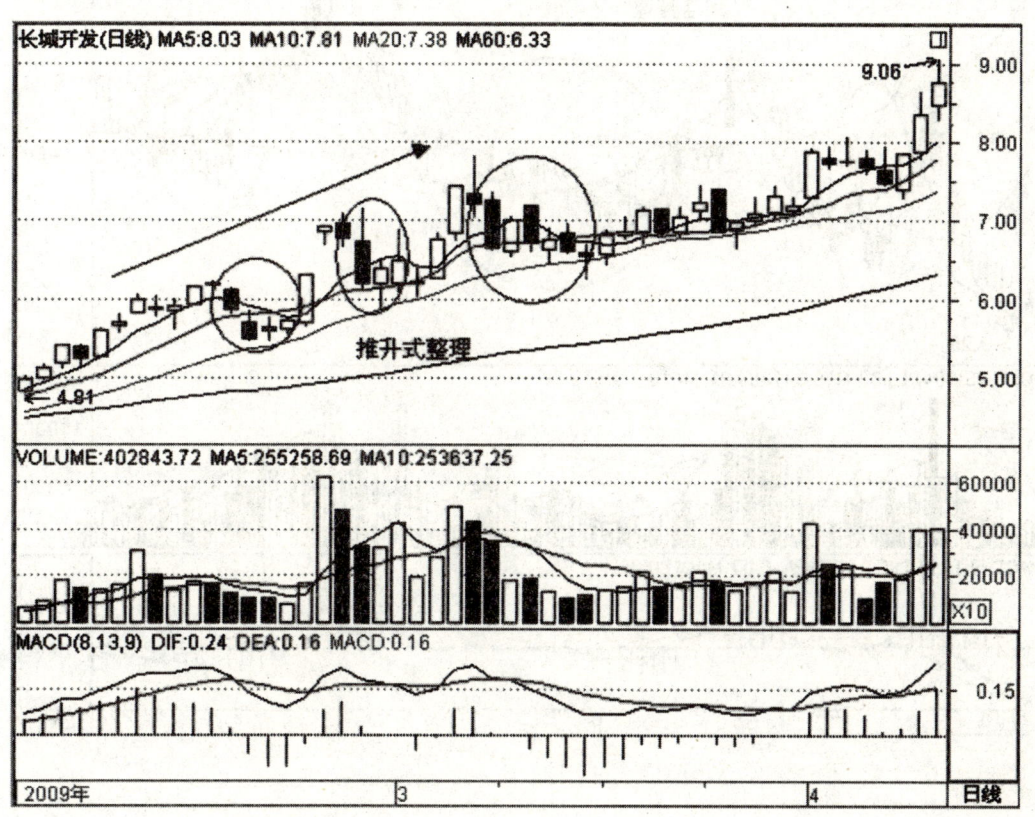

# 如何从价量观察回落式整理

回落式整理的价量特征是：庄家将股价拉高后，股价向下回落，庄家有可能在股价回落过程中，逐点小量买入；也可能先不做买入，等到股价降低到满意的程度，再作买入。或采用震仓的方法，打压股价，使股价快速到达满意的价位。在回落整理的过程中成交量必须适当缩量。

一般出现在大势向下调整，或个股有较大利空出现，或庄家筹码不够。但无论哪种现象，都应适可而止，不能持续太久，否则又构成不利的一面。

庄家经过试盘发现没有到达拉升时机，需要将股价重新放下来再行整理，进一步修整不利因素，等待时机成熟再行拉升。

散户持股者可以在股价冲高时卖出，在股价滑落到前期低点附近时再次买入。持币者可以待股价回落到前期低点附近时，买入做多。

下图就是中国国航(601111)在2009年上半年的走势实例。

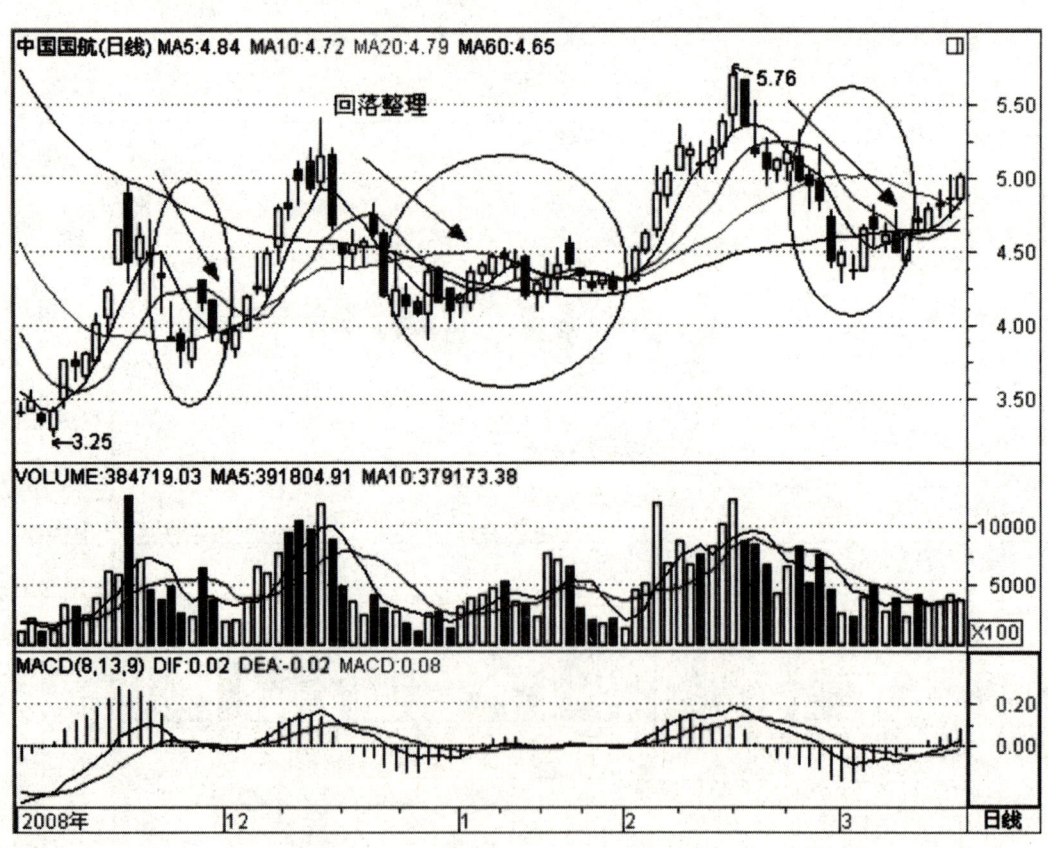

# 如何从价量观察水平式整理

水平式整理的价量特征是：股价在经过试盘后，发现未到拉抬时机，于是股价在一个小范围内波动，上下胶着状态，呈横向水平式运行。这种整理方式一般持续时间比较长，短则一两周，长则一两个月或半年以上。在整理过程中，股价波动幅度相对较小，成交量也维持在低量水平，偶尔有脉冲式放量。这种整理方式多反映庄家控盘程度相对较高，或多空双方力量相对平衡，整理一旦结束，往往有一波快速拉升行情。

庄家首先将盘中的一部分筹码锁住不动，然后对盘中的短线筹码和持股信心不坚定的散户进行清洗，达到以时间换空间的效果，减少因震荡带来的成本费用。

散户在庄家整理时，操作难度比较大，持股者认准股价所处的位置，坚定持股信心。持币者应掌握买入的时间技巧，因为这种整理方式的持续时间比较长，过早介入不仅被庄家缠住，且影响资金利用率。最佳的买入时机是在股价放量向上突破，并得到有效确认后才能买入。

下图就是海通证券(600837)在2008年年末的走势实例。

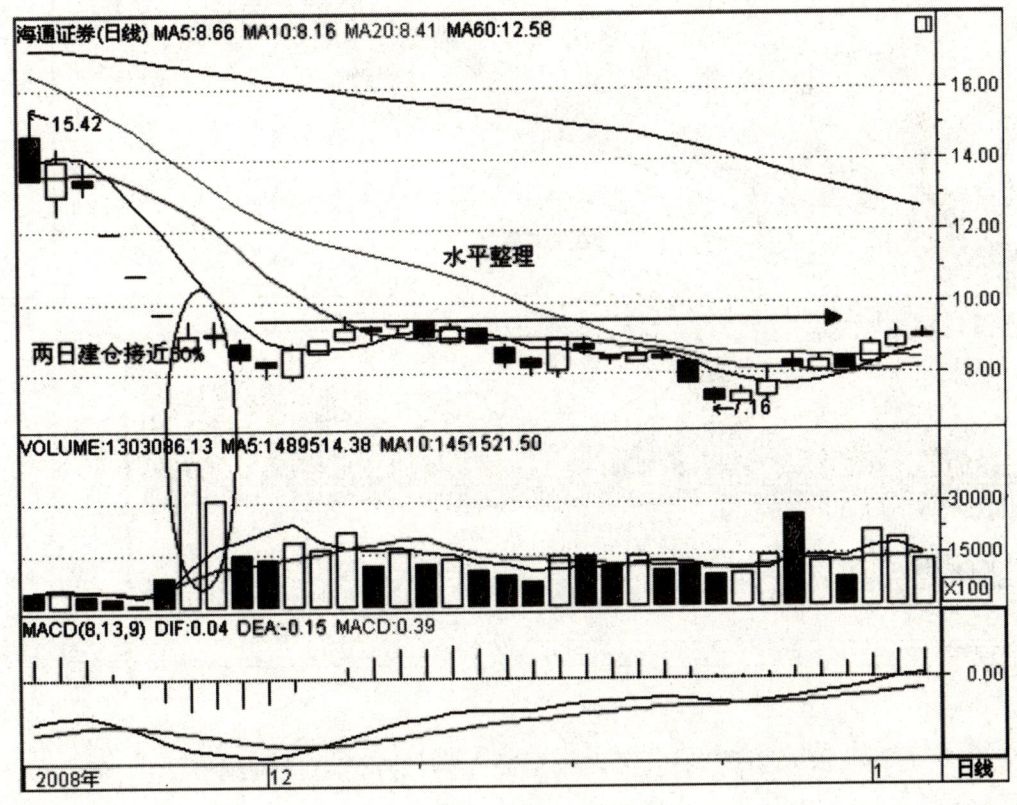

# 如何从价量观察波浪式整理

　　波浪式整理的价量特征是：股价有节奏地呈波浪式运行，以时间换空间的方式达到坐庄意图。股价完成一波涨升行情后，回落进行整理，然后再向上拉升一波行情后，股价再次回落进行整理，盘面上波峰浪谷十分清晰，庄家操作脉络明显，股价波动规律容易掌握(但最后会打破这种格局)。一般每一次的回落幅度为上涨幅度的1/2~2/3，甚至回落到前期低点附近。一般发生在成长性较好的个股，外部环境比较平稳，此类现象多是强庄、长庄控盘所为。

　　庄家在股价经过几个来回的涨跌，形成明显的高点和低点后，故意促使散户把握股价的运行规律，并形成自己的操作定式。但最后当散户按照这个思维定式进行操作时，庄家根据盘面情况，彻底改变老手法。当散户抛出股票时，股价却一往无前地直线拉升，不再回落了，让抛离的散户深感悔意；当散户买入股票时，股价却一落千丈深幅下跌，回升无力了，让介入者亏损累累。

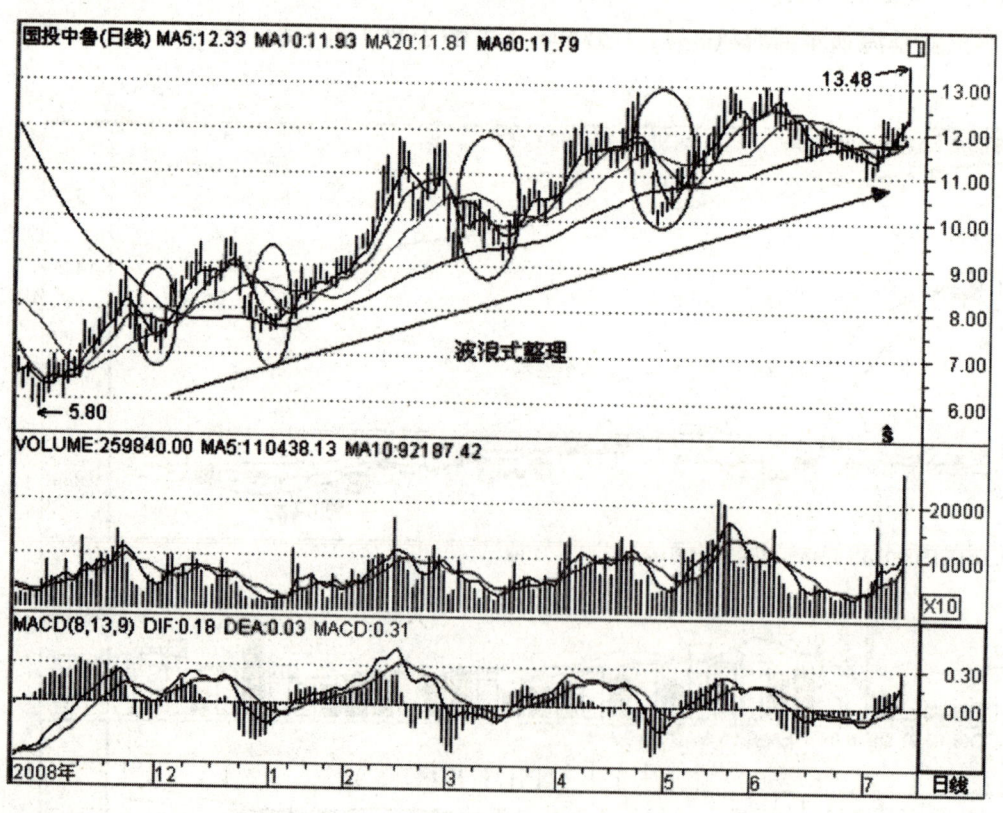

　　散户遇到波浪式整理走势，可以根据高点和低点适当进行波段操作，但仓位不

宜过重。通常,后一个波浪的涨跌幅度等长于前一个波浪的涨跌幅度,相差一般不会大于10%,可以相互参考。据观察经验,前面三波的浪形规律性较强,准确率较高,四波以后的浪形其准确率不高,可能会出现变盘,应谨慎操作。

上页图就是国投中鲁(600962)在2009年上半年的走势实例。

# 如何从价量观察整理时间

在整理阶段中,持续时间长短不一,少则一两天,多则几个月甚至半年以上。股价上涨一个台阶以后的整理,一般需要1~2个月,短期需要1~2周,时间较长的需3个月以上。股价上涨几倍以后的高位整理,时间在2~3个月,时间较长的需要半年以上。一个完整的形态整理时间在3~5个月,但旗形整理的时间较短。此外,如果整理时出现了大势爆或行业利空,这时通常会帮助整理,使整理时间缩短。对于长线庄家,为使下次拉升的幅度增大,整理时间相对会长一些。

下图就是宝新能源(000690)在2009年上半年的走势实例。

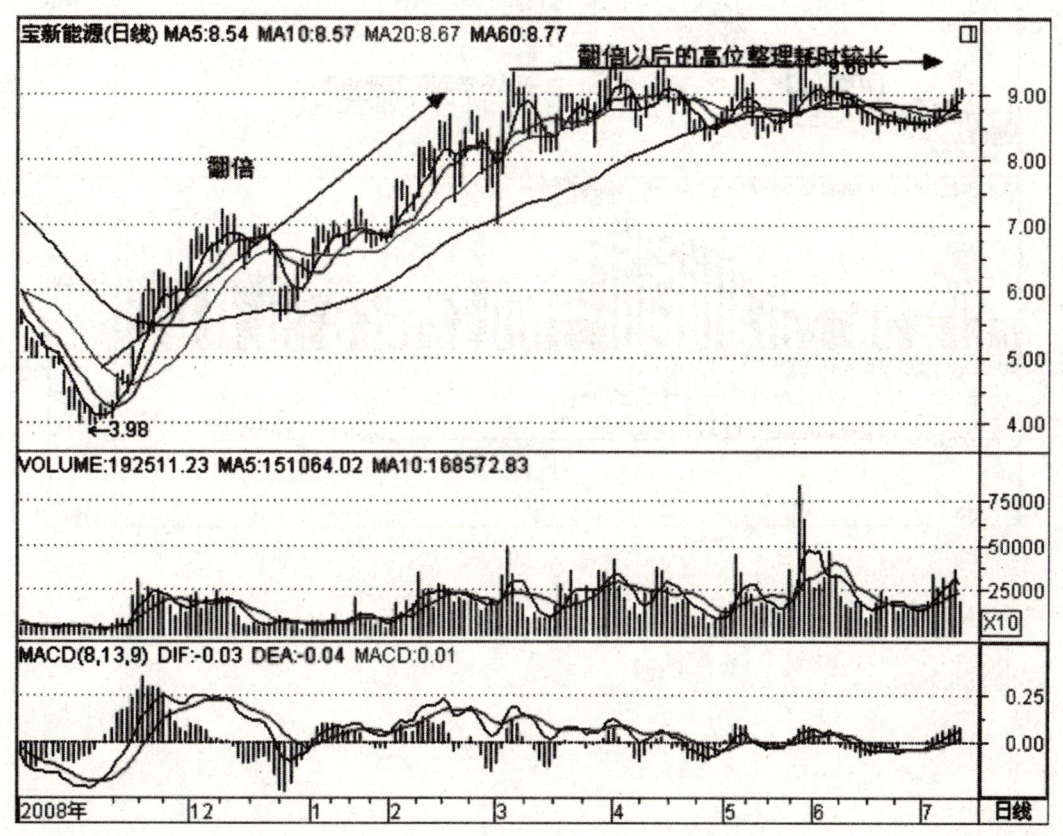

173

# 如何从价量观察整理空间

　　整理的空间非常好理解,简单地把它看作整理时所需要的震荡幅度就可以了。股价经过试盘后,如果以横盘方式强势整理,则整理幅度在10%左右;下跌方式整理的幅度在20%左右;以箱体方式震荡整理,则整理幅度在20%左右;如果以假头部形态的方式整理,则整理幅度在20%~30%;不断以大幅震荡上行方式进行边洗盘边整理的,整理幅度较大,可能达到50%左右。一个完整的形态出现的整理空间在30%~50%,如旗形、三角形、楔形等。

　　下图就是滨海能源(000695)在2009年上半年的走势实例。

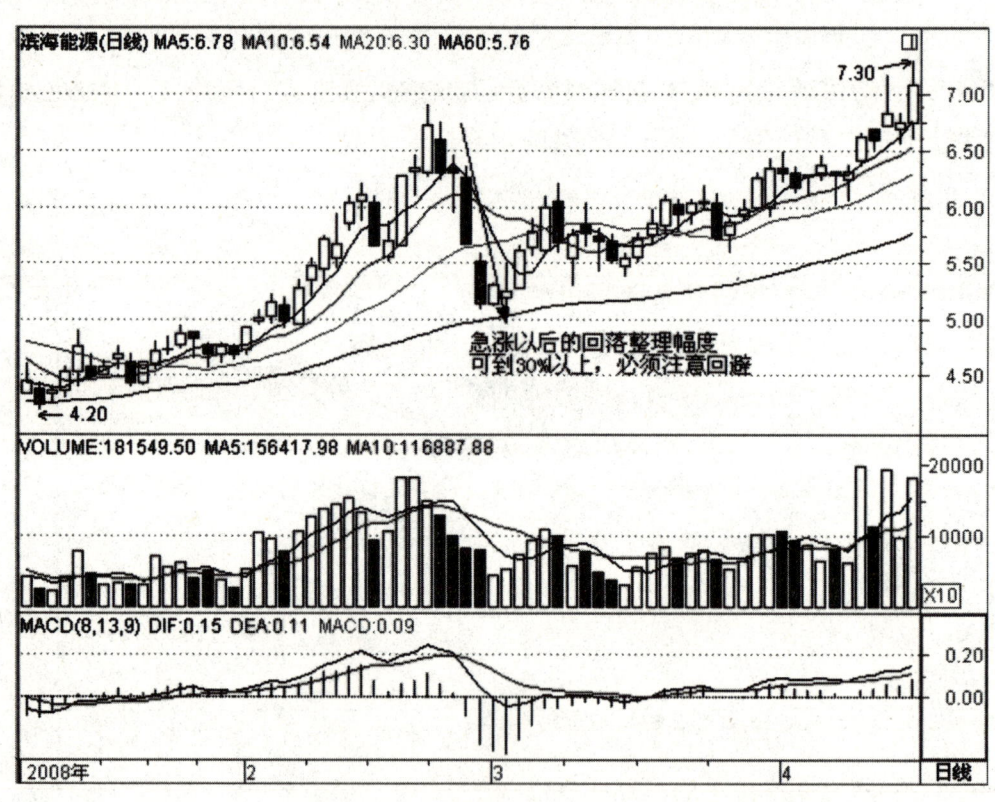

急涨以后的回落整理幅度
可到30%以上,必须注意回避

174

# 第12章
## 初升阶段价量观察7招

# 如何从价量观察有效突破

有效突破,是指股价在一个相对平衡的市道里运行一段时间以后,突然单边朝一个方向运行。它经常出现在吸货或出货行情中。

在吸货行情中,在盘面上大致有两种现象:

一种是历经几次破位下跌后,股价在底部突然放量刻意向下压价,造成再次破位的势头,使经受深套的股民彻底绝望,这时似乎"聪明"了许多的散户,"止损"出局,可是不久股价不跌反涨,这是"悲壮"的割肉;

另一种是股价跌到了底部,突然向上急拉10%左右,给散户"反弹出局"的机会,因为场内大部分散户已吊在高楼之上,死猪不怕开水烫,再跌一次又如何,于是给散户一份安慰,但股价单边走高,这是"喜悦"的割肉。

同样,在出货行情中,在盘面上大致也有两种现象:

一种是行情经过几波上扬后,股价在高位突然放量刻意向上拉升,形成再次上攻的势头,这时后知后觉者经不住诱惑而入场,可是不久股价不涨反跌,这是"贪婪"的套牢;

另一种是股价涨到了顶部,突然向下急跌,形成洗盘或超跌假象,给散户"逢低吸纳"的机会,可是股价单边一路走低,这是"无奈"的套牢。

这两种盘面现象,都被庄家的手法所诱。因此在实战中,投资者经常为突破是真是假而伤透脑筋,那么如何判断股价的有效突破呢?

其价量特征是:

(1)突破的首要前提是股价的位置和阶段。如果处于底部吸货区域、中途整理区域、庄家成本区域附近的,若向上突破其真突破的概率较大,若向下突破其假突破的概率较大。如果处于高位派发区域、远离庄家成本区域的,若向上突破其假突破的概率较大,若向下突破其真突破的概率较大。

(2)有效突破一般都建立在充分蓄势整理的基础上。充分蓄势整理的形式有两类：一类是我们常知的各类形态整理，如三角形整理、楔形整理、旗形整理、箱体整理等；另一类是庄家吸完货以后，以拖延较长时间作为洗盘手段，或者因等待题材或拉升时机，长期任股价回落下跌，股价走出了比形态整理时间更长、范围更大的整理。股价一旦突破此种整理，则往往是有效突破。由于这种整理超出了形态整理的范围，因而有时候是难以察觉和辨别的。

(3)在突破时成交量应有效放大，如果成交量过低，突破肯定不能成立，如果成交量特别巨大，股价位置又高，需提防庄家以假突破的方式出货。

(4)股价上涨必须有气势，突破后并能持续上涨，既然是突破就不应该磨磨蹭蹭，如果放量不涨就有出货的嫌疑。

(5)对庄家选择突破时机需要仔细研究，市道较好股价又不高的时候没有疑问，如果市道一般就需要结合庄家成本、股价位置、庄家类型及其控盘特点进行分析，在大势较好的时候前期走势不逆势的，在市道不好的时候突然逆势突破的，提防庄家出货。

下图就是中国南车(601766)在2008年11月10日的走势实例。

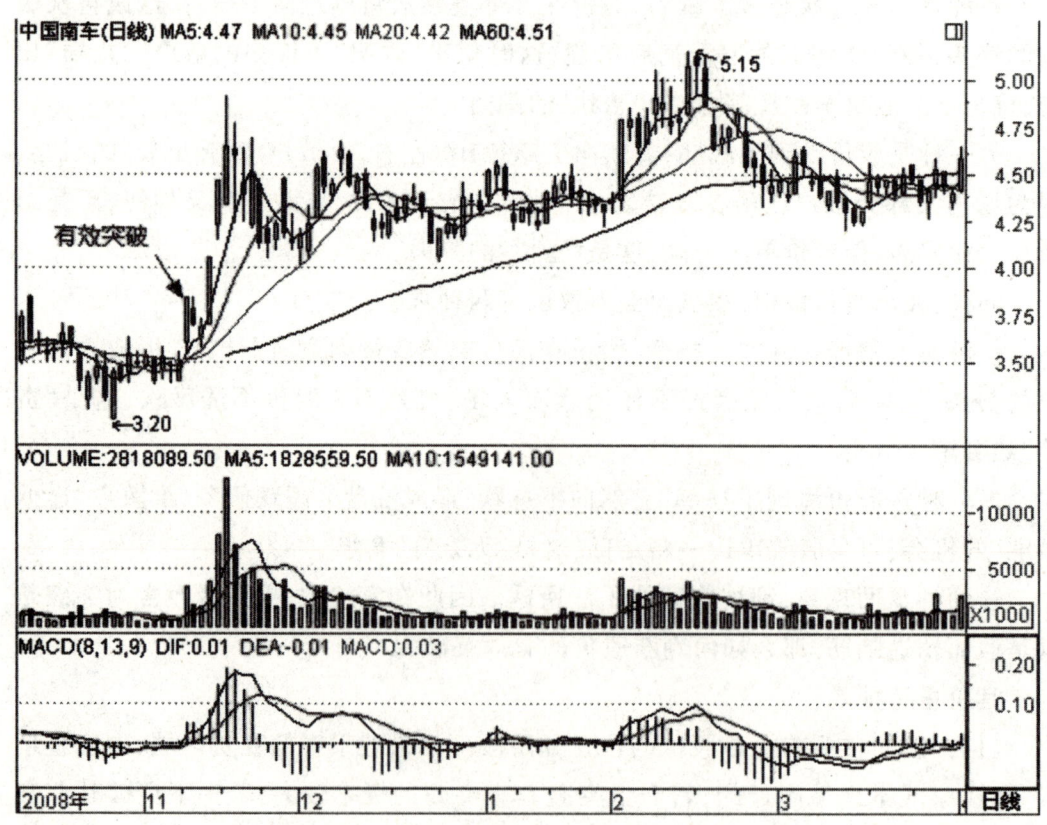

# 如何从价量观察盘升

盘升式方式在表现形式上不温不火,以缓慢上行的方式将股价推高,股价逐步脱离底部区域。

其价量特征是:

在日K线图上,常常以两阳一阴、多阳少阴或长阳短阴交替上升,或连续小阳和十字星式上行,盘中出现的跳空缺口都将被回补,涨多跌少,循环攀升。成交量呈温和状态,偶尔有脉冲式放量出现。在形态循环间,前后循环有时会重合,即股价出现第一个循环以后,第二个循环又回到了第一个循环的高点或起点位置。显示庄家控盘程度较高、资金实力强大、炒作风格稳健,后市将有较大的上升空间(但主升期往往出现在行情的中后期)。这种操作手法,一般是中、长线实力庄家控盘所为。

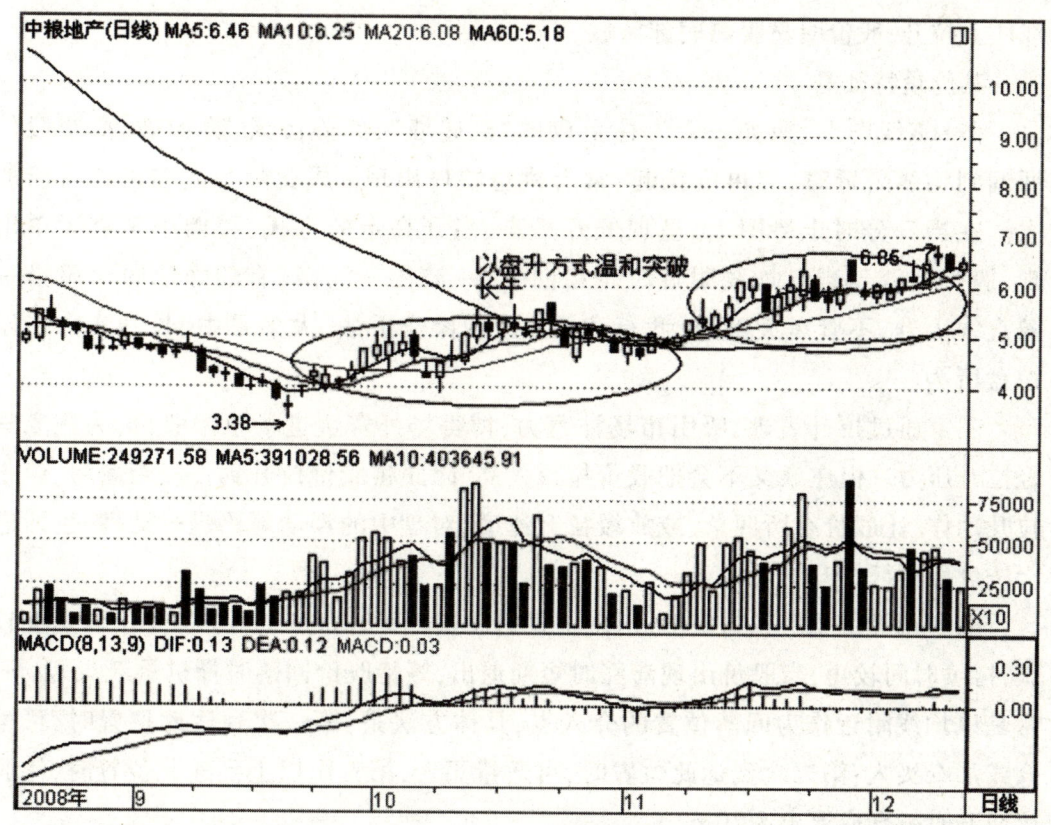

庄家以夯实并抬高底部为主要目的,不温不火的盘面表现,使散户误以为没有庄家进驻或庄家实力弱小,从而消磨持股耐心。持币者见盘面走势软弱无力,短期

无利可图,也不愿意进场操作。但让一些中长线投资者战略性分批介入,这部分投资者的眼光看得比较远,对庄家坐庄不构成太大的威胁,这样就可以使股价保持健康地向上推升。

这种走势的盘面规律性不强,在盘面上根本体会不到有实力强大的庄家埋伏在里面,散户完全以理性或悟性决定买卖行为。由于股价上涨速度比较缓慢,持续时间比较长,操作此类股票时,要有一定的耐心。短线可以在股价出现明显回落时,择机适量介入,在持续放量冲高时逢高退出;中长线可以不理会股价一时的涨跌,但如果获利丰厚还是落袋为安好。

上页图就是中粮地产(000031)在2008年年底的走势实例。

# 如何从价量观察拉升

拉升式比盘升式上涨凶猛得多。庄家在底部整理成功后,出现连续以中、大阳线往上拉升,股价明显脱离底部区域。

其价量特征是:

在日K线图上,宛如一天天往上砌的"红砖墙",红霞漫天,势如破竹,当股价回调到均线附近时,会再度拉起,常有跳空缺口出现。成交量与先前相比有所放大。在当日分时走势图上,呈现低开高走、高开高走的方式,买档中常有大单出现,股价回调至当日均线附近时企稳向上,一波比一波高,有的强庄股干脆沿一条直线上升,不管风大浪急,我行我素。这种操作手法,大多是中、长线实力庄家控盘所为。

庄家通过拉升表现,吸引市场注意力,博得场外资金进场拉抬股价,为庄家减轻拉升压力。但庄家又不会把股价拉得太高,因此将股价拉升到一段距离后,停止拉升动作,让股价有所回落,或放缓拉升速度,对盘中的浮动筹码进行清理,也即进行洗盘后再行拉升。

散户在股价成功脱离底部,出现明显的放量过程时跟庄进入。由于上涨速度较快,持续时间较短,当股价出现滞涨时短期退出,等待股价回落时择机重新买入。通常是以均线附近作为回落位置的介入点,具体方法是:第一次到达此位置时,可重仓或加仓买入;第二次到达此位置时,可适量买入;第三次以上到达此位置时,待股价回升时减仓或退出为好。

另外,股价呈缩量回落时,买入较为理想。若放量下跌,可能短线抛压较重,回落幅度较深,后市股价回升的幅度也大打折扣。

下页图就是莱宝高科(002106)在2008年年底的走势实例。

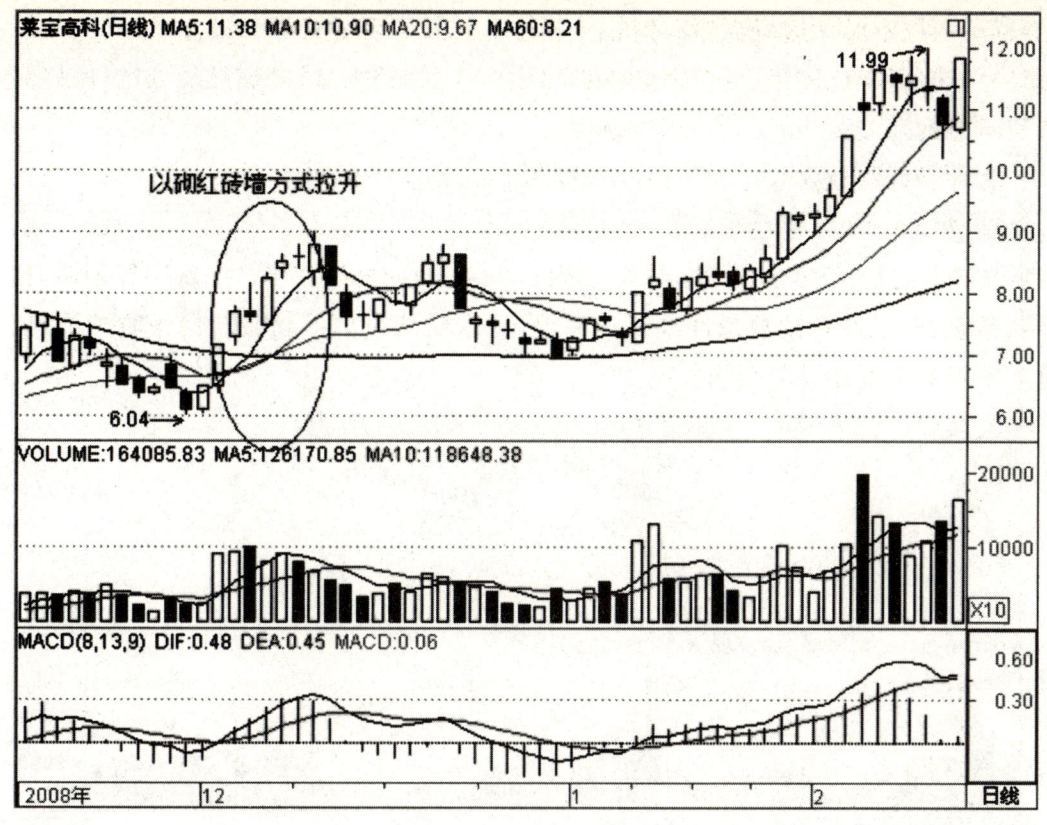

莱宝高科(日线) MA5:11.38 MA10:10.90 MA20:9.67 MA60:8.21

以砌红砖墙方式拉升

11.99→

6.04→

VOLUME:164085.83 MA5:126170.85 MA10:118648.38

MACD(8,13,9) DIF:0.48 DEA:0.45 MACD:0.06

2008年　　　12　　　　　　　　　1　　　　　　2　　　日线

# 如何从价量观察暴涨

　　暴涨式比拉升式上涨更为凶猛,走势凌厉,势不可当,一路狂涨。在日K线图上,多以大阳线出现,或以"—"或"T"形式连续涨停,成交量出现明显且持续性放大。表明庄家实力非常雄厚,操作手法极其凶悍,不管大盘走势如何,义无反顾地大肆拉抬,让股价出现狂飙行情,使人不敢想象。此时,场内持股者见股价短期暴涨,担心股价上涨而可能出现的回调,因此见好就收,纷纷抛出股票,同时也计划在回落时重新买入。但庄家并没有给那些试图做"高抛低吸"的散户过多的机会,股价续升不减,令其深感懊悔;场外持币者因受暴涨刺激而耐不住寂寞,也纷纷进场抢购筹码,从而协助庄家以高举高打的形式完成一次全过程的初升阶段的炒作。一般而言,出现这种暴涨拉升的个股背后,都隐藏着突发性或潜在性的重大利好,并被庄家首先获悉,而市场中的众多投资者并不知晓,所以庄家提前将股价拉高一截。

　　这种走势与拉升式上涨的坐庄意图相似,所不同的是其操作手法更加凶狠蛮横而已。

　　散户在操作策略上,可以参考拉升式克庄方法进行买卖。但不同的是,暴涨式的股票5日均线上升角度比较陡峭,一般不会跌破5日均线,即使偶尔跌破5日均线,也会迅速被拉起。另外,涨升幅度也比拉升式上涨要大,但必须对短线的冲高回落提高警惕,因为这往往意味着短线调整。

下图就是广州冷机(000893)在2008年11月的走势实例。

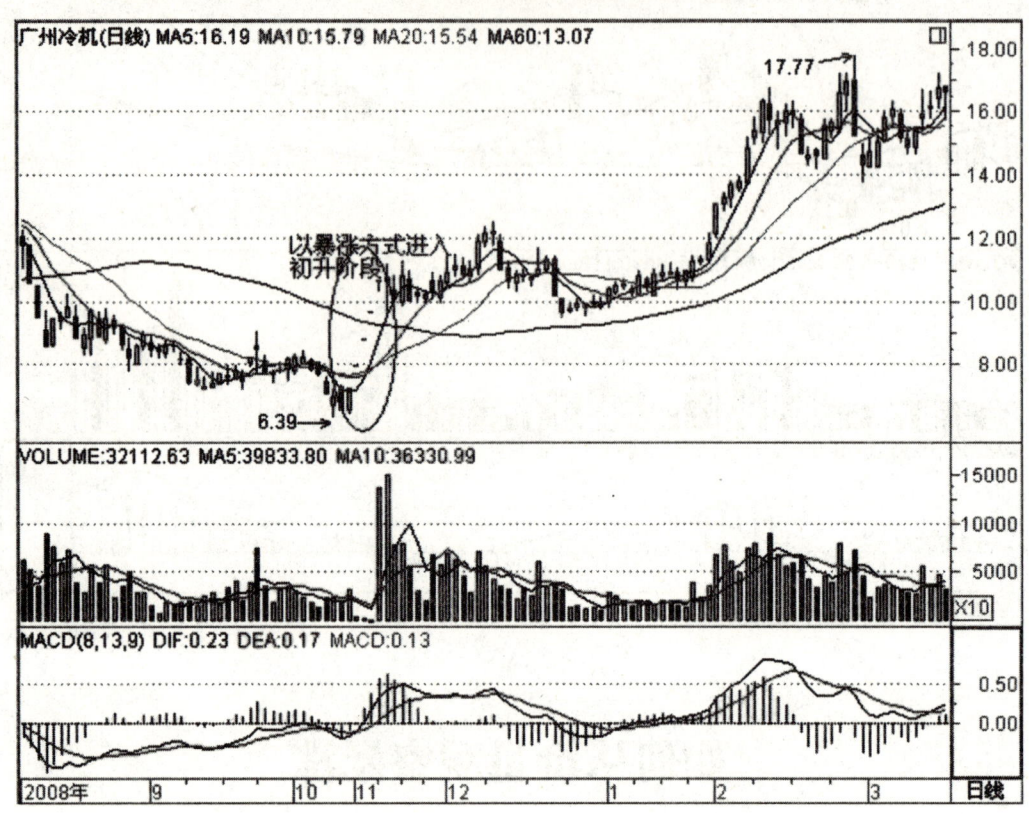

# 如何从价量观察初升时间

有独立初升阶段的坐庄过程,初升是需要一定时间的。通常,初升期越长,庄家实力越强,未来股价上升潜力就越大。初升期的时间长短与当时所处的宏观经济、公司背景、市道状况、技术形态及人气高低有关。

另外,不同类型的庄家就有不同的时间要求,通常短线庄家的初升时间在一两天就能完成,中线庄家的初升时间一般在两周左右,长线庄家的初升时间一般在10~30天。

暴涨式、拉升式的初升时间在1周左右;盘升式的时间长短不一,短的在10天左右,长的达30天以上。在初升阶段中,如果出现了大势暴跌、暴涨或行业利空、利多,往往会使初升时间缩短或延长。

# 如何从价量观察初升空间

　　初升空间就是股价在本阶段中所能到达的涨升幅度。由于初升阶段是第一次拉升,形成上升第1浪,其上升高度在起始阶段投资人是很难预料的,庄家对第1波的目标高度很多时候是随机决定的。通常,在初升阶段的涨幅较小。一般涨幅在30%以下。基本面向好、技术面支撑、庄家控盘高的个股,初升幅度较大,可能达到50%。暴涨式的空间在20%~100%,拉升式的空间在50%左右,盘升式的时间在10%~40%。了解初升空间的大小,对散户跟庄取胜大有裨益,可以帮助投资者避免盲目追高而造成短期被套的被动局面。

　　下图就是新乡化纤(000949)在2008年11月的走势实例。

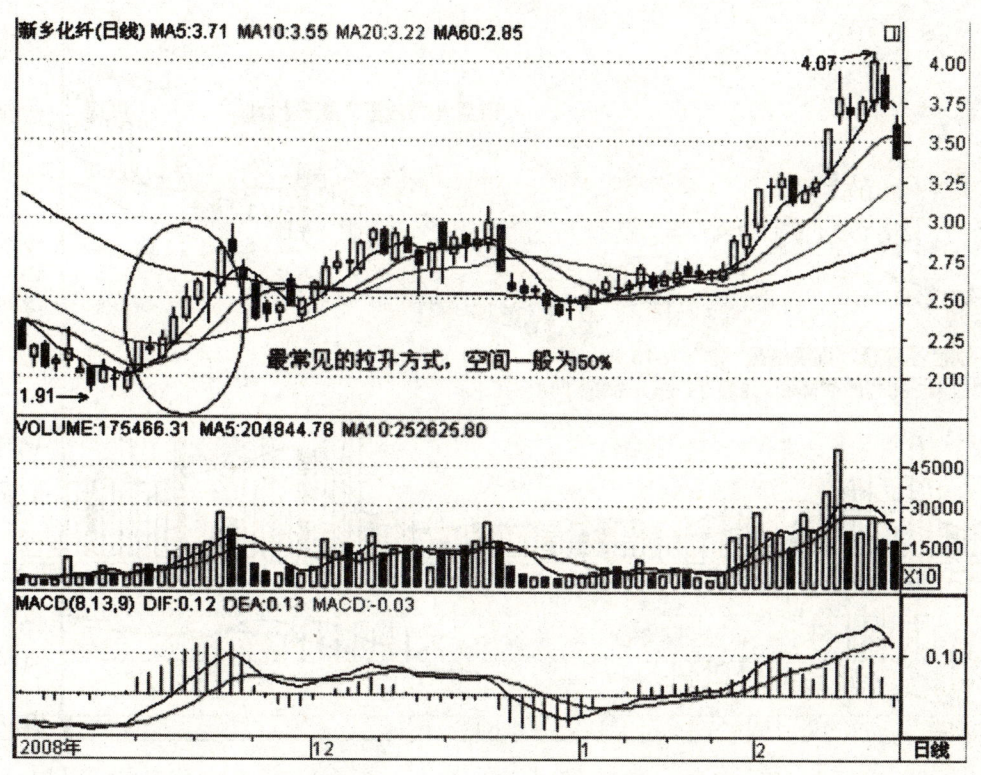

第**3**篇　Ｋ线法则与价量分析

# 如何从价量观察区分初升与试盘

　　初升阶段与试盘阶段有相似之处。比如,此前都没有大幅涨升过;涨幅都不十

分大,尤其是盘升式走势更为相似;都出现在底部区域。但深入分析不难发现其不同之处:

(1)盘面表现不同。在试盘出现比较突然,事先毫无征兆,且来也匆匆去也匆匆。初升阶段股价却暗流涌动,来也姗姗去也姗姗,精明的人已经发现其出现异动而跟庄介入。

(2)放量过程不同。在试盘阶段成交量时大时小,或单日放量,一般持续性不强。初升阶段却出现明显的持续放量过程,且有一定的均匀性。

(3)持续时间不同。在试盘阶段持续时间一般不长,多则几天或一周(一般很少超过一周),少则一天,甚至几小时就完成。初升阶段往往持续时间比较长,几天、几周甚至几个月的也并非少见。

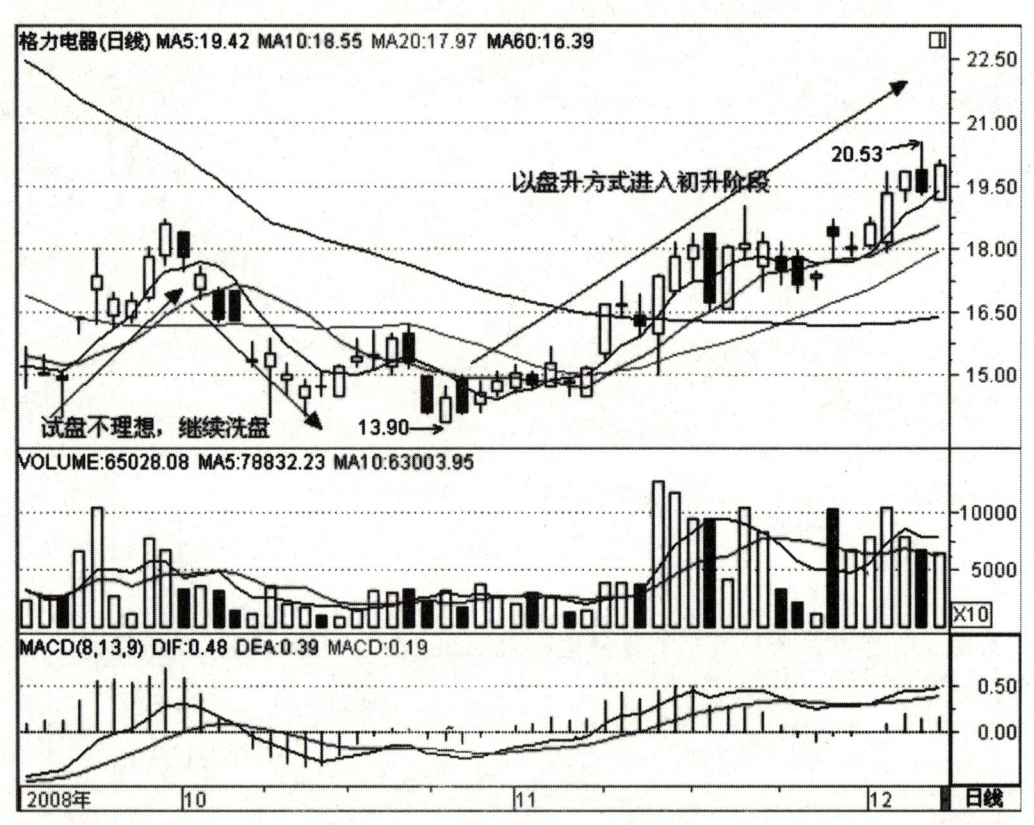

(4)累计涨幅不同。在试盘阶段总的涨幅比较小,一般在正负5%~30%。初升阶段一般涨幅要比试盘时大,大多在30%左右。

(5)盘内振幅不同。在试盘时震荡幅度比较大,以全面测试盘内追涨杀跌情况。初升阶段的震荡幅度较小,往往在平缓中运行。

(6)K线组合不同。在试盘时K线组合没有规律可循,很难用K线组合研判,且上下影线较长。初升阶段的K线组合有一定规律性,上下影线较短。

(7)市场性质不同。在试盘时可以向上或向下突破运行。初升阶段本质上无下跌之说。

上页图就是格力电器(000651)在2008年9~12月的走势实例。

# 如何从价量观察假阴洗盘

假阴洗盘的价量特征是：股价在平稳的上升、横盘及下跌途中的末端,某日大幅高开(开盘价高出前一天收盘价很多,甚至以涨停板开盘),且开盘集合竞价成交量巨大(为了制造全天放量收阴的假象),然后瞬间股价回落到前一天的收盘价附近震荡,最后收盘时股价涨跌幅度不大,在日K线上出现一根高开的大阴线,即假阴线。

庄家通过高开低走的形式,收出大阴线,让散户产生阴阳错觉,从而使筹码得到充分的交换。

散户操作方法有以下几种：

(1)大盘连续下跌的后期,股价已连续下跌,散户套牢较深不肯再卖,因此成交量极度萎缩,股价再难下跌。此时庄家为了再收集一部分更廉价的筹码,往往做出假阴线。由于假阴线具有一定的威慑力,因此出现假阴线后会再有恐慌盘杀出,其股价还将下跌10%左右(时间为1~2周)见底。此时应果断杀人,此后股票大涨(大牛股)的可能性极大。

(2)股价缩量横盘,某日做出大假阴线,之后股价连续收阴(多阴)横走或微跌,是庄家洗盘拉升的前兆,当股价上行吃掉假阴线时可及时介入。

(3)股价缓慢上升途中的某一天出现假阴线,往往为庄家中途洗盘。经几日缩量调整后,仍将拉升,且成为大牛股的可能性极大。所以当股价将要包吃假阴线时,应果断杀人。

(4)缓慢爬升的股票,借助于大盘大跌进行放量连拉大阴线(往往跌到20日线附近)。一旦该股企稳并收大阳线包容吃掉放量阴线后,证明前面巨阴是洗盘,是快速拉升的前兆,应坚决介入。股价经过缓慢的爬升拉一涨停板,第二日高位震荡放量突破前期密集区,收出阴十字并留下跳空缺口,且在2~3日内不补跳空缺口,每日收盘价站稳5日均线之上(尤其是阳线包吃阴十字),证明前面阴十字为震荡洗盘,预示着后市还将拉升。

下图就是燕京啤酒(000729)在2008年11月27日的走势实例。

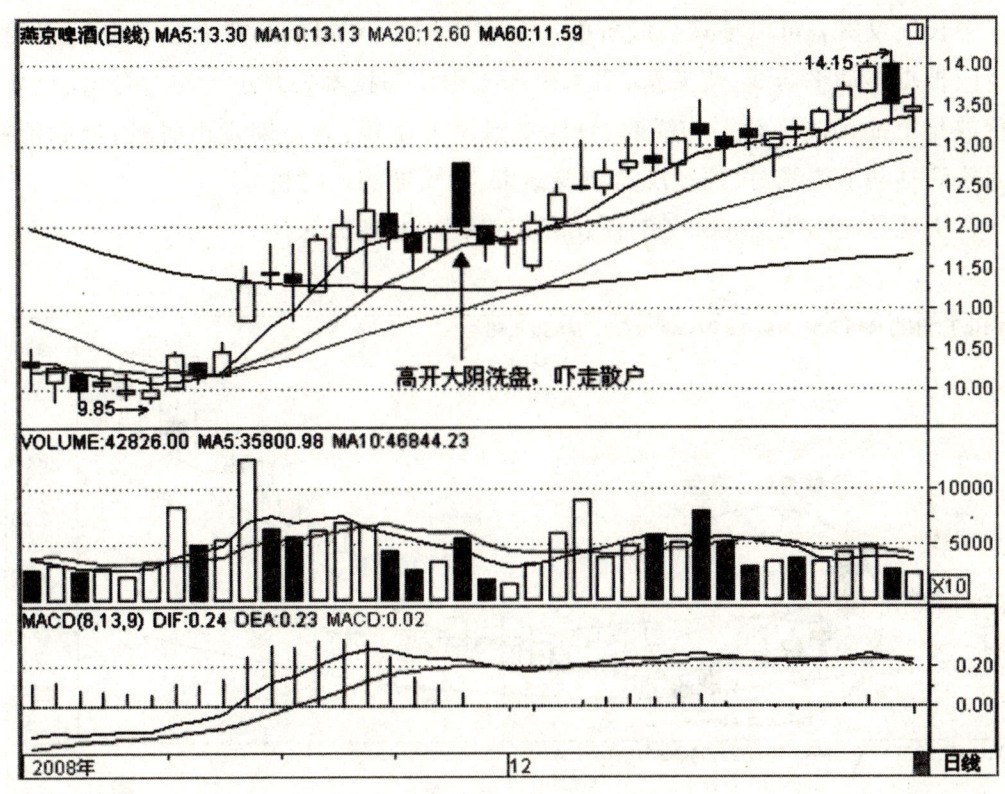

# 如何从价量观察打压洗盘

打压式洗盘也叫回档式洗盘,这是一种典型的洗盘方式,整个洗盘过程以大幅回落为主。打压式洗盘的特点是"快"和"狠",其打压股价的速度非常迅速,而且打压手法非常凶狠。这样既节省了洗盘的时间,又达到了洗盘的效果。

其价量特征是:

庄家在大幅拉升股价之后,盘中积累了大量获利盘,利用投资者较强的获利回吐欲望,以凶狠快速的方式向下突然砸盘,使股价大幅回落,形成一根长长的阴线。根据投资者容易产生恐惧的弱点刻意打压,制造市场的恐慌气氛,从而动摇投资者的持股信心,使他们最终无法接受股价大幅下跌的事实而抛出股票,达到将获利筹码震荡出局的目的。

庄家打压式洗盘的最佳时机是在大市调整的时候, 多数针对那些投机性强,没有实质性投资价值,短线升幅过大的个股。因为这些股票本身不确定因素就多,投资者的持股信心容易产生动摇,股价的回落,极易使跟庄者产生"大势已去"的错觉,继而迅速将手中的股票获利了结出局。但一般在低位停留的时间(或天数)不会太长,一般在一周内甚至第二天跌势就停止了,让前日抛股者莫名其妙。

中长线投资者可以不理会股价的一时涨跌起落,免得从马背上摔下来。短线投资者应根据移动平均线、成交量、阻力位和支撑位等技术要素进行综合分析,比如,股价放量上涨远离移动平均线时,预示洗盘将要出现,为短期卖出时机;当股价缩量回落到移动平均线时,预示洗盘将要结束,为短期买入时机。

下图就是沈阳化工(000698)在2008年年底的走势实例。

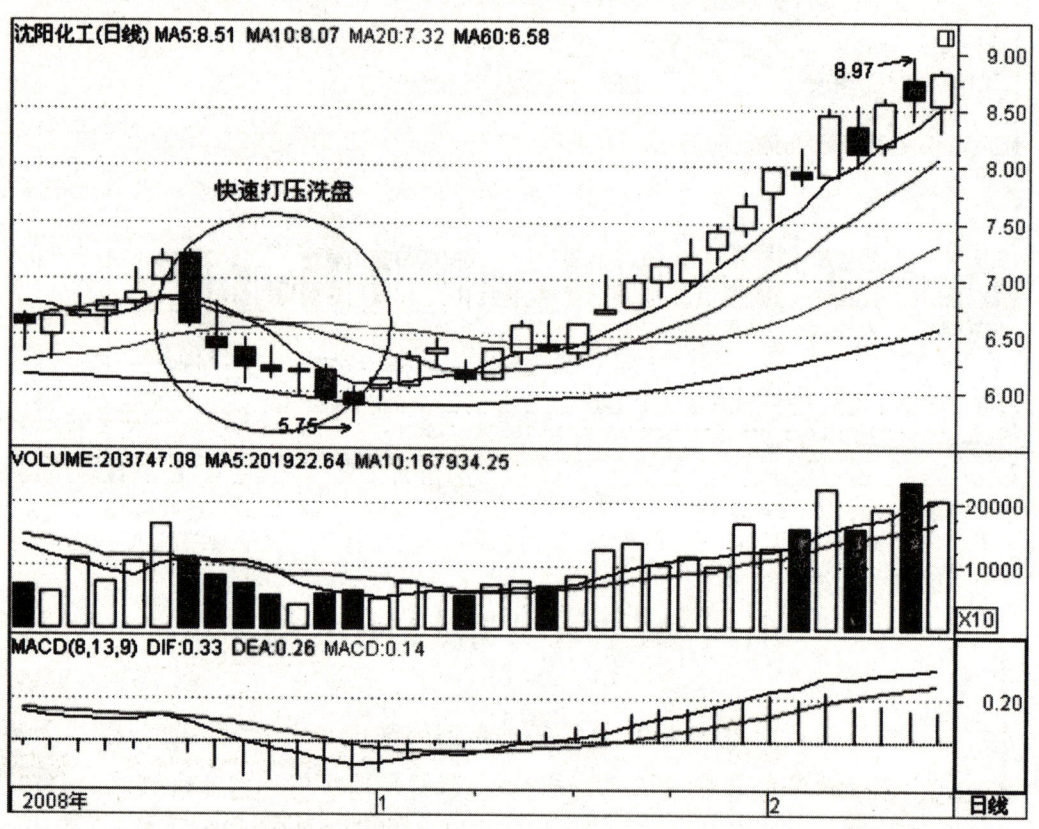

# 如何从价量观察平台洗盘

平台式洗盘也叫横盘式洗盘,其价量特征是:股价在某一区域形成时间较长的横盘格局,针对投资者缺乏耐性的弱点,用时间去消磨跟庄者的意志和信心。在横盘期间,成交量呈萎缩状态,偶尔有脉冲式放量出现。这种洗盘方式,侧重于用时间去消磨,以时间换空间,平台横行的时间越长,波幅越窄,洗盘越彻底,后市涨幅就越大。

这种洗盘方式较多地出现于大市上升的时候,因为大市上升,市场相对比较活跃,股票出现普涨,面对个股牛皮盘整的走势,很多跟庄者有强烈的换股欲望,往往会失去持股耐心,使庄家达到洗盘震仓的目的。这种试盘方法比较适合于绩优股,由于这类股票的市场口碑好,为投资大众所喜爱,所以持股心态比较稳定。如果运用打压方式洗盘的话,可能会给散户逢低买进的机会,造成庄家筹码损失。

庄家主要是防止降低市场平均持仓成本。庄家将股价维持在一个较高的价位上进行洗盘,让散户将所持的筹码在这个平台内完成充分自由换手。庄家将股价控制在一个很窄的范围内,形成长期的牛皮沉闷走势,从而消磨散户的持股信心,同时又让一些眼光远见的投资者进入,这样就能完成筹码换手,提高市场平均成本了。

散户在股价放量滞涨时,择高先行退出;在股价缩量整理时,保持观望;在放量突破时,再度买入。对于向上突破平台走势的个股,重点应注意:第一次放量向上突破平台时,可重仓或加仓买入;第二次放量向上突破平台时,可适量参与;第三次以上放量向上突破平台时,谨防假突破,应做好随时退出的准备。

下图就是大洋电机(002249)在2009年5~6月的走势实例。

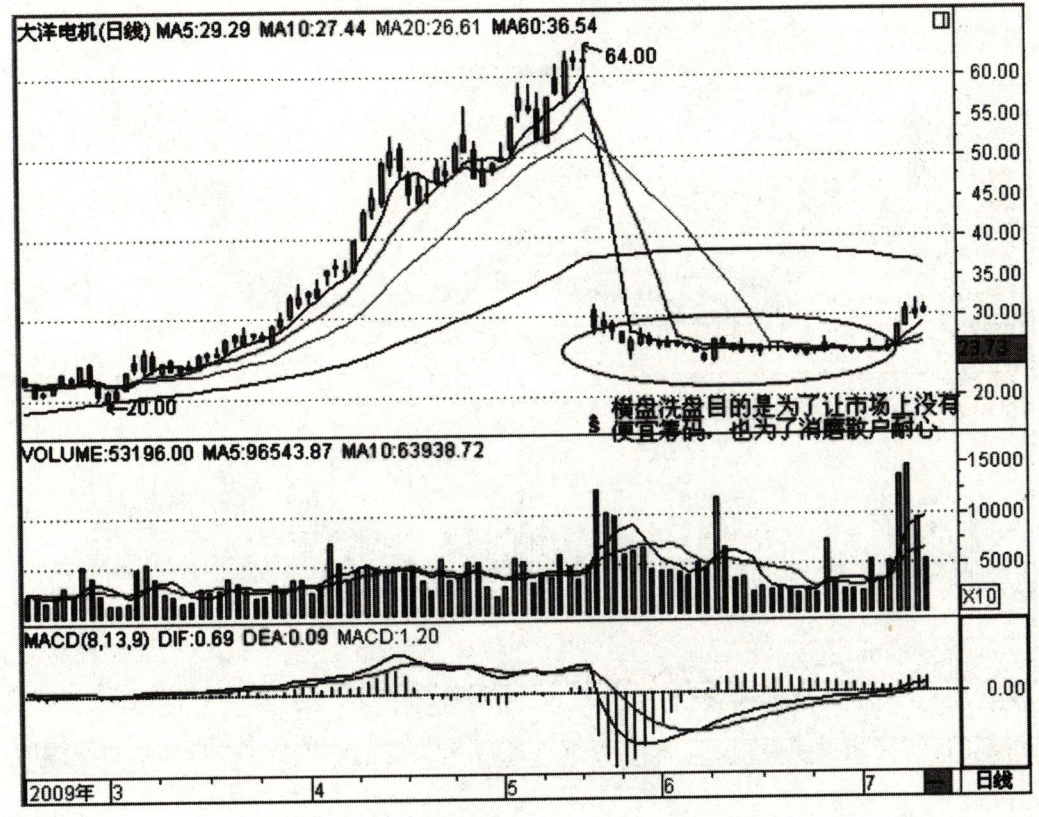

# 如何从价量观察震荡洗盘

　　震荡式洗盘既运用了打压震仓的原理,又运用了长时间消磨耐心的技巧,是洗盘最常用的手法。其优点在于:和平台式洗盘相比,可以缩短洗盘时间;和打压式洗盘相比,可以避免低价筹码的损失。庄家利用开高走低、拉高、再压低、再拉高,股价上冲下洗,将筹码集中在手上,通过反复上下震荡的方式进行洗盘。在股价长时间频繁上下震荡中,扰乱投资者的跟庄步伐,让跟庄者捉摸不定,常处于追涨杀跌之中,根本无法搞清股价的运行方向,从而被迫离场观望,能够忍受这种庄家洗盘的投资者往往是市场中的佼佼者。

　　其价量特征是:震荡式洗盘方法较为温和,成交量比较活跃,使股价维系在一个区域之内上下震荡,在日K线图上阴阳结合,起伏不定。经常出现如三角形、箱体形、旗形、楔形等典型的洗盘整理形态。虽然庄家会故意制造股价走势的疲软假象,但一般不会有效击穿重要的技术支撑位,否则容易引发一轮大的恐慌性砸盘,对庄家尤其是实力较弱的庄家来讲是极为不利的。

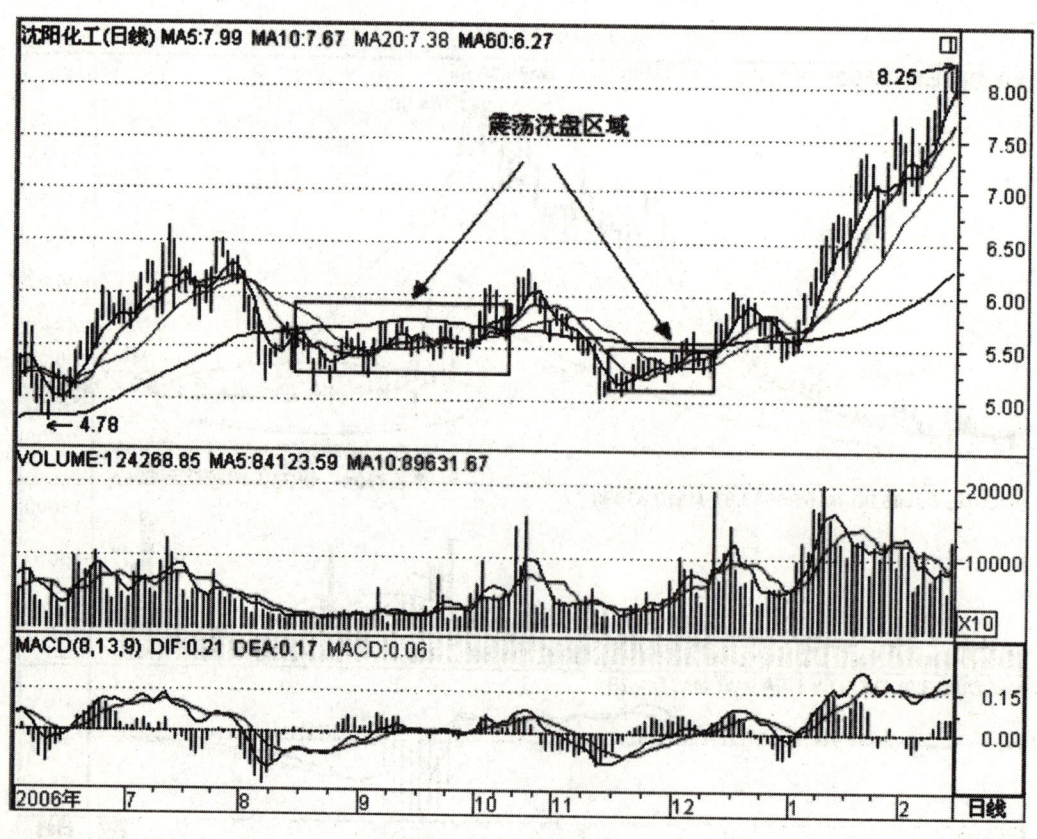

这是根据散户追涨杀跌心理而进行的洗盘方式。散户买进股票后,遇到了横盘或打压走势,这时买入的计划发生改变,心理上容易产生失衡,经过庄家的盘面诱导战术,往往选择割肉出局。可是,股价没有下跌多少又开始上涨了,此时场外散户又入场了,但股价没有上涨多少又开始下跌了,弄得投资者迷惑不解,买也不对,卖也不对。庄家采用这种反复震荡的洗盘方法,不断诱导散户追涨杀跌,成功提高市场平均持仓成本。

散户遇到这种走势时,多看少动为宜。在先前底部介入者,若耐不住震荡的话,可择高先行退出,在股价放量突破盘整区域时,重新考虑介入。或者成交量不断扩大时,设法在低价买进股票。

上页图就是沈阳化工(000698)在2006年下半年的走势实例。

# 如何从价量观察跌停洗盘

跌停式洗盘是最恐惧也是最有效的一种洗盘方式,其价量特征有两种:一种盘面是,股价以跌停板开盘,大部分时间处于封盘状态;另一种盘面是,以正常形式开盘后,股价直奔跌停板,封盘几分钟后再打开,多次跌停,多次开板,尾市稍向上拉动。散户看到股价跌停,心理十分悲观,唯恐第二天继续跌停,于是也抢先在跌停板价位挂卖单杀出。

庄家待散户卖单达到一定程度数量而不再增加时,迅速将自己挂在散户前面的卖单撤掉,几乎在同一时间里,又在散户后面挂出数量与撤单相近的卖单,这样从盘面上看封盘数量没有变化,不会引起散户的注意。然后,庄家将散户的抛单慢慢地吃光,封盘被巨大买单打开。这时持币者见打开封盘,股价开始往上拉抬,也加入买盘行列。不久,股价又向下跌停。庄家如此反复多次进行,盘中浮动筹码得到很好的交换,从而达到洗盘的目的。若洗盘还不够充分的话,则第二天可能还会如法炮制。

这是根据散户看到股价跌停而产生的恐惧心理所采取的洗盘方式。庄家通过股价的深幅下跌,制造极度恐慌的盘面,把散户逼到墙角边,使其被迫交出筹码。

持股者可以择高先行出局,免得因洗盘造成利润缩小而影响操作心态。持币者可以等到股价真正企稳回升时买入。

下页图就是江特电机(002176)在2009年2月的走势实例。

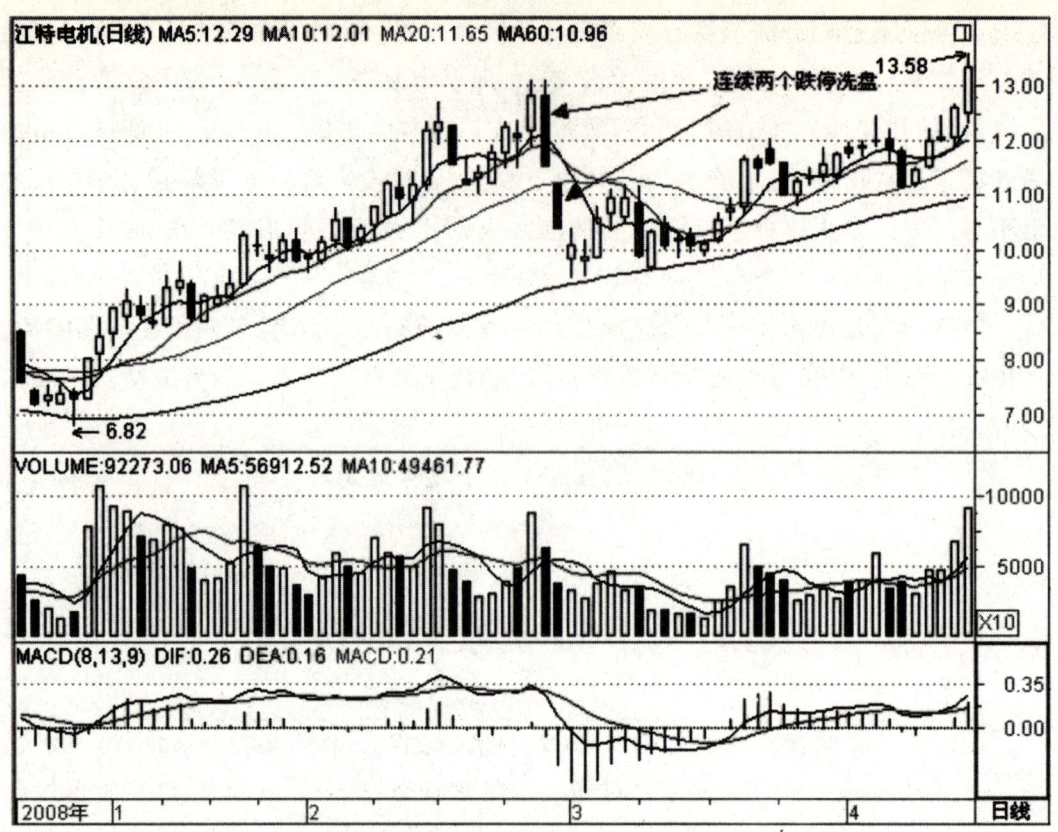

江特电机(日线) MA5:12.29 MA10:12.01 MA20:11.65 MA60:10.96

连续两个跌停洗盘　13.58

← 6.82

VOLUME:92273.06 MA5:56912.52 MA10:49461.77

MACD(8,13,9) DIF:0.26 DEA:0.16 MACD:0.21

2008年　1　2　3　4　日线

# 如何从价量观察快速洗盘

速度快慢节奏的掌握能使庄家做盘增色不少，许多优秀的操盘手往往都将时间与速度结合起来,达到最佳的操作效果。在庄家制造恐慌盘面时,更是离不开速度这个概念。其价量特征是:

快速的下跌一般伴有较大的成交量,庄家用大单向外发货,将股价压低;慢速的下跌一般成交量不大,但有时庄家刻意对敲放大量;在盘上,一般低开后快速向下砸盘,直逼跌停,或逐波向下,最后封于跌停,有时甚至一开盘就跌停,而在尾盘又放量打开封盘,这样持续多个交易日,给中小投资者造成极度恐慌。

这是根据散户的恐惧心理所采取的洗盘方式。庄家运用速度概念,通过快速下跌走势,制造极度恐慌盘面,吓唬散户抛出筹码。而且快速下跌又打乱了散户的操作计划,在手忙脚乱中抛出股票。

散户持股者可以在放量冲高时择机先行出局,持币者可以等到股价真正企稳回升时买入。

下页图就是大族激光(002008)在2009年初的走势实例。

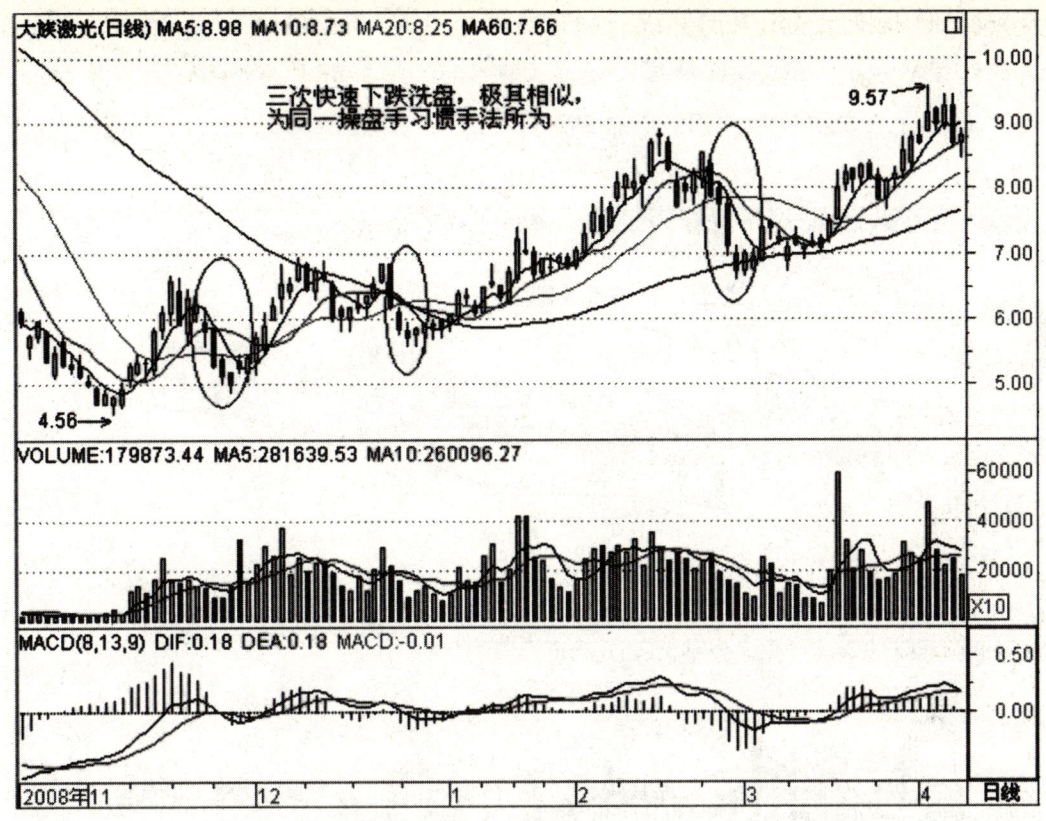

大族激光(日线) MA5:8.98 MA10:8.73 MA20:8.25 MA60:7.66

三次快速下跌洗盘，极其相似，
大同一操盘手习惯手法所为

9.57→

4.56→

VOLUME:179873.44 MA5:281639.53 MA10:260096.27

MACD(8,13,9) DIF:0.18 DEA:0.18 MACD:-0.01

2008年11    12    1    2    3    4    日线

# 如何从价量观察边洗边拉洗盘

　　边洗边拉的洗盘方式是将洗盘寓于拉升之中。其价量特征是：股价在拉升过程中伴随回档，庄家先是连续拉高股价，然后突然停止做多，由于短线升幅过大，庄家在高位抛出一小部分筹码，使股价出现回落走势，将短炒者及信心不坚定的浮筹震出。这种洗盘方式庄家采用的是化整为零的操作策略，在日K线图上，以小阴小阳或十字星形式出现，找不到明显的洗盘图形，有时在当日分时走势中完成边拉边洗行为。在形态上，股价每次回落的低点一个比一个高，每次拉升的高点也一个比一个高，股价的重心不断地往上移。采用这种方式洗盘的庄家，其实力都比较强大，控筹程度比较高，时机上多数出现在大势向好的环境之中。

　　庄家在洗盘整理过程中，盘面一张一弛，不断地把获利盘清理出局，同时又让持币者果断介入，这样筹码完成一进一出，得到充分交换，同时锁定长线筹码，为庄家日后大幅拉升股价减轻压力。

　　散户在股价远离短期移动平均线、乖离率(BIAS)偏大时，可择高先行退出；在股价接近短期移动平均线时，可择低介入。也可以根据上升趋势线或轨道线进行买卖判断,当股价触及上升趋势线或轨道线的上沿时,卖出做空为宜;当股价触及上升趋势线或轨道线的下沿时,买入做多为宜。

下图就是太阳纸业(002078)在2009年上半年的走势实例。

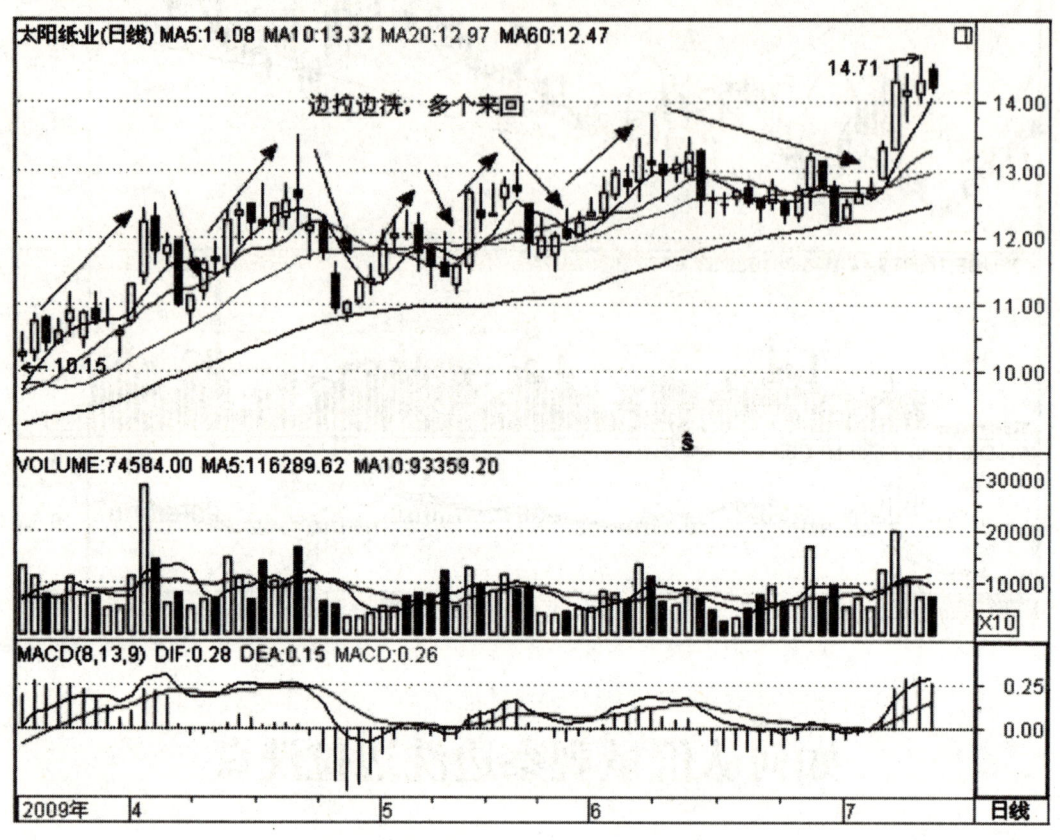

# 如何从价量观察高开杀低洗盘

高开杀低洗盘的价量特征有:洗盘方式是以大幅震荡为主基调,股价大幅跳高开盘,甚至以涨停板开盘,然后通过对敲方式,大手笔卖单杀出,股价逐波下探,但是股价却不跌停,不然就是在跌停价位,不断产生大笔买盘,此时缺乏信心者仍低价抛售股票,庄家于是统统吃进,等到没有人愿意再低价卖出为止。然后,股价再向上一档一档地拉升,随着场外资金的不断介入,股价大幅走高,甚至急速拉到涨停并封住涨停板。在日K线图上,出现"T"形形态,成交量大幅放出。采用这种方式洗盘的庄家,其实力都非常强大,操盘手法极其凶猛。

这是根据散户见好就收的心理而进行的洗盘方式。庄家通过一波涨升行情后,展开洗盘动作。如果抛压不大,没有砸盘出现,浮动筹码得到充分交换,就能提高市场平均持仓成本,日后拉升也就不会遇到大的阻力。如果抛压较大,有大量砸盘涌出,表明盘内筹码出现松动,就会造成洗盘失败的处境。这种洗盘方式要恰到好处,既让获利盘出局,又让跟风盘介入。

这种洗盘方式一般前期股价都有较大的升幅,保守的投资者还是出局观望为好。虽然不排除后市有更为猛烈的拉升行情出现,但这种走势难以把握。如果洗盘回调幅度较深的话,可以在低位大量成交时,少量介入。

下图就是海鸥卫浴(002084)在2007年5月8日的走势实例。

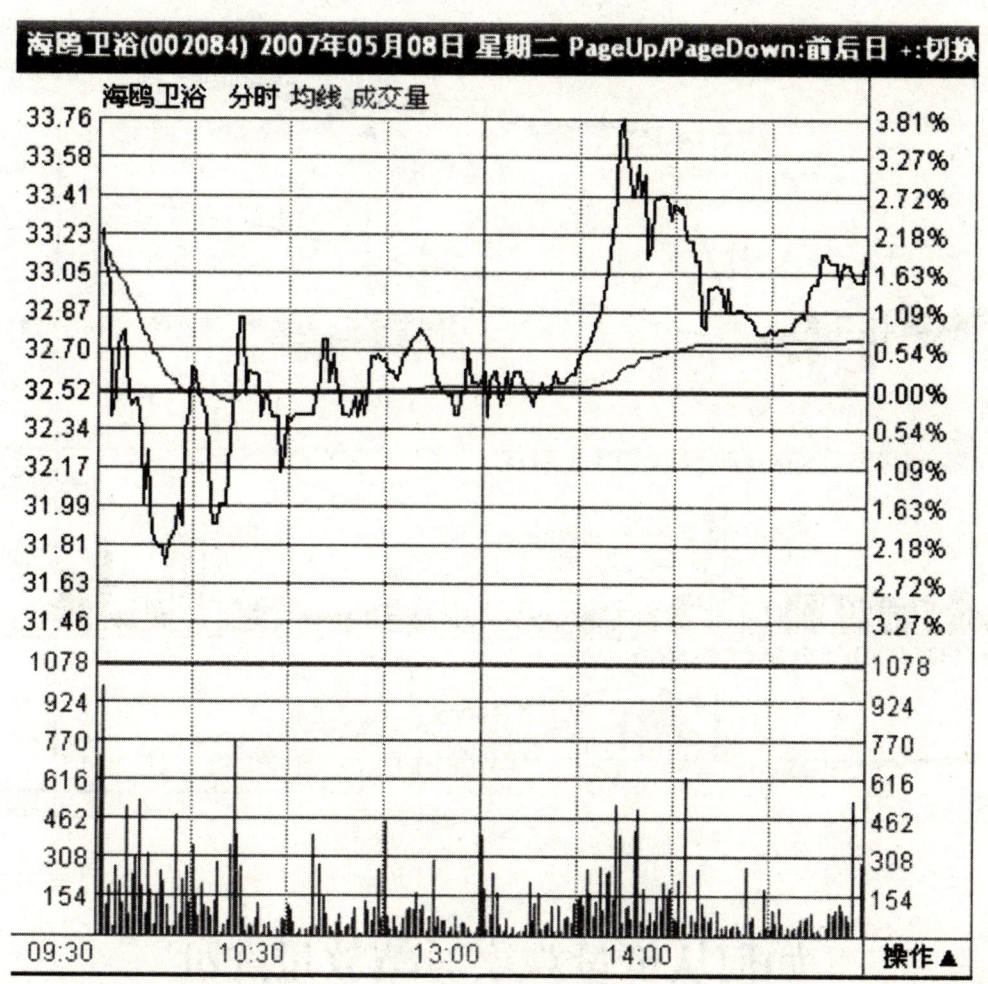

# 如何从价量观察固定价位洗盘

固定价位洗盘的价量特征有:股价基本维持不动,但成交量未见明显缩小。经过一波拉升行情后,庄家将股价维持在这个价位上,或打压到某个理想的价位后,挂出巨大的买入单和卖出单,使股价维持在一个狭窄的空间里,由散户自由交换筹码,这样股价久盘不动,大部分短线客忍耐不住而抛出股票,而让看好后市的投资者进场接走这批筹码,这样筹码就会得到交换。

庄家采用不参与的方式进行洗盘,以时间换取空间,当盘中筹码按兵不动时,预示洗盘将要结束,股价将展开新一轮攻势。

散户在股价成功摆脱盘局后介入,过早买入容易受庄家折磨而影响操作情绪。

下图就是攀钢钢钒(000629)在2009年3~4月的走势实例。

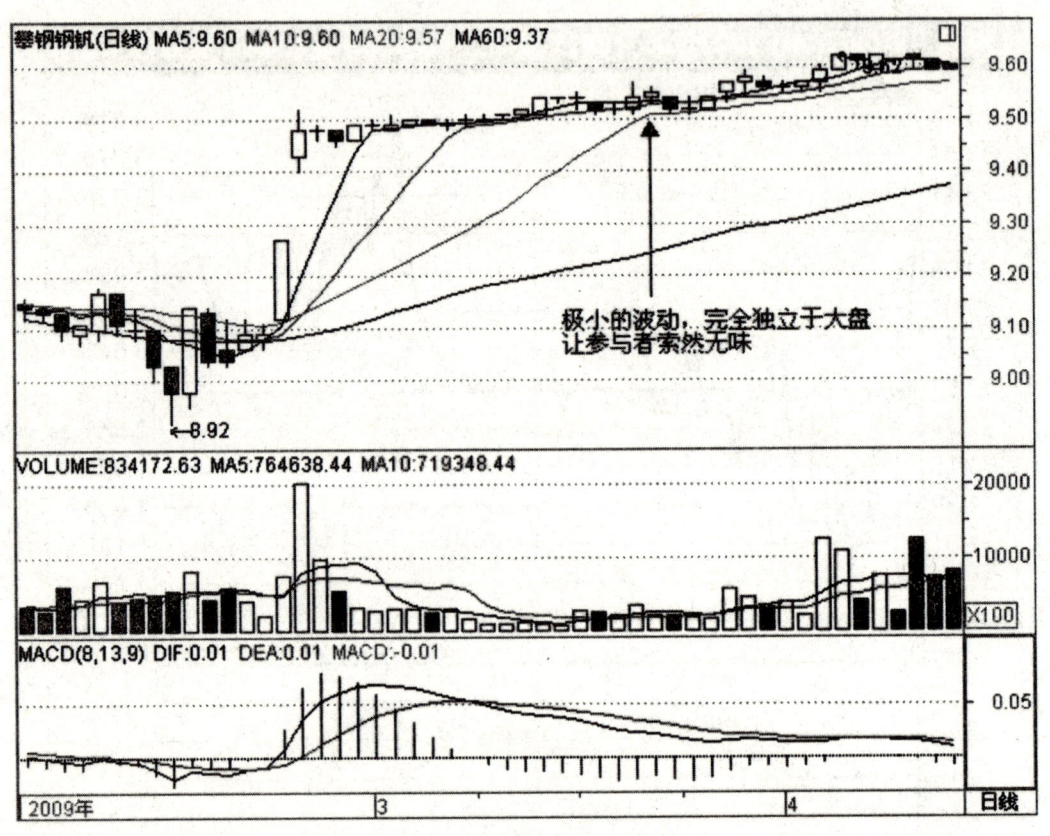

## 如何从价量观察对敲放量洗盘

对敲放量洗盘的方式多用于有重要利好支持的个股类型。其价量特征是:短期拉升到一定高度后,散户就会担心股价回调,庄家借机对敲,使股价于相对高位放出巨量,有时再玩点其他手法,如高开低走(阴线),使散户误以为庄家出货,或加强做差价的欲望,从而纷纷抛出股票。

这是根据高位放量会跌的传统经验所采取的洗盘方式。庄家通过对敲放出巨大的成交量,造成庄家出货的错觉,尤其是放巨量收阴线时,效果更佳。

当股价远离短期移动平均线、乖离率(BIAS)偏大时,可择高先行退出;在股价接近短期移动平均线时,可择低介入。

下图就是*ST中钨(000657)在2009年5月21日的走势实例。

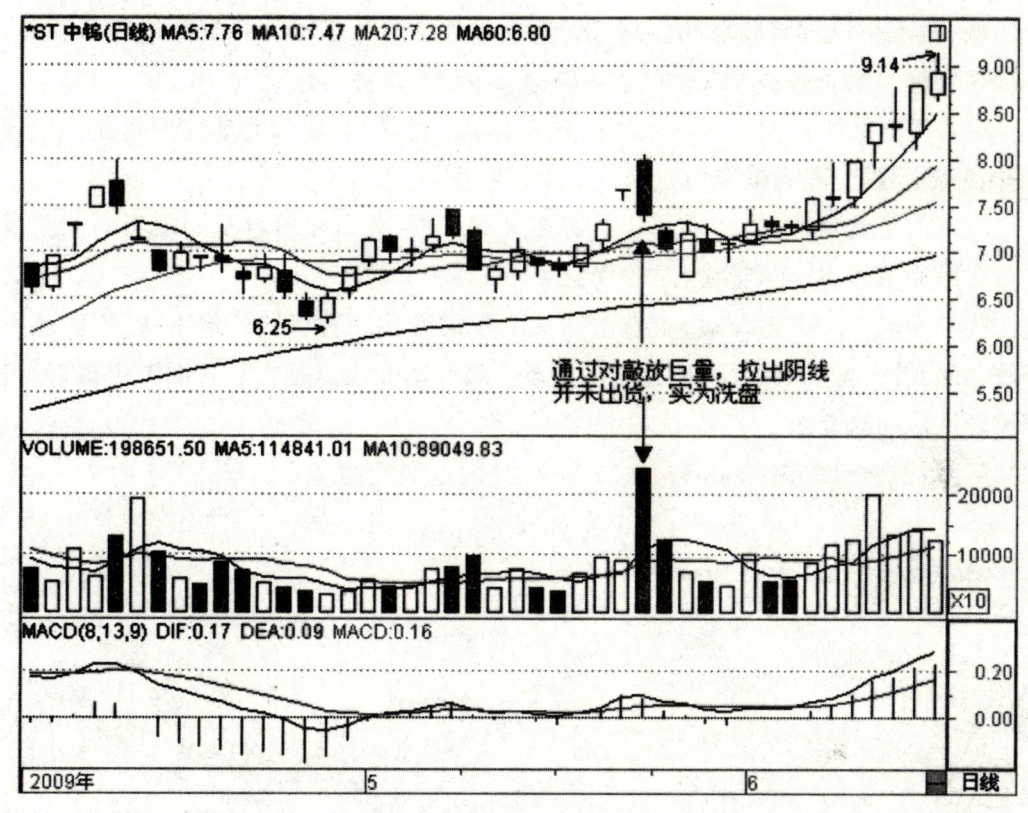

# 如何从价量观察技术位洗盘

庄家利用关键技术位即阻力位(线)或支撑位(线)进行洗盘,如短期移动平均线、趋势线、颈线位、重要技术形态、成交密集区、重要心理关口等。当股价向下突破这些重要技术位置,或股价上行时受到这些重要技术位置阻力时,必然会引起一部分技术派人士的恐慌而出现抛盘,促使庄家加快洗盘进程。通常有两种操盘手法:

(1)利用支撑位洗盘。其价量特征是:股价到达支撑位附近时,得不到支撑位的支撑,而向下破位式洗盘。伴随庄家建仓任务的完成,成交量在低位出现明显的规则或不规则的放量,必有部分投资者留意到这些盘面变化而跟庄进入。此时,凶悍的庄家有时不经过初升行情,就直接选择向下破位进行洗盘,让你信心动摇,美梦破灭在幻想之中。但这种破位是有限度的,尤其是大势尚好时,风险更大,极有可能在低位造成筹码损失。破位的幅度以建仓成本而定,一般在15%左右。

(2)利用阻力位洗盘。其价量特征是:股价到达阻力位附近时,受到阻力而回落式洗盘。

这种方式就是庄家将股价拉升到前期高点或成交密集区附近时,刻意向下震荡回落,造成难以突破的假象,散户投资者见此以为后市无戏而放弃持股,达到庄家洗盘要求。

这是庄家利用技术位置所采用的洗盘方式。通常,当股价到达这些重要技术位置时,会遇到阻力和支撑作用。

庄家为了洗盘的需要,往往还会制造虚假盘面,故意使股价受到阻力而回落或击穿支撑而下跌,从而产生较好的洗盘效果。

散户在股价向下破位后,重点关注成交量的变化。若持续放量下跌,说明还有下跌空间;若缩量阴跌,说明股价走势疲软。最好的介入点是在放量向上突破后,经回抽确认成功时介入。

下图就是*ST中钨(000657)在2009年3月的走势实例。

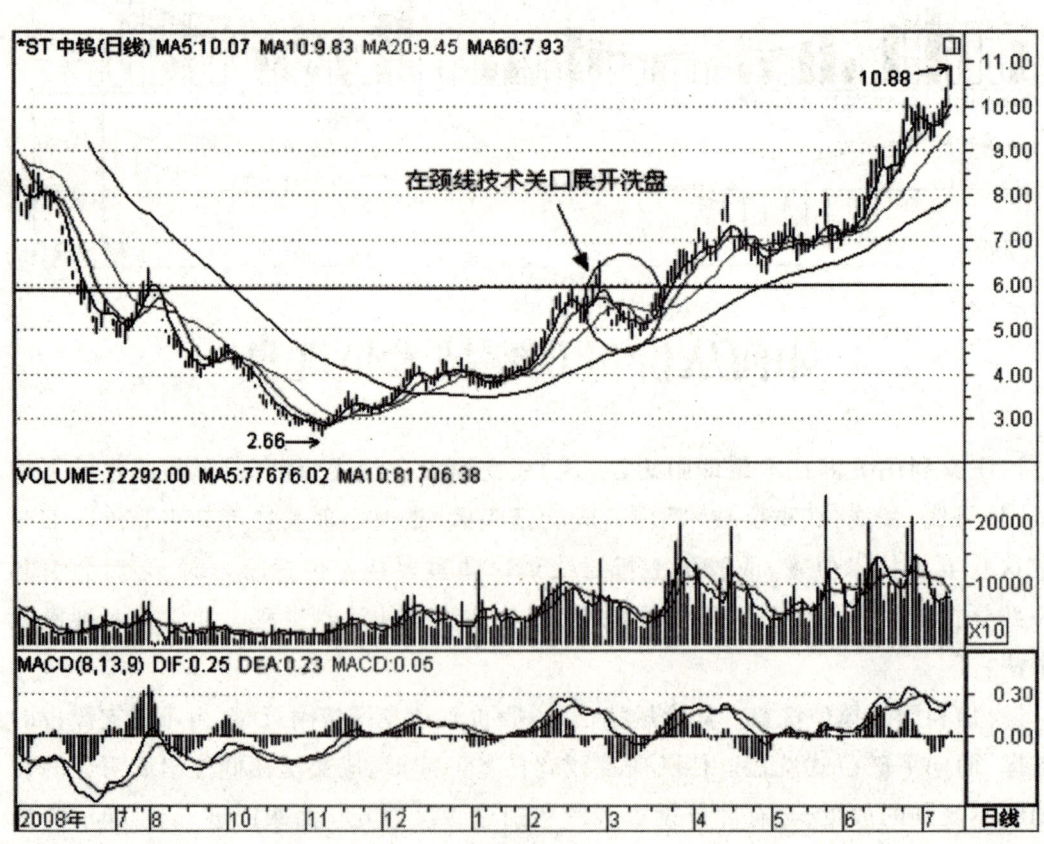

# 如何从价量观察洗盘时间

庄家洗盘也需要时间。初升阶段后的洗盘，时间一般不长，以十个交易日为宜。若时间太短，一般不能洗彻底；若时间过长，又会引来新的散户吃货。如果庄家压价时，散户惜售不出货，说明洗盘即将结束。盘子一旦洗干净就应迅速拉升，不给别的机构提供补货的机会。

此外，底部吸货过程中的洗盘，K线洗盘两三天，K线组合洗盘一周左右，形态洗盘短的则1个月左右，长的则3个月至半年。拉升过程中的洗盘通常需1周左右，而快速洗盘只需要两三天，以形态方式洗盘的则需3周左右。在方式上，打压式、跌停式、杀低式、破位式、对敲式的洗盘时间较短，一般需3~7天，而平台式、震荡式和利用阻力位式的洗盘时间较长，需要10~30天。

# 如何从价量观察洗盘空间

洗盘空间亦即洗盘所需要的震荡幅度，在底部吸货阶段的洗盘，回落幅度可以等同于吸货的空间(跌落到前期最低价位附近)。股价脱离底部后的洗盘，回落幅度

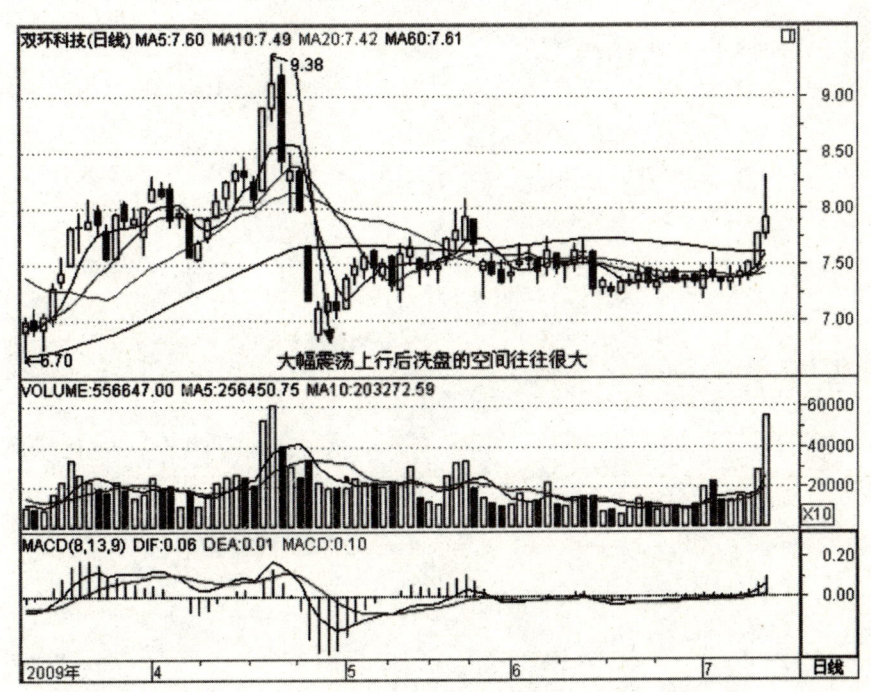

197

是拉升幅度的1/3或1/2,如果前期是多重底部形态,则回落位置是形态顶部最高价位或者比其略低的价位附近,最低不低于前期最低位,使底部进货的散户有小的获利空间,以便于他们出货。

股价经过充分整理后再次快速拉升过程中的洗盘,一般也以快速洗盘为主,洗盘幅度在10%以内。以大幅震荡上行方式进行边洗边整理的,洗盘整理幅度较大,可能达到50%左右。采用打压式、跌停式、杀低式、破位式、对敲式的洗盘空间占15%~40%,而平台式、震荡式和利用阻力位式的洗盘空间占10%~20%。

上页图就是双环科技(000707)在2009年7月的走势实例。

# 第14章
## 主升阶段价量观察10招

## 如何从价量观察急速拉升

采取急速拉升方式的主力一般实力雄厚,在低位收集了大量筹码,达到高度控盘。操作手法较凶狠,主力并不在乎剩余筹码的威胁,如果中途下马,立即就会后悔。这样既可以节省资金,缩短拉升时间,又可以打开上升空间。

其价量特征是:在日K线图上,常常连续拉出大阳线,或连续出现涨停板,甚至连续跳空高开,这些向上跳空缺口,在短期内一般不会回补,形成一波"井喷式"行情。在拉升过程中,成交量也同步放大,但以跳空涨停形式出现时,成交量反而见小,这说明庄家高度控盘了。这种方式多出现在小盘股或中盘股,通常具备投资价值或有特大的利好题材作为支持,市场基础良好。急速式拉升的股票,一般都是市场中的"黑马",投资者的追涨意识十分强烈。

庄家急速拉高,一气呵成,产生坐庄利润,在高位实施出货;同时引发市场关注,诱导跟风盘介入,帮助抬轿拉高;如若有重大利好支持,可防止消息泄露或来不及拉升而影响坐庄利润。

这类个股启动前有一个低迷期,成交量出现萎缩,此时应跟踪关注。当股价出现放量向上突破,或者以很小的成交量就能把股价拉到涨停且封盘不动,就应立即跟庄进入,这是最佳进场时机。如果此时没有发现或没有来得及介入,而接着股价一开盘就涨停,根本无法买进时,也不必着急。这种拉升方式,由于速度快、涨幅大,庄家很难在高位一次性完成出货任务,通常股价有一个回落整理过程,或在高位维持平台整理走势,然后展开第二波拉升。若是回落整理,可以在股价回落到5~10日均线之间买入;若是平台整理,可以在平台放量向上突破时买入。

下页图就是西部矿业(601168)在2009年3~4月的走势实例。该股自2009年3月起进入主升浪,在日K线图上,常常连续跳空高开,或拉出大阳线,这些向上跳空缺口,在短期内一般不会回补,形成一波"井喷式"行情。表现的是庄家要脱离成本区的急迫心情。

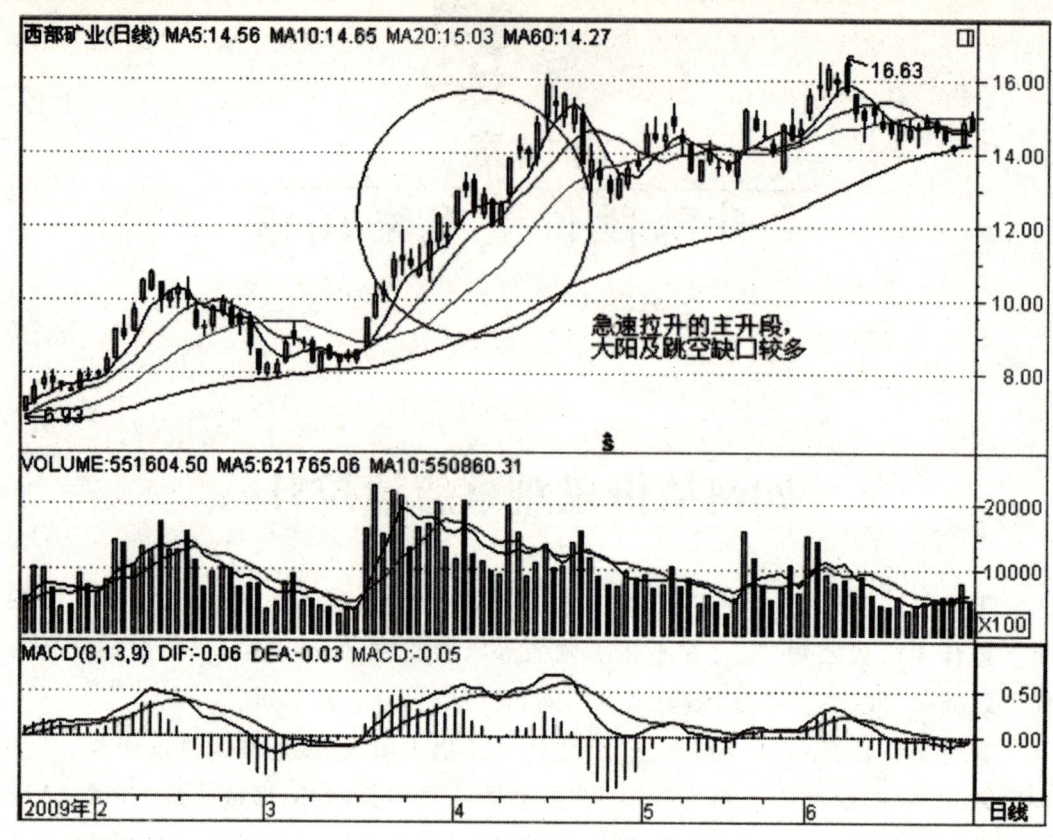

急速拉升的主升段,
大阳及跳空缺口较多

## 如何从价量观察台阶式拉升

台阶式拉升的价量特征是:庄家将股价拉高一截后,就横盘整理一段时间,在此赶出一部分散户后,再把股价拉高一截,然后又横盘整理一段时间。如此反复进行,不断把股价拉高,在K线组合形成一个一个向上的台阶形状。在日K线图上,拉升时以大阳线、"一"或"T"形出现,横盘整理时阴阳交替,小阴小阳排列。在成交量方面,拉升时放量,横盘时缩量。用此方式拉升的主要有三类庄家:第一类是资金实力强,控盘能力高,采取稳扎稳打,循环渐进的方式拉高;第二类是操盘手性情较为温和,喜欢不温不火地做波段;第三类可能因为保密工作做得不太好,跟风盘太多,因此采用这种方式赶走跟风者。

这种拉升方式能够起到边拉升边清理短线获利筹码的效果,短线散户看到股价滞涨不前,担心股价下跌调整,就获利了结,卖出手中的股票。与此同时,一些先前没有买入且又长期看好该股的散户,在庄家展开调整时借机买入。这样对庄家后市拉升,起到推波助澜的作用。

散户持股者若不是短线技术高手,可以一路持股到底,在第三个整理平台区域,当股价放量冲高回落或收出放量阴线时,可以考虑卖出。若是短线技术高手,可以进行短线操作,这样可以提高资金使用率。

具体方法是:

当股价有一段升幅后,在股价放量冲高回落、或者收出放量阴线、或者高位十字星时卖出;

在股价经过一段横盘整理后,持币者在放量向上突破时重新买入。

据观察经验,前面三级平台的规律性较强,准确率较高,四级以后的平台准确率较低,可能会出现变盘,应谨慎操作。

通常,一个台阶的涨升高度在30%左右,一个平台的整理时间在20日左右。但不同风格的庄家,不同类型的个股,其拉高的幅度和横盘整理的时间都不相同。

下图就是汕电力A(000534)在2009年上半年的走势实例。该股自从2009年2月以急涨方式站上5~6元的平台以来,逐渐数量整理,但又不跌破该平台,在横盘整理时阴阳交替,小阴小阳排列。

在成交量方面,拉升时放量,横盘时缩量,在第一个平台上震荡一段时间后发力站上6~7元的平台,如此反复向上。

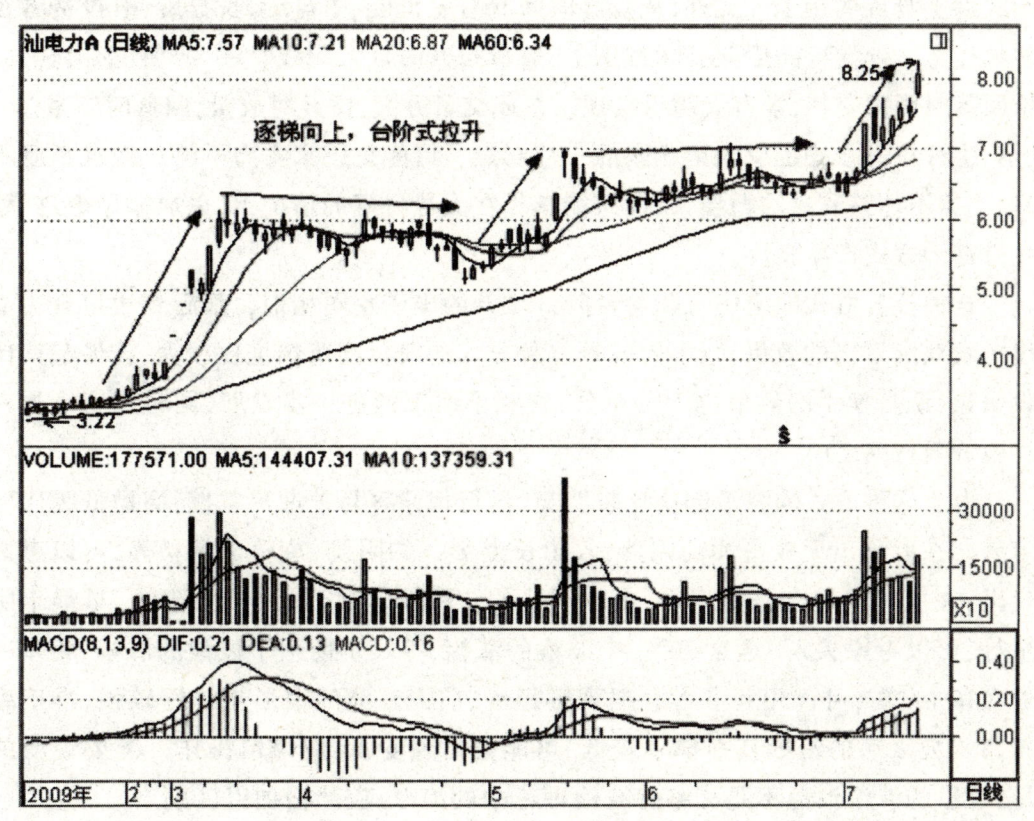

# 如何从价量观察波浪式拉升

波浪式拉升的方式多发生在大盘股及中盘股中，在市场中表现出十分稳健的姿态，比较容易被投资者所接受，并达到推波助澜的目的，多数庄家乐意采用这种方法。采用这种方式拉升时，当股价在加速爬升的过程中，由于短期拉升速度太快，累计的获利盘太多，于是当股价拉升到一定高位时，获利盘蜂拥而出，庄家不得不释放部分获利盘，股价回落经过充分的洗盘换手后，再进行下一波拉升。一个大波浪之中，有许多小波浪组成，即大浪套小浪，浪中有浪。此手法通常在拉升过程中进行洗盘，尤其是在重要阻力区域，以小回或横盘震荡的整理走势来消化阻力，并完成散户由低成本向高成本换手的过程，尽量减轻上行时的压力，然后趁着利好消息或市场良好的氛围再将股价拉高一个波段，股价重心不断上移。最后股价会打破这个规律，这时产生两种结果：一种结果是，形成向上突破，股价进入加速上扬阶段。另一种结果是，股价向下调整，结束波段式拉升行情。

波段式拉升呈盘旋形式上行，有一次盘旋、二次盘旋、三次盘旋，但很少见到有四次以上盘旋的例子。此外，从盘旋时间看有短盘旋、中盘旋、长盘旋，故投资者须多加注意。价量特征是：在日K线图上，股价拉升时以大阳线、"一"或"T"形出现，股价回落时阴阳交替，常有大阴线出现。在成交量方面，拉升时放量，回落时缩量。

这种拉升方式也反映出庄家的一些弱点，可能是庄家实力不够，控盘程度不高，支撑不住获利盘的抛压，因此只能选择在大势良好的情况下，采取循序渐进、稳扎稳打的方式推高股价。

这种拉升方式的坐庄意图与台阶式拉升的坐庄意图相似，都起到边拉升边清理短线获利筹码的效果，所不同的是这种方式的股价回落幅度比较大，波浪起伏比较明显，洗盘换手的效果也十分充分，有利于后市的进一步发展，同时庄家也加入高抛低吸行列之中。

由于这种方式的波浪起伏比较明显，运行规律容易被散户掌握，高抛低吸比较容易。在股价出现放量冲高回落，收出长上影线的阴线、黄昏十字星等，可以考虑卖出；在股价经过充分整理后，出现明显的止跌信号时，如放量大阳线、早晨十字星等，可以考虑买入。通常，后一个波浪的涨幅，等长于前一个波浪的涨幅，相差一般在10%左右，可以相互参考。据观察经验，前面三波的浪形规律性较强，准确率较高，4波以后的浪形其准确率较低，可能会出现变盘，应谨慎操作。需要说明的是，这里的波浪浪形不是艾略特波浪理论中的浪形，应严格加以区别。

下页图就是中国国航（601111）在2009年上半年的走势实例。该股在2008年11

月启动了一个小波浪，12月份又启动了一个波浪，然后横盘至2009年2月，此后两个波浪比2008年的波幅大，且一浪高过一浪。尤其是4月初的波浪应该说是形态比较理想的。这种一浪接一浪的形态就是我们说的波浪式拉升。

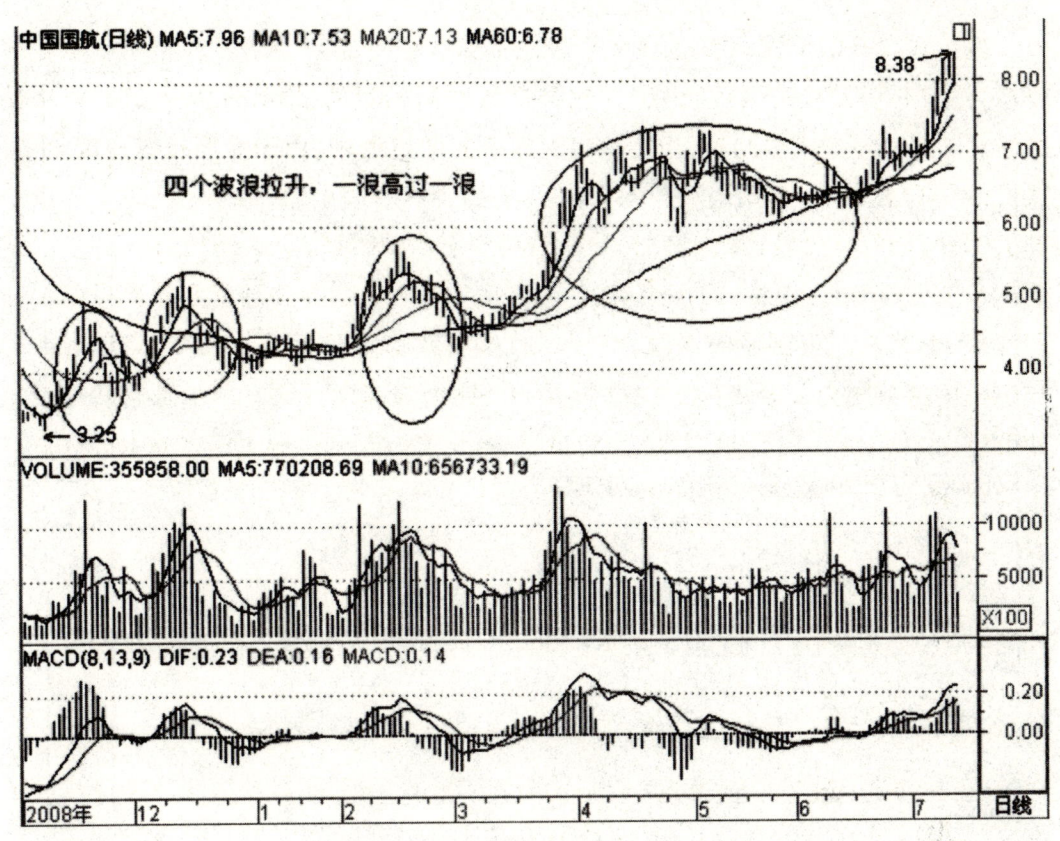

# 如何从价量观察洗盘式拉升

　　洗盘式拉升的价量特征有两种：一种是股价拉升到阶段性高点后，放出巨额成交量，走势上形成阶段性顶部。由于庄家在暗处，一般人很难分辨是最终顶部还是局部小顶，从而被洗出局。另一种是股价向下回落，跌破某一个被大众公认的技术位置，造成出货假象，破位之后的股票即使再次被拉升，也会被误认为是反弹，因此被骗出局。最终发现庄家锁仓不动，以较小的成交量就能创出新高时，为时已晚。

　　庄家通过洗盘的手法迫使先前底部介入的散户出局，让长期看好该股的散户进场帮助庄家抬轿，减少拉升成本和拉升阻力。

　　散户在股价远离短期移动平均线、乖离率（BIAS）偏大时，择高先行出局。当股价第一次回落到移动平均线附近时重新介入。在上升过程中，股价三次以上回落到移动平均线附近时,可能要变盘,应谨慎做多。

下图就是粤传媒(002181)在2009年上半年的走势实例。该股在2009年2月份强势上涨了一波,为了清洗获利盘,必须再次洗盘,因此从2月下旬到3月初进行了猛烈的下跌洗盘,盘中作出了头部形态以吓跑散户。

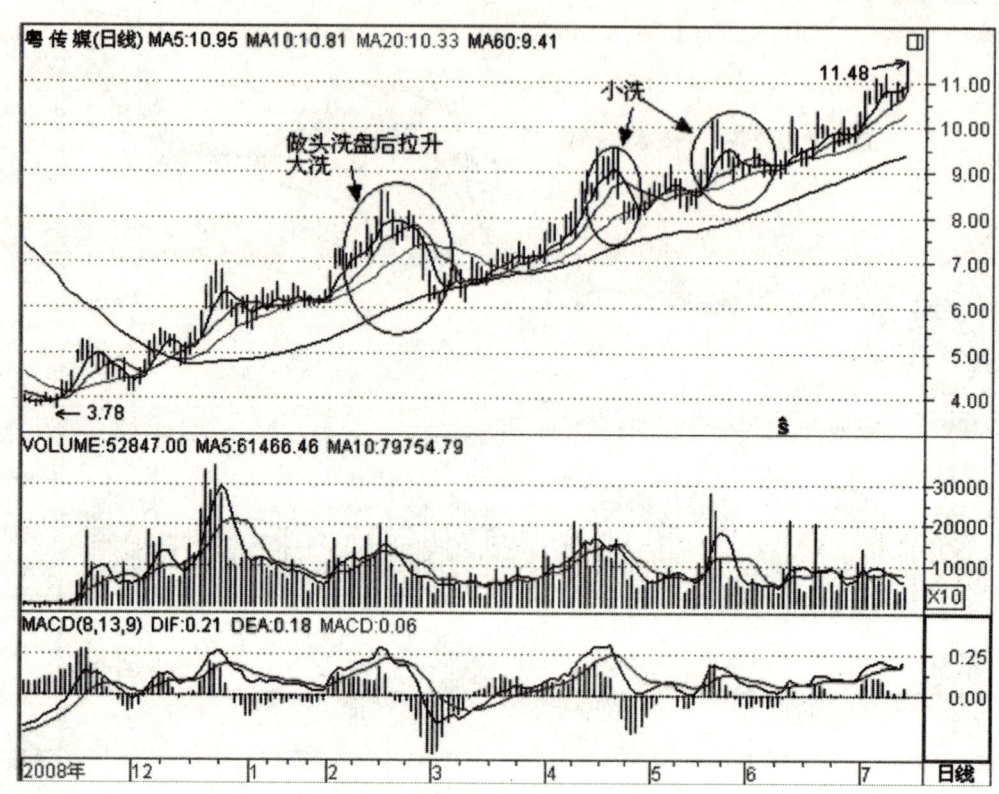

# 如何从价量观察推进式拉升

推进式拉升的价量特征是:庄家沿着一定的斜率直线拉高股价,在当日分时走势图上,表现为下方有大量买单出现,以显示庄家实力强大,为避免股价出现下跌,然后一分一秒地把股价一分一分地往上拉升;拉升一段时间后,还常常故意打压一下股价,凶猛的庄家还放下"鱼钩"式的走势,以吸引买盘去逢低吸纳,然后又将股价拉上去。采用此法拉升的庄家实力一般较强。出货时往往还会有上市公司的题材配合。

庄家通过拉升股价以稳健的上升步伐,吸引更多的买盘资金加入,帮助庄家拉高股价。打压股价是为了让短线获利散户出局,让看好后市的散户入场,以完成筹

码交换,提高市场平均持仓成本。

　　推进式拉升的累计涨幅是很大的,散户入场后要保持良好的心态,不要频繁操作。上涨过程中出现的小幅震荡,是正常的盘面现象,没有出现异常波动,上涨行情就没有结束。当股价出现冲高回落,以大阴线报收时,应当引起注意。

　　下图就是新疆天业(600075)在2009年1月20日的走势实例。该股拉升采用的就是推进式拉升,没有大幅度的向下震荡,而是逐级上推,这样稳健的上升步伐,告诉散户的信息是庄家投机行为较少,有利于吸引更多的买盘资金加入,帮助庄家拉高股价。

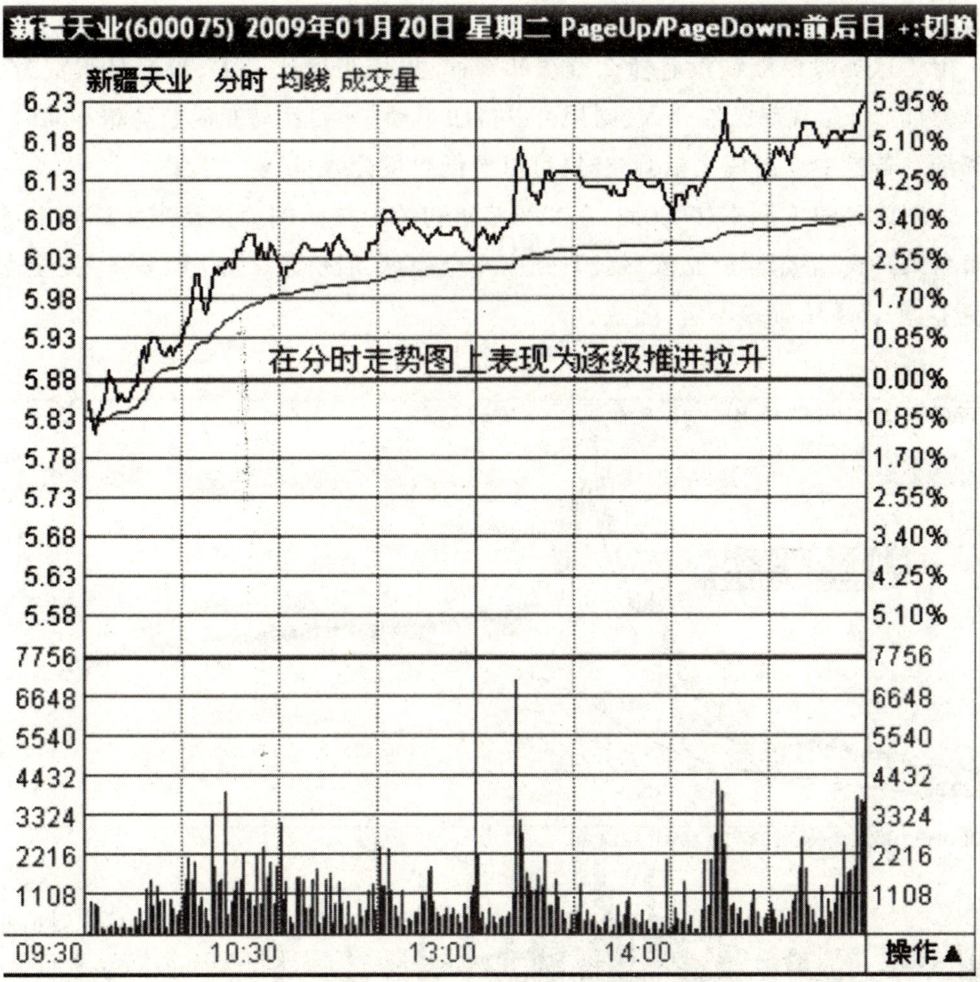

新疆天业(600075) 2009年01月20日 星期二 PageUp/PageDown:前后日 +:切换

新疆天业　分时　均线　成交量

在分时走势图上表现为逐级推进拉升

# 如何从价量观察随意式拉升

　　采用随意式拉升的庄家,其资金实力非常雄厚,筹码达到高度控盘,操纵股

价时不讲章法,随心所欲,其拉升的目标价位非常之高。由于这类股票散户持筹不多,绝大部分筹码落在庄家手中,庄家拉升股价时遇到的阻力不大,所以庄家想怎么炒就怎么炒,随心所欲地控制股价。大胆的散户完全是"博傻"式跟进,无法预测其目标价位。或者是被快速拉高的暴利效应所诱惑,在高位接下庄家抛出的筹码。

这类股票的坐庄意图原先入驻时可能不是这样的,原本想炒一把就走,但由于种种原因,或是因为操盘手法不当,使自己被套其中,或是因为过分地看好该股,所持筹码过多,等等,导致自己不能顺利出局。现在的坐庄意图是,在高位硬撑着不放,能出多少货就出多少货,最终实在撑不了的话,就选择"跳水"自杀。其处境是不得已而为之,只能自己拯救自己。

由于这类股票涨跌没有什么章法和规律,操作难度比较大,最好是观赏为上,少碰为佳。若是底部已经介入,倒是可以持股不动,等到壮马变成老马跑不动时,下马离场。若是中途出现大幅调整时,可以择低少量介入,试探性操作。

下图就是ST宝利来(000008)在2000年年初的走势实例。这是当年证券市场上的著名第一大超级黑马"亿安科技",强庄完全控盘,股价怎么炒?炒多高?完全由庄家说了算,其手法捉摸不定,随意拉升。

K线图入门与技巧

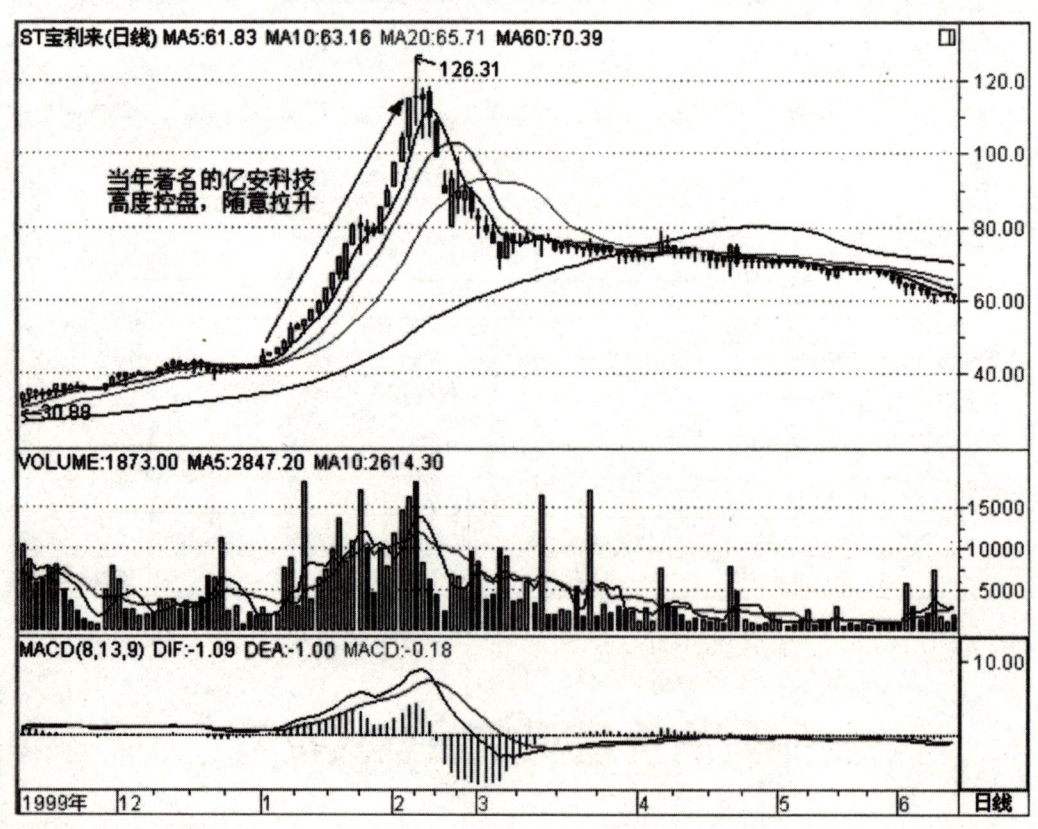

# 如何从价量观察复合式拉升

复合式拉升方式,就是庄家在拉升过程中,并不是采用单一的操作手法,而是结合多种多样的操盘方式,对自己进驻的股票进行拉升。其价量特征是:成交量时大时小,日K线阴阳交替。经验老练的庄家为了赶走跟风盘,在拉高手法上也新招迭出,让普通散户投资者弄不清到底是在拉高,还是在出货。使散户增加判断难度,说它是急速式拉升,又像是随意式拉升,判断它是波段式拉升,又像是洗盘式拉升,影响操作效果。

庄家主要是想让底部获利者提早出局,免得日后拉升构成威胁,同时让场外持币者有一个介入的机会,这样市场平均持仓成本就不断提高,庄家日后出货也就顺利了。

由于这种拉升的盘面比较复杂(看起来比较凌乱),散户难以把握。细心的散户可以将它分割成几个大的阶段,然后再去寻找它的规律,这样就容易把握了,只要掌握各种拉升方式的操作策略,就能在复合式拉升的股票中得心应手地操作。

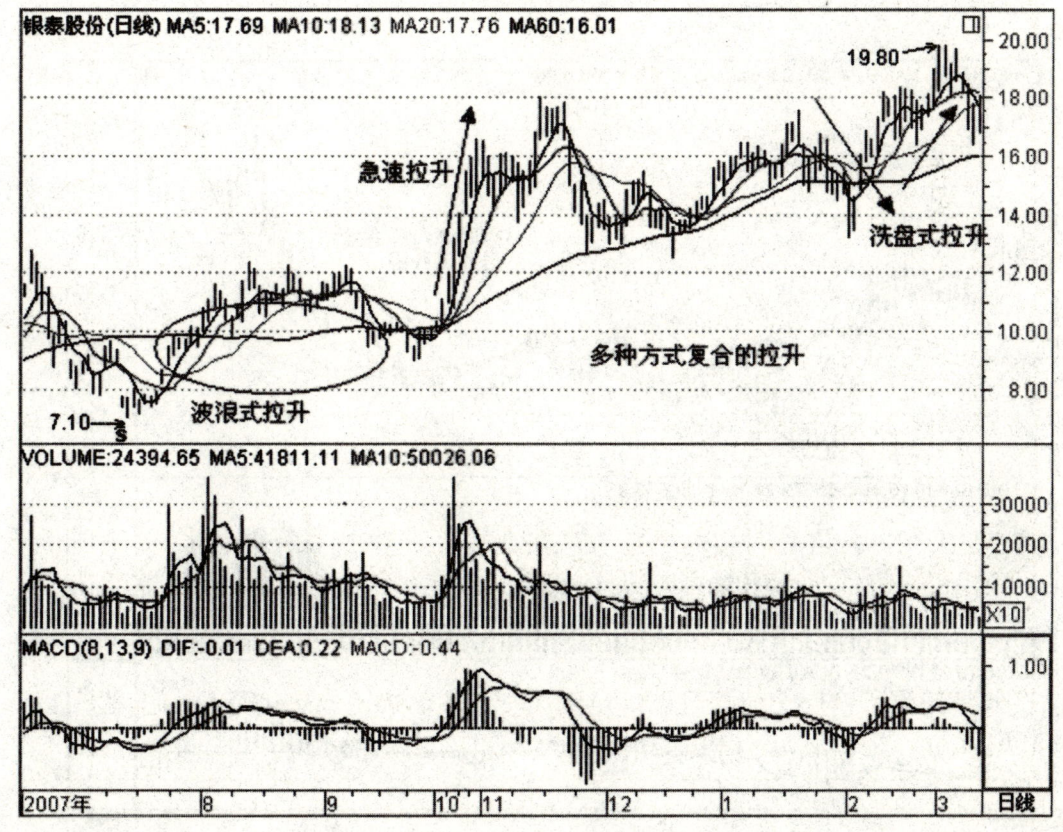

上页图就是银泰股份（600683）在2007~2008年的走势实例。该股庄家采用的就是复合式拉升手法。股价见底后，步入牛市通道，整个坐庄过程比较复杂。先是以波浪式推高股价，经过短暂调整后，以急速拉升方式上涨。其间又经深幅调整，再度拉起（洗盘式）。在这里庄家使用的是多种方式的复合式拉升手法。

# 如何从价量观察圆弧式拉升

圆弧式拉升的价量特征是：庄家在底部吸足筹码后，步入上升通道，但升势尚处于初升阶段，其速度比较缓慢，K线阴阳相间，交替上升，成交量较小。然后，在推力和惯性的作用下，股价进入正常运行轨道，速度与能量也趋之合理。最后，行情进入冲刺阶段，股价越涨越快，角度越来越陡，势头越来越猛，成交量越来越大。不久，行情宣告结束，整个拉升过程呈圆弧形上升。

这种方式在刚刚进入拉升时，上涨速度比较慢，上涨幅度也比较小。随着股价逐步脱离底部，成交量也出现温和放大，也吸引不少多头资金跟进，为庄家起到推波助澜的作用。当股价进入拉升的中后期时，上涨速度开始加快，进一步刺激多头买盘人气，使股价涨势达到了高潮，人气狂热，市场沸腾，这也是行情快要结束的标志。

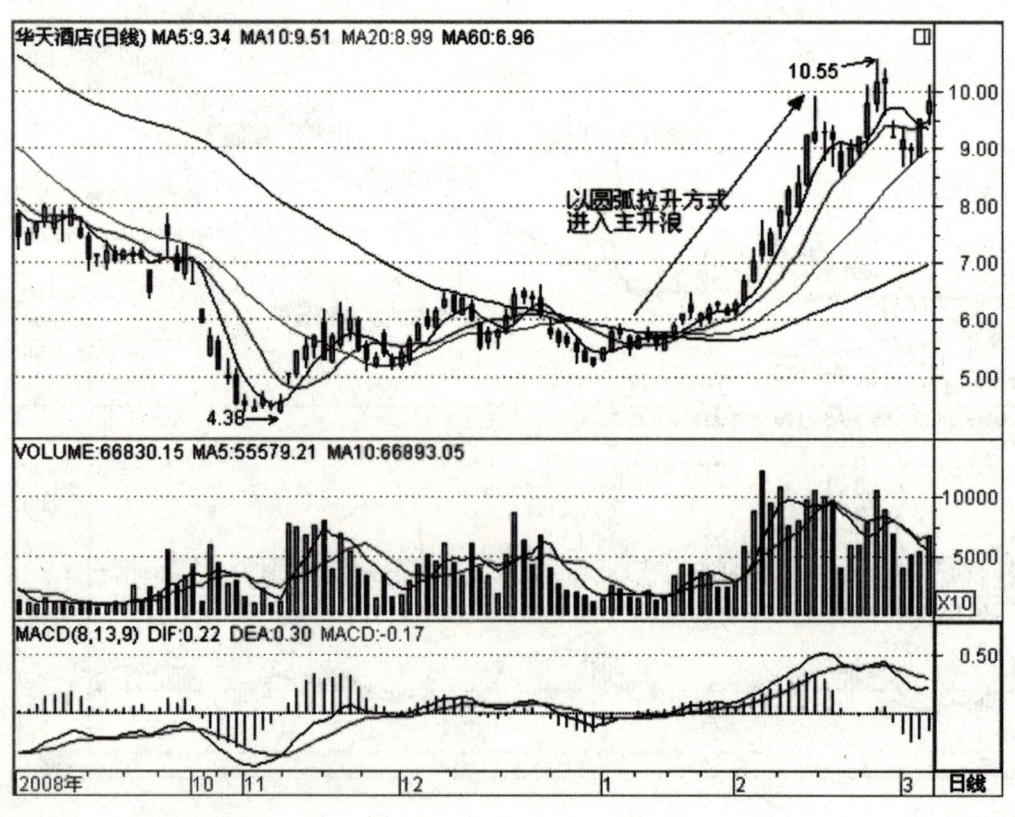

庄家在起涨底部阶段,放缓上涨速度是为了不让底部介入者有更多的利润,尽量让浮动筹码在底部自由交换,使市场平均持仓成本向高处转移。中后期的快速拉升,是引发更多的买盘资金加入,帮助庄家拉高股价,实现胜利大逃亡。

这种拉升方式的累计涨幅较大,散户入场后要保持良好的心态,不要频繁操作。可以忽视上涨过程中出现的小幅震荡,当股价出现异常波动,股价冲高回落,有大阴线产生时,考虑卖出。持币者可以在股价回落到均线附近时,买入做多。

上页图就是华天酒店(000428)在2009年1~2月的走势实例。该股庄家采用了圆弧式拉升方式。在初入升势时,庄家让股价在低缓的上升通道中慢慢爬行,盘面呈现小红小绿,多空拉锯,微幅震荡的走势。这可能是因为股民的信心一下子未能恢复过来,不敢盲目追涨。随着势道坚实后,散户开始逐步追进,增加了股价推升的力量,使股价越走越快,形成圆弧形上升走势。

# 如何从价量观察涨停式拉升

判断涨停股票的未来走势。封住涨停板早,在封涨停板后抛盘立刻减少,成交量极度萎缩,且有巨大买单封住涨停板的股票具备延续上升的能力,可继续持有。相反,那些封涨停板较晚,封涨停板后又被巨大抛单打开的股票,其延续上升的能力则较弱。

对于连续封涨停板的股票,不仅要看封涨停板的早晚,封单的数量,更重要的是观察成交量的变化。只要成交量保持在一个相对萎缩的状况就可继续持有。因为在封涨停板的情况下,每一笔成交的手数均可视为空方的打压,多方在买一处巨大封单将所有的抛盘统吃。成交量的萎缩说明空方无力攻破多方的防线,多方占据了绝对优势,这样的股票就可继续持有。

随着涨停板次数的增加,股价大幅飙升,获利盘越来越多,为空方积蓄了足够的做空能量。此时成交量若放大说明获利盘已涌出,空方对多方开始攻击,在盘面上表现为每一笔成交的手数较前突然增加且连续出现,买一处巨大封单快速减少,甚至将涨停板打开导致股价向下急挫。此时多方也会顽强抵抗,放出巨大买单,将股价重新拉回涨停板。若一天中涨停板几次被打开,同时伴随着成交量的不断放大,说明多方上攻之势已到强弩之末,应及时抛出持股获利了结。

对于涨停的股票不仅要判断其是否具备持续上升的能力,还要判断庄家的意图。如开盘不久就封住涨停,涨停后成交量急剧缩小,每笔成交手数仅几十手,在买一处有巨量封盘,看似一切正常。但在买二处也挂有大买单却耐人寻味。如果这只股票真的被市场看好,投资者追涨买进绝不会为了"省"一分钱而在买一巨单之后去排队。那么买二处的买单就可能是庄家故意堆放的,其目的就是显示该股大受市场追捧的"火爆"场面,以吸引投资者跟风买进。这时,庄家在涨停板的位置采用不断撤下先前打入的买单,让出机会给排在后面追涨散户的买单,将股票卖给散户,同时(几乎在同一时间内)再重新输入买单以维持巨大的封盘量,继续吸引散户跟进。在价格一致时间优先的交易原则下,源源不断地将股票卖出。由此可判断股股强劲上涨趋势是虚假的,庄家要出货。

封盘后可能出现两种现象:缩量涨停和放量涨停。

(1)缩量涨停。股价的运动从盘中解释,即买卖力量的对比,如果预期较高,没有多空分歧,则形成无量空涨。缩量涨停有时说明市场抛压较轻或已控盘庄家拉抬轻松,有时也有股民看好后市而惜售的成分,往往容易形成连续涨停。但是如果是被爆炒过的大牛股,一旦进入下降通道,上方远离套牢密集区,下方远离庄家成本密集区,缩量涨停多为出货的中继形态,第二天大多低开低走,投资者要小心持股。

(2)放量涨停。尤其在前期小头部处的放量涨停,一方面说明庄家做多意愿坚决,并不惜解放所有的套牢盘以示其志在高远;另一方面也显示了庄家雄厚的资金量和强大的实力。只要未远离庄家成本密集区放量涨停往往会形成一波大行情。但比前一类可能上涨幅度要稍逊一筹,因为有一部分看空的抛出,但看多的更多,始终买盘庞大,拒绝开板。其原因:一是庄家有超凡实力;二是阶段性板块热炒;三是

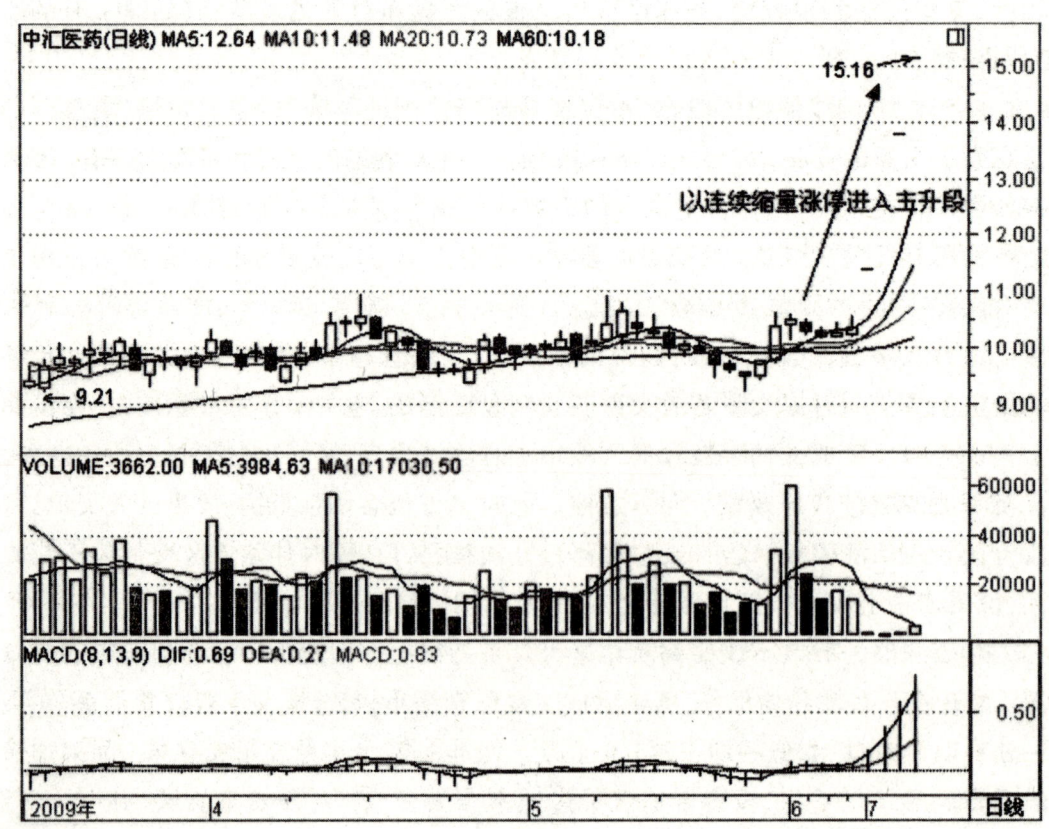

个股潜在重大利好;四是庄家融资期限较短,需速战速决。

无论是缩量涨停还是放量涨停,在其涨停后不出现大抛单就是好品种!只有在突破成交密集区和前期头部回抽(洗盘兼测支撑强度)确认时,一定要求缩量。尤其创新高后缩量说明满盘获利无抛压,洗不掉的是庄家筹码,为高控盘庄股。一个从未涨停过的股票很难想象能走多高。

上页图就是中汇医药(000809)在2009年7月的走势实例。2009年3月该股放量站上10元台阶后就一直在10元附近的平台上震荡,5月底庄家进行最后一次打压,为了不让市场上捡到便宜筹码,随即又拉起到10元以上。稍后几日即展开缩量涨停拉升的主升浪。

# 如何从价量观察拉升时间和空间

相对于建仓、整理、派发阶段来说,拉升的时间周期最短,拉升幅度的大小以及时间的长短,是体现庄家实力与操盘风格的所在。同时,拉高是庄家获利的关键,在庄家的操作中具有决定性意义。一般短线行情在1~2周,中级行情1个月左右,长庄股在3个月左右,个别大牛股的升势可能超过1年以上。

通常,底部盘整结束后将股价拉升到一个台阶进行整理只需15天左右,其间没有震荡的可能在7天左右。以震荡爬升方式上行的上升周期,需要1~2个月。一个波段或台阶的拉升时间在15天左右,但总的持续时间较长,需要3~6个月,甚至1~2年。为出货而快速拉升的持续时间较短,中途没有震荡或震荡幅度小的,需要20天左右,中途有震荡且幅度大的,需要2个月左右。拉升时间通常与拉升性质、拉升方式、上涨速度、调理方式有关。

拉升时间与上涨角度也有关系,30度角上涨的持续时间最长,可维持在几个月甚至1年以上;45度角上涨的持续时间适中,一般在1~3个月;60度角上涨的持续时间最短,行情在几天或几周就结束。可见,角度平坦(但不低于30度角为宜)的上升速率维持时间较长,角度陡峭(特别是超过60度角)的上升速率维持时间较短,因此,股民遇见"井喷"式行情,不可恋战。

拉升空间是指股价经过底部的充分换手并洗盘,且脱离底部庄家成本区域又进行过多次充分整理后,股价向顶部区域的快速挺进,是股票上涨最为疯狂的阶段(收益最高、最快,特别适合短线高手操作)。拉升空间就是庄家拉升股价所需要的幅度。

股票拉升幅度较少的在30%以上,一般的在50%以上,幅度较大的超过100%甚至200%以上,超级大牛市可能达到4~5倍以上。通常,一只庄股的整体涨幅不小于1倍,流通盘较大的,在80%左右。基本面较差又无可以看好的理由的,在60%~80%。小盘股、热门股的涨幅预期较高,可能达到2-3倍,甚至4~5倍以上。庄家坐庄手法不同,其拉升幅度也有别:快速拉升的幅度在80%甚至2倍以上;一个波段或台阶的拉升幅度在30%左右,但总的幅度在1倍以上,推进式或复合式的拉升幅度在股价的1倍左右。股票拉升的空间,取决于个股炒作题材、市场人气、股价定位、技术形态、股本大小、筹码分布、庄家成本和庄家获利目标等,其中庄家的意愿是决定性的。

股票拉升幅度也可以参考股票的最低价确定,从底部最低价起算,可以按涨幅的80%、100%、150%或者200%以上分别确定拉升可能到达的价位。

下图就是鲁信高新(600783)在2008~2009年的走势实例。股价从11月起以30度角温和上涨,持续时间较长,到2月份以后以70度角加速赶顶,最终在2月份达到高点,涨幅达到5倍。

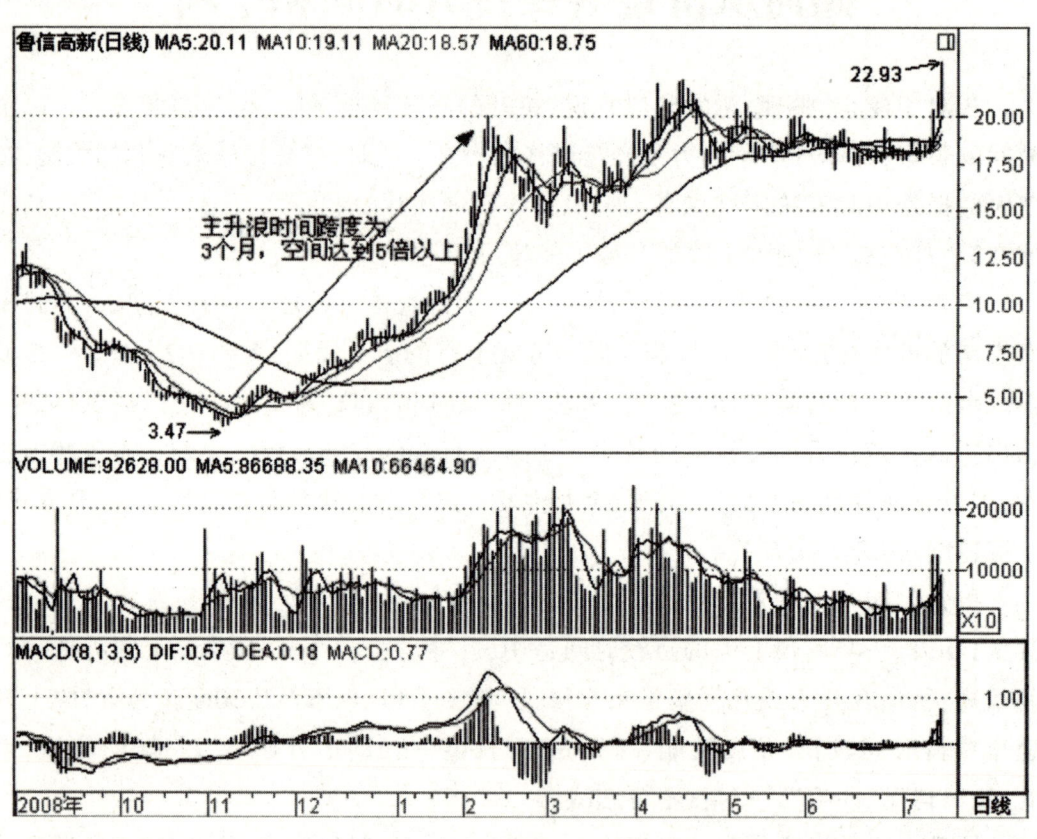

# 第15章
## 出货阶段价量观察10招

# 如何从价量观察快速拉高出货

庄家利用大势狂热、人气旺盛之际，快速拉抬股价，展开主升段行情，令散户追涨跟进。成交量急剧放大，连续多日换手率超过10%。此时市场已失去理性，很多散户会丧失警惕，把风险抛于脑后，唯恐失去买入赚钱的机会，而不断追高买入。庄家就在众多散户疯狂汹涌扑近之时，在有满意的盘面收益后寻机出货。此时很快形成一个结实的顶部，这种顶部一旦反转，一时半会儿难以解套。果断的人及时"断臂"离场，尚可减少损失；迟缓者将深陷泥潭，不能自拔。

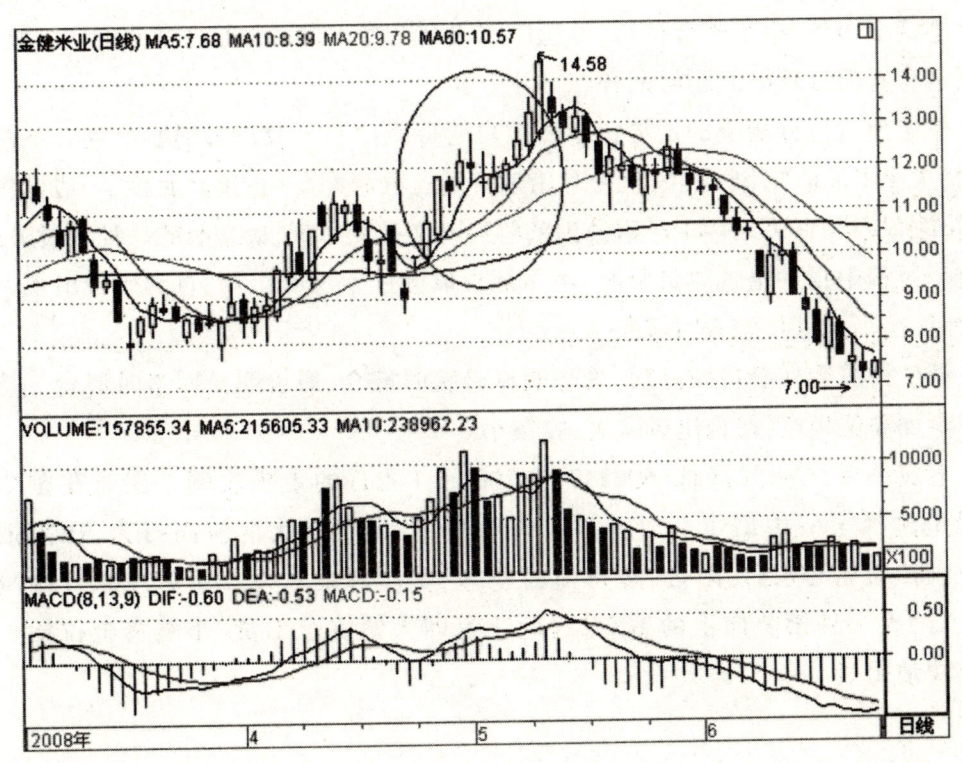

第3篇　K线法则与价量分析

这是庄家利用散户暴富心理所采取的出货方式。一些在前期底部没有介入的散户受此影响,蠢蠢欲动,最后盲目追进。有的散户自以为是技术高手,认定后面还有第二波行情,因此没等股价下调多少就重仓买进,谁知行情一去不复返。

散户持股者在庄家什么时候停止拉升,就在什么时候坚决离场。这种拉升方式,如果得到惯性和外力作用可以持续上涨,一旦上涨动能中止,股价滞涨就会出现大量抛盘,再也无法展开续升行情。这种走势通常是短线庄家所为,持币者在中后期千万不能介入,就连后面的反弹也不要抢。

上页图就是金键米业(600127)在2008年5月的走势实例。该股有强庄入驻其中,在借大势反弹之机,股价快速拉升派发,换手率多日在15%以上,让追进者个个套牢。

# 如何从价量观察边拉升边出货

边拉升边出货方式并不是将股价一步拉到出货价位,而是在接近出货价位的地方,开始减缓上升速率,走出继续攀升行情。这样,可以既稳定长期持股者,又可以吸引新的散户跟风,顺应庄家出货目的。其盘面特点是,股价每次向上创出新高后,就出现回调,在每次回调结束后,又向上创出新高。庄家在反复循环拉升过程中,在跟风旺盛时抛出一部分筹码,在上档压力减轻时用少量资金拉升股价。这样以大笔资金出货,小笔资金拉抬,可让庄家顺利全身而退。此方法多见于强庄股,且股票本身有后续较好的题材配合。

庄家通过这种稳健的走势,增强散户的持股信心,散户看到股价重心不断上移,就淡化了风险意识。庄家正是利用散户的这种心态,一边拉升股价,一边抛售股票,让散户心甘情愿地接走庄家抛出的筹码。这是最隐蔽、最高明的一种出货方式,在整个过程中很少出现放量情况,不少散户以为庄家没有出局,直到股价出现大幅下跌时,还不知道是怎么回事。

低位持股者在股价拉高后,涨势明显趋缓时减仓,股价明显回落时清仓。持币者不参加高位爬坡,在这里风险大,收益小。

下页图就是一汽富维(600742)在2003年1~2月的走势实例。庄家在整个主升段里选择了一边出货一边上拉股价的方法,做了较大的拉高行为,庄家把股价拉到出货价位8.5元附近,进行横盘整理,实施峰前派发。然后庄家开始减速向上,给人一种蓄势向上的感觉,因此庄家即大笔资金出货,小笔资金拉抬。最终成功地出货。

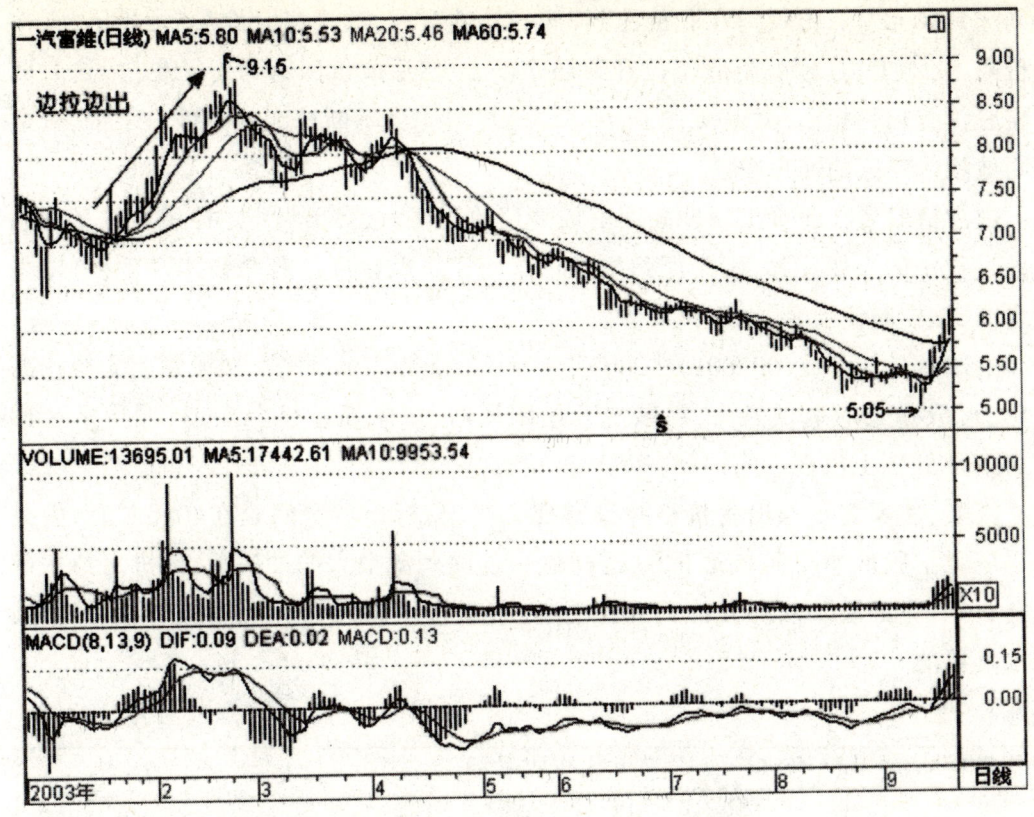

一汽富维(日线) MA5:5.80 MA10:5.53 MA20:5.46 MA60:5.74

边拉边出 — 9.15

5:05→

VOLUME:13695.01 MA5:17442.61 MA10:9953.54

X10

MACD(8,13,9) DIF:0.09 DEA:0.02 MACD:0.13

2003年  2  3  4  5  6  7  8  9  日线

# 如何从价量观察先拉后跌出货

先拉后跌出货的方法就是庄家先把股价连续疯狂拉高,形成加速上扬的格局,成交量不断放大,上攻势头十分猛烈,吸引众多的投资者参与,股价远远高于出货目标价位。这时,庄家就在盘中迅速出掉一部分货,造成股价自然滑落。当股价下跌到理想的出货目标价位后,止跌企稳,盘面上形成"庄家洗盘"的假象,给散户以"逢低吸纳"的良机。因为,不少散户在低价位不敢买股票,在股票下跌一部分时敢于大胆买进,从而落入庄家设置的技术陷阱之中。这种方法一般在中小盘股中出现,庄家实力强大,达到绝对控盘能力。

这是庄家根据散户对比效应所采用的出货方式。如果庄家只将股价拉升到出货价位区就停止拉升,并开始实施出货计划,虽然可以出掉一小部分,但很难完成全部出货任务,因为大多数散户不敢在最高价位接单。因此,庄家就极力将股价拉高,且越高越好,在高位能出多少货就算多少(这是额外利润),出不了货也不要紧,把股价放下来就是了。散户看到股价下跌了一大截,与前面的最高价一对比,股价低多了,觉得在此价位买入便宜、合算,因此纷纷买进,可谁知道这里就是庄家的理想出货区域。这样散户被大蒙一场,庄家则顺利而退。比如,庄家5元左右的成本仓,计划涨到10元左右出货。在股价涨到7元、8元的时候,散户将股价与5元相比,觉得股价高了,不买。庄家就将股价拉升到13元以上,然后股价回落到10元左右。这时散户将股价与13元相比,觉得便宜了,买入。这样筹码就不断地流入到散户手中,资金不断地流入庄家的账户中。

散户持股者在股价出现冲高回落或高位收阴线时,卖出做空。持币者尽量不做下跌过程中的小幅反弹,因为反弹幅度远远小于下跌幅度。若是技术高手,可以少量参与,这样即使被套,也不碍大事。

下图就是新和成(002001)在2005年3~9月的走势实例。庄家在派发前大幅拉高股价,形成强劲的上攻势头,在散户开始跟风时,庄家抓住机会撤退,股价迅速回落,在日K线图上出现一座山巅。

其实,庄家真正的出货价格并没有那么高,目标出货空间是在40元左右,但是事先庄家把股价冲高到35元下方,这样做一方面刺激很大的抄底盘,借机出掉一部分货;另一方面股价从35元冲到50元左右,刺激很多跟风盘,这样庄家便可轻松实现出货目的。

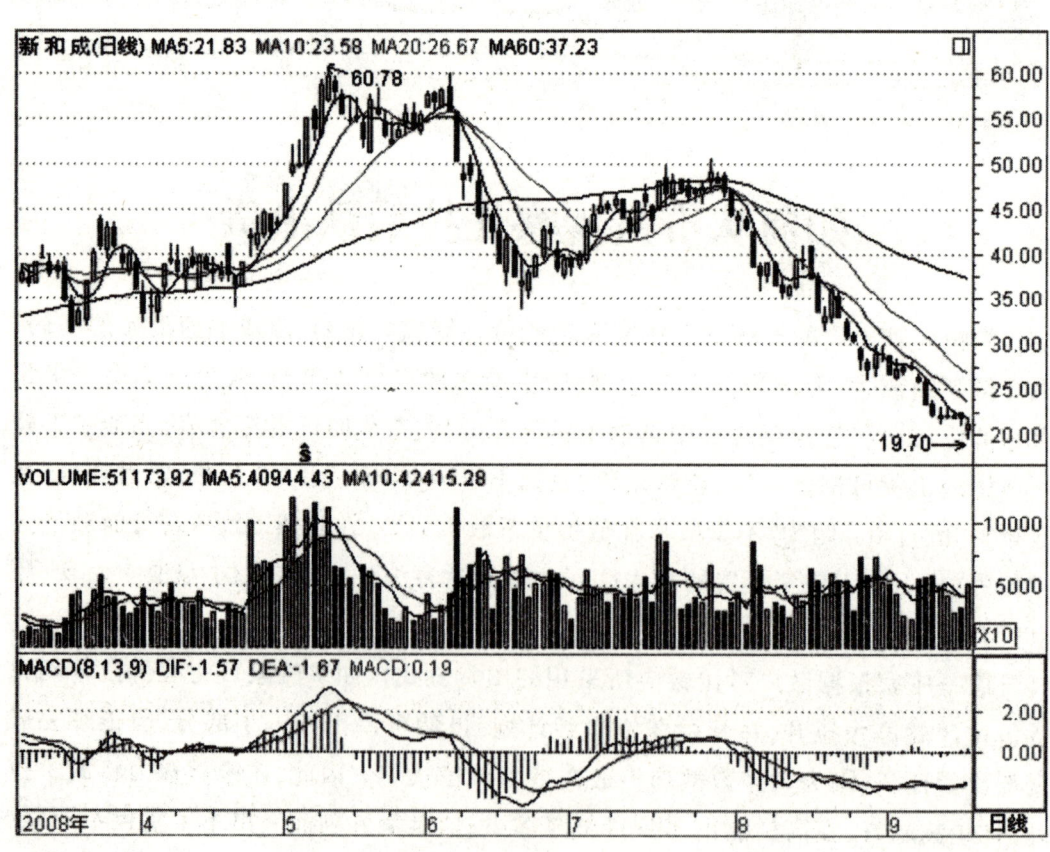

# 如何从价量观察高位平台出货

　　高位平台出货的手法较为隐蔽且具有欺骗性，庄家往往制造在高位震荡整理的假象，给散户一种安全、稳定的错觉，而庄家从中悄悄地分批出货。由于庄家持筹较多，很难一次性出清，而继续拉升会增加成本，让股价下跌又不合算，可能会引发抛盘出现。

　　因此，股价在高位构筑平台形态，这种方式出货的利润高、风险小，操作起来也比较容易，基本上不需要什么操作技巧。同时，平台式派发的隐蔽性较强，不会显露明显的头部特征，市场不容易觉察，反而更容易让投资者产生蓄势整理的错觉。当市场中没有其他抛盘的情况下，庄家可以从容进行派发，要多少给多少，慢慢地将筹码派发出去。这种走势的成交量方面呈递减特征，偶尔有脉冲式放量出现。通常是有业绩支撑的中小盘股，股价在高位横盘是"理所当然"的，随着时间的推移，这个价格会被市场所接受，庄家出货也就不困难了。

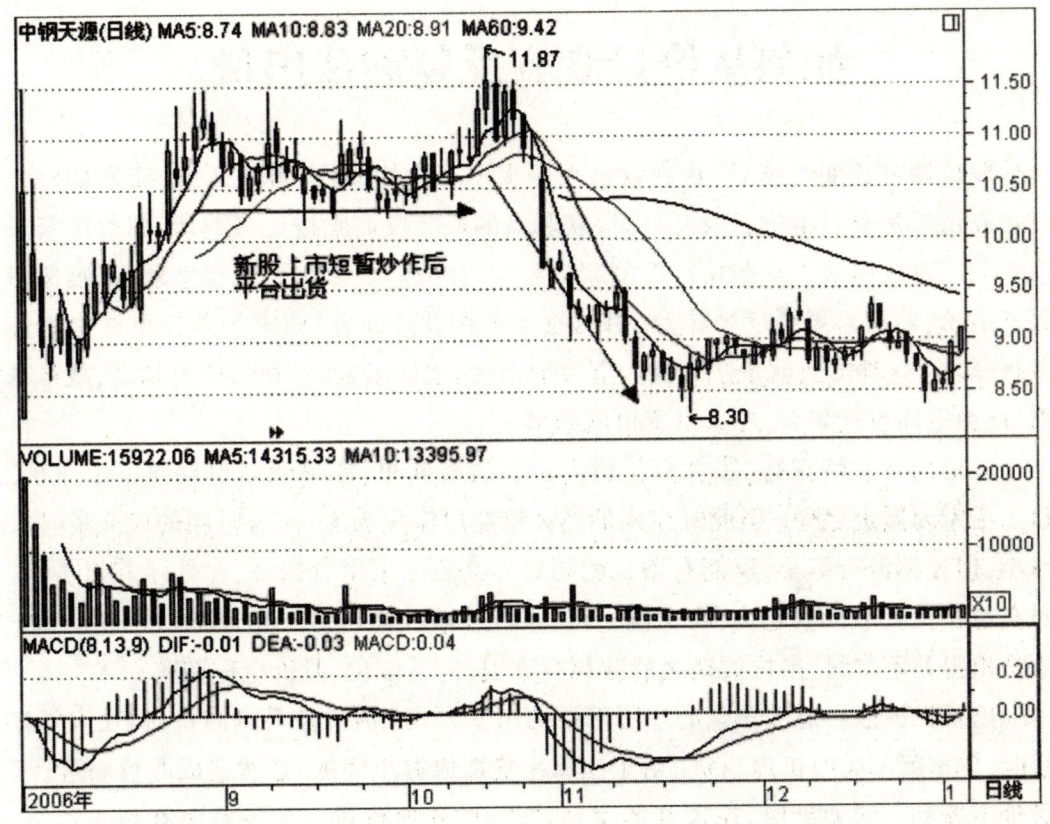

一般来讲，此法多运用于大市累积升幅不大的情况下，因为如果大市处于长期的盘升之中，盘中积累获利丰富，一旦有什么风吹草动，抛压立即涌现，带动个股的回吐压力增大，庄家无法完成出货目的。

这种出货方式主要是坚定持股者的信心。行情从熊市转换为牛市、股价从底部发展到顶部，出现过不少横盘后向上突破的走势，这给坚定持股信心的散户更丰厚的回报，给在横盘时出局的散户留下不少的悔意。这时出现横盘走势，持股信心也十足了，无形之中帮助庄家在高位锁仓，同时也为庄家暗中出货立下大功。

高位横盘出货比较温和，但杀伤力比较大。从技术特征看，如果股价涨幅较大，庄家有可观的利润，在横盘初期放过大量，又有该股的某些传言，就可以认定庄家在出货了。横盘后可能出现的变盘位置是，当股价接近移动平均线，5日、10日、30日三条移动平均线黏合在一起时，在7个交易日左右可能会发生突破走势。

上页图就是中钢天源(002057)在2006年9~12月的走势实例。该股走势中，股价在高位维持平台走势，庄家在震荡中悄悄地减仓，以达到出货的理想境界，当庄家手中筹码所剩不多时，股价便迅速下跌。

# 如何从价量观察反复震荡出货

股价经过长期上涨后，获利盘已十分丰厚，随时都有抛售的压力，庄家如果此时在高位维系平台出货，往往因承接获利盘的回吐反而吃进更多的货，因此庄家采取反复震荡法出货。在高位区反复制造震荡，让散户误以为是强势整理，在震荡中打低股价，然后再展开反弹拉升，引诱投资者在低位回补，庄家于震荡反弹中慢慢分批派发。这种方式就是庄家加大震荡的幅度，增加派发的空间，拉得越高，跌得越惨，反弹空间也就越大，庄家出货也就越多。

震荡出货的特点是：①在高位震荡的这段时间里，庄家偶尔也会拉一下股价，显示庄家未撤走之势。但此时庄家的整体策略以派发为主，这段时间的成交量时大时小，但整体没有缩小，反而有增长的趋势。②若庄家出货较多，在外浮筹很多，这时高位护盘就显得很吃力，在关键时刻，还有摇摇欲坠之感。③若遇大势不好或庄家货出得差不多时，高位震荡之后就放弃守卫，向下破位，股价应声而落。

这是根据散户追涨杀跌心理所采取的出货方式。股价拉升到高位后，在人气旺盛时，庄家就不失时机地出货。由于庄家出货造成抛压增加，必然造成股价回落。当股价下跌到一定幅度时，庄家开始主动护盘，防止股价进一步下跌破坏技术形态。使股价重新拉起，人气得以维持和恢复，庄家又开始出货。经过下跌和反弹，出货和护盘,股价就形成了震荡走势,庄家也就顺利地完成出货了。在震荡过程中,庄家也在高抛低吸做差价。

　　散户判断庄家震荡出货的一个重要标志是,熊长牛短。庄家在一个区间内反复出货和护盘,由于卖得多、买得少,就形成熊长牛短走势。股价下跌时速度较慢,时间较长,这是庄家谨慎出货造成的,为的是利用有限的空间尽量多出一些货。股价上涨时比较迅速,持续时间比较短,这样拉升可以节约控盘成本。另外,看成交量和振幅,通常庄家出货会造成大的成交量和股价大幅下跌,如果持续出现带量且震荡幅度较大的K线,则表明庄家在出货,散户就采取紧急回避措施。

　　下图就是华星化工(002018)在2009年2~4月的走势实例。股价炒高后,庄家在高位采用反复震荡的方式出货,在出货接近尾声的时候,则放弃护盘而向下打压,行情步入熊市征途。

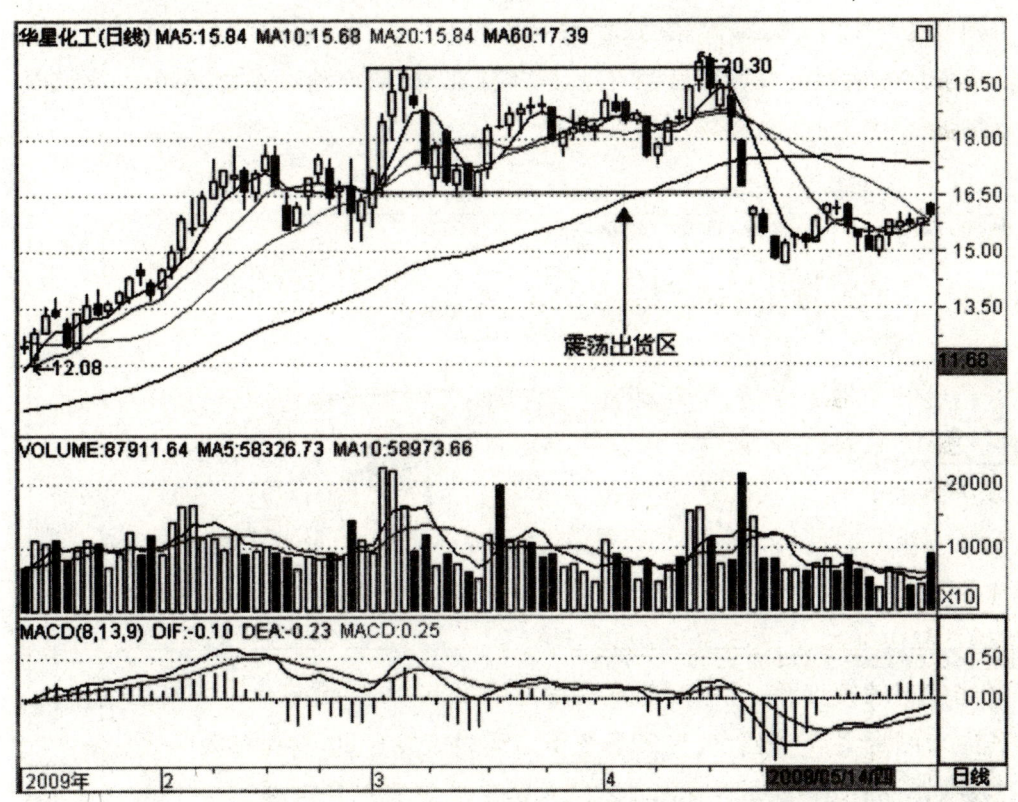

# 如何从价量观察打压跳水出货

　　打压跳水出货的手法具有很大的杀伤力,意在让高位追进者无机会出逃。一般庄家在持筹不多或获利颇丰的情况下善用此法(即使打低几个价位仍有利润)。同时,也往往预示着牛熊转势,迫使庄家迅速撤庄。或者是由于重大利空隐患存在,并被庄家首先所获知,担心消息一旦公布而来不及出货,因此提前不计成本地出货。在日K线图上,连拉数根阴线,对股票本身也造成极恶劣的市场影响,人气一时难以恢复,需要一段时间的修整。

这种方法由于派发时间短,下跌迅速,大部分庄家无法全身而退,唯有利用后市大市回暖时,拉高自救,完成最后的出货任务。

打压出货的特点是:①股价已炒至较高位置,成本与利润之比已翻倍甚至几倍。②股价前期一直处于强势之中,股价勇往直前,大有一去不回头之意。③刚开始打压股价之时,必须使股民认为它只是短暂的回调洗盘而已,后市会延续升势。④打压两三天后,当市场对放出的大量有所警觉时,庄家却更加狠心打压股价使其加速下滑,令前几日买入者套牢,无法出局。

散户对这类股票不要抱太大的希望,果断出局。

下图就是粤水电 (002060)在2008年1~4月的走势实例。该股的走势就是这样的例子。该股庄家大幅拉高股价后,用打压跳水法派发,散户动辄深套,整个出货过程十分顺畅。

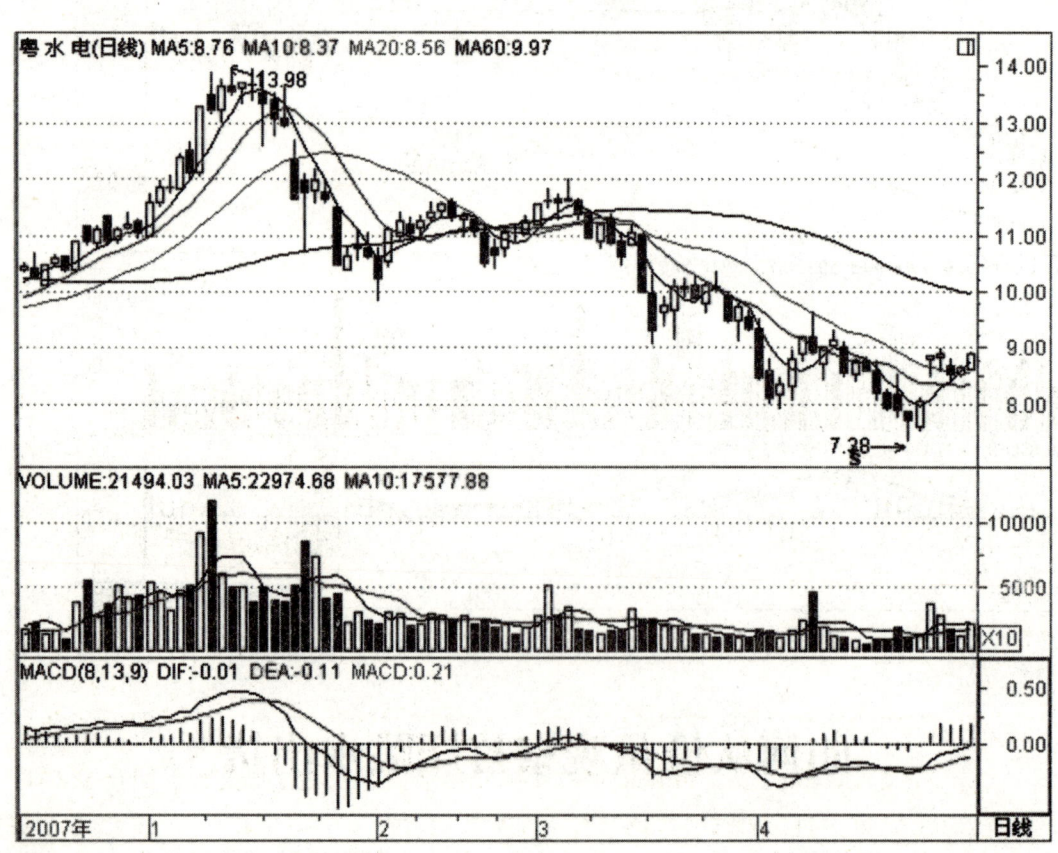

# 如何从价量观察绵绵阴跌出货

事实上在多数情况下,许多股票是庄家以较温和的成交量慢慢阴跌出货的。这种出货手法隐蔽性较强,庄家不搞突然袭击,在散户不注意时悄悄地出货,这样不易引发跟风出货的现象,对股票后市的走势也留有余地。这种出货方式与震荡调整蓄势行情表现相似,很难区别,稍有不慎就会出现失误。区分两者关键在于:如果股价前期有过较大拉抬,且下跌时无明显支撑,一般可认定出货;反之,则可判断为震荡整理。

这是庄家的一把"温柔之剑",用的是以柔克刚的操作策略。庄家出货时量不大,跌幅也不大,这样散户容易承受。经过一点一滴的磨炼,散户的承受能力变强了。同时,又给散户产生缩量整理、缩量洗盘的感觉。运用这种方式庄家每天出的货不多,久而久之,在不知不觉中把筹码全部派发出去。

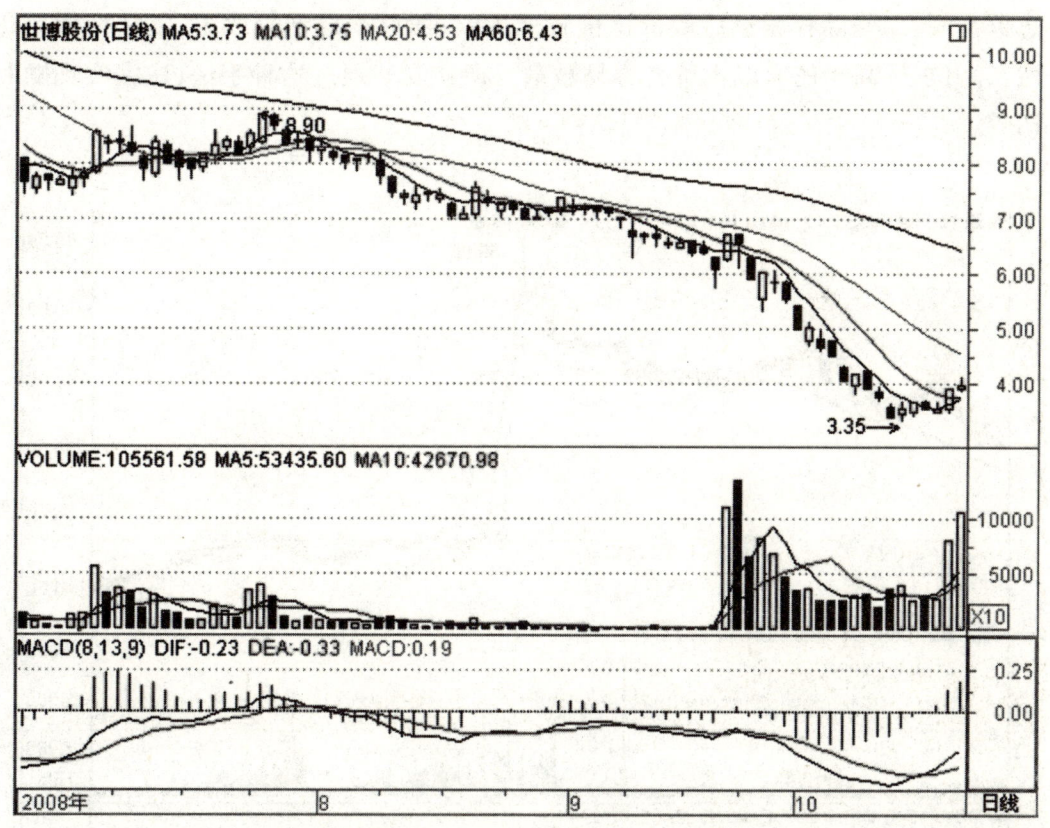

散户持股者在股价放量冲高时离场,若没有来得及卖出,可在股价回调到30日移动平均线附近出现反弹时,逢高了结;若无反弹产生,无论亏损多少,都应坚决斩仓离场。持币者对股价跌跌不休的股票,不应过早介入,免得被套。股价在底部出现

大幅波动,成交量温和放大,说明股价离底部不远了,这时可以适当考虑买进。

上页图就是世博股份(002059)在2008年7~10月的走势实例。该股庄家就采用无量阴跌法出货,股价见顶后一路走跌,成交量大幅萎缩,交投十分沉闷,均线呈空头排列,期间尚无像样的反弹。表明盘中得不到大资金的关照,庄家撤退坚决,散户越套越深。

# 如何从价量观察除权派息出货

由于除权派息前可能引发市场抢权行情,除权派息后造成技术指标和成交量柱状图的失真,故在除权派息后往往经过一段时间的横盘整理,给市场以该股已经筑底成功,准备再次放量上攻的错觉。同时,庄家偶尔用小幅拉升动作,形成填权之假象,此时散户追高杀入,正符合庄家出货的意图。

庄家采用此法:一是除权派息历来被市场当作题材操作,给散户留下炒填权的想象空间;二是除权派息后股价比价较低,高价股就变成低价股了(复权后股价仍然在高位,远高于庄家成本价),容易被散户所接受。通过这种手法,庄家实现顺利出货。

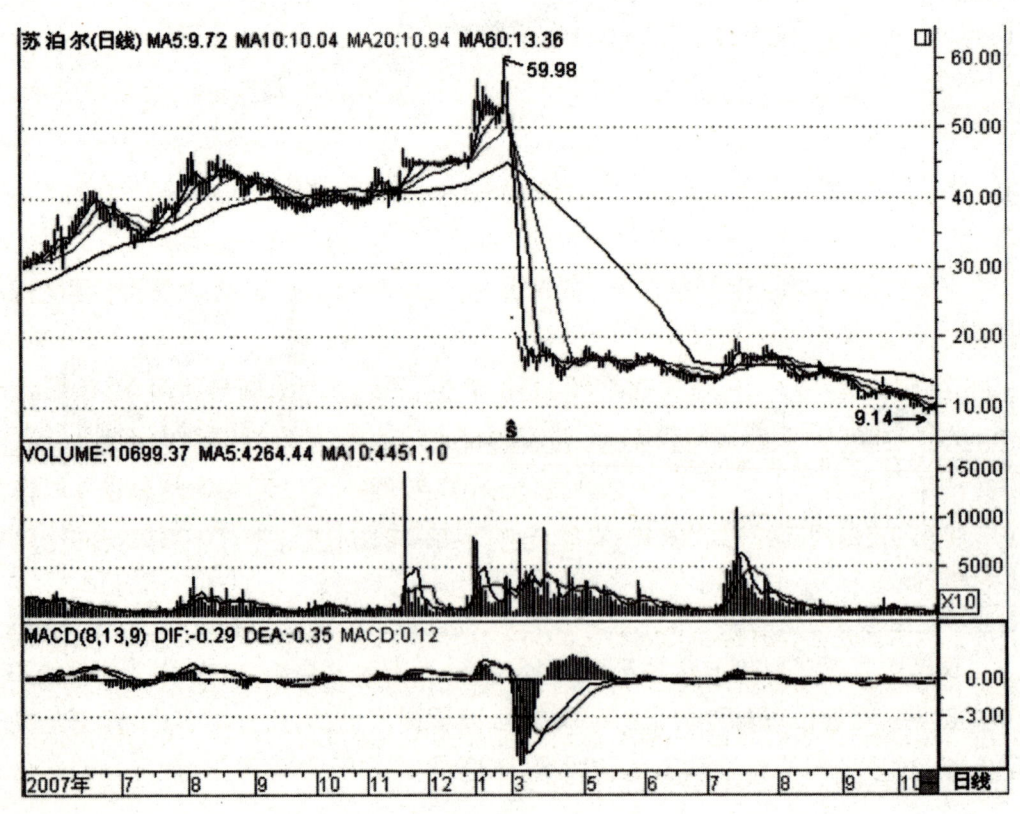

散户遇到除权派息的个股,在观察图形时应将日K线图复权起来进行分析(钱龙软件Ctrl+R为前复权,Ctrl+T为后复权),以免造成技术失真,然后综合其他因素分析。

上页图就是苏泊尔(002032)在2008年的走势实例。该股庄家就采用除权派息法出货。股价除权后庄家放量出货,在买盘减少时,股价维持横盘走势,造成蓄势待发的假象,正当散户纷纷入驻时,股价便重新开始下跌。

# 如何从价量观察借台演戏出货

借台演戏的出货方式是利用个股题材或消息来激发人们的想象力,让你得出目前价位仍会有很多升幅的错误结论,误导散户跟风介入,最后深套其中。这些题材包括高送配的突出业绩(符合市场投机胃口)、重大资产重组或置换(市场永恒的话题)、介入市场热炒领域(如基因、纳米、光谷)等。题材是股价上涨的动力,综观市场中众多黑马,无一不以良好的市场题材为后盾。对此,理性的投资者应具体分析题材的力度、对公司实质影响、二级市场庄家的成本、估算目标价位、有无拉升空间等。但是,我们目前市场上理性的投资者太少了,所以庄家的派发难度不是很大。

还有一种方法,就是利用股评来帮助高位派发。在目前市场中,排除水平因素之外,我们不难发现,确实有个别"专家"职业道德水准有问题。股价在低位时,没见到他推荐,而股价翻番之后,他能搜罗出一大堆利好消息足以支撑股价再创新高的理由。如果这时真的信了他,买入所荐个股时,却发现自己很快变成套牢一族。在此,要提醒投资者一定要形成一整套自己的投资方法,将专家的意见仅作参考,无论他的名气有多大,过去有多好的表现,也要坚决以自己的分析为主,理清思路,再作判断。

这种方式的坐庄意图很明确,就是通过外部环境的渲染,夸大投资价值,营造市场气氛,实现自己大撤退。

散户克庄的方法有:首先对个股题材、消息、股评进行认真分析研判,然后作出相应的操作策略。对题材的认识:①新鲜题材容易追捧,老题材吸引力不强。②重大题材容易引起股价大幅波动,一般题材不会引起大幅波动。③明朗的题材可以作为买卖依据,朦胧的题材可信度差,不能作为买卖依据,可以参考之。对股评的建议可以不予理会。

下页图就是力合股份(000532)在2008年1~5月的走势实例。股价从6元多开始炒起,炒到了29元多,行情延续了两年,股价翻了几倍。可是,在高位仍有股评人士推荐介入该股,并举出题材来佐证自己的理由:政府工作报告提及要建立创业板。相信因此而介入的股民,永远也不会忘记股评家的"忠言"。

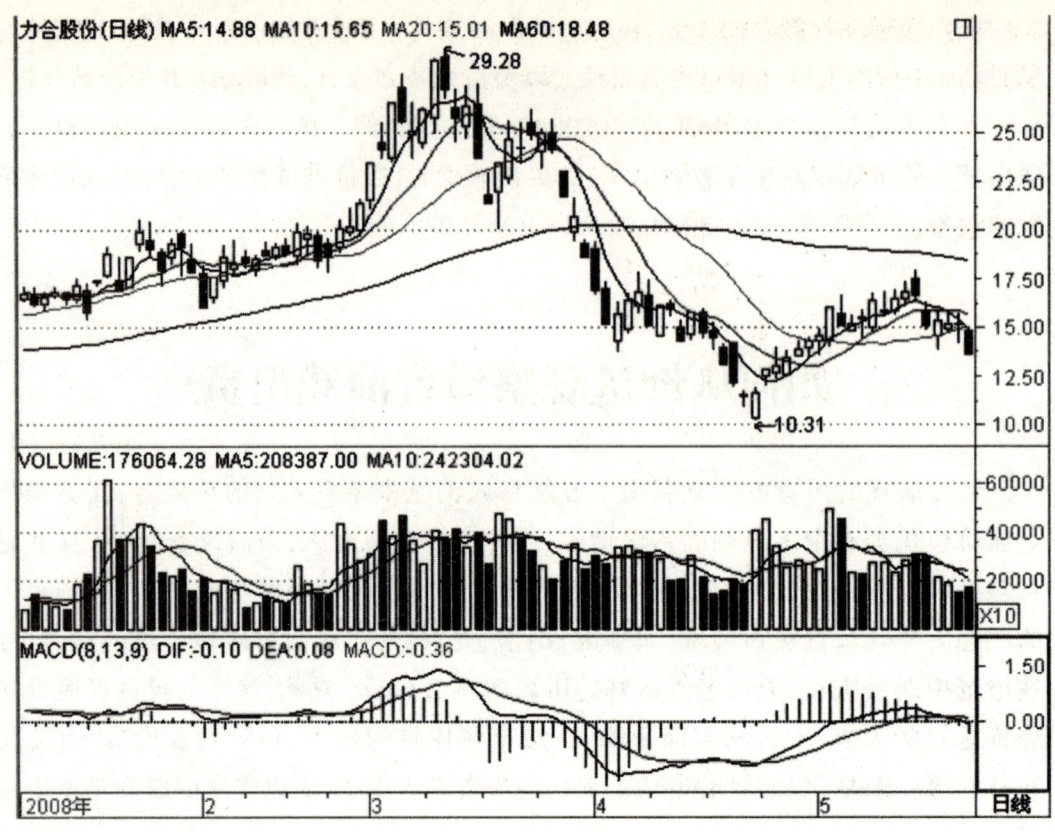

力合股份(日线) MA5:14.88 MA10:15.65 MA20:15.01 MA60:18.48

29.28

25.00
22.50
20.00
17.50
15.00
12.50
10.00

←10.31

VOLUME:176064.28 MA5:208387.00 MA10:242304.02

60000
40000
20000
X10

MACD(8,13,9) DIF:-0.10 DEA:0.08 MACD:-0.36

1.50
0.00

2008年　　2　　3　　4　　5　　日线

# 如何从价量观察步下台阶出货

　　步下台阶的出货方式与平台式有一定的联系,但又有很大不同,台阶式是通过做多个平台达到出货目的,而每个平台的操作手法基础相同。当股价见顶回落后,庄家利用逐级下台阶的方式出货,每下一个台阶,都可在盘整区域出掉不少货。若跟进者发现庄家的意图,也跟着抢抛的话,庄家就会再下一个台阶盘整,又锁定一批套牢筹码,并造成筑底的态势,自己则慢悠悠地出货。

　　这种出货方式是股价下跌一个阶段后,进行横盘整理,使散户误以为庄家在蓄势整理,底部已经来临,因此纷纷买入,庄家悄悄卖出。当后来买盘逐渐减少时,庄家又将股价放下一个台阶再进行横盘整理,这时又一批散户进场,也有先前套牢的散户在此回补。如此反复进行,庄家则可以成功撤退。

　　散户持股者清仓离场最佳卖出点是在股价放量冲高回落时。次佳点是股价在均线附近,5日、10日、30日三条均线黏合后,股价出现向下突破时。持币者观望,待明显的底部形态出现时,分批介入做多。

　　下页图就是汕电力A(000534)在2008年1~7月的走势实例。该股庄家就采用下梯台阶法出货。庄家将股价大幅炒高后,在出现接盘减少时,股价开始逐级下跌,形成多个下跌台阶。直到庄家基本完成出货后,才再获得初步企稳。

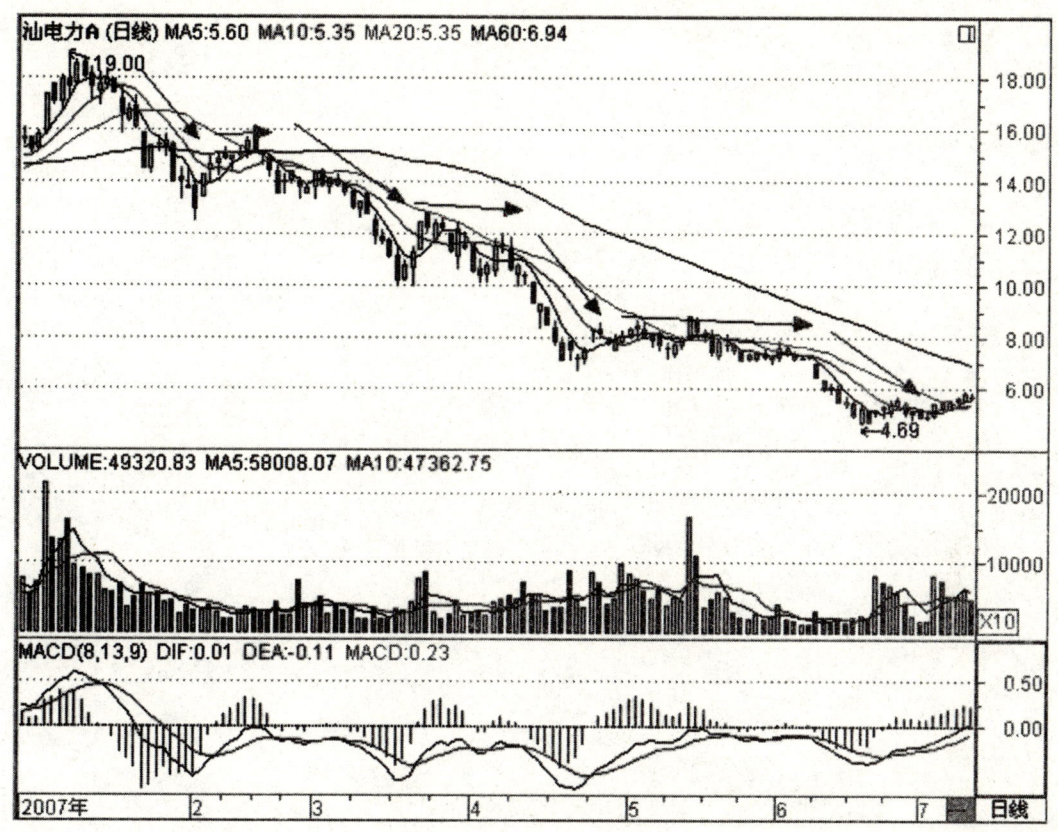

# 第4篇
# K线法则与庄家主力分析

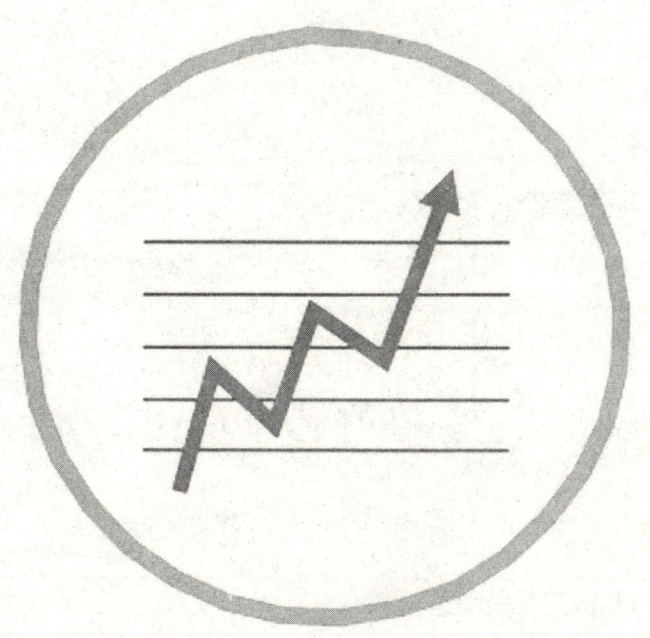

# 第16章
## 关注盘面上升形态11招

# 平台突破果断追进

平台整理形态表示的是一种压力,在这一水平上存在某种抛压,而这一抛压并不是固定不变的。一般来说,某一水平的抛压经过一次冲击之后应该有所减弱;再次冲击时更进一步减弱;到第三次冲击时,实质性的抛盘已经很少了,剩下的只是心理压力而已。这种现象的出现,说明市场上看淡后市的人并没有增加,倒是看好后市的人越来越多。由此可以想见,股价向上突破的时候,其实不应该拖泥带水,不应该再有较大的阻力,这就是判断一个真实的突破的关键。如果此时在K线图上有一根阳线果断上穿突破,当日分时走势图也表现为强势上攻,即可果断追进吃到鱼身。

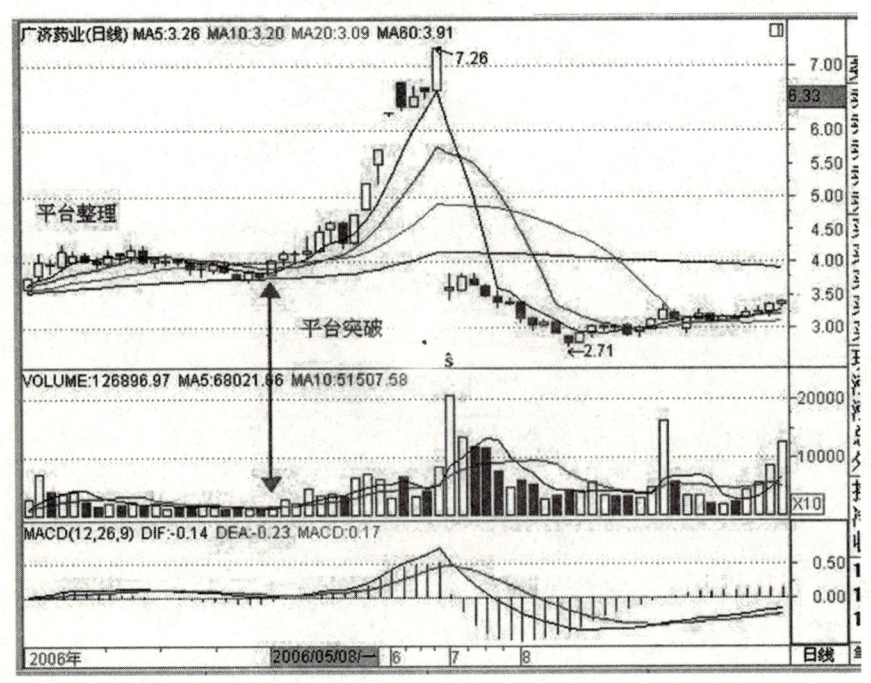

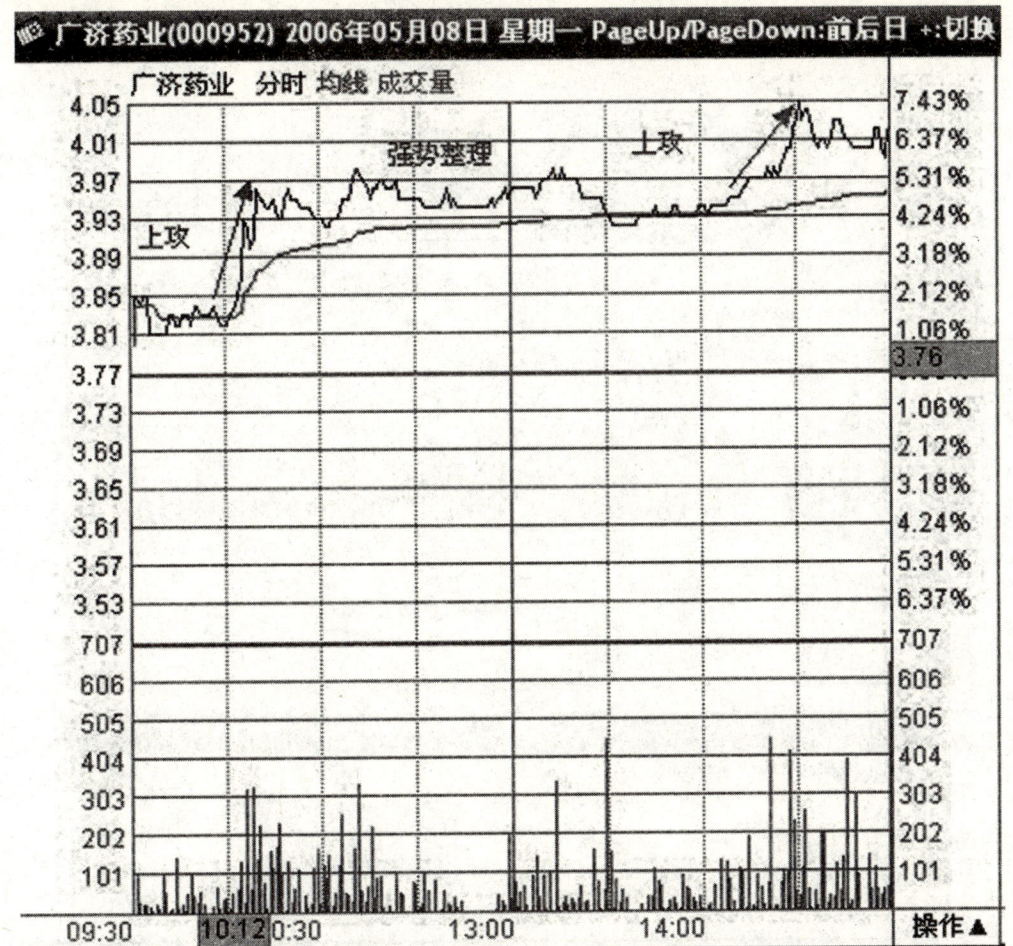

以上两图就是广济药业(000952)在2006年5月的实例。5月8日突破价格为4.02元,6月底价格即涨到7.26元,涨幅达到80%,投资者吃到鱼身后不可恋战,应见好就收。

# 超跌反弹快赚就走

股价在正常运行当中突遇大盘调整或个股重大利空,无量大幅下跌,有时股价会跌破60日均线,甚至达到100日均线,这种情况下属于反应过度,当大盘企稳或恐慌性杀跌力量衰竭的时候,股价可重拾升势。这时可抢反弹买入,短线一般可获惊人利润。

下页两图就是维维股份(600300)在2007年5月30日的实例。从5月30日开始连续4个跌停,第5日企稳,价格为8.57元,此后空方力竭,多方连续拉11根阳线,价格达到10.82元,涨幅达到26.3%。

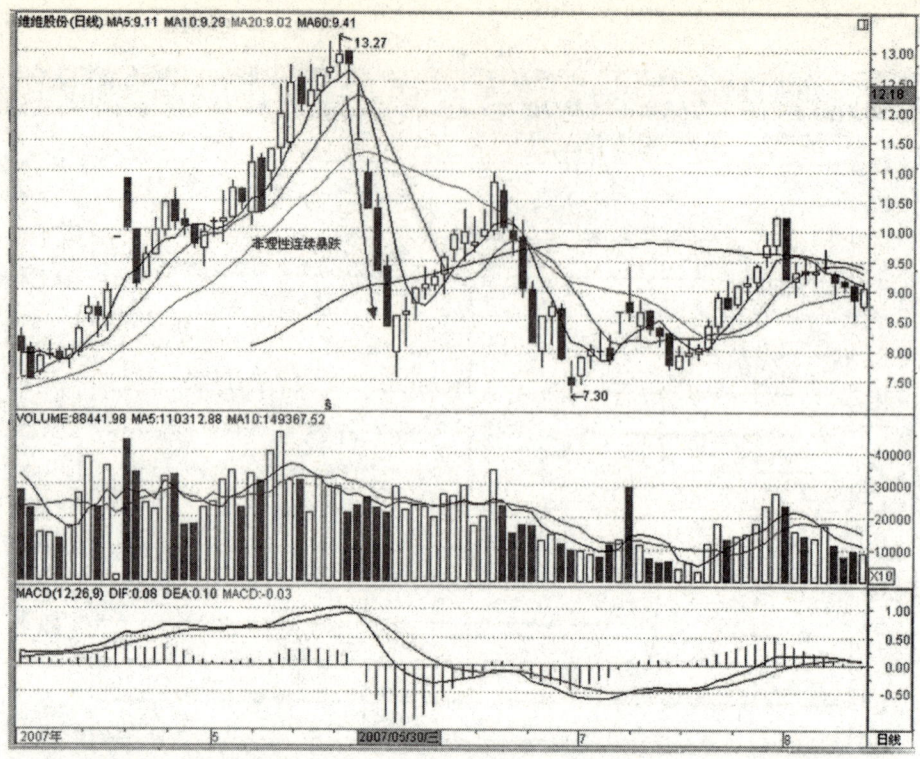

非理性连续暴跌

↓

←7.30

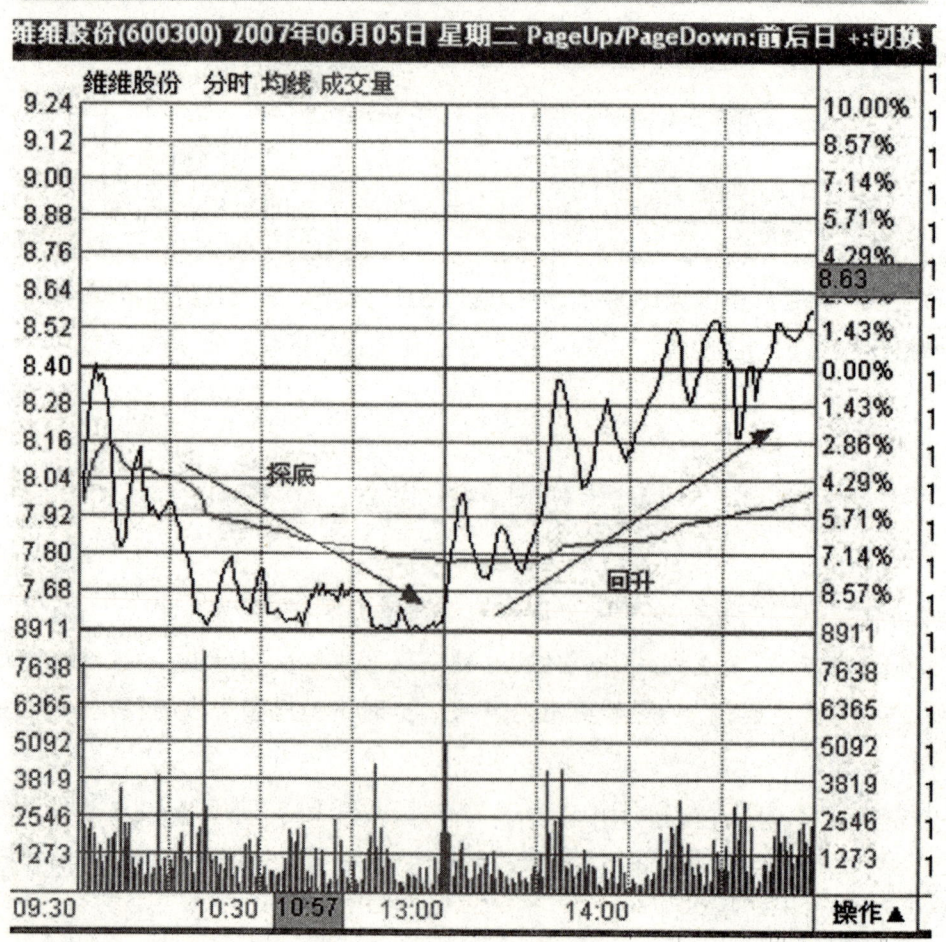

维维股份(600300) 2007年06月05日 星期二 PageUp/PageDown:前后日 +:切换

维维股份 分时 均线 成交量

探底

回升

# 拔高建仓买进就赚

拔高建仓是指庄家为了在最短时间内收集到足够的筹码，宁愿以抬高自己的持仓成本来达到此目的。

由此可见，庄家一般实力雄厚，作风凶悍，心情迫切。最重要的是，投资者一般都比较容易识别这类股票，只要有胆量跟进，无论何时何价买进都获利，就这么简单！

以下两图显示的是华兰生物（002007）在2005年8月开始拔高建仓的运作。

在开始吸货初期，立即受到市场强大抛压，但庄家毫不犹豫，连续拉出多根中阳线、大阳线，直到成交萎缩到一定水平后才开始横盘，为后市孕育突破做准备。

在拔高建仓阶段，投资者想怎样买都行：低吸也行，追高也行。

总之：稳赚。

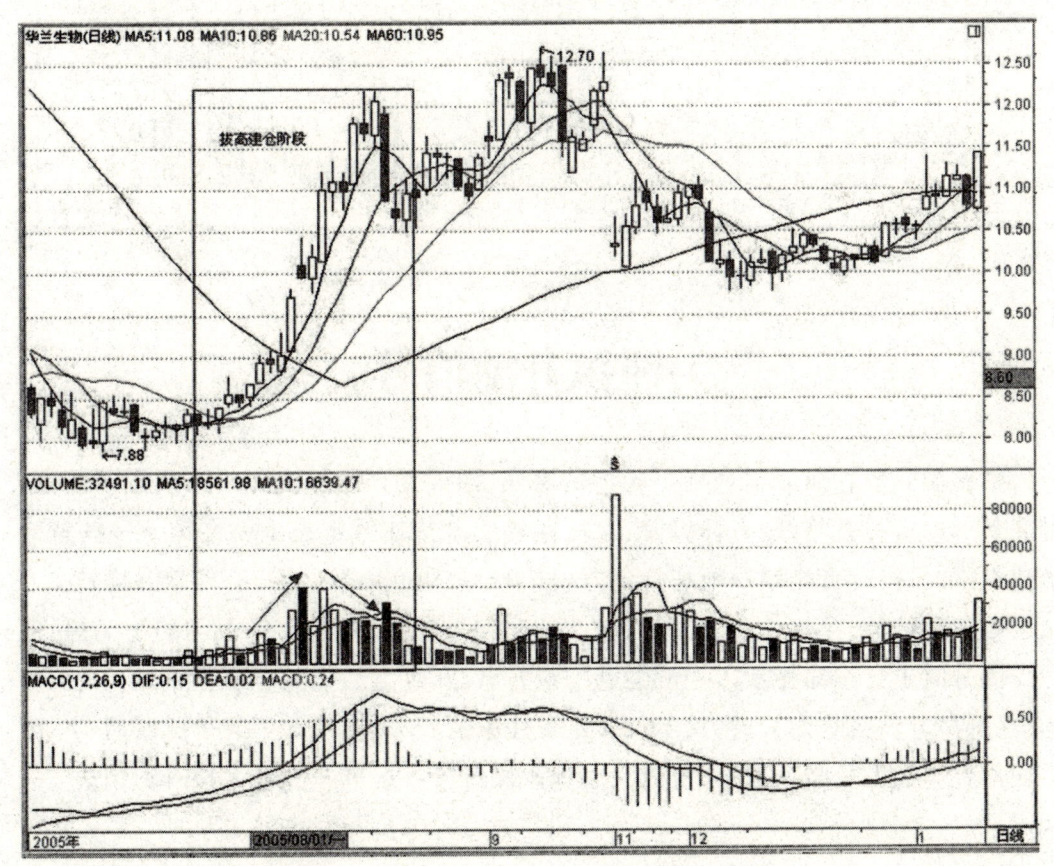

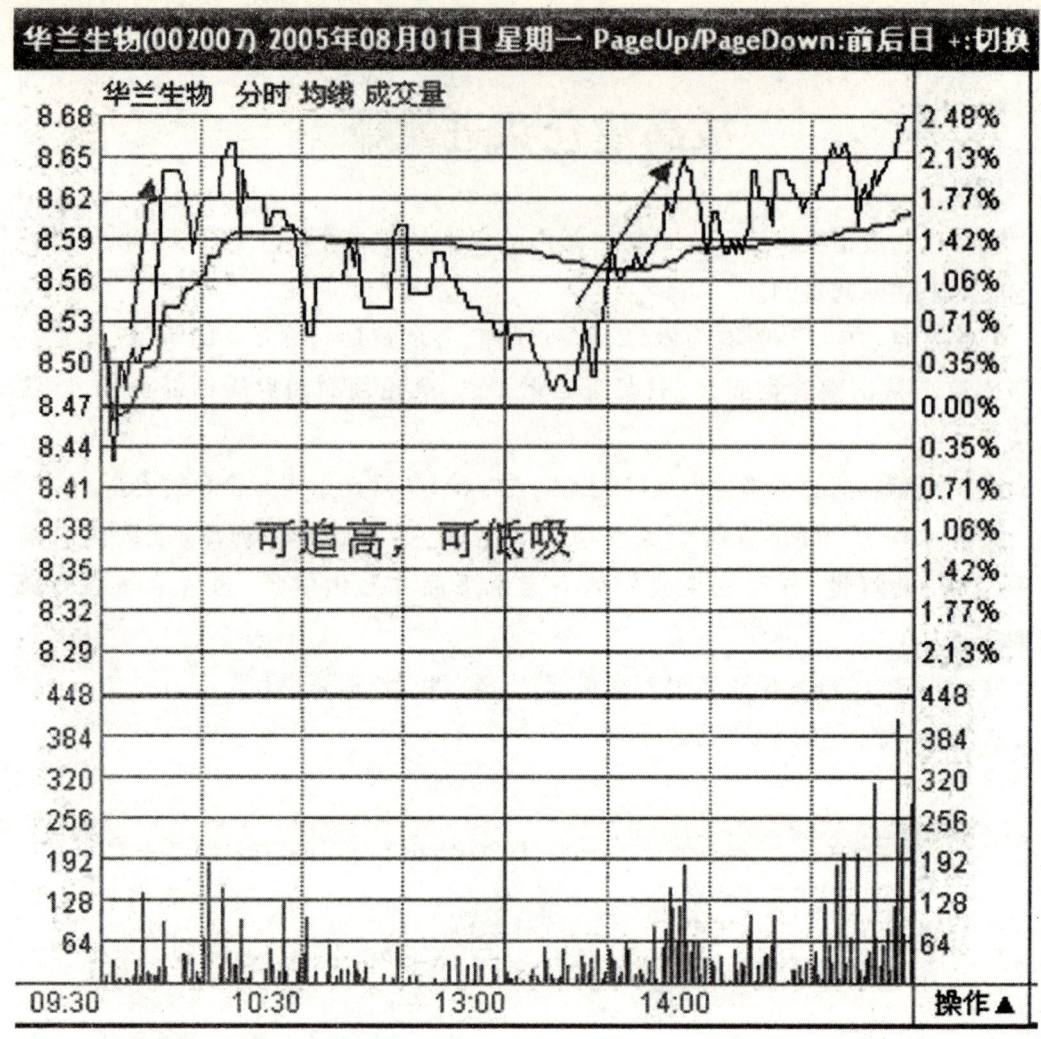

华兰生物　分时　均线　成交量

可追高，可低吸

09:30　　　10:30　　　13:00　　　14:00　　　操作▲

# 关注飙升前信号

　　很多黑马股在飙升前经历了长期的磨底，浮筹是否已经洗到庄家满意的范围？到底什么时候拉升最好？这时候庄家往往要试盘，在K线形态上就会留下一些特殊的信号，如果投资者能敏锐地捕捉到这些信号，大胆介入，在短线就能获益匪浅。

　　如下页两图，凌钢股份(600231)在2003年4月8日只是收出一根阴的十字星，但对应的分时走势图却显示出一波强劲的拉升波，在试盘后又强势横盘整理。我们知道，这种拉升波稳重而又有力，不仅显示了庄家的实力，亦预示了股价已经启动。配合底部完美的柱量吸筹形态，可以大胆地预测股价将走出一波较大拉升行情。

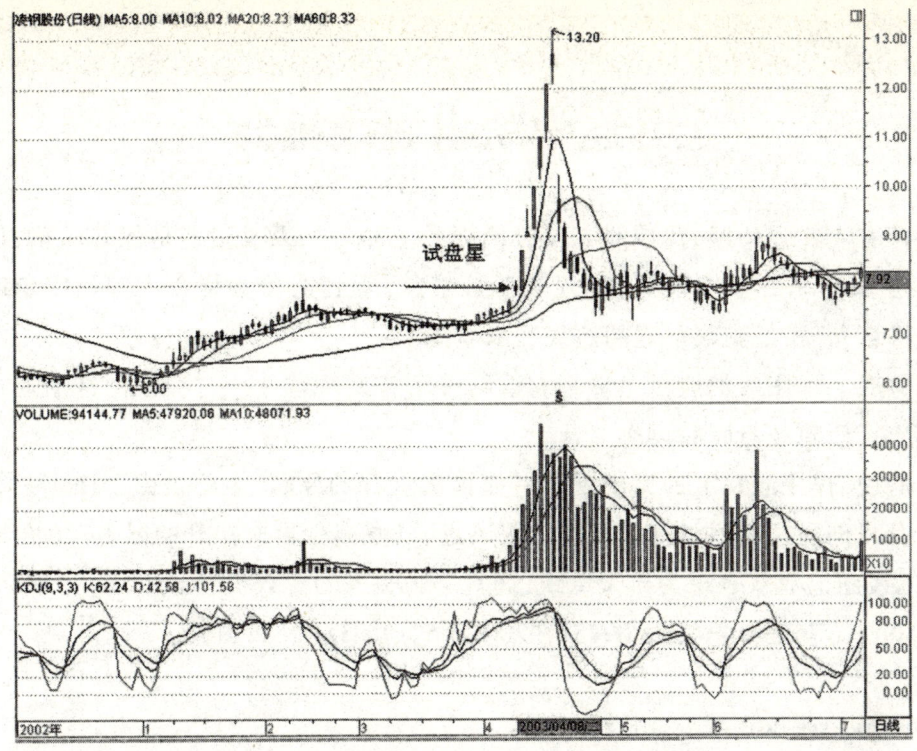

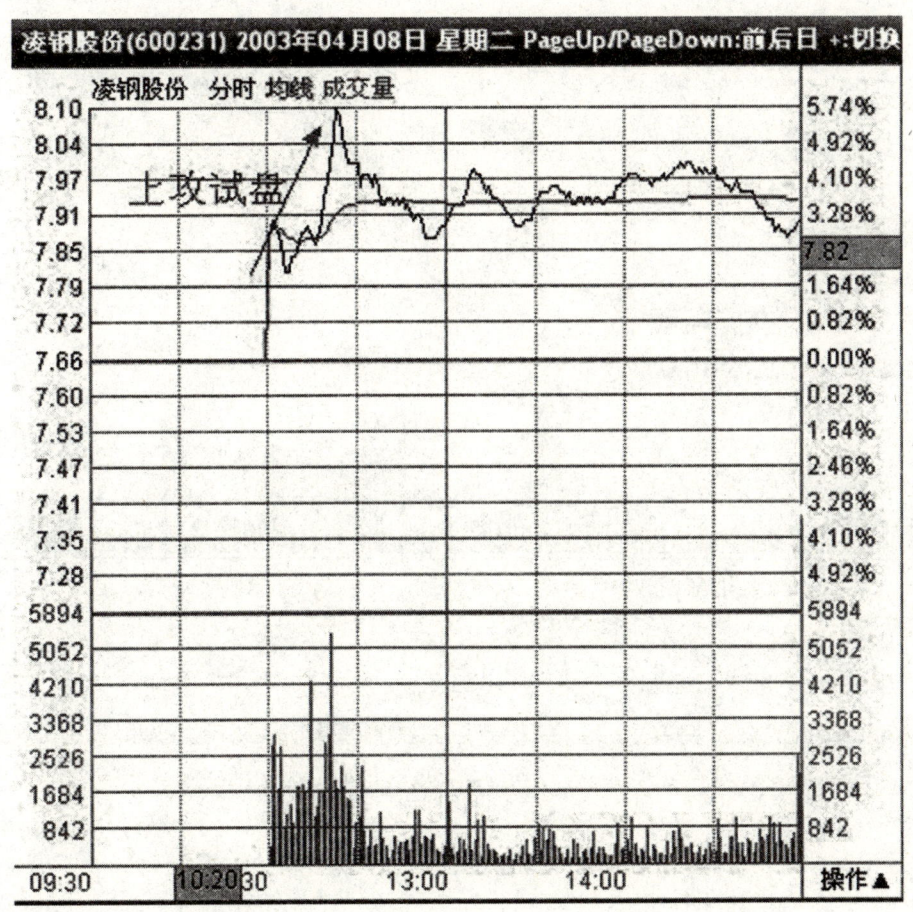

# 上升途中跌出短线机会

经常有一些强势股、悍庄股——股价强劲上冲。如果投资者是保守风格，但是又想与庄家分享一下这场盛宴，大可不必着急，等到股价在强劲上冲途中急跌的调整中进场，轻松地赚取可观的短线利润就出来。

强势股、悍庄股的股价上涨都有这样一个普遍规律——它会在上冲中通过急跌造成出货假象洗盘而后再次上升。

强势股、悍庄股在上冲后出现调整而再次上升的原因，主要是由于庄家只有在再次上升之前通过猛烈震荡才能震出跟风盘，以便减少再次拉升的压力。在分时走势图和K线图上双双表现为当天急跌，这就是聪明人的短线机会。

以下两图就是科学城（000975）在2006年5月16日的经典图例。

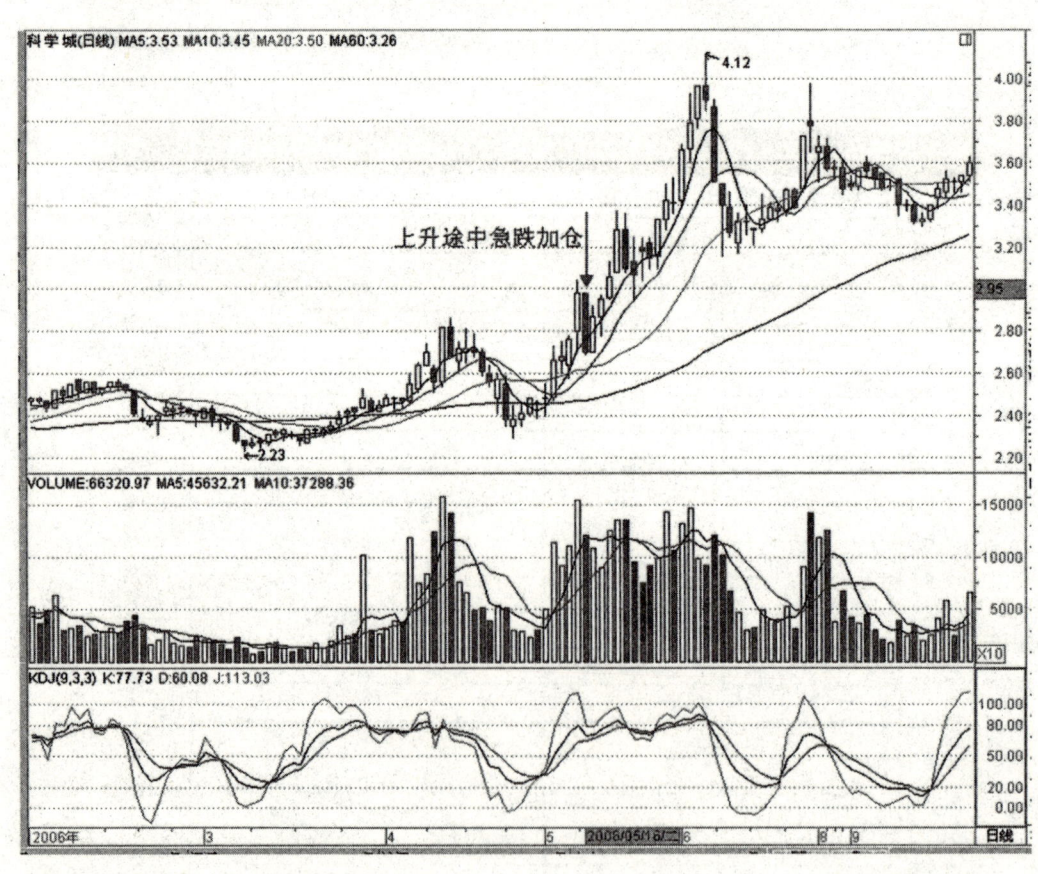

科 学 城　分时 均线 成交量

急跌

# 识别震仓翻身上马

在庄家震仓之前,成交量会呈现出温和放量的现象。开始震仓时会比前一天的成交量明显放大。在开始震仓的当天,大部分股价都是放量冲高回落,然后再震荡下跌。在下跌的过程中,一般不会有有力的抵抗。

从K线图上可以看到,在开始震仓的前一天,股价一般拉出一根阳线出来,或者是一根冲高回落的带上影线的小阳线, 震仓的第一天,K线走势图上大部分都是留下一根带上影线的阴线,如果第一天的跌幅不是很大的话,那么第二天就会继续出现一根阴线,并击破5日均线继续下跌,下探至10日均线附近收盘,经过2~3天的下跌,股价累计跌幅一般都会在5%以上。此后,短线就会重新上涨。

下页两图就是宝升能源(000690)在2009年1月16日的走势图实例。

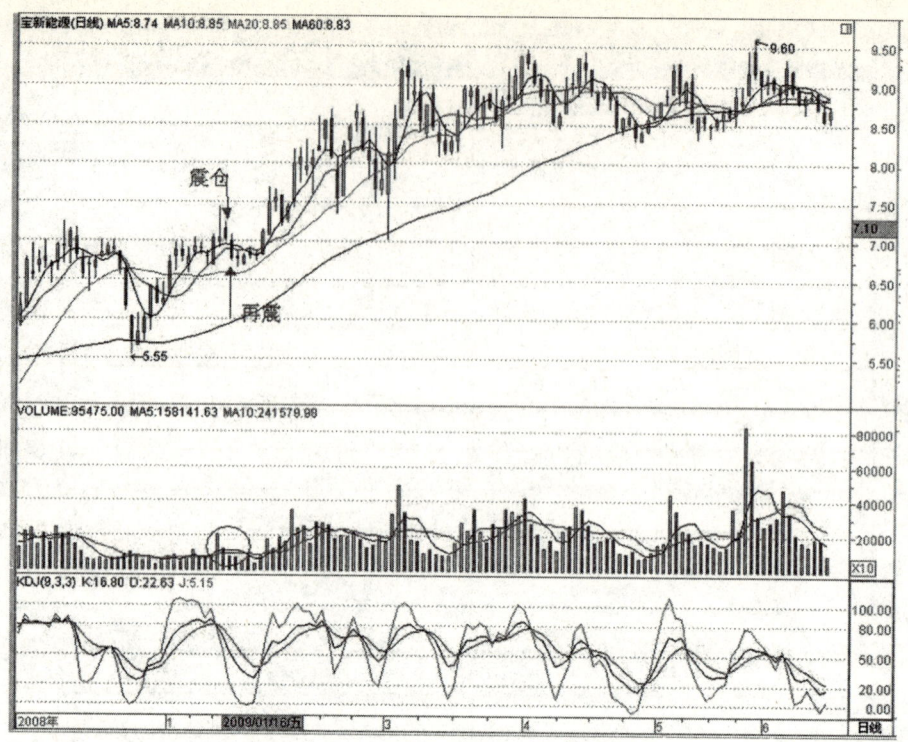

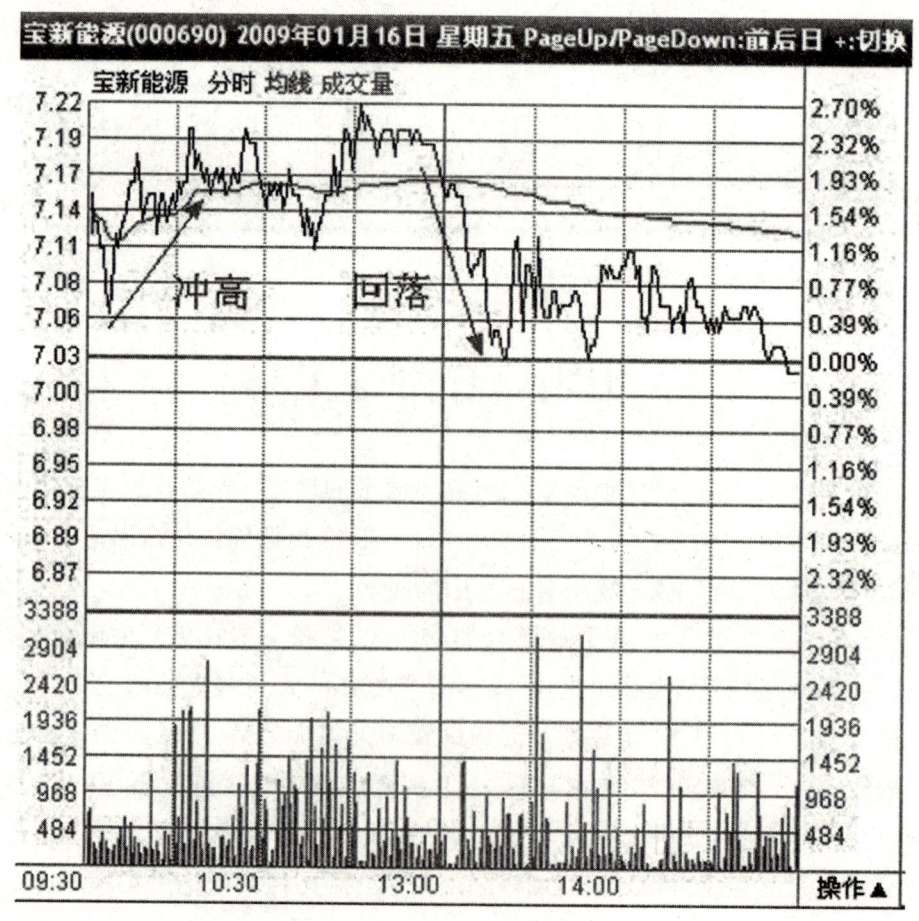

# 识别短线悍庄获利

市场上的游资其坐庄操作大都表现出一种短期行为，对目标炒作一般不会像长庄那样进行精心的策划与研究，选择的目标股一般都是盘子比较小且有题材炒作的个股。庄家在建仓时，会先在低位吸纳一些筹码，然后突然在某一天使股价大幅度攀升，在K线图上拉出一根长阳线甚至涨停板，引诱一些看到长阳就出货的散户抛掉手中的筹码。然后，庄家在震仓的过程中继续强烈震仓洗掉浮筹，继而出现短线飙升的现象。

下图就是创投概念的力合股份(000532)在2008年12月8日的图例。

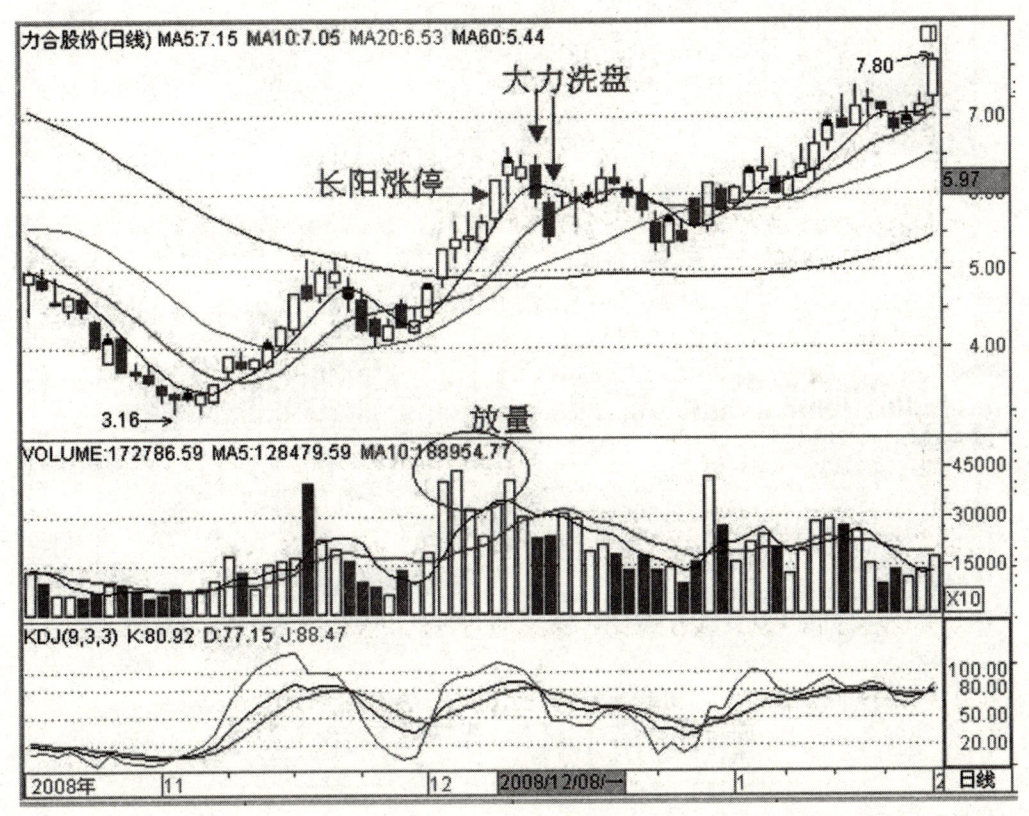

## 两阴吞一阳杀跌造就短线机会

有时股票价格在连续几天的强烈杀跌后庄家会在 K 线走势图上拉出一根长阳

K线,给散户提供一个获利了结的机会。对很多散户来说,一旦个股拉出一根长阳线,他们会马上产生幻想,希望该股短期内有大幅度的上涨。第二天,当该股不升反跌时,一些散户就会非常后悔,认为应该果断获利了结。当该股继续大幅度急跌,吞没前日大阳线甚至连续跌破一些重要均线价或者进入散户持股的成本区域时,散户就会产生极度恐慌。当庄家在盘中拉升股价,使股价稍有上涨时,散户为了保持胜利果实大多会选择获利出局,有些散户甚至会在股价反弹时止损出局,庄家则大量吃进低价的筹码。这时,在重要均线价就是短线高手的获利机会。

下图继续以力合股份(000532)为例来分析。

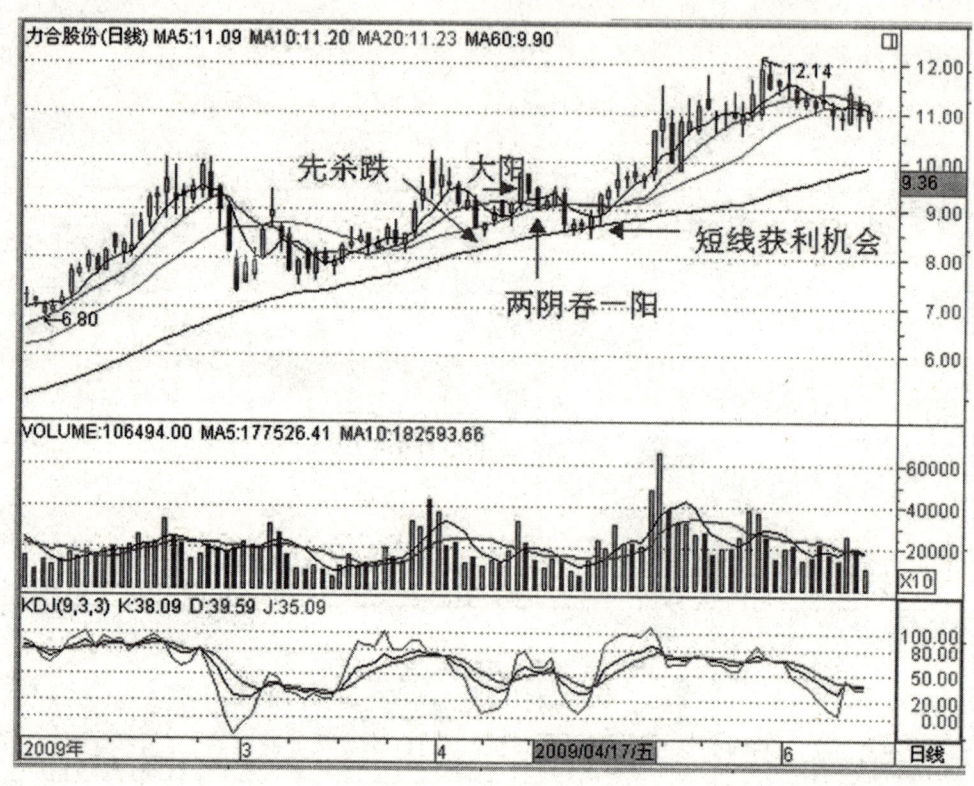

## 短线获利信号之十字星

当股价连续下跌了一段时间,已产生了较大的跌幅时,卖方做空的力量已经不足,下跌无动力,而买方因连续下跌的阴影影响,买入谨慎,但因超跌又有少量的买盘。此时,多、空力量在一个极小的范围内达到了某种平衡,这便会出现开盘价和收盘价相同,并带有一定上下影线的十字星。

当底部十字星出现时,投资者可得到如下信息:①因股价连续下跌,卖方力量

已不足,投资者惜售情绪明显;②买方力量还处于观望阶段,但因价位较低,已有抄底盘少量介入;③买、卖双方力量达到暂时的平衡;④一旦多方力量增加,将随时可能出现变盘的情况。这就给短线高手孕育了机会。

　　下图就是大成股份(600882)在2008年2月1日的图例。

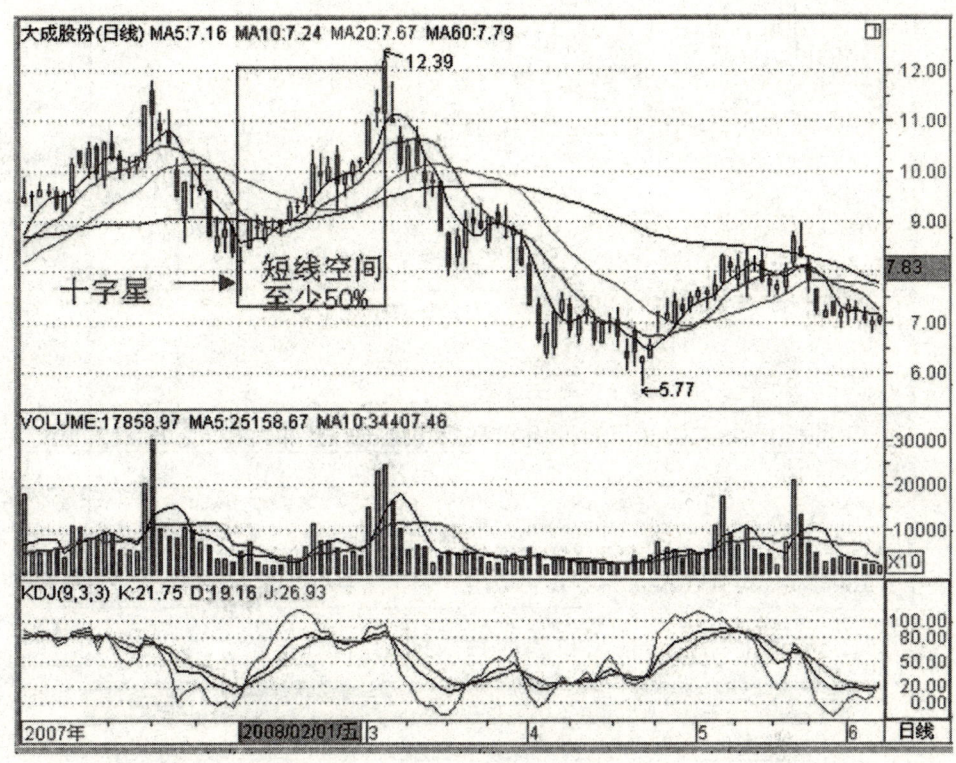

# 短线获利信号之锤头线

　　锤头是指这样的一根 K 线,其下影线较长而实体部分较短,通常情况下,下影线长度至少应是实体部分长度的两倍。而与之相对应的就是倒锤头,其特征是上影线较长,实体部分较短。这两种K线形态通常会出现在市场的阶段性底部,具有转势的意义。

　　锤头出现在下降趋势之后,才具有看涨的意义;如果倒锤头出现后,次日股价向上跳空开盘或是在较高的价位上拉出一根阳线,则其转势向上的信号就越强。

　　最后要强调的是,由于锤头与倒锤头是次要的底部反转信号,因此一旦其出现后,等待次日的验证信号就显得十分重要。而设定止损位是必要的选择,对这两种K线形态而言,出现锤头或倒锤头形态那一天的最低价,往往就是一个很好的止损位,一旦股价跌破该价位,则说明下跌抵抗失败,投资者应及时止损出局。

以下两图就是大成股份(600882)在2008年4月22日的图例。

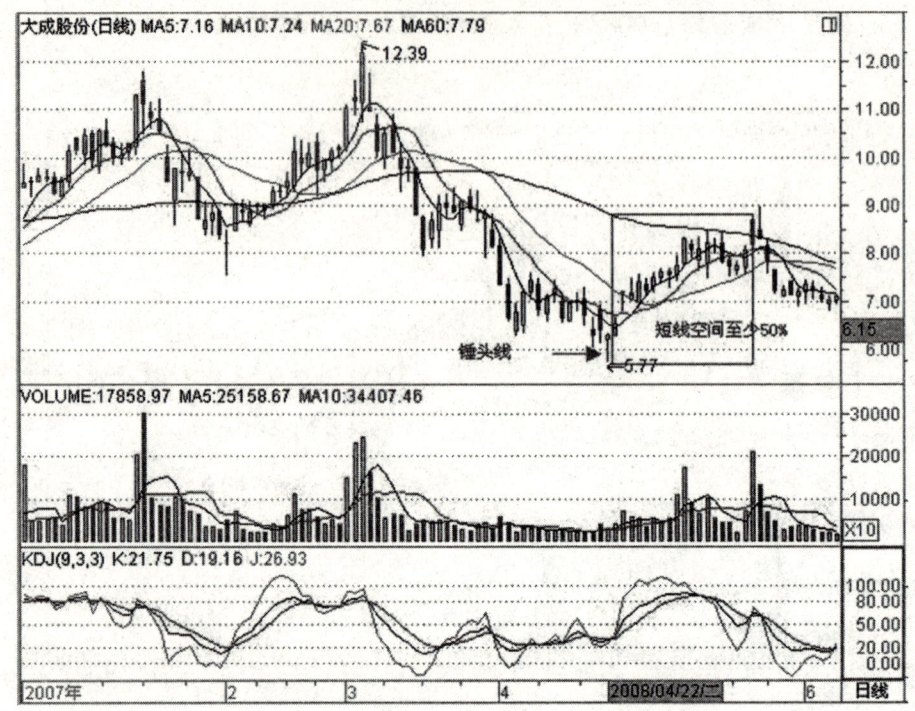

在分时走势图上探底后奋力拉起时锤头线的特征。

# 先下后横式建仓出黑马

所谓先下后横的建仓方式,是指股价还在下跌的趋势中时,就有主力对该股进行建仓,不断地收集坐庄筹码。当然,这里所说的庄家在股价下跌途中就对其进行建仓,并不是说股价刚开始下跌,庄家就入驻建仓,而是在已经下跌了一波行情之后,庄家在股价继续下跌的过程中不断地收集筹码,并且是随着股价的不断下跌,逐步增加收集的筹码数量。

当股价见底时主力已经收集到了一部分筹码。此时主力难以用其他手段骗取筹码就开始缩量横盘,消磨散户的耐心,直至收集到足够坐庄和控盘的目标仓位。缩量横盘的末期就是获取短线暴利的机会。

下图就是狮头股份(600539)在2006年10~12月的图例。

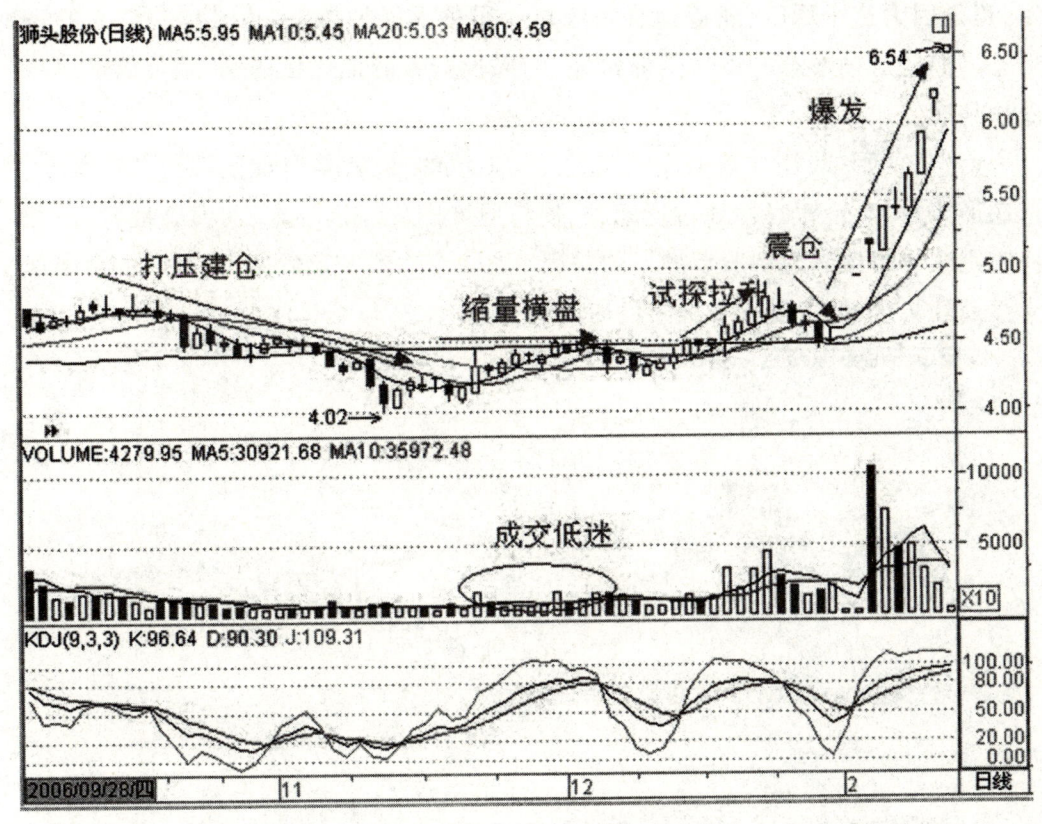

# 第 17 章
## 找底部形态6招

## 抓住 V 形底右侧突破

　　V 形底,也就是俗称的"尖底",形态走势呈 V 字形。这种走势的持续时间非常短,正是因为这个原因,所以这种短线机会很少人能把握住,也是风险较大的一种形态。但是这种形态的爆发力非常强,如果投资者能把握住的话,就可以迅速从中获取利润。

　　V 形底的形成,往往是由庄家刻意打压造成的,或者是出现重大利空导致的。V 形底形成时,股价暂时性地过度超跌,使持股者产生恐慌心态,而疯狂地抛售股票,庄家则顺势收集其他持股者抛出的筹码。当股价达到一定低位后,盘面上会出现非常强劲的买盘,使得股价在极短的时间内快速上涨。

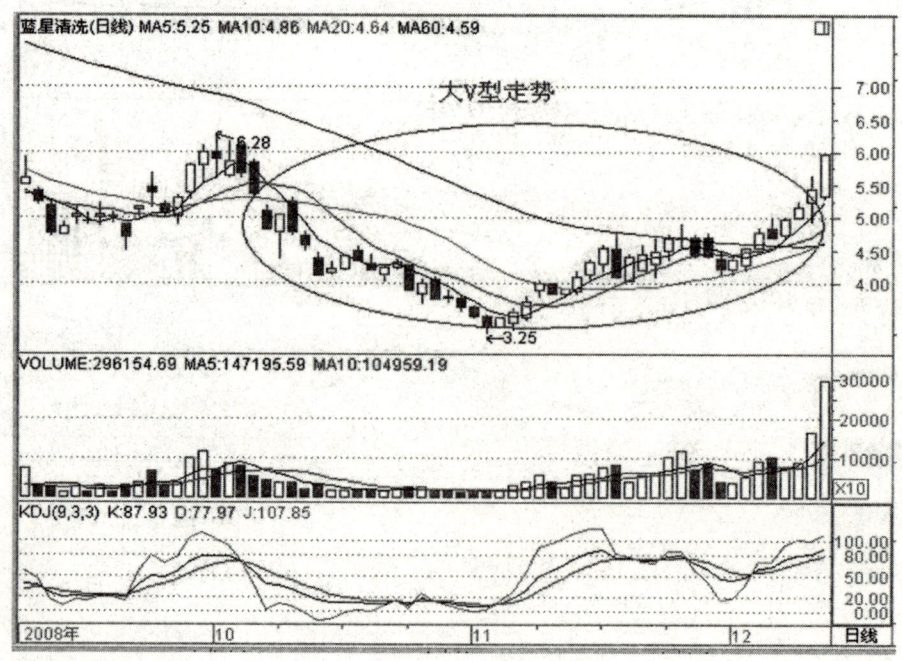

V形底走势的形成,一般可以分为以下几个阶段。

(1)下跌阶段。在V形走势中,通常V形形态的左方跌势十分陡峭,并且持续的时间极短。也就是说股价在极短的时间内被打压下来,使绝大多数人措手不及。

(2)反转点。V形的底部十分尖锐,一般来说,形成这一反转点的时间非常短,仅在2~3个交易日,而且此时的成交量明显放大。有时候反转点就在投资者恐慌时出现。

(3)拉升阶段。股价经历了下跌,反转后,接着股价从低点开始回升,成交量也随之放大。

上页图就是蓝星清洗(000598)在2008年10~12月的图例。

# 抓住圆弧底右侧突破

圆弧底形态,是庄家在建仓过程中所表现出来的一种重要的盘面形态。它的特征是股价处于一段跌势后的低价区域,股价开始是慢慢连续下跌后缓缓回升,K线上呈现出圆弧形状。成交量的变化跟股价的变化类似,在股价连续下跌过程中,成交量随着股价缓缓下跌而慢慢减少,伴随股价逐步回升,成交量也慢慢地放大。股价从高位下跌到底部,然后再向上突破,形成圆弧底形状,这个过程所需要的时间

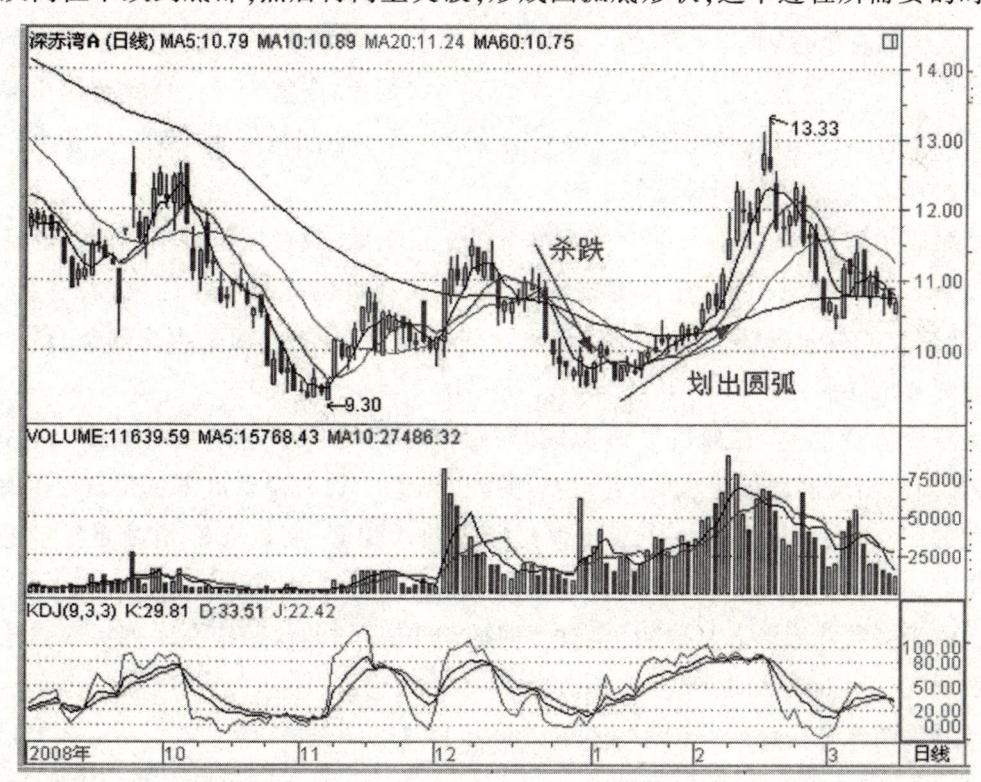

一般比较长。股价从高位跌下时,盘中的卖盘会逐渐减弱,主动性卖盘也会随之减少,同时买盘也不是很积极,所以成交量是随着股价的下跌而逐步减少。从盘面来说,虽然股价是在持续下跌,但此时买卖双方都已经很疲惫了,所以股价跌幅越来越小,最后呈现水平状态,这个过程中,成交量也逐步萎缩,当股价跌至较低价位时,庄家和那些先知先觉的投资者,会悄悄地收集筹码,买方力量会逐步增加,股价和成交量也会缓缓上升。等庄家收集完目标筹码能够控制这只股票后,股价就会迅速上升,向上突破。

上页图就是深赤湾A(000022)在2009年1月的图例。

# 抓住双底右侧突破

双底形态叫W底形态。双底形态的形成,是由于股价下跌遇到下档买盘支撑,多方这个时候开始进场,而在高位买进者开始补仓,从而使股价开始回升,至前期高点后,前期跌势又导致投资人看淡后市,产生逢高出货的抛盘,造成第二次回落。但是看好后市的空仓者,认为自己已错过前次时机,所以在股价跌至接近前一低点时,便立即买进,推动股价上升。双底形态是一种反转信号,其市场意义在于表明探底成功。

其实W底也是V形底形态的一种演化。股价二次回落的原因,是庄家在打压股价过程中,一部分投资者已经在低位吸纳了一些筹码,庄家为了让这些筹码出局采用了再次打压的手段,使得股价二次回落探底。另一原因是可能在某一价位套牢的散户比较多,庄家须要引诱他们出局。

对股票来说,既然某一价位是套牢者成交密集区,或者低位时庄家不小心让其他投资者捡到便宜筹码,在关键技术位,这些获利盘出局的可能性较大,有利"地形"已被空方首先占领,就不能像V形底反转那样直接向上,而是再次回落,诱使其他投资者出局。

需要注意的是,在双底形态形成时,很多常用的技术指标如KDJ、RSI、MACD等,会同时出现底部信号,通过这些指标可以帮助投资者确认底部的形成。还需要注意的一点是,双底形态由于股价仅经历过两次探底,所以底部相对而言不是很扎实。

由于多数双底形态形成后,会有个回抽动作,所以建议短线高手把买入点选在突破颈线后回抽确认时作买入。

下页图就是一致药业(000028)在2008年11月的图例。

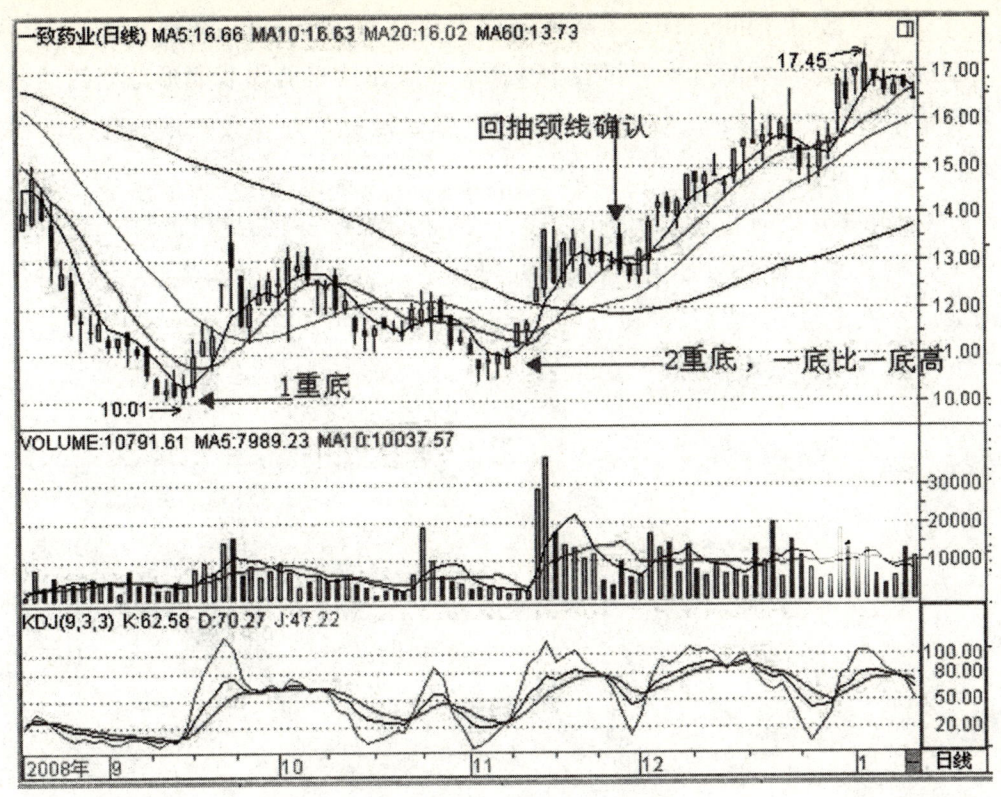

一致药业(日线) MA5:16.66 MA10:16.63 MA20:16.02 MA60:13.73

17.45

回抽颈线确认

2重底，一底比一底高

1重底

10:01

VOLUME:10791.61 MA5:7989.23 MA10:10037.57

KDJ(9,3,3) K:62.58 D:70.27 J:47.22

2008年 9 10 11 12 1 日线

# 放心买入三重底

三重底是双底形态的复合形态。三重底相对于双底而言比较少见,但是相对于双底形态来讲,是更加坚实的底部形态,而且形态形成后的上攻力度也更强。

如果是单从形态上来看的话,三重底只是比双底多了一个底而已,但是从技术意义上来看,形成三重底的时间跨度更长,换手更充分,所以夯实底部的意味就更浓了。在股价经历长期下跌后,股价在第三次触底时投资者往往会有悲观绝望的情绪,这时物极必反的市场特征就显现出来,在操作上,三重底的买入点和双底一样,都是在股价向上突破颈线后要买入。

判断三重底时,不能简单地认为有三个低点,就形成了三重底。因为三个低点的探底形态,只能表示股价在走势图形上具有三重底的雏形。还需要从以下几点,判断三重底是否成立。

(1)从形成的时间来判断。三重底形态三次低点的形成时间一般比较长,通常来讲至少要保持在十个交易日以上。如果形成过程中的时间间隔太短,那么底部形态的构筑基础就不会很牢固。这样的话,即使形成三重底,由于其形态过小,后市上攻力度也会很有限。

（2）从成交量上判断。在三重底的三次上攻行情中,成交量必须呈现出逐步放大的态势,否则极有可能在反弹过程中失败。如果在构筑前面双底形态期间的两次上升行情中,成交量始终不能有效放大的话,那么极有可能导致三重底形态的构筑失败。

（3）从增量资金的介入上来判断。在三重底的最后一次上攻行情中,如果没有增量资金积极介入带来放量的话,那么同样会导致三重底的构筑失败。所以,三重底的最后一次上涨,必须很轻松地向上突破颈线时,方可最终确认。

下图就是华侨城A(000069)在2009年1月的图例。

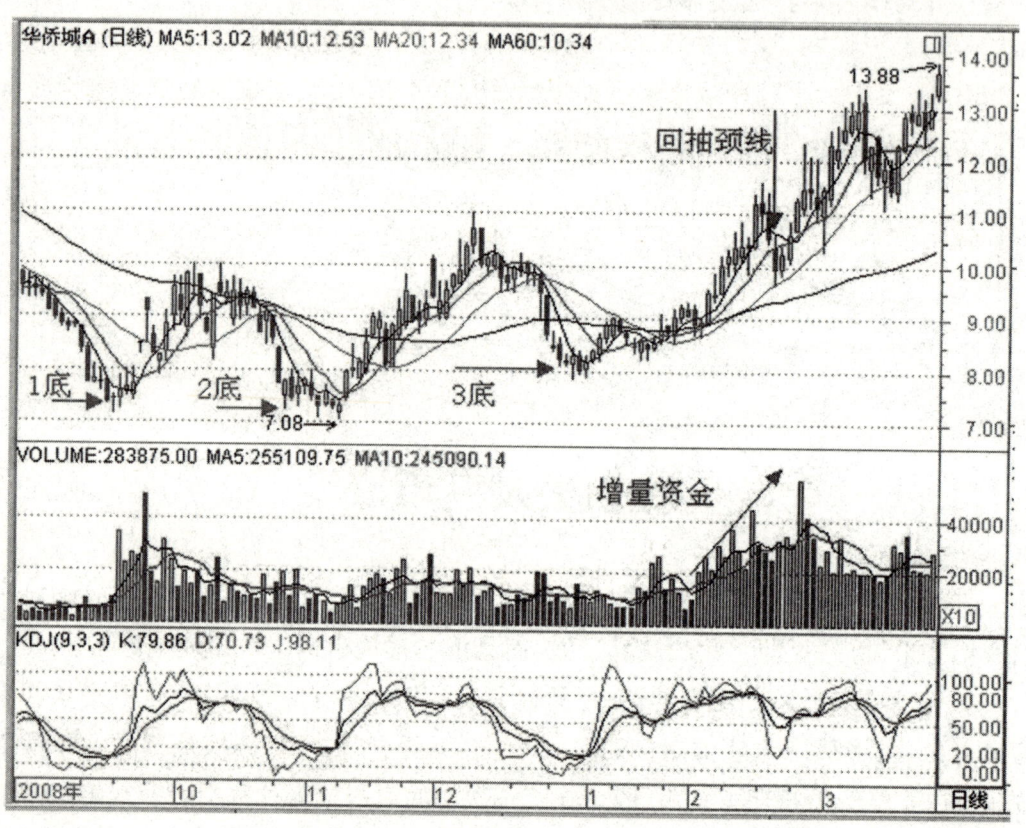

# 底部起飞出黑马

平底形态又叫底部横盘形态, 股价在底部运行中, 呈现出一条横线走势的形态,这种形态通常会演变成“底部起飞”形态。

这种形态的表现形式是,股价在走势中一直表现得很沉闷,从K线图上看,股价几乎呈现出一条直线的形态水平移动;股价上下波动范围也极小,有时候波动范围

小到几分钱。形成这种形态的主要原因是,市场上一方在看多,看多者一直在买进;另一方则看空,看空者一直在卖出。在这个过程中双方的力量几乎持平,所以股价就在一个窄幅波动范围内运行。

那么短线操作策略怎样才最佳呢? 在股价处于底部横盘时,需要密切关注其股价的运行情况。因为出现这种走势,一旦股价突破的话,那么其上升或下跌的力度都是比较大的,投资者必须密切关注股价的一举一动。

这种平底形态的股票,在底部横盘停留的时间越长,突破力度就越大,上升或是下跌的幅度也就越大;反之,在底部横盘时停留的时间越短,突破力度就越弱,上升或是下跌的幅度就越小。

股价经过底部横盘后向上突破时,是买进的信号。但是需要注意的是,在突破时必须有成交量的配合,并且突破后成交量必须是合理放大,否则不要轻易跟进。

下页图就是五粮液(000858)的图例。

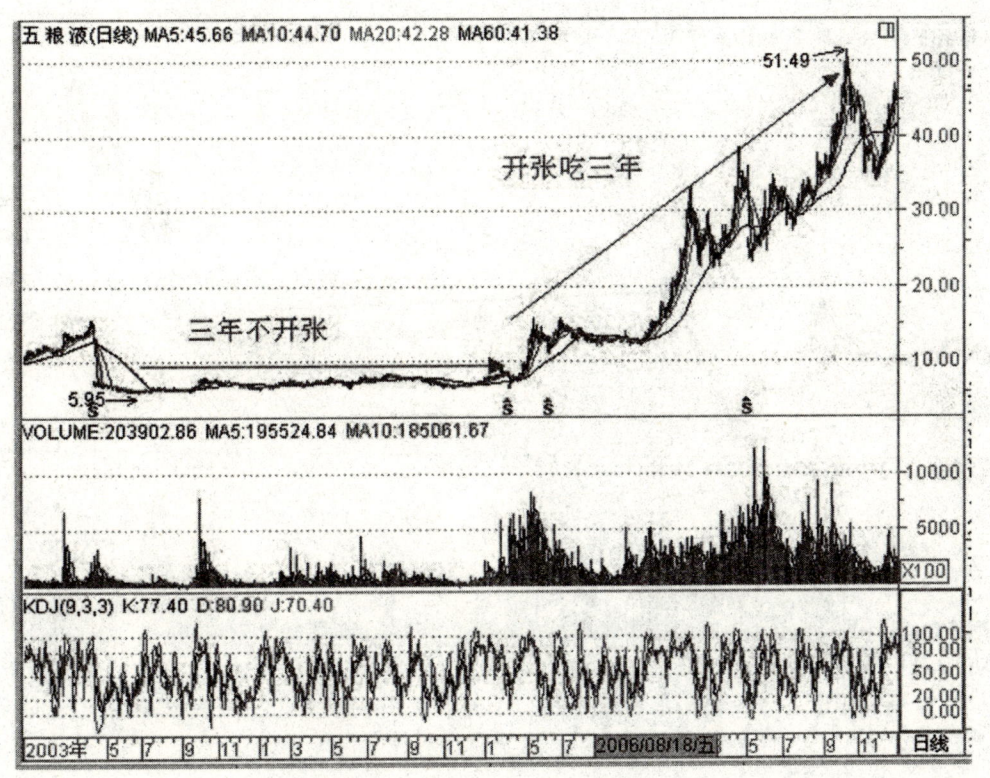

# 三角形底威力大

三角形底在形态上和双底形态以及三重底形态有点类似。与双底形态和三重底形态不同的是,把各个高点用线连接起来以后,连线呈向下倾斜的一条直线,和各个低点的连线组成一个三角形形态。

三角形形态的形成过程是,股价经过长时间下跌后,会吸引一些抄底盘介入。由于抄底盘的进入,使得股价出现一波反弹,但此时的市场仍然处于弱市中,所以反弹的力度不会很大,同时反弹也无法持续。短线投资者获利盘回吐后,股价会再次回落探底。在股价第二次回落探底过程中,成交量呈明显萎缩的态势,这说明在短线投资者获利回吐后,盘中的卖盘已很小了。在卖盘很小的情况下,股价在回落到第一次低点附近,会出现第二次反弹。但第二次反弹没有到达第一次反弹的高点位置时,就开始掉头回落,回落过程中成交量也逐步萎缩,说明此时买卖双方的力量都已经很疲弱了,在卖盘力量几乎完全释放后,买盘开始逐步进入,促使股价开始上升。

下图就是抚顺特钢(600399)的图例。

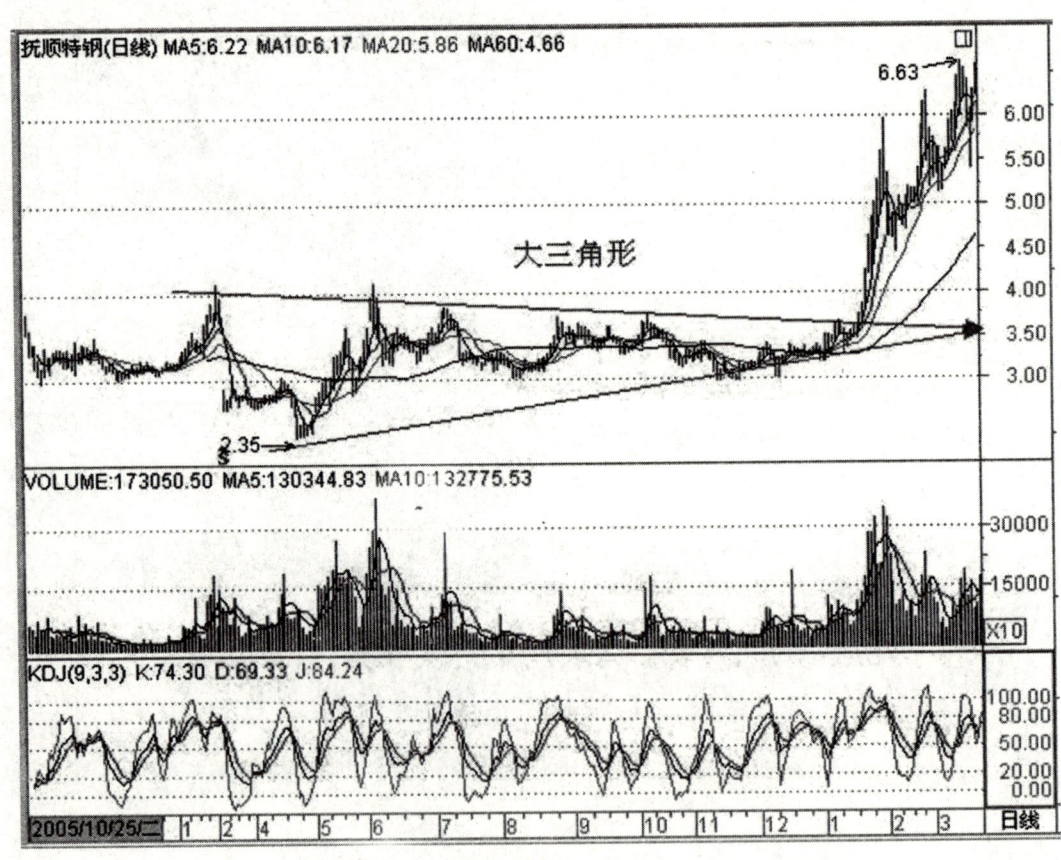

# 第18章

## 了解K线经典形态23招

# 把握极线时机

　　在连续上涨的行情中,于长阳线的上方,出现两颗小K线,这两颗小K线就称为"极线",又称为"二颗星"。此种形态,它有可能出现三颗小K线,又叫做"三颗星"。注意,极线一般出现在上升趋势行情中居多,下跌趋势行情中,出现的概率不多。

　　可以想象,一段顺利上扬的行情,突然出现下跌的小K线,其原因多半是因为短期涨幅已大,多头欲趁机了结造成的。结果呢?多头卖出股票之后,股价并未反向下跌,此时图上暗示两点含义:①K线走势相当强劲;②多头有卖错股票的感觉。

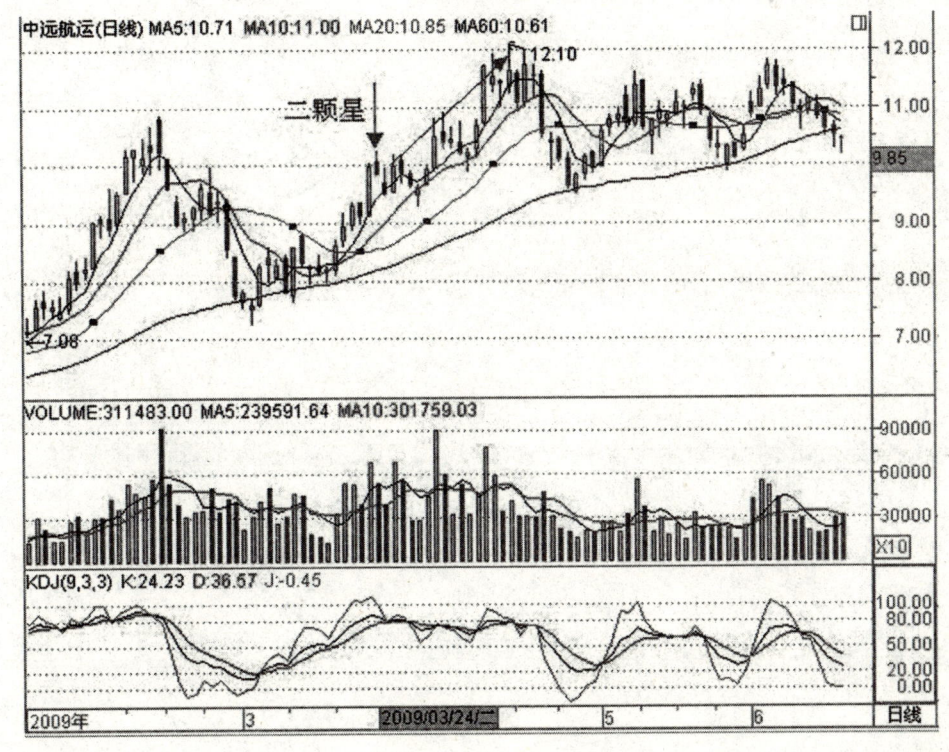

要特别注意的是,出现极线的时机,如果伴随着大成交量,股价不仅未反应下跌,而仅以"二颗星"收盘时,这种形态的可靠性能更高。一般有所谓"量大成头"的观点,股民害怕成交量过大会形成头部,都急于抛出,但回头一看,股价未出现想象中的下跌,在这种情况下,大多会回头追高抢筹,导致股价大幅上扬。

上页图就是中远航运(600428)在2009年3月24日的图例。

# 突破下降通道即转势

当股价经过长时间的下跌后,沿着各个逐步下移的高点划出一条下降趋势线,股价如能放量突破下降趋势线,股价如果能够有力突破下降通道就意味着转势成功,此时为买进信号,应立即予以买进。

下降趋势线形成的时间越长,准确率越高。突破成交量如能持续放大,后市走势将更理想。

下图就是中兵光电(600435)在2007年下半年的图例。

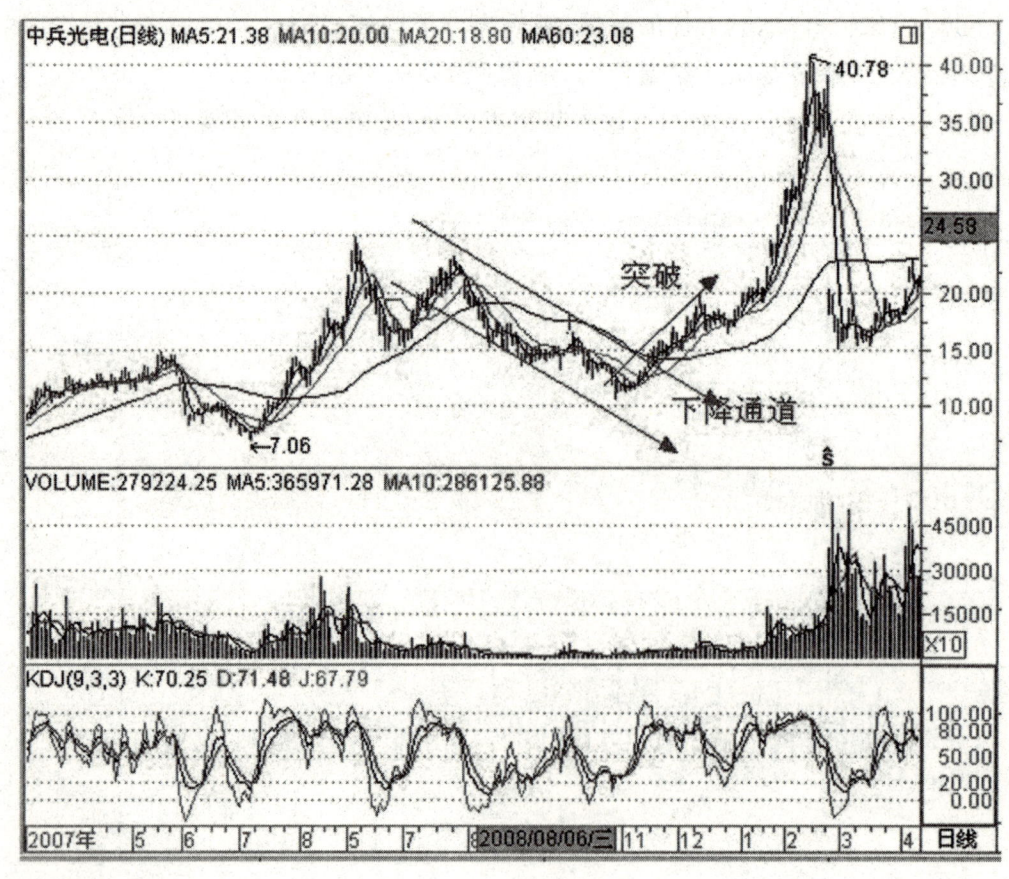

# 跳空高开见强势

　　股价经过长期的下跌之后开始进入低价区。某天股价高开高走,在 K 线图上留下一个缺口。从盘口上看,买盘汹涌,成交量急增,一段时间内不会回补此缺口,这为突破缺口,是短线买入信号。

　　突破缺口的范围越大,表示多头的力量越强,未来股价变动将会越激烈。换句话说,向上的突破缺口越大,未来股价上涨的速度将会越快。

　　如果向上突破缺口的次天以后,成交量如果不仅没有少,却反而扩大时,则此缺口的技术意义将更深远,意味短期内该缺口将不会被填补。

　　以下两图就是长园集团(600525)在2008年11月10日的图例。

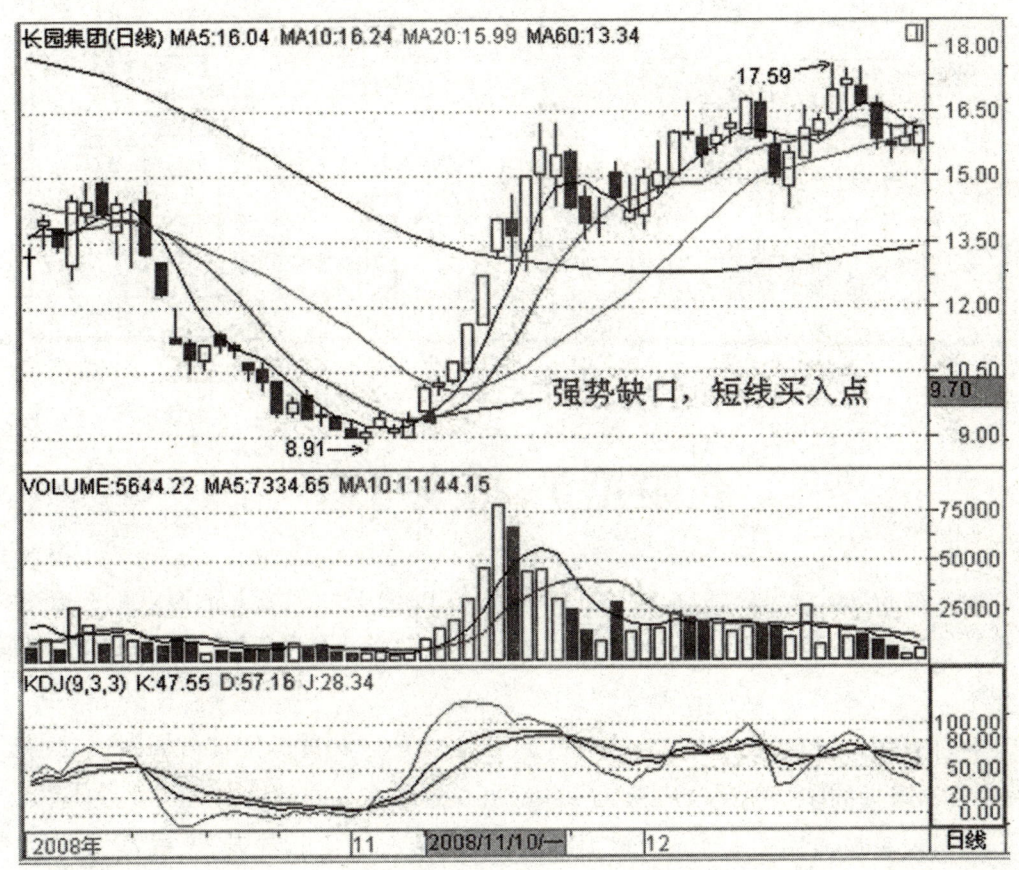

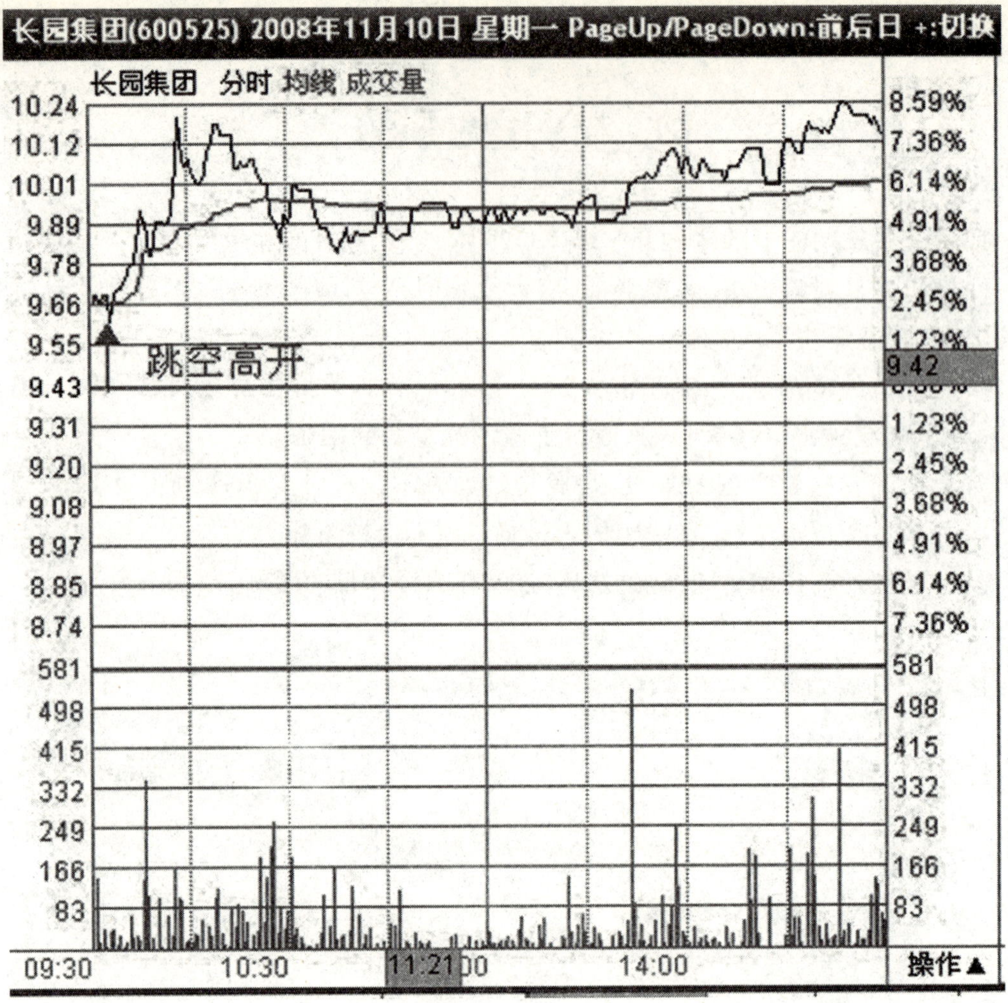

长园集团 分时 均线 成交量

跳空高开

# 长阳兀立,短线可追

　　如果股价走出大幅高收的阳线,实体甚长、以至于可忽略上下影线的存在,这是涨势信号的一种,而且可由该阳线实体的长度推测出当日涨势的强度。操作策略如下:

　　翌日总体以逢低吸纳的买入思路应对,尤其是当次日行情价格的回档到前日大阳线(高低点间距)的 2/3 以上处企稳时,更是短线介入的契机;

　　如果次日仅回档至 1/3 处就掉头向上,表明多方力量非常强,短线不仅可以逢低吸纳,甚至可以追涨介入做短期多头。

　　下页两图就是江西长远(600561)在2009年4月13日的图例。

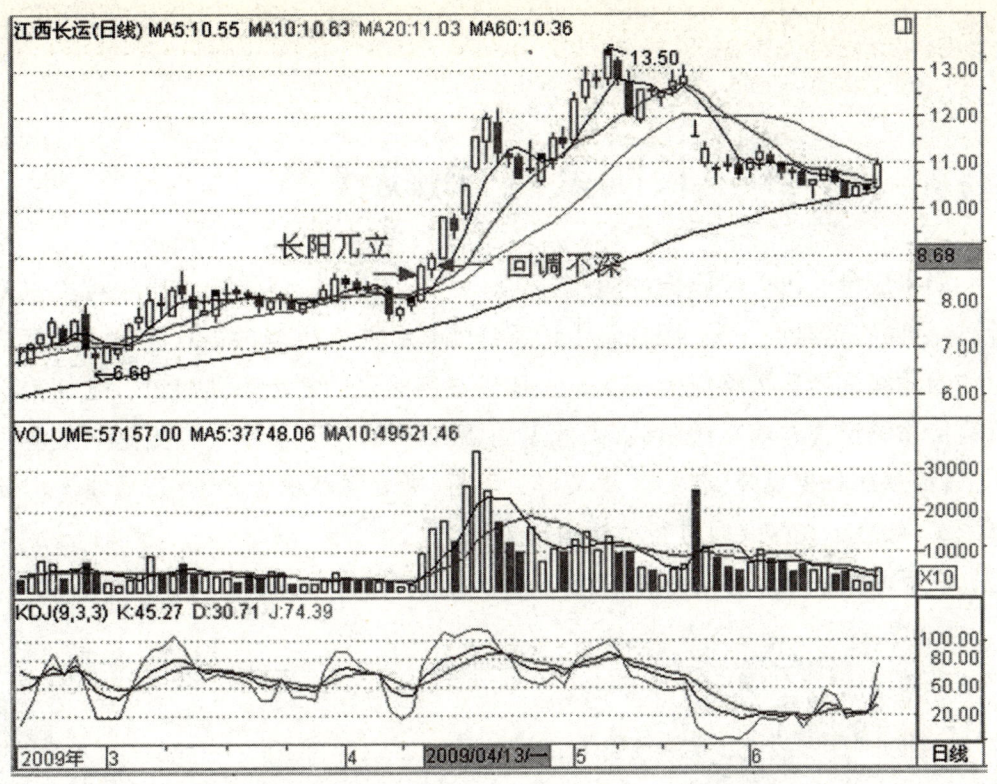

长阳兀立

回调不深

# 长阴杀跌，短线宜逃

　　如果股价走出大幅收低的阴线，实体甚长、上下影线极短以至于可以忽略不计，这是跌势信号的一种，而且可由该阴线实体的长度推测出当日跌势的迅猛。此时作为短线的操作策略应当在次日总体以逢高派发的卖出思路应对，尤其当次日行情价格的反弹在前日大阴线（高低点间距）的2/3以下处受阻时，更是短线淡出的契机；如果次日仅反弹到1/3处就又掉头下行，则表明其跌势之迅猛，短线不但要逢高派发，甚至也在必要时进行杀跌淡出做短空。

　　以下两图就是广济药业（000952）在2008年7月30日的图例。

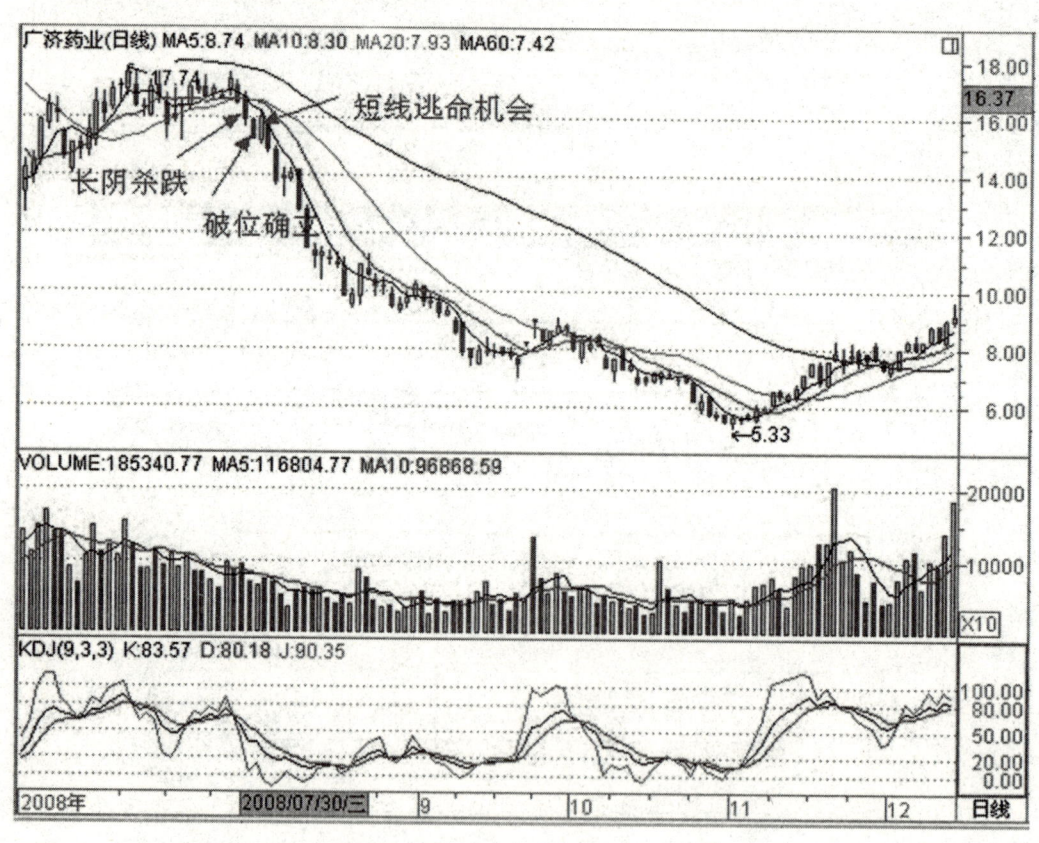

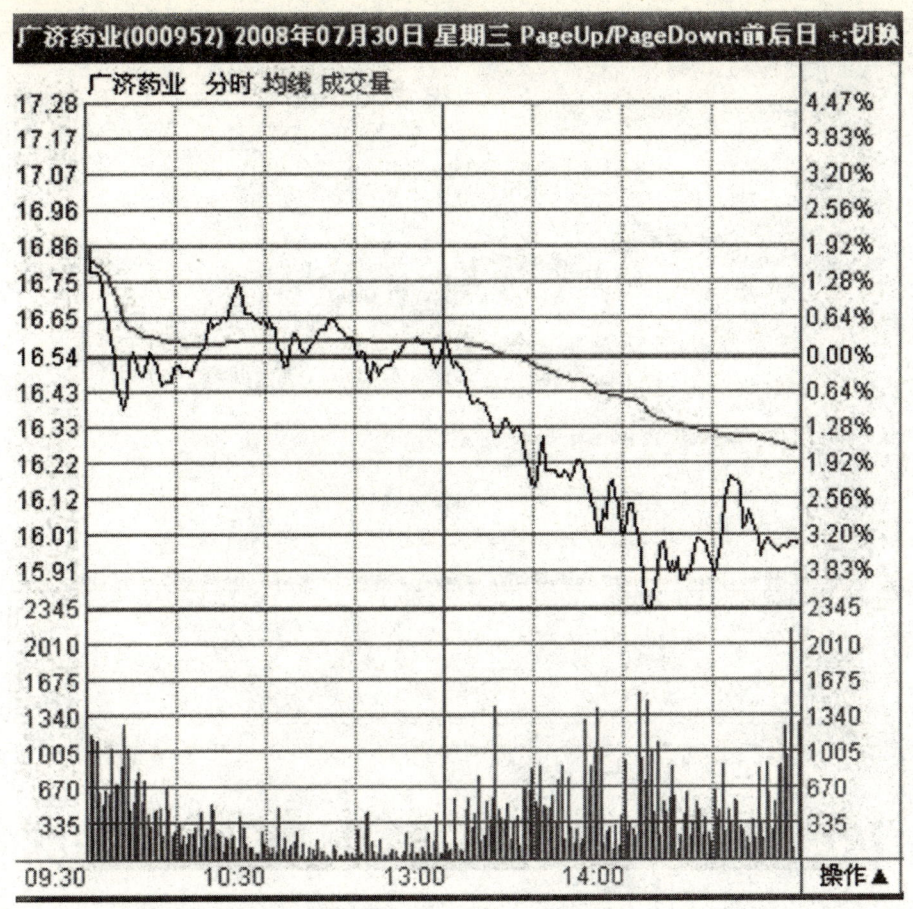

# 射击之星,随手卖出

"射击之星"的技术形态是一根带长长上影线的 K 线,其位置主要出现在某只个股的顶部,是一种十分明显的见顶信号。从出现射击之星技术形态的个股的连续 K 线形态可以看到, 当这类个股的股价一直向上攀升,达到了一个相对高的位置时,主力往往会在顶部做一次加速向上的突破拉升,但收盘时,股价会回落至原位,这时的 K 线形态在顶部出现了一根带长上影线的 K 线。这根K线的实体可以是一根阳线,也可以是一根阴线。

射击之星这个指标主要是能够有效地指导投资者成功地逃顶,或者逢高止损,以免越套越深。某只个股出现射击之星当天的高点一般是阶段性高点,一段相当长的时间内将难以再见此价位。形成射击之星的主要原因是这类个股在创了新高之后,就走出了一波比一波低的调整形态。

对于出现射击之星类个股,不应该有所犹豫,短线应该坚决出货,否则日后会被越套越深,难以解救。

以下两图就是ST金花(600080)在2004年12月3日的图例。

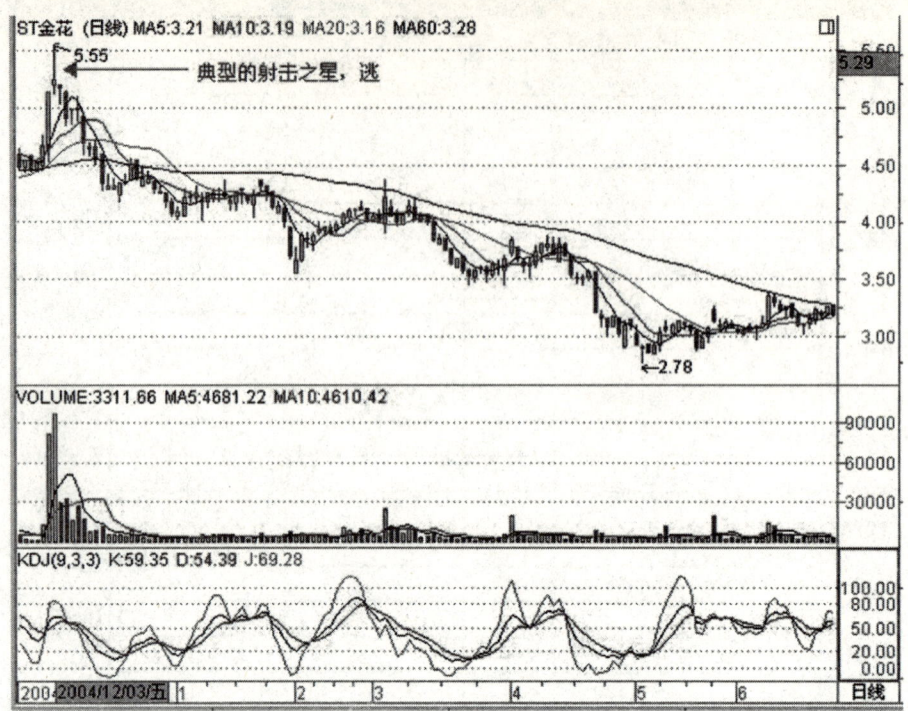

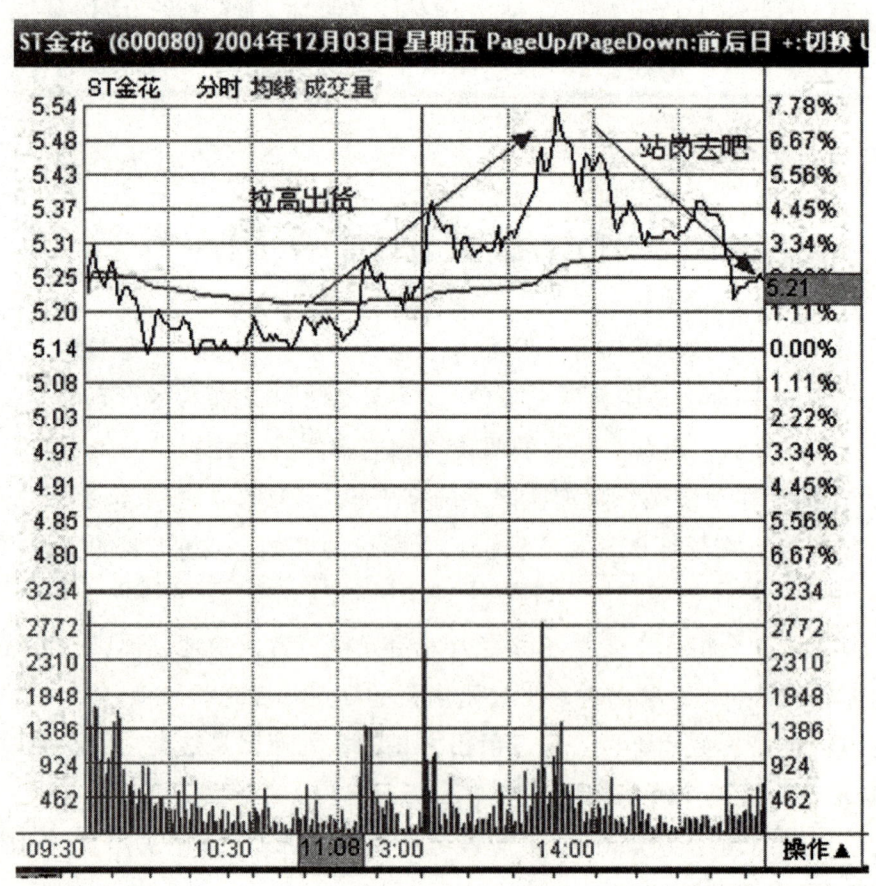

# 早晨之星，短线买入

"早晨之星"的技术形态也是一根带长长上影线的 K 线，但其位置主要出现在某只个股的底部，是一种十分明显的见底信号。早晨之星和射击之星的构造位置刚好相反，它的构造之处是在底部，当主力在某只个股的底部建仓时，该股会因此而上扬，但聪明的主力为了不留下市场记号，在收盘前又会故意将该股的股价压至原先位置，这时该股在底部便会呈现一根带长上影的K线。这根K线既可以是一根阳线，也可以是一根阴线。

2000年9月28日，新中基(000972)收出了一根带长长上影的K线，由于该股的上一个交易日是以涨停板报收的，所以可以断定该K线为早晨之星而非射击之星，可以逢低介入。自此以后，该股走出了慢牛行情。

早晨之星这个指标主要是能够有效地指导投资者成功地抄底，或者是逢低介入，以免踏空。某只个股出现早晨之星当天的低点一般是阶段性低点，一段相当长的时间内将难以再探此价位。形成早晨之星的主要原因是这类个股在尾市故意打压，以便次日再次吸筹。

对于早晨之星类个股，应该逢低分批介入，不要犹豫不决，免得以后被轧空。

下图就是恒邦股份(002237)在2008年下半年的图例。

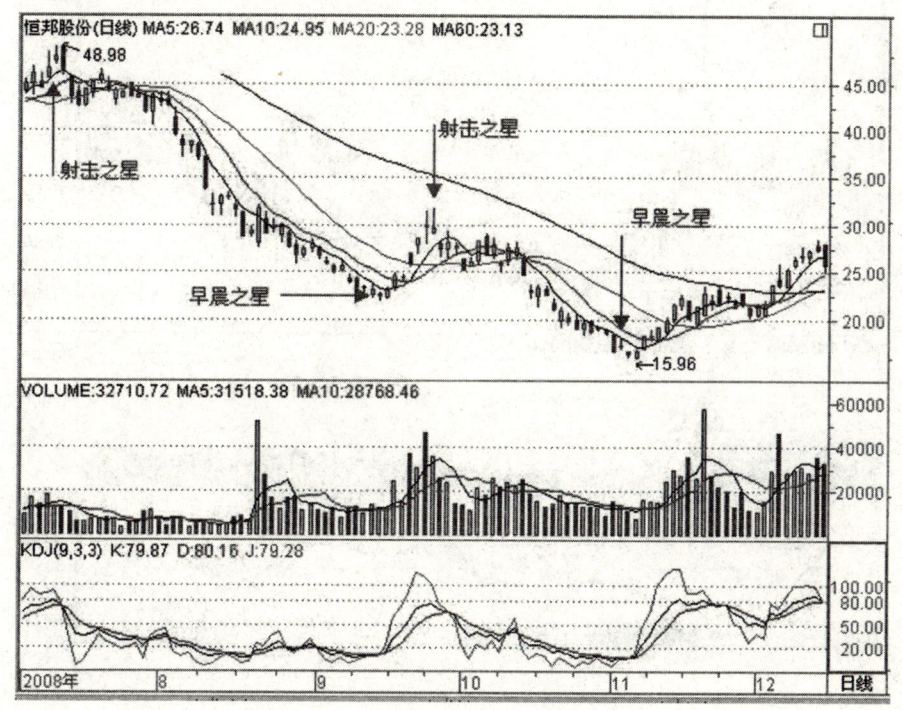

# 乌云盖顶，短线逃命

在连续上涨的行情中，在阳线的上方，出现一条高开走低的阴线，这一阳一阴的组合就叫做"乌云盖顶"，它给上涨的走势蒙上一层阴影。这个形态是由两根线形所构成，一根线形是强劲的长阳线，第二根线形仍残留少量的买盘而开高，但收盘价深入第一根阳线的实体内(超过实体长度的50%)。它的市场意义是，长阳线所代表的上升动能被第二根阴线所冲散。对于一个完全意义上的乌云盖顶，第二根阴线的收盘价应该深入第一根阳线的实体一半以上。如果深入的程度未超过一半，属于不完整的形态，应该观察隔天的收盘价作为确认信号。一般来说，第二根阴线收盘价进入第一根阳线实体的程度越深，形态越具有空头意义。

如果第二根阴线的收盘价未超过第一根阳线的实体一半，所代表的空头意义也逊于标准的乌云盖顶。所以，在这种情况下，我们需要等待隔天的进一步确认。如果第二根阴线高开第一根阳线的最高价，这种形态是比较有效的反转信号，因为价格由最高价拉回，空头意图便更加明确。一旦乌云盖顶形成，经常成为后续走势的压力。

下图就是领先科技(000669)在2007年10月15日的图例。

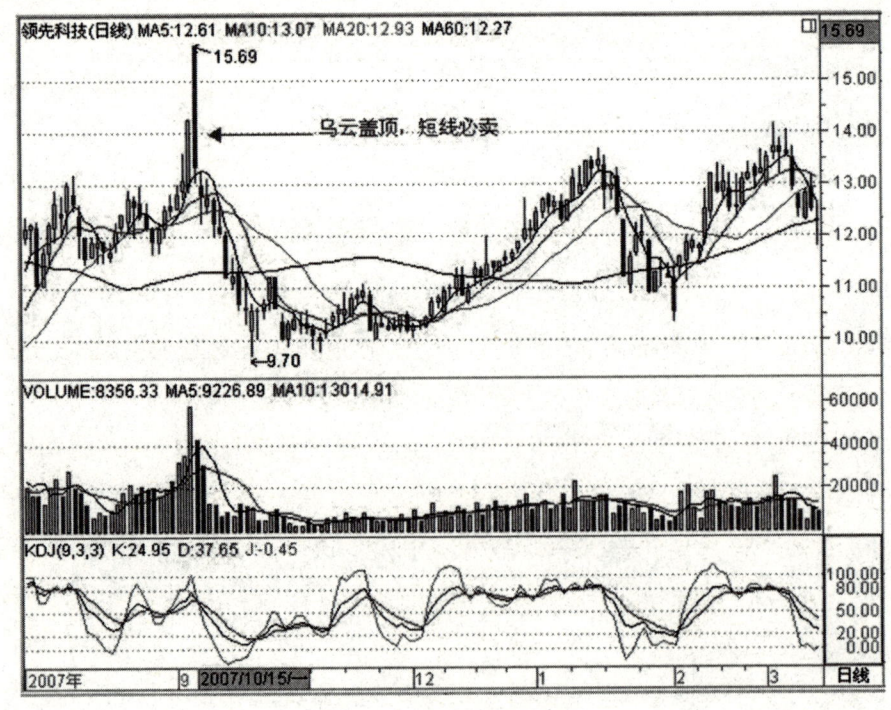

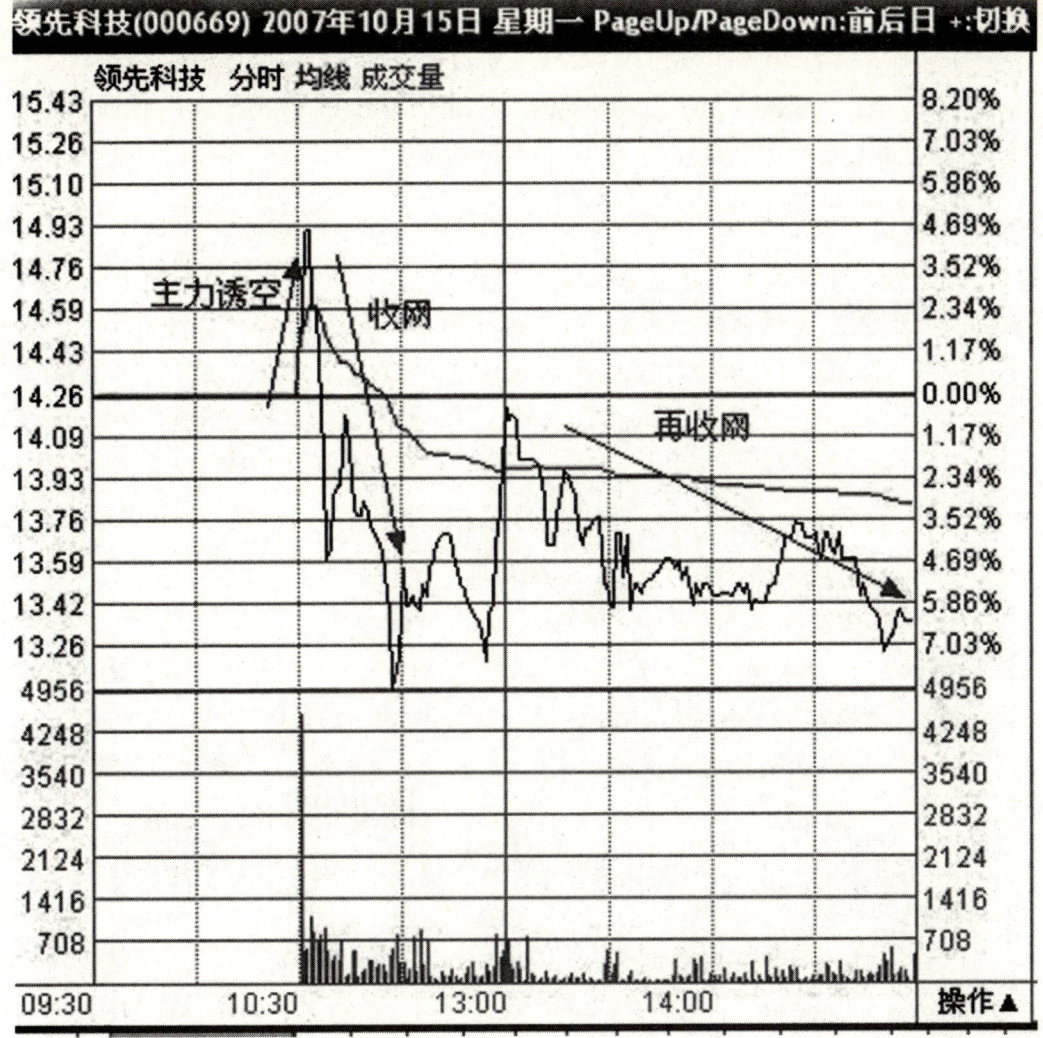

领先科技 分时 均线 成交量

主力诱空
收网
再收网

操作▲

# 穿头破脚,短线转机

穿头破脚:后一根 K 线的实体将前一根 K 线实体全部覆盖,这是一种转向形态。构成穿头破脚必须满足下列几个先决条件:

(1)事先有明显的上升或者下降趋势,短期的升势或跌势还有可能继续。

(2)第二根K线实体部分必须把第一根K线的实体部分全部包含在内,形成穿头破脚的形态。值得注意的地方是,穿头破脚形态仅指K线的实体部分,上下影线不在其中。

(3)上升市势当中,前一根阳线之后,必须出现一根较长的阴线,合并而形成转跌的穿头破脚形态。

(4)在下跌市势当中,前一根阴线出现之后,必须出现一根较长的阳线,才足以构成向好的穿头破脚形态。

穿头破脚形态中出现下列情况者,其可靠程度更高:

(1)第一根K线的长度与第二根K线的长度比例越悬殊,转向的力度越强。

(2)第二根K线的成交量越大,转向的力度亦越大。

下图就是华发股份(600325)的图例。

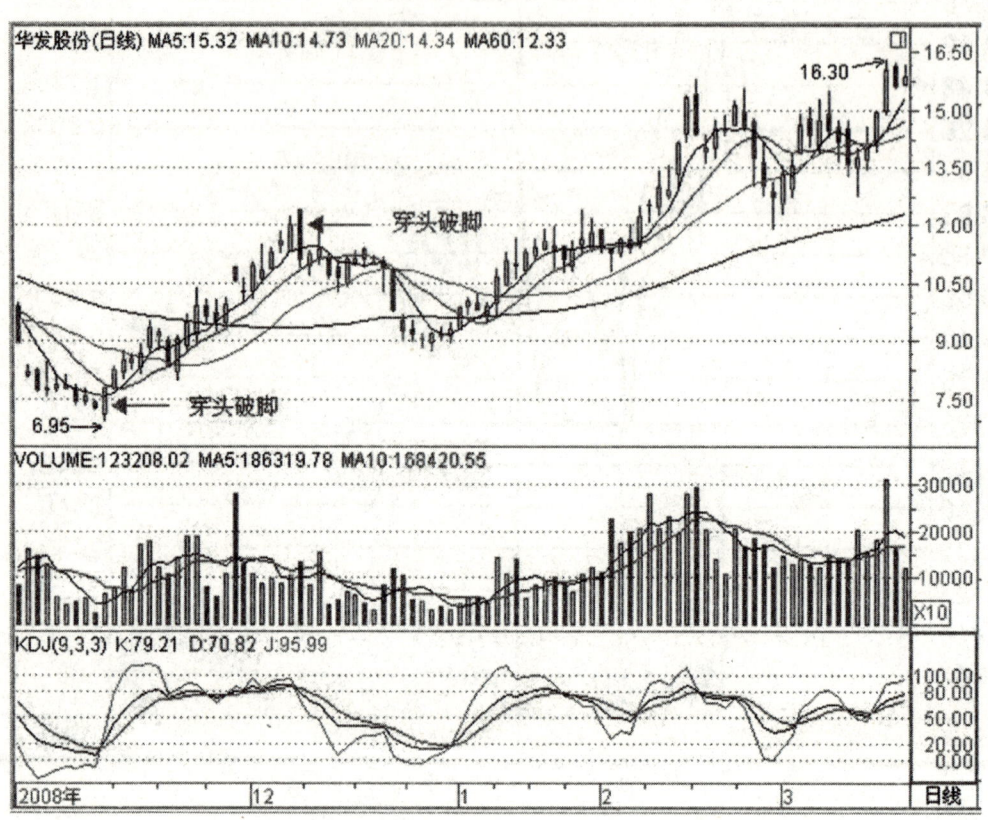

# 曙光初现,见底回升

从字面上就能理解到黑暗过去,阳光露出,可以说前景一片光明。这种图形出现在股价走势中,就显示市势可能见底回升。这种走势的特征是:

(1)基本上与乌云盖顶相同,只不过方向相反而已。前者出现在顶部,而后者出现在底部而已;

(2)第二根K线(即阳线)的实体部分越长,表示上升的力度也越强,其可靠程度也越大;

(3)第二根K线(即阳线)的收盘价最好高于第一根K线(即阴线)实体部分一半

以上。

曙光初现的市场意义可理解为：

(1)第一根K线(即阴线)表示市况仍然向下；

(2)第二根K线(即阳线)以跳空低开出现,其后出现强有力反弹,填补跳空缺口后还穿越上日收盘价,深入阴线的实体部分,令市场出现惜售,甚至开始纷纷补仓而促使价位反弹。

下图就是岷江水电(600131)在2007年7月6日的图例。

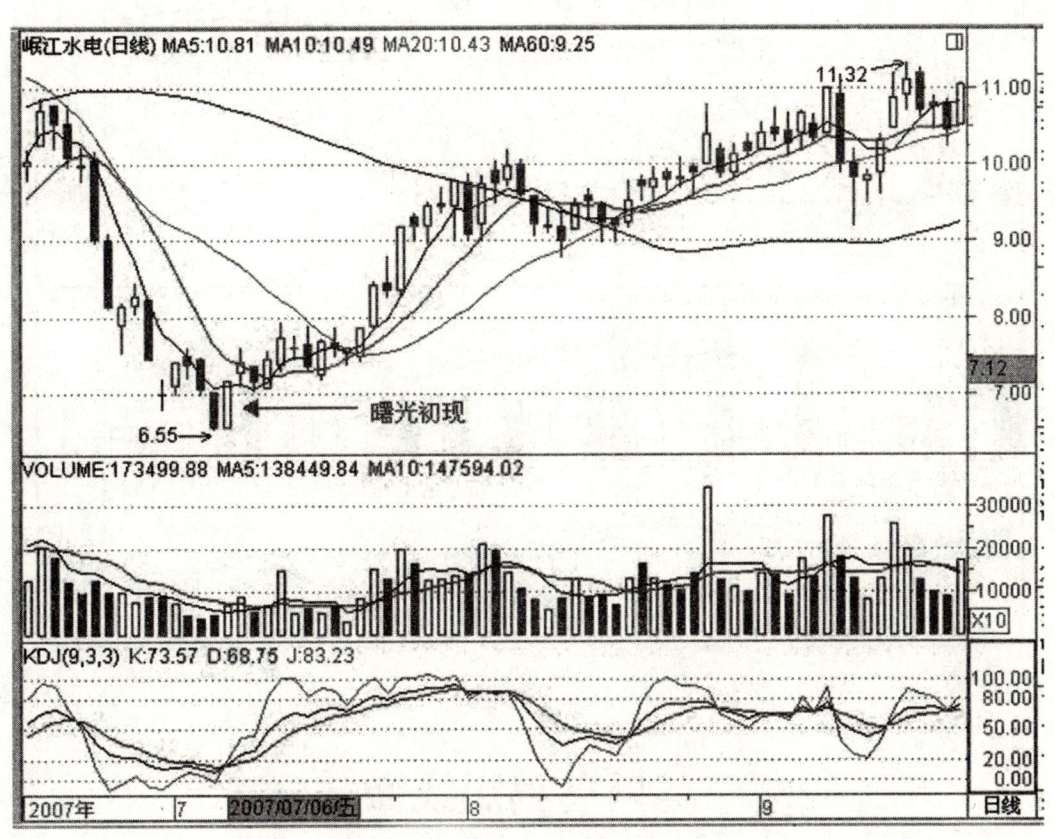

# 红三兵预示短线机会

红三兵组合是由三根逐步攀升的小阳线所构成,每一天的收盘价都在向上推进,是一种上升形态,所表示的市场含义为多头能量进一步聚集,后市看高一线。

但在判断红三兵图形形态时,要特别注意判断,差之毫厘会失之千里。因为第二根和第三根阳线的组合稍有偏差就可能出现方向性的错误。如果也都由三根阳线组成,但第三根K线有较长的上影线,表示没有足够的力量以较高价位收盘,显示上档抛压沉重,上攻能量有限。或者K线实体部分逐渐缩短,表示上升势头开始减弱,而且第三根K线还有较长的上影线,表示空头力量在加强,对这种情况必须小心,绝不能粗心大意,否则极易出错。

下图就是中卫国脉(600640)在2008年12月1~3日的图例。

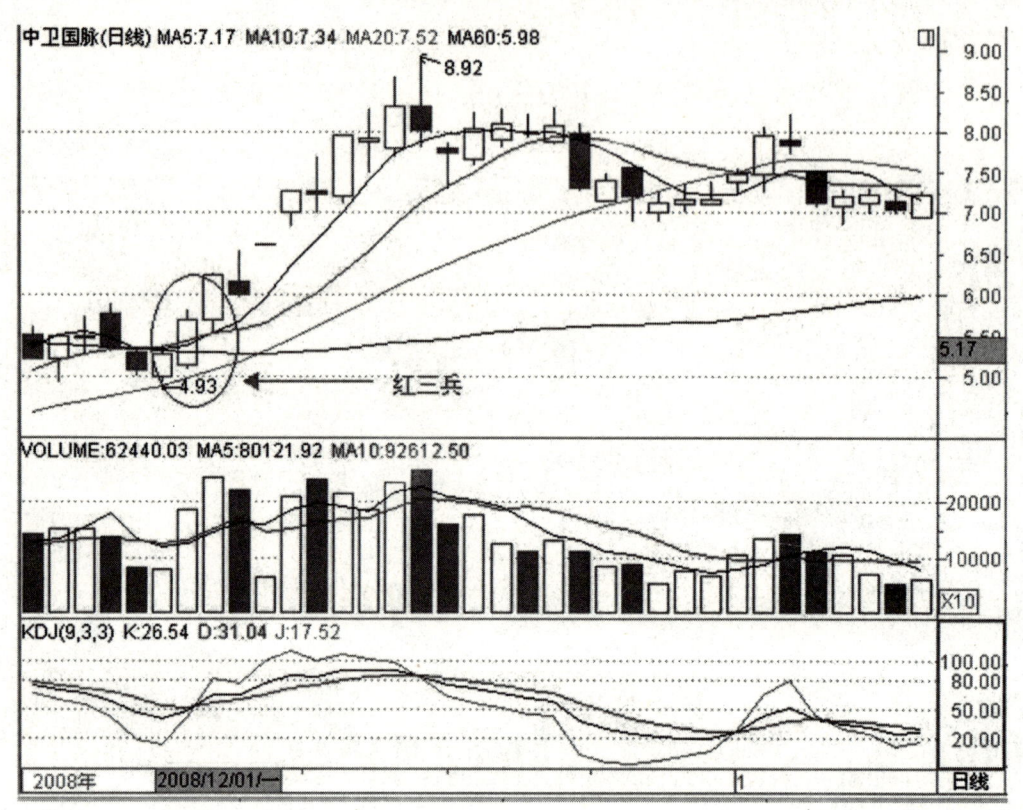

# 三只乌鸦短线撤

三只乌鸦,也有人称其为黑三兵,这主要是与红三兵对应,图形是由三根逐步盘低的小阴线构成,三日的收市价都在向下跌。如果是在升势已经持续较长时间之后出现三只乌鸦,则是一种后市看淡的信号之一。

此组合有以下特征:连续出现三根阴线,每日收盘价都向下跌,收盘价接近当日的最低价,每日的开市价都在前一天的K线实体之内,第一根K线的实体部分低于前一天的最高价位,是后市看淡的信号。短线杀伤力较大,必须撤离。

下页图就是中卫国脉(600640)在2008年8月4~6日的图例。

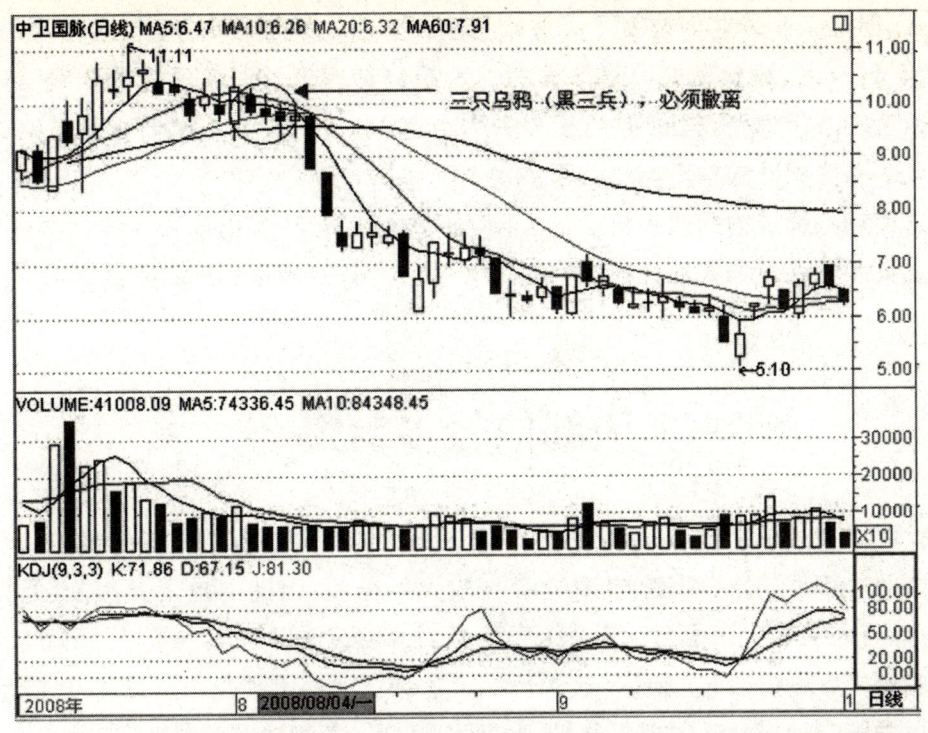

# 趋势通道内的短线机会

在上升的趋势通道内突然出现一条向下跌的阴线似乎要将原本上升的态势扭

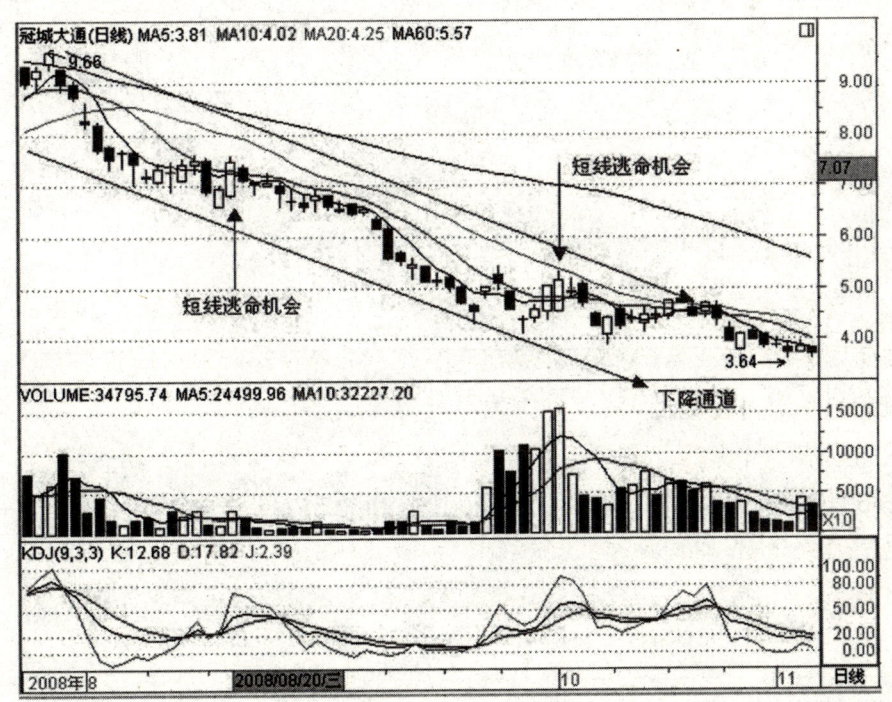

转过去,但这条阴线非但改变不了原来行情的上升态势,反而成了空头回补的中段介入信号;反之,股价呈现一路下挫的下跌趋势却因出现一条上升的阳线,好像多方要改变原本下跌的势头,但由于多头力量有限,不但改变不了原来的下跌态势,反而成了多头回吐的中段卖出信号。

这种趋势通道内的短线机会的大阳大阴线就是短线卖出或买入的机会。

上页图就是冠城大通(600067)在2008年8月20日和9月26日的图例。

# 头部信号多警惕

股价经过一轮上扬后,K线突然出现一条实体相对甚短而上影线较长、下影线略次之的小阳线,这表明多、空双方存在较大的分歧,因此走出了类似十字星的小阳线(但有较长的上下影线),这根K线已是对多头发出了重要的警告,尤其在连续上升多日之后更为如此。所以,通常情况下这种信号的出现是行情即将从迅猛上扬向下跌或横向整理过渡的观望信号。特别是次日线走势特别关键。一旦次日低开低走,则表明原来整个行情的涨升之势已显疲软,除非第三天再收出一条低开高走的中、大阳线将第二条小阴线全部覆盖掉,同时还收复了长上影线最大间距的2/3以

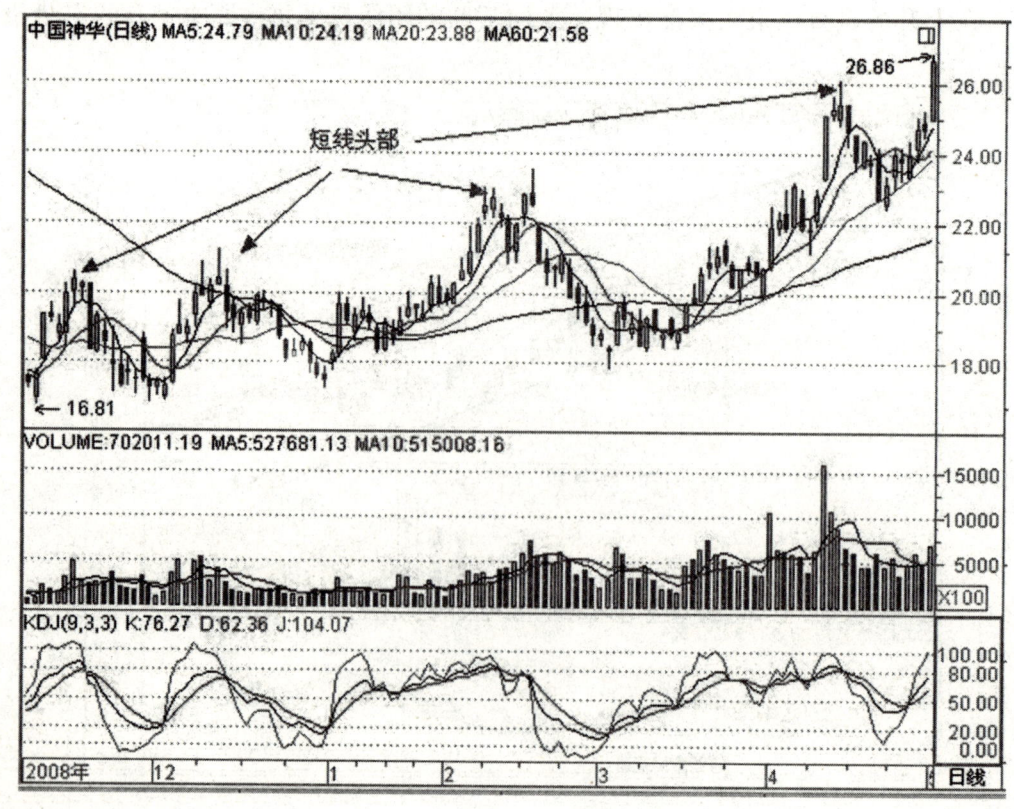

上的失地,否则,往后仍宜采用逢高派发的原则,即使第三条阳线达到了扭转短期颓势的目的,也以继续持筹观望为好。

即使在次日走出一条中小阳线,只要这条中小阳线未能收复上影线的最大间距2/3以上的失地,仍应逢高派发或持筹观望,哪怕日后行情创出新高,也不宜再追涨介入,而应短线逐级减磅,获利回吐。

上页图就是中国神华(601088)在2009年上半年的图例。

# 稚莺初啼,庄家试盘

股价经过长期的历史低位横盘,庄家潜伏大量吸筹后,筹码达到庄家预先部署的计划时,庄家开始了试盘的动作。用小部分资金向上买进股票。但由于股价长期处于历史低位,散户投资者对此已形成了习惯性的思维定势。股价稍一上涨,浮筹立即涌动。由于庄家还没有培养出跟风盘,所以在日K线上便落下长长的上影线。

通常在历史低位,庄家经过长期横盘吸筹后,在日K线上留下放量的长上影线,往往露出了庄家试盘的痕迹,表明了庄家蠢蠢欲动的心理。随后股价稍做整理,清

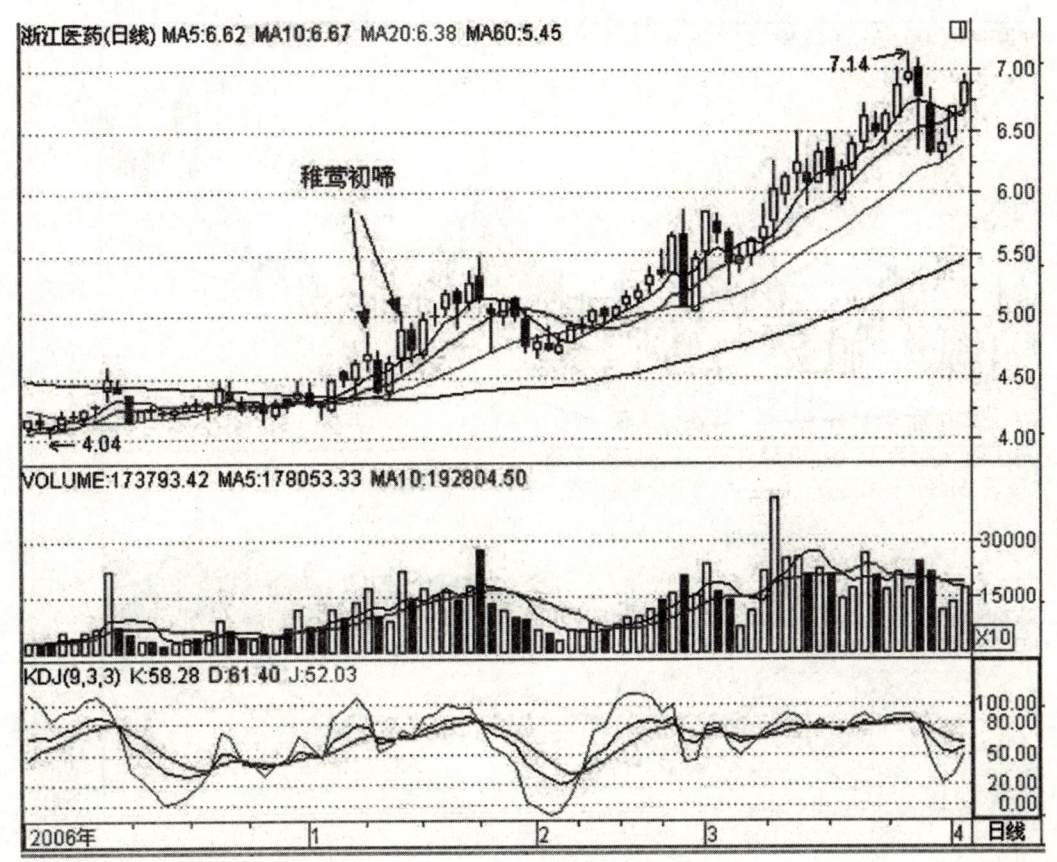

洗浮筹后,一波行情就会呼之欲出。该K线形态往往预示着拉升之前,上档仍然存在着一定的浮动筹码。对于庄家来说,必须在随后的日子里彻底清洗这些浮动筹码,以免在日后的拉升过程中成为绊脚石,增加运作成本。

上页图就是浙江医药(600216)在2007年1月的图例。

# 金针探底,送钱上门

此试盘方法和稚莺初啼则完全相反。稚莺初啼是向上拉升,测试上档压抛盘,而金针探底则恰恰相反,是利用手中的筹码向下打压股价,测试承接力和原投资者持有筹码的稳定性。由于采用稚莺初啼的方法试盘容易引起投资者的注意和跟风,当日后展开拉升行情的时候,容易造成低位跟风盘过多,获利者竞相出逃的局面,造成庄家拉升被动。而金针探底则回避了上述的风险,采取向下打压的措施,反而在上升之前捡拾到一批恐慌性廉价筹码,这样既测试了筹码的稳定性,又顺便收集到部分低位筹码,对庄家来说一举两得。

下图就是中国神华(601088)在2008年10月28日和2009年3月3日的图例。

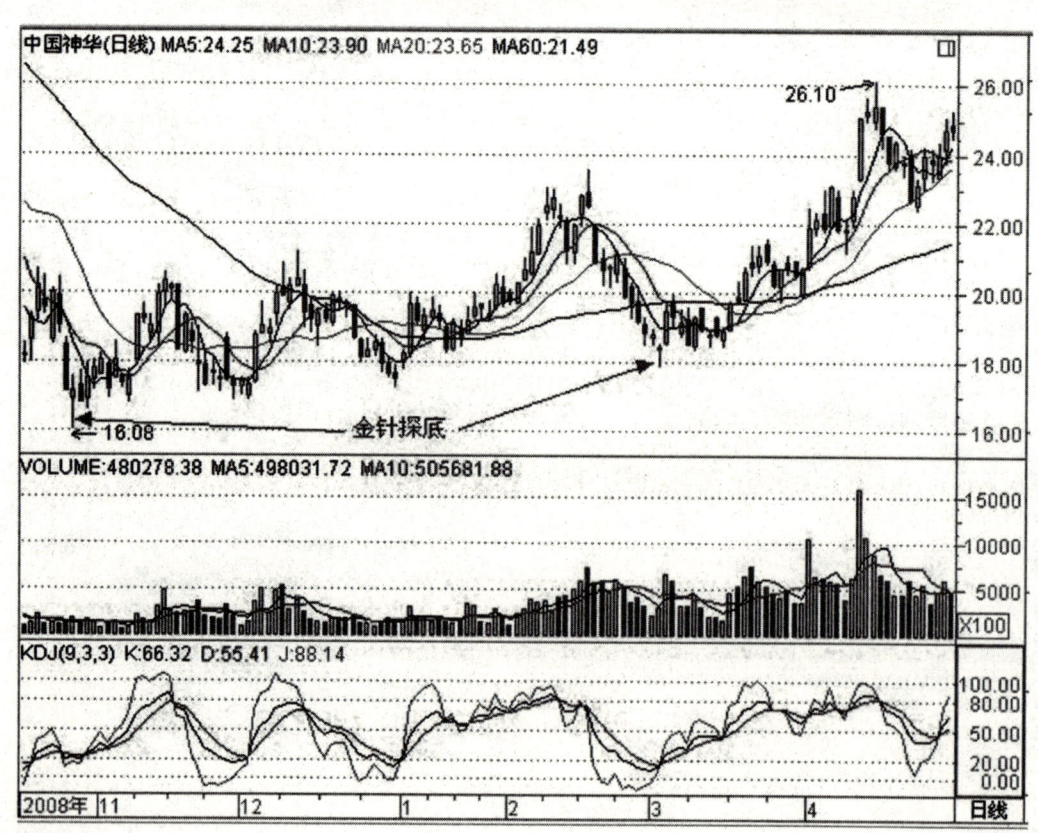

# 一阳探底,短线无忧

稚莺初啼的试盘方法容易吸引短线跟风盘,造成短线获利者众多,容易制约庄家拉升,造成庄家运作成本提高。而采取金针探底和双针探底,又极易遭遇其他机构和猎庄者突然袭击,造成打压过程中庄家筹码流失。因此新的试盘方法就应运而生——探底阳线。

探底阳线既回避了稚莺初啼和金针探底及双针探底的短处,又吸收了它们的优点,可谓扬长而避短。既顺手牵羊捡拾恐慌性廉价筹码,又不至于流失筹码和吸引跟风盘,还能顺利测试到筹码的稳定性和承接力,这也说明了庄家准备在短期内发力,作为短线交易者应当关注这个信号。

下图就是开开实业(600272)在2008年8月19日和11月7日的图例。

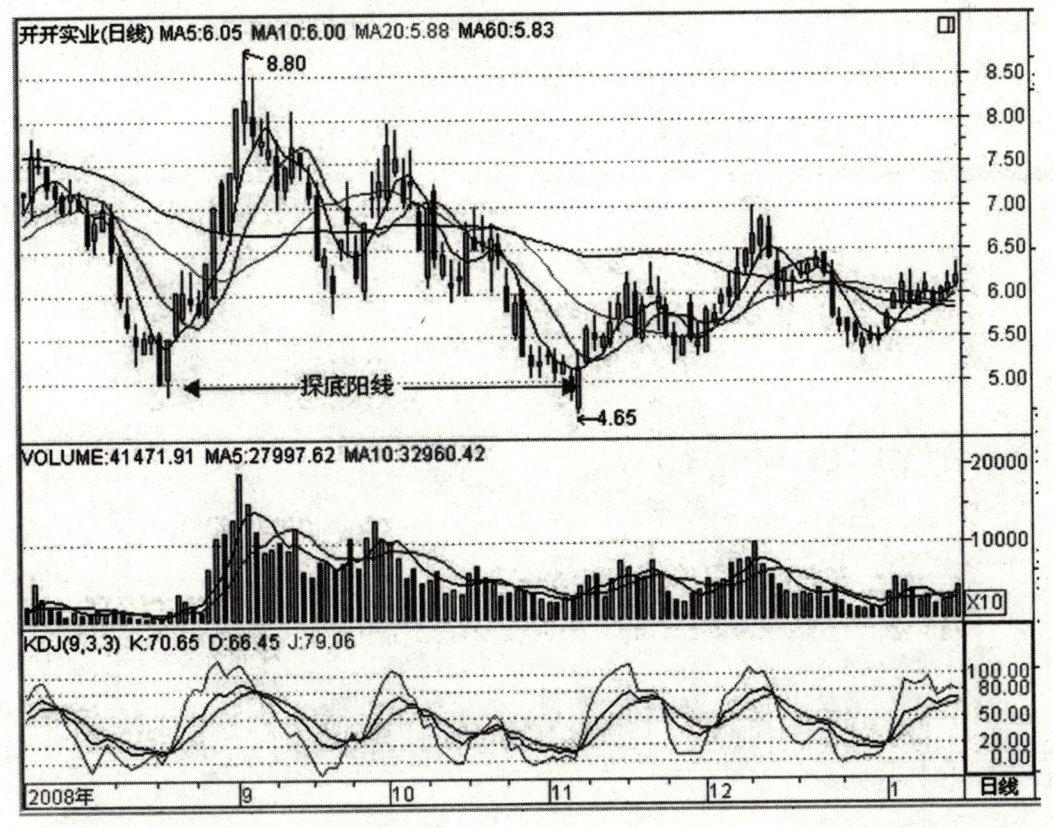

# 看懂庄家最后一端

　　有时候庄家在快速拉升前要进行最后一次剧烈震仓，这时往往用比较极端的手法。该方法和低开阳线的区别在于时间和空间上。从时间跨度上来说，最后一端的方法要比低开阳线的时间跨度长得多，也可能是几天甚至十几天；从空间上来说，也要大于低开阳线，可能是百分之十几，甚至有的达到30%；从庄家的魄力上来看也明显大于其他试盘方法。这种试盘方法资金实力较小和无魄力者一般不用，否则会弄巧成拙。必须具备通吃筹码魄力的庄家才能用，此方法包含最后一次诱骗筹码的含义。

　　这种试盘方法，在大黑马股中常见，并且也很能迷惑局外人。但凡经历过这种试盘方法并测试过关的投资者，绝大多数成为庄家的铁杆锁仓者。此种方法经常使技术派人士在最后一端中，以壮士断腕的态度止损离场而痛失好局，这种方法可谓老辣。

　　下图就是潞安环能（601699）在2009年2月26日的图例。

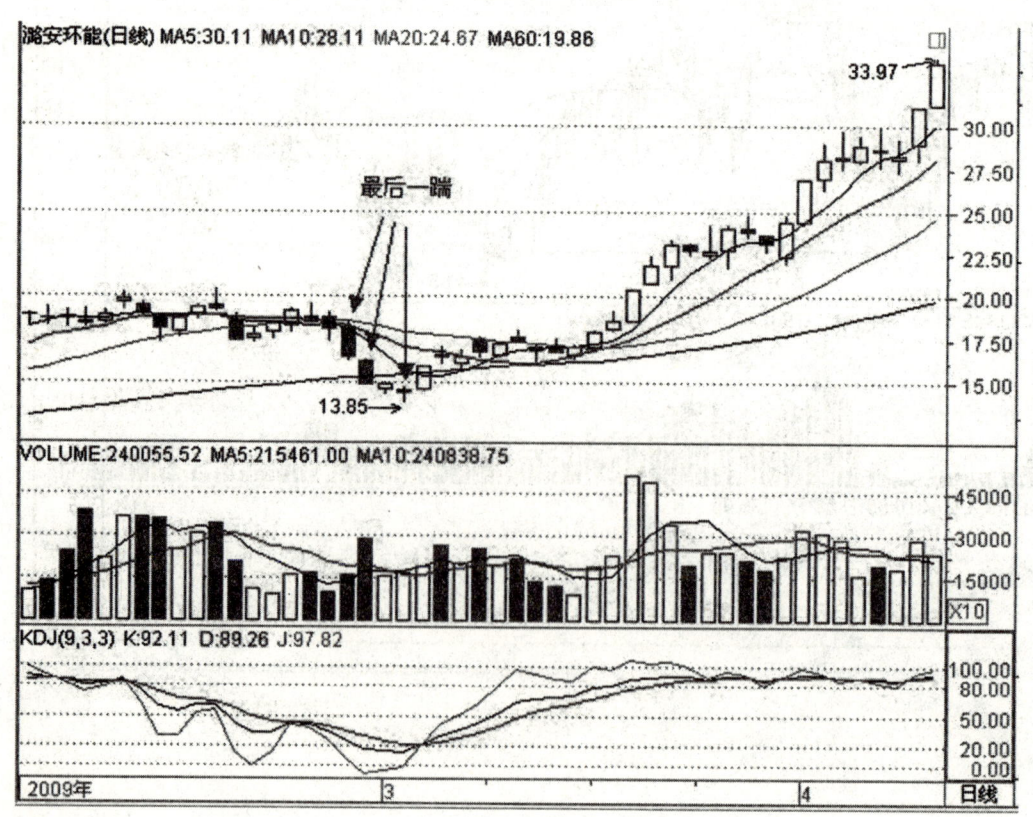

K线图入门与技巧

# 快速拉升见强庄

　　快速拉升是一种逼空式的拉升,指庄家在短时间内快速大幅拉升股价,股价走势很陡,直线一般地上升。此类庄家一般资金实力十分雄厚,在低位收集大量筹码,操作手法极其凶狠,常常连续拉大阳线或涨停板,制造井喷式行情,这样既可以节省资金,缩短拉升时间,又可以打开上升空间,这种方式多出现在小盘股或部分中盘股,通常具备投资价值或有诱人的利好题材作为支持,市场基础良好,投资者的追涨意识十分强烈。庄家并不在乎剩余筹码的威胁, 如果你中途下马立即就会后悔。在此类K线图上经常跳空高开形成突破缺口,短期内一般不会回补,这类操作的股票一般都为市场中的黑马。

　　比较起来,短线庄家多喜欢采取一鼓作气的火箭式拉升。因为短线庄家拉高关键是借势(借大势反弹之势、借大势上升之势、借利好发布之势、借补涨之势),必须乘势推高,否则过了这村就没有这个店。其次短庄筹码不多,洗不起盘,同时拉高后出货也容易。中线庄家有时也采用这种方式。自然这种方式拉高既要借助特大利

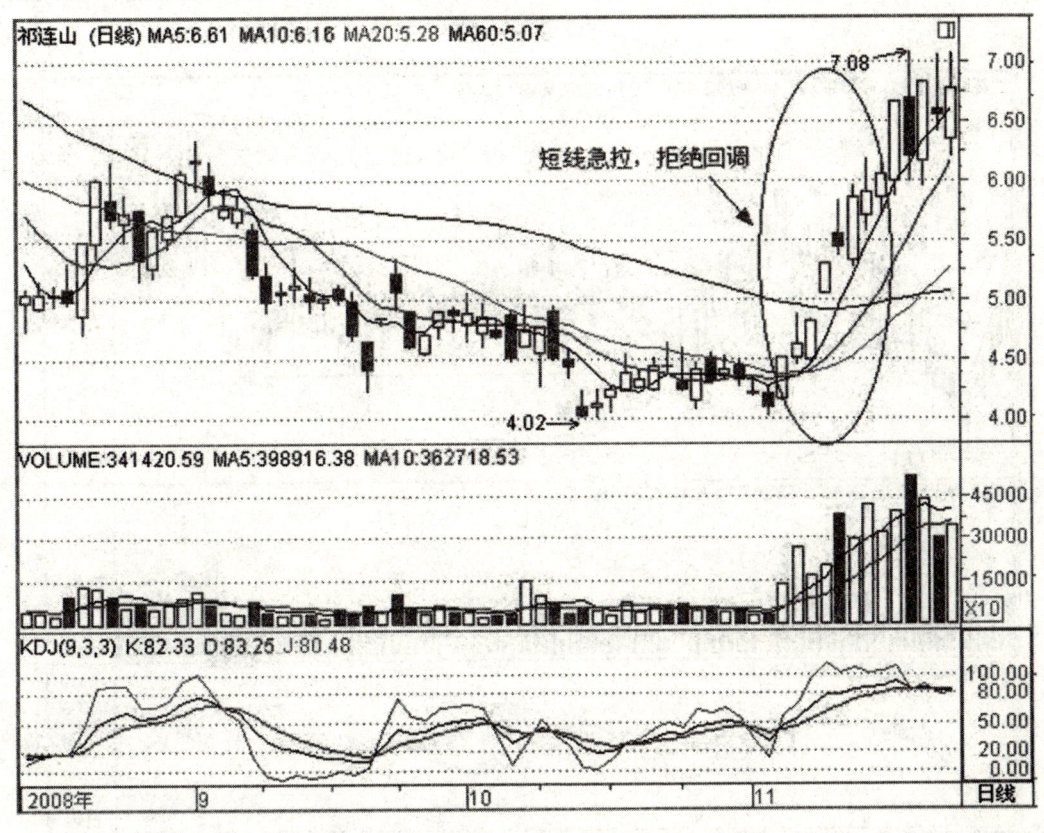

好,又必须发生在市场乐观气氛中,否则投资者不会盲目追高。短庄和中庄采取这种急拉方式的区别,就是中线庄家在拉高过程中大幅度的洗盘。所谓怎么上去怎么下来,由于升得急,洗盘中跌势也穷凶极恶。对于这类股票,投资者应密切关注,及早介入待涨,否则一旦庄家发力。再想低价买进就不容易了。

这种方法的拉升,一般都是目标股刚好处于市场的热点板块,并且大势也十分火爆的时候。庄家在拉升的过程中,可以保持一段时间内股价不出现明显的回调,从操作效果上来说就是只要抛出就接不回来,或者说要以更高的价格买回,这就意味着随着庄家的逼空,市场上投资者的成本越来越高,而庄家的成本就越来越低。逼空型拉升的极端形式是火箭式拉升。

短线高手的操作策略:在急拉行情中保持良好心态,不能一涨就怕,匆匆下马。

上页图就是祁连山(600720)在2008年11月的图例。

# 盘整拉升多观望

这是指庄家采用流动法在买入股票时将价位拉高,然后将手中筹码进行部分套现,再利用套现资金将股价推高,如此不断进行买卖。这样做的好处是可以用高

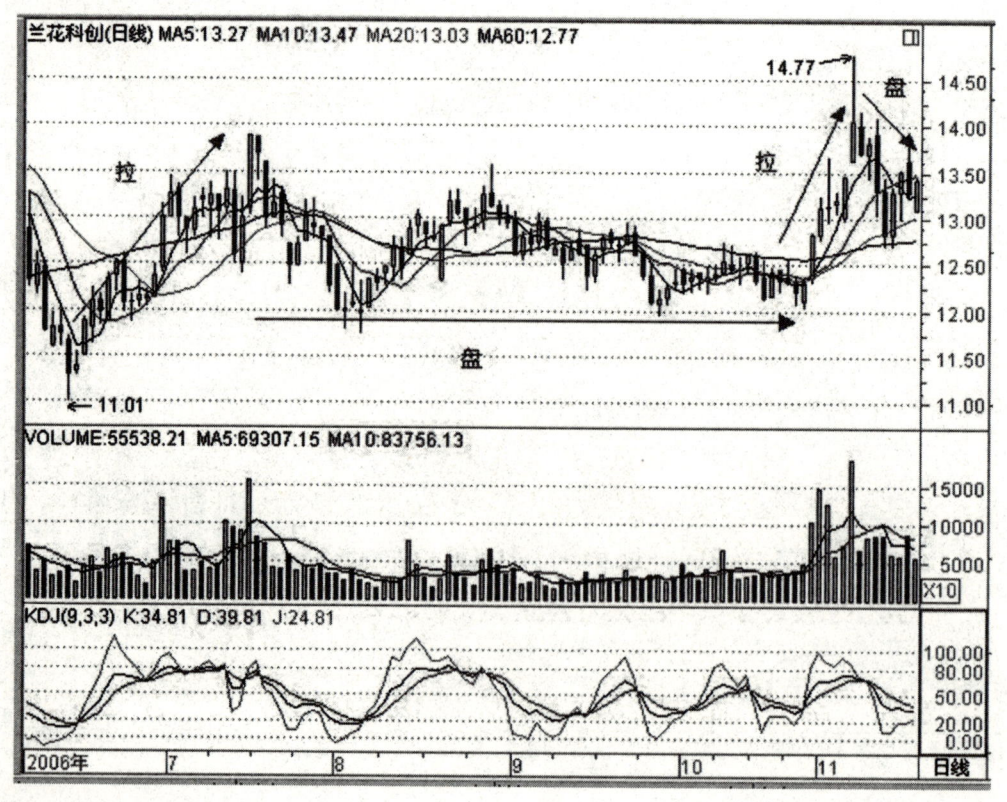

价卖出获得的现金用于随后的拉抬,花小钱办大事,又可大幅降低手中持股成本,收到一箭双雕的效果。经验丰富的老庄家多采取这种方式。这种拉升类似于波浪式方法,但形态上不如其规范漂亮。其主要是拉升一段距离便调整一段时间,有非常明显的边拉边洗的味道,通过这种方式,庄家可以不断地降低持仓成本和调整筹码结构,同时也降低了跟风者的盈利幅度,提高了持仓成本。

短线高手操作策略:可参与,也可观望。

上页图就是兰花科创(600123)在2006年下半年的图例。

# 波浪式拉升讲节奏

庄家在拉升时,每拉一定的幅度,洗一下盘,股价走势呈波浪式上升。采用这种拉升方式的庄家要么实力较强,要么所持股票盘子小,这种拉升方式的洗盘幅度比台阶式要大,因此留下来或新加入的都是铁杆多头,此类庄家一般志存高远,有耐心,多为中长线庄家,故采取循序渐进、稳扎稳打的手法。

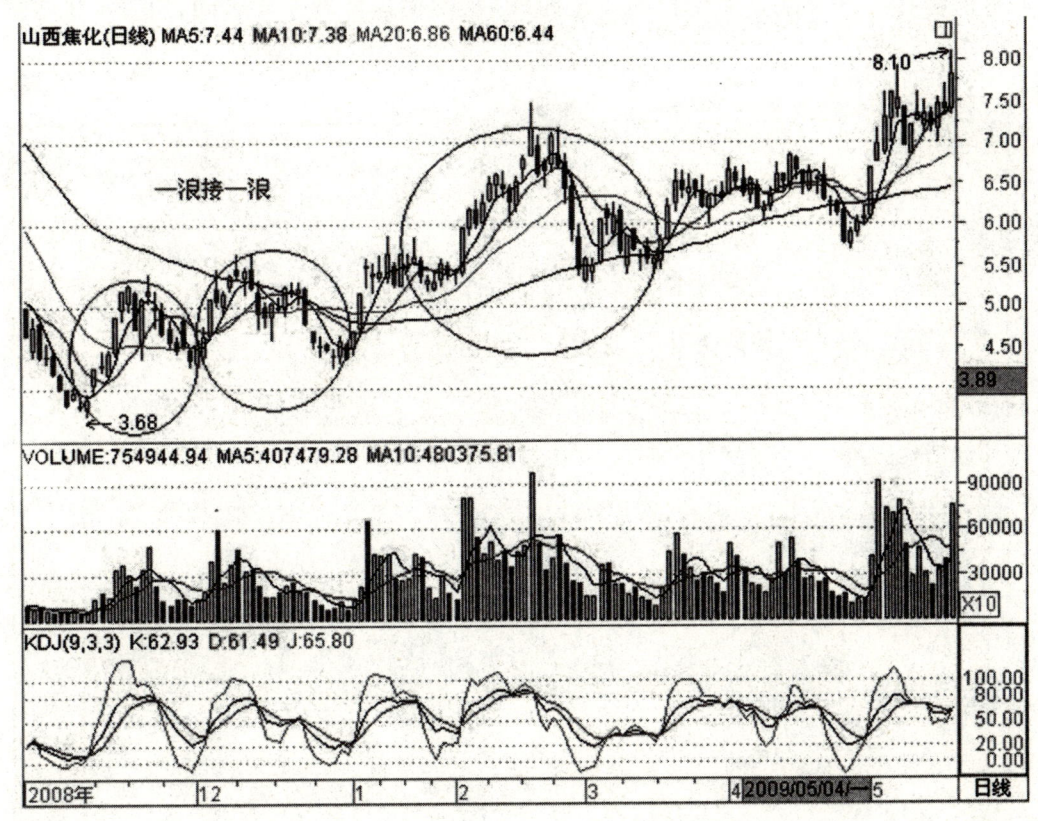

第4篇 K线法则与庄家主力分析

需要注意的是,不同的庄家和不同的操盘手,以及不同的大势条件和股价不同的涨幅条件下,其波浪的幅度和波长将会出现很大的差异。

　　短线高手操作策略:踏浪而行。

　　上页图就是山西焦化(600740)在2008年下半年的图例。

# 台阶式拉升多休息

　　台阶式拉升方式是指庄家先逐步收集筹码,然后利用利好消息或市场某日良好的气氛,拉高一个台阶,而后横盘整理一段时间,再拉高一个台阶。这种方式多发生在大盘股或部分中盘股。庄家实力有限,由于庄家不可能像其他庄家那样把绝大部分的筹码吃进,只能吃进一二成货,采用稳扎稳打、循序渐进的方式。这种方式的庄家是以"稳"取胜的,调整中向下幅度有限,庄家一般不会凶狠砸盘,因为一旦产生恐慌性抛售,庄家会顶不住市场汹涌的抛盘,保持股价的相对稳定,以此使投资者安安心心地继续持股,而想进货者也可以借调整时介入。

　　这种拉升的方法是股价拉高一定距离后,便横盘整理一段时间,使得一批没有

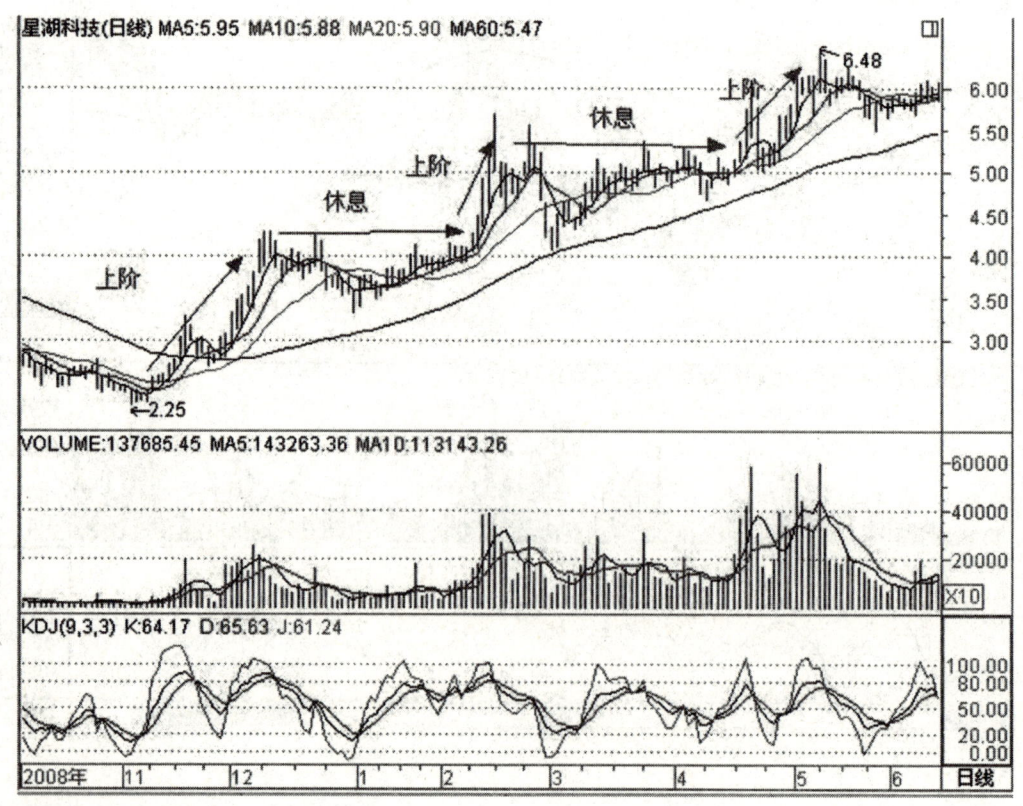

耐心的持股投资者出局,随后又拉高一段距离,然后又横盘整理,如此多次反复,不断地把股价推高。走势上的日K线呈现一种阶梯的形状。

短线高手操作策略:上了台阶就休息。

上页图就是图就是星湖科技(600866)在2009年上半年的图例。

# 高举高打要坐稳

高举高打式拉升,庄家以凶狠手法,边拉边洗,或连拉几根阳线,其中有些带长的上下影线,表明拉中洗盘,或猛拉几根巨阳或涨停板,然后洗盘整理再上攻。这种拉抬方式多发生在中小盘股,庄家实力强,控盘好。这些股票通常是盘子小,控盘程度高,或有令人振奋的题材。因为只有这样才具有大上升空间,这类长庄操作的板块会持续成为市场热点。比如,2007年年底至2008年年初的农业板块就一度成为万众瞩目的板块。庄家为了配合炒作,都会绞尽脑汁地编造美丽的花环——题材,并且媒体也会在相当一段时间内持续地为这类题材摇旗呐喊。这种拉高方式中间常有一次大规模洗盘,下跌的幅度取决于庄家的操盘风格。

短线高手操作策略:稳坐钓鱼台。

以下两图就是金健米业(600127)在2007年年末的图例。

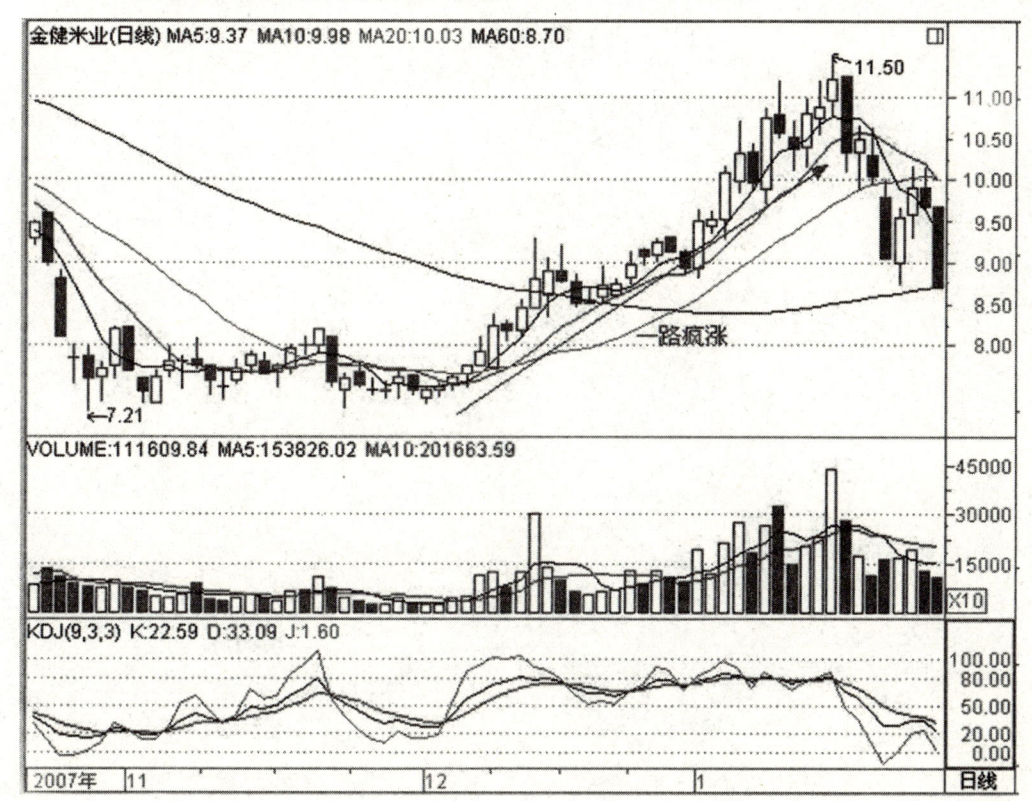

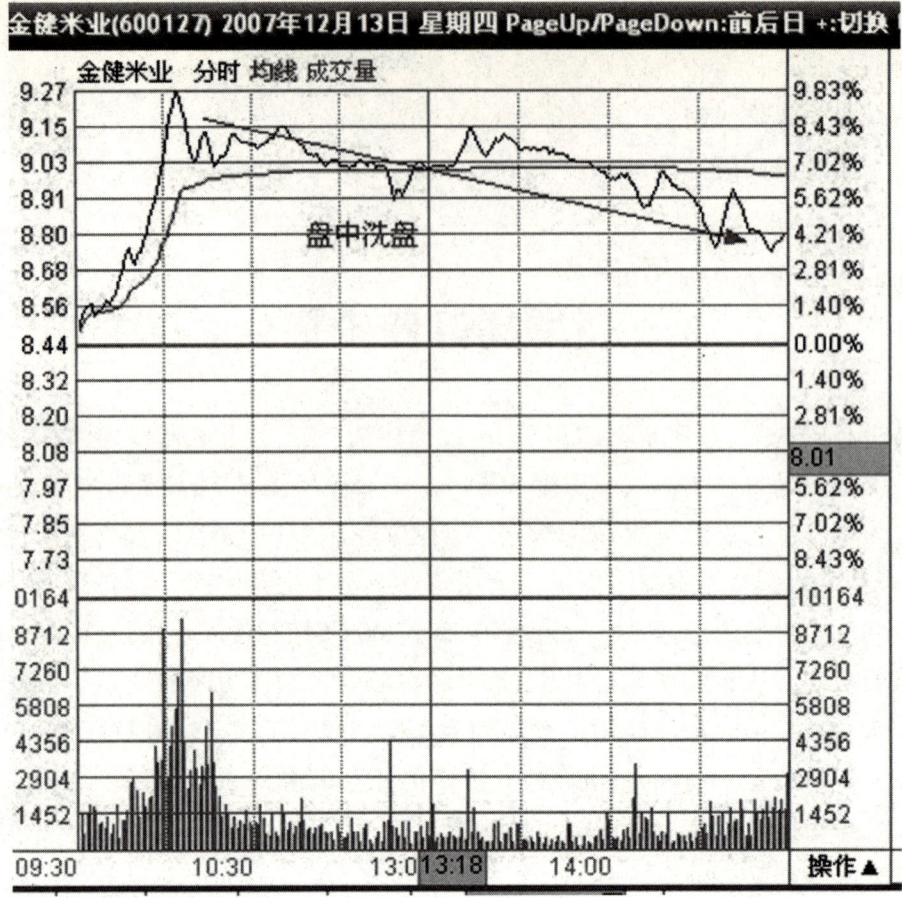

金健米业(600127) 2007年12月13日 星期四 PageUp/PageDown:前后日 +:切换

金健米业 分时 均线 成交量

盘中洗盘

# 第19章
## 识别K线组合18招

第**4**篇 K线法则与庄家主力分析

## 识别打压洗盘

打压式洗盘是指庄家大幅拉高后,利用市场积累较多获利盘,获利盘有很强的获利回吐欲望的时候,猛然反手打压,使股价大幅下落,把胆小者吓出场。

打压式洗盘可分为两种情况。

一是压盘逼空,是典型的超短线洗盘方式。庄家在某个价位以大量卖盘挂出,但并不主动成交,等到市场注意,散户产生恐慌之时,抢先成交而以较低的价格挂单卖出,庄家预先在低位挂单接货,暗中买盘成交。一旦目标达到,股价当日冲高。在分时图和K线图上,此法的技术特征不明显。

二是打压震仓,庄家临时多翻空,大量卖盘向下倒货,在图形上形成跌势行情,破坏技术图形,使市场错误地认为主力出货,丧失信心,散户争相抛出筹码,庄家顿时空翻多,顺势买入。此法持续时间不长,一般只有几天工夫,在日线组合上出现短期空头陷阱形态,而且庄家往往配合运用对倒的方法保证手中筹码没有流失。

一般来讲,采取打压震仓的庄家实力雄厚,有力量控盘,否则既无较多筹码打压,在散户恐慌时下档也无资金接盘,反而会使局面变得不利。

通常采取打压式洗盘的多是投机性股票,在经过奋力拉抬之后调整时借势打压。如果是绩优股,庄家一般不采取这种打压方式,因为这类股票看好的人多,打压砸出去的筹码不易捡回来。

操作上庄家先行拉高之后实施反手打压,也就是以凶狠向下的方式往下砸盘,作出一根长长的阴线,让人相信后市无戏,然而这种跌势并不继续下去,一般在低位停留的时间(或天数)不会太长,往往在一周内甚至第三天跌势就停止了,更有甚者股价刚出现一个跌停,紧接着便是一个涨停,让前期抛出者追悔莫及。

这种洗盘方法适用于流通盘较小的绩差类个股。由于购买小盘绩差类个股的散户投资者和小资金持有者,绝大多数是抱着投机的心理入市,所以这类个股的稳定性就要差一些。这些散户投资者和小资金持有者常常一脚门里,一脚门外,时刻准备逃跑。而看好该股的新多头,由于此类个股基本面较差,大多不愿意追高买入,常常等待逢低吸纳的良机。鉴于持筹者不稳定的心态和新多头的意愿,作为控盘庄家,往往利用散户对个股运作方向的不确定性,短期内猛烈打压股价,促进和激化股价快速下跌,充分营造市场环境转换所形成的空头氛围,强化散户投资者和小资金持有者的悲观情绪,促进其持有筹码的不稳定性,同时也激发持筹者在实际操作过程中的卖出冲动,无法掌控自己正常的投资心理,使这种悲观的情绪达到白热化程度。庄家通过快速打压,采用心理诱导的战术,促进市场筹码快速转换,达到洗盘的目的。打压洗盘方法的好处在于"快"和"狠",采用时间较短,而洗盘的效果较好。

　　短线高手操作策略:在短线急调20%左右后果断介入。

　　下图就是宝新能源(000690)在2008年年末的图例。

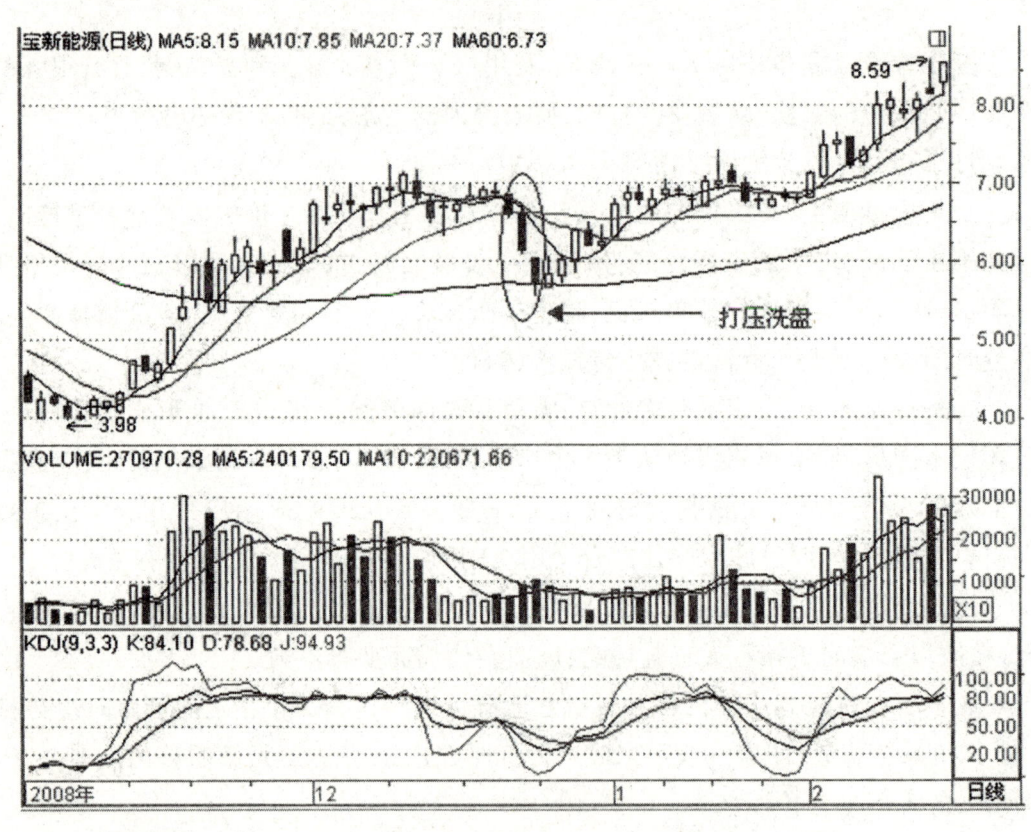

# 识别N形洗盘形态

　　在洗盘阶段,常常出现独立的"N"形态,"N"形形成过程中,股价在上升趋势中

不断地攀升,连续创出新的高点,成交量也随之增加。此时,先期低位持仓者开始沽货套利,股价回落,形成一个顶端,成交量逐步减少。股价下跌至某一点位(支撑位或线)股价重新向上,成交量逐步增大,成功突破前期高点,形成一个N形。我们对于一浪高于一浪的N形波,称其为上升潮。一个上升潮包含"上升—下跌—上升",当股价向上超越N形波的转折高点时,为一个完整的向上N形,为短线买点。一个大N形波段可以包含许多个小的N形波。

N形的具体特征:

(1)"N"的两次上行角度越接近,上行力度越大。如果第二次上行角度越陡,短期爆发力越强,但往往持续时间较短;如果第二次上行角度较缓,则力度较弱,涨幅相对较小,但往往持续时间较长,走势较为坚挺。

(2)在突破前期高点时,必须有大成交量的配合(与前期成交量相当),才能视为有效的突破信号。当股价向上突破颈线时,一般以收市价超过前一个高点达3%以上,"N"形获得成功确认。

(3)当股价成功向上突破后,有时可能产生短暂的反抽,以收市价计,只要不跌破颈线3日以上,仍可视为反抽的范畴,后市应作乐观买货准备。

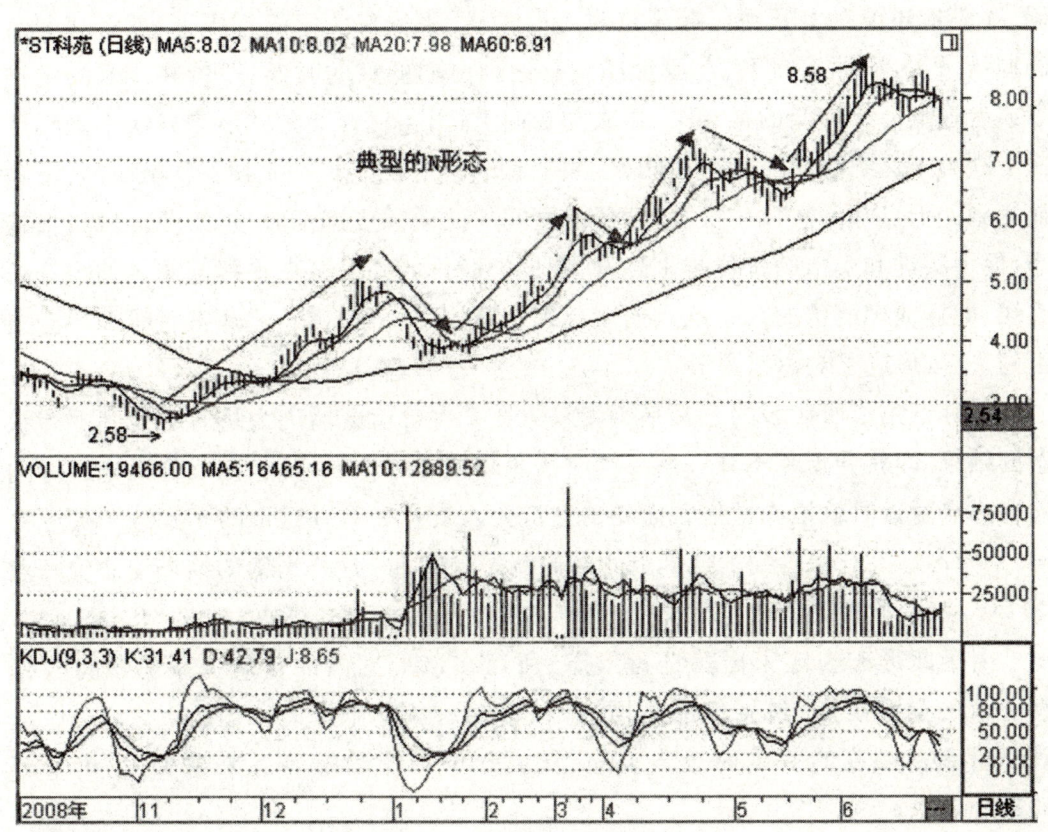

（4）"N"形形成的时间长短尚无标准，一两日有之，几周也有之。实盘中，形成时间短的，短期爆发力却很强；形成时间长的，后市升幅较大，利多信号更为明显。

（5）量度升幅：测出第一次回调低点至颈线间的垂直距离，再从突破颈线点向上量出等距离，即为至少量度升幅。一般情况下，实际升幅比量度出来的大得多。

短线高手操作策略：当股价突破颈线或回抽颈线成功时，持股者坚定做多，持币者第一时间入场。

上页图就是*ST科苑（000979）在2008年年底到2009年上半年的图例。

# 识别对称三角形形态

当股价上升到一定幅度或达到敏感区域或大势转换时，庄家抛出一部分筹码或者市场上的获利盘兑现了一批筹码，造成股价下跌，当股价跌到一定位置或者卖方力量逐渐被买方力量消化或新增资金入驻后，股价止跌转升，但新增资金好像对前景有点犹豫，或者说庄家拉升后感觉浮动筹码清洗得不够，需要彻底清洗获利筹码，在股价还没有上升到前期高点附近的时候，股价在庄家的打压下，或者获利盘的抛压下，再次掉头向下，在股价还没有达到前期低点的时候，股价在庄家的维护下或者逢低介入资金的推动下，再次勾头向上运行，这样股价的后来几次上涨和几次下跌均未达到前期的高点和低点。并且股价运行的高点一次比一次低，股价下跌而达到的低点却一次比一次高，高低点之间的波动幅度逐渐收敛，振荡区域越来越小，促使买进和卖出的价位越来越近，我们把股价的几个高点连接起来延伸为一条直线，同样地把股价的几个低点连接起来也延伸为一条直线，这两条直线最终会交汇到一起，形成了对称三角形。

对称三角形所代表的意义是买卖双方在某一价值区域内力量暂时达到平衡状态的结果，即获利盘和不看好后市的空头急于抛售手中的筹码，在股价尚未运行到前期高点附近时就抢先抛售，而新的逢低介入资金和看好后市的多头急于买进筹码，在股价还没有回落到前期低点的时候就先行买进。这样平衡的结果使股价高点逐步下移，而股价的低点也渐渐抬高，常常反映出买卖双方势均力敌。

由于此形态为庄家振荡洗盘形态，所以在该形态内的量价关系应该符合振荡洗盘的量价要点，包括价涨量增、价跌量缩。从整个形态来看，成交量应该随着股价震荡幅度的收敛而逐步萎缩，从而预示着浮动筹码越来越少，场内筹码日趋稳定。

短线高手操作策略：在接近对称三角形头部突破后果断介入。

下页图就是独一味（002219）在2008年下半年的图例。

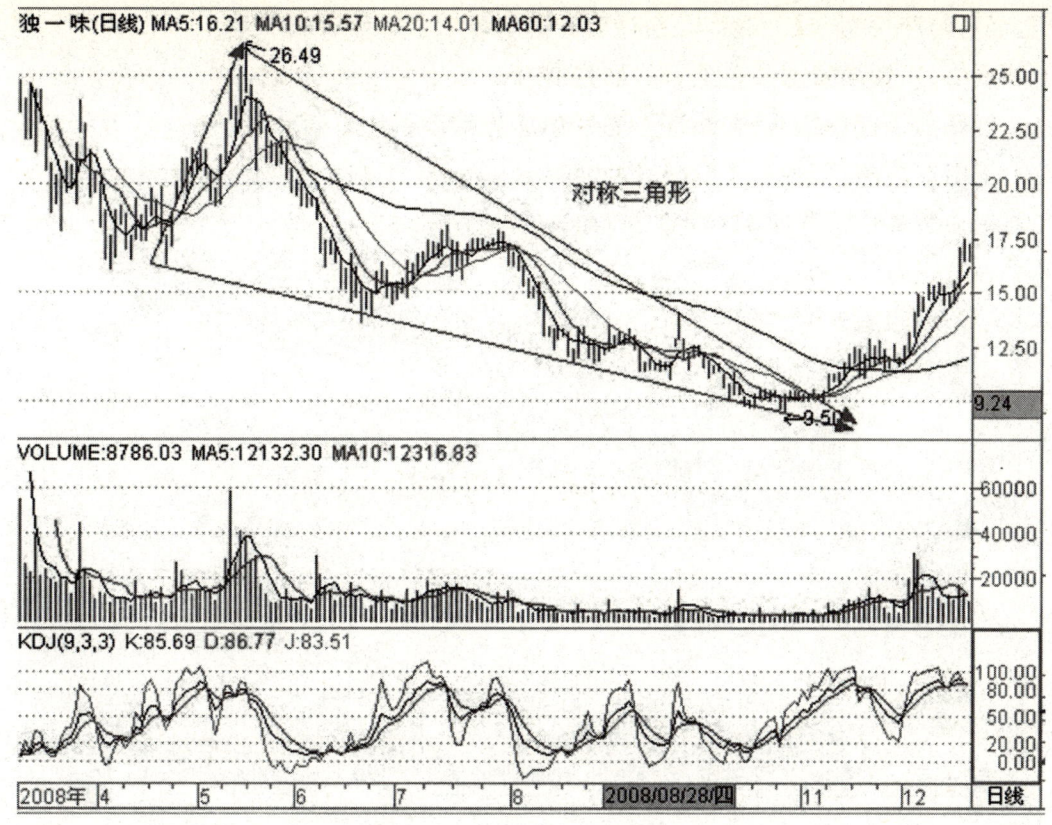

独一味(日线) MA5:16.21 MA10:15.57 MA20:14.01 MA60:12.03

26.49

对称三角形

9.24

←9.50

VOLUME:8786.03 MA5:12132.30 MA10:12316.83

KDJ(9,3,3) K:85.69 D:86.77 J:83.51

2008年 4 5 6 7 8 2008/08/28四 11 12 日线

# 识别上升三角形形态

　　股价上升到一定幅度或到达敏感价位区域抑或市场背景有所转换的时候,庄家在某一水平区域打压股价的升势,抛出一部分筹码或者市场上的获利盘兑现了一批筹码,造成股价下跌。当股价下跌告一段落时,多头开始买进或庄家开始护盘,股价逐渐回升,当回升到前期高点附近时,庄家再次打压股价,股价再次回落,但由于多头买进士气正盛,股价尚未回到前期低点,即告弹升,这种情形一直持续,令股价随着一条水平阻力线波动,而波动幅度逐渐收窄。我们把每次波动的高点连接形成一条水平阻力线,而每次震荡的低点连接形成一条向上倾斜的直线,两条直线最终交汇到一处,就形成了一个上升三角形。

　　上升三角形代表的意义是买卖双方在特定的价值区域内较量的结果,买方略占上风。而看淡后市的空头也并不急于出货,只在某一特定区域内减磅操作,也可能是庄家故意在某一价值区域内刻意压制股价,促进筹码换手。随着股价振荡幅度的收窄,市场筹码持有者的投资成本逐渐升高,渐趋一致。

　　在上升三角形形态内伴随着股价的震荡和筹码的逐步换手,成交量也逐步递减,表示经历洗盘和换手后,盘面浮筹日趋稳定。在股价形成突破时往往伴随着较大的成交量,预示着新一轮的升势即将展开。

短线高手操作策略:在接近上升三角形头部突破后果断介入。

下图就是哈投股份(600864)在2009年上半年的图例。

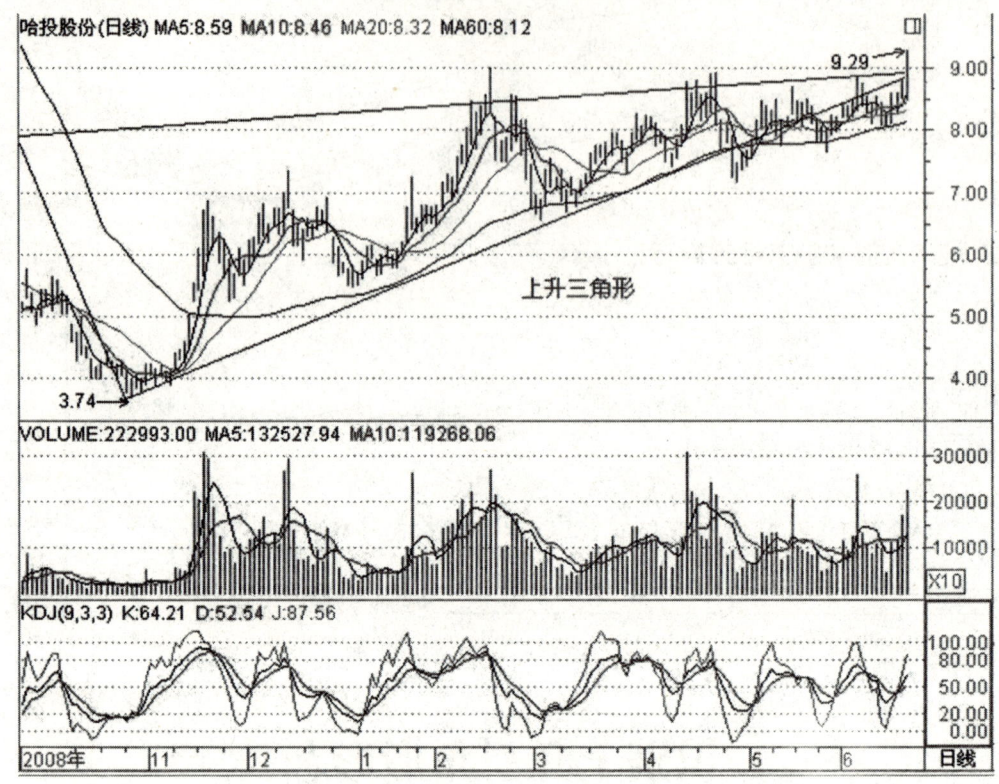

# 识别箱形整理形态

箱形整理亦叫长方形或矩形整理形态。就是股价上行到某个区域内,出现多空完全平衡的状态。也就是说,当股价上行到某个价位附近时,即遭到庄家的打压。强制股价回调;当下行到不远的另一个价位时,即遭到庄家护盘或新多头吸纳。这样反反复复震荡,把上档形成的高点互相连接形成一条水平阻力线,而把下档的低点也相互连接后形成一条水平支撑线,两条直线形成平行的通道,不上倾,也不下移,而是水平发展,形成长方形走势或箱体走势。市场筹码在箱体或长方形价值区域内震荡换手。这种洗盘方法适合于牛皮市、盘整市中的洗盘方式。

箱体整理代表的意义是:股价在股票箱内上下错落,由于散户投资者和小资金持有人在庄家的心理战术诱导下失去了对市场正确的感知能力,见到股价上涨即追涨买入,买入后股价反而下跌,看到股价下跌即割肉出局,但卖出后股价却又拐头向上。这样不断追涨杀跌,提高其他投资者的持仓成本,从而促使信心不坚定分子出局观望,使筹码在股票箱内充分换手,同时也逐步培养铁杆追随分子。

短线高手操作策略:在有效突破箱体上方后果断介入。

下图就是宝新能源(000690)在2009年上半年的图例。

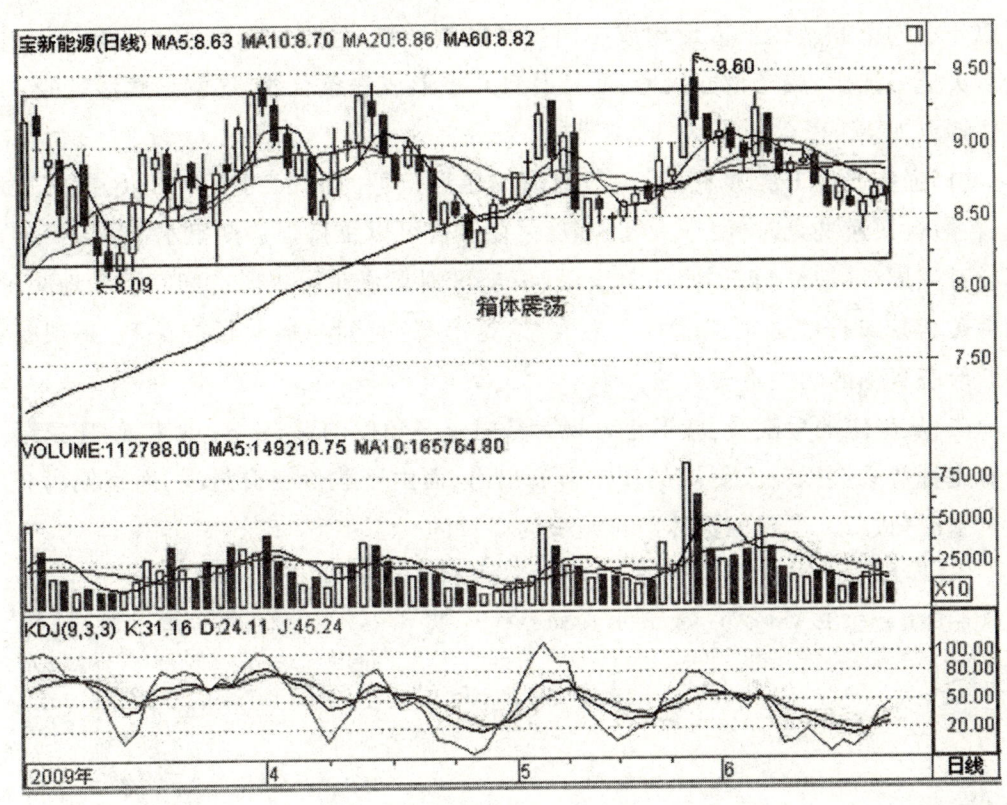

# 识别旗形整理形态

旗形整理,顾名思义,旗形整理的图形就像一面挂在旗杆顶上的旗帜,由于其倾斜方向不同,又可分为上升旗形和下降旗形,也被人们经常称作平行四边形。

这种情况大多数是股价在上升到相当的幅度后,庄家开始控盘打压股价,使股价下滑,下跌到一定的幅度,庄家开始护盘或者新多入驻,股价又开始上行,由于股价已经有一定的涨幅,往往出现跟风盘不太踊跃的现象,当上行高度高于或低于前期高点时,股价再度回落,如此反复,把股价的高点和高点连接以后形成向上或向下的一条直线,把低点和低点连接后也形成向上或向下的一条直线,两条直线保持平行,形成向上或向下倾斜的箱体。这种整理洗盘形态,如果出现在上升途中,一般预示着涨升行情进入了中后期,如出现在下跌途中,经常暗示下跌行情才刚刚开始。

通常而言,在热点轮动的个股中,能够"拉旗杆,画旗面"的强庄股有望再拉旗杆飙升。而根据旗形研判并捕捉强庄股的中线底,立足主流趋势逢低吸纳,趁回档建仓介入,突破时加仓跟进,方是投资者"追涨不追高",把握庄股主升浪的正确投资理念。

上升旗形走势的形态通常在急速而又大幅的市场波动中形成旗杆,而后股价形成一个向下倾斜的长方形构成旗面。经过旗形整理,股价在旗形末端突然上升,新多头全力加盟,成交量亦大增,而且升势几乎形成一条直线,这就是旗形走势。其具体特点如下:

(1)强庄股上升拉旗杆后,一般对应的旗形整理时间大约为5~11天,成交量递减,在短暂快速洗盘时,由于人气未散,往往股价可以维持强势横盘水平。股价应在不超过三周(一般5~11天)内向上突破,成交量则必须在形成形态期间不断地减少,而突破再拉旗杆则必须伴随有序放大,这是形态、时间与成交量的关系,是观察和判断形态真伪的两大重要方法。

(2)从坐庄的角度看,旗形也可视为是对上升角度的调整。一般来说,庄家第一波拉旗杆势必会以较大斜度的攻击形态出击,而由于股价上升过猛,而且偏离45度上升基准角过远,出现回档休整也是极为必要的。

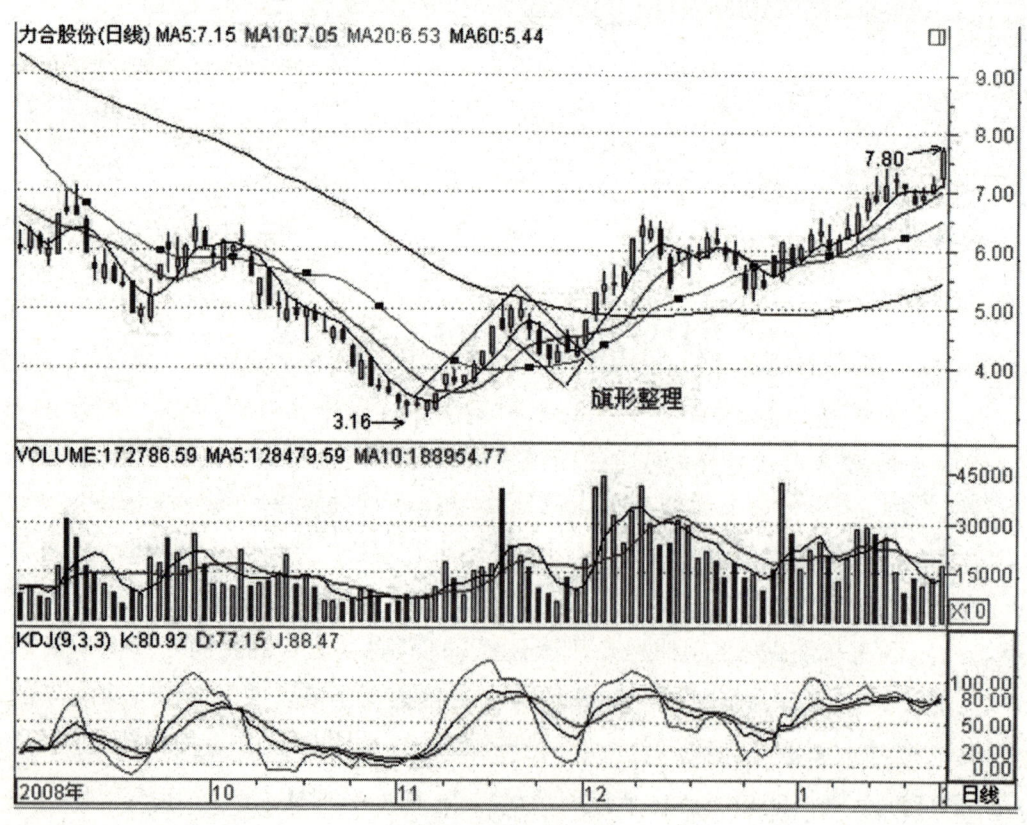

（3）从跟庄意义上来看，旗形可视为庄家洗盘换手进而择机拉抬股价的过程，自然可逢低吸纳建仓，并在放量突破时加仓跟进。

（4）一般来说，旗形回落的速度不快，幅度也十分轻微，成交量不断减少。反映出市场的沽售力量在回落中不断地减轻。一旦旗形整理完毕后，股价可能再度放量拉旗杆，形成新的上升浪。

（5）旗形形态突破后，其上升涨幅目标大约从突破颈线起算，加上形态前涨幅的旗杆价差。

短线高手操作策略：在放量有效突破旗尾后果断介入。

上页图就是力合股份（000532）在2008年年底的图例。

# 识别空中加油形态

空中加油形态即在股价运行一定涨幅后，在中位庄家利用手中的筹码控盘作图，以清洗获利筹码，使筹码充分换手。在图形上有以下几个特点：

（1）平高开后快速向上突破。

（2）留有较长的上影线。

（3）从分时走势上看，股价呈现迅速走高后逐步回落，但是盘中无迅速跳水迹象。

（4）成交量明显放大。

这样的图形给人最直观的印象就是上方压力极大，多头力量似乎损失比较大，存在短期头部嫌疑。

而实际上，目前市场中大多数资金包括游资，都采用这样的方式进行拉升前洗盘，有很多投资者都是在这个过程中被震出去的。

这个形态之所以叫空中加油，因为空中加油的过程是惊险的，而加完油后的飞机将迅速地爬升。形成这个过程的原因是，主力在突破过程中发现筹码稳定性差，采用故意压盘的方式将不稳定的筹码诱骗出来并接盘，同时完成增仓，其后迅速拉开成本区，扩大日后的盈利面。

当然这个形态有很多变种，可能是出现个小阴线，但是都是长上影带成交量，显示压力大。那如何区分这个图形到底是头部还是加油形态呢？

首先要密切观察盘中走势，一般加油形态的放量是股价下跌而跟出的抛盘被接走产生的大成交量，而故意对敲的成交要小心；其次空中加油的时候分时走势一般比较平稳，是震荡走低；而出现盘中跳水拉升再跳水的要小心；最后次日走势尤为重要，一般空中加油后次日或者再下一个交易日股价就突破了上影线的高度，而头部形态的一般次日会跌穿前日的最低价格。

短线高手操作策略：发现加油信号后立即买入。

以下两图就是山东高速(600350)在2009年2月5日的图例。

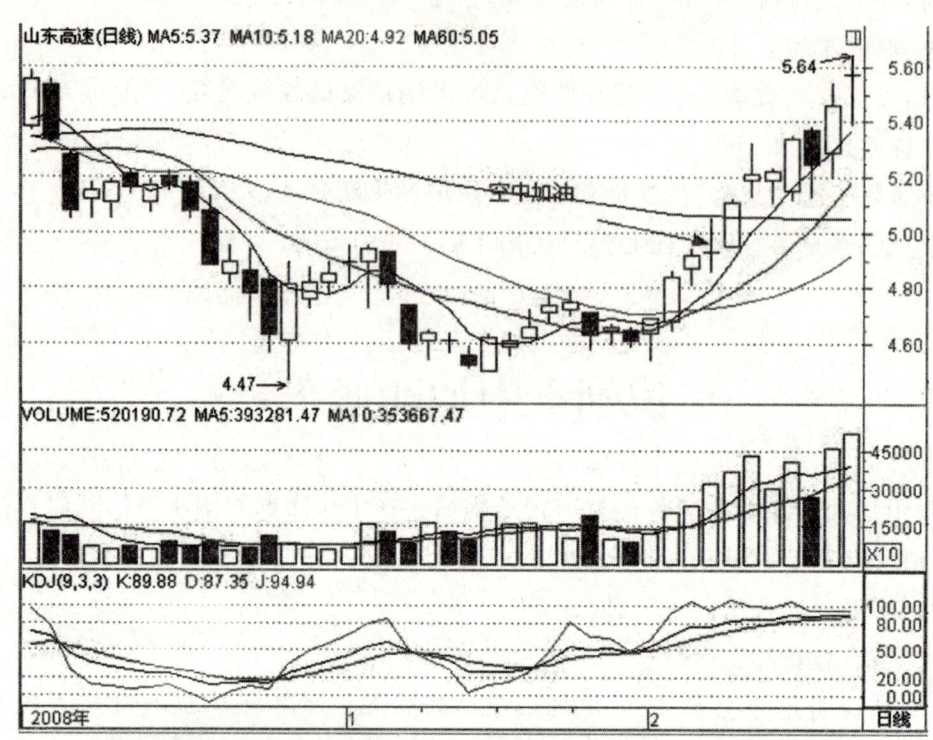

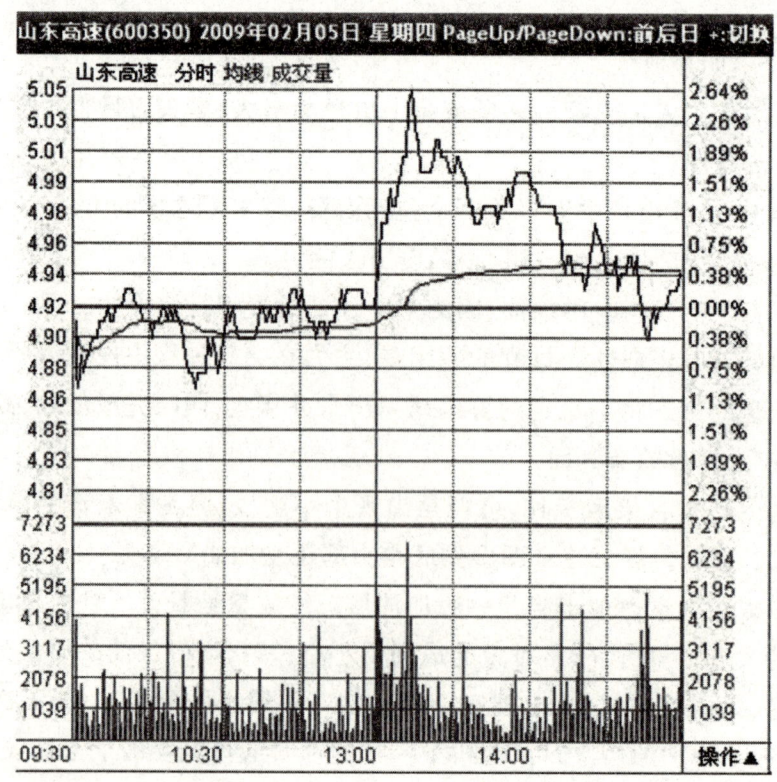

# 识别横盘筑平台形态

　　横盘筑平台指停止做多,使缺乏耐心者出局,一般持续时间相对较长,此类洗盘方法适用于大盘绩优白马类个股。正是由于这种具备了投资价值的个股被大家都虎视眈眈地盯着的缘故,所以作为庄家,绝对不能采用打压的形式洗盘。因为这类个股业绩优良,发展前景好,散户投资者和小资金持有者的持股心态稳定。如果采用打压洗盘,散户投资者和小资金持有者不但不会抛售原有的筹码,反而还会采用逢低买进的方法摊平和降低持仓成本。而其他虎视眈眈的场外投资机构也会抢走打压筹码。这样很容易造成庄家的打压筹码流失严重,形成肉包子打狗有去无回的局面。

　　采用横向整理洗盘的庄家中,实力较弱的,往往保持一定幅度的震荡,在震荡中不断以低吸高抛赚取差价,以摊低成本和维持日常的开支。实力较强的庄家,往往将股价振幅控制在很窄的范围内,使其走势极其沉闷。这种横向整理洗盘的方法,主要侧重于通过长期的牛皮沉闷走势来打击和消磨散户投资者和小资金持有

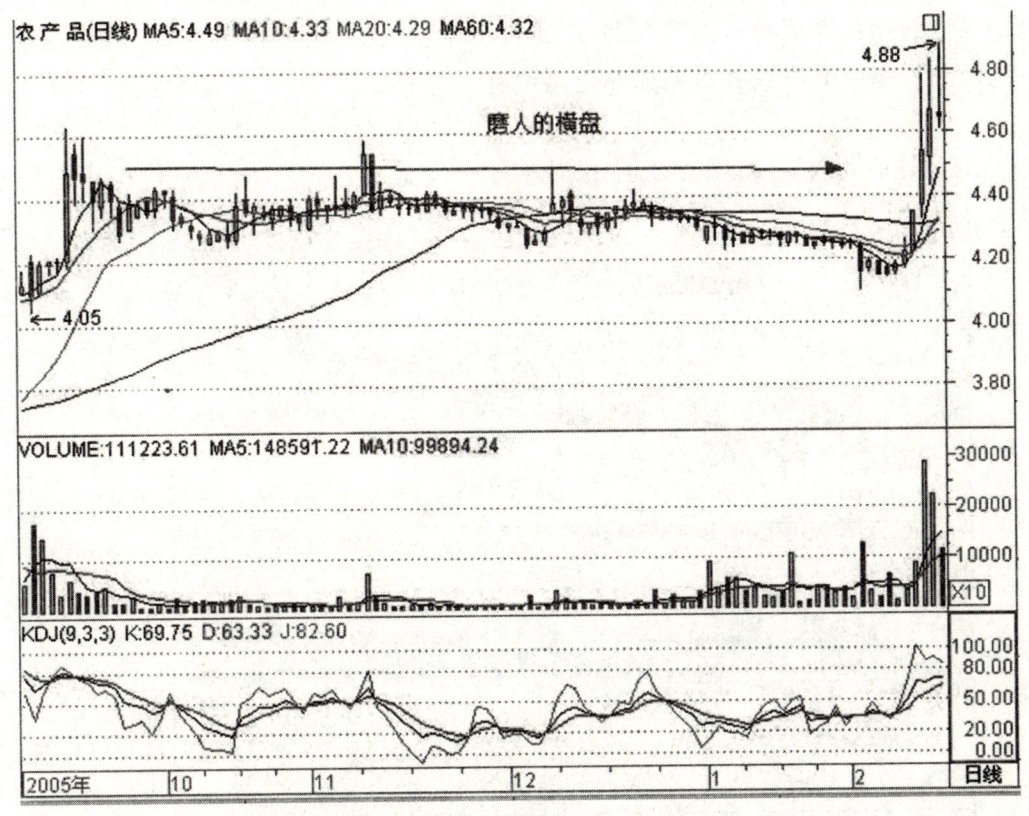

第**4**篇

K线法则与庄家主力分析

者的投资热情和考验他们的毅力。由于散户极想盈利又怕煮熟的鸭子飞掉,所以股价在横盘时就会加剧散户的焦虑心理,横盘时间越长,这种焦虑感就越强烈,从而动摇了散户持股的信念,渐渐地,那些意志不坚定、无耐心者最终放弃继续持股的念头,这正中庄家下怀,庄家再升时就轻松多了。

短线高手操作策略:发现横盘异动突破信号后立即买入。

上页图就是农产品(000061)在2005年年末的图例。

# 识别反弹吸筹形态

制造反弹形态骗取筹码是庄家为了节省建仓时间经常采用的一种建仓方法。庄家利用散户们"高抛低吸"、"见反弹出货"、"见反弹减码"心理,通过制造反弹形态大口吃进筹码,从而快速完成建仓过程。

一般情况下,当股价跌到低位以后,庄家已经吃进一定数量的筹码,但实际仓位离自己的目标仓位还远远不够。为了引发更多的抛盘,每经过一段时间,庄家就会制造一波反弹,然后又将股价打压回反弹前的底部。经过几次反复以后,散户们慢慢就会形成"股价到了什么价位就可以抛掉,然后在底部又拣回"的心理定式。待最后一次反弹时,大家纷纷抛售股票,但股价一路直线拉升,再也不回头。遇到这种行情,抛出筹码的散户只有后悔或在更高位置追进。

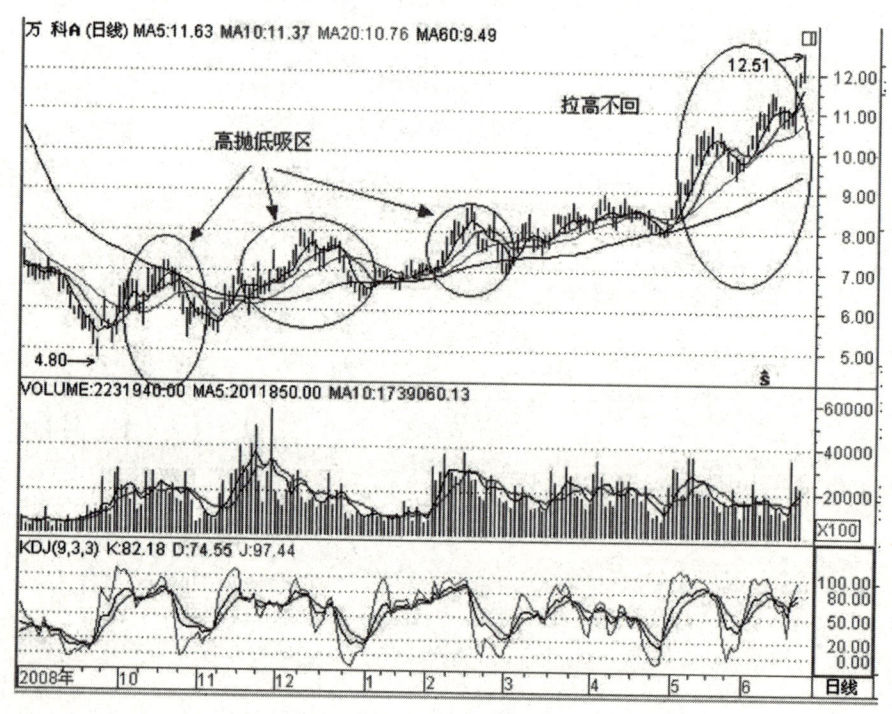

采用这种方法建仓,庄家一般会在K线图上留下双重底、符合头肩底等形态。

短线高手操作策略:前几个波段高抛低吸,后续波段高度警惕。

上页图就是万科A(000002)在2008年年末的图例。

# 识别庄家埋伏吸筹形态

有庄家潜伏吸筹建仓的股票走势给人的印象是非常熊。等庄家吸纳到一定量的筹码后,庄家就会突然采取拉高行动,这时才是短线高手买入即赚的最好机会。

潜伏底型建仓方式的特点是,先战略性建仓,等收集到一定数量的筹码后,利用这些筹码打压股价,使股价进入一个长期底部,并在底部不断收集筹码。在底部期间,庄家基本不主动操控和拉升股票,使股票看似处于无庄状态。时机成熟后,大部分散户早已确认该股无庄,庄家只需最后收集一次筹码,便能轻松控盘。此方式也叫低位横盘建仓。

庄家潜伏在股票底部的时间,除与庄家自身的实力有关外,还与个股自身的波动周期有关。庄家除遵循逆向思维的原则之外,顺势而为也是他们不可违背的原则之一。

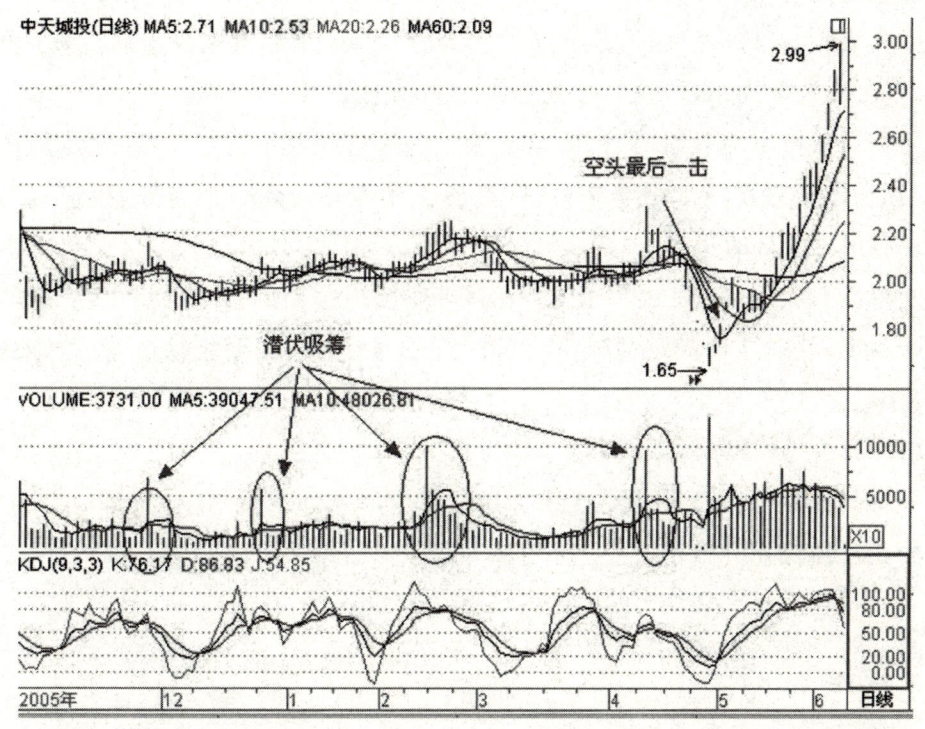

287

如果庄家逆势而行,在无人跟风的情况下,靠对倒来刻意拉升股价,无异于拔苗助长,作茧自缚,最终的结局就是在高位自拉自唱,无法派发出局。

对于绝大多数潜伏底型建仓的庄家来说,锁定足够多的低位筹码以后,时刻在寻找拉高的机会。这样的机会只有在个股周期波动规律作用下,或者大盘产生中级行情,大量跟风盘蜂拥而至时才会发生,庄家可以从每日盘面的变化中感受到这一点。

短线高手操作策略:在顺势急跌后,股价稳步推高且成交量逐渐放大,可看作是潜伏底型建仓的黑马股即将飙升的一个前兆。

上页图就是中天城投(000540)在2006年上半年的图例。

# 识别中位平台洗盘形态

当庄家前期已经收集到了一定数量的筹码,但由于仓位还不够,于是在股价上升的中途,通过刻意打压股价,使股价维持在一个平台上整理洗盘,庄家在平台整理期间,逐步洗盘以收集目标仓位。

这种建仓方式所需要的时间一般都比较长,有时甚至达一两个月或者更长,横盘期间,盘面上股价会表现出十分疲弱的走势。庄家主要是以长时间横盘来拖垮散户的持股信心。

持有该股的投资者,因为赚不到钱,又耗费时间,最终会选择出局。场外持币的投资者,由于找不到赚钱的机会,也不愿意进场。

遇到这种形态的股票时,如果该股股价是经过一段下跌见底后,走出一段反弹行情,然后形成这样一个中继平台,则是庄家中继平台建仓的特征,投资者可以在中继平台向上突破时进场。

如果该股股价已经上涨了比较大的幅度,出现这种形态的时候,很有可能是庄家在横盘出货,在这种横盘情况下,投资者要万分谨慎,不要轻易进场,否则就有可能被套牢。

短线高手操作策略:谨慎看多。

下页两图就是鑫富药业(002019)在2007年4月和粤水电(002060)在2007年下半年的相反图例。

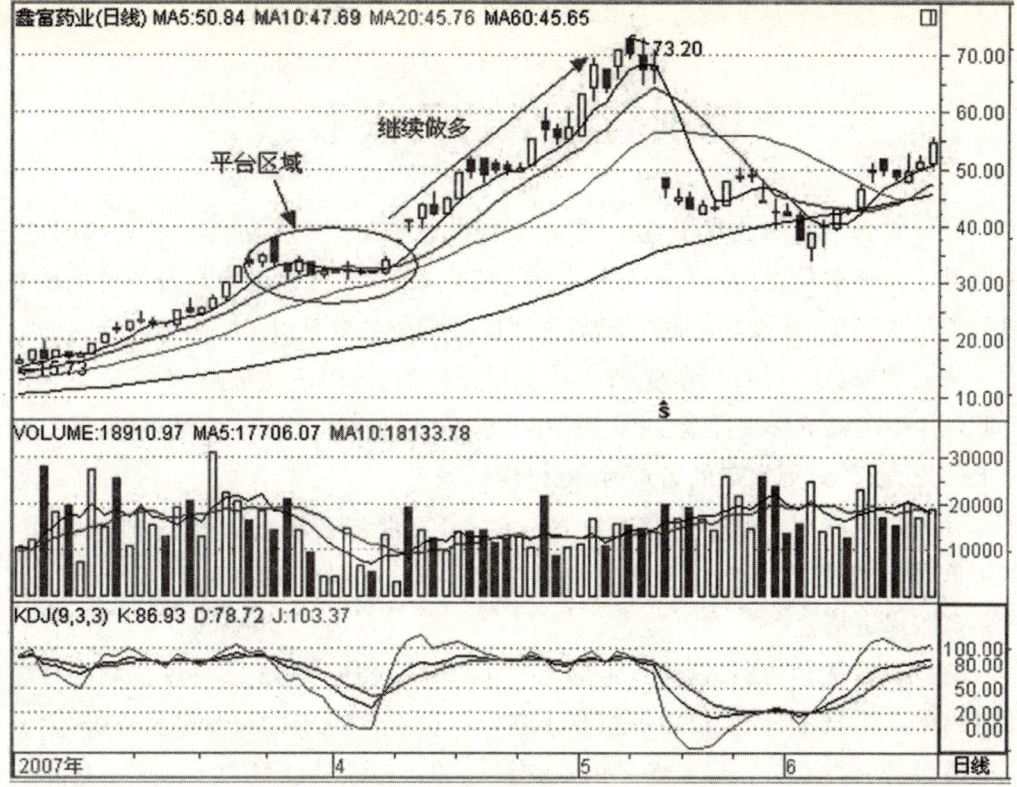

鑫富药业(日线) MA5:50.84 MA10:47.69 MA20:45.76 MA60:45.65

继续做多

平台区域

73.20

←15.73

VOLUME:18910.97 MA5:17706.07 MA10:18133.78

KDJ(9,3,3) K:86.93 D:78.72 J:103.37

2007年　　　4　　　　5　　　　6　　　日线

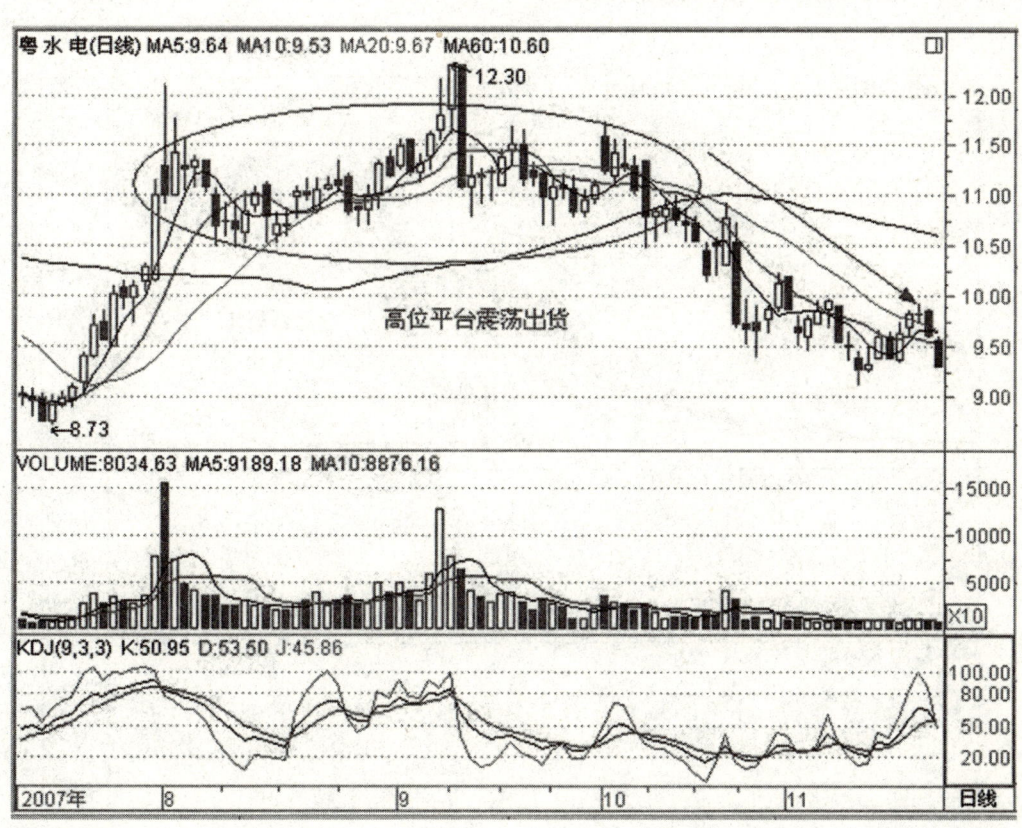

粤水电(日线) MA5:9.64 MA10:9.53 MA20:9.67 MA60:10.60

12.30

高位平台震荡出货

←8.73

VOLUME:8034.63 MA5:9189.18 MA10:8876.16

KDJ(9,3,3) K:50.95 D:53.50 J:45.86

2007年　　8　　　9　　　10　　　11　　　日线

# 识别高位平台洗盘形态

　　高位平台洗盘的洗盘平台,一般都出现在股价历史高位的筹码密集区附近,这种洗盘方式一般是完全控盘的强庄所为。依庄家习惯,洗盘的目标价位可能略高于或低于历史高位,横盘的时间一般都非常长,大都在3个月以上。因为如果时间太短则无法达到横盘的目的。另外,整体成交量比较低,盘中成交稀疏,有时成交量仅数万股。有些庄家不喜欢操盘,就让股票随波逐流,只有达到预定的低点附近时,才会拉上一把,或者达到预定的高点时,就打压一把。

　　有些庄家希望靠盘中走势多吃进一些筹码,偶尔会放出巨量,出现大的阴线。利用这种方式洗盘,横盘时间是主要的决定因素,庄家过多的震荡,反而会吸引短线买盘跟风进场。

　　高位平台洗盘初期,盘面技术形态与头部非常相似,这大多是庄家刻意打压股价砸出的一个技术形态,以后的横盘多在这一位置。对于这种情况的分析,主要看庄家已经持有的仓位,以及头部的成交量。如果庄家持仓量和头部成交量相差很多,庄家就会让股票横盘,以便洗出更多筹码。

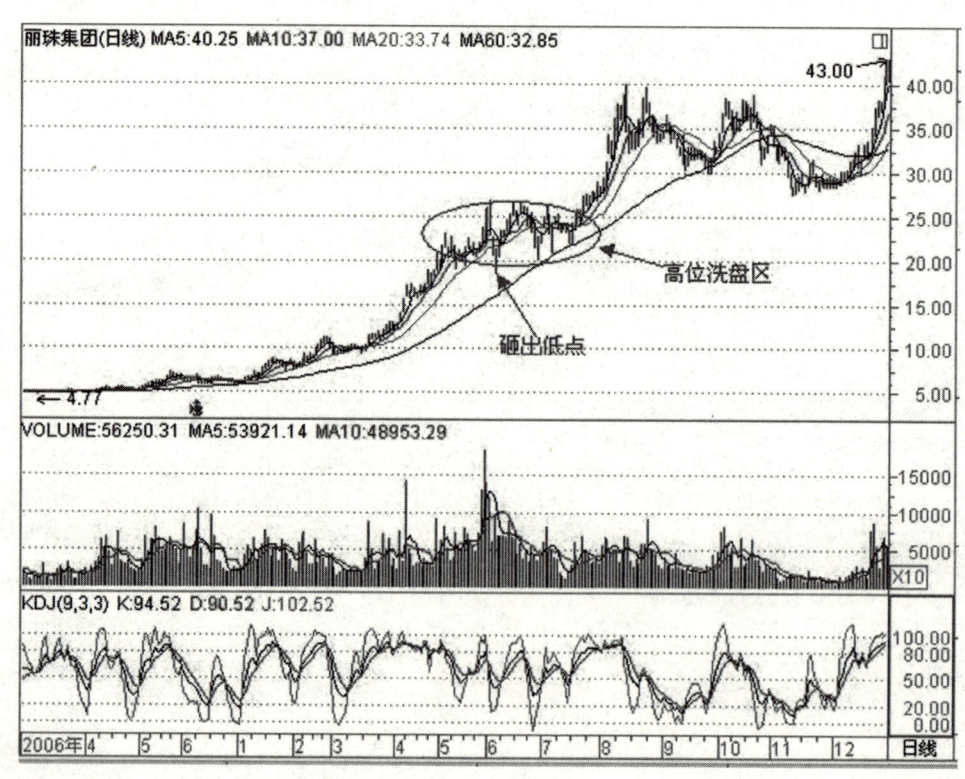

K线图入门与技巧

采用这种方式洗盘，庄家往往会在这个横盘的平台上砸出一个低点来，在此之后的横盘，都会维持在此低点之上。

短线高手操作策略：一旦股价经过长期的横盘后向上突破，便是新一轮行情启动的前奏。

上页图就是丽珠集团(000513)在2007年5月到7月的图例。

# 识别拉锯式洗盘形态

采用拉锯式洗盘的庄家，手法都比较凶悍，股价也像暴风雨似地大起大落。有的时候，庄家会不计成本地快速吃进筹码，或者是快速打压股价，使股价呈现出快涨快跌的走势，让跟庄者有种坐电梯的感觉。

采用这种运作方式洗盘的庄家，一般实力都很强大，能在很短的时间内把股价拉上去，在散户还没来得及反应时，又把股价重重地摔下来。很多散户经不住庄家的这种折腾，会出货离场而去，把筹码送给庄家。

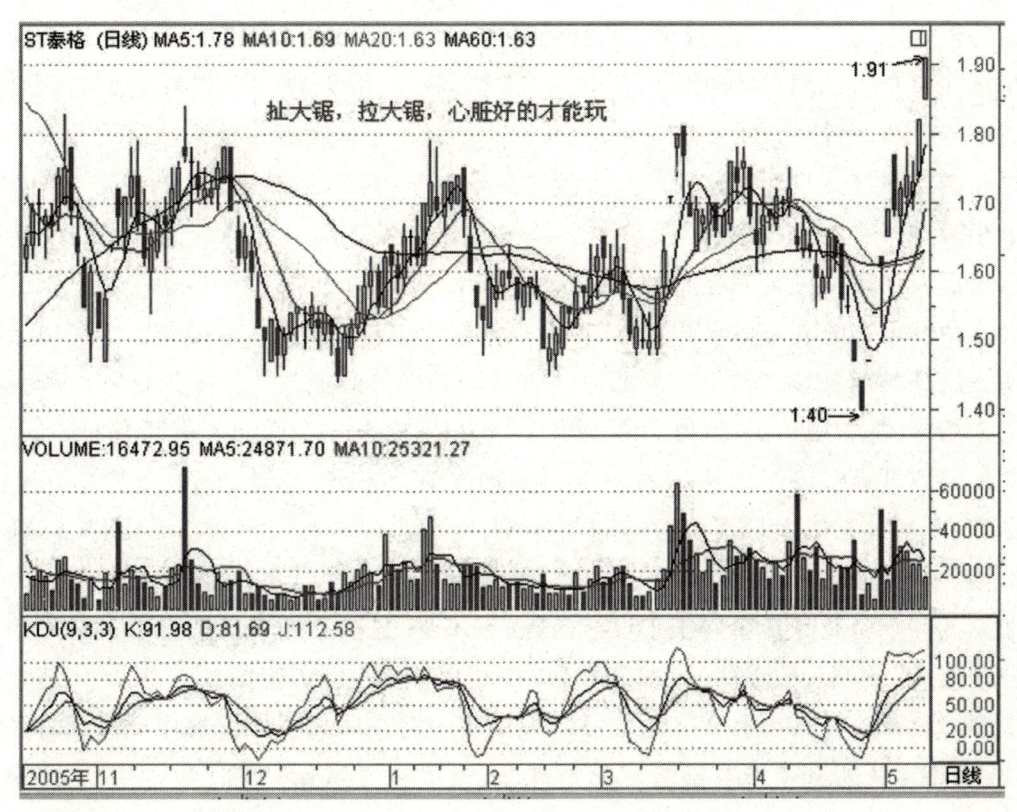

第**4**篇 K线法则与庄家主力分析

跟前面介绍过的洗盘方式都有所不同。庄家快速地把股价拉高后,又快速地把股价打压下来,并且是反复用这种手段来控制盘面的股价,庄家这样做的目的,就是从心理上来摧毁持股者的信心,使持股者经受不起这种坐电梯式的折磨,不得不把手中的筹码抛出来送给庄家。

庄家采用这种运作方式洗盘,在拉高和打压时都是比较迅速的。有的时候,在下跌过程中,庄家会特意采用对倒手法来放量,让投资者误认为是庄家在出货。还有一点值得注意的是,如果股价运行在近几年的高位之上,出现这种拉锯式的形态时,投资者需要特别谨慎,这个时候庄家可能是在出货,而不是在洗盘。

短线高手操作策略:高抛低吸跟庄走。

上页图就是ST泰格(000409)在2006年年初前后的图例。

# 逃离假突破形态

作为一个短线高手需要了解一些庄家经典的骗线形态。那么庄家是如何设置陷阱,中小投资者又如何防备呢?下面我们介绍一个典型的形态——久盘后的假突破。

这里说的久盘有时是指股价在炒高了相当大的幅度后的高位盘整,有的是炒高后再送配股票除权后的盘整,还有的是中报或年报公告前不久的盘整。所谓盘整是指在一个时期内(如两个月、三个月,甚至半年),股票在一个相对窄小的价格区间进行波动,上行无力,下跌无量,交投极不活跃。不被市场人士关注。这种股票有时候会在某一天开盘后发现挂有大量的买单与卖单,摆出向上拉升的架势。开盘后半小时到一小时内,大量的买单层层叠叠地封在买一至买三的价位上,同样,卖单也大批大批地挂在卖一至卖三各价位上。成交量急剧上升,推动股价上涨。投资者会立即发现它的成交量异常变化,不少人甚至会试探性地买入。但是由于买单已经塞得满满的,想要确保成交,只能直接按市场卖出价买进。正是因为这种市场买入的人增多,尽管抛单沉重,股价还是会不断上升,更进一步增强了市场买入的信心,并将突破盘局带量上升,展开新一轮升势的联想。一小时左右,股价可能劲升至8%左右,有的甚至以大量买单短时间封涨停,但不久后又被大卖单打开涨停,回调到涨幅7%–8%盘整。盘整时买二、买三的挂单很多,买一的挂单相对少一些,但卖一至卖三的三个价位的卖单并不多,然而成交量不少,显然是有卖盘按市价在买一的价位抛出。直到当天收盘时,大部分股票在7%~8%的涨幅成交。第二天,该股可能略为低开,然后快速推高,上涨至5%~7%。也有的干脆高开高走,大有形成突破缺口的架势,当许多人看到该股突破盘局而追涨时,该股在涨到5%–7%时会突然掉头向下,大量的抛单抛向那些早上挂单追涨而未能成交而又没有及时撤单的中小散户。虽然随后还会反复拉升,但往上的主动买单减少,而往下的抛单不断,股价逐渐走低,到收市前半小时甚至跌到前天的收盘价以下,随后的日子,该股成交量萎缩,股价很快跌破前次的起涨点,并一路阴跌不止。如果投资者不及时止损,股价还会加速下跌,跌到让人难以相信的程度,深度套牢。

仔细研究一下,为什么该股会在突然放量往上突破后又调头向下,甚至加速下跌呢?这就是庄家利用成交量设置的陷阱。通常的情况是,庄家在久盘后知道强行上攻难以见效,如果长期盘整下去又找不到做多题材,甚至潜在的利空消息已经被庄家知道。为了赶快脱身,庄家在久盘后,采取对倒自己筹码的方式,造成成交量放大的假象,引起短线炒手的关注,诱使人盲目跟进,这时,庄家只是在启动时对敲了自己的股票,在推高的过程中,许多人接下了庄家的大量卖单。那些在追涨时没有买到股票,然后就将买单挂在那里的情况,本身更加强了买盘众多的印象,并为庄家出货提供了机会,庄家就是这样利用量增价升这一普遍被人认可的原则,制造了假象,达到出货目的。

短线高手操作策略:跌破带量上攻日的开盘价就及时离场。

以下两图就是泰达股份(000652)在2004年11月24日的图例。

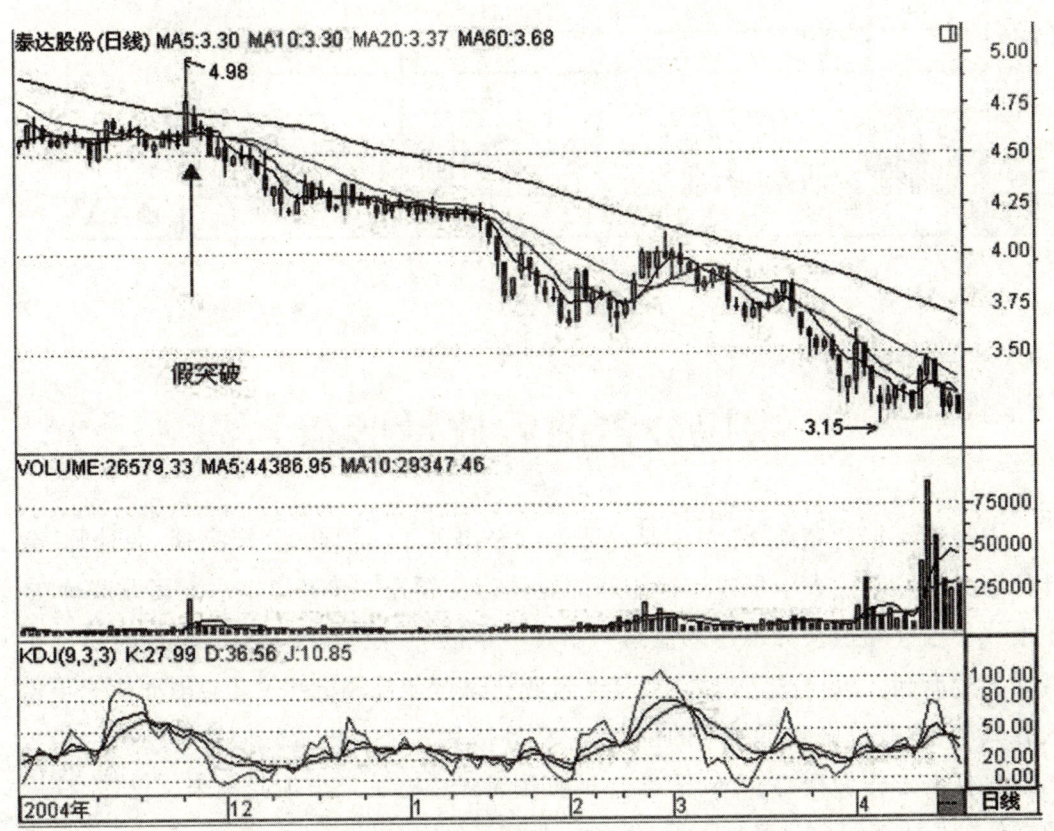

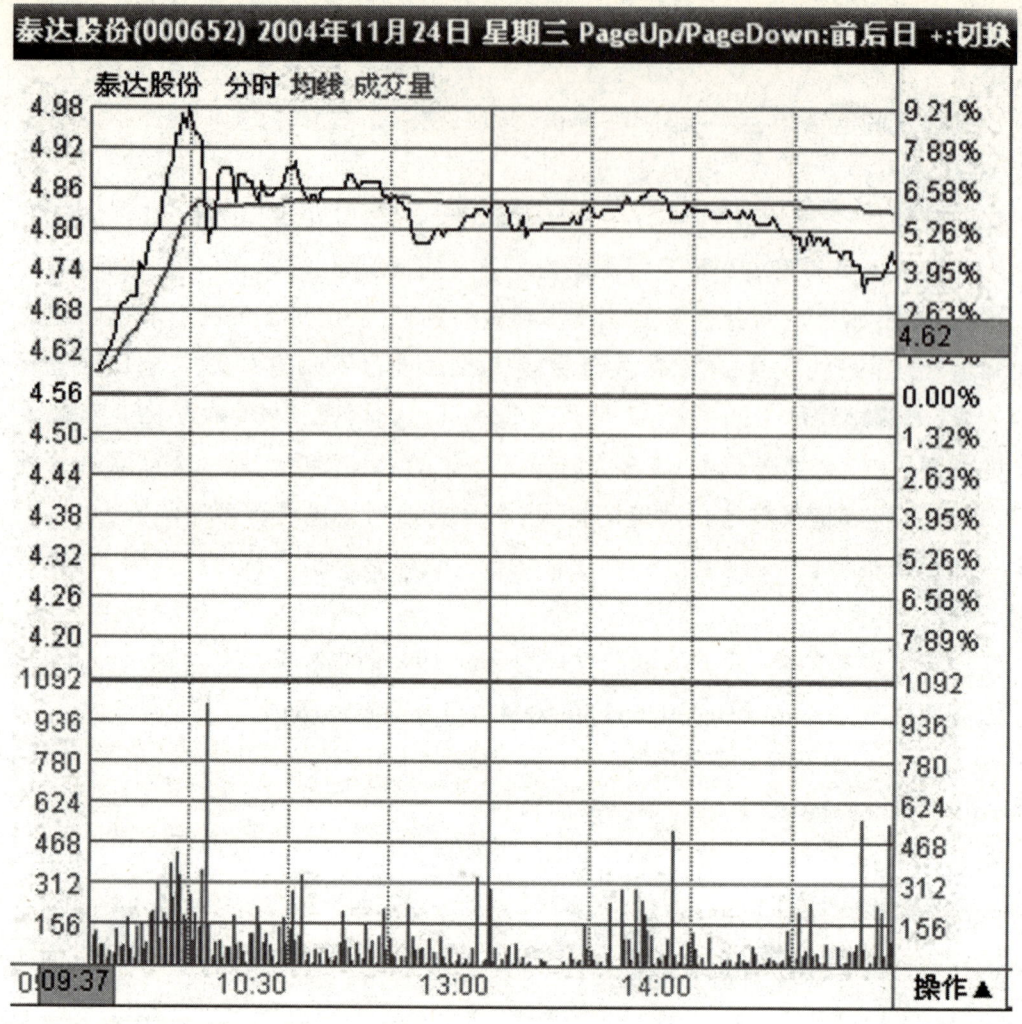

# 警惕公告前后放量形态

中报或年报公布前,许多企业的业绩已经出来了。因此,公司高管、会计师、会计师事务所以及发表中报或年报的新闻媒体都会领先一步知道消息。因此股价在中报或年报公布前会因消息的泄露而出现异常波动,业绩好的公司,其经营状况早就在各券商和大机构的掌控之中,其经营业绩也可能被预测出来了。因而庄家早就入驻其中,将股价做到了很高的位置盘整,等待利好公布出货。但也有一些上市公司信息保密工作做得好,直到消息公布前几天才在有关环节泄露出来。这时,庄家要在低价位收集筹码已经来不及,优秀的业绩又确实是做短线的机会。因此,一些资金会迅速介入这些股票,能买多少买多少,股价也不急不火地上升,成交量温和放

泰达股份(日线) MA5:5.42 MA10:5.28 MA20:5.16 MA60:6.15
18.00
08年4月30日财报公布
4.09
VOLUME:104848.57 MA5:222427.39 MA10:210284.67
KDJ(9,3,3) K:57.72 D:68.15 J:36.87
2008年
日线

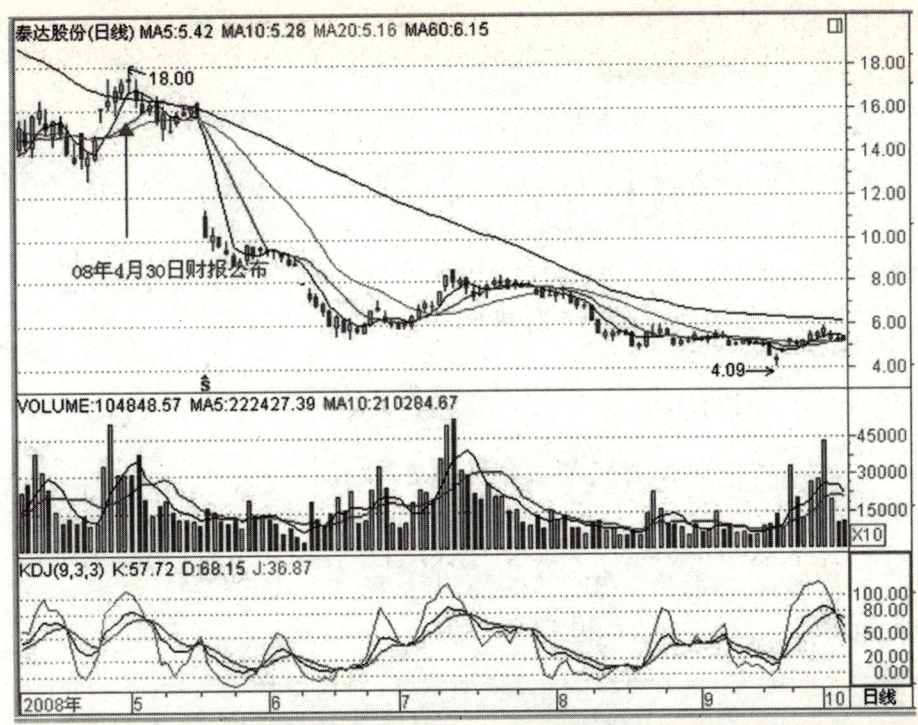

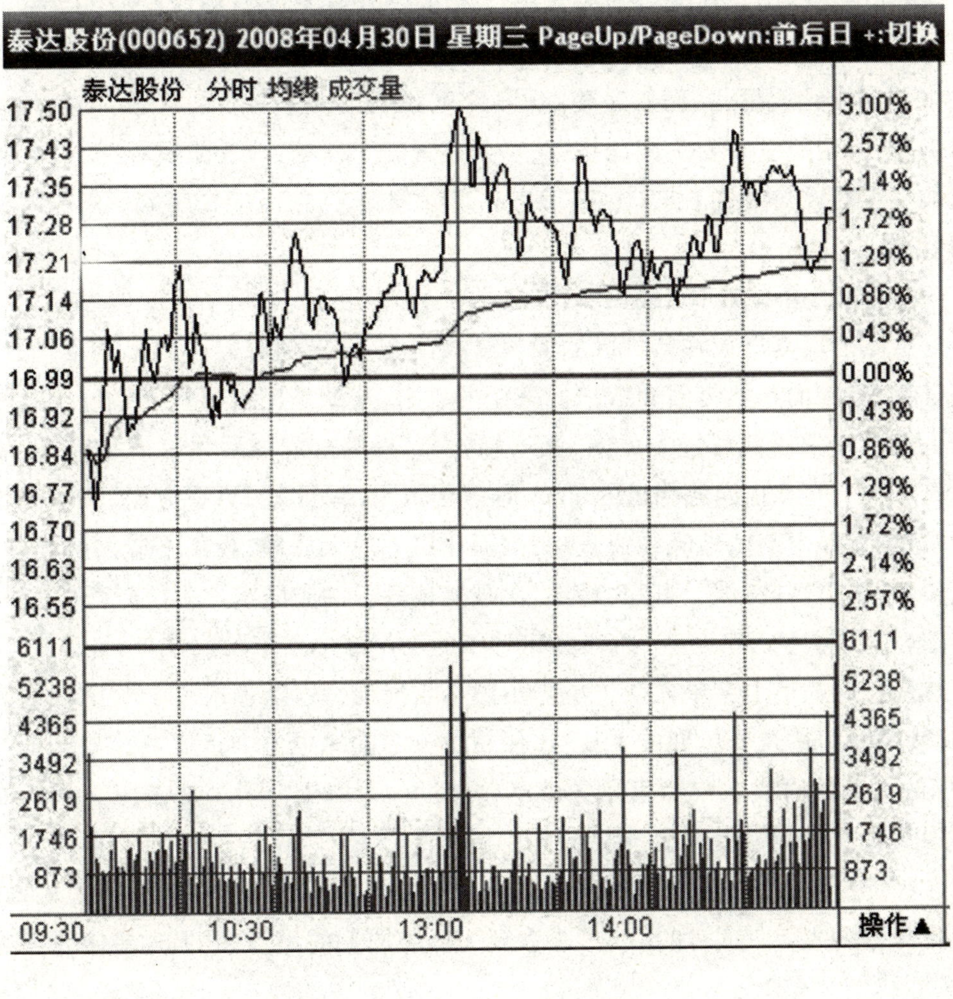

泰达股份(000652) 2008年04月30日 星期三 PageUp/PageDown:前后日 +:切换
泰达股份 分时 均线 成交量
09:30
10:30
13:00
14:00
操作▲

大,等到消息公布时,投资者一致认同该股值得买入时,先期获得消息的人会将股票全部抛出,做一个漂亮的短线。

类似这种股票,一般不要在复牌后那天追高买入,应冷静地观察一下,看看有无主力出货的现象。如果后来真的涨上去了,未能在复牌那天买入,也不要后悔,因为毕竟避免了一次较高风险的交易。

短线高手操作策略:多看少动。

上页两图就是泰达股份(000652)在2008年4月30日的图例。

# K线组合会说话

从日 K 线图看,当股价在低位进行震荡时,经常出现一些特殊图形,出现的概率超出随机概率。

典型的包括带长上、下影线的小阳、小阴线,并且当日成交量主要集中在上影线区域,而下影线中存在着较大的无量空体,许多上影线来自临收盘时的大幅无量打压;跳空高开后顺势杀下,收出一根实体较大的阴线,同时成交量明显放大,但随后并未出现继续放量,反而迅速萎缩,股价重新陷入无序的运动状态;小幅跳空低开后借势上推,尾盘以光头阳线报收,甚至出现较大涨幅,成交量明显放大,但第二天又被很小的成交量打下来。这些形态如果频繁出现,很可能是庄家压低吸筹所留下的痕迹。

这些小阳小阴线在日K线更多的时候会以小十字星、小阴小阳实体方块方式出现。这些图形反复出现在低价区的股价日线图上,并伴随着温和的成交量、低迷的市场气氛、隐约的利空传闻和散户们失望的心态,这就是庄家吸货的痕迹。其原因有:一方面,庄家压低后慢慢吸纳,又不想收高,否则造成今后吸货成本提高,故收盘时打压到与开盘相同或相近的价位,这就形成十字星K线;另一方面,庄家想隐蔽些,在这种盘局中悄悄地吸纳便宜货,因而压也不敢太放肆,收集不敢太疯狂,所以振幅较小,呈十字星K线。到收集后期,出现实体较长的阳线或上影线较长的K线,同时伴随较大成交量,代表这一阶段收集筹码的工作到达预定阶段性目标。

然而,这些小十字星夹杂着小阴小阳不断出现,逐渐连成一个窄窄的横盘区域,延续的时间达几个星期或更长,这便是十分明确的主力吸货痕迹。如果看到这样的K线形态的时候散户心里还犹豫不敢进货,那就更证明了这是庄家吸货的区域。中长线投资者应该在这一区域下勇敢吸纳,不要被市场悲观气氛吓倒。

在吸货区末段,由于浮动筹码已非常稀少,庄家便不得不将股价悄悄地推高,以便吸到更多的货。这时的K线形态表现为逐步向上的小阳线,但这些阳线没有达到足以引起人们注意的程度,这时候成交量温和放大,股价悄悄上升,似乎一切还是那么平静。但敏锐的投资者知道:大幅上涨就在眼前。

短线高手操作策略:在成交量温和放大,阳线实体增长的情况下介入。

下图就是*ST上航(600591)在2009年上半年的图例。

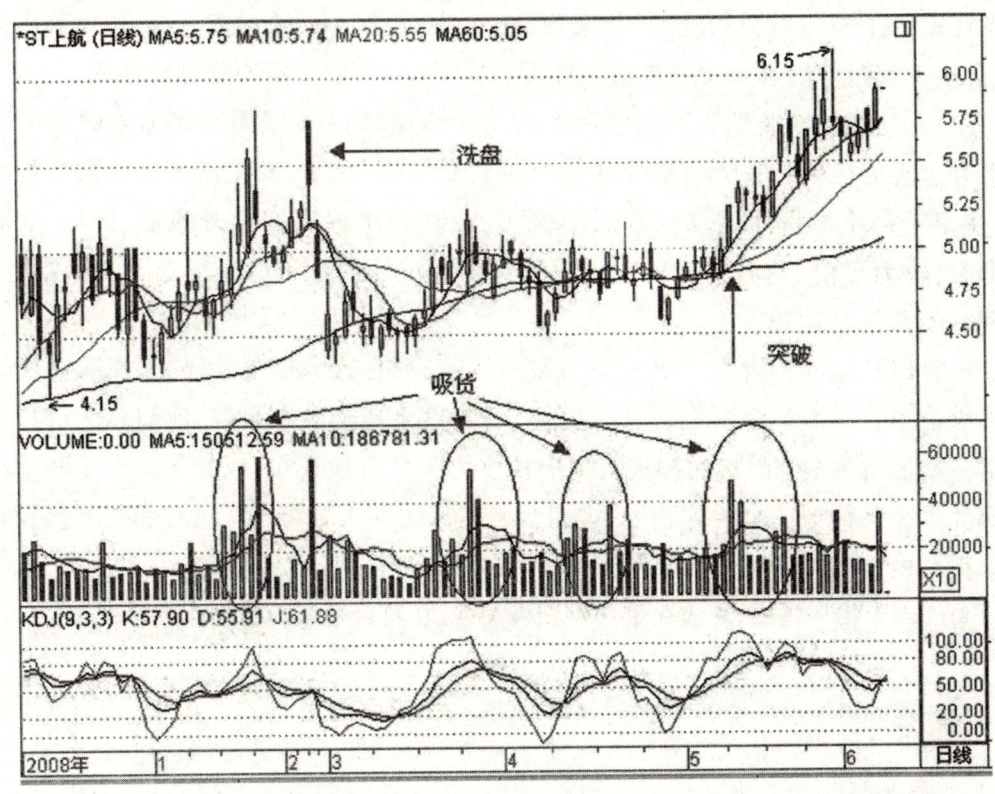

# 必须关注成交量特征

尽管庄家技术手段比较高明,可以虚构价位,可以利用对倒盘制造假成交量,但其无法彻底改变吸筹时成交量表现出来的特点,庄家吸进筹码,意味着某个价位上有成交,成交的多少,必然会在成交量这一指标上反映出来。庄家介入某只股票必然造成该股成交量放大。在吸货阶段,这种放大是温和的,不引人注目的。大多数投资者在这一阶段都不会注意到这种变化,甚至根本很少关心这只股票。

庄家吸货造成成交量变化一般有三种情况。

(1)在原本成交极度萎缩的情况下,从某一天起,成交突然放大到某个温和但不引人注目的程度,之后连续很多天一直维持在这个水平,每天成交非常接近,而不是像原先那样时大时小。这种变化不是偶然的,这是庄家有计划地吸货造成的。

此时,若日K线组合出现连拉小阳的形态,可靠性更强。把这些成交量累加起来,便能大概估计出庄家吸货的多少、是否吸够了。一般这样的进货过程要持续两个星期以上,否则无法吸够低价筹码。这一批筹码往往是主力最宝贵的仓底货,不会轻易抛出。

(2)成交量极度萎缩后间歇性突然放大,日K线图上伴随着间断出现的大阳线,这是庄家为了避免散户的注意,故意拔高,打压后再拔高,在底部反复消磨散户的信心,迫使其把筹码乖乖交给自己。经过一段时间后,成交量明显地稳步放大。

(3)成交量长期萎缩后突然温和而有规律地递增,日K线图上伴随着股价的小幅上升。这也是庄家吸货时造成的成交量的微妙变化。这表明在吸货后期浮筹减少,庄家不得不加价才能拿到筹码的事实,此时若出现底部盘升通道、圆底、W底等形态,较为可信。这种情况反映出庄家较急于拉升的日子已经很近了。短线高手发现后不要轻易放掉。

对筹码控制的程度往往决定了庄家的成败,只有充分控制筹码,才能随心所欲地操纵价格。庄家们深深明白这个道理,因此只要资金实力允许,他们总会设法多吸纳一些低价筹码。而普通投资者则应从主力吸货阶段长短、成交量的大小和市场浮码的多少来估计庄家控筹程度,进而判断庄家的实力和野心。只有那些筹码锁定程度很高的股票才能成为大黑马。

短线高手操作策略:对成交量变化积极关注,在符合短线拉升形态的情况下介入。

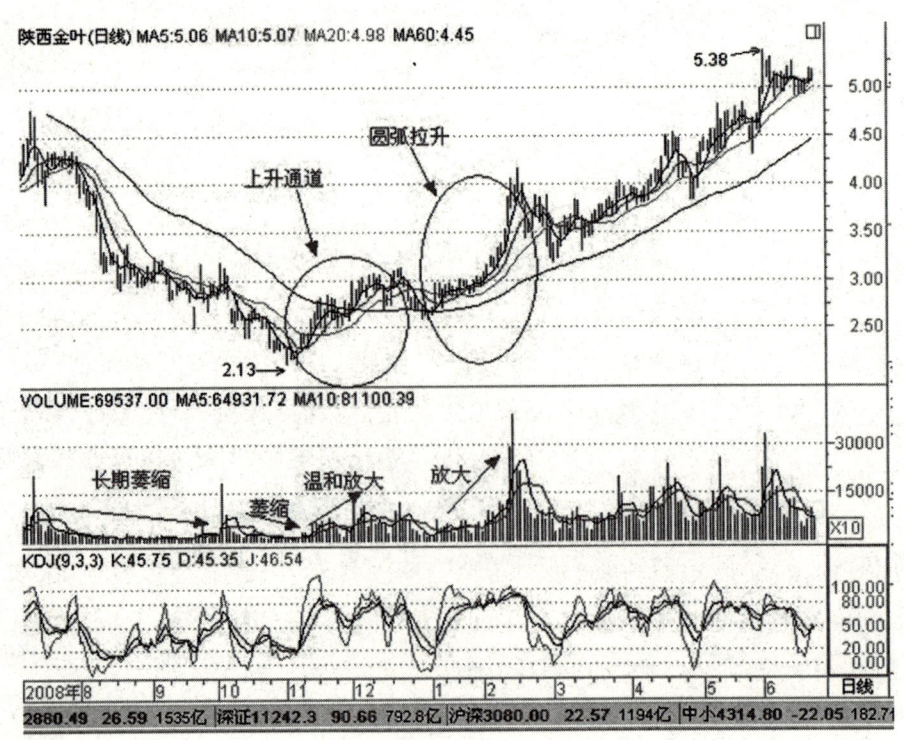

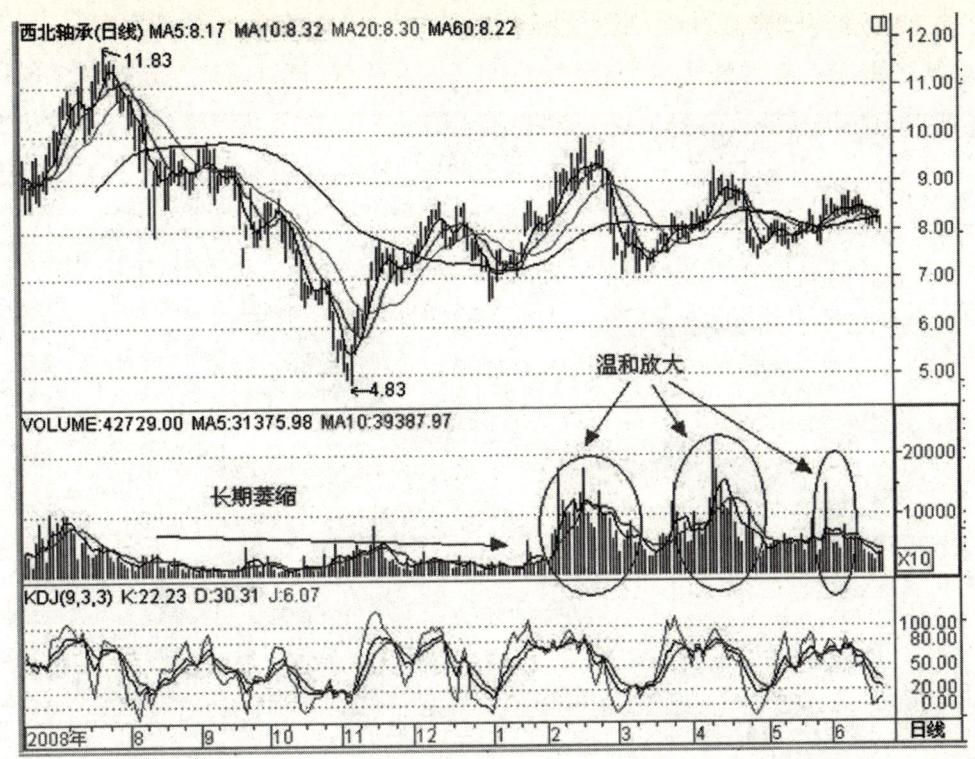

以上两图就是陕西金叶(000812)在2008年下半年和西北轴承(000595)在2009年上半年的图例。

# 一串圆弧威力大

如果K线图由一连串小圆底所组成,后一个的平均交易价要比前一个为高,第一个圆形的尾段股价都要比开始时高出一些。盘形底的上升步伐稳健且缓慢,很有规律,股价每当升势转急时,便马上遭受沽压,但每次回吐压力不太强,反映庄家有心压价。

当成交量减少至某一低水平时,庄家再发动攻势推动股价上升,股价就是这样反复且有秩序地上升。

一个圆弧的形成往往数以月计,很少短于3周,太短的形态小心最终失败。因此在周线图发掘出的盘形利好信号特别强烈。升势持续:当圆弧走势被确定,股价升势将会一直持续,直至图上出现其他顶的转向形态,才会扭转升势。成交量在股价调整时应萎缩,反映庄家持股如金,往往后一个圆形的涨幅至少高于前一个圆形的顶部。

短线高手操作策略:应趁每个圆形底部营造时买入持有或波段操作。

下图就是露天煤业（002128）在2008年下半年和2009年上半年的图例。

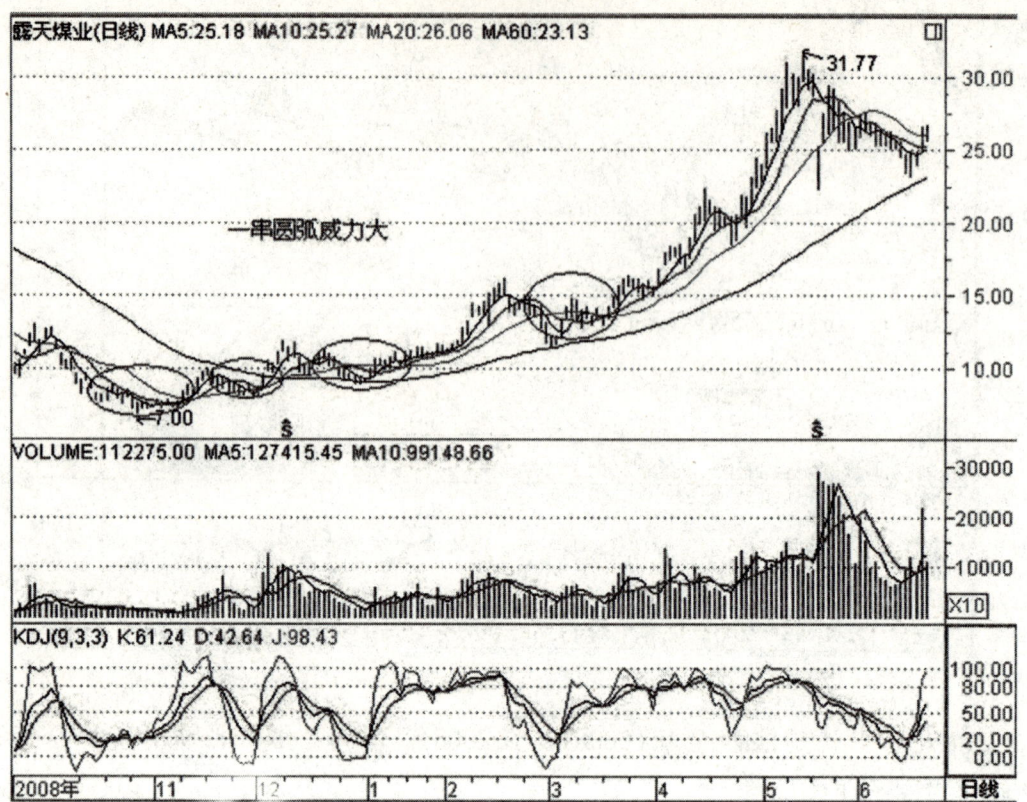

# 第20章
## 跟庄技巧42招

## 看懂庄家在动荡市如何试盘

看懂庄家在各种大势情况下的试盘动作,对于抓住短线机会十分重要,下面介绍如何看懂庄家在动荡市中的试盘动作。

庄家完成建仓后,基本上达到了计划建仓位。这时的试盘基本出现在股价较低的位置,在某一个行情较为平淡的交易日,庄家开始向上大幅拉升或者向下大幅打压股价,以测试盘内筹码稳定性和市场追涨杀跌的程度,在K线上出现一根大阳线或大阴线或上下影线较长的阴线或阳线,以此来观察筹码的锁定状况和市场对该股关注和参与的热情。

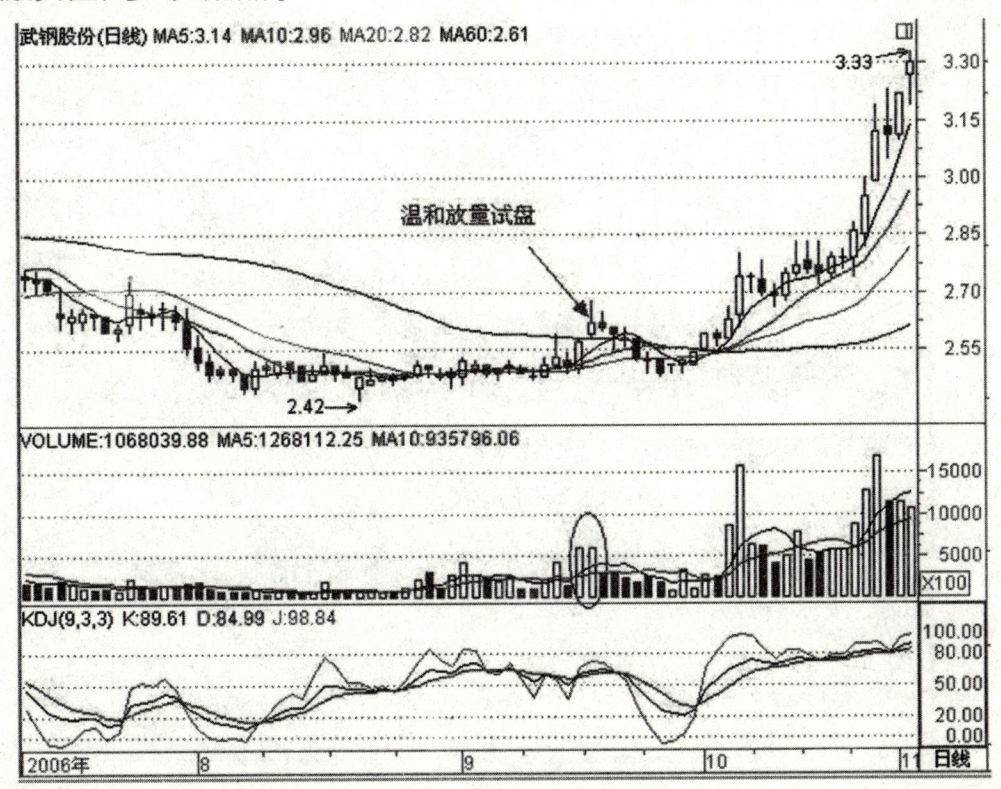

如页上图就是武钢股份(600005)完成底部建仓之后,于2006年9月拉出一根长上影的阳线,完成一次试盘,这时成交量大幅放大,放大的原因是庄家在盘中对倒形成。其后又多次拉出带大量的长上下影的阳线和阴线,以检验盘面筹码锁定情况。通过盘面信息反馈,显示能控制局面,随后不久,开始一波大幅度的拉升。

# 看懂庄家在强市如何试盘

看懂庄家在各种大势情况下的试盘动作,对于抓住短线机会十分重要,下面介绍如何看懂庄家在强市中的试盘动作。

庄家经过底部耐心的吸筹后,在日K线上起先出现小阴小阳式盘升走势,股价有脱离底部的明显特征,成交量呈温和放大。此时,庄家将股价拉升到较高的位置后采取了不参与的手法,以测试散户的接单或抛盘能力,任随股价波动。

这种试盘方式还有一个好处,就是在这个过程中,庄家完全不去干涉股价的走势,任中小投资者在里面主导股价的波动,庄家可以静静地观察中小投资者的接盘和抛盘情况。如果接盘力度大于抛盘力度的话,股价会缓慢上升;如果接盘力度和抛盘力度相当的话,股价就会维持震荡走势;如果抛盘力度大于接盘力度的话,股价就会呈现出下跌的趋势。

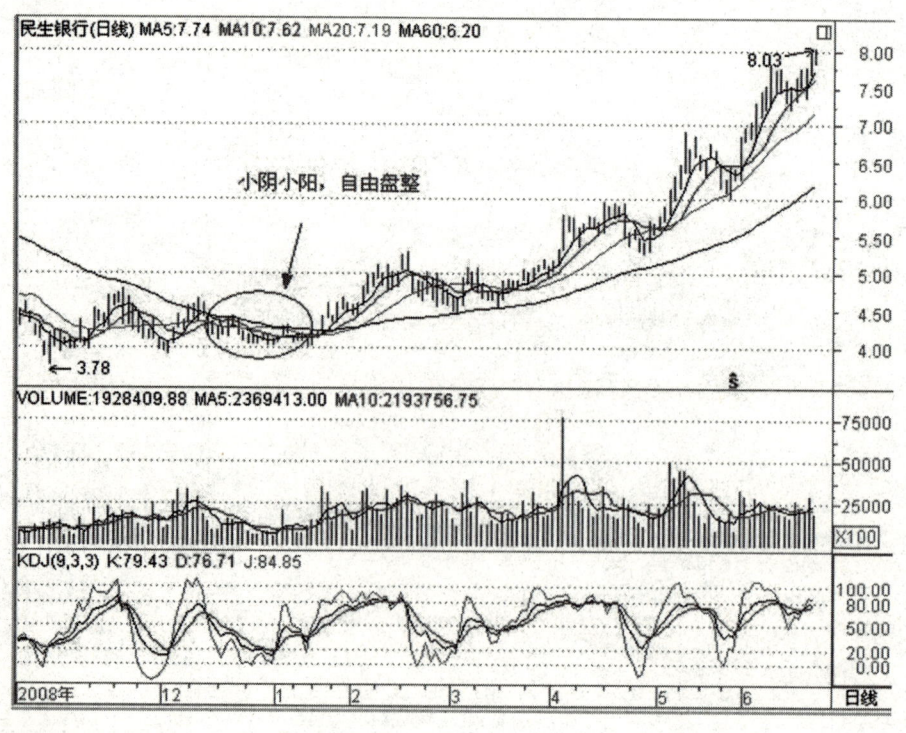

如上页图就是民生银行(600016)庄家从2008年12月11日就开始不参与股价的买卖,让股价任意波动。直到2009年1月13日,庄家才又开始行动,参与股价的买卖操作。庄家经过这一阶段的试盘后,就直接进入了股价拉升阶段。这种试盘方式的特征是,日K线形态上表现为小阴线和小阳线,股价呈现出维持震荡或缓慢上升的走势,成交量明显缩小,并且在分时走势图上看不见有大手的成交单。

# 看懂庄家在弱市如何试盘

看懂庄家在各种大势情况下的试盘动作,对于抓住短线机会十分重要,下面介绍如何看懂庄家在弱市中的试盘动作。

弱势中试盘,庄家一般都借助于大势的偏弱,或者炮制某些利空,借题发挥,乘机更加夸张地造成股价大跌,使得市场持股者恐慌加剧,极大地动摇他们的持股信心;或者利用消息反向操作,使得绝大多数投资者丈二和尚摸不着头脑,失去判断力而操作失误,或者利用关键技术位,即阻力线或支撑线进行试盘,当向下或向上突破重要技术阻力位时,看盘内的变化情况。走势上表现为中长阴线、无量下跌、短期均线呈空头排列。

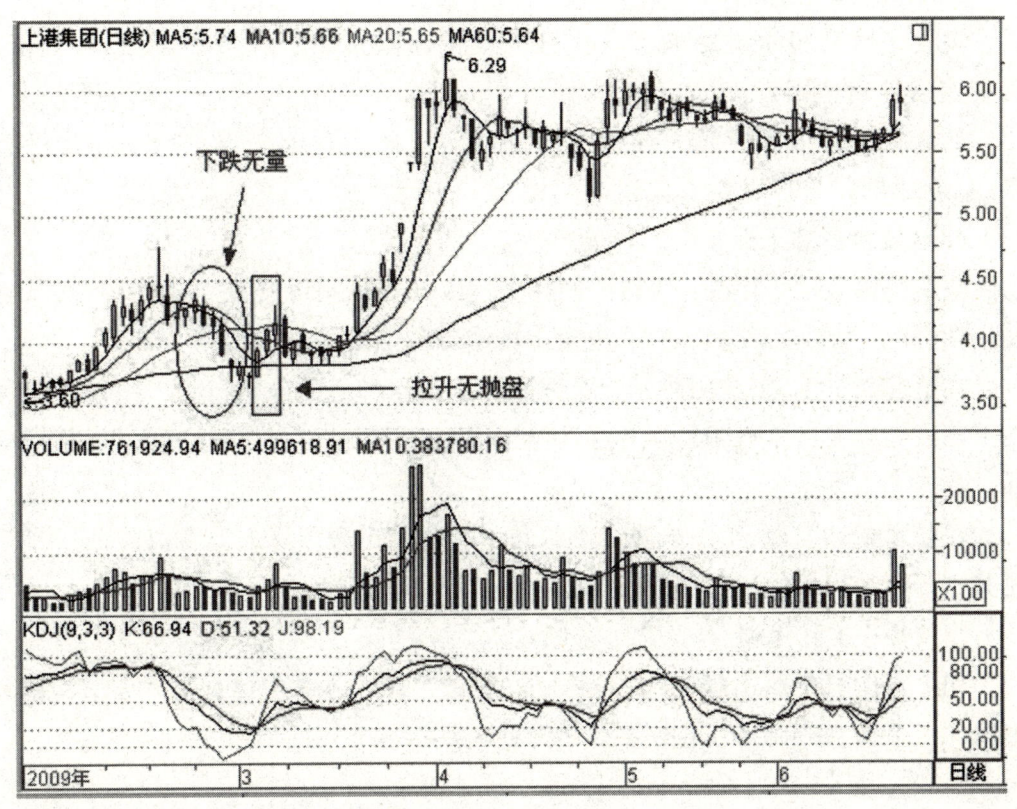

如上页图就是上港集团(600018)在2月底的连续下跌中已极度缩量,在3月初连拉3根阳线时也无大抛盘压力,说明庄家控盘极高,短线回升在即。

# 短线高手如何识别空头陷阱

对于空头陷阱的判别主要是从消息面、资金面、宏观基本面、技术分析和市场人气等方面进行综合分析研判。

### 1. 在消息面上的分析

庄家往往会利用宣传的优势,营造做空的氛围。所以当投资者遇到市场利空不断时,反而要格外小心。因为正是在各种利空消息满天飞的重磅轰炸下,主流资金才可以顺利建仓。

### 2. 从成交量上分析

空头陷阱在成交量上的特征是随着股价的持续性下跌,量能始终处于不规则萎缩中,有时盘面上甚至会出现无量空跌或无量暴跌现象,盘中个股成交也十分不活跃,给投资者营造出阴跌走势遥遥无期的氛围。恰恰在这种制造的悲观氛围中,庄家往往可以轻松地逢低建仓,从而构成空头陷阱。

### 3. 从宏观基本面分析

需要了解从根本上影响大盘走强的政策面因素和宏观基本面因素,分析是否有实质性利空因素。

如果在股市政策背景方面没有特别的实质性做空因素,而股价却持续性地暴跌,就比较容易形成空头陷阱。

### 4. 从技术形态上分析

空头陷阱在K线走势上的特征往往是连续几根长阴线暴跌,打穿各种强支撑位,有时甚至伴随向下跳空缺口,引发市场中恐慌情绪的连锁反应。

在形态分析上,空头陷阱常常会故意引发技术形态的破位,让投资者误以为后市下跌空间巨大,从而纷纷抛出手中持股,使庄家可以在低位承接大量的廉价股票。

在技术指标方面,空头陷阱会导致技术指标上出现严重的底背离特征,而且不是其中一两种指标的背离现象,往往是多种指标的多重周期的同步背离。

短线高手操作策略:暴跌之下果断杀入。

如下页图就是西山煤电(000983)在2月底的连续下跌中已显著缩量,KDJ指标形成向上金叉,属于空头陷阱,短线回升在即,买入。

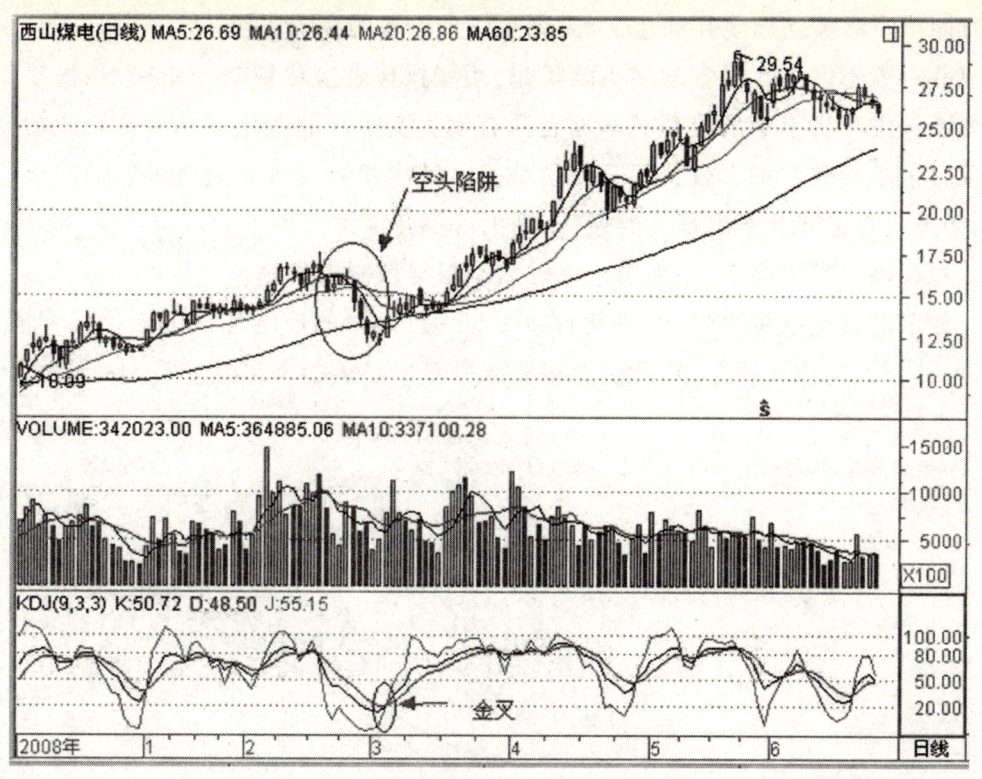

西山煤电(日线) MA5:26.69 MA10:26.44 MA20:26.86 MA60:23.85

29.54

空头陷阱

18.09

VOLUME:342023.00 MA5:364885.06 MA10:337100.28

KDJ(9,3,3) K:50.72 D:48.50 J:55.15

金叉

2008年

日线

# 短线高手如何识别多头陷阱

　　庄家不但利用技术分析设置空头陷阱，而且也常常利用技术分析设置多头陷阱，引诱投资者上当，以达到高位套牢跟风者，实现其盈利目的。

　　在大牛市的后期，主力会在重要的技术关口布下多头陷阱，将追涨的多头一网打尽。因为在牛市之末，市场热情空前高涨，多头信心比较坚定。即使大盘面临重要技术关口，多头也会认为突破不成问题。这样，主力庄家就会制造假突破的陷阱，让多头跟进，而其则出其不意地逢高派发，或打压减磅，使得跟风者全部掉入设置的多头陷阱中。

　　短线高手又如何识破庄家设置的多头陷阱呢？即观察突破时成交量的变化情况，成交量必须流畅地放大，而不是时大时小，股价上行必须干净利落，一旦突破之后即要勇往直前，表明有许多人在股价创新高之后觉得形势明朗，放心追入。如果突破之后股价竟然停滞不前，则说明上方有一股隐藏的巨大抛压，十有八九是庄家在出货。

　　也可以这样说，如果在上升趋势中，伴随成交量放大，股价创新高，之后成交量略有减少，股价小幅回档，只要回档不跌破支撑线仍为多头市场，如果成交量不大而且回档时跌破支撑线并加速下行,则是庄家设置的多头陷阱。

　　散户若不慎落入庄家的多头陷阱里,短线操作者应尽快斩仓出局,长线投资者首先要仔细分析手中的股票基本面有没有发生实质性的变化。如果公司业绩良好且项目进展顺利,那么就只好长期抗战了。其次要看一看大盘处于怎样的运行态势,如果大盘走势并未出现大的逆转,则大可不必惊慌。

　　短线高手操作策略:发现掉入重围后小损必须割肉出逃。

　　如下图就是鞍钢股份(000898)在2007年9月14日的连续急冲中已价量背离,属于多头陷阱,构筑大顶在即,即使被骗买入中套也必须割肉出逃。

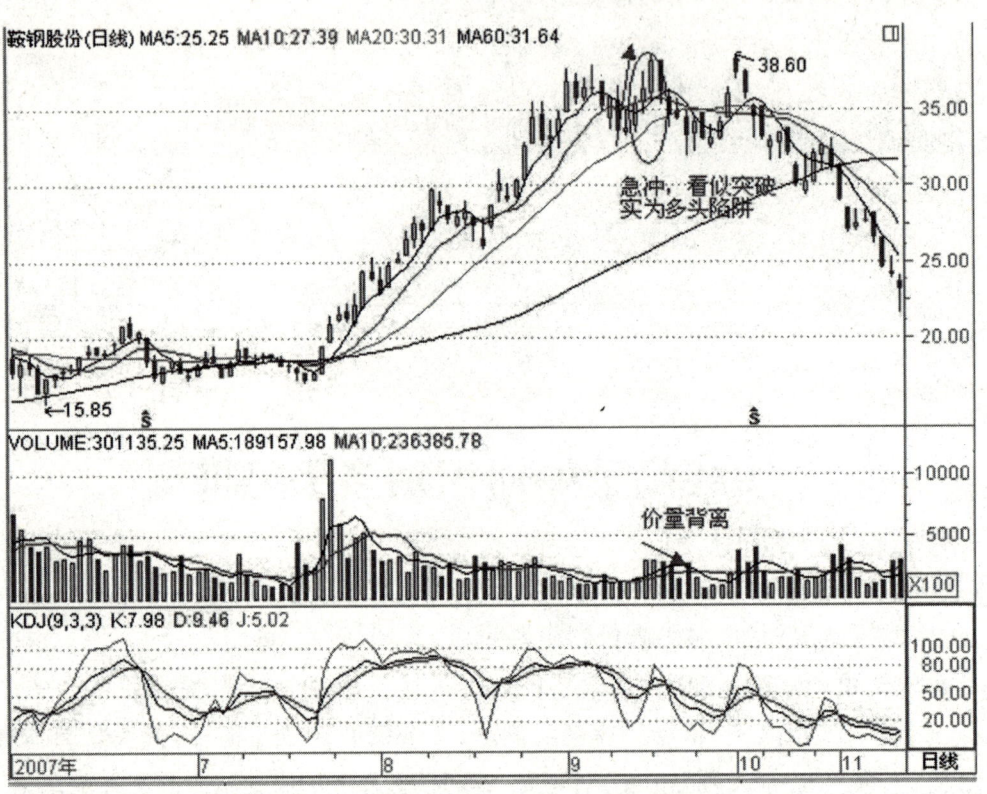

# 警惕除权后放量

　　庄股炒作的一条铁的规律是该股一定有大比例的送配消息。在大比例送红股、用公积金转送和配股消息公布前,庄股通常把股价都炒得很高了。这时候,一般有买卖股票经验的人都不会在高位买进。而股价大幅上升后,庄家拉抬也没有什么意义。所以股价要在高位企稳一段时间,等待送红股或公积金转送的消息。一旦消息公布,炒高了的股票大幅除权,使价位降到很低,30元的股票10送10就只有15元了。

这时候,庄家利用广大中小散户追涨的心理,在除权日大幅拉抬股价,造成巨大的成交量。当散户幻想填权行情到来时,庄家却乘机大肆出货。

多股票除权后,的确会有填权行情,但要具体对待。一般来说,除权前股价已经翻了一番、两番甚至三番的股票很难立即填权。此外,除权后股本扩大,除权后也难以填权。只有那些在除权前庄家吸纳很久,正准备大幅拉升的股票在除权后才有可能填权。

值得指出的是,庄家利用除权后的成交量放大制造陷阱,有可能在除权当天进行,也可能要过几天,要根据当时的大局而定。有的一次出货不尽,就在除权后多次振荡,设置各种看似筑底成功的假象,在放量上攻途中出货。

对于大幅除权后的股票,投资者要仔细研究其股本扩张速度是否能和业绩增长保持同步。还要考察除权后流通股数量的大小及有无后续炒作题材,切不可放量就跟,见价涨就追。

短线高手操作策略:多看少动。

如下图就是山河智能(002097)在2007年8月除权,10月放量急冲,因前期涨幅巨大,不可介入。

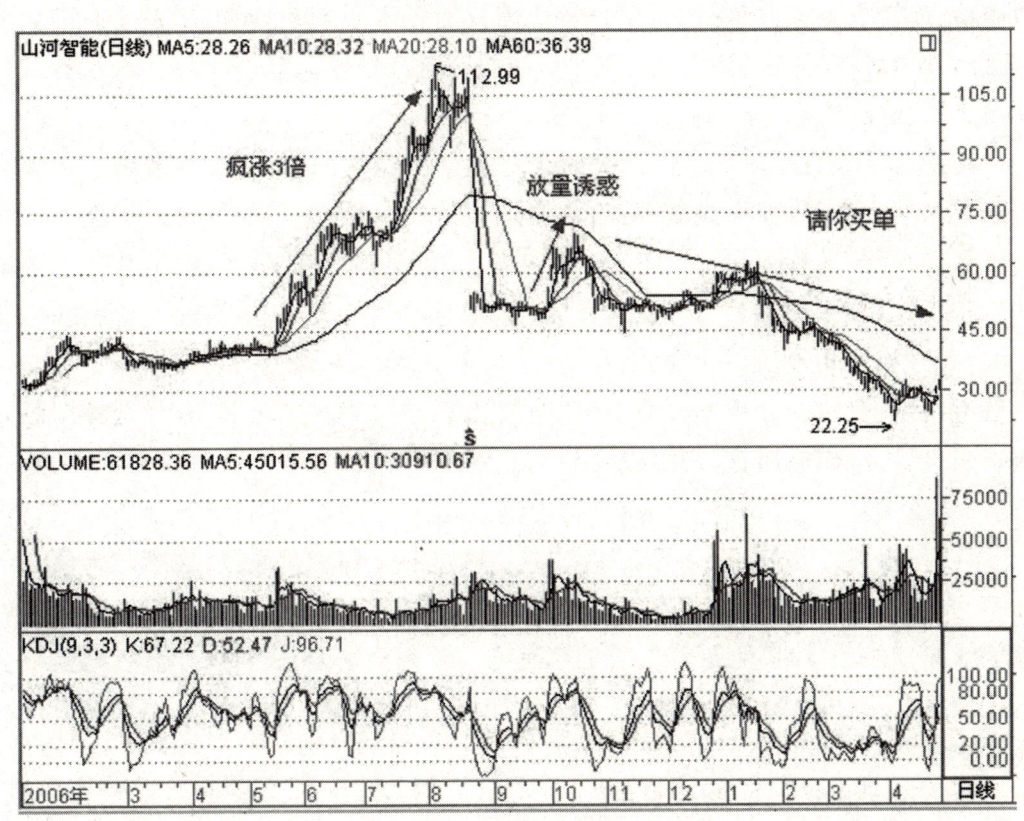

# 短线高手如何判断庄家筹码锁定

短线赚不赚,关键看庄拉不拉。庄家什么时候最有炒作激情?庄家在廉价筹码吃了一肚子时最有激情。因此,散户跟庄炒股若能准确判断庄家的持仓情况,盯牢一只建仓完毕的庄股,在其即将拉升时介入,必将收获一份财富增值裂变的惊喜。这里面的关键是如何发现庄家已把筹码锁定。

一般具备了下述特征之一就可初步判断庄家筹码锁定,建仓已进入尾声。

其一,放很小的量就能拉出长阳或封死涨停。庄家进场吸货,经过一段时间收集,如果庄家用很少的资金就能轻松地拉出涨停,那就说明庄家筹码收集工作已近尾声,具备了控盘能力,可以随心所欲地控制盘面。

其二,K线走势我行我素,不理会大盘而走出独立行情。有的股票,大盘涨它不涨,大盘跌它不跌。这种情况通常表明大部分筹码已落入庄家囊中:当大势向下,有浮筹砸盘,庄家便把筹码托住,封死下跌空间,以防廉价筹码被人抢了去;大势向上或企稳,有游资抢盘,但庄家由于种种原因此时仍不想发动行情,于是便有凶狠的砸盘出现,封住股价的上涨空间,不让短线热钱打乱炒作计划。股票的K线形态就呈横向盘整,或沿均线小幅振荡盘升。

其三,K线走势起伏不定,而分时走势图剧烈震荡,成交量极度萎缩。庄家到了收集末期,为了洗掉短线获利盘,消磨散户持股信心,便用少量筹码做图。从日K线上看,股价起伏不定,一会儿到了浪尖,一会儿到了谷底,但就是总冲不破箱顶也跌不破箱底。而当日分时走势图上却是大幅震荡。委买、委卖之间价格差距非常大,有时相差几分钱,有时相差几毛钱,给人莫名其妙、飘忽不定的感觉。成交量也极不规则,有时几分钟才成交一笔,有时十几分钟才成交一笔,分时走势图画出横线或竖线,形成矩形,成交量极度萎缩。上档抛压极轻,下档支撑有力,浮动筹码极少。

其四,遇利空打击,股价不跌反涨,或当天虽有小幅无量回调,但第二天便收出大阳,股价迅速恢复到原来的价位。突发性利空袭来,庄家措手不及,散户筹码可以抛了就跑,而庄家却只能兜着。于是盘面可以看到利空袭来当日,开盘后抛盘很多而接盘更多,不久抛盘减少,股价企稳。由于害怕散户捡到便宜筹码,第二日股价又被庄家早早地拉升到原位。

短线高手操作策略:高度关注变盘征兆。

如以下页两图就是中国船舶(600150)在2007年5月30日的走势,完全独立于大盘,说明筹码高度锁定。

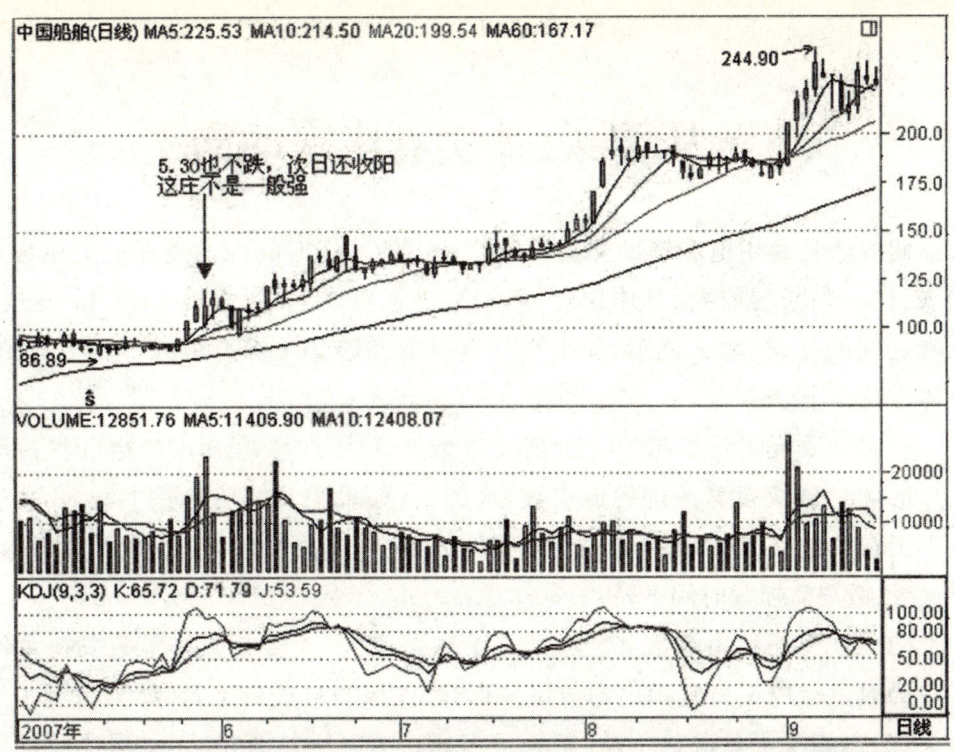

中国船舶(日线) MA5:225.53 MA10:214.50 MA20:199.54 MA60:167.17

244.90

5.30也不跌，次日还收阳
这庄不是一般强

86.89→

VOLUME:12851.76 MA5:11406.90 MA10:12408.07

KDJ(9,3,3) K:65.72 D:71.79 J:53.59

2007年    6    7    8    9    日线

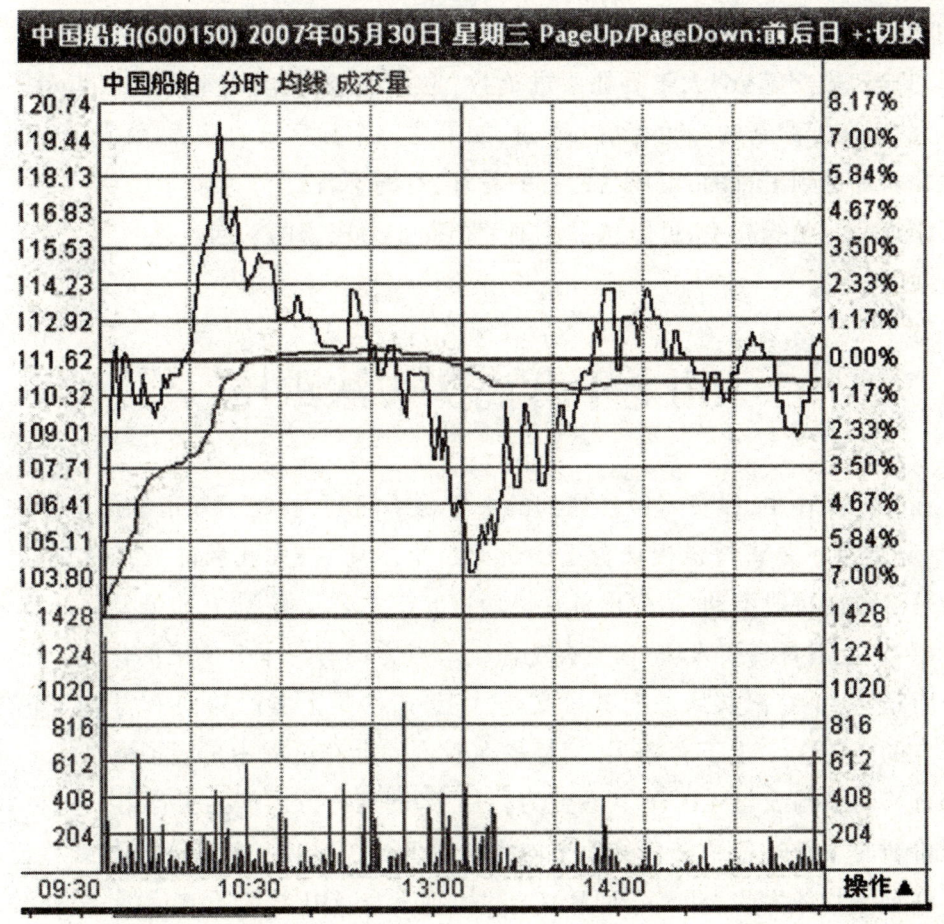

中国船舶(600150) 2007年05月30日 星期三 PageUp/PageDown:前后日 +:切换

中国船舶 分时 均线 成交量

09:30    10:30    13:00    14:00    操作▲

# 从委买、委卖看庄家动向

此方法是利用电脑辅助交易时所统计出的一定时间内的委托成交单数及成交值表,作为判断的依据,具体比较"委托买进笔数"、"委托卖出笔数"和"成交笔数"三者之间的互动、大小关系,加上当日股价变动趋势来综合研判市场主力的动向,具体方法如下。

(1)当"委托买进笔数"大于"成交笔数",又大于"委托卖出笔数"时,说明一笔卖出的数量造成多笔买进的成交数量,那么,如果当日的股价是上涨的,表明市场主力正在酌量出货;如果当日的股价是下跌的,那就表明市场主力已经大量出货。如此这般,散户需抓紧时间下轿。

(2)当"委托卖出笔数"大于"成交笔数",又大于"委托买进笔数"时,说明一笔买进的数量造成了多笔卖出的数量。那么,如果当日股价上升,即为市场主力在大量买进;而如果当日股价下跌,则表示市场主力在酌情买进;但如果当日的股价大跌,那就是主力庄家在进货时被散户套牢了。

(3)当"成交笔数"大于委托买进笔数,也大于"委托卖出笔数"时,表示多空分歧甚大,正在酝酿新的一轮行情。不过,如果这三个数字极为接近,就表示要买和要卖的此时都达到了目的,市场主力有的看好,有的不看好。

作为一个短线高手,可以从上述细节把握主力庄家的动向。

# 用上下背离买入法跟庄

在实际操作中,投资者经常遇到的一个棘手问题,就是不知道如何区别洗盘与出货,其结果不是将洗盘误认为是出货而过早出局,错失获利良机,就是把出货误认为是洗盘而持股不动,错失出货良机而遭套牢之苦。那么,在短线要踩准节奏,有无高招?"上下背离买入法"在捕捉洗盘结束点方面有着十分准确的作用。

所谓"上下背离买入法",其含义是:"上"指的是上方的移动平均线,"下"指的是下方的MACD。"上下背离买入"是指在股价的上涨过程中出现了横盘或下跌,此时,5日移动平均线与MACD(其参数为8、13、9)的运行方向产生了背离。一种情况是在股价暂时下跌过程中,5日移动平均线同时下行,接近10日移动平均线或已经与10日移动平均线发生"死叉",而MACD却拒绝下滑,DIF数值不减反增;另一种情况是在股价暂时横盘期间,MACD同时下滑甚至出现"死叉",而5日移动平均线却拒绝下行,不跌反涨。当出现以上情况时,说明市场主力正在洗盘,没有出货,股价的下跌或横盘是暂时的,其后的行情往往是上涨而不是下跌,这一阶段投资者以买入或持股为主。

这里需要说明的是,"上下背离买入法"的使用有着严格的要求:并非所有符合"上下背离"的股票都能涨。一个较为成功的"上下背离短线买入点"在符合以上要求的同时,还必须满足以下条件:

(1)"上下背离"发生在上升三浪起点效果最好,也就是说,出现这种情况时股价刚刚上涨,幅度有限,还没有进行过主升浪;

(2)"上下背离"发生时,股价刚刚上穿30日移动平均线,30日均线开始走平或刚刚翘头向上,这说明股价已止跌企稳;

(3)"上下背离"发生时,MACD已经运行在0轴之上,这表明市场已处于强势之中,如果符合MACD连续二次翻红,效果更佳;

(4)"上下背离"发生时,如果出现的是第一种背离,当日成交量大于5日平均量时可考虑介入;如果出现的是第二种背离,当DIF由跌变涨的那一天,可考虑介入。

短线高手操作策略:在买入点出现时果断买入。

下图就是精诚铜业(002171)在2009年5月中旬的走势实例。

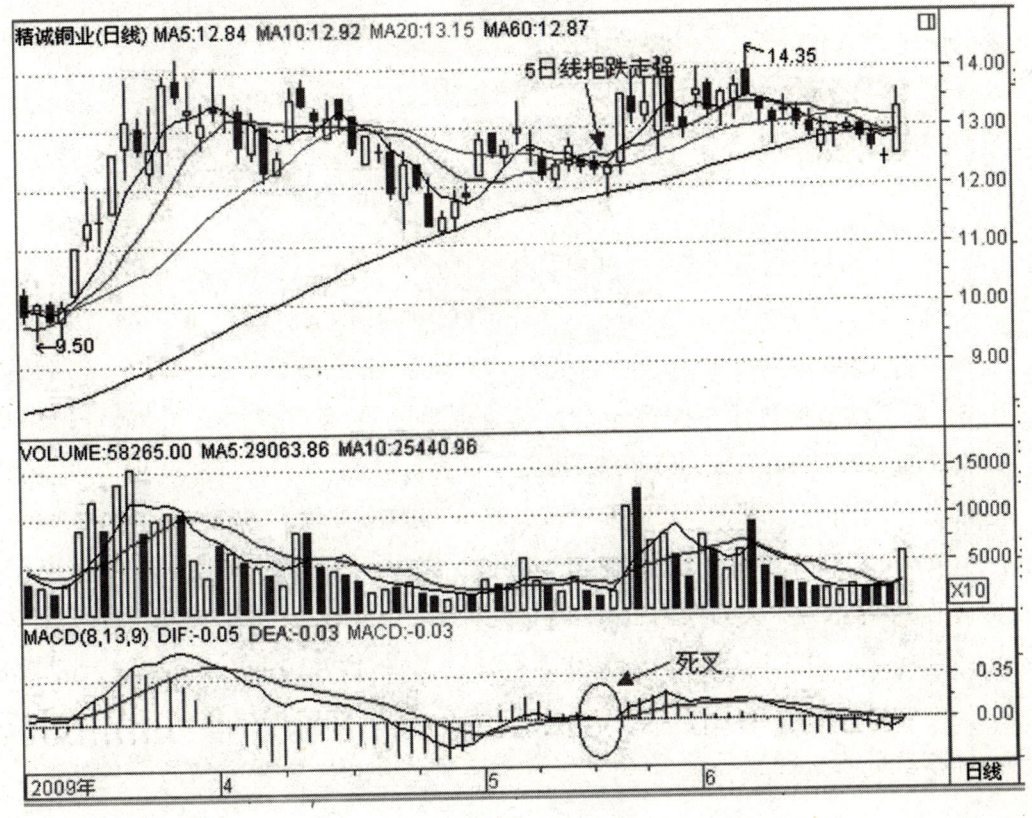

# 抓住二次启动点

　　庄家筹码吸足,人气鼎沸,大势看涨之时,是庄家再次启动拉升股价的最佳时机,此时庄家会根据持仓情况选择一个合适的拉升速度。一般来说。仓位重的拉升速度较大、走势陡,仓位轻则较为平坦,此段拉升庄家均会画出以后出货的空间。

　　由于庄家掌握着大量的股份,即便成不了第一大股东控制整个公司,但要搞出点名堂还是易如反掌的。再加上庄家同上市公司之间往往还会有许多内在的连带利益关系,所以此时两者之间关系空前地紧密,因此当上市公司公布利好公告之时,也往往是庄家出货前最后的一轮炒作。中小股民看到利好跟风介入强势股,正是庄家所期望的,也大大增强庄家的炒作激情。当股价越炒越高,欲罢不能之时,庄家则已经悄悄地出局了。

　　在此阶段中,庄家的操作一般较为轻松,因为随着股价的再次启动,成千上万的资金像流水一样进入了庄家的口袋,但如果此时基本面发生突变或出现更具吸引力的股票,容易使跟风者的资金流动发生转向,从而导致庄股失宠为冷门股,此时庄家为了出货则不得不另出高招,进行自救。

　　短线高手操作策略:在出现二次启动点时果断买入。

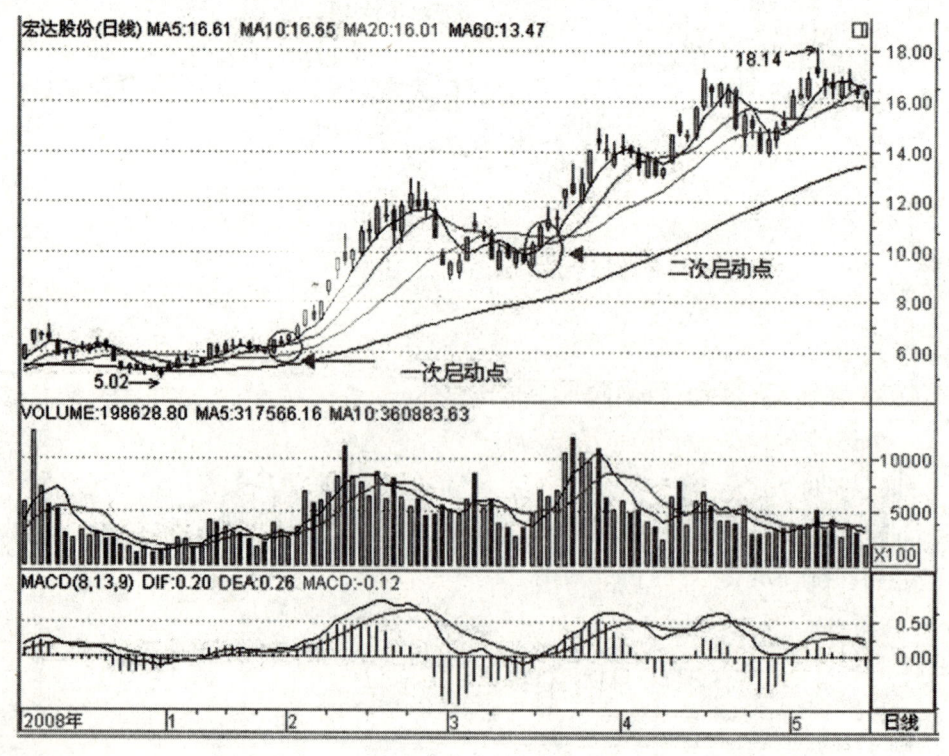

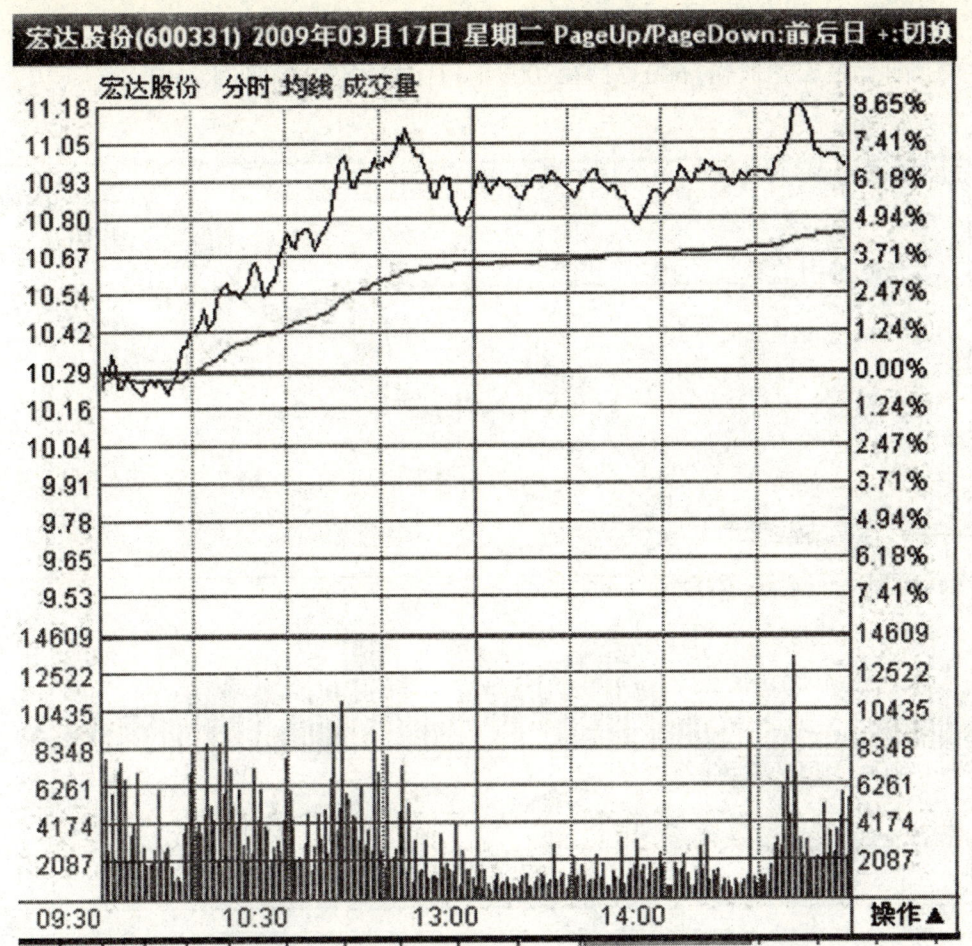

宏达股份(600331) 2009年03月17日 星期二 PageUp/PageDown:前后日 +:切换

以上两图就是宏达股份(600331)在2009年3月17日前后再次启动的走势实例。

# 如何估计拉升周期

　　庄家拉升的周期也就是庄家拉升股价需要花的时间长短。相对于建仓阶段、出货阶段来说,拉升阶段的时间周期最短,拉升幅度的大小以及时间的长短是体现庄家实力与操盘风格的所在,同时拉高是庄家获利的关键,在庄家的操作中具有决定性意义。一般短线行情在1~2周,中级行情1个月左右,长庄股在3个月左右,个别大牛股的升势可能超过1年以上。

　　从另外一个角度来看,一般底部横盘结束以后的拉升时间在10~30天,以震荡方式上行的个股拉升的时间约2个月。为出货而快速拉升,中途没有震荡或震荡幅度小、时间较短的需要20天左右,途中有震荡且幅度大、时间长的需要2个月左右。拉升时间通常与拉升性质、拉升方式、上涨速度有关。

短线高手操作策略：估计好周期，而不是天天持股。

下图就是宏达股份（600331）在2009年1月、3月的走势实例。

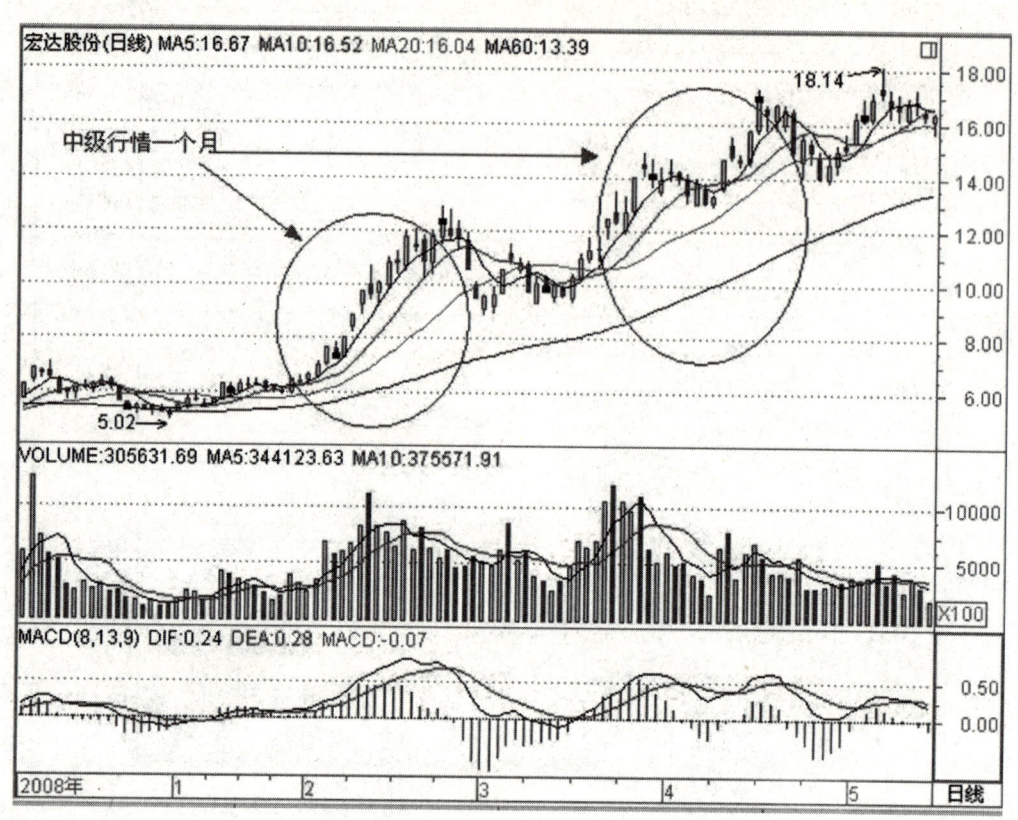

K线图入门与技巧

# 如何估计拉升幅度

庄家的拉升幅度是指庄家拉升目标股的空间。这里所指的拉升是指股价经过底部的充分换手并洗盘，且脱离底部庄家成本区域又进行过多次充分盘整后，股价向顶部区域的快速挺进，是股票上涨最为疯狂的阶段（收益最高、挣钱最快、特别适合短线高手操作），拉升空间就是庄家拉升股价所达到的幅度。

股票拉升的幅度取决于目标股的炒作题材、市场人气、股价定位、技术形态、庄家成本、筹码分布、股本大小、庄家获利的目标等各种因素。其中，庄家的意志和实力是最具有决定性的。股价拉升的幅度最少也要达到30%，否则的话就没有获利空间。一般情况下是50%以上，超过100%的也常见。流通盘较大的、基本面较差又无可以看好的理由的，幅度相对小一些。

股票拉升幅度也可以参考股票的最低价确定，从底部最低价起算，按涨幅的80%、100%、150%或者200%以上分别确定拉升可能达到的价位。

庄家拉升阶段的幅度与庄家出货阶段的计划密切相关,有时庄家在拉升阶段,还需要拉升出一定的出货空间。

短线高手操作策略:估计好拉升幅度,而不是天天持股。

下图就是宏达股份(600331)在2009年1月、3月的走势实例。

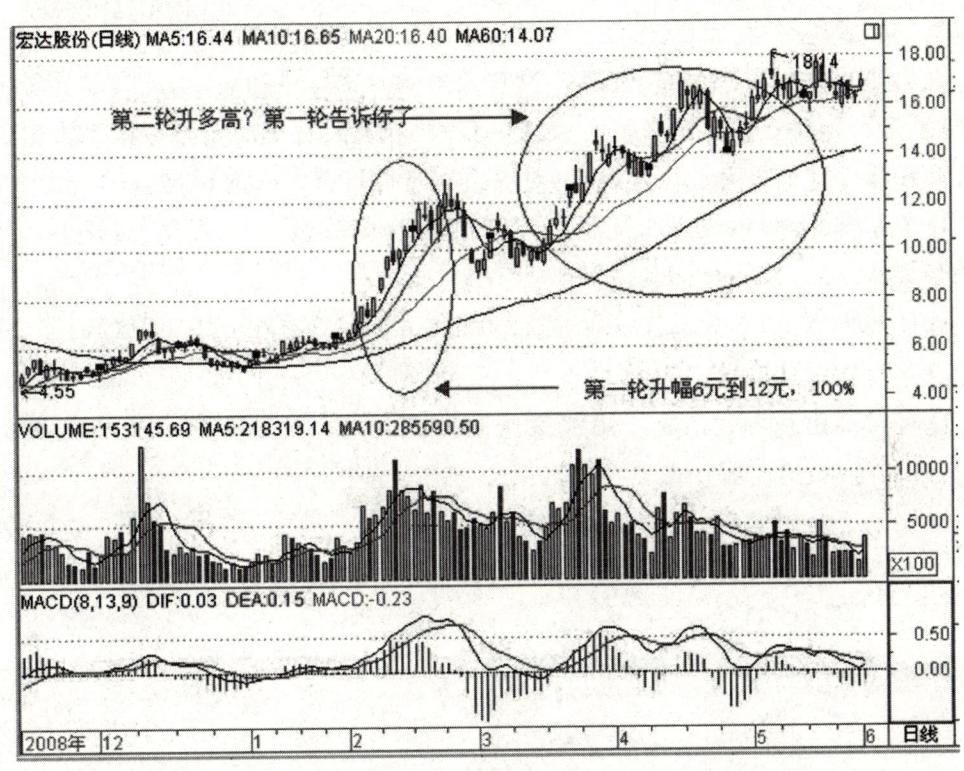

# 拒绝庄家拉高出货的诱惑

在行情末期,庄家往往会拉高出货。这种出货手段基本表现是在大势到顶之时,庄家在大盘人气高涨,群情激昂,买气最盛时,一般会采用这种出货方法。出货时,庄家主要利用个股利好传闻吸引买家,在上档每隔几个价位放上几笔大的卖单,然后趁人气鼎盛时,率先快速小批量买进,以此来刺激多头人气和买气,引诱跟风盘去抢上档的卖单。在股价快速上涨的过程中,庄家不知不觉地将筹码转换到中小投资者手中。

庄家利用对股价的大幅拉升,增加出货空间,利用投资者追涨行为将筹码大批量在短时间内派发,然后利用反弹继续拉高派发。采用这种手法时一般正值大势见顶,成交活跃之时,此时不派,更待何时。由于派发前有一个拉高过程,且具备拉高空间,所以庄家获利丰厚。但正是由于庄家必须在派发前先进行拉高,也增加了庄家风险,有可能使庄家在拉高时吃进许多高价筹码,从而增加拉升成本。所以庄家往往利用每日开市后几分钟将股价高开并拉高,吸引散户追涨而出货。

拉高出货有一个较普遍的共性,就是庄家往往在大盘刚刚止跌后不久,就开始有计划地拉高出货。这是因为这类股票筹码比较集中,只要庄家自己不抛售手中的筹码,股价受到的实际上行压力并不会很大。另外,只要大盘不跌,就不会有过多影响拉高的因素。

在大盘止跌初期,市场投资者还没有太多的投资思路和头绪,此时能异军突起的个股,就会得到更广泛的关注。大盘一旦真的走强,这类股票可以借助大势的力量大面积派发。如果大盘再度沉寂,对股票本身也没有太大的影响。

庄家采用这种方式出货时,经常会和打压式出货组合起来运用,这样会产生更好的效果。

强庄股出货,通常会选择这种拉高的方式出货。只有在万不得已的时候,庄家才会选用打压方式出货。

这种拉高出货方式适合于短线操作场合;中小盘股,出货量不太大;行情火爆之时,杀低者少,追高者众多。在著名的"5.19"行情中非常常见。

短线高手操作策略:凡见拉高出货,必走。

下图就是东凌粮油(000893)在2001年5月的走势实例。

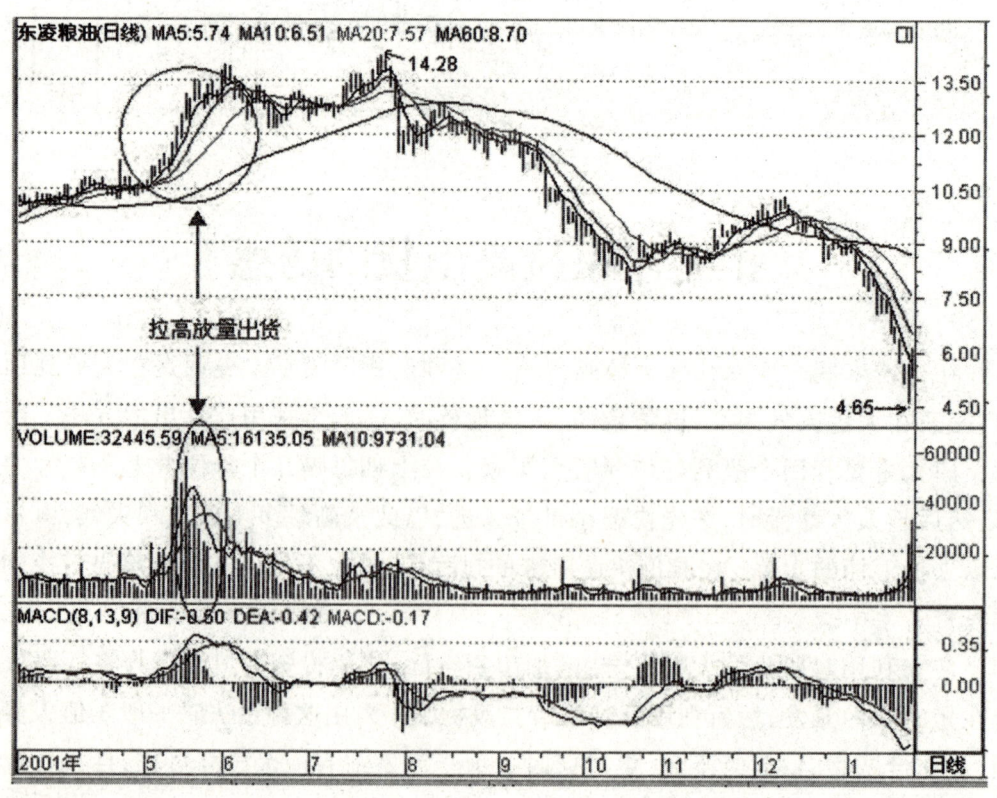

# 从开盘看短线买点

　　9点25分到10点这个时间段的开市状态及后续的走势需特别留意,一是因为开盘价在K线图中占有很重要的分量,二是庄家往往在这段时间试盘。比如庄家当日若想拉升的话,就常常会在集合竞价时以较大的买单推高股价,以便察看市场上的抛压大小,所以一些有经验的股民往往会对这期间的股价走势特别留意。

　　首先要关注9点25分至9点30分的集合竞价。集合竞价是每一个交易日的第一个买卖时机,庄家常借集合竞价跳空高开拉高出货,或者跳空低开打压建仓。一般而言,散户资金量少,不能操纵股价,投资策略多是卖出跌势股,买入热门股或强庄股,而庄家操盘恰恰反其道而行之,常常利用集合竞价,卖出热门股,买入超跌股。当9点25分,集合竞价出现时,散户若发现手中持有的热门股跳空高开,缺口很大并且伴有巨量时,就应提高警惕,而开市仅半小时即达到5%的换手率时,则应作逢高派发的准备,而此时一般不应盲目追涨热门股;反之,当9点25分,集合竞价出现时,散户若发现手中的热门股向上跳的缺口较小,量价关系配合良好,散户经仔细分析前期量价趋势后,可以追涨。

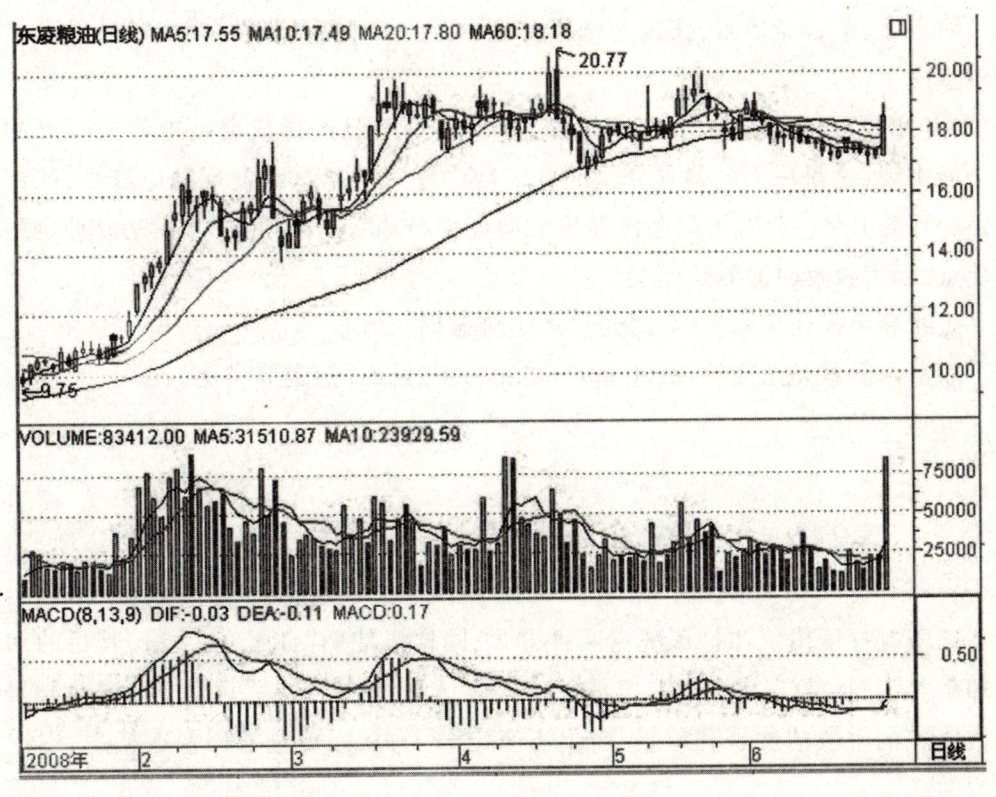

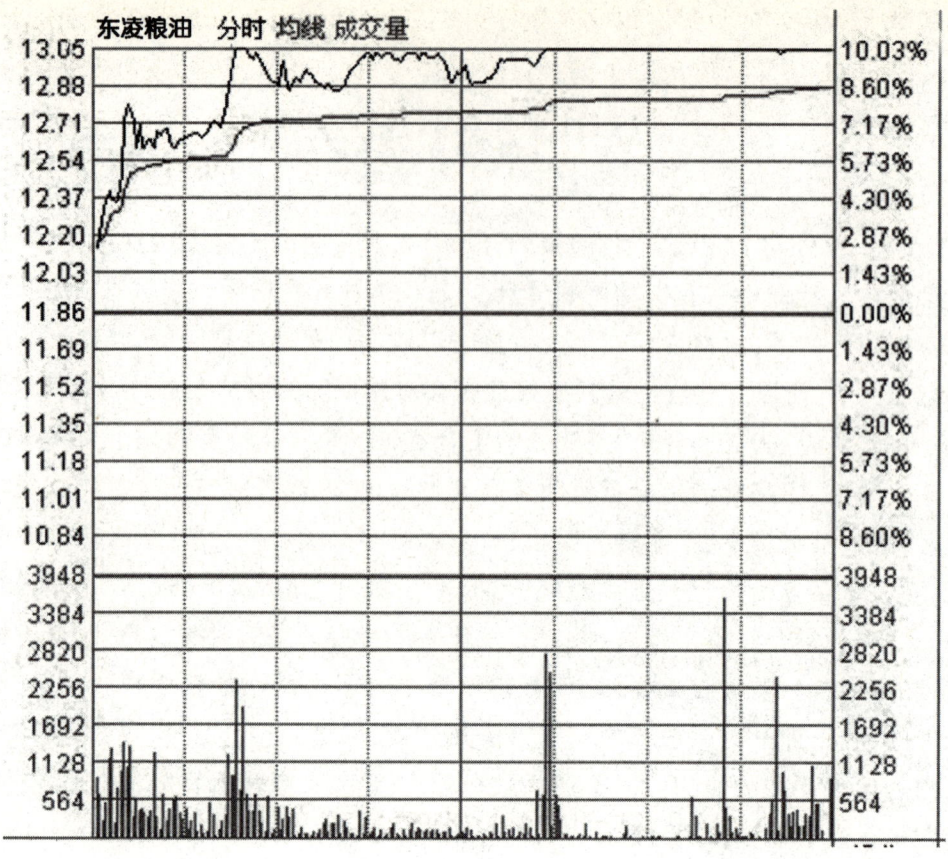

简言之,集合竞价时,庄家会选择前期的强庄股、热门股做文章,黑马股则多是在尾盘中杀出。

9点25分至10点的时间段,一般来说,对于那些已经形成突破走势或强势冲高的个股来说,这是一天的最佳介入时间。因为庄家一旦试盘发现抛压较小,往往就会由此展开升势。而对于那些已经形成向下突破趋势的来说,这开盘30分钟也是最佳卖点,因为收盘时的股价还会更低。

短线高手操作策略:在分时走势图上突破时买入。

以上两图就是东凌粮油(000893)在2009年2月2日的走势实例。

# 区分两种打压方式

打压有打压出货和打压洗盘两种方式,同样以使用"打压"为手段,其目的和意义却截然不同。打压出货以庄家派发筹码为目的,以打压为手段。打压洗盘则是通过"打压"的手段清洗获利筹码,震出不坚定分子,从而促进筹码快速换手,以提高其他投资者的成本为目的。因此要做好短线,有必要对两者加以详细的区分。

打压洗盘:由于庄家的目的是清洗获利筹码,促进筹码换手,震出不坚定分子,所以庄家既想打低股价吓出获利筹码和市场中的不坚定分子,又不想丧失手中的廉价筹码,因而庄家往往采用向下挂单对敲,以诈单或空中对敲的形式打低股价。从盘面走势上来看,股价跌势极为凌厉,鲜有反弹。5分钟K线上留下多个向下跳空缺口,成交量暴增。

但仔细观察却能发现,绝大部分成交量来自对敲的成分,这是庄家的诡计。打压洗盘从日K线上来看,往往是巨量长阴,形态极为恶劣,主要是吓唬那些不仔细观察盘面的技术派人士,造成一种放量出货的假象。这一招不仅蒙蔽很多散户投资者,甚至一些号称大师级的股评人士也是屡屡中招。

打压出货则与此有所不同。庄家利用的是跟风盘正旺盛的时候,趁投资者好梦未醒,而突然反手做空,先套牢后进买盘,接着将敢于抢反弹的人士一网打尽。从盘面上来看,虽然也是快速下跌,但盘中多有反弹,以吸引买盘跟进,同时稳定套牢者之持股信心,但股价总体走势呈逐波下探之势,重心快速下移,在日K线上往往形成长阴线。

由于股价下跌的过程中卖出的成交量为真实卖盘所致,所以常常一张卖单打低数个价位,而盘中向上做反弹时,却有对敲盘出现,其目的是引诱跟风盘。因此,

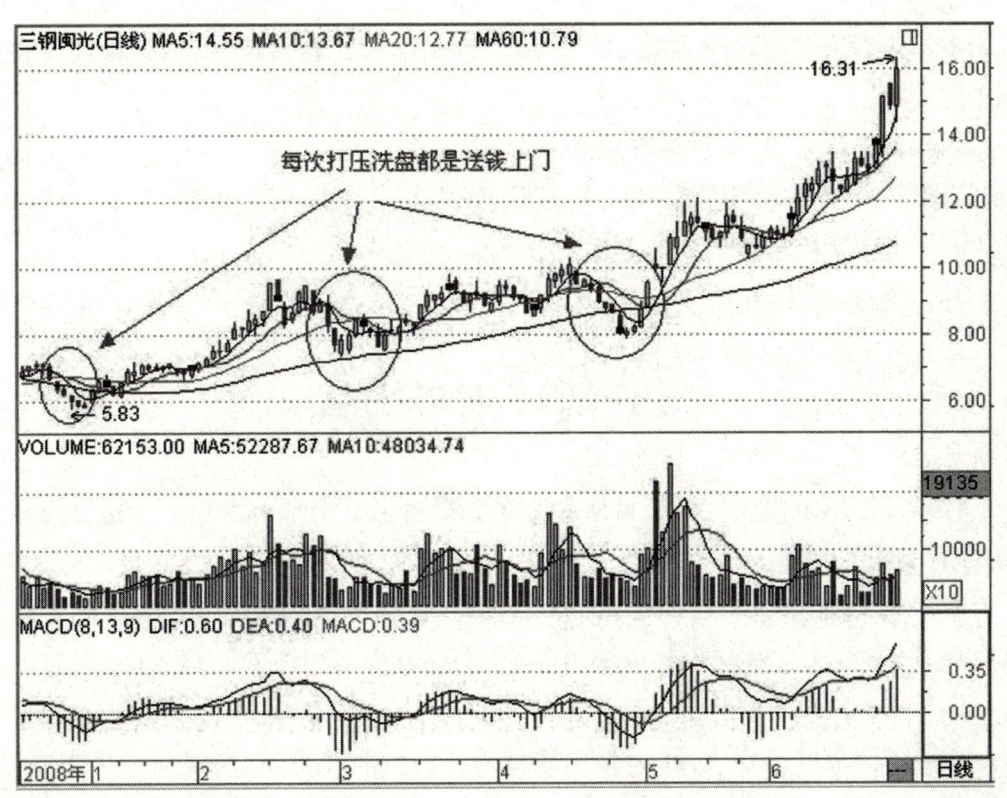

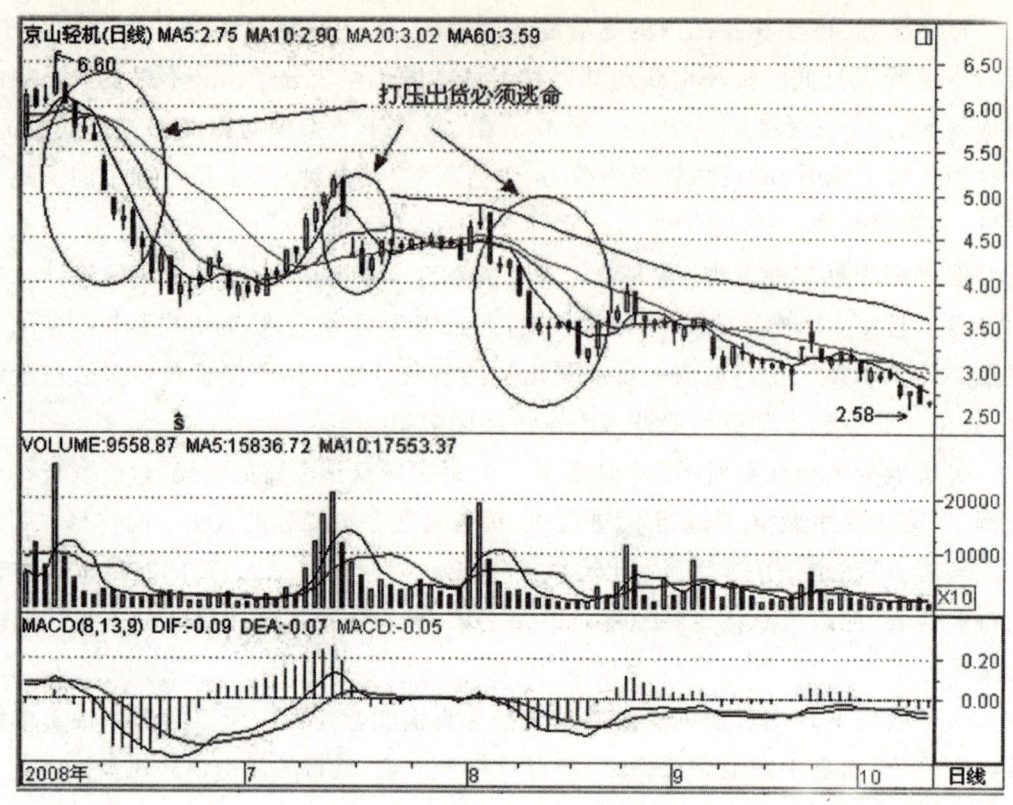

打压出货未必有巨量成交放出,相反,由于抢反弹的人越来越少,成交量还会逐步缩小。

短线高手操作策略:打压洗盘买入,打压出货抛出。

以上两图就是三钢闽光(002110)在2009年上半年的走势和京山岭机(000821)在2008年下半年的走势对比实例。

# 区分两种横盘方式

打压有打压出货和打压洗盘两种方式,横盘也有横盘出货和横盘洗盘两种方式,也有不同的效果。

横盘洗盘,庄家主要以换手为主要目的,庄家只有在关键时刻才会在高位或低位出现,以主动性买点或卖单来控制股价,使得股价出现横向整理走势,促使中小散户投资者自由换手。

在横盘洗盘的过程中,庄家真正参与买卖的行为并不多,所以走势沉闷,但股价坚挺,成交量也较萎缩。出现这种情况时,标志着筹码日益集中,筹码逐步锁定,最终放量向上突破,标志洗盘结束。

横盘出货则恰恰相反。由于庄家这个时候是以抛售筹码为主要目的,因此导致在整个横盘形态演变的过程中,庄家表现得最为活跃,常常作出各种各样的假突破姿态,以此来引诱跟风盘。随着庄家不断抛售筹码,盘面浮动筹码日趋沉重,股价走势也日趋疲软。

每次股价跌至低点,庄家出来维持股价时,都会显得特别沉重。造成庄家控盘沉重的原因,是前期庄家抛出的筹码分散到散户手中后,庄家控盘能力下降。横盘出货表现在成交量上的特征,是在整个形态演变过程中成交量能较活跃,并且始终不能萎缩。

在横盘洗盘的过程中,则不需要太大的成交量来维持股价横盘的走势。股价在这么高的价位横盘,肯定不会存在换庄的可能,再加上盘面浮码日趋沉重,这时只有一种可能,那就是庄家在出货。

短线高手操作策略:横盘洗盘买入,横盘出货抛出。

以下两图就是西部资源(600139)在2007年上半年和在2008年下半年的走势对比实例。

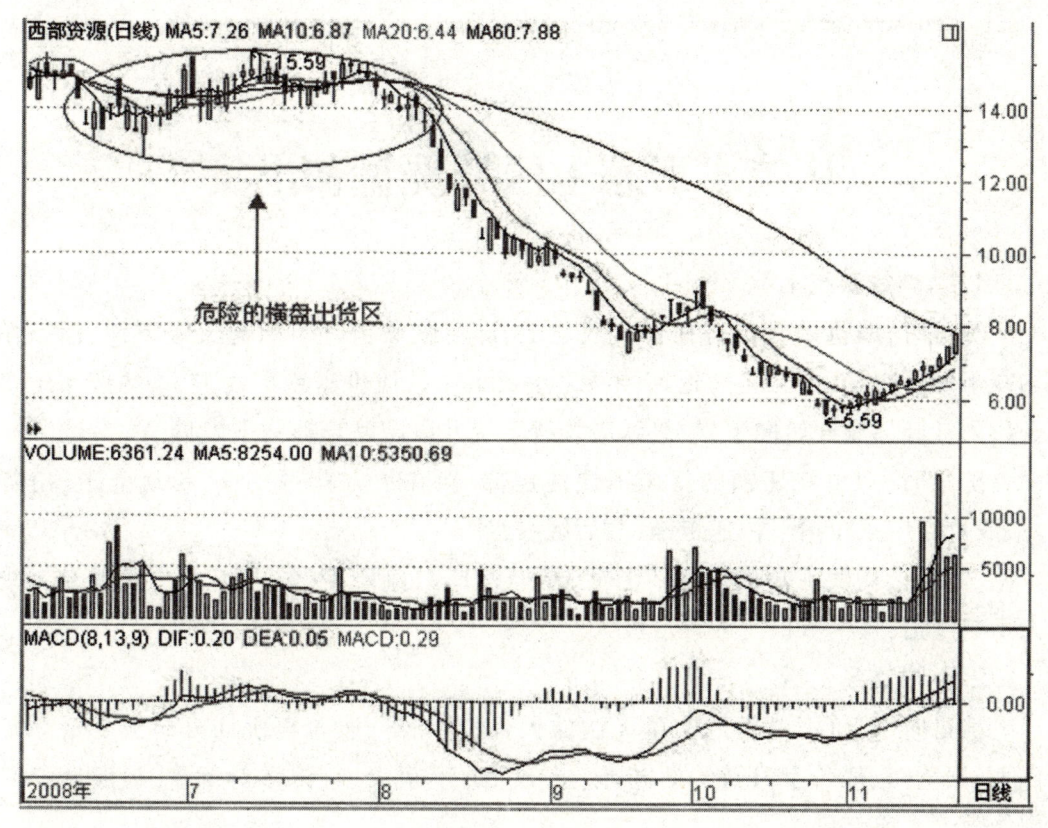

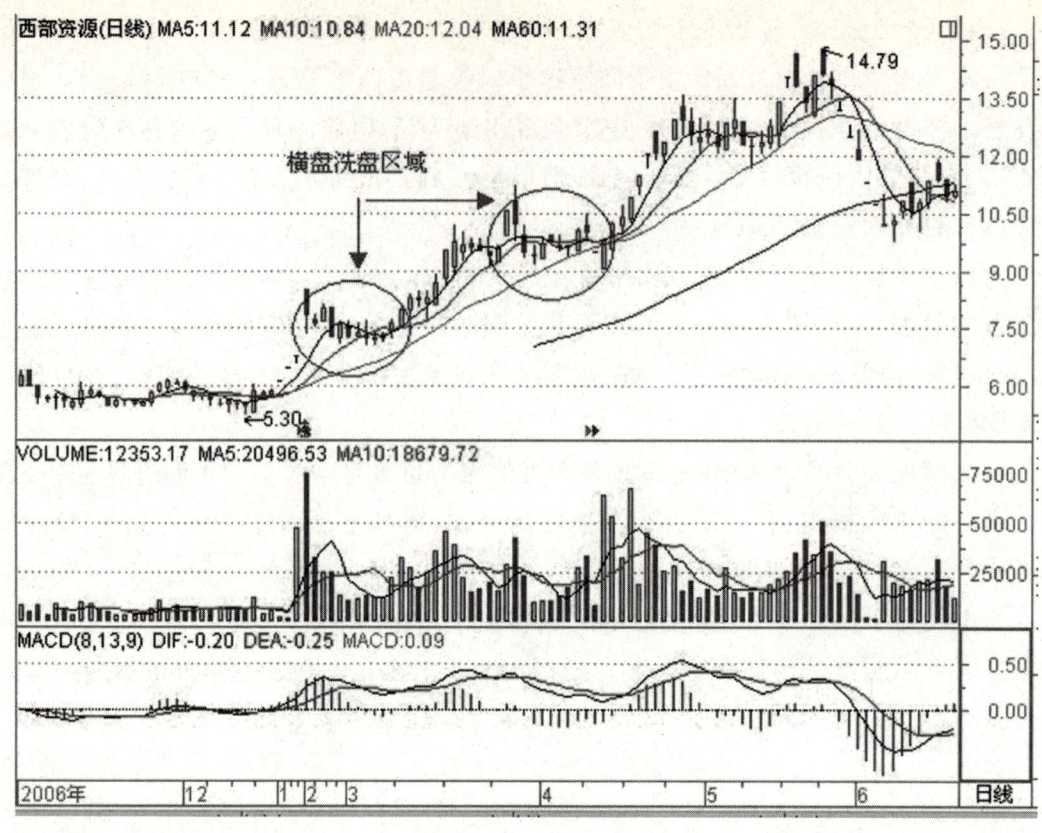

西部资源(日线) MA5:11.12 MA10:10.84 MA20:12.04 MA60:11.31

横盘洗盘区域

14.79

←5.30

VOLUME:12353.17 MA5:20496.53 MA10:18679.72

MACD(8,13,9) DIF:-0.20 DEA:-0.25 MACD:0.09

2006年　　12　　1　　2　　3　　　　4　　5　　6　　日线

# 从技术形态上区分洗盘和出货

### 1. 从均线系统上看

　　洗盘时,股价始终维持在10日线之上,即使跌破也并不引起大幅下跌,而是在均线下缩量盘稳,并会迅速返回均线之上;出货时,股价盘跌均线走平,均线系统多头排列被破坏或开始向下,最终跌破均线系统并以阴跌形势向下发展。

　　洗盘时,股价在庄家的打压下快速走低,但在下方获得支撑,缓缓盘上,出货时,股价在庄家拉抬下快速走高,之后缓缓盘下。

　　洗盘时,均线上攻的斜率不是很陡,且喇叭口刚刚发散,出货上攻的斜率一般大于45度角,且喇叭口发散程度放大。

### 2. 从成交量上看

　　洗盘时,股价下跌而成交量无法放大,洗盘完毕,股价再次回升时成交量慢慢放大;出货时,股价上升持续时间短,成交量并不很大,有许多对倒盘,但股价下跌则伴随着大成交量。

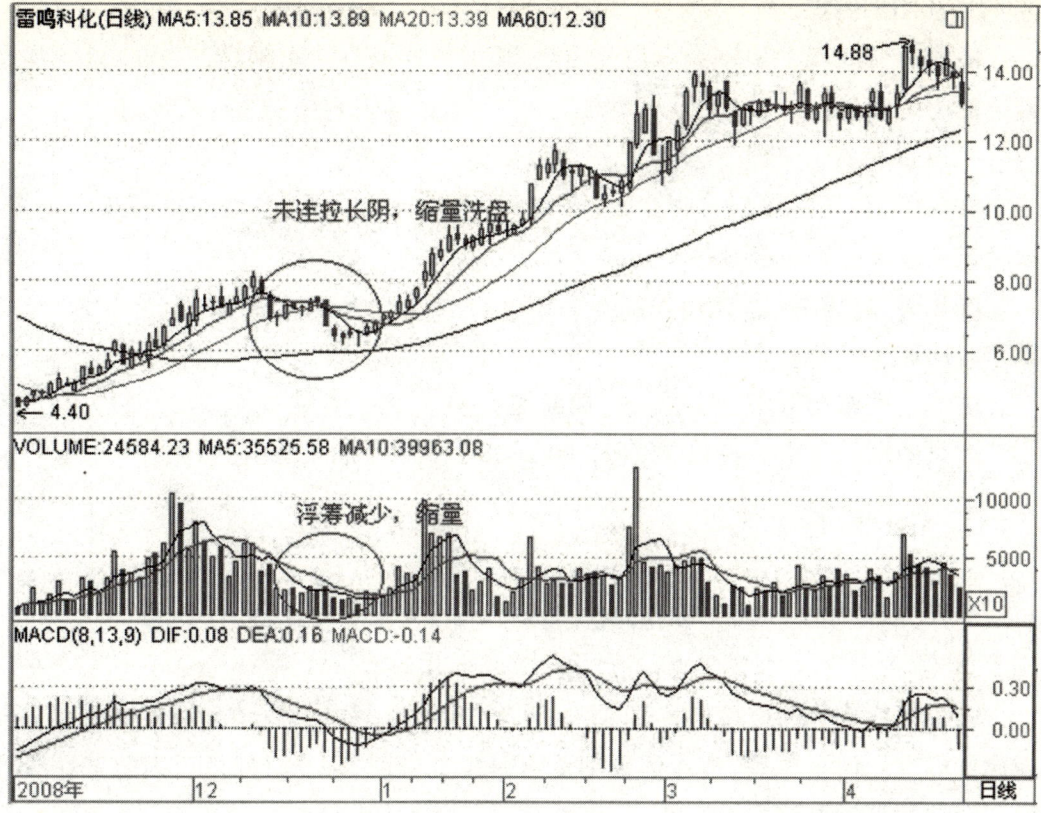

雷鸣科化(日线) MA5:13.85 MA10:13.89 MA20:13.39 MA60:12.30

未连拉长阴，缩量洗盘

14.88

← 4.40

VOLUME:24584.23 MA5:35525.58 MA10:39963.08

浮筹减少，缩量

X10

MACD(8,13,9) DIF:0.08 DEA:0.16 MACD:-0.14

2008年　12　　1　　2　　3　　4　　日线

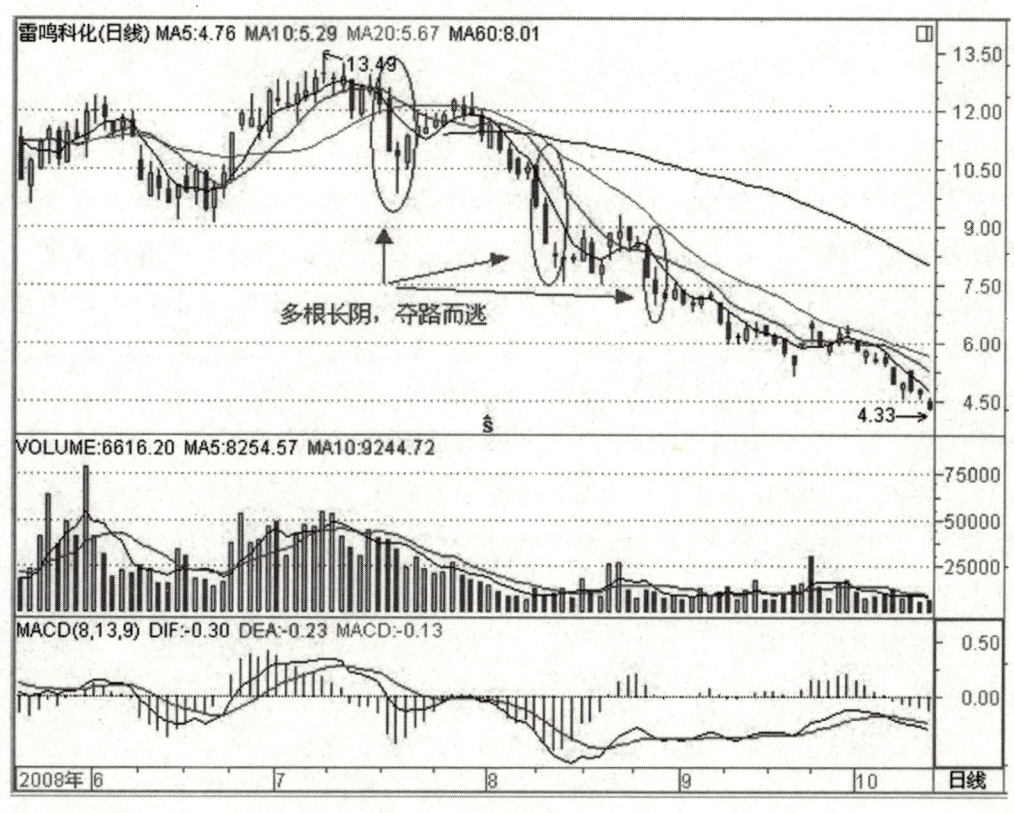

雷鸣科化(日线) MA5:4.76 MA10:5.29 MA20:5.67 MA60:8.01

13.49

多根长阴，夺路而逃

4.33→

VOLUME:6616.20 MA5:8254.57 MA10:9244.72

MACD(8,13,9) DIF:-0.30 DEA:-0.23 MACD:-0.13

2008年　6　　7　　8　　9　　10　　日线

### 3. 从K线形态上看

洗盘时,日K线一般不会连拉大阴线,顶多拉2~3根中、小阴线;出货时,日K线经常连拉中、大阴线。

### 4. 从盘面看

洗盘时,盘面浮筹越来越少,成交量呈递减趋势;出货时,盘面浮筹越来越多,成交量一直保持在较高水平。

洗盘时,反弹力度较小,如此不会恢复持股者的信心;出货时,反弹极大,吸引散户对庄股保持信心。

短线高手操作策略:洗盘买入,横盘抛出。

上页两图就是雷鸣科化(600985)在2008年下半年的走势实例。

# 短线选好埋伏点

股价运行呈涨跌交替的特征,跌时孕育涨势。一轮多头行情中一般会出现三到四次比较大的回落整理,整理的末端恰恰是投资者回补的大好时机,因此可在股价回调整理的末端提前埋伏买入,等待股价拉升。

那什么是股价整理的末端呢?成交量萎缩到极点,股价跌无可跌的时候,就是股价整理的末端。

股价从高位开始回落之初,人们对股价反弹充满信心,市场气氛依然热烈,股价波动幅度在人们踊跃参与之下显得依然较大。但事实上,股价在震荡中正在逐渐下行。不用多久,人们发现这时的市场中很难赚到钱,甚至还常常亏钱,因此参与市场的兴趣逐渐减小。而参与的人越少,股价更加要向下跌,离场的人越来越多。然而,经过长时间的换手整理,大家的持股成本也逐渐降低,这时候股价下跌的动力越来越弱,因为想离场的人已经离场了,余下的人即使股价再跌也不肯斩仓。这样,股价不再下跌,成交量极为萎缩,成交量萎缩代表抛盘力量衰竭,抛盘力量衰竭才有止跌的可能。下跌走势之中,成交量必须逐渐缩小才有反弹的机会,但是,量缩之后还可能更缩,到底何时才是底部呢?只有等到量缩之后又量增的一天才能确认底部,所以,短线高手必然重视量缩之后的量增,只有量增才反映出股票供求关系改变,只有成交量增大才可能使该股有上升的动能。

短线高手操作策略:在波幅逐渐减小,缩量到极点的区域埋伏进入,在增量拉阳后增仓。

下图就是华电能源(600726)在2009年年初的走势实例。

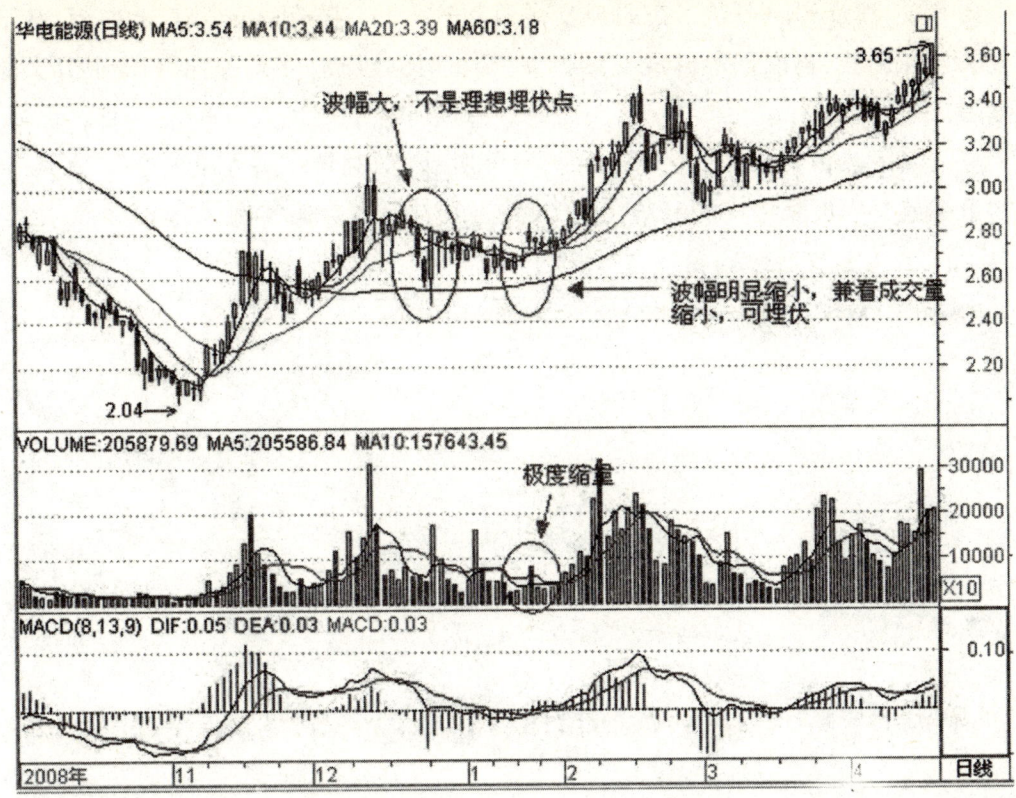

华电能源(日线) MA5:3.54 MA10:3.44 MA20:3.39 MA60:3.18

波幅大，不是理想埋伏点

3.65

波幅明显缩小，兼看成交量缩小，可埋伏

2.04→

VOLUME:205879.69 MA5:205586.84 MA10:157643.45

极度缩量

MACD(8,13,9) DIF:0.05 DEA:0.03 MACD:0.03

2008年    11    12    1    2    3    4    日线

# 牛市反弹怎么抢

　　牛市行情中往往遇到急调暴跌。典型的如"5.30"行情。那么大幅下跌后,怎么抢反弹获利?

　　多头行情中的暴跌股价在正常运行当中突遇大盘调整或个股重大利空,无量大幅下跌,有时股价会跌破90、100天线,属于反应过度,当大盘企稳或恐慌性杀跌力量衰竭的时候,股价可重拾升势。这时可抢反弹买入。

　　那么暴跌以后什么样的股票上涨幅度会比较高呢? 具有某些特征的股票反弹起来速度快,幅度大。一种是超跌类。走势特征如下:

　　(1)跌幅深。

　　(2)离前期头部(套牢盘)远。

　　(3)下跌无量或成交量逐步萎缩。

　　(4)下跌过程中无反弹,没有形成颈线。

　　(5)下跌前头部形态简单,没有形成长时间盘区。

　　(6)一上涨就放量涨停或放量的大阳线,以后连续放量上攻,上升斜率较陡,容易形成V形翻转,可追涨买入。

(7)第一浪反弹时股价形态是成交量温和放大的三连阳、五连阳、七连阳,甚至十几天连拉阳线,再次回落时成交量萎缩,调整时间短暂,可买入,第三浪上升会比较猛烈。

短线高手操作策略:在空头力竭时、马上形成V形翻转时买入。

下图就是中航精机(002013)在2007年5月30日后的走势实例。

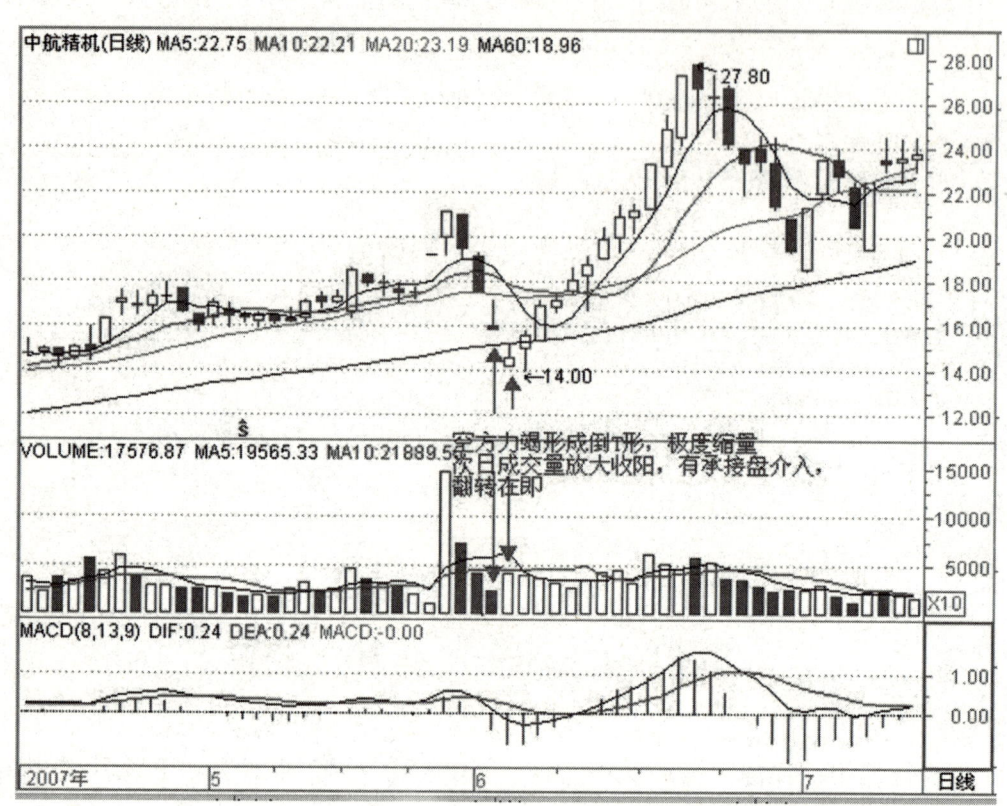

# 熊市反弹怎么抢

熊市中股价大幅下挫后会出现反弹。大盘反弹的标志,就是底部会出现一根涨幅超过 2.5%或 3%的放量大阳线,第二天、第三天继续拉阳线,但涨幅可能会缩小。要判断反弹能否继续,就要看回落整理的情形。回落整理时空方力量弱小,成交量萎缩,筑双底后多头再次放量上攻,后量超过前量,反弹成立。股价反弹通常会到达42、55天线,在42、55天线遇阻回落,回落后再次反弹,反弹到90、120天线再次回落。熊市中的大盘反弹,高度大约在12%~25%左右。

股价探底反弹一般也不会一次就完成,股价反弹之时大可不必立即去追高。一般来讲,小幅反弹之后股价会再次回落到接近上次低点的水平,这时候应该仔细观

察盘面,看看接近上次低点之后抛压情况如何,接盘情况如何。最佳的双底应该是这样的:股价第二次下探时成交量迅速萎缩,显示出无法下跌或者说没有人肯抛股的局面。事情发展到这个阶段,双底形态可以说成功了一半。那么另一半决定于什么呢? 决定于有没有新的买入力量愿意在这个价位上接货, 即有没有主动买盘介入。一般来讲,股价跌无可跌时总有人去抄底,但有没有人愿意出稍高的价钱就不一定了。如果股价二次探底之时抛压减轻,但仍然无人肯接货,那么这个双底形态可能会出问题,股价在悄无声息中慢慢跌破上次低点。这样探底就失败了。

只有当二次探底时抛压极轻,成交萎缩之后,又有人愿意重新介入该股,二次探底才能成功。在这种主动性买盘的推动下,股价开始上升,并以比第一次反弹更大的成交量向上突破,这个双底形态才算成功。

短线高手操作策略:快进快出是必须遵守的铁律。

下图就是广济药业(000952)在2008年4月中旬后的走势实例。

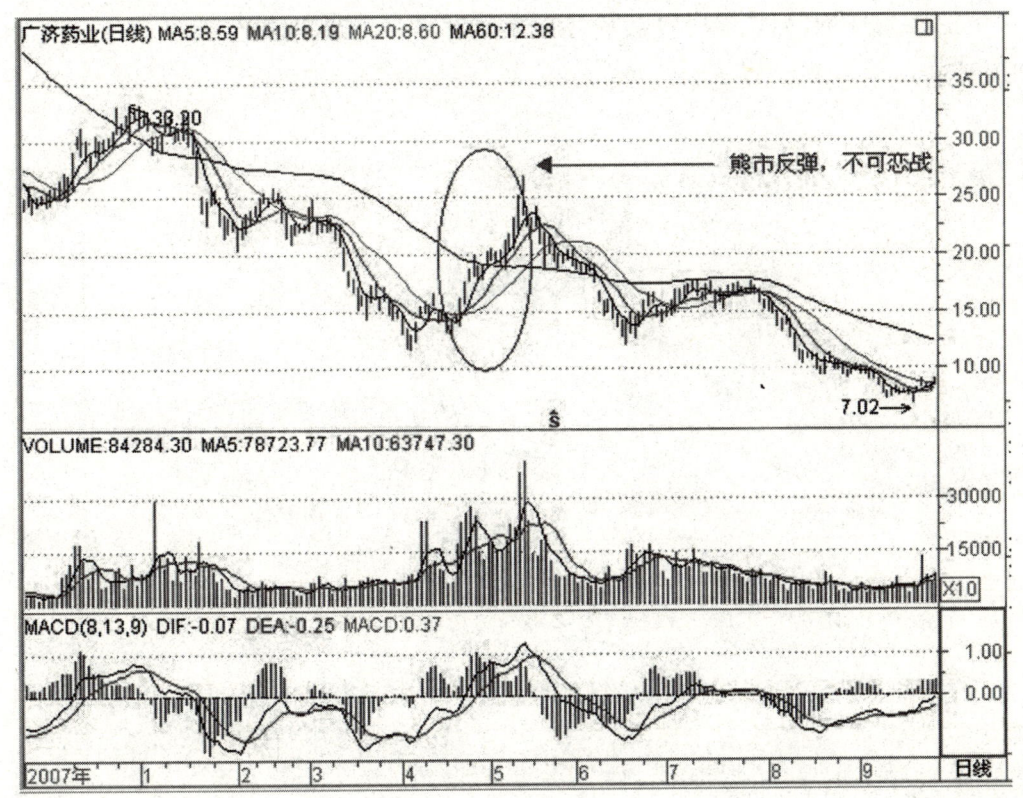

# 短线如何用均线

均线系统作为技术分析的辅助工具具有较强的实用性和有效性,因此,有必要

对均线的实战技术做一个阐述。均线系统包括以下均线:短期均线为3、6、9、13、18天线;中期均线为42、55、90、100天线;长期均线为120、150、250天线。

均线系统应用中遇到的第一个也是最难的一个问题就是何谓有效上穿、跌破均线,什么样的情况为获得均线的有效支撑?

一般来说,股价上穿均线的时候,有以下特征可视作有效:

(1)上穿时K线干净利落;

(2)拉中阳线或大阳线;

(3)成交量配合;

(4)多次穿越:如果一次上穿后不久回落到均线以下,回落幅度不深,再次或三次上穿,一般情况下都会成功。

股价跌破均线的时候,有以下特征可视作有效:

(1)跌破时K线干净利落;

(2)拉中阴线或大阴线;

(3)跌破反抽:如果股价跌破均线后不久反弹到均线或以上,再次回落,大多为有效下破。

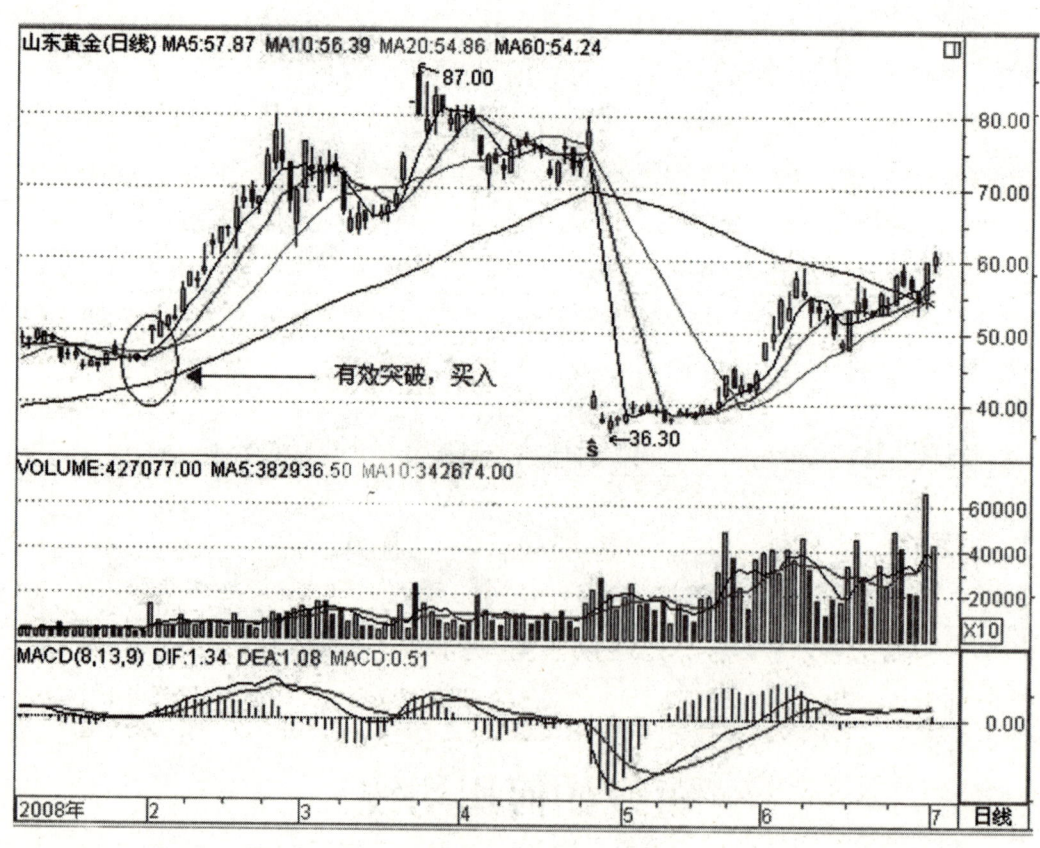

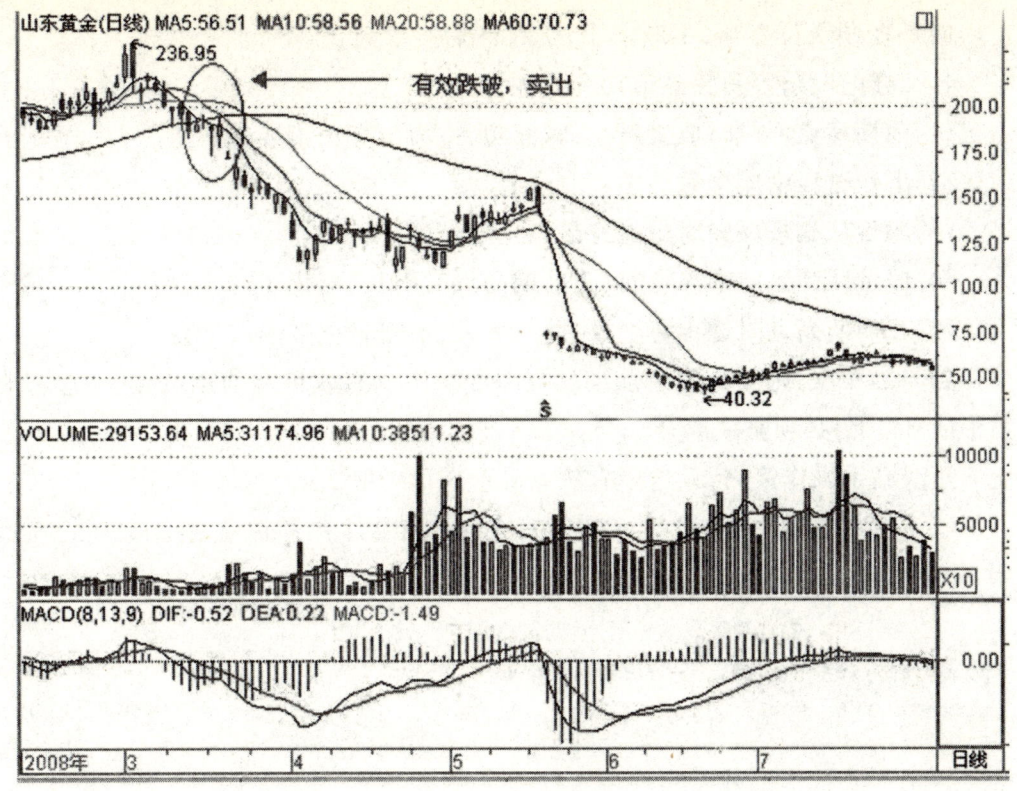

山东黄金(日线) MA5:56.51  MA10:58.56  MA20:58.88  MA60:70.73

236.95

有效跌破，卖出

←40.32

VOLUME:29153.64  MA5:31174.96  MA10:38511.23

MACD(8,13,9) DIF:-0.52 DEA:0.22 MACD:-1.49

2008年    3        4        5        6        7        日线

　　如果股价在盘中跌破均线,不一定意味着均线失守;如果股价在一两个交易日里无量跌破均线,不一定意味着均线失守;如果后面的交易日股价重新返回均线上方,说明均线的支撑作用有效;如果股价两次或三次在均线处获得支撑,说明均线的支撑作用有效。

　　短线高手操作策略:有效突破均线,买入;反之,卖出。

　　以上两图就是山东黄金(600547)在2009年1月的走势实例。

# 逼近前高需谨慎

　　股价从下跌到上升,运行逼近前期高点呈 U 形、V 形,前期放出巨大成交量时所形成的价格,聚集了大量的套牢盘,是一个重要的阻力位,没有强大的买入力量,一般股价不会轻易越过,这时买入要谨慎。

　　股价逼近前期高点,如果能突破,一般有四种情况:

　　一是先放量突破过头,然后回落确认、再次拉升;

　　二是股价运行距前期高点还有一段距离的时候就回落调整,然后突破过头;

　　三是在前期高点附近做杯形整理,然后突破过头;

四是在颈线位盘整,不断向上试盘,然后突破过头。

什么样的股票容易突破前期高点呢?

(1)前期高点形成时成交量小,时间短,主力没有出货或套牢盘少;

(2)下跌过程中成交量萎缩;

(3)股价从底部反弹时量能充足,走势强劲;

(4)股价反弹到前期高点时,距前期高点时间长,消化了套牢盘;

(5)在前期高点附近走势轻松,抛压不大,不需要很多的成交量。

若与之相反,则股价逼近前期高点时如果不能有效突破前期高点,一般都要回落形成M头部,必须坚决离开。

短线高手操作策略:只选择有效突破形态的个股买入。

以下两图就是中天城投(000540)在2009年2月和莱茵生物(002166)在2008年1月的走势实例。

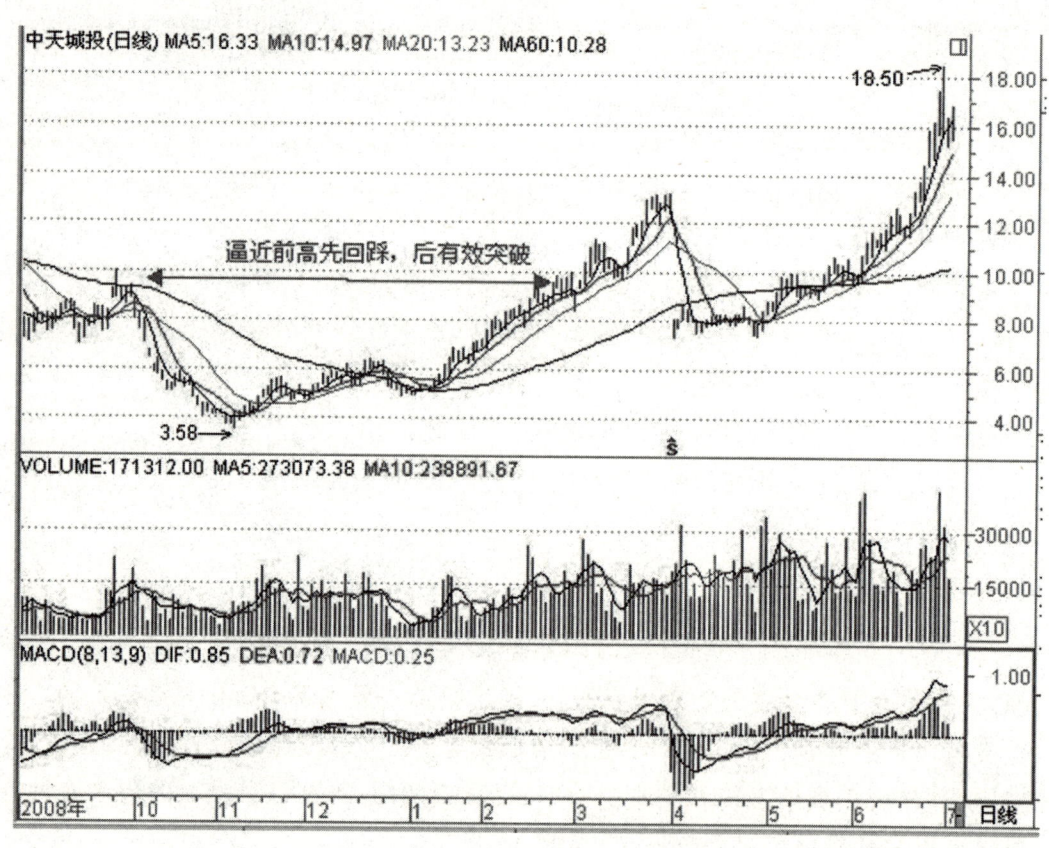

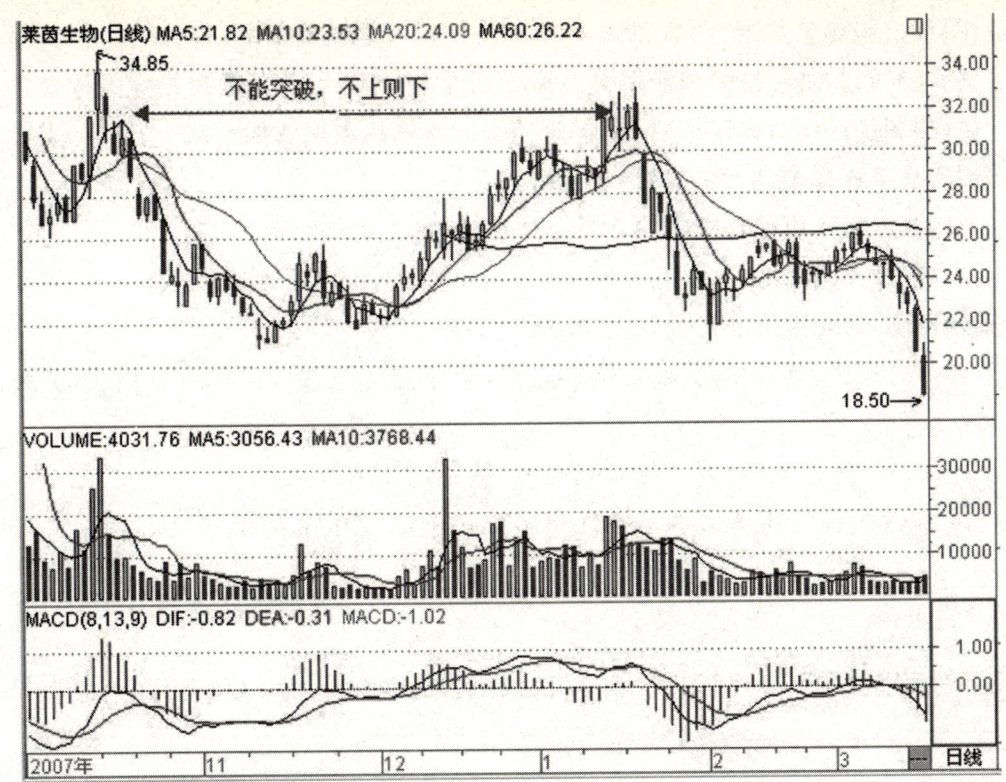

莱茵生物(日线) MA5:21.82 MA10:23.53 MA20:24.09 MA60:26.22

34.85

不能突破，不上则下

18.50→

VOLUME:4031.76 MA5:3056.43 MA10:3768.44

MACD(8,13,9) DIF:-0.82 DEA:-0.31 MACD:-1.02

2007年   11   12   1   2   3   日线

# 短线黑马长啥样

在大盘反弹或是处在多头市场时,买入能涨的股票不是难事,个股多多少少会涨一些。作为短线高手,做股票不是买入能涨的那么简单。我们所要的是买到短期内上涨最快、涨幅最大、风险又最小的飙升股。什么样的股票具有短线黑马股的特征呢?

短线黑马股的特征:

(1)上升角度陡峭,股价上升时斜率越大的股票越容易成为短线黑马股,构筑圆底的个股一般不会成为短线黑马股,三角形整理一般也不会诞生短线黑马股。

(2)上升幅度大,股价上升时幅度越大越容易成为短线黑马股。成交量活跃持续温和放大的成交量说明多头正源源不断地入驻。阳线多,阴线少,说明多头力量强大,股价上涨的天数多于股价下跌的天数。

(3)股价调整时间短,幅度小,角度缓,成交量萎缩说明空头力量衰竭,筹码稳定性高,多头迫不及待。

(4)图形简洁明快、干净利落,K线上下影线较少,涨跌错落有致,不拖泥带水,虽每天涨幅不大,但具有连续性。

(5)成交量活跃。持续温和放大的成交量说明多头正源源不断地入驻。

(6)轻松创新高。股价创新高突破前期高点或盘区时,并不需要很大的成交量。

(7)市场热点从基本面上看,必定是当时的市场热点龙头股。

短线高手操作策略:在上升途中加仓。

下图就是歌华有线(600037)在2007年7月后的走势实例。

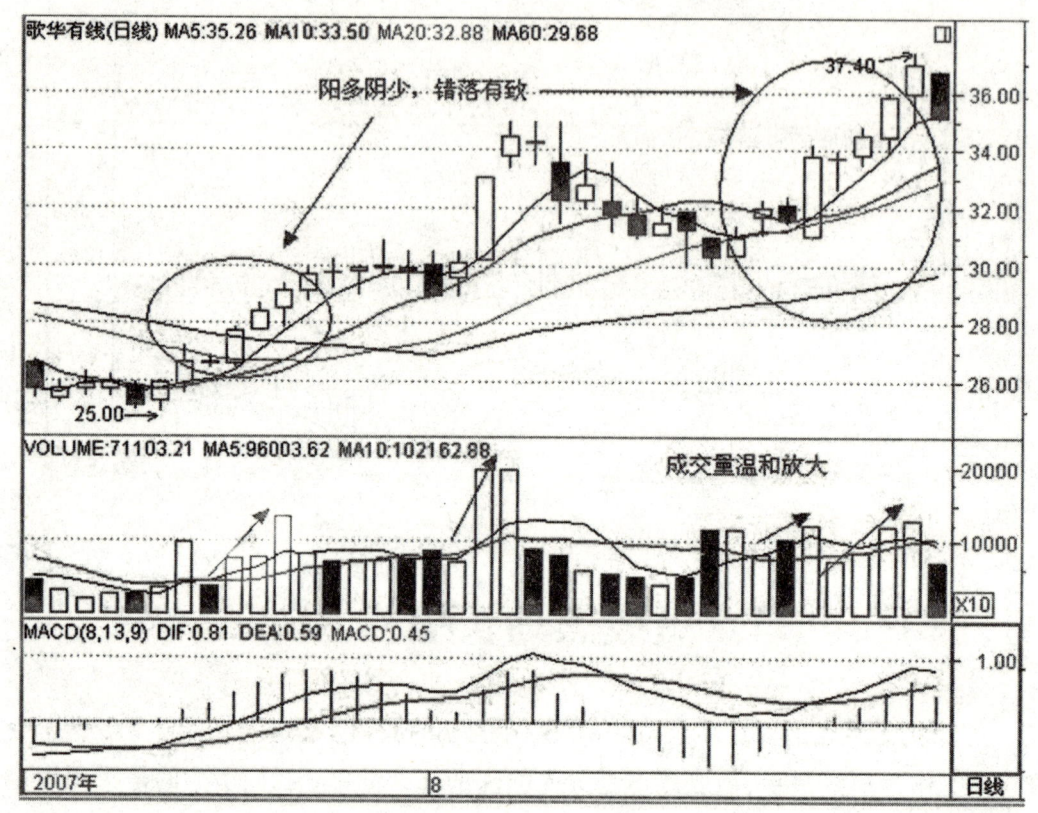

# 寻找先知先觉的领头羊

　　一般来说,熊市的最后阶段和多头行情的开始阶段,往往是先知先觉的大主力建仓的阶段,建仓的目标一般是基本面良好的中高价股,要不就是前景诱人的"故事"股票,这些股票由于主力偷偷建仓会先于大盘企稳、上涨,甚至逆大盘而动,等大行情来临的时候,它们往往一马当先,连续拉升,不给踏空资金以低位买进的机会,它们就是领涨板块、龙头板块。因此一般情况下,牛市行情中的龙头板块股应是上一下跌周期中极其抗跌的板块,特别是那些在下跌中能盘住年线的"年线股"!原理是:牛市行情的个股绝大多数股价都将创新高,因此,机构吸筹越充分、股价离前期高点越近的股票越容易向上突破,从而向上打开上涨空间。而对于那些机构吸筹不充分(机构手中筹码较少)、股价离前期高点(前期套牢区)相对较远的个股,若机构连续快拉并通过前期套牢区,那不是给别人做嫁衣吗?所以这时候的领涨力量不会在低价垃圾股中产生。因此,抓领涨股要选在熊市末期行情极度低迷时就有主力建仓的个股,或选短期内已创新高的股票。

短线高手操作策略:在上升途中加仓。

下图就是民生银行(600016)在2006年9月的走势实例。

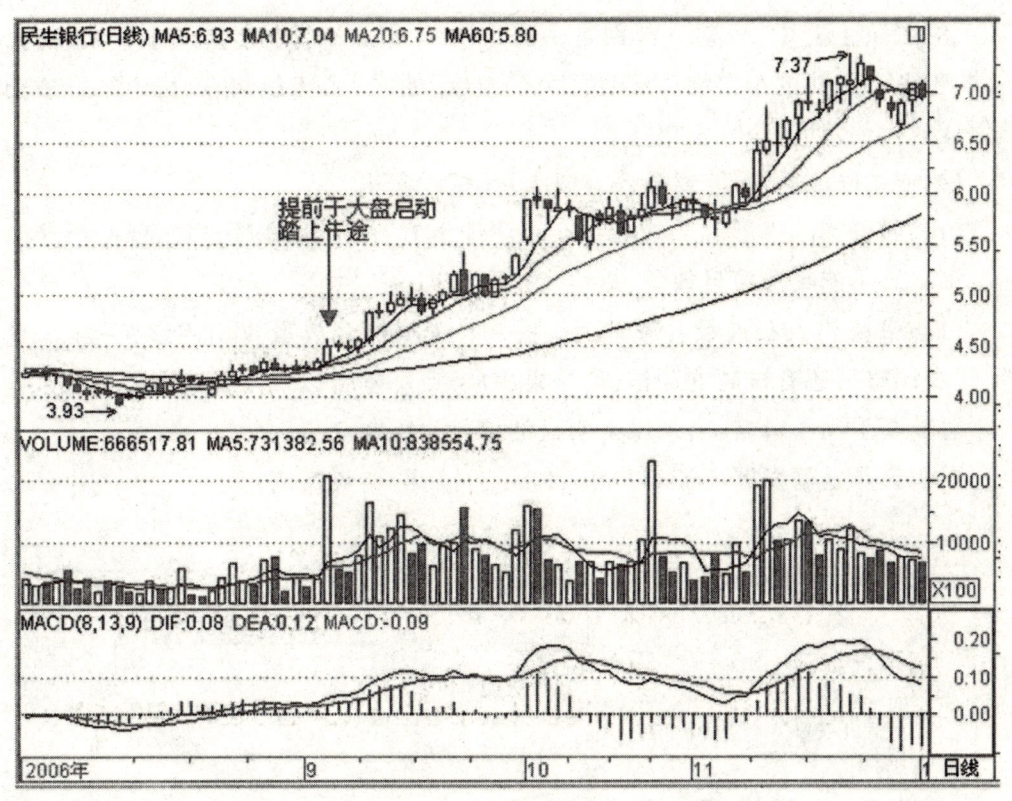

# 短线卖出有信号

行情处于上升中,遇到以下情形应短线卖出手中的股票。

(1)在上升通道之中,股价连续两天离开3日均线,乖离率超过8%或10%的时候,第三天放量高开低走收出大阴线、冲高回落留下长长的上影线,或放出巨量收大阳、放量收涨停板,短线卖出。

(2)在上升通道之中,股价跌破3日均线,即使没有放量,如果涨幅短时间内累计过大,那么短线也要卖出。

（3）股价一改往日的运动频率而突然加速急涨，短线卖出。

（4）在上升通道之中，成交量先放大做头，股价缩量突破创新高，可能是假突破，短线卖出。

（5）股价呈脉冲式上涨、脉冲式放量，短线卖出；尤其在空头市场中，这种走势最普遍。

（6）股价上升中，K线实体越来越小的时候，短线卖出。

（7）股价上升中，但运行速度明显放缓，上升角度也放平，当股价减速滞涨的时候，短线卖出。

（8）股价上升中，短期头部都是由连续的阳线加一个十字星或小阴线、高开的阴线、带上下影线的小星线（可阳可阴）等组成，如遇上述K线组合，可再结合成交量萎缩或放大的情况，短线卖出。

（9）连续涨停后，不能封涨停且放大量，短线卖出。

（10）股价连续以温和阳线或夹杂小阴线上升，没有涨停过，当出现一个涨停板后。第二天不能封涨停且放量，短线卖出。

（11）市场热点股连续井喷飙升，第一个涨停打开放量收出阴线，一般不是头部，短线调整后还有拉高的动作，如果再次放量，基本可以确认头部。

短线高手操作策略：出现以上明显的信号时果断卖出。

下图就是金德发展（000639）在2008年8月后的走势实例。

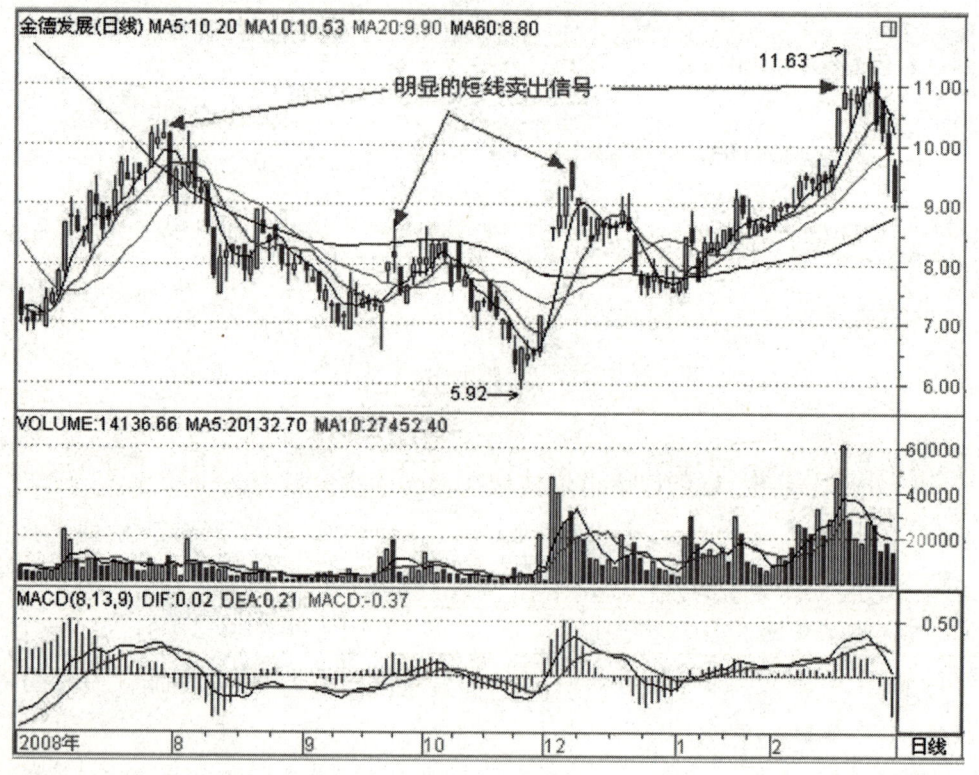

# 识别尖锐型头部

明星股、热门股容易在人声鼎沸中见顶，主力借势大肆派发，形成单日反转。

单日反转主要有三种形式：一是反转当日放出天量，收出大阴线、射击之星或长上影线，所谓的"长黑大量必杀"；二是反转前几个交易日放出天量，反转当天成交量却没有前期大，所谓量先做头，价再做头；三是放量的位置离头部较远，头部呈缩量快速大幅下跌之状。单日反转时下跌速度快，跌幅大，先快速下跌，后转慢慢阴跌，因此这种头部杀伤力大，投资者要及时果断出货。

轰轰烈烈的"5.19"行情，在一片歌舞升平中形成单日反转。从图形上看，行情高点在1999年6月30日，其实主力大规模派发是在6月25日，当天放出巨量，其后两天缩量创新高只是行情惯性而已。

短线高手操作策略：出现以上明显的信号时果断卖出。

以下两图就是工商银行(601398)在2007年1月4日的走势实例。

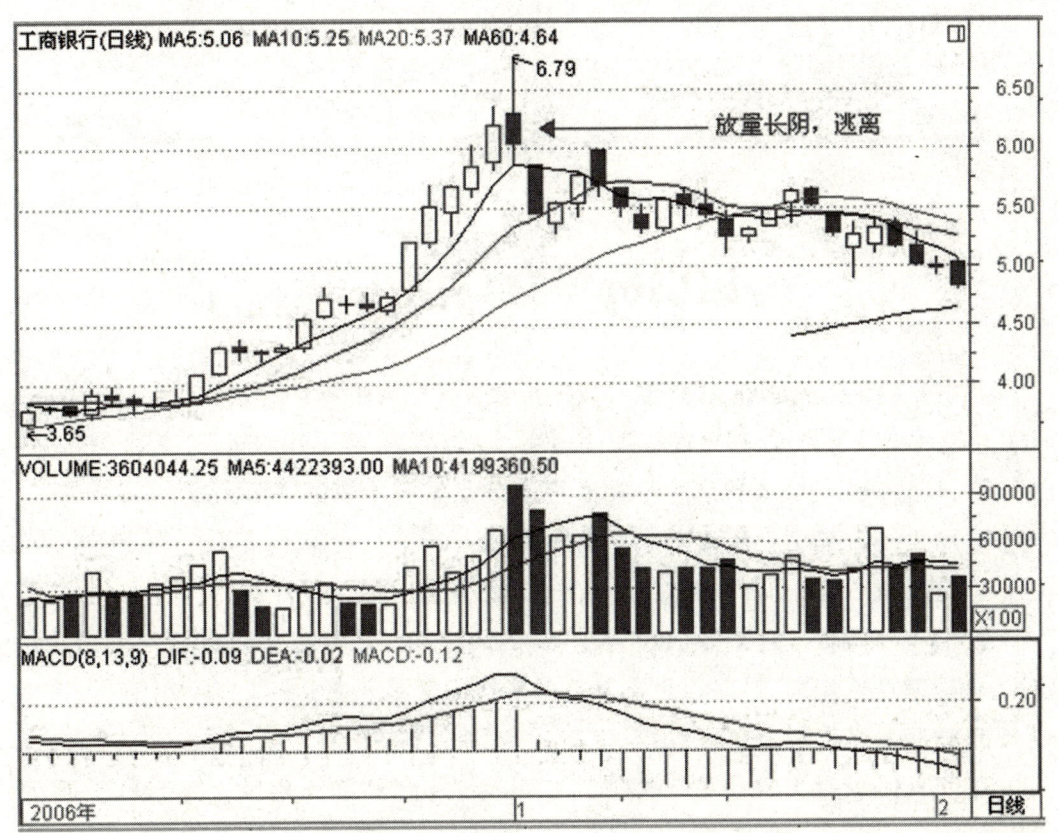

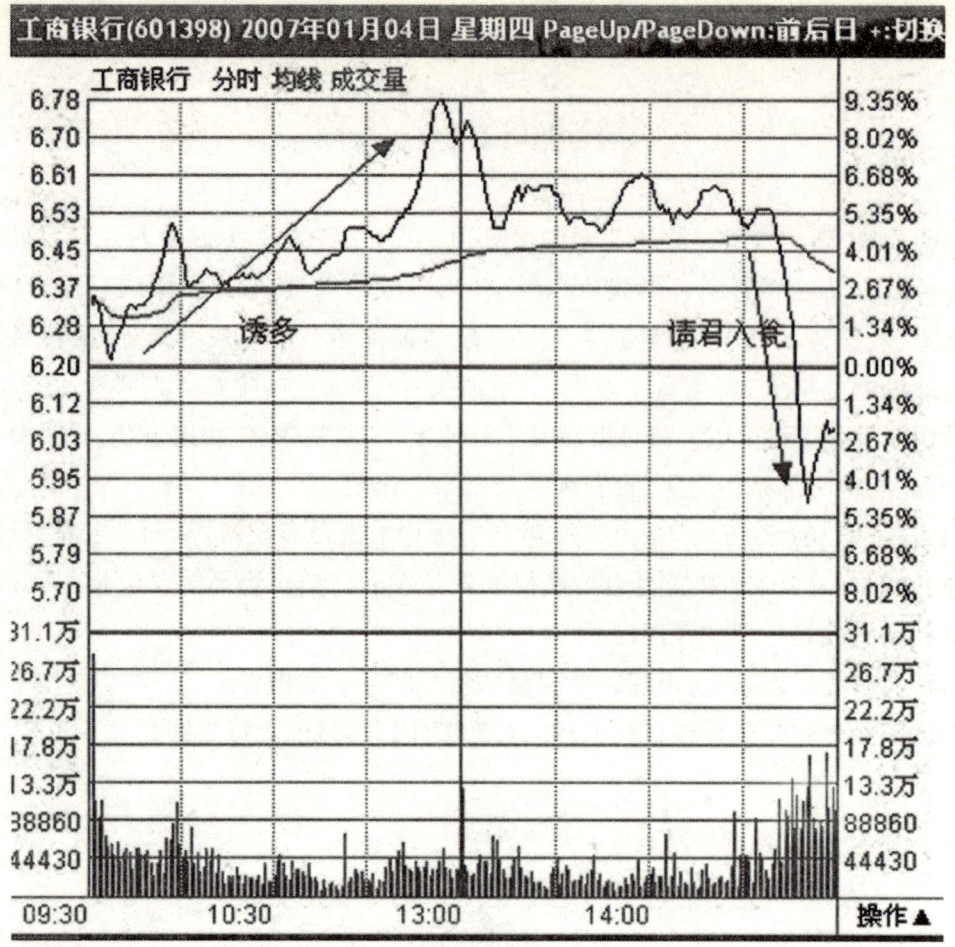

# 识别价量背离型头部

　　根据量为价先的原理,很多飙升股做头会选择先放量出货后缩量突破创出新高的方式。这种做头的方式,迷惑性较强,很多投资者看到股价不断创新高,容易追涨买入。岂不知,日益萎缩的成交量已经告诉我们,投资者追高的热情已经大减,该进场的差不多都进场了,多头势力已经衰竭了。换句话说,筹码的有效需求没有了,剩下的只有供给,只要有人抛一下,平衡被打破,大家争先恐后出逃,股价就一落千丈了。

　　2004年2月2日上证指数放出天量,以后的时间里成交量再也没有超过这个量,后来指数缩量创新高,最终以创出新高的假突破完成头部形态。

　　短线高手操作策略:高位出现价量背离型时保持警惕。

　　下页两图就是上证指数(000001)在2004年年初和浦东建设(600284)在2007年9月的走势实例。

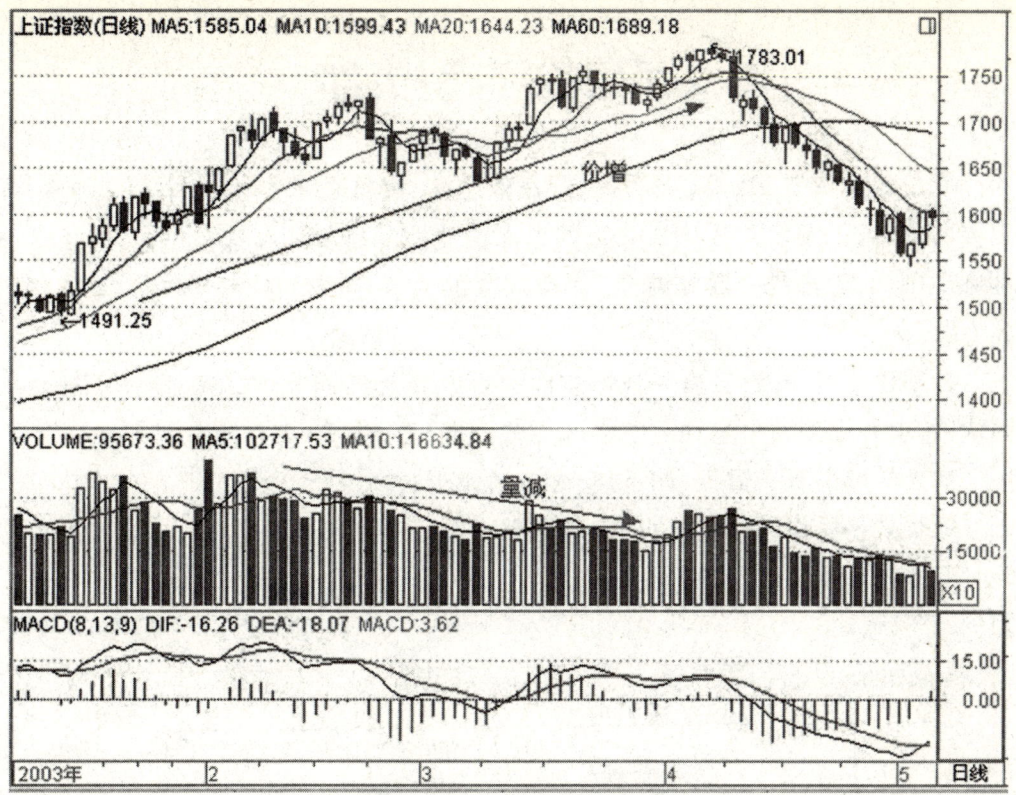

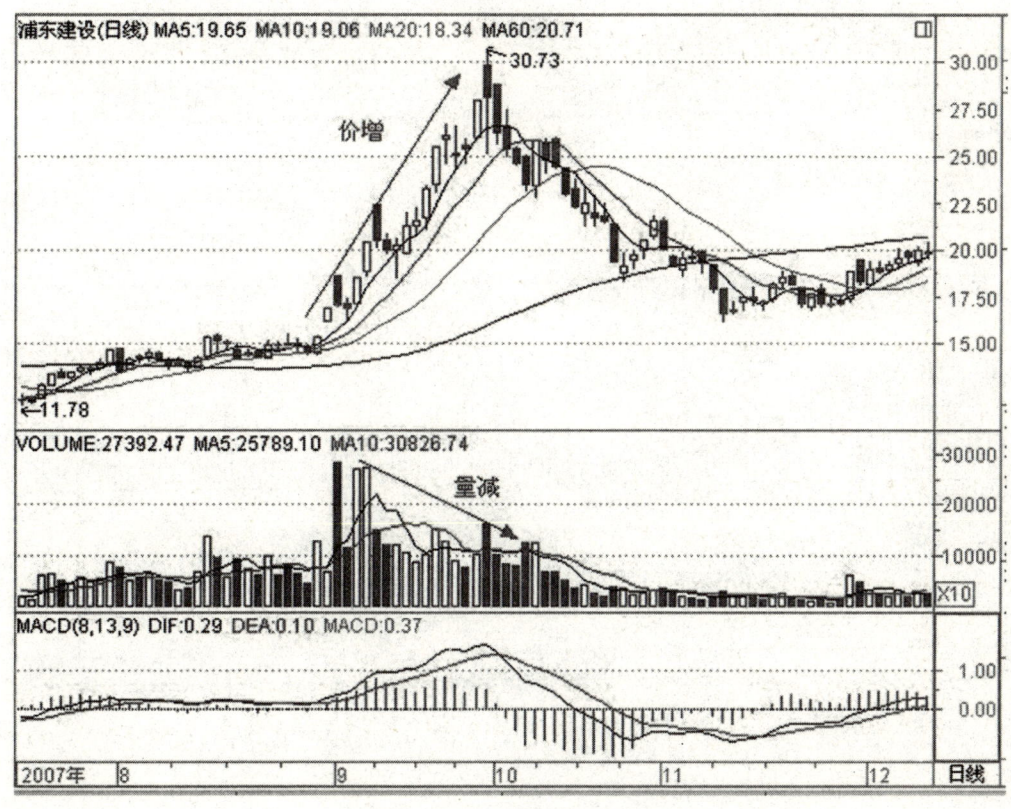

# 识别复合型头部

　　股价反反复复,在高位涨涨跌跌宽幅震荡,高低点不断出现,给人以股价在做整理的感觉,但整个过程中成交量始终无法萎缩。每次冲高都很迅速,但追高力量却逐渐削弱,上方抛压越来越重,多空双方的力量在悄悄地发生转化,股价开始缓缓下跌。

　　直到忽然有一天,会有一根标志性的K线,跌破前期整理区域,确认头部。头部确认后,会有更多的力量加入空方的阵营,股价会出现加速下跌。

　　常见的形态有三重顶、四重顶、多重顶或头肩顶。

　　短线高手操作策略:高位出现复合型时保持警惕。

　　下图就是海越股份(600387)在2007年年末和2008年年初的走势实例。

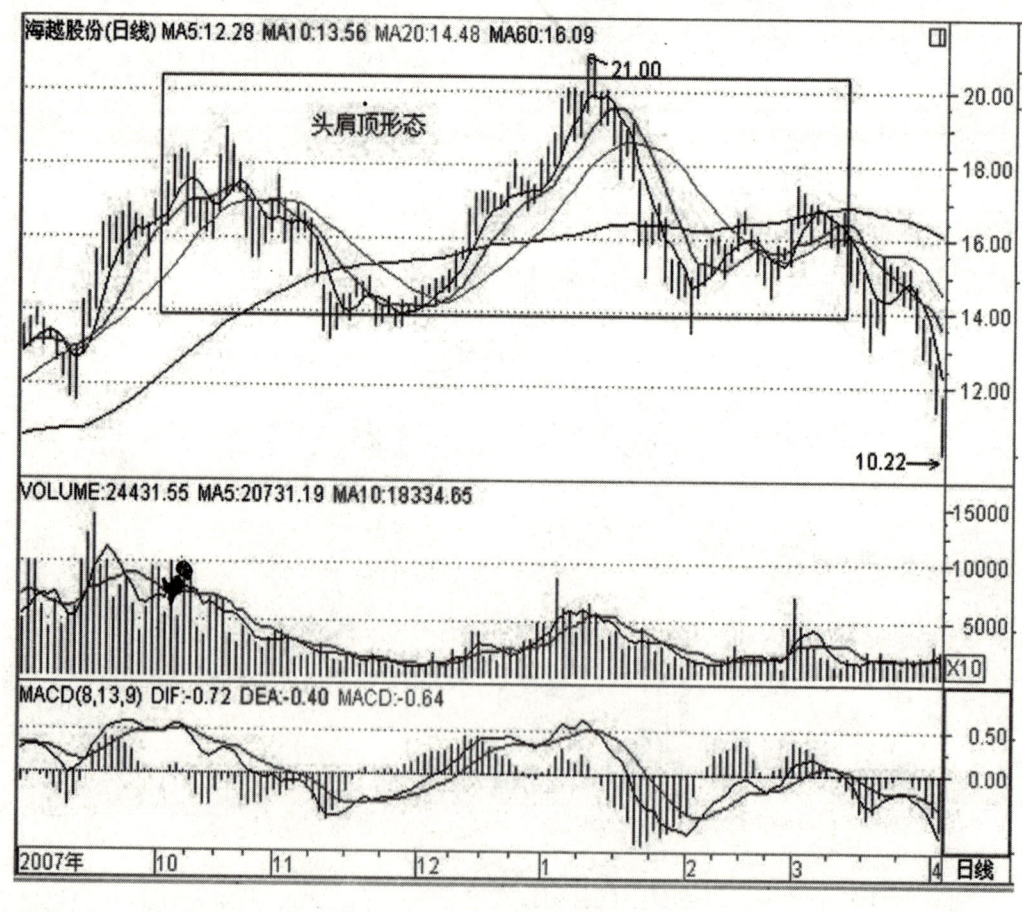

K线图入门与技巧

# 识别假突破型头部

假突破型这种做头方式最具诱惑性和迷惑性，股价经过一段整理后突然放量长阳突破，但追进去之后股价就下跌不止。

这种诱多走势大多数是由市场主力刻意营造出来的，目的无非就是借突破形态诱导技术派人士追涨买进，从而完成出货；也有部分诱多形态是市场自然形成的，原因是多空力量突然发生了变化，空方主导了市场。

如何识别这种诱多形态是股票技术分析中最难的问题。但无论如何，多头陷阱形成的前前后后总会有一些征兆。

要分析突破前的整个整理形态，整理形态的意义在于清理短线获利盘，提高市场平均持股成本，等待中短期均线的靠近，所以，真正的整理形态必须伴随着成交量的不断萎缩。

每一次下跌只能带来越来越少的抛盘，下方的支撑是自然的、轻松的，而股价小幅反弹并不需要很大的成交量推动。此时市场的氛围是观望的，很多人由于感到无利可图而暂时退出了市场。在这样的市场背景下，股价逐步上行，伴随着成交量的稳和放大，最终突破阻力位，成交量迅速增加，股价毫不拖泥带水地突围而出。这才是一个真正的突破。

想要出现诱多突破必然是在整理的某个环节出了问题：

一是成交量在整个整理过程中并没有萎缩；二是每次在低位都必须花较大的力量来支撑股价才能避免破位；三是反弹中盘子显得沉重，需要较大的成交量股价才会上涨一点点；四是成交量的放大不规则，时大时小，或放大量很突然，所有这些都是不妙的信号。

另外，除了分析整理形态，观察突破时的情形也是重要的功课。一是突破时成交量必须流畅地放大，而不是时大时小；二是股价上行必须干净利落，一旦突破之后即要勇往直前，表明有很多观望者在股价创新高后觉得形势明朗了，正放心追入，如果突破之后股价停滞不前，说明上方有一股隐隐的巨大抛压，十有八九是主力在出货。

短线高手操作策略：确认了突破的有效性后再介入，否则远离。

下页图就是东阳光铝(600673)在2005年4月初的走势实例。

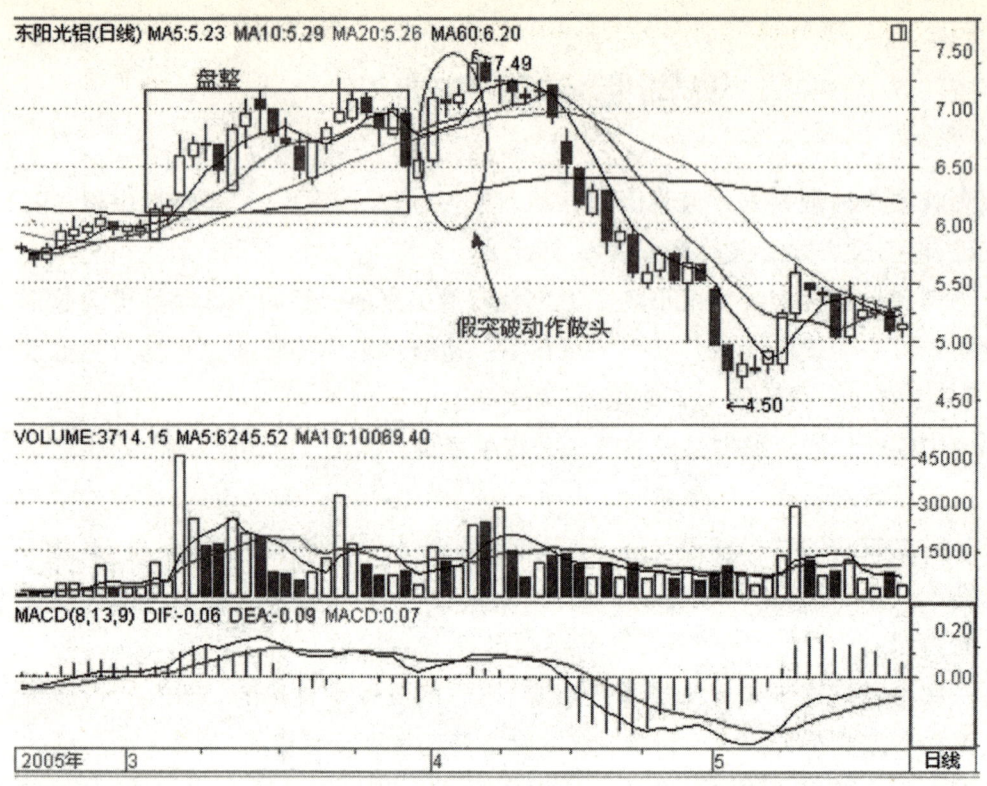

东阳光铝(日线) MA5:5.23 MA10:5.29 MA20:5.26 MA60:6.20

盘整

↗7.49

假突破动作做头

←4.50

VOLUME:3714.15 MA5:6245.52 MA10:10069.40

MACD(8,13,9) DIF:-0.06 DEA:-0.09 MACD:0.07

2005年　3　4　5　日线

# 高开长阴也是头部吗

　　一般散户买进股票后,很少有人会在不赚钱的情况下快速割肉出局,大多是经历了一段时间的煎熬之后,才会下定决心。庄家在试盘的过程中抓住散户的这种心态,会让股价大幅度高开后低走,并且在收盘的时候收出一根大阴线。庄家通过这样的试盘方式,就能够测试出那些处于犹豫和徘徊边缘的散户们的心态。通过试探上档压力盘的方式,虽然也能测试出上档筹码的稳定情况,但那样做会让一些散户们出现观望心态,不利于庄家把持股信心不坚定的跟风盘彻底清除出局。

　　如果股价在大幅度高开低走之后出现大量抛盘的话,说明盘中的浮动筹码比较多,投资者持股心态不是很稳定,庄家就会继续向下试盘寻找支撑点。如果股价大幅度高开低走之后,盘面上的卖盘很稀少,说明盘中投资者的持股心态很稳定,浮动筹码也比较稀少,庄家接下来就很有可能进入拉升阶段。因此,投资者在跟庄过程中遇到这种走势时,就应该特别留意盘面的动向,一旦股价开始走强,就要立刻进场操作。

　　短线高手操作策略:从盘面成交情况观察高开阴线是否属于头部。

　　下页两图就是中远航运(600428)在2007年8月17日的走势实例。

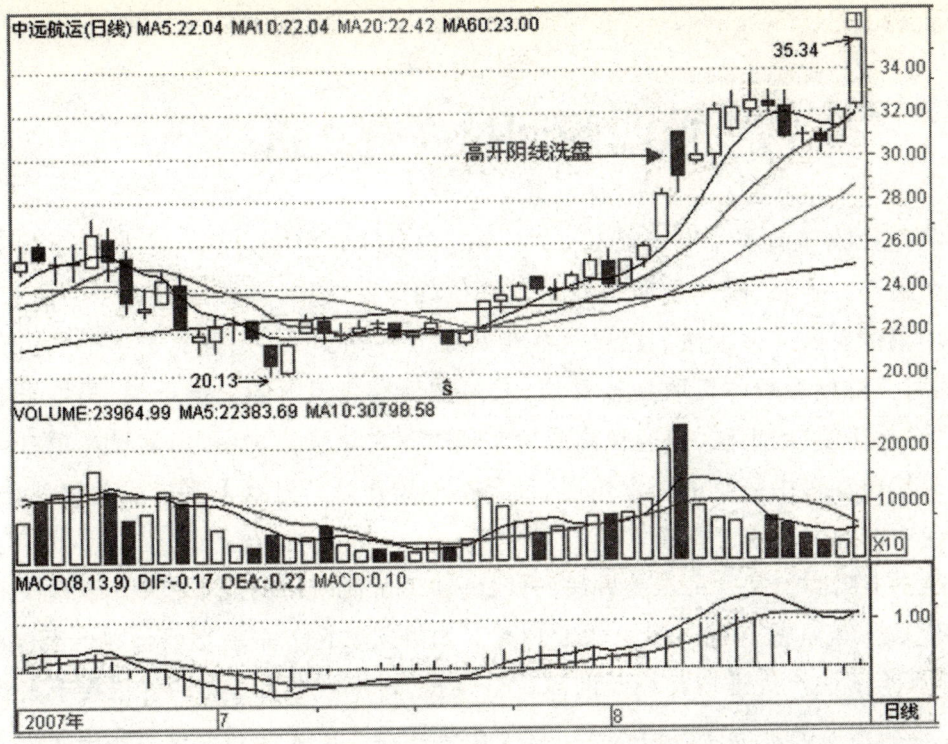

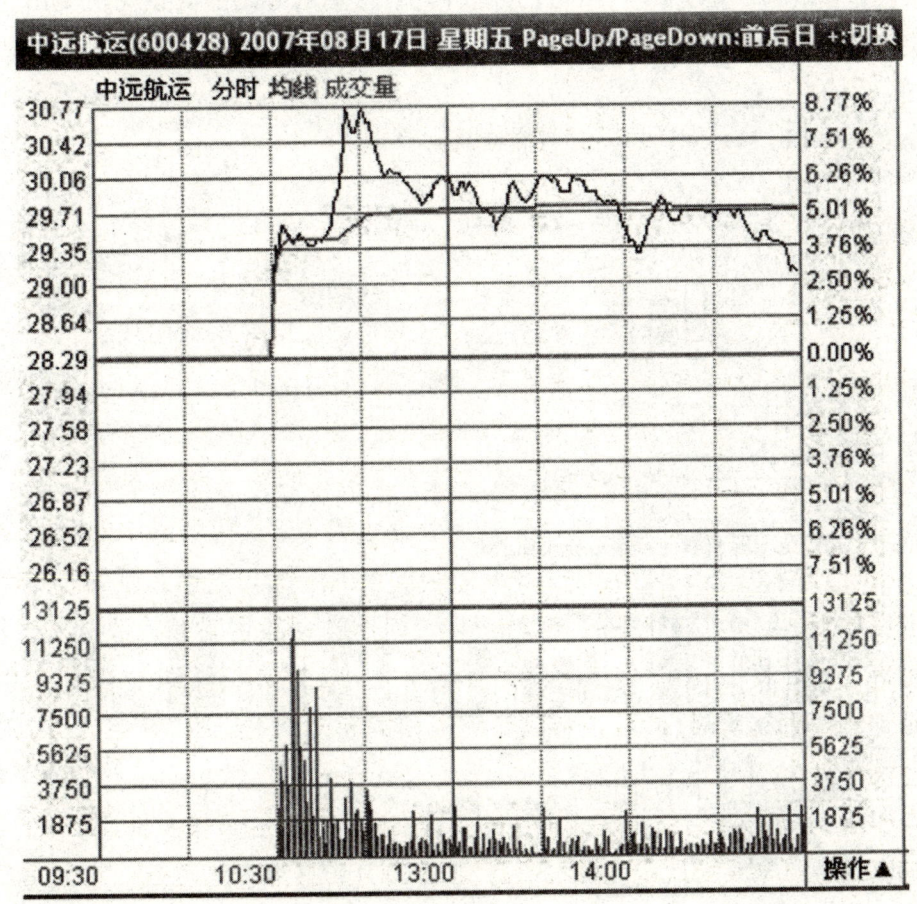

# 收盘瞬间拉高有玄机

在全日收盘前半小时(14:30)或 1 小时(14:00),突然出现一手或几手大买单加几角甚至几块钱,瞬间把股价拉至很高位的位置,或者直接拉到涨停的位置,这也是庄家试盘的一种手法。庄家这样做的原因是资金实力有限,为了节约资金成本,同时又能使股价收盘收在较高位,或突破具有强阻力的关键价位,只好采取在尾市"突然袭击"的手法,瞬间拉高股价。通过这种试盘方法,可以测试出第二天散户跟风情况和盘中筹码的锁定情况,如果第二天开盘后没有太多短线获利盘吐出,说明盘中的筹码基本已被庄家锁定了。

收盘前瞬间拉高这种试盘方法的好处,在于试盘所用的成本很低。假设某股的开盘价是17元,庄家想让其股价收在18元。如果庄家在上午就把股价拉升至18元的话,那么为了把价位维持在18元的高位至收盘,庄家就要在18元的价位接下大量的卖盘,这样需要的资金必然会很大。在尾市采用偷袭的手法拉高试盘。由于大多数人未反应过来,等反应过来时,股市已经收市了,想卖出筹码的人也无法卖出。利用马上收市的机会拉高股价,庄家只用很少的资金,即可达到试盘的目的。

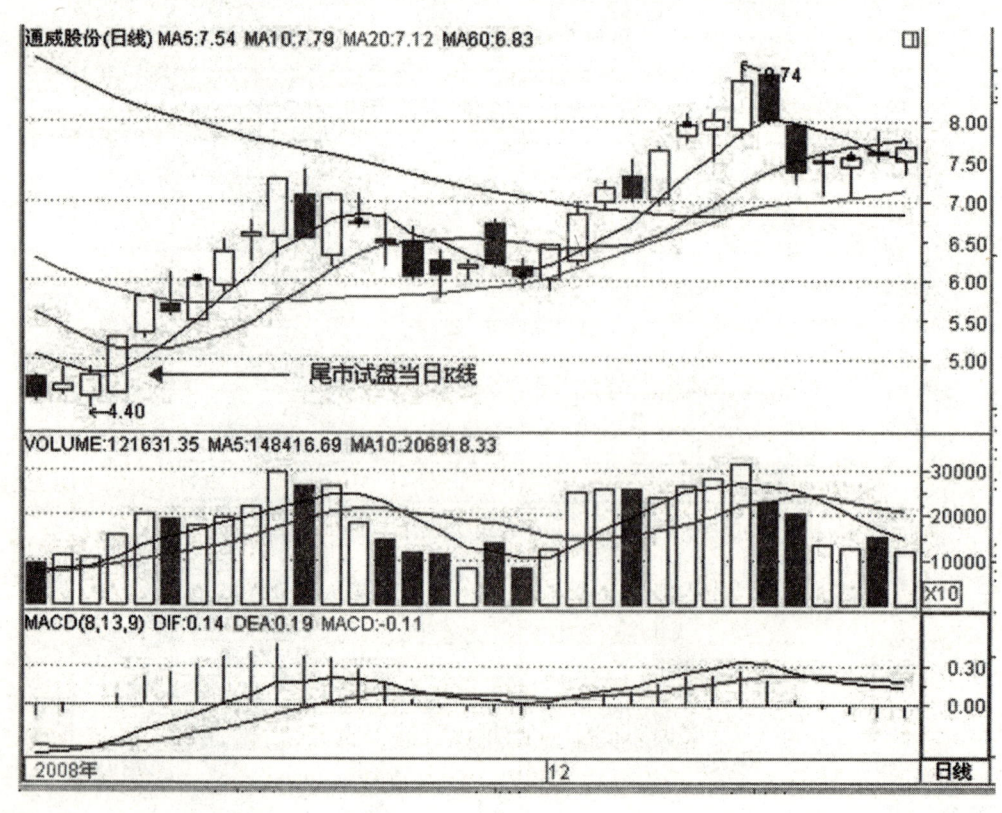

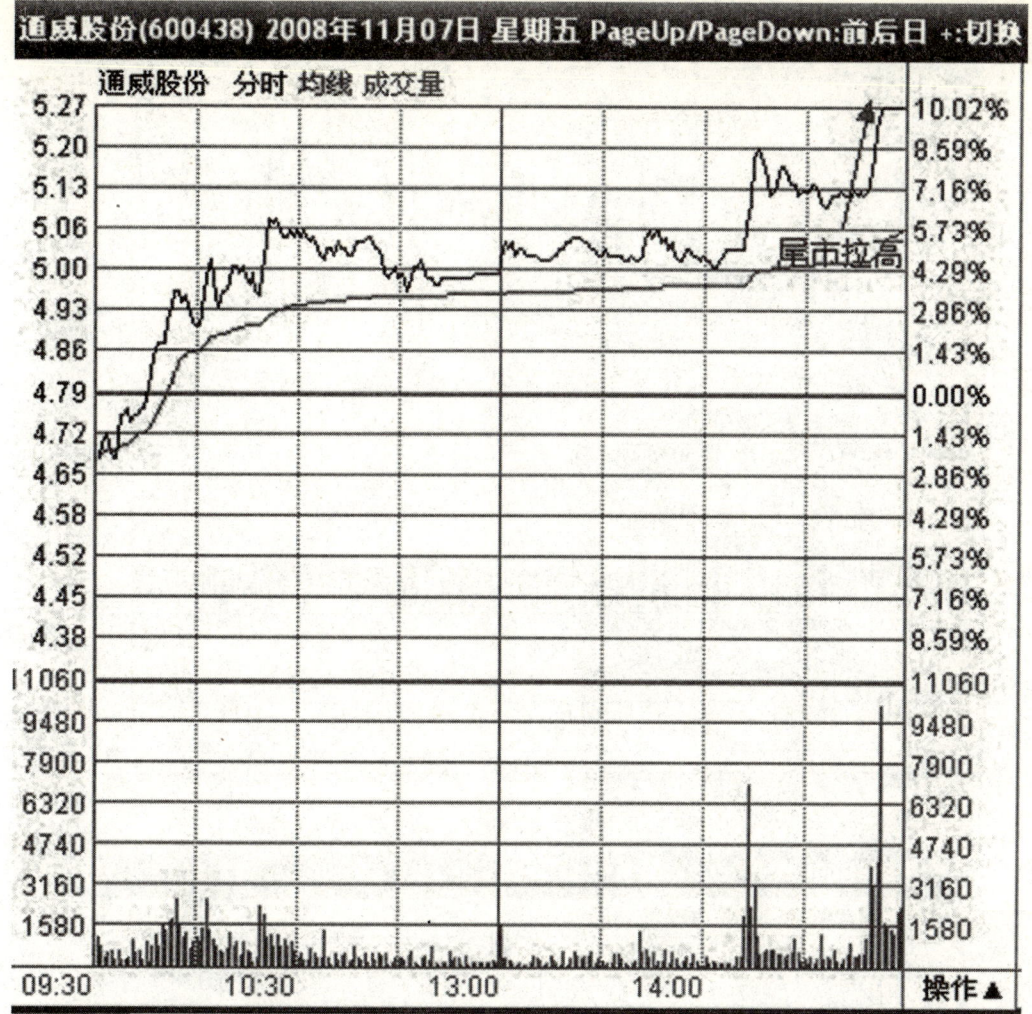

通威股份(600438) 2008年11月07日 星期五 PageUp/PageDown:前后日 +:切换

通威股份 分时 均线 成交量

尾市拉高

操作▲

短线高手操作策略:看透试盘,从容买入。

以上两图就是通威股份(600438)在2008年11月7日的走势实例。

# 收盘瞬间下砸有玄机

　　庄家试盘时,在全日收盘前半小时或几分钟,会突然挂出一手或几手大卖单减低很大的价位抛出,把股价砸至很低的位置。庄家采取这种瞬间下砸股价的目的,是使当日的日K线形成光脚大阴线、十字星,或者是阴线等较难看的图形,使持股者产生恐惧感,从而达到第二天测试盘中恐慌筹码的目的。

　　如果第二天开盘后,盘中出现比较多的恐慌性抛盘的话,就说明盘中持股者的信心不够坚定。在这种情况下,庄家不会马上就进入拉升阶段,而是先采取震荡的方式,把那些持股信心不坚定的投资者清洗出去,这样有利于庄家后期的拉升。

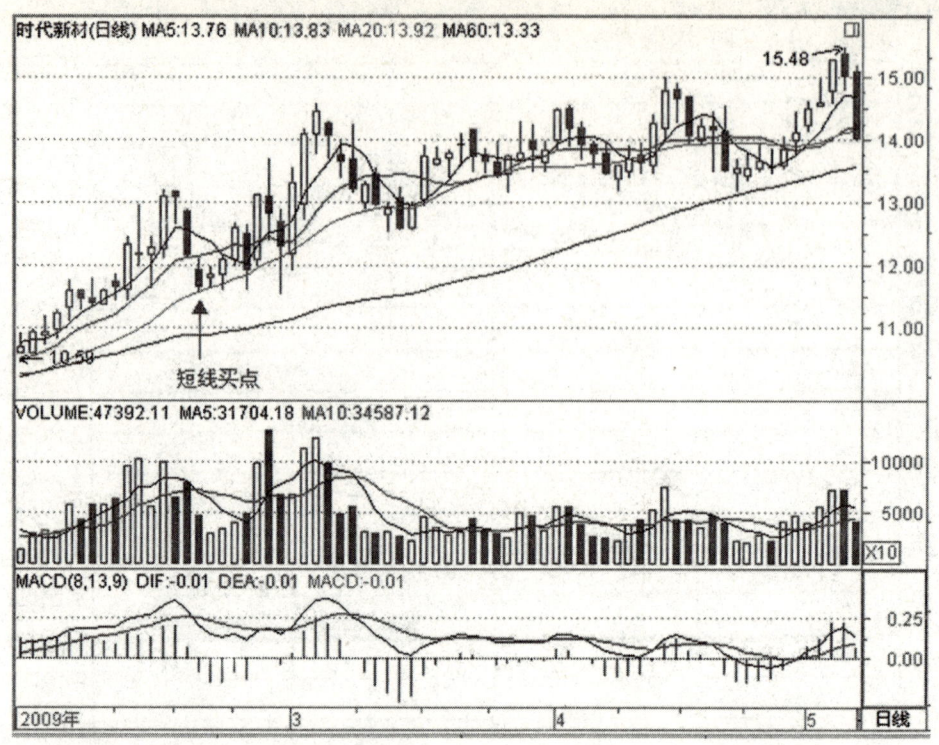

时代新材(日线) MA5:13.76 MA10:13.83 MA20:13.92 MA60:13.33

15.48

短线买点

10.50

VOLUME:47392.11 MA5:31704.18 MA10:34587.12

MACD(8,13,9) DIF:-0.01 DEA:-0.01 MACD:-0.01

2009年    3    4    5    日线

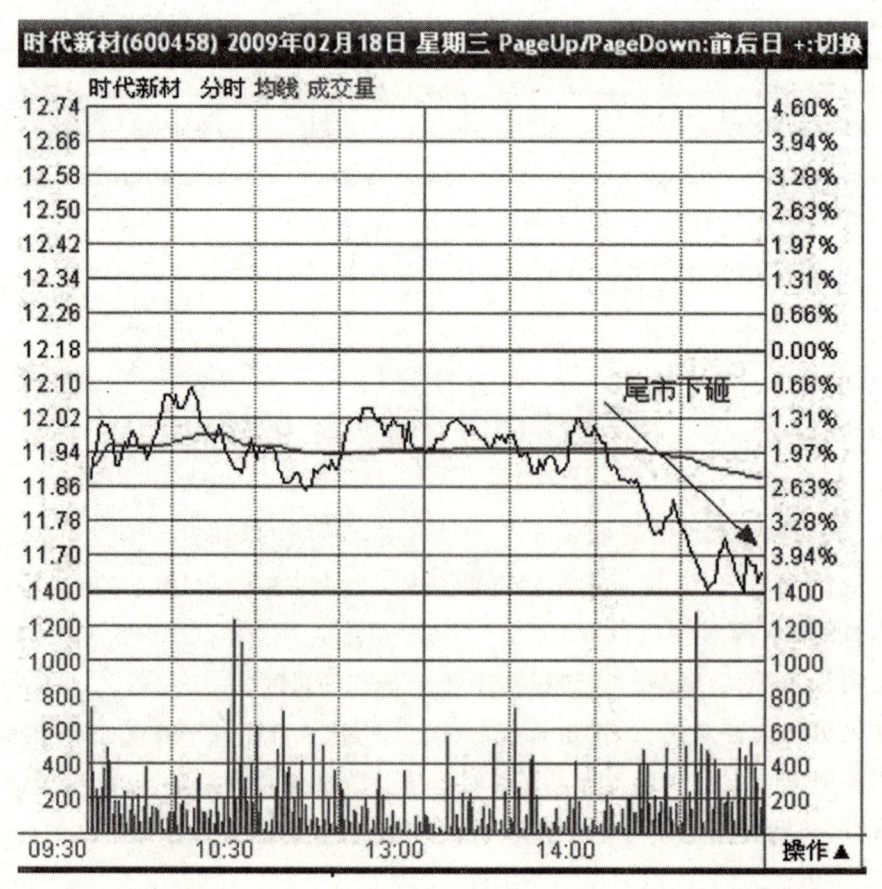

时代新材(600458) 2009年02月18日 星期三 PageUp/PageDown:前后日 +:切换

时代新材  分时 均线 成交量

尾市下砸

如果第二天开盘后,盘中没有出现大批的恐慌性抛盘,就说明盘中持股者的信心比较坚定,在接下来的操作中,庄家很可能会立即进入拉升阶段。

短线高手操作策略:看透试盘,从容买入。

上页两图就是时代新材(600458)在2009年2月18日的走势实例。

# 坐看庄股热身表演

庄家在操纵个股时,使用的做盘方式往往是虚虚实实,有时欲涨先跌,有时以退为进,走势扑朔迷离,时常给投资者制造烟雾弹,让投资者很难辨出其中的真伪。

庄家经常会使用假突破形态来迷惑投资者,即庄家在收集到了足够的筹码之后,先让股价大幅冲高,然后再让其回落。这样一来,那些看见股价上涨而盲目跟进的短线投资者就会立刻被套,但是只要散户一割肉,该股就会很快止跌回升,庄家迅速展开主升段。这个假突破可以称为庄家拉升股价前的热身运动,或者说是庄家拉升股价前的"实战演习"。

庄家对个股建仓完毕之后,有时会让股价在底部区域长期处于盘整状态,但经过盘整之后,会突然收出一根放量的长阳线,突破上面的重要技术压力位置。此时,如果单纯从技术角度来分析,应该是个很好的买入时机,于是偏好技术分析的人士就会纷纷买进。但是股价拉升突破之后却并没有继续上涨,而是很快就回落下来(一般股价在第二天就会出现回落的走势),继续回到整理的平台上,这就让那些"冲动"而耐不住"寂寞"的技术派人士买了个高价。出现这种走势形态,往往是庄家在大规模拉升股价之前的一次"热身运动",庄家是在用这种方式来判断盘面上跟风盘的多少,以及市场上抛压盘的大小。

庄家在拉升股价之前采用这种"热身运动"来"演习",主要意图有以下几种。

(1)吓跑那些持股信心不坚定的短线投资者。如果庄家建仓的个股被一致看好的话,就会引发大量的短线投机者涌入,这样不利于庄家的长线运作计划,所以庄家必须把这些浮动筹码清洗出去,因此庄家就采用这种方式先"诱敌深入",接着再给他们一个迎头痛击,使其损兵折将之后,不敢再轻举妄动。

(2)拉升前的试盘,以此来测试盘中的抛盘情况和跟风盘的大小,再决定股价的拉升高度以及拉升股价的时机。

投资者遇到这种走势的庄股时,最好等待股价回档时再进场操作。如果不幸在股价假突破时买了个高价,此时亦不必恐慌,既然这是庄家拉升前的"热身动作",那么就显示出庄家已做好了拉升股价的准备。股价刚刚上冲就出现回落,显然此时庄家还没有获利的空间,不久庄家就会卷土重来,真正大幅度地拉升股价。

短线高手操作策略:等待股价回档时再买入。

下图就是中国国航(601111)在2009年6月中旬的走势实例。

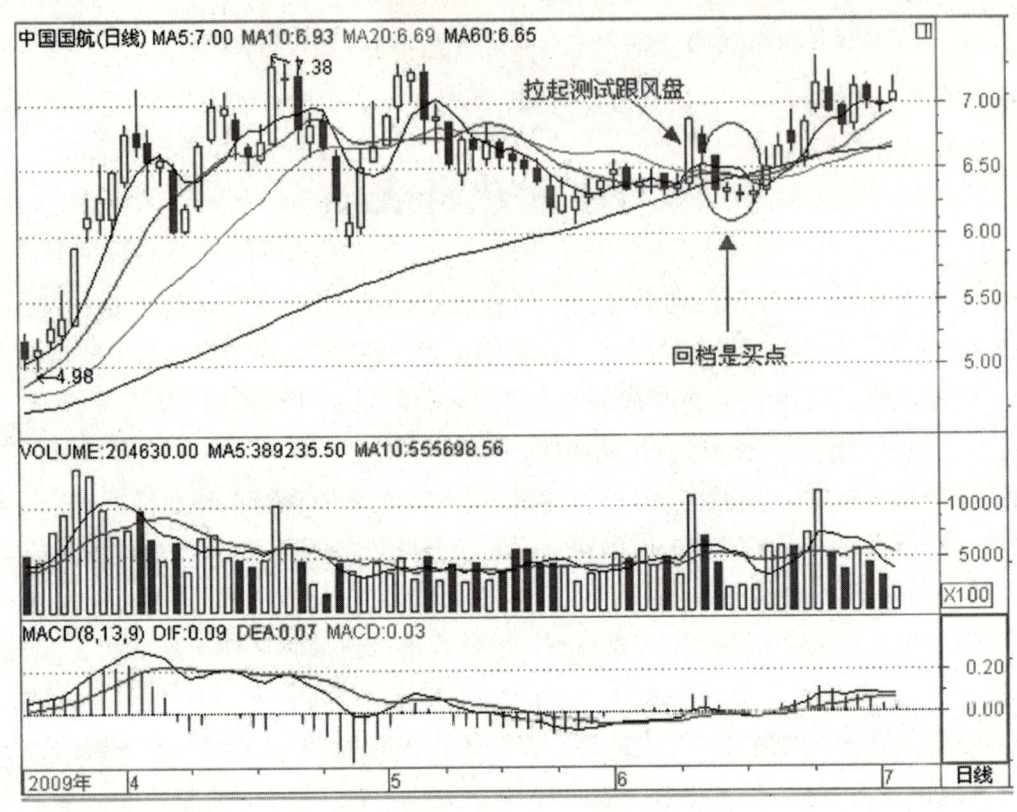

# 铁底筑成多关注

投资者买股票,都希望自己能买到股价处于底部的个股,但是每次都买到底部的个股几乎是不可能的。大家知道底部的形态变化万千,有时底部形态是双底,有时底部形态是三重底,有时底部形态是复合头肩底,等等。形式多样的底部形态,往往让投资者无法确定什么时候才是真正的底部,而且个股的底部在构筑过程中是无法用一个很有效的技术来确认的。在实际的操作中,只有等到股价涨起来一波行情之后,才知道哪里是股价的真正底部。

虽然投资者很难准确地预测或判断股价的底部区域,但是在选择股票的时候,如果能够挑选一些跌无可跌的个股,也就是说"铁底筑成"的个股,在庄家拉升之前提前买进,并且坚持持股待涨,不赚钱就不出局,那么从投资策略的角度上来讲,这就是一种非常稳健和可靠的投资方法。跌无可跌的个股虽然不会马上就上涨,但股价再继续下跌的空间已被封闭,所以股价走出一波上涨行情是迟早的问题。

"跌无可跌"的个股,至少要满足以下两个条件。

(1)该股已经经历了一轮完整的下跌行情,股价已跌至历史低位区域。

(2)股价在低位区域经历了一段长期的反复横盘整理,也就是说这样的个股经过长时间的磨炼,随着增量资金的进入,底部就会逐渐形成。这类个股也容易受到庄家的青睐,或者是庄家早就潜伏在里面,因此这类个股投资者也要密切关注,随时观察其后期的走势动态。

投资者一旦发现满足以上条件的个股时,就应该发挥自己的耐心,做到先入为主。在这一点上,投资者要有"坐穿牢底"的精神——"坐穿铁底"。可以试想一下,如果选择了一支支有上涨空间而没有下跌空间的个股时,那么投资者的成本无非就是时间了。

面对已筑成"铁底"的这类股票,投资者经常会出现以下两个误区:

(1)股价既然还没有启动,那么就等到它启动之后再买入也不迟啊。但庄家往往不会给你一买进就赚钱的机会的,就像ST类个股一样,都是要么就不怎么涨,要涨就大涨,有的甚至是开盘即封涨停,并且是连续出现涨停。

(2)大部分投资者都认为基本面差的股票不值得买,ST股就更应避而远之。其实,炒股最紧要的是赚钱,不管貌如天仙的高科技股,还是丑如猪八戒式的ST股,能

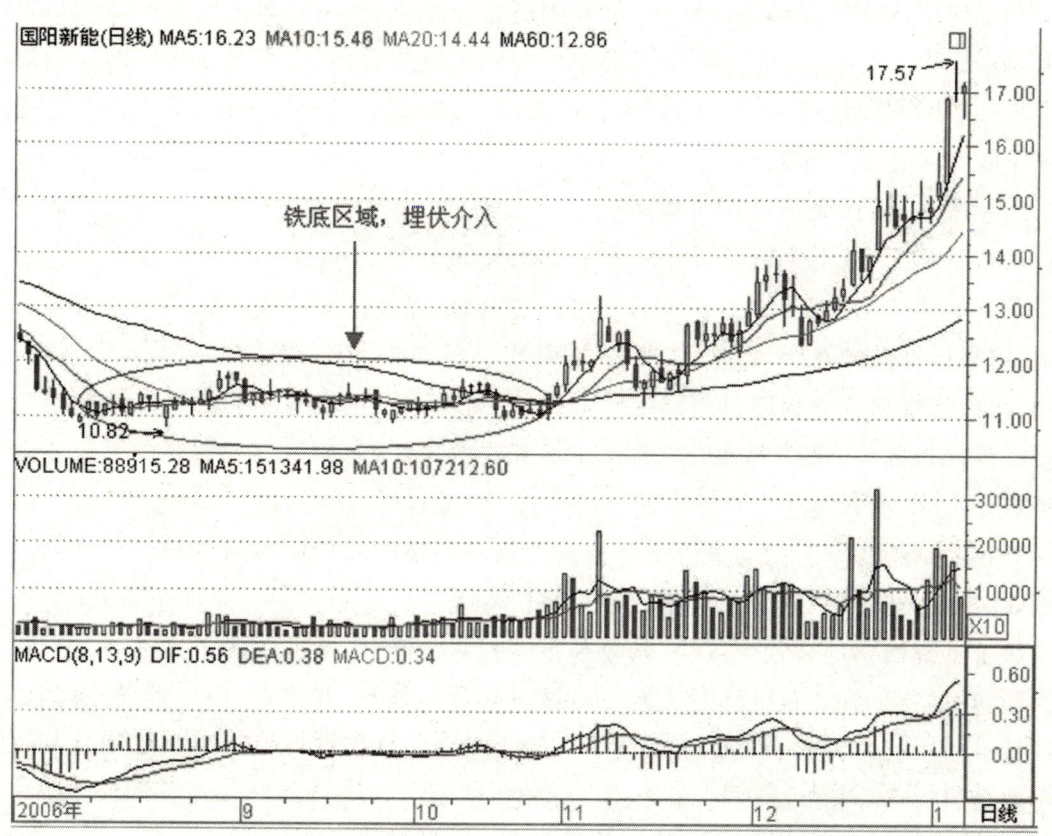

赚钱的股票就是好股。看似极具投资价值的高成长股,若股价高高在上,买进这样的个股去操作的话,持股者其实就好像抱着一颗地雷,随时都有爆炸的危险。基本面一无是处的垃圾股(前提是短期内无停牌的风险),如果股价运行在"铁底"处,往往是投资的安全区。类似这样的个股在市场上有很多,关键是投资者能不能发现。

投资者对一些跌无可跌的ST个股应该高度重视。这些个股很容易受到短线庄家的青睐,一旦有庄家入驻后,股价在短期内就会出现暴涨的行情。

短线高手操作策略:轻仓埋伏介入。

上页图就是国阳新能(600348)在2006年8~10月的走势实例。

# 注意庄家的突然袭击

很多投资者在跟庄的过程中,往往不知道在什么时间买入较为安全。对于早盘买进还是临近收盘时买进,在不同的行情中区别比较大。

在大牛市的行情中,庄家喜欢在开盘后不久就拉涨停。在这样的行情中,如果挂单挂迟了,将会失去股价拉升时带来的利润,甚至失去买入的机会。但在大盘处于平稳时期或者相对弱势的时候,庄家则喜欢在尾市搞"突然袭击",在收盘前大幅度拉高股价。所以,在大势较为平稳或是相对弱势的时候,投资者在操作的时候应把买入的时间尽量放在股价临近收盘的时候,这样既可以控制风险,又能较好地把握庄股的机会。

一般来说,在大盘比较平稳的时候,或者在大盘处于调整的时期,盘面上的热点相对缺乏,并且板块轮动也比较快。在这样的情况下,庄家一般都不会在早盘就把股价拉高,因为这样做很容易引发大量的抛盘,如果庄家的资金实力不是很强的话,就很难将升势维持到收市。当然,有时庄家想减仓的话,就会先将股价大幅度拉高,以此来吸引大量的跟风盘涌入。等股价被拉高后,再将筹码如倒水般地抛给那些追高的投资者,这样就会造成股价留下长长的上影线,当天买入的投资者也会立即被套。

在大盘趋势不明朗的大势下,如果投资者在跟庄的过程中遇到早盘拉高的庄股时,最好把买股的时间往后推。如果决定在当天开始布局并逐步买进的话,应该在股价冲高回落的过程中买进,特别是下午2:30之后,买入的风险会降低很多。因为经过多空激烈的争夺,此时大盘的总体趋势已经明朗,此时买入可减轻大盘的系统性风险;另外,此时投资者能够比较准确地把握市场的热点,避免股价刚开盘时个股鱼目混珠导致的错误买入。大家经常发现早市排在涨幅榜前列的个股,到收市时往往没了踪影,一些新面目却突然冒了出来,其中的原因就在于临近收市是多空

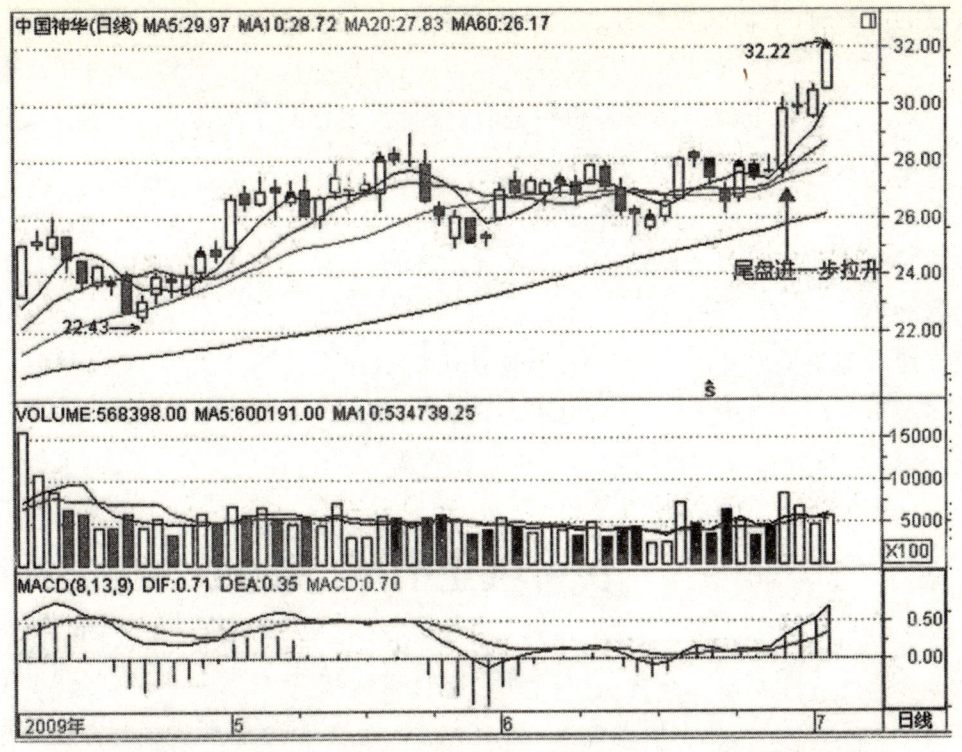

中国神华(日线) MA5:29.97 MA10:28.72 MA20:27.83 MA60:26.17

32.22

尾盘进一步拉升

22.43→

VOLUME:568398.00 MA5:600191.00 MA10:534739.25

MACD(8,13,9) DIF:0.71 DEA:0.35 MACD:0.70

2009年　　　5　　　6　　　7　日线

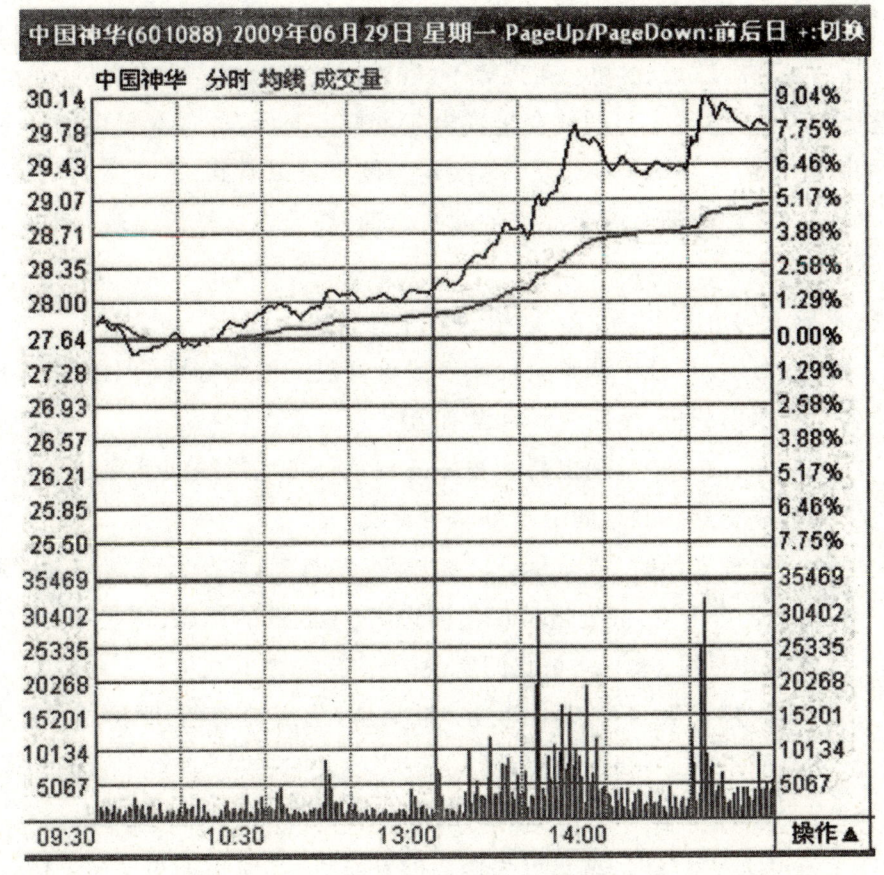

中国神华(601088) 2009年06月29日 星期一 PageUp/PageDown:前后日 +:切换

中国神华 分时 均线 成交量

操作▲

决战的时刻,此时的买卖信号通常是最真实的。

有些庄家在接近尾市时喜欢搞突然袭击,并且动作极为麻利,分时图上股价犹如一条直线般往上蹿。投资者想跟进时,股价大多已封在涨停板上,所以投资者想在尾盘买入的时候,操作上会有一定的难度。

在遇到尾市袭击的庄股时,投资者要重点关注成交量的变化。如果分时图上的成交量线由原来的疏疏落落变成迅猛增加,同时价位不断上移,表明多方在大举出动,此时可以作为买点介入。

短线高手操作策略:密切关注分时图上的盘面变化。

上页两图就是中国神华(601088)在2009年6月29日的走势实例。

# 散兵坑里有黄金

在市场上常常看到一些个股突然拔地而起,股价快速脱离底部,就像地下突然冒出多头大军一样,让人措手不及。那么这些"兵马"到底藏在哪里呢?在发动攻击之前,为什么大家找不到它的踪迹呢?

投资者在跟庄的过程中,如果能够仔细观察盘面的一举一动的话,就不难发现这些"伏兵"是藏在"散兵坑"里。在大势不好的时候,或者是庄家短期内无意发动行情时,这类股票的日K线走势图就会呈现出缩量整理的形态。成交量也很稀少,一般会低于5日、10日的成交均量线。从日K线走势图上可以看到,这时的成交量就好像一个个的"坑",这些坑通常就是庄家的藏身之地,庄家就这样悄无声息地潜伏在战场上等待时机。

从技术形态的角度来看,"散兵坑"有以下特征。

(1) 股价的运行是处于调整阶段或者股价经过一波小幅度的上涨之后的横盘阶段,从各个技术上分析,短期内股价没有上攻的迹象。

(2)在此期间,成交量呈现出持续萎缩的现象,5日均量线向下穿越10日均量线形成死叉,并且成交量一般是低于中短期均量线。

(3)股价在整理末期时,成交量会温和放大,并且5日均量线逐渐向上穿越10日均量线。从整个走势上看,成交量呈现出两边高、中间低的形态,这些日子的成交量柱状图上面横着均量线,这些就是我们所说的标准的"散兵坑"。

经过上面的分析,大家可以知道,在"散兵坑"形成的初期,股价通常还是处于调整阶段,从盘面上看,短期并没有止跌的迹象。此时,投资者暂不宜参与操作,应该密切关注其后期走势的动态。当股价随着成交温和放大而缓慢走出谷底,并且5日均量线上穿10日均量线时,就是进场操作的好时机。从量价的角度来分析,出现量比价先行的走势时,随着成交量的不断增大,股价迟早是会跟着上涨的。当成交量爬出散兵坑之际,往往是多头出击之时,投资者在跟庄的过程中,一定要抓住这个机会。

在跟庄的过程中,投资者了解和掌握"散兵坑"的意义在于:"散兵坑"区域成交出现极度萎缩,说明市场惜售,庄家此时无意发动行情。当成交量温和放大,缓慢走出散兵坑时,投资者就应该重点关注其股价的动态,一旦启动行情,就应该果断跟进。

当庄家在"散兵坑"内休息时,投资者也不妨暂时休整一下。如果投资者发现偶然有一两天成交量破坑而出,并且是短期成交量忽然增大,就需要关注均量线的排列状况。

如果均量线仍呈空头排列,说明股价短期整理还没有结束,此时还不到买入的最佳时机。

短线高手操作策略:均量线仍呈多头排列时进坑与庄共舞。

下图就是香溢融通(600830)在2009年上半年的走势实例。

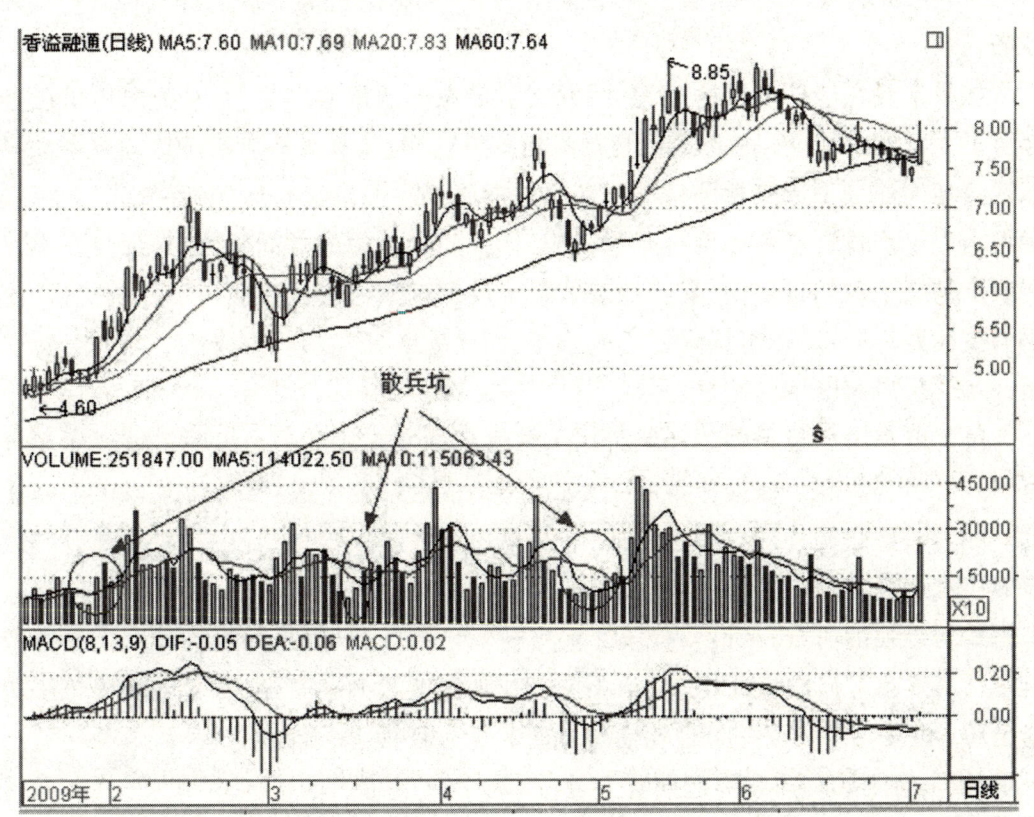

# 人弃我取抓紧筹码

投资者经常会看到,同样是涨停的股票,有的个股只需要用5%的换手率,就能把股价拉至涨停,而有些个股却需要用10%的换手率甚至是更高的换手率,才能把股价拉到涨停。相反,同样是股价大幅度下跌,有些个股在下跌的过程中呈现出无量盘跌的走势,有些个股却在下跌的过程中呈现出放量下跌的走势形态。

从这些情况来看,同样的涨跌,由于成交量不同,其技术含义也是有很大区别的。投资者在跟庄的过程中,不应该单纯从股价上涨或是下跌了多少来分析庄家的动态,而应该结合股价运行中的形态,来分析成交量的大小对股价后期走势的影响。投资者在跟庄的过程中,应该对缩量调整的个股加以关注。

有些投资者一看见股价下跌就惊慌失措,但有经验的投资者知道,如果个股在下跌的过程中呈现无量下跌走势的话,那就说明市场中成交量对股价的运动并不认可。一旦出现量和价两者配合不默契的情况,那么股价的下跌趋势早晚是会被改变的。

如果个股在股价下跌的过程中,成交量呈现出地量的现象,并且此时股价已经经历了大幅度的下跌。股价虽然是在不断地下跌,但投资者在股价下跌过程中如果能认真地关注一下成交量的情况,那么就没必要在股价运行到接近底部时把筹码抛售出去了。投资者可以反过来想一想,如果此时盘中的浮动筹码很多的话,那么在股价继续下跌的过程中,就会出现放量下跌的现象。因此在股价下跌的时候,出逃的往往是一些散户,市场惜售心态浓厚,而庄家的元气却丝毫未损。随着大势转暖,庄家很快就会纠集兵力反击。

投资者在跟庄过程中遇到股价在下跌过程中并未放量的个股时,就说明卖方有明显的惜售心理。在操作策略上,对这些缩量盘跌的个股,暂时可采取观望的态度。因为股价的调整趋势一旦形成,那么在短期内是很难得到改变的,并且看好该股的庄家也会趁这个机会逐步地吃进筹码,等待成交量开始重新放大时,股价就迎来了重新走强的机会。所以,等成交量出现明显放大并且股价开始回升时,投资者就可以买进参与操作。如果投资者持有的该股暂时被套住了的话,也不应该急于斩仓出局。极度萎缩的成交量说明庄家此时和你一样被套,所以在这种行情低迷的日子里,投资者不妨和庄家一起同甘共苦。

短线高手操作策略:对确定庄家未出货而缩量的股票不要轻易卖出。

下页图就是煤气化(000968)在2009年年初的走势实例。

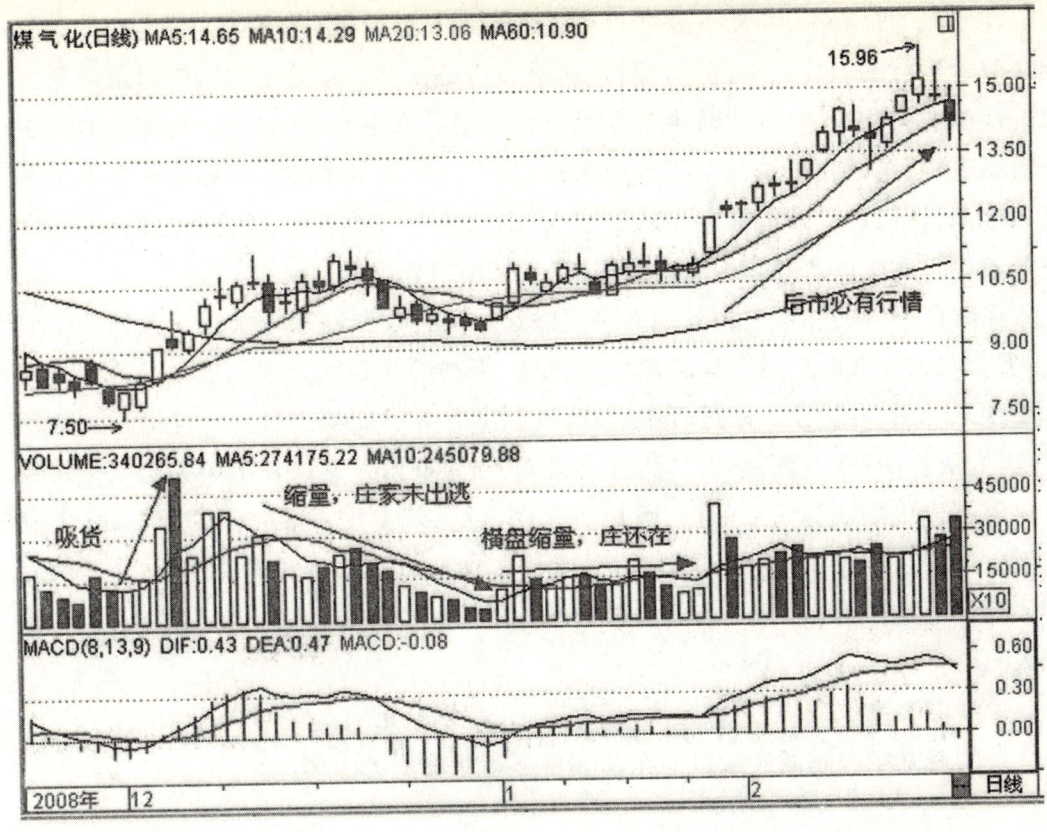

煤气化(日线) MA5:14.65 MA10:14.29 MA20:13.06 MA60:10.90

15.96→

15.00
13.50
12.00
10.50
9.00
7.50

后市必有行情

7:50→

VOLUME:340265.84 MA5:274175.22 MA10:245079.88

缩量，庄家未出逃

吸货

横盘缩量，庄还在

45000
30000
15000
X10

MACD(8,13,9) DIF:0.43 DEA:0.47 MACD:-0.08

0.60
0.30
0.00

2008年  12                1        2        日线

# 乘"逃命线"出局

在股市中，如果大盘或个股处于向下调整的阶段，某一天股价出现反弹，收出一根暂时止跌的阳线，给被套的投资者以出逃的机会，那么这根阳线就被称为"逃命线"。投资者在跟庄的过程中如果不幸"失足"的话，就应该紧紧握住这根逃命线，及时减仓或者是清仓出局，以尽量减少损失。

投资者在跟庄的过程中遇到这种在下跌途上拉出一根大阳线走势的个股时，一定不要轻易地认为有庄家在下跌的通道上对其建仓了。大盘或个股在相对高位出现暴跌之后，中途冒出来一两根反弹的大阳线，往往并不能说明股价已经跌至底部了。如果投资者在实际操作中就凭这一点进场操作的话，往往会被深套其中。

如果个股到这种走势形态的个股时，一定不要轻易认为是有庄家在里面建仓才拉出的大阳线，应该耐心观望拉出大阳线以后的走势情况。如果投资者此时已经持有该股的话，那么一旦股价在第二天不能继续走强，就应该立刻止损出局。

在跟庄的过程中,判断下跌之后出现的阳线是逃命机会还是买入机会,关键是要从股价运行的趋势上来进行判断。如果股价是在上升趋势中的短线回落调整时出现反弹的大阳线,并且此时各个上升的技术指标并未改变的情况下,那么后市将会重返升势,此时收阳线就是买入的时机;如果此时从各个技术指标来看有明显的见顶迹象,说明此时的上涨"大势已去",收出反弹大阳线之后,股价将会继续下跌,投资者此时就应该把握好这次反弹的机会,果断清仓出局。

在跟庄操作的过程中,如果遇到下跌途中出现反弹高度一次比一次低的个股时,那么每次反弹时都是"逃命"出局的机会,否则最后必然会越套越深。特别是那些暴跌之后的个股,在下跌过程中出现阳线,通常并不能断定股价已经运行到底部了,因为股价的暴跌对市场人气的打击很大,在短期内很难恢复市场的元气。就像武侠电视剧里的武林高手一样,被对手打伤之后,都需要一段时间的疗养,才能真正恢复元气。个股在经历了暴跌之后,也需要在低位横盘整理一段时间,这样的底部才算得上是牢固的。投资者看见股价暴跌之后就匆匆忙忙去抢反弹的话,风险是很大的。

短线高手操作策略:下跌途中碰到"逃命线"果断止损。

下图就是中国海诚(002116)在2008年下半年的走势实例。

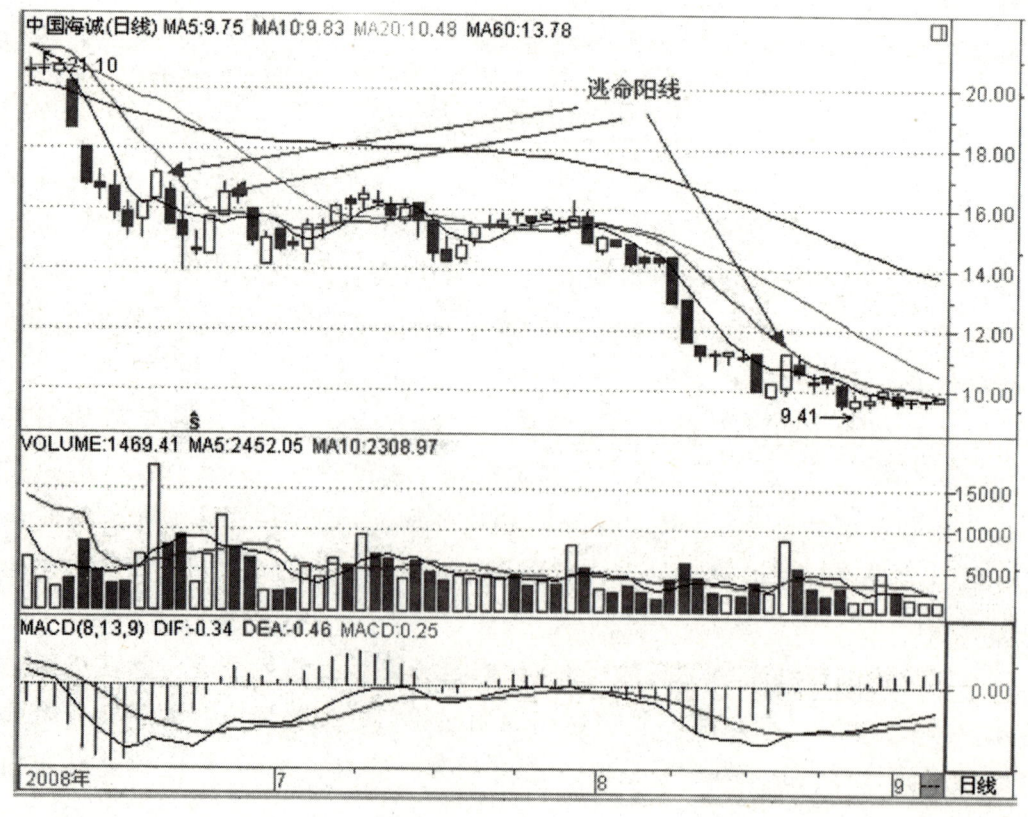

# 看穿庄家出局痕迹

　　庄家一轮庄做下来,要撤退的话,总会在 K 线走势图上留下蛛丝马迹。投资者在跟庄的过程中,如果个股经过一波上涨行情之后,股价已经有比较大的上涨幅度了,盘中却突然在某一天出现冲高回落,留下一根带长长上影线的K线,并且此时伴随着成交量增大的话,出现这种形态的走势一般是庄家逃跑时来不及销毁的"痕迹"。出现这种走势形态时,投资者一定要十分谨慎,因为这预示着股价可能在短期内就会见顶,并且很有可能后市一路向下,走出一波惨烈的下跌行情。

　　股价被庄家大幅度炒高后运行到高位时,容易出现带长长上影线的K线走势形态。出现这种走势形态之后,股价随后就出现了一波大幅度的下跌行情。所以,投资者在跟庄的过程中,对这种形态的走势一定要谨慎,一旦此形态出现,就要提防庄家出货。

　　庄家出逃时的影线是由一根带长长上影线的K线形成的,这根K线可以是阳线,也可以是阴线,其中上影线的长度应该是K线实体的两倍以上,并且在出现上影线

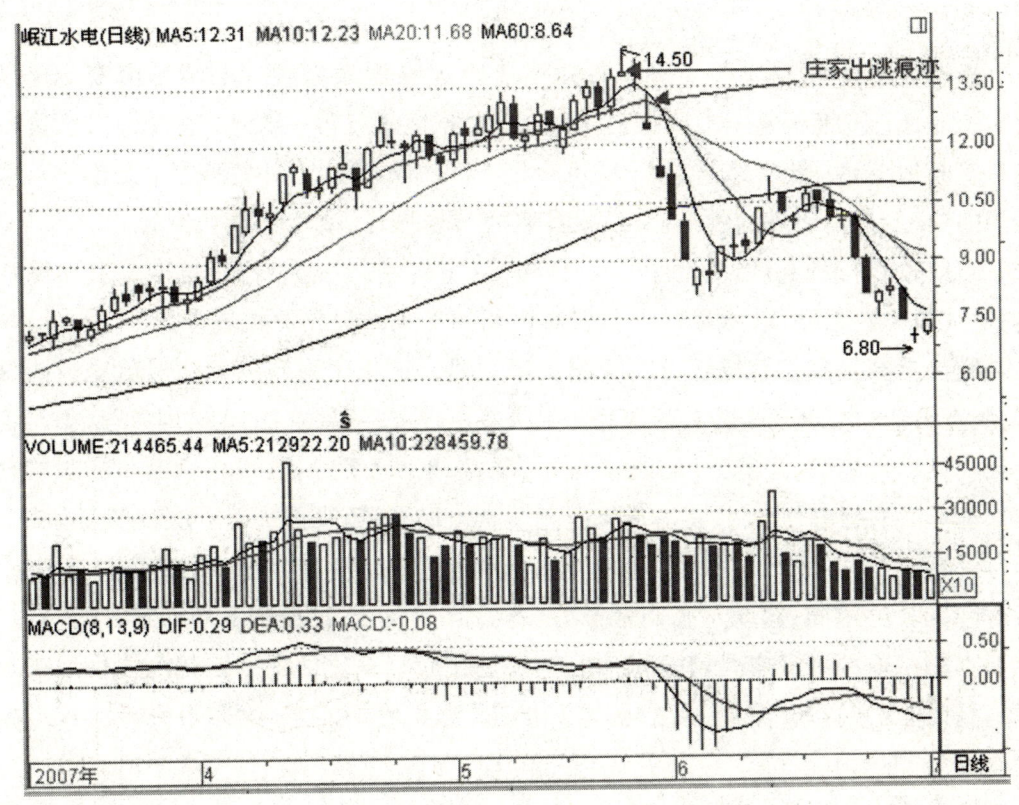

的当天,股价往往是高于前一天的收盘价格开出的,出现这种形态的走势时,同时也伴随着成交量的放大。这种形态在分时走势图上会呈现出加速上涨的状态,经常出现直线式的上涨,但很快就会迅速下挫回来。出现这种走势形态的原因主要有以下两种。

(1)庄家的诱多动作。庄家在早市开盘时先把股价大幅拉高,以此来吸引跟风盘涌入。等场外的投资者上钩之后,庄家再反手做空,把股价压下来,股价呈现出先升后跌的走势形态。

(2)股价经过连续上涨之后,获利盘的利润十分丰厚,持股者对后市的看法出现了分歧,做多的投资者此时出现了转变,短线投机者纷纷选择落袋为安,因此股价冲高回落,这种情况也会留下长长的上影线。

出现这种走势的个股,股价短期就会见顶。在跟庄的过程中,投资者如果遇到这种走势的庄股时,就应该先获利了结,回避短期股价回落而带来的风险。

短线高手操作策略:庄家逃,我也逃。

上页图就是岷江水电(600131)在2007年上半年的走势实例。

# 乌鸦群飞快远离

投资者如果发现庄股经过一轮幅度比较大的上涨之后（上涨幅度在50%以上）,K线图上连续出现三根阴线的走势形态,并且开盘价一天比一天低,收盘价格也在不断地下移。出现这种走势形态,K线技术上称之为"三只乌鸦",这是市场走势转淡的典型形态,出现这种形态时,投资者要减仓操作,或者是清仓出局。

当股价运行到高位时出现"三只乌鸦"的走势后,其他"乌鸦"也会成群结队而至,继续收出数根阴线,所以这种形态对市场的见顶走势预测比较准确。

股价运行到高位区域连续三天收出阴线时,市场由强转弱的信号就比较明确了,很有可能会立刻发生转势的走势。如果在出现"三只乌鸦"的走势时,成交量与前几天相比出现萎缩,并且5日均线和10日均线都调头向下的话,可以判断市场很快就会出现下跌的行情,此时投资者应该立刻清仓出局,避免股价快速下跌带来的损失。

一旦股价在运行到高位区域时出现这种"三只乌鸦"的走势形态后,就会引来一群"乌鸦"的跟随,这就是我们常说的"乌鸦群飞"状态。投资者遇到这种情况时,就要立刻采取减仓或者是清仓操作。特别是在股价高位回落一定幅度之后迎来反弹行情时,出现这种"乌鸦群飞"的走势形态,就要更加注意,此时投资者应该果断清仓出局。

股市里有句俗语:会买的是徒弟,会卖的才是师傅。投资者在实际操作过程中,

要想保住胜利果实,操作上就应该讲究卖出的技巧。那么投资者在卖出时应该注意哪些问题呢?

(1)有备而来。无论什么时候,在买进股票之前,就要盘算好买进的理由,并计算好出货的目标位。千万不可以盲目地买进,然后盲目地等待上涨,再盲目地被套牢。买股票要看看它的基本面,有没有令人担忧的地方,以防基本面突然出现变化带来的投资损失,特别是要注意不买问题股。

(2)一定要设立止损点。凡是出现巨大亏损的投资者,都是由于入市的时候没有设立止损点。设立了止损点就必须认真执行,特别是在刚买进就被套时,如果发现买错了,就应该立刻卖出。总而言之,作长线投资也必须是股价能长期走牛的股票,一旦股价长期下跌,就必须卖出!

(3)不怕下跌怕放量。有的股票无缘无故地下跌并不可怕,可怕的是下跌时成交量放大。特别是庄家持股比较多的品种,绝对不应该有巨大的成交量,如果出现巨量成交,十有八九是庄家在出货。所以,对任何情况下的突然放量,投资者都要极其警惕。

(4)拒绝中阴线。无论大盘还是个股,如果发现跌破了大众公认的强支撑,当天有收中阴线的趋势,都必须加以警惕!特别是本来走势不错的个股,一旦出现中阴线,可能引发中线持仓者的恐慌,并大量抛售。有些时候,庄家即使不想出货,也无力支撑股价,最后股价必然会跌下去,有的时候庄家自己也会借机出货。

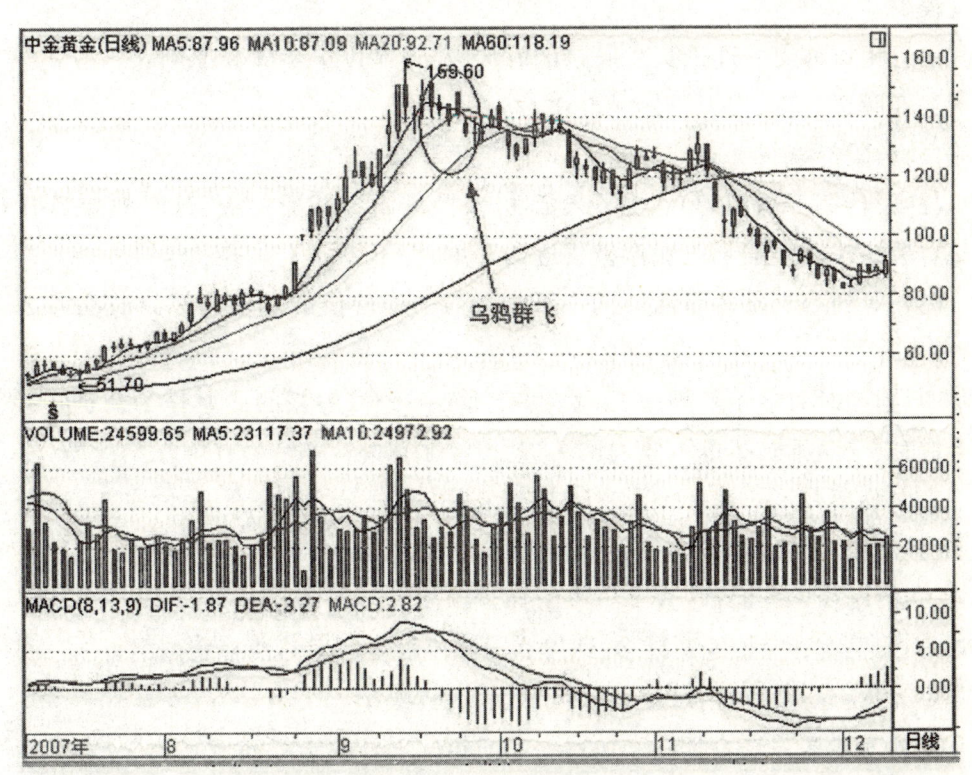

（5）基本面服从技术面。股票再好，形态坏了也必跌。最可怕的是很多人看好的知名企业的股票，当技术形态或者技术指标变坏后，还自我安慰说要投资。即使再大的资金做投资，技术形态变坏了，也应该至少减仓50%以上，等待形态修复后再买进。要知道，没有不能跌的股票，也没有不能大跌的股票，所以对任何股票都不能迷信。

（6）不做庄家的牺牲品。有时候投资者获得了有关庄家的消息，在买进之前投资者可以相信，但关于庄家出货的消息千万不能相信。任何庄家都不会告诉你自己在出货，所以庄家是否在出货，要根据盘面特征来决定，千万不可以根据消息来做判断。

短线高手操作策略：坚决卖出。

上页图就是中金黄金（600489）在2007年9月的走势实例。

# 单追涨停交易

少数短线高手喜欢这样一种非常激进的交易：不进行任何基本面调查，也不进行任何深入的技术分析，只是非常简单地买进涨停板个股，利用其涨停惯性来获取差价利润。大量的操作结果表明，这种交易能较为有效地控制风险，当然所获的利润也较少。

在运用这种交易理论买卖股票的时候，需遵循以下步骤和原则：

买入股票

（1）当股价第一次接近涨停或涨停时，不要急于追进。

（2）股价第一次涨停后，常会受到极大抛压而打开涨停板，这时就要紧盯着盘中买卖单并在网上挂上以涨停板买进的买单，但不要急于买进。

（3）等到第二次即将涨停的一瞬间最后一个价位的卖单大部分被吃掉之后再买进。

（4）当同时有多个股票涨停时，以底部第一个涨停板的股票作为首选。

有时，宁愿排队买也不要匆忙买进，以控制风险。

卖出股票

（1）市场太差的时候，有三个点的差价即可抛出。

（2）市场稳定的时候，五个点以上择价抛出。

（3）如果次日股价低开较多，即以昨天涨停板价亏手续费平仓抛出。

短线高手操作策略：短线设置目标位，快进快出。

下页图就是香江控股（600162）在2007年6月6日的走势实例。

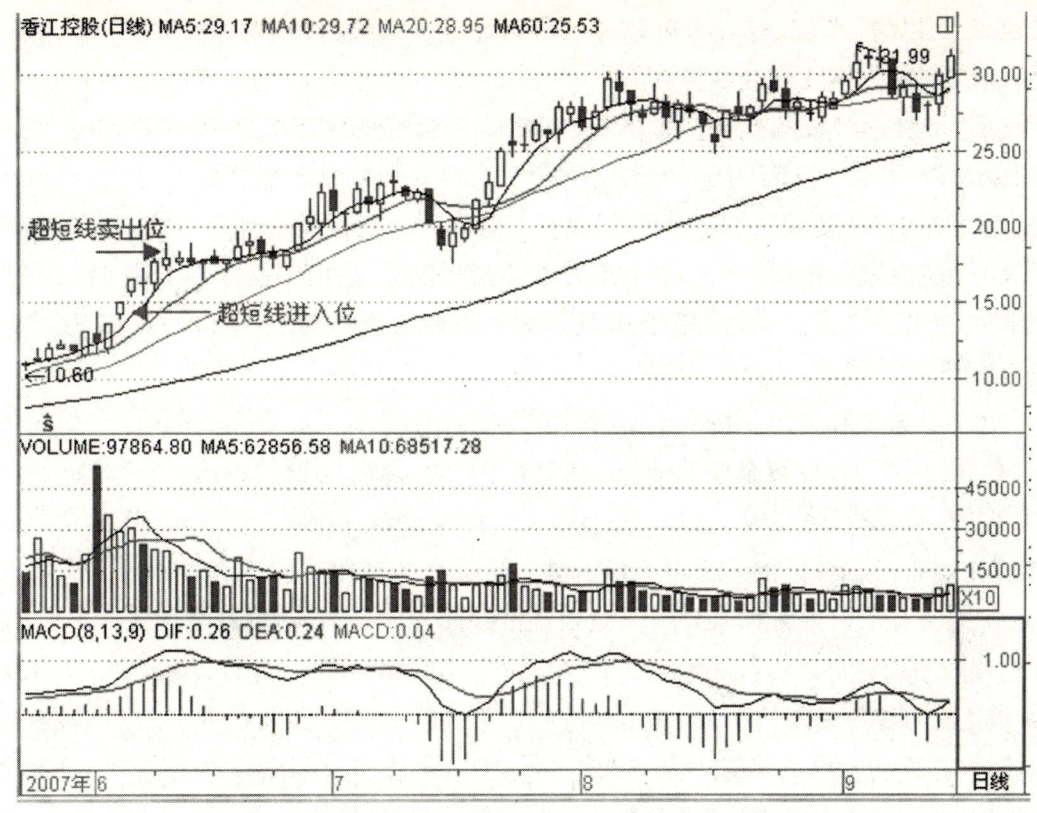

香江控股(日线) MA5:29.17 MA10:29.72 MA20:28.95 MA60:25.53

超短线卖出位

超短线进入位

≤10.60

VOLUME:97864.80 MA5:62856.58 MA10:68517.28

MACD(8,13,9) DIF:0.26 DEA:0.24 MACD:0.04

2007年 6          7          8          9          日线

# 跟庄就要跟强庄

庄家有大小、强弱之分,交易者只有跟上强庄,才能实现短期内的利润最大化,所谓"擒贼先擒王,跟庄跟龙头"就是这个道理。判断庄家的强弱,往往可以从以下几个方面进行。

(1)个股我行我素。绝大多数股票都是跟随大盘趋势而动的,逆市而行的个股很少,一旦出现,则必然是阶段性的强庄或牛股。只有有雄厚的资本实力,个股才能在短期内我行我素,不理会大盘的涨跌。

(2)总比大盘强。强庄还有一个特征,那就是当大盘涨的时候会涨得更多,为大盘上涨多贡献一些指数;而当大盘跌的时候,则异常抗跌,因为庄家知道一旦挺不住,收拾残局要消耗更多的资金和时间。

(3)总比同板块强。每个板块里几乎都能找到阶段性的领头羊,板块内大量的资金都汇聚在它的身上。无论同板块走势如何,领头羊的走势总是比同板块的其他个股强势。

(4)轻松应对利空。在大盘或个股出现突发性的利空消息时,实力不强的庄股纷纷应声而跌,暂退一步;而实力强大的庄股则不会随波逐流,能够挺住大量散户的抛单,并控制住股价的走势。

(5)走势规律极端化。一部分强庄股的走势很有规律,短、中期均线呈多头排列状态,涨跌有度,不大受外界影响;而另一部分强庄股则常常破坏规律,走势形状怪异,忽上忽下,天马行空。

(6)所属概念独特持久。很多强庄股之所以能够长久发力,其原因往往是由于所属概念独特且持久。比如奥运概念就曾经在股市上唱响了1年,一些资源独特的奥运概念被挖掘后,常常出现翻倍的行情。

(7)股东人数变少。根据上市公司披露的股东数量可以看出,当强庄股的股价完成一个从低到高、再从高到低的过程时,实际上也是股东人数从多到少、再从少到多的过程,筹码越集中,股东人数就越少。但要注意,有些庄家会故意在会计结算年度快结束时, 将分散的仓位大肆合并,这样在公布年报时就会显示股东人数极少,使交易者误以为庄家入驻其中而盲目追涨,庄家因此可以轻松地全身而退。

如下图,驰宏锌锗(600497)是2006年大牛市行情中耀眼的黑马,从2005年年底以10元左右起步,涨到154元,10送10除权后又涨到110元,即便在著名的"5.30"暴跌行情中该股主力也能临阵不乱,很快企稳,与其他很多个股连续跌停相比,显示出应对利空抗跌性很强的特点,加上该股概念独特,所以能够认定该股主力为强庄。

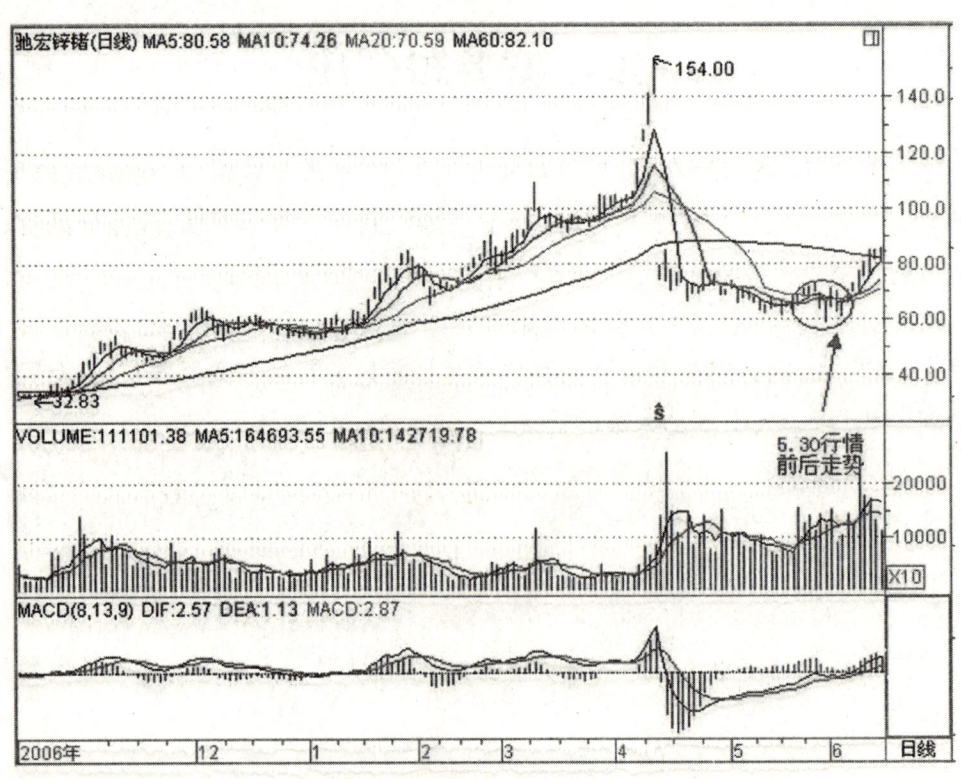